普陀年鉴

2011

（总第十三卷）

上海市普陀区地方志编纂委员会 编
上 海 社 会 科 学 院 出 版 社

图书在版编目(CIP)数据

普陀年鉴．2011/ 上海市普陀区地方志编纂委员会编．—上海:上海社会科学院出版社,2011
ISBN 978-7-80745-888-3

Ⅰ．①普…　Ⅱ．①普…　Ⅲ．①普陀区—2011—年鉴
Ⅳ．①Z525.13

中国版本图书馆 CIP 数据核字(2011)第 142764 号

普陀年鉴·2011

作　　者:上海市普陀区地方志编纂委员会
责任编辑　赵玉琴
封面设计　王　茵

出版发行:上海社会科学院出版社
淮海中路 622 弄 7 号　电话　63875741　邮编 200020
http://www.sassp.com　E-mail:sassp@sass.org.cn
经　　销:新华书店
印　　刷:上海江杨印刷装订厂

开　　本:890×1240 毫米　1/16
印　　张:21.75
字　　数:887 千字
版　　次:2011 年 9 月第 1 版　2011 年 9 月第 1 次印刷

ISBN 978-7-80745-888-3/Z·012　定价:180.00 元

上海市普陀区地方志编纂委员会

主　任　顾顺祥

副主任　景　莹

委　员　（以姓氏笔画为序）

于为国　王卫国　王　珏　王智华　包昌华　许干恒
李　刚　李　坚　李学红　张思拯　郑荣洲　施云华
徐志平　章宏斌　章连德　童建民　楼忠民

办公室主任　王卫国

办公室副主任　康国强　冯身康

《普陀年鉴》编辑人员

主　编　顾顺祥

副主编　景　莹

执行主编　侯龙其

编　辑　陈　霞　须希仁　苏　坚　余惠娟　陆佩琪
寿毅人　徐天云

摄　影　陈泰明　王勇成

审稿单位　上海市地方志办公室

半岛花园夜景　（陈泰明/摄）

改建后的宝成桥 （王勇成/摄）

新建的泸定路桥
（王勇成/摄）

武宁路桥夜景
（陈泰明/摄）

改建后的上海西站 （王勇成/摄）

西站候车室

北芳物流
（新普陀报 供稿）

长风视觉艺术馆 （王勇成/摄）

长风商标火花展示馆 （陈宇飞/摄）

刘海粟美术馆展览分馆
（王勇成/摄）

“祥和之光”塔 （王勇成/摄）

普陀明星参与上海世博会城市志愿者服务

中国青年五四奖章
获得者金晶

全国劳模徐虎

全国五一奖章获得者曹道云

全国劳模于井子

全国人大代表朱雪芹

（新普陀报　供稿）

普陀区运动员参加市第十四届运动会健身操比赛

（区体育局　供稿）

图书漂流书架

中日少儿世博展演

（区教育局　供稿）

"佰瑞福杯"养生操展演

（区老龄委　供稿）

普陀区新上海人纪念
7·11世界人口日主题活动
（区人口计生委　供稿）

普陀区中心医院等级评审会　（区卫生局　供稿）

普陀区档案馆创建国家二级综合档案馆测评会　（区档案局　供稿）

市民广场
Citizen's Square

城市，让生活更美好
Better City, Better Life

市民广场
Citizen's Square
城市，让生活更美好
Better City, Better Life

区级机关、街道镇参与上海世博会专场文艺演出

（新普陀报　供稿）

世博参展方比利时、德国、斯洛文尼亚等外国友人参观社区活动

（新普陀报　供稿）

暨南大学旧址（交通路3965号暨南新村1号）

福新第三面粉厂旧址（光复西路145弄）

南林师范学校旧址（凯旋北路1555弄）

普陀区第三批不可移动文物

上海被服厂旧址（叶家宅路100号）

沈宅（江宁路1325号）

（区方志办　供稿）

沪西工人文化宫成立50周年

劳模活动中心

职工培训中心

（新普陀报　供稿）

新普陀報

吴邦国题
一九九四年十月十九日

出版800

创刊号

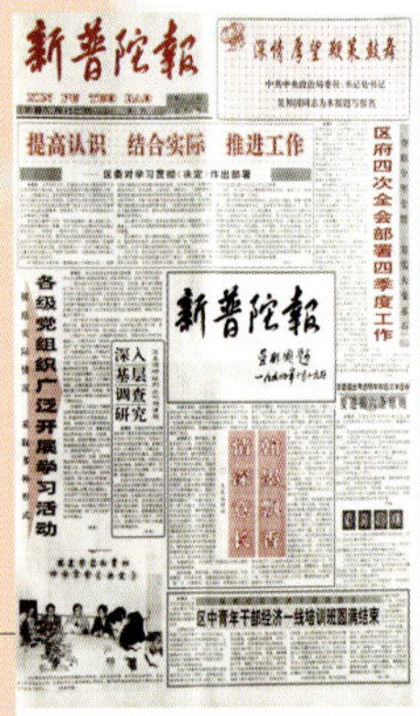
吴邦国为《新普陀报》题字

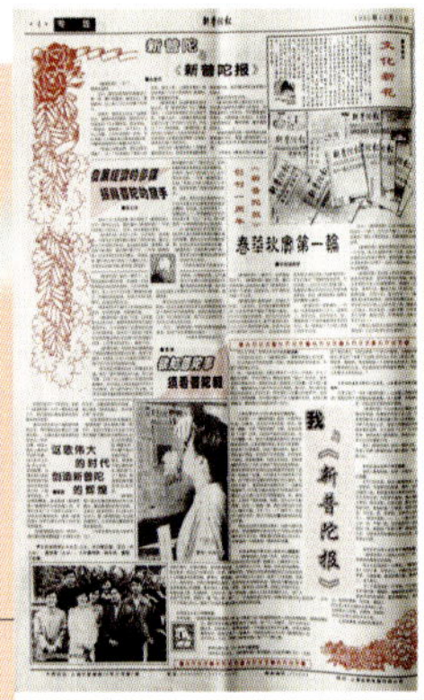
创刊一周年

第一个彩色专版

第一个头版彩色版面

经典

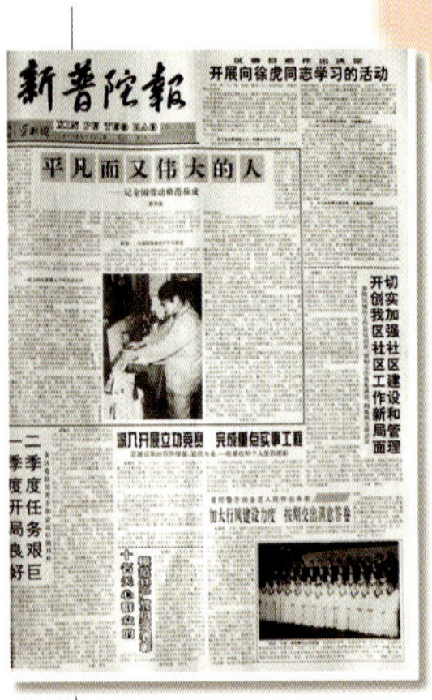

向全国劳模徐虎学习

祝贺世博会隆重举行

新春音乐会

区领导赴台进行

全国人大代表朱雪芹

左：首届花卉节

中：苏州河首次龙舟赛

右：全民健身运动

名家讲堂——小崔谈创新

左：曹杨路拓宽工程、沪宁高速公路入城段整治工程、长寿路拓宽动迁工程竣工

中：长风生态商务区开工

右：真如城市副中心开工

抗击"非典"

"两湾一宅"动迁剪影

万里城开发建设10周

回眸

第一期月末版

报社十周年庆

报台5周年庆

《新普陀报》出版500期

庆祝记者节

二〇一一年两会召开

精彩

庆祝上海解放60周年

奥运冠军刘翔

左:建党80周年歌咏大会
右:建国60周年庆

世博会国家馆日活动

左:毛泽东为李子园题写"按语"发表50周年
中:纪念邓小平诞辰100周年
右:沪滇两地对口支援协作10周年

特奥会

苏州河文化活动

左:东视主持人见面会
右:西部集团打造企业文化

曹杨新村建村50周年

纪念汶川地震

左:苏州河畔揽胜
右:苏州河普陀段夜景

区老干部大学成立20周年

『回顾十一五 展望十二五』

(新普陀报 供稿)

CHANGSHOULU
JIEDAOBANSHICHU

长寿路
街道办事处

地址：胶州路1095号
电话：62277887
邮编：200060

1. 2月19日，中共中央政治局委员、上海市委书记俞正声等领导视察帮困送温暖工作
2. 9月18日，举行普陀商业发展论坛
3. 6月2日，区长孙荣乾调研邻里生活服务中心建设情况
4. 治理后的安远路614弄室内菜场
5. 11月1日，街道主要领导深入居民家中核实人口普查数据
6. 世博志愿者为游客服务

YICHUANLU
JIEDAOBANSHICHU

宜川路街道办事处

地址：华阴路298号
电话：56098058
邮编：200065

1 就业招聘会
2 老年俱乐部
3 平安志愿者服务
4 世博园演出
5 “蓝天下的至爱”捐款
6 六小工程

GANQUANLU
JIEDAOBANSHICHU

甘泉路街道办事处

地址：志丹路125号
电话：56612260
邮编：200065

❶ 平改坡后的老小区
❷ 甘泉路街道社区事务受理服务中心内景
❸ 老人在食堂就餐
❹ 为老助餐服务队上门送餐

SHIQUANLU
JIEDAOBANSHICHU

石泉路街道办事处

地址：管弄路268号
电话：62147302
邮编：200061

❶ 11月2日，上海市统计局副局长朱章海等指导人口普查登记工作
❷ 9月26日，石泉社区2010年文化艺术节暨赵德华书画展开幕
❸ 石泉社区文化艺术节闭幕式
❹ 5月14日，全国科技活动周在管弄第一居民区举行
❺ “六小工程”改造和综合整治后的太浜巷小区新貌

CHANGFENGXINCUN
JIEDAOBANSHICHU

长风新村街道办事处

地址：枣阳路251弄99号
电话：62549008
邮编：200062

❶ 大渡河路完成拆违
❷ 整治后的师大一村
❸ “科学就在你身边”居民区黑板报展评
❹ 长风社区居民迎世博知识竞赛
❺ “欢乐世博”长风社区群众文化团队展演
❻ “长风杯”新上海人歌手大赛决赛暨2010苏州河文化艺术节闭幕式

CAOYANGXINCUN
JIEDAOBANSHICHU

曹杨新村街道办事处

地址：花溪路199号
电话：62160359
邮编：200062

中共中央政治局委员、上海市委书记俞正声在世博园区慰问志愿者

1. 区委书记周国雄调研“六小工程”情况
2. 周全相为老服务先进事迹报告会
3. 服务世博、奉献世博阶段工作总结会
4. 第二十一届“曹杨之春”社区文化艺术节开幕式

真如镇人民政府

ZHENRUZHEN RENMINZHENGFU

地址：芝川路205号
电话：52853666
邮编：200333

①

③

❶ 市、区领导到真如走市场、下社区，察民情、解民意
❷ “新老娘舅”柏万青传经送宝
❸ “感动真如 迎世博十佳先进人物”评选活动颁奖
❹ 真如镇终身学习节十年巡礼
❺ 开展防火安全检查
❻ 百岁老人七进世博园
❼ 第一酒市

4

5

6

7

长征镇
人民政府

CHANGZHENGZHEN
RENMINZHENGFU

地址：万镇路180号
电话：52709699
邮编：200333

1

3

4

① 长征新貌
② 市长韩正视察天地软件园
③ “长征1路B线”开通
④ 老真北村首批居民乔迁商务区
⑤ 优质教育发展共同体成立
⑥ 梅川路梅花节开幕

桃浦镇
人民政府

地址：武威路789号
电话：62506313
邮编：200331

TAOPUZHEN
RENMINZHENGFU

1. 区委书记周国雄与社区居民共迎新春佳节
2. 第六次全国人口普查
3. 镇领导在爱心超市做社区义工
4. 全国劳模徐虎等慰问世博志愿者
5. 上海世博会先进个人杨兆顺
6. 社区离休干部高唱革命歌曲
7. 桃浦社区人口计生指导服务中心落成
8. “两新”组织员工开展全民健身拔河赛
9. 科技活动周青少年科技创新大赛

魅力苏州河

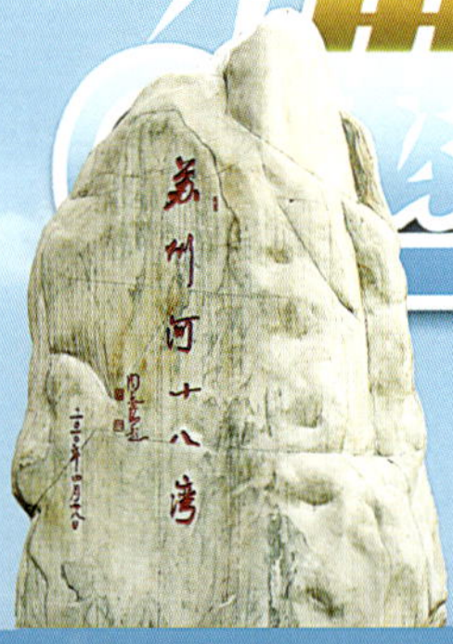

（区方志办　供稿）

编 辑 说 明

一、《普陀年鉴(2011)》是在中共普陀区委和区人民政府领导下,由普陀区地方志编纂委员会编纂的第十三部具有公报性质的年度资料性文献。

二、本年鉴以马列主义、毛泽东思想、邓小平理论和“三个代表”重要思想为指导,贯彻科学发展观,比较全面、系统、翔实地刊载2010年普陀区的自然、政治、经济、文化和社会等方面的资料和信息,注重反映区情特色,为区的经济发展、社会事业和城区建设等服务,为爱国主义教育服务,为国内外人士了解普陀、研究普陀、投资普陀、开发建设普陀提供可靠的信息资料。

三、本年鉴记述的时限为2010年1月1日—12月31日。

四、本年鉴依次设概貌、专文、大事记、领导视察调研,以中文序号为标示的31个栏目、文献、统计资料、索引等,采用栏目、分目、条目三级结构。全书用条目编写的部分(除概貌、专文、大事记、领导视察调研、文献、统计资料),计有190个分目、1148个条目。收有统计表格46张。

五、本年鉴为大16开本,全彩色印刷。全书有卷首照片117帧、正文附随文照143帧,力求图文并茂,有可读性。

六、本年鉴由区级机关有关部门,各街道、镇,有关企事业单位直接撰稿或提供资料。为保证资料的可靠性,特载栏目中选登的文件为原文实录;其他选用的资料,均经有关部门、单位的领导审定、核准。

七、统计资料及各类数据为2010年底统计数据(另注除外),主要由区统计局提供,各有关部门、单位也提供了相关数据。少数数据,由于部门之间统计口径不尽一致,数值也不尽相同。

目　录

概　貌

专　文

大事记

领导视察调研

一、中共普陀区委

三、普陀区人民政府

四、政协普陀区委员会

五、中共普陀区纪律检查委员会

六、民主党派·工商联

八、工业·产业园区

九、商贸·旅游

十、招商引资·对外经贸

十一、民营企业

十二、财政·税收·银行

十四、人力资源和社会保障

十五、城市建设

十六、房地产开发与管理

十七、环境建设与管理

二十一、文 化

二十二、卫生

概　貌

【地理境域】　普陀区是上海市中心城区之一。位于市中心区城西北部。东与闸北区交界，西与嘉定区交壤，南与长宁区、静安区毗邻，北与宝山区相连。区域面积55.47平方公里，其中水域面积1.65平方公里。苏州河（吴淞江）东西横穿境内，境内河段两岸岸线全长21.54公里。普陀区是上海西部的陆上交通要道。京沪线沪宁段、沪昆线沪杭段两条铁路线会合于区境内，境内设有上海西站。真南路和曹安路分别是204、312国道的起始段。沪嘉高速公路与沪宁高速公路分别从区西北部与西部进入境内。内环、中环、外环线及轨道交通3号线、4号线、7号线、11号线贯穿境内。区人民政府位于大渡河路1668号，东距铁路上海火车站4.7公里，西南距虹桥国际机场8.4公里，东南距市中心人民广场7.5公里。境内最北端，距长江南岸吴淞口15.5公里，西北端杨家桥距嘉定区中心约17.5公里，最西端北新泾苗圃距江苏省境约20公里，境南北新泾桥距闵行区莘庄约12公里。

【人口民族】　2010年，全区户籍总人口87.89万人，全年户籍出生人口5883人，死亡人口7414人，户籍自然增长率-1.75‰，计划生育率99.78%。常住人口128.89万人，其中外来常住人口36.30万人。区属系统职工人数5.68万人。其中企业单位职工3.74万人，事业单位职工1.45万人，机关工作人员0.42万人。

全区共有44个民族，以汉族为主，少数民族户籍人口11584人。少数民族中人口最多的是回族，计8897人，占少数民族人口的76.8%。

【经济发展】　实现地区生产总值（区域GDP）现价566.39亿元，按可比价格计算，比上年增长8.3%。其中，第二产业实现增加值109.04亿元，增长13.8%；第三产业实现增加值457.35亿元，增长7%。实现区属增加值（按“税收属地”口径计算）219.02亿元，比上年增长9.2%，其中第二产业增加值64.13亿元，增长9%；第三产业增加值154.89亿元，增长9.3%。第三产业增加值占区属增加值的比重为70.7%。实现财政总收入154.76亿元，同比增长22.8%，其中，区级财政收入51.97亿元，比上年增长17.4%。地方财政支出78.57亿元，比上年增长9.8%。其中，科学教育支出17.94亿元，比上年增长25.1%；文体卫生支出5.11亿元，比上年增长22.1%；城乡社区事务支出25亿元，比上年增长26.9%。完成农副业总收入2033元，比上年下降13.4%。工业生产呈现恢复性增长。全年工业完成区级税收5.21亿元，比上年增长6.4%，占总税收比重为12.9%。按在地税收口径计算，完成工业增加值52.89亿元，比上年增长10%。完成工业总产值228.19亿元。建筑业完成区级税收3.08亿元，比上年增长4.3%；实现建筑业增加值11.24亿元；年末建筑企业264户。完成建筑业总产值247.49亿元，完成房屋施工面积2436平方米，房屋竣工面积533万平方米。区内主要商业银行各项存款1674.4亿元，比上年增长8.3%；各项贷款655.33亿元，比上年增长10%。全年零售业实现区级税收7.83亿元，比上年增长9.5%，占总税收比重为19.4%。按在地税收口径计算，全年批发零售业实现增加值34.13亿元，比上年增长18.3%；完成商业销售额1489.75亿元，比上年增长20.6%。其中，批发零售业完成营业额1478.16亿元，比上年增长20.6%；餐饮业完成营业收入11.58亿元。完成社会消费品零售额299.66亿元。全区连锁商业网点达621家，商品交易市场成交总额2702.32亿元，比上年增长52.8%。其中，消费品市场成交241.64亿元、生产资料市场成交额2460.68亿元。全年实现房地产业增加值23.79亿元，完成区级税收13.76亿元，比上年增长8.1%。完成商品房投资104.62亿元，增长6.1%。住宅施工面积228.12万平方米，增长4.5%，其中，新开工面积63.08万平方米，比上年增长4.5%。住宅竣工面积54.56万平方米，比上年增长12.4%。商品房施工销售面积73.03万平方米，比上年下降29.5%；销售金额131.37亿元，比上年下降28.3%。年末在区注册的房地产开发企业99户。

产业结构调整取得新成效。现代

服务业、商贸业、科技产业在区级税收中的比重分别为21.68%、19.41%、17.29%。税收亿元楼累计达到6幢。加强政策引导,出台多项促进金融服务业、信息产业、楼宇经济等发展的扶持政策。金融服务业发展取得新突破,建立"长风金融港",一批境内外知名股权投资和管理企业形成集聚。西北物流园区保税物流中心封关运行;与外高桥保税物流园区合作建立上海外高桥西北保税物流有限公司,推动海港和陆港保税物流的联合、联动、联运;上海路威供应链公司、北芳储运集团等一批企业已入驻;合作成立同济大学中国物流研究和培训中心。中国移动通信集团上海有限公司落户;推进信息化工作和无线城区建设,普陀区被列入首批"上海市TD建设与应用试点示范区"。天地软件园被命名为"全国文化产业示范基地",M50获"上海名牌"称号。商业布局不断优化、业态不断丰富、能级不断提升,消费对经济拉动作用进一步增强。普陀区荣获"上海购物节营销大赛最佳人气奖"。

重点地区建设取得新进展。长风生态商务区:项目建设有序推进,综合配套环境不断完善,服务业发展功能进一步凸显。两家五星级酒店开业;米高梅国际娱乐中心基本建成;跨国采购中心项目加快推进;泸定路桥建成通车;完成大渡河路部分临时商业网点拆除工作;工业遗址园建设积极推进;3幅住宅地块完成出让。真如城市副中心:上海西站交通枢纽工程取得阶段性成果,沪宁城际铁上海西站投入运营;大渡河路22万伏变电站选址和建设工作积极推进;与上海铁路局正式签订货场地区土地收储协议;长江实业、绿地集团开发的项目有序推进。中环商贸商务区:加强交通组织和环境治理,停车导向系统和物联网智能停车系统投入使用;梅川路文化时尚休闲街完成改造;国际中小企业总部社区控详规划落地工作积极推进。桃浦生产性服务业功能区:与市规土局共同组织完成国际方案征集工作,控详规划修编工作抓紧开展。长寿综合服务带:楼宇经济的综合效应进一步增强。

招商引资呈现良好势头。引进内资企业2099户,注册资金66.14亿元;合同引进外资项目125个,引进合同外资3.86亿美元。引资结构进一步优化,商贸物流、信息科技、金融服务等项目占引进内资企业总数近六成。总部型企业的引进取得新突破,施耐德、五芳斋、隆德芯、中国地质等一批总部型、龙头型企业落户。全区楼宇信息和招商管理信息系统框架基本完成,招商资源统筹工作得到加强。制定《普陀区关于推进企业上市的若干意见》及实施细则,支持帮助企业上市,已有2家企业获国家证监会和市证监局辅导备案,7家企业完成或正在进行股改。

国资国企改革重组工作不断加强。区国资管理新格局基本形成,国资(集资)监管实现全覆盖。国资国企对区域经济贡献度逐步提高,全年完成营业收入46.39亿元,实现净利润8.26亿元,上缴国资收益9204万元。推进国企重组整合,完成英雄集团的整体划转和交接;启动区城投公司和区安居公司整合。国有企业法人治理结构加快完善。重大财务事项管理进一步规范,《企业会计准则》开始试点。城镇集体资产和农村集体资产管理进一步加强。对全区348家行政事业单位开展清产核资;实现行政事业单位国有资产管理职能的平稳过渡。

【城市建设】 完成区保障房地块控详规划和中环市级商业中心交通专项规划编制工作。完成城市空间发展战略规划研究。完成轨道交通7号线、11号线各站点复位工程,配合推进轨道交通13号线站点建设。完成枣阳路、丹巴路、叶家宅路(安远路——新会路)辟通工程。完成桃浦路(区界——定边路)、金昌路区区对接道路辟通工程。新师大低标排水系统改建完成,大光复排水系统投入使用。曹杨路、桃浦路、大渡河路综合改造工程前期工作积极推进。长风公园成功创建国家4A级景区。3万平方米桃浦楔形绿地建成,建民村绿地启动建设,桃浦体育公园(二期)建成,完成兰溪公园等3个公园的改造。国家卫生城区、国家卫生镇等创建工作积极推进。实现市容环境责任区达标创建全覆盖,成为全市首批达标创建全覆盖区(县)。加大对乱设摊、跨门营业、夜排档、乱倒渣土等现象的治理,强化常态化管理。完成15家高能耗、高污染企业淘汰工作。实施18个企业及部门设备技术改造项目。企业能耗监测、预警工作进一步加强。对14幢楼宇开展能源审计和节能诊断,实施合同能源管理。区第四轮环保三年行动计划扎实推进,123个项目已完成87个。组织开展以"实施低碳发展,建设生态文明"为主题的世界环境日暨世博环境论坛。甘泉街道子长小区荣获"上海市世博绿色出行示范小区"称号。新建绿地30万平方米,全区绿化覆盖率提升至23.5%,人均公共面积6平方米。

【社会事业】 科技企业加快向园区集聚。华大科技园核心功能区建设步伐加快,同济大学科技园沪西园区已实质性运作。企业创新意识和创新能力不断增强,71家科技企业承接国家、市级各类科技专项计划150项,实施科技成果转化24项;56家企业自主研发科技项目191项,投入研发资金4.1亿元。新增市级科技小巨人企业5家、区级科技小巨人企业17家、高新技术企业15家。电科所、化工院、复星医药分别领衔的"智能电网终端设备"、"改性塑料"、"抗体药物"技术创新联盟被认定为市级首批联盟。新建市级技术创新服务平台1家,市级科技孵化器1家。实施标准化建设和名牌培育战略,创建市标准化示范试点项目5个,27家企业、30个产品获上海名牌称号。与区内九大科研院所合作共建工作扎实推进。完善人才政策,加大对高层次科技人才和领军人才的引进、培育、服务力度。

全面实施校安工程,开工22所,完成16所。9所教育攻坚配套项目完成1所,5所正在建设,2所筹备开工。全区新增幼儿园学额1350个,梅岭幼儿园、万里城幼儿园投入使用。开展区素质教育先进校争创工作。成立长征镇优质教育发展共同体。普陀区荣获"全国社区教育示范区"称号。

曹杨街道荣获"全国学习型街道示范单位"称号。推进教育国际合作，成立普陀中英教育交流中心。承办联合国教科文组织中国可持续发展教育项目第十次国家讲习班。

医药卫生体制改革稳步实施，建成上海住院医师规范化培训基地。区中心医院通过上海市三级医院等级评审。卫生医疗科研能力显著提升，承接国家级、省部级科研项目 27 项；14 项成果通过鉴定。甲流疫苗、季流疫苗和麻疹强化免疫接种率在全市领先。市儿童医院、市妇幼保健中心迁建项目整体开工。为 19105 名退休和生活困难妇女提供相关疾病免费筛查服务。荣获"全国人口计生系统先进集体"和"全国婚育新风进万家示范区"称号。

文化、体育事业特色发展扎实推进。区图书馆新馆开放，与区少儿图书馆实现资源整合。全市首个"上海当代作家手稿作品收藏展示馆"开馆。完成刘海粟美术馆展览分馆二期建设。区属电影院转企改制有序推进。成功举办苏州河文化艺术节，组织以苏州河为主题的长三角地区美术创作活动。普陀区获第十二届上海国际艺术节"特别贡献奖"，"新上海人歌手大赛"等一批项目获"群文活动优秀项目奖"。"全民健身与世博同行"主题活动广泛开展。举办端午节城市龙舟国际邀请赛。组队参加市 14 届运动会，青少年组夺得金牌 100 枚、银牌 62 枚、铜牌 50 枚的好成绩。完成第三次国民体质监测工作。建成 4 个公共运动场，新建健身点 2 个，更新健身点 85 个、健身苑 4 个。完成第六次全国人口普查入户调查工作。完成对口支援都江堰玉堂镇灾后恢复重建任务。区档案馆创建国家二级档案馆。

【社会保障】 启动建设"青年大学生创业孵化基地"等 3 个创新性项目。开展就业援助月、民营企业招聘周、公共职介进"三区"（校区、园区、社区）等活动，帮助青年大学生等就业和创业。坚持以创业带就业，帮助成功创业 508 人。接受各类职业技能培训 1.73 万人，其中，中高级技能培训 9249 人。劳动人事争议仲裁院正式运行。累计发放救助帮困资金 1.62 亿元，救助 45.6 万人次。成立居民经济状况核对中心。区救助管理站新址正式启用。举办 2010 年"蓝天下的至爱"大型慈善募捐活动。举办"世博·普陀献爱心"慈善演唱会。新增养老床位 612 张，新建老年活动室 14 个，1.84 万名老人享受居家养老服务。中远两湾城和恒盛鼎城养老院奠基。荣获全国养老服务示范单位称号。甘泉街道获"全国老龄工作先进单位"称号。实现创建"全国残疾人工作示范城市"的目标任务。旧区改造工作力度加大。全面完成建民村地块动拆迁工作。推进实施"两次征询"和"数砖头 + 套型保底"的动迁新政策、新机制。完成居民动迁 1646 户、单位动迁 23 家，共拆除面积 10.5 万平方米。加大旧区改造资金投入和房源筹措力度，402、507 地块配套商品房建设加快推进。沪嘉北 A、李子园 A、金光二期等保障性住房项目加快建设。全年保障性住房建设面积 23 万平方米。新落实廉租住房租金配租家庭 879 户，累计向 4877 户廉租家庭发放配租租金 3269 万元。廉租住房实物配租试点工作积极推进。完成 320 个老小区环境改造"六小工程"。区校合作完成华师大一村环境综合整治。

【社会管理】 石泉社区事务受理服务中心对外开放，曹杨社区事务受理服务中心基本建成，长寿社区邻里服务中心开工建设。市首条跨区运行的镇域公交线长征 2 路开通。出台《普陀区加强社会建设工作实施意见》。长征镇被世界卫生组织命名为"国际安全社区"。各级各类人民调解委员会调处矛盾纠纷 1.27 万件，同比增长 56.64%。区医患纠纷调委会获"全国模范人民调解委员会"称号。一批突出信访矛盾有效化解，市交办的信访突出矛盾的化解率为 45.7%。先后组织开展"集中打击街面扒窃"等 22 次专项整治行动；各类刑事案件立案 6367 起，同比下降 11.3%，其中，"两抢"案件同比下降 48.25%。社区综治工作中心建设实现全覆盖。"11.15"特大火灾事故后，开展全区性的防火和安全生产大检查，检查单位 3711 家，查出隐患 1680 处，对隐患及时进行整改。

【世博工作】 完成世博会涉区任务。严格入园服务外包单位的行业监管，普陀区 9 家中心厨房、7 家食品生产企业圆满完成世博保障供应任务。组织 2200 人次市民代表参加 10 个国家、国际组织的国家馆日、荣誉日活动。实现世博特许商品销售额 5.92 亿元，完成市下达指标的 127%。做好世博大礼包发放工作和观展组织工作。开展上海世博会普陀百场文化活动，在园区内成功完成瓷刻铁艺展示活动，与市图书馆联合推出"图书漂流、牵手世博"活动。成功举办"相聚世博会，走进金中环——中外商会普陀行"活动。完成友好城市、对口支援地区代表团及港、澳、台、侨团组 96 批次 4300 人次的观博接待工作。实现世博安保防控目标。世博园第五责任区安保任务圆满完成，涌现出首个"世博园区文明出入口"、"样板停车场"、"警花送水服务队"等一批榜样集体。加强对重点人、地、物的管控，完成 2.6 万余人次的外省市重点人员核查任务，对普陀区 104 个重要目标、重点单位落实"一点一方案"。实行"一校一警"，强化校园周边治安交通环境治理。全面加强危险品管控。对 1797 处民防工程开展全覆盖安全检查。依靠 3.35 万人的平安志愿者队伍，全面加强群防群治工作。区政法委办获世博会全国先进集体称号，董鹏勇、金晶、杨兆顺、徐志刚荣获世博会全国先进个人称号。区公安分局出入境管理办公室等 11 家单位，胡平、李俊等 16 人荣获世博会市级先进称号。

（区方志办根据《政府工作报告》、统计公报等有关资料整理）

专 文

普陀现象

普陀人杰地灵，普陀英雄模范辈出。改革开放以来，普陀涌现出一大批具有崇高精神、做出非凡业绩的先进典型和模范人物。五届全国劳模徐虎，全国道德模范曹道云，全国医德标兵于井子，“最美火炬手”金晶，上海首位农民工全国人大代表朱雪芹，著名田径运动员刘翔，全国师德标兵、杰出志愿者查文红，扫街扫出大学问的“马路美容师”陈扣娣，在浩瀚的宇宙中拥有以自己名字命名的小行星的化学教师叶佩玉……他们都出自普陀。区内有33个(次)单位(组织)、59人次获国家级荣誉称号，41个(次)单位(组织)、350人次获部、市级荣誉称号。如此多的先进典型出自普陀，在全国罕见，被誉为“普陀现象”。

一、“普陀现象”的背后先进典型为何生生不息

在沃土中涌现

普陀区位于上海中心城区西北部，上海话民谣“普陀普陀，又破又大”，整体上属于“下只角”。而今天此地遍布商业区、办公楼和新型住宅小区，与公园绿地、名胜古迹和谐交融。正是在改变旧貌的奋斗历程中，涌现出一个又一个典型。

“普陀现象”体现在三个方面：一是重大典型接连不断，新中国成立60周年庆典，有6人受邀到天安门城楼观礼，“100位新中国成立以来感动中国人物”评选中，有2人入选；二是典型数量多，以上海十大杰出青年评选为例，从2002年至今，每年至少有一人获得这项荣誉；三是典型覆盖面广，先进典型遍布区内经济社会发展的各个领域，经济、教育、科技、卫生、体育、机关……。

区委书记周国雄精辟地概括为：“作为老工业区的普陀历来是英雄辈出的热土，有着优良的革命传统，在新中国成立前，普陀是中国共产党领导的工人运动发源地之一，有‘赤色沪西’的美称；新中国成立后，高素质的工人队伍生产建设热情高昂，出现了杨富珍等一大批劳模；改革开放后，尤其是20世纪90年代以来，普陀区克服重重困难实现经济战略转型，火热的社会生活产生其典型代表，伟大的变革时代涌现其领军人物。”。

在平凡中感动

普陀的典型，有关键时刻以残缺之躯保护奥运火炬的金晶，有经历大起大落、挑战极限的刘翔，但更多的是默默无闻的“草根英雄”，没有轰轰烈烈的事迹，而是因为在平凡岗位上长期的坚守与奉献，感动无数人。护士于井子坚守临床一线17年，探索护理人性化服务。很多老病人一进医院就说：要住就住于井子护理小组的病房！徐虎总说：“工作就是通马桶、修电灯、换电线，每天重复。”正是这份重复单一的工作，他却乐此不疲，也获得了“19点钟的太阳”这一美誉。

“普陀的典型，不是那种高高在上被神化了的人物，他们可亲可敬，可信可学。”区委常委、宣传部长祝学军说，“正是因为他们来自基层一线，来自长期的坚守，在群众中有很高的美誉度。”

在创新中传承

在上海世博会开幕前，区委为金晶、徐虎、于井子、朱雪芹和曹道云5人授予“普陀区志愿者形象大使”称号，并以他们的名字命名了世博城市志愿服务站点。世博后，区文明委又以他们的名字命名了第一批志愿服务名人工作站(室)。在志愿服务名人工作站(室)成立之前，区委宣传部、区文明办已经为部分先进典型建立了以他们名字命名的公民思想道德建设示范实践基地，持续发挥好先进典型的引领作用。基地的建设由区委宣传部进行牵头，负责投入经费并协调各方力量；各职能部门具体实施并承担日常管理、接待和维护工作。基地建成后，典型宣传拥有了永久阵地，避免典型宣传“一阵风”，而且更生动、具体、直观，更具说服力、感染力和号召力。

二、“普陀现象”的解读

区教育系统关心下一代工作委员会（以下称“关工委”），对先进典型人物生生不息的“普陀现象”高度关注，并进行了认真地解读。全国罕见数量如此之多，覆盖面如此之广的先进典型人物集中出现在普陀，并不是偶然的，既有其独特的社会历史原因，也有深厚的主、客观现实因素。

传统是根

普陀是一个具有光荣革命传统的地区，是中国共产党早期领导工人运动的发祥地，是著名的“五卅”运动的策源地，到处都有党领导革命活动的足迹，是顾正红、刘华等革命先烈流血牺牲的红色土地。传统是根，先烈洒下的革命英雄主义文明的种子总是会有收获的。这就是人们通常所说的文脉。不管世事如何变化，社会如何发展，只要根在，就会开花结果。人们在众多的普陀“草根英雄”的身上都能看到革命先烈为祖国和人民无私奉献的精神品质。

家是摇篮

普陀是产业工人和其他劳动人民密集聚居地区，他们对党有深厚感情，翻身感强烈；他们贴近民众，深谙民间疾苦，有同情心和平民意识，能历史地、全面地、辩证地看待社会，普遍有幸福感；他们对公平、正义和社会稳定有充分感知和理性认识，具有社会责任感。徐虎等先进典型人物大都出身于这样的家庭环境，自小受到这种朴素的家庭环境的熏陶，从长辈身上传承了这些思想意识和优良的品德，为以后的成长奠定了良好基础，家庭是先进典型人物的摇篮。

教育是本

解放后，尤其是改革开放后，历届区委根据中央要求，结合区的实际，创造性的加强思想政治教育、道德品质教育。在普陀土地上出现的先进典型人物大都是“生在新中国，长在红旗下”的新一代代表人物，也是社会主义学校教育培养出来的，学校教育对他们的世界观、人生观的形成起着基础性作用。改革开放以来，在区委领导下，学校德育教育一直是普陀教育的优势和亮点，爱国主义教育、革命传统教育、劳动教育、艰苦奋斗教育以及理想信念教育有成果、有经验，在全市处于领先的地位，全市德育现场会多次在普陀召开，徐虎、金晶、刘翔等先进典型人物的成长无不打上学校教育的烙印。深感在青少年中必须坚持和不断优化思想政治和道德品质教育。

文化是魂

文化是一种“随风潜入夜，润物细无声”的教育力量，一个单位的精神文化活动是组织成员理想、信念、情操、行为、价值观和道德观水平高低的标志，并对组织成员产生巨大的熏陶作用。区委在长期的思想建设和组织建设中，形成了一种善于发现、精心培育在基层群众中的先进典型人物，为他们创设了适合其发展、成长的文化环境，这是先进典型生生不息“普陀现象”极为重要的原因。一个先进典型诞生了，党组织还善于以他为“带头羊”，放大他的先进典型示范引领效应，形成人人争先、个个创优的集体心理氛围，带出了一个先进群体。徐虎、曹道云等的出现及他们周围先进群体的形成就是一个突出的例子。

“时势造英雄”，在改革开放的大潮中，普陀人民改天换地，立志改变普陀“又破又大”的落后面貌，负重前行、开拓创新、勇攀高峰，在“遍地英雄下夕烟”的大军中，涌现一批出类拔萃的“弄潮儿”是时代的呼唤，盛世的必然。

三、“普陀现象”的发展

区“草根英雄”不断涌现，先进典型生生不息的“普陀现象”，且有“星火燎原”之势。但是，大家也清醒地认识到，在经济全球化、信息网络化和文化多元化的背景下，青少年思想道德教育面临着十分严峻的新挑战，形势不容乐观。自觉地肩负起青少年思想道德建设的重任，为党分忧，为民解难，关心下一代的成长是各级党组织义不容辞的历史使命。在“十二五”的开局之年，在区委重视和统一部署下，区教育关工委将为发展“普陀现象”，为更多的先进典型的涌现奉献光和热。

1. 积极主动参与志愿服务名人工作站（室）活动，发挥先进典型对青少年的榜样示范作用

榜样的力量是巨大的，身边的榜样以其具体形象、感人、可信、可亲更具引领作用。以“草根英雄”不断涌现的“普陀现象”为切入点，积极参与志愿服务名人工作站（室）活动，组织青少年开展向普陀先进典型学习的主题教育活动。主要方式：

一学。学习先进典型人物的先进思想和平凡而感人的事迹。

二问。采取寻访、采访、走访等形式走近模范先进人物，并和模范先进人物面对面，共同探讨人生、理想、信念，开展心灵的交流和沟通。

三议。议论模范先进人物成长轨迹，以及爱国、爱党、爱民、奉献背后的原因。

四思。反思“我和先进典型人物的差距”，思考自己健康成长之路。

五行。积极参与各项志愿服务，在帮助同伴、服务社区上下工夫，把学习先进典型落实在行动上。

2. 开展“党，我心中的太阳”主题活动

贯彻中央六部委发出的“学习党史”通知的精神，以纪念建党90周年为契机，在青少年中开展“党，我心中的太阳”主题活动，在青少年心中播撒“只有共产党才能救中国；只有共产党，才能发展中国”的理想信念的种子，让广大青少年像于井子、朱雪芹、金晶、刘翔等先进人物一样成为有理想、有信念的一代。具体做法如下：

一是组织区教育系统关工委讲师团老同志学党史，并和区教育团工委联手对“学生业余党校”、党章学习小组成员作党史学习辅导报告，讲座或座谈。

二是举办征文、演讲活动。与学校德育处一起组织学生观看建党90周年献礼影视片，发动“学生业余党校”、党章学习小组成员撰写《光辉的旗帜——我学党史》的体会文章。

三是收集、整理、修改征文，举办演讲比赛，编印《光辉的旗帜——我学党史》特辑，展示学习党史成果。

四是组织老同志和青年教师举办《党在我心中》的知识竞赛和参观党的“一大”会址活动。

3. 充分利用先进典型的教育资源，为青少年解除“成长的烦恼”

“普陀现象”所展示的先进典型人物风采，对当代青少年学生来说是极其宝贵的思想教育资源，可以帮助青少年解除成长的烦恼，应当充分加以开发、利用。他们在功利面前表现超越世俗的利他思想和奉献精神具有很强的人格魅力和教育价值。具体做法如下：

一是深入调查青少年的“成长的烦恼”。让教育活动更具有针对性和有效性，组织老同志深入学校，到学生中间，真切感知和体会学生对社会生活、学校生活、家庭生活中碰到的思想困惑，在典型调查研究基础上归纳成若干具有代表性的问题。

二是针对整理、归纳出的青少年学生“成长的烦恼”问题，组织离退休干部，利用“普陀现象”提供的教育资源撰写有理论分析、有事实材料、有说服力的宣讲稿。

三是将宣讲稿编辑成集，组织有口头表达能力的老同志和有一定知名度的先进人物进行宣讲。

四是在宣传活动中，倡导青少年参与公益活动，丰富助人为乐的人生体验。在学习先进思想、培养优秀品质的实际行动中清除“成长的烦恼”，树立于井子、徐虎、刘翔等先进人物服务他人、无私奉献、坚强勇敢、谦虚好学、积极向上、乐观进取的人生态度。

“问渠哪得清如许，唯有源头活水来”。先进典型生生不息的“普陀现象”的“源头活水”是青少年群体，让广大青少年学生了解先进典型的事迹，学习优秀的品质，树立“从小学先进，长大当先锋”的志向，“普陀现象”将会永远枝繁叶茂，硕果累累。

（区方志办根据《新普陀报》载文整理）

“六小工程”书写民生大文章

2010年，区委、区政府下达了320个小区、1400万平方米老小区的“六小工程”改造任务，全区上下以上海世博会为契机，经过一年辛苦付出、共同努力，终于圆满完成了。老小区的居民反映非常好，这样的民生工程非常有意义。由于历史的原因，区内有大量的老小区，而这些小区普遍存在着年久失修、公共空间相对狭小、停车难、晾衣难、门面旧等问题，社区居民反映强烈，产生了很多邻里矛盾。在迎世博、办世博期间，普陀区针对老小区实施了旧住房综合整治、二次供水设施改造以及建筑立面清洁等工程，这些项目实施后，老百姓居住生活中的“急、难、愁”问题得到一定的解决，市容市貌出现了明显改善。然而，小区乱停车、乱晾晒等老大难问题依然存在，居民对绿化品质、公共活动空间也有着很迫切的需求。对此，区主要领导深入小区，了解百姓的需求，征求百姓意见，并在调查研究的基础上，从2009年9月正式试点包括路面、绿化、晾衣、停车、椅子和门面在内的“六小工程”。

为民实事工程确定后，怎么做？是做做“面子”还是要让老百姓得实惠的“里子”？区委、区政府很明确“六小工程”本来就是根据百姓的呼声实施的，一定要把好事做好，让老百姓满意。“六小工程”投资不算太大，每个小区平均不过几十万，但钱要花到群众的心坎上。实施该工程的过程中，在方案征集、策划等阶段，让居民群众全工程参与，听取百姓的意见，办好老百姓想办的实事、好事，这就是答案。

晾衣服“万国旗”曾是上海老式小区的一个缩影，因晾衣服引发的邻里矛盾频频发生。如何做好“晾衣小工程”？相关部门在细节上是动足了脑筋。在设计晾衣架尺寸时，根据许多身高不同的居民反复演示，最终确定的晾衣架最佳高度为1.9米，同时在做好的架子下方增设一层支架，让行动不便的老年人也能方便使用。在实施“椅子工程”时，拿出6个不同造型的休闲椅设计草图供居民挑选。居民代表们一眼相中了欧式铁质长椅，但在试坐后，不少居民认为椅子棱角太多，容易碰伤老人和孩子，提议更换成设计简约的实木椅。这一建议得到采纳，及时修改带有棱角的设计。在设计小区综合广场进口时，考虑老年人和残疾人进出方便的情况，增设了无障碍通道。在实施为民办实事、好事的“六小工程”改造的整个过程中，始终着眼于老百姓的需求上。

改造后的老小区，新建的亭台楼阁和蜿蜒的小桥使人眼前一亮，令人有置身于苏州园林的感觉。老小区变了新模样，房子成了景观房，老房子也升值了。自2009年9月实施以晾衣、停车、路面、绿化、椅子、门面为主要内容的“六小工程”以来，破解了老式小区年久失修、公共空间狭小、停车乱、晒衣难、门面旧等难题，社区居民在“小“工程中得到了真正的实惠。走进改建后的老小区竟成了环境幽雅、绿化茂盛、生活方便的宜居小区。以前搬出的居民回到原小区一看，大吃一惊，早知道这样，就不搬了呢！亲戚来玩，都羡慕极了。广大居民普遍反映：老小区的改造不仅改变了居住环境和生活质量，同时也提高了居民的幸福指数和文明指数。

现在看来“六小工程”真的是做对了，居民的幸福指数提高了，小区的文明指数也提升了，特别是这些老的小区由于环境不好，过去普遍存在着欠缴物业费的情况，因此物业和居民之间的矛盾比较突出。经过改造后，物业费的上缴情况明显好转，这一矛盾也得到了有效缓解。目前正在落实“六小工程”后的小区长效管理机制，所有的工程都要后续管理，不然很容易使亮点不能持续。已经制订的老小区环境建设“六小工程”实施意见，明确了业主意见征询到方案设计施工再至移交管理的一整套流程。尤其是通过业主意见征询和居委会、业委会和物业公司共同申请的“组合拳”，进一步明确了居委会在小区管理中的牵头作用，“六小工程”的产权归属，以及物业公司今后推行保障责任。与此同时，还将物业达标补贴考核与“六小工程”后续管理相结合，从而使“六小工程”有人查、有人管、有人修。

2011 年，全区还将扩大“六小工程”的实施范围，拓宽老小区受益群体和受益面。目前，“六小工程”的实施范围主要集中在公房、售后公房为主的老小区，但是相当一部分老的商品房小区的设备设施方面也存在很多问题，有的甚至还达不到售后房小区标准，这样的小区在区内有 40—50 个。要在总结前期工作的经验上，更加注重细节和民生，把这些小区的改造工程纳入其中，让更多的老百姓受惠，书写好民生这篇大文章。

（区方志办根据有关内容整理）

改造前的旧小区

改造后的旧小区

（区方志办供稿）

大事记

1月

1日 “‘激扬世博·律动苏州河’2010年普陀区元旦长跑比赛暨全国‘田径之乡’业余长跑等级达标赛”在光复西路东新路苏州河岸举行。来自全区街道镇，红十字会和社区体育健身俱乐部近千名长跑运动员参加比赛，并在光复西路宝成桥终点举行捐款活动。

7日 市委副书记、市长韩正在区领导周国雄、孙荣乾、裴崎、诸葛宇杰、高德彪陪同下，先后视察宜川路街道赵家花园“六小工程”、上海铁路西站枢纽工程、陆上货运交易中心和长风生态商务区等建设情况，并强调要把推进旧区改造作为改善民生的重要工作，让人民群众真正从中受益。

9日 区政府实事工程——区中心医院外科医技综合楼奠基。新大楼工程总建筑面积4.03万平方米，项目总投资2.44亿元，总建筑高度94.95米，内设床位522张。

10日 区委副书记、区长孙荣乾率团赴都江堰市玉堂镇考察慰问，并代表区政府向玉堂镇宝瓶村活动中心捐款100万元，为玉堂镇居民送去电热毯6500条，棉被1000条。

15日 中共普陀八届区委十一次全会召开。

16日 区举办“蓝天下的至爱”慈善募捐活动，活动现场共募集善款600余万元，创历年新高。同时，全市首家“晨路慈善服务社”揭牌。

18—21日 区政协十二届四次会议举行。

19—22日 区十四届人大六次会议举行。

22日 中央综治委副主任、政法委副秘书长、综治办主任陈冀平等中央综治办领导到桃浦镇紫藤苑居委会、区医患调解中心和区法院诉调对接中心，视察平安小区建设与法院诉调对接工作开展情况。

30日 全国政协常委、经济委员会副主任胡德平专程到上海华明电力集团有限公司调研民营企业经济发展情况。

是月 2010年新春来临之际，中共中央政治局常委李长春通过中央文明办给全国道德模范曹道云致亲笔签名的贺信。

2月

2日 普陀区统战工作会议召开。市委常委、统战部部长杨晓渡，区委书记周国雄等市、区领导出席会议，区各民主党派、人民团体负责人和无党派人士，新的社会阶层代表200余人参加会议。杨晓渡和周国雄分别对2010年统战工作提出要求并共同开通“普陀统战”网站。

5日 区八届纪委五次全会召开。

6日 区首家国际品牌五星级酒店——上海新发展亚太万豪酒店开业。该酒店位于长风生态商务区，拥有501间客房，有餐厅、酒吧和1500平方米的会议空间。

8日 普陀区图书馆新馆正式对外开放。新馆总建筑面积3.4万平方米，设计藏书量80万册，开设10余个专题阅览室，阅览座位1220席，配置国内最先进的馆外智能图书馆系统设备，设有市首座以收藏、展示海派文化为主题的上海当代作家手稿作品收藏展示馆，以及儿童玩具图书馆、多媒体信息超市、无障碍阅读区。

9日 中共中央政治局委员、市委书记俞正声，市人大常委会副主任郑惠强，副市长唐登杰一行到长寿路街道检查帮困送温暖工作，实地察看长寿社区慈善超市的运作情况并看望社区张盘生、凌跃祥两户困难家庭。

11日 市委常委、组织部部长沈红光检查区节日市场供应工作，先后查看高陵路菜场、百联中环购物广场，详细了解区节日市场货源组织及供应等情况，问候节前坚持在服务行业的工作人员。

13日 主题为“慈爱·世博·和谐”2010年上海社会各界迎新春慈善晚会在玉佛禅寺举行。市领导冯国勤、杨晓渡、周汉民和区领导周国雄、叶维华、顾顺祥等与社会各界人士800余人共迎新春。中国佛教协会副会长、市佛教协会会长、玉佛禅寺方丈觉醒法师将晚会上慈善拍卖筹得的150余万元全部捐赠给市慈善基金会，专项用于困难群体购买中国2010上海世界博览会门票费用。

26 日—3 月 4 日　主题为“为中环添彩，为世博喝彩”的 2010 年上海中环商务区梅川路梅花节举办。梅花节期间，市民在中环购物广场消费的同时，免费欣赏雪花香涛、古梅风韵等十一个大梅花景点和 1000 余株大小不一的特色梅花。

27 日　“科学发展、联动发展、共赢发展——普陀区与科研院所合作恳谈会”在上海新发展亚太万豪酒家举行。区领导周国雄、孙荣乾、叶维华、顾顺祥、祝学军和上海电器科学研究所、上海化工研究院、中电第五十研究所等辖区内的 9 家科研院所党政领导及相关部门领导出席会议，共商加强合作深度，共建促进科学联动共赢发展的长效机制。

3 月

1 日　2010 年区精神文明建设大会在区图书馆召开。会议总结回顾 2009 年区精神文明创建工作，布署 2010 年精神文明建设任务，宣读表彰决定。区领导周国雄、孙荣乾、叶维华、顾顺祥为区十佳科长、“抓发展、促和谐”建功立业主题实践活动最佳项目、十佳项目、优秀项目和 2009 年度社会主义精神文明十佳好人好事颁奖。全区各部、委、办、局、街道镇、人民团体及区市民巡访团等 600 余人参加会议。

6 日　纪念“三八”国际劳动妇女节 100 周年集会在普陀少年城举行。2009 年市、区级“三八”红旗手等先进集体和个人受表彰。市妇联副主席朱鸣，区领导顾顺祥、诸葛宇杰、曹玉茂、谢筠出席，全区各界妇女代表 300 余人参加会议。

6—9 日　区委书记周国雄率区党政代表团赴区对口支援地区云南省普洱市学习考察，视察 2009 年对口帮扶项目的完成情况，慰问援滇干部，并与当地政府共商 2010 年对口支援工作的目标和任务，探讨加强两地友好合作的举措。

17 日　区委副书记、区长孙荣乾，区委常委、副区长诸葛宇杰会见美国凯业必达有限公司首席执行官麦特·福格森一行，双方互赠纪念品并就共同关心的问题进行会谈。

18 日　区政府与中国联通上海市分公司（上海联通）签订《关于共同推进普陀区信息化建设的合作框架协议》，双方本着“需求导向、政府推动、企业运作”的原则，在发挥联通资源和技术优势，将在区域信息化基础建设、信息化服务企业、应用新技术服务民生等三方面加强合作。区长孙荣乾和上海联通总经理蔡全根出席签约仪式并讲话。

同日　拥有近百年历史的的粽子销售商五芳斋集团上海总部落户区新曹杨产业园区。

24 日　上海英雄（集团）有限公司划转普陀区。

26 日　“长风金融港”项目启动暨首批股权投资企业入驻签约仪式在上海新发展亚太万豪酒店举行。美投国际、中国资本、上海联创、苏宁投资、思维资本、协丰创投和欣致投资等 7 家境内外知名股权投资和管理企业与长风生态商务区签订入驻战略合作协议，首期募资 50 亿元。

27 日　普陀区创建全国残疾人工作示范城市通过验收。

同日　中国残联副主席吕世明率中国残联检查组到宜川社区事务受理服务中心视察残疾人事务受理服务情况。

28 日　同济大学中国物流研究与培训中心在同济大学沪西校区揭牌。该中心的成立加强区政府与同济大学区校全面合作，推进“科教兴市”战略和商贸物流产业发展，为区经济社会发展提供支撑与引领作用。

31 日　2009 年度区重点工程实事立功竞赛表彰大会在中心会场举行。四套班子领导出席会议并为获奖单位代表颁发奖状。获奖单位代表在会上作交流发言。

是月　2009 年 12 月 18 日开通的“长征 1 号”社区公交线路获上海市迎世博贡献奖——优质服务项目贡献奖。

4 月

1 日　区委学习中心组赴浙江嘉兴开展缅怀革命先烈的学习考察活动。期间，召开“牢记党的宗旨，践行群众观点”座谈会，参观嘉兴南湖中共“一大”会址和革命纪念馆，考察嘉兴工业园区内的浙江清华长三角研究院和另西贝拉压缩机有限公司。

5 日　副市长沈骏到沪北 A、李子园 A 及桃浦镇 402 坊等地块，视察区保障性住房地块的建设情况。

6 日　2010 年区人口计生工作暨人口计生工作领导小组会议召开。区委副书记、区长孙荣乾，副区长景莹出席会议并与参加会议的有关部委办局、街道镇党政一把手签订人口计生工作目标管理责任书。

7 日　第四届区优秀中国特色社会主义事业建设者表彰大会在宏泉丽笙酒店举行。区委副书记、区长孙荣乾，区人大常委会主任叶维华等领导为 60 名获 2008—2009 年度第四届区优秀中国特色社会主义事业建设者称号和 30 名提名奖获得者颁奖。各街道镇分管领导、区工商联主席、商会会长等 170 余人参加会议。

10 日　由区红十字会、妇女儿童工作委员会主办的“世博·普陀献爱心”为主题的慈善演唱会在区图书馆举行。演唱会所筹集的善款全部用于区重病患儿、残疾儿童和困难儿童的人道救助。

12 日　区举行 2010 上海世博会中国民营企业联合馆运营服务临时党委揭牌仪式。市委组织部副部长冯小敏、区委书记周国雄出席仪式并共同揭牌，市社会工作党委副书记王希俊，区委常委、副区长诸葛宇杰为“世博党员先锋行动岗”授旗。

18 日　长征镇被命名为“国家综合减灾示范社区”。

同日　国家发改委社会发展司副司长苏国一行到长征全民健身中心调研。

19 日　市政协主席冯国勤到区调研信访突出矛盾情况。他要求弄清每个矛盾的基本情况，逐个处理、解决，全力做好世博会期间信访稳定工作。

21 日　由卫生部副部长陈啸宏、农业部副部长陈晓华、国家工商总局副局长王东峰组成的国务院世博食品安全检查组视察锦江麦德龙总公司现购自运有限公司世博食品安全工作。

22 日　国家民委主任杨晶到长寿路街道调研社区民族工作。

同日　区新闻通气会在区政府举行。会议由区委常委、宣传部部长、区新闻发言人祝学军主持,来自中央、市级和境外的31家新闻媒体,区委组织部、旅游局、建交委、绿化市容管理局和区文化局的新闻发布责任人及联络员60余人参加新闻通气会。区各部门新闻发布责任人分别介绍各自迎世博阶段性和特色性的工作亮点,并与新闻单位进行互动。

23日 由区图书馆与市作家协会联合创办的"上海当代作家收藏展示馆"开馆。该馆已征集到徐中玉、钱谷融、徐开垒、赵长天、赵丽宏等80位作家的签名作品1300余册、手稿和书信100余件。

26日 区世博城市志愿者服务点志愿者上岗誓师大会暨区世博志愿者形象大使命名仪式在区图书馆广场举行。徐虎、朱雪琴、金晶、于井子、曹道云被命名为普陀区世博志愿者形象大使。金晶代表区世博志愿者形象大使向全区世博城市志愿者发出倡议,并领引志愿者代表宣誓。

同日 来自区级机关、各街道镇、重点企事业单位580名首批安保志愿者进驻世博园区。

27日 区迎世博600天行动总结大会在区政府中心会场召开。会议总结区开展迎世博600天行动以来所取得成绩和经验,表彰先进,动员全区的干部群众为确保世博会成功举办作出普陀应有的贡献。

同日 2010年区劳模先进表彰大会在区政府中心会场举行。区委副书记、区长孙荣乾宣读区获全国和市劳动模范名单,四套班子领导向先进代表颁发荣誉证书和奖章(牌)。全国和市、区劳模先进代表200余人出席大会。

28日 由市旅游局、交通和港口管理局和区人民政府联合主办,区商务委和旅游局承办的"扬帆苏州河、添彩世博年"苏州河观光游船首航仪式在长风生态商务区丹巴路码头举行。副市长赵雯、区委书记周国雄共同为丹巴路码头"苏州河十八湾"玉石揭幕。8月16日 苏州河观光游船夜航正式启动。

是月 国家化学品及制品安全质量监督检验中心落户普陀区。

5月

1日 文化部副部长陈晓光视察玉佛禅寺、M50创意园区和半岛艺术中心等文化场所,并与文化工作者进行艺术交流。

同日 "璀璨浦江"——上海世博会城市文化广场"周周演"普陀区首场演出在长寿公园沪西共舞台举行。沪西共舞台是全市12个"上海世博会城市文化广场"之一,自5月1日至10月31日,举行54场"周周演",以缤纷多彩的文化活动,表达普陀各界群众欢庆世博会的喜悦心情。

同日 国务院办公厅机关党组成员、纪检组长阎京华考察长风生态商务区、苏州河游艇俱乐部和M50创意园。

4日 区领导周国雄、孙荣乾、夏斯德、胡佩艳、左燕等会见台北市大安区党部主委周其新一行,双方就加强基层党际交流和科教文卫体,工、青、妇、社区等方面的交往进行友好协商。

6日 市委常委、市政法委书记吴志明,市长助理、市公安局局长张学兵看望慰问长寿社区坚守在世博一线的武警官兵、公安干警、居委干部和社区志愿者,并代表市委、市政府对大家为世博会的举办做出的努力表示感谢。

14日 区委、区政府在中心会场召开建民村动迁改造工作总结表彰暨新一轮旧区改造动员大会。

同日 黑龙江省佳木斯市人民政府副市长谭灵芝率代表团,到曹杨职业技术学校参观考察,并与副区长景莹进行工作交流。

17日 比利时政府弗拉芒社会福利、公共卫生和家庭部长Jo Vandeurzen先生、比利时世博事务政府总代表Leo Delcroix先生等一行,在中国红十字会副会长郝林娜、市红十字会常务副会长马强,副区长、区红十字会会长景莹陪同下,到长寿社区学校、长征镇金沙雅苑红十字服务站参观考察。

20日 由区政府主办、长征镇政府承办、普陀商会和上海商报协办的"相聚世博会 走进金中环——中外商会普陀行"活动在新长征中环大厦举行,该活动旨在借世博会机遇,吸引外商了解普陀、投资普陀、开发普陀。来自美国、英国、德国、法国意大利、西班牙、日本、韩国、新加坡等20多个国家和地区的商会负责人与区内知名企业负责人,市、区有关部门领导参加了活动。

25日 国际工联主席、澳大利亚工会理事会主席夏兰·巴洛女士率澳大利亚工会代表团到区访问。

27日 区窗口服务行业迎世博600天行动总结表彰大会在区图书馆召开。一批获迎世博服务标兵、明星、能手,文明示范点、示范街等称号的先进集体和个人受表彰。区领导周国雄、孙荣乾、祝学军、裴琦、诸葛宇杰,上海世博会窗口服务指挥部领导为获奖代表颁奖。

6月

3日 M50西部桃浦创意园(SHANGHAI TOP)在武威东路18号开园,该园为M50创意园首个实现品牌输出的分园。园址前身为上海纺织系统下属的凤凰毛毯厂,由上海天玉创意发展有限公司投资,M50品牌授权经营,M50设计联盟组成的国际团队规划设计。

11日 市政协主席冯国勤、副主席李良园到长寿路街道调研指导信访突出矛盾化解工作。

14日 长风公园·长风海洋世界4A国家级旅游景区揭牌。

16日 主题为"激扬世博 祥瑞端午"2010年普陀区端午节城市龙舟国际邀请赛暨区城市龙舟残健融合赛、区中学生城市龙舟锦标赛在长风公园举行。

17日 市委常委、市委秘书长丁薛祥到曹杨新村街道源园居委会,参加市人大代表联系社区活动。

21日 区迎世博600天行动表彰大会在中心会场举行,区领导周国雄、孙荣乾、叶维华、顾顺祥等四套班子领导出席会议,并向获迎世博600天行动的金牌奖、银牌和先进个人的代表颁奖。

22日 全军军事志编纂工作研讨会在区人武部召开。全军军志办主任寿晓松、军事科学院战争理论和战略研究部领导、各大军区军志办主任参加会议。

23日 中央组织部部务委员、组织二局局长陈向群一行在上海复星高科技集团有限公司视察指导非公企业党建工作。

25日 中共中央政治局委员、市委书记俞正声视察梦清园馆、梦清园、M50创意园等地，并乘船查看苏州河（普陀段）两岸环境综合治理情况。

同日 上海西站交通枢纽部分功能正式启用，该工程地处真如副中心的北部核心区域，是市重大工程项目。项目主要由地下南北通和相关工程、国铁上海西站改扩建相关工程、周边配套道路广场建设工程、公交枢纽建设工程等4个部分组成。

28日 区委、区政府举办"跨越2010，世博机遇与民营经济"——普陀区民营企业家集体学习主题活动。全国工商联副主席、市政协副主席、市工商联主席王新奎作国际国内经济形势专题报告。区委书记周国雄要求各有关部门充分听取民营企业家的意见和建议，科学编制区"十二五"民营经济发展规划。

同日 长征镇获"国家安全社区网络成员"称号，成为全球国家安全社区网络第198个成员，也是中国大陆第33个、上海第11个、区首家"国家安全社区"。

7月

6日 由同济大学、区政协联合举办的"苏州河十八湾文化发展论坛"在长风生态商务区2号绿地游艇会举行。市政协副主席朱晓明出席会议并讲话，同济大学党委书记周家伦、区委书记周国雄致辞，区委副书记、区长孙乾荣、区人大常委会主任叶维华等市、区领导和媒体记者150余人出席论坛。

同日 上海市公安局出入境管理局外国人证件普陀受理窗口正式启动。

7日 中共中央政治局委员、市委书记俞正声在区就如何谋划"十二五"规划的编制工作进行专题调研。

12日 中共普陀八届区委十二次全会在区中心会场召开。

15日 长风视觉艺术馆落成开放。该馆位于丹巴路光复西路口，是长风生态商务区规划建设中"一园十馆"系列博物馆、展示馆之一，其原址为老工业企业新视眼镜厂。

22日 市首个创业资源市场——"普陀区青年大学生创业孵化基地项目"启动。该基地位于澳门路的原中华印刷厂，建筑面积3000平方米，设独立工作区域100间，可扶持100余名青年大学生创业。

28日 上海西部企业（集团）有限公司、奥盛集团获首批上海市企业文化建设示范基地称号。

同日 长风新村街道获"全国创新学习型家庭示范社区。"

是月 位于梅川路文化时尚休闲中心广场的"祥和之光"塔，经上海大世界基尼斯总部专家组的实地考察、论证，最终确认为"最高钢结构干挂石材塔"，并颁发证书。该塔高100米，占地约150平方米，采用ART DECO设计风格，骨架为钢结构，塔身干挂花岗岩石材，是普陀区的地标性景观建筑之一。

8月

4日 普陀区与青浦区城乡党组织结对共建签约在青浦区党校举行，区委书记周国雄代表区委与青浦区委签订合作交流协议，区委副书记、区长孙荣乾介绍了普陀区基本情况。长征镇党委在签约仪式上向青浦区白鹤镇杜村党总支赠送5万元村级老年活动室帮扶资金。

5日 副市长沈骏到区调研指导保障性住房建设工作。

6日 副市长艾宝俊视察桃浦生产性服务功能区建设情况。

11日 区纳税骨干企业工作会议在中心会场召开，全区189家年纳税500万元以上的骨干企业代表参加会议。

18—20日 为期3天的"百年国宝回归传奇——赵泰来收藏珍品展"在长风生态商务区上海长风视觉艺术馆举行。展品为英籍华人赵泰来先生（著名文物与艺术品收藏家、鉴赏家、画家、慈善家，清末民初著名外交家、法学家伍廷芳曾外孙）收藏的部分国宝级藏品，其中有南宋四大山水画家刘松年的《仙山楼阁图》立轴、一批新石器时代的红山文化玉器、乾隆年制杏林春燕图珐琅彩对碗、顺治玉玺及中国近现代名家书画珍品60余幅。

20日 全国妇联宣传部教育处领导朱晓征在区妇女儿童活动指导中心调研社区文明家庭建设工作。

24日 副市长赵雯到区就"十二五"旅游业发展规划进行调研，实地视察苏州河游船项目及上海纺织博物馆。

26日 中共中央政治局委员、市委书记俞正声在市委常委、市委统战部部长杨晓渡等陪同下到沪西清真寺视察并慰问教长、穆斯林乡老。

27日 全国妇联副主席、书记处书记甄砚在区妇女儿童活动指导中心参观。

28日 云南省省委书记、省人大常委会主任白恩培率云南世博参观团考察上海西北物流园区保税物流中心。

同日 苏宁环球在上海开发的首个项目——苏宁·天御国际广场在光复西路丹巴路口举行奠基仪式，该项目的启动标志着苏宁环球总部正式落户长风生态商务区。

9月

6日 普陀区与墨西哥萨波蕃市开展友好合作交流签约仪式在区政府举行。区委常委、副区长裴崎与萨波蕃市市长代表双方政府在合作友好意向书上签字，并各自介绍地区经济社会发展情况。

8日 市政协主席冯国勤，副主席李良园等市政协领导在区调研信访矛盾化解工作。

10日 上海"抗大精神教育基地"在区社区学院挂牌。

14日 中共中央政治局委员、市委书记俞正声，市委副书记、市长韩正等到区开展"十二五"规划编制调研。

18日 以"走进商贸普陀，体验购物乐趣"为主题的2010上海购物节普陀区活动开幕式暨区商业发展论坛在长寿商圈调频壹购物中心举行。市商务委副主任张新生，区领导周国雄、孙荣乾、裴崎、诸葛宇杰、柴晓苗及市商务委有关处室，区相关委办局，各街道镇，大型商业企业负责人和媒体代表共150余人出席活动。

25日 市体育局党委书记、局长李毓毅等领导调研桃浦镇的普陀体育公园和长风生态商务区内的市体育宫置换地块事宜。

同日 2010上海旅游节——苏州河十八湾彩船巡游启航仪式在丹巴路码头拉开帷幕。副市长赵雯与市政府副秘书长王伟，市旅游局长道书明，市交通运输和港口管理局长孙建平，区委书记周国雄一起启动启航转球。

26日 上海西北物流园区保税物流中心封关运行暨外高桥保税物流园区与西北物流园区保税物流中心战略合作签约仪式举行。市委常委、常务副市长杨雄与市委常委、浦东新区区委书记徐麟，市委副秘书长、浦东新区区长姜樑，区委书记周国雄，区委副书记、区长孙荣乾共同启动封关运行转球。

28日—10月26日 第十二届中国上海国际艺术节的"节中节"——2010苏州河文化艺术节举办。以"唱响十八湾，魅力新普陀"为主题，举办新上海人歌手大赛，巴金著作手稿、版本、书名篆刻联展漂流暨巴金论坛，"写意苏州河"长三角中国画名家精品展及社区文艺团队汇演等数十项文化活动，展示普陀文化发展成果。

同日 市首个公共租赁住房建设项目——上海地产普陀公共租赁住房项目奠基开工。该项目规划总用地面积9.16万平方米，规划建设绿地2.78平方米，将采用太阳能热水系统、太阳能光电、土壤源热泵、江水源热泵、雨水收集系统、光导照明系统等一系列节能新技术，为居民群众创造低碳环保、和谐宜居的生活空间。

是月 市委常委、市委统战部部长杨晓渡在市总工会副主席杜仁伟等陪同下慰问区支内回沪的的困难劳模。

10月

8—9日 区委书记周国雄，区委副书记、区长孙荣乾，区人大常委会主任叶维华，区委副书记顾顺祥等区四套班子领导赴苏州工业园区学习考察并参观苏州博物馆和城市规划展示馆。

9日 经国家档案局审核，区档案馆成功晋升为国家二级综合档案馆。

15日 市委常委、宣传部部长杨振武到区调研文化创意产业集聚区和苏州河文化长廊建设发展情况。

20日 上海普陀延华小额贷款股份有限公司开业。该公司是区内开业的第二家小额贷款公司，也是全市第47家小额贷款公司。

26日 区第四轮环保三年行动计划暨扬尘污染控制工作推进会在区政府中心会场召开。市环保局局长张全，区委副书记、区长孙荣乾等市、区领导出席会议并为2009年度区级绿色小区和2010年度区绿色学校授牌。

28日 桃浦西路社区公共服务中心工程奠基。该中心项目占地面积1.64万平方米，总建设规模2.61万平方米，规划建设一所可容纳500个床位的养老院、一所社区卫生服务中心、一个建筑面积2960平方米的菜场，预计2012年完工。

30日 区世博会百场市民文化活动落下帷幕。世博会期间，区文化系统共开展以世博会为主题的公共文化活动200余场，参与人员超过10万人次。

是月 沪西工人文化宫成立50周年。

11月

3日 区政府与施耐特电气（中国）投资有限公司举行战略合作签约仪式。区长孙荣乾和施耐特电气全球供应链执行副总裁管豪代表双方签署《战略合作框架协议》、《长风国际大厦租赁意向书》和《二期物流仓库租赁合同》。

3—5日 联合国教科文组织中国可持续发展教育（ESD）项目第十次国家讲习班在区举行，来自北京、香港等10余个省市和地区近400名代表参加，共同探讨贯彻落实《国家规划纲要》的战略主题，以推进可持续发展教育。

4日 副市长胡延照、上海警备区参谋长叶志胜少将等领导到区中心医院体检站视察冬季征兵工作，并看望应征青年和医务人员。

5日 位于枫桥路61号的普陀社区学院暨老年大学落成。该校建筑面积7800平方米，设社区教育研究中心、社区教育培训中心、社区教育信息中心和社区教育展示交流中心。

7日 中共云南省普洱市委副书记钱德伟率团在区考察交流。

9日 市委常委、市委秘书长丁薛祥率全市各区（县）委书记、区（县）长视察苏州河普陀段开发建设情况。

10日 中共普陀八届区委十三次全会在区中心会场召开。全会审议通过《中共上海市普陀区委关于制定普陀区国民经济和社会发展第十二个五年规划的建议（草案）》，区委书记周国雄作重要讲话。区委委员和区委候补委员出席会议，区纪委委员、区有关方面负责人、区第八次党代会代表列席会议。

15日 国家文化部文化产业司一行10人视察区天地软件园，并对天地软件园申报国家级文化产业园工作进行指导。

16日 区召开紧急会议，贯彻落实上海市防火及安全生产电视电话紧急会议精神，区委书记周国雄讲话，区委副书记、区长孙荣乾部署防火及安全生产工作。各部委办局、街道镇、区属企业等负责人参加会议。

同日 被国家发改委和民政部列为2010年全国基本养老服务体系建设的试点项目——中远两湾城养老院举行奠基仪式。该工程占地0.59万平方米，建筑面积1.41万平方米，地上建筑9层，建筑高度30.95米，预计500个床位，绿化率达25.42%。

17日 区政府与中国移动上海公司签署《共同推进普陀区信息化建设战略合作框架协议》。"上海市TD网络建设和应用试点示范区"之一的"普陀TD网络建设和应用试点示范区"项目同时启动。

20日 文化部文化科技司领导到区天地软件园专题调研"文化与科技融合"的情况，并实地参观了园区的文化科技型企业。

22日 市委第三巡视组于2010年11月22日至2011年1月11日进驻普陀区进行巡视。同日，区委召开市委巡视组进驻区动员会，区委书记周国雄主持动员会并讲话,市委第三巡视组组长余东升就进驻普陀区开展巡视工作讲话。区四套班子领导,各部委办局、街道镇党政领导,各民主党派主要负责人,区属重点企业领导出席会议。

同日 区机关干部赴非公企业挂职锻炼工作启动。有10名干部分赴企业,开展为期一年的挂职锻炼。

30日 以"奉献世博 感动你我"为主题的普陀区世博志愿者工作总结大会暨志愿者风采展示活动在区图书馆报告厅举行。区世博会领导小组成员、世博会宣传和社会动员指挥部各成员单位、区志愿者形象大使和世博志愿者代表1000余人出席会议。

同日 普陀区获"全国养老服务示范活动单位"称号。

12月

1日 中国人口基金会理事长赵炳礼率国家人口计生委、工业和信息化部、教育部等一行10人组成的国家人口发展"十一五"规划终期督评组在区督察指导"十一五"人口工作。

4日 普陀区获"全国社区教育示范区"称号。

6日 上海市第十四届运动会普陀区体育代表团总结表彰大会在区中心会场举行。体育局、教育局、各街道镇领导、参赛学校、体育系统训练单位领导和教练员等200余人出席会议。区体育代表团在市第十四届运动会上实现金牌100枚的突破,同时,获该届运动会"体育道德风尚奖"、"优秀竞赛组织奖"、"青少年组最快进步奖"和区县组的所有奖项。

7日 市委副书记、市长韩正一行视察天地软件园、纳尔科(中国)环保技术服务有限公司等企业。

同日 法国施耐德电气上海物流中心落户上海未来岛高新技术产业园区。

9日 市委常委、统战部部长杨晓渡出席区民营经济专题调研座谈会。

15日 普陀区万里、光新、甘泉、宜川社区商业中心被命名为"上海市社区商业示范社区",兰溪路社区商业中心被命名为"全国社区商业示范社区"。

17日 市首条跨区运行镇域公交"长征2路"开通。该公交线为双环线,单环线全长约14.3公里,共设18个候车站点,途径长宁区威宁路、天山路地铁站,普陀区长风公园、长风生态园区、新曹杨工业园区、长征卫生服务中心、中环商圈、产业集中区域、公益性服务机构、轨道交通枢纽。

同日 普陀、青浦区委中心组交流座谈会在区中心会场召开,区委书记周国雄,区委副书记、区长孙荣乾,区人大常委会主任叶维华,青浦区委书记高亢,区委副书记、区长张国洪,区人大常委会主任巢卫林,区政协主席张布尔,及两区中心组成员参加交流座谈。

同日 中央组织部、全国党建研究会的领导、专家和学者一行30余人在长寿路街道调研长寿社区区域化党建工作。

20日 市政协主席冯国勤调研指导区信访矛盾化解工作。

21日 国家文化部对外文化联络局党委书记侯湘华视察天地软件园,要求加大政策扶持力度,促进文化产品出口,扩大中国文化国际影响力。

25日 市书法家协会长三角交流中心在刘海粟美术馆展览分馆揭牌。

28日 中共普陀八届区委十四次全会在中心会场召开。全会审议通过区委常委会2010年工作报告、2011年工作要点和《区委2010年干部选拔任用工作专题报告》,并对2010年干部选用工作和新提拔党政主要干部进行民主评议。

同日 以徐虎、曹道云、金晶、于井子、朱雪芹名字命名的区志愿者服务名人工作室成立。工作室成立之后,将由徐虎等名人率先垂范,以服务百姓、奉献社会为宗旨,提供物业服务、政策咨询、健康导医、心理护理、医疗咨询、扶贫济困、纠纷调解、求职资讯等五大类近20项品牌志愿服务,从而带动全区的志愿服务事业。

30日 上海天地软件园获"国家文化产业示范基地"称号。该园是区政府于2004年投资建设的以文化创意产业、软件和信息服务业为主的高科技产业园区。

31日 普陀区世博会工作总结大会在中心会场召开。大会表彰朝春中心小学党支部等80个区"世博先锋行动"先进基层党支部、王颖芳等200名区"世博先锋行动"优秀共产党员和区教育党工委等20家区"世博先锋行动"优秀组织者。区世博工作各指挥部及其机构组成人员和有关方面领导参加大会。

同日 长风、长征社区获全国妇联、民政部、文化部、环境保护部和国家广电总局共同授予的"全国创建学习型家庭示范社区"称号。

同日 甘泉路街道获"全国老龄工作先进单位"。

是月 普陀区获全国养老服务示范活动单位称号。

领导视察调研

【韩正调研旧区改造和市政设施建设情况】 1月7日上午，市委副书记、市长韩正率市有关部门领导在区领导周国雄、孙荣乾、裴崎等陪同下到居民小区、基层企业，查看市政建设情况。在宜川路街道赵家花园小区，韩正边走边看，居委总支书记向韩正介绍，在区委、区政府支持下，街道和有关部门对老小区路面、晾衣架等"六小工程"进行改造，方便了居民的生活，深受群众的欢迎。韩正听完介绍后称赞，'六小工程'做的很好，要鼓励大家做，看上去是小事，花钱又不多，但居民们很欢迎，一定要把这种工作方法坚持好、发扬好。随后，在小区的中心花园，韩正与正在锻炼的居民们交谈，与值勤的居民志愿者握手表示敬意和鼓励。

韩正一行在真如城市副中心区域内的上海铁路西站枢纽工程建设工地，听取建设方关于上海铁路西站建设情况的汇报，详细询问工程进度、质量和安全生产等方面的情况，并叮嘱工地的施工人员，天气寒冷要注意保暖，韩正代表市政府感谢大家为上海建设辛勤付出。在上海陆上货运交易中心，听说该中心作为上海现代物流及生产性服务业发展水平的公共物流56135信息平台，自运营以来已得到用户的广泛认可，每天交易访问量15万点击率，交易信息40万条时，韩正说，陆上交易中心的信息功能非常大，中小型和民营生产型企业，可以通过这个虚实结合的平台降低成本，加快企业的发展。希望陆上交易中心加大宣传力度，为提升上海现代物流及生产性服务业发展水平，开创出一片新天地。随后，韩正一行到长风生态商务区游艇码头考察调研。

在调研座谈会上，韩正充分肯定近年来普陀区各项工作取得的成绩，并就进一步做好当前重点工作提出要求。韩正指出，普陀区"六小工程"做得很好，要鼓励大家多做一些贴近居民群众、满足实际需求的小事、实事。尽管"六小工程"不是很显眼，但普陀区想得很周到，有效改善了居住环境和市容市貌，深受居民群众的欢迎。普陀区要抓住城际高铁建设的机遇，全力以赴推进真如城市副中心规划和建设工作，进一步盘活存量土地，不断提升城市功能和管理水平。要积极稳妥做好土地招拍挂工作，大力推进长风生态商务区开发建设，凸显城市新亮点。要扎实推进招商引资工作，积极引入世界500强企业、中央直属企业和各地大型优势企业，认真做好各项服务工作。要把推进旧区改造作为改善民生的重要工作予以推进，让人民群众真正从中受益。要按照市委提出的"五个确保"的要求，把办好世博会当作2010年的头等大事来抓，摆上突出位置，作为突出任务，认真抓好落实。

【韩正视察长风生态商务区】 1月7日下午，市委副书记、市长韩正在区领导周国雄、孙荣乾、裴崎等陪同下察看长风生态商务区2号绿地建设情况，对规划建设长风生态商务区过程中注重保留老建筑、老厂房表示赞赏。在长风投资大楼，韩正边观看规划模型边了解建设的进展情况。当看到长风公园地块已经南扩到苏州河畔时，十分高兴，并询问连通长风公园银锄湖和苏州河水的二期工程何时能动工。在与区委书记周国雄，区委副书记、区长孙荣乾谈到长风生态商务区2009年产生的"地王"时，韩正笑着说，现在区里有钱了，要抓紧解决好保障性住房的建设，市里还会匹配相应资金的。座谈会上，韩正听取了有关工作汇报后，充分肯定长风的规划建设成果。韩正指出，长风生态商务区的形态已初步展现，比我原来了解到的、感觉到的要好，潜力很大，是普陀也是上海的亮点。随着功能性项目的建成和运行，长风生态商务区还会更好，可以作为大虹桥商务区的辐射区域。长风生态商务区很有希望，是上海的亮点。

【胡德平视察上海华明电力集团有限公司】 1月30日，全国政协常委、经济委员会副主任胡德平专程到上海华明电力集团有限公司视察。胡德平在视察集团产品陈列馆、生产流水线及听取了董事长肖毅的情况汇报后，高度赞扬华明集团是一家依靠科技进步、坚持科技创新、重视专利技术、参与标准制订而发展起来的真正的民营企业；是在装备制造业打破垄断的细分市场行业的龙头和冠军，并形成了完整的产业链。企业建立院士工作站，把企业家和科学家的创新结合起来是好事，产学研三位一体，产字当头，市场优先。建造华明集团人才公寓更是一件好事，为职工着想，留住了人才，就是华明集团的财富。看到华明集团的成绩很自豪，很骄傲，是了不起的，为之感到高兴，这才是民营企业的本色，是新的生产力的代表。

【李长春致曹道云的新春贺信】

2010年春节即将来临，在这辞岁迎新的美好时刻，谨向你们和你们的家人致以节日的问候和崇高的敬意！

伟大祖国60年特别是改革开放以来的辉煌成就世界瞩目，中国人民以奋发有为的精神状态屹立于世界民族之林。在这一伟大历史进程中，道德力量在推动国家发展、社会进步和谐方面发挥了巨大作用。你们在中宣部、中央文明办等部门开展的两届全国道德模范评选表彰活动中，经过一亿多群众的投票当选，成为公民道德建设的杰出代表、成为率先践行社会主义核心价值观的楷模。你们以无私奉献谱写人间大爱，以无畏义举彰显社会正气，以无限真情传播文明风尚。在你们身上，集中体现了中国人民的优秀品质，集中表达了人民群众的道德追求，集中反映了社会进步的时代潮流，令人感动、催人奋进、给人以力量、给人以鼓舞。全国道德模范的崇高荣誉，你们当之无愧。

当前，我国正站在新的历史起点上，需要你们进一步发挥榜样作用，用你们的模范言行感染群众、影响群众、激励人们同心同德，为全面建设小康社会、推进中国特色社会主义伟大事业，实现中华民族伟大复兴不懈奋斗。希望你们珍惜荣誉，戒骄戒躁，百尺竿头更进一步，一如继往地践行道德规范，在公民道德建设领域始终走在全社会的前列，以自己的善行义举引领社会风尚，传播精神文明，带动道德先进人物大批涌现，使我国人民的精神风貌更加昂扬向上，道德情操更加纯朴高尚，共同塑造文明中国、礼仪之邦的良好形象。

道德模范以自己的辛勤付出和默默奉献，为社会主义精神文明建设作出了重要贡献，是社会的宝贵财富。尊重和关爱道德模范，是全社会的共同责任。我们将大力推动全社会形成学习模范、崇尚模范、关爱模范、争做模范的氛围。同时，希望你们结合在道德实践中的切身体会，积极建言献策、贡献智慧，共同把社会主义道德建设做得更加富有成效。

衷心祝愿你们在新的一年里工作顺利，身体健康，阖家幸福！

【杨晓渡出席区统战工作会议】 2月2日，市委常委、统战部部长杨晓渡出席区2010年统战工作会议，并和区委书记周国雄共同开通“普陀统战”网站。杨晓渡充分肯定2009年普陀区经济社会发展和统一战线工作取得的成绩，为2010年发展打下了坚实基础。他强调，2010年是世博会举办的决战之年，上海经济结构调整和发展方式转变也要迈出实质性的步伐。他希望，在中共普陀区委的领导下，统战工作要发扬优良传统，推动工作更上一层楼。工商界、侨界人士要通过服务世博会，为上海经济结构调整、发展方式转变，实现“五个确保，建设“四个中心”和现代化国际大都市做出新的贡献。2010年，统战工作要加强社会主义核心价值体系的学习，进一步夯实共同的思想政治基础，进一步坚定走中国特色社会主义道路的信念，进一步增强坚持中国共产党领导的自觉性。区委书记周国雄等区领导出席会议，市委统战部、华东师大，区有关部委办局和各街道镇党（工）委领导等200余人参加会议。

【俞正声检查帮困送温暖工作】 2月9日，中共中央政治局委员、市委书记俞正声到长寿路街道检查基层帮困送温暖工作，向军烈属、老劳模和困难群众送上新春祝福。俞正声和市领导郑惠强、唐登杰一行首先到长寿社区学校，与区领导和长寿社区（街道）负责人座谈，听取区委书记周国雄关于普陀区落实市委、市政府元旦春节期间帮困送温暖工作部署的情况汇报。会上，俞正声要求，各级政府切实承担起社会救助的责任，不断完善保障机制，动员社会各界参与帮困送温暖，确保困难群众生活有保障，让困难群众感受到党和政府的关心和温暖。座谈会后，俞正声一行查看长寿社区慈善超市。走进慈善超市，俞正声仔细地翻看捐赠记录本，了解慈善超市的运作情况，与前来捐赠衣物的社区居民亲切交谈，感谢大家的热心肠。当他看到几位困难群众拿着社区发放的“爱心卡”，正在超市里选购生活用品时，俞正声叮嘱他们有困难及时向社区反映，“党和政府一定会帮助大家解决难题，渡过难关。”随后，市领导来到普雄路居委会，看望支疆回沪的张盘生、石文华夫妇。俞正声得知夫妇俩患有重病，家庭生活困难，却热心公益事业，石文华还担任了社区世博志愿者的情况后，关切地询问老两口的身体、生活情况，感谢他们为边疆发展和社区建设作出贡献，祝他们身体健康。俞正声又到困难居民凌跃祥家，了解一家人的生活情况。看到凌跃祥的女儿患有类风湿关节炎，俞正声勉励女孩：“面对病魔，一定要坚强乐观，要挺住。要想办法多学习，街道、社区会千方百计帮助你战胜困难。”

【沈红光视察节日市场供应工作】 2月11日，市委常委、组织部部长沈红光到区检查节日市场供应，看望并问候节前坚持在服务行业的工作人员。沈红光一行先到真光路高陵菜市场，看到蔬菜摊点上品种齐全，便询问在此经商安徽籍外来人员，生意是否好做，春节是否回家过年？当得知摊主春节不回家时，沈红光感谢他们为丰富节日期间市民菜篮子所作的贡献，祝愿他们新年生意兴隆。在菜场熟食门市部前，沈红光与安徽籍店主聊上话，店主告诉领导，春节即将来临，这几天生意特别好，在外读大学的女儿放寒假也在这里帮忙。沈红光高兴地对摊主女儿说，这里也是大学生实习基地。随后，沈红光一行在百联集团领导的陪同下察看中环百联商场市场供应情况。临近春节，商场里生意特别红火，置办年货和逛商场的市民摩肩接踵。在老庙黄金世博纪念品销售专柜和世博礼品吉祥物“海宝”专柜前，营业员分别向市领导介绍纪念品价格和销售情况，沈红光高兴地向营业员们送上节日祝福，感谢大家为满足市场需求所付出的辛劳。在听取商场领导关于春节将临，商家也备足货源，确保市场供应，让市民高高兴兴过大年的情况后，沈红光对商家保障节日市场供应的做法表示满意，对区有关部门加强节日市场监管工作，营造公平诚信的市场秩序予以肯定。

【冯国勤调研信访突出矛盾化解情况】 4月19日，市政协主席冯国勤，市政协副主席李良园到区调研指导信访矛盾化解工作，市信访办巡视员许仁绿陪同调研并召开座谈会，区领导周国雄、孙荣乾、林爱娟、顾顺祥、高德彪出席调研座谈会。在听取区领导关于信访工作总体情况汇报后，冯国勤首先肯定普陀区信访矛盾化解工作情况清楚、组织有力、责任明确、措施可行、目标实际。他要求普陀区要继续保持化解工作的力度，发扬好的传统和做法，全力做好世博会期间信访稳定工作；要明确和落实工作责任，切实加强组织领导，落实领导包案工作措施，信访矛盾化解工作要“以稳促化”，为世博会成功举办营造稳定和谐的社会环境；要在现有工作基础上把矛盾摸透、分析透，对群体性矛盾要做到全面掌握，对个案矛盾要实现分类解决，确保完成市委、市政府下达的工作任务。要抓住工作重点，加大化解力度，力争“化解一批、缓解一批、终结一批”。

【杨晶到长寿路街道调研社区民族工作】 4月22日，国家民委主任杨晶到长寿路街道调研社区民族工作，市委统战部副部长、市民宗委党组书记周富长，市民宗委主任曹斌、副主任金梅，区领导周国雄、夏斯德陪同调研。杨晶一行先后考察了沪西清真寺和长寿社区慈善超市。在沪西清真寺，教长金宏伟和街道党工委书记欧阳萍分别介绍了清真寺的基本情况和关于世博接待任务、世博安保工作的运行情况。杨晶对普陀区和长寿路街道在服务和保障穆斯林同胞宗教生活方面所做得努力给予充分肯定，同时，赞扬长寿社区少数民族同胞积极参与社区建设、投身迎博办博工作的团结精神。随后，杨晶考察了长寿社区慈善超市，区领导周国雄介绍了全区党员利用休息日主动参与慈善超市志愿服务的事例；街道领导汇报了慈善超市的运作及帮扶少数民族困难家庭的情况。杨晶仔细地查看了超市运行台账等，并与少数民族义工、党员义工一一握手。他称赞，长寿社区慈善超市的“政府搭台、民间运作、百姓受益”运行机制科学合理，对困难群众的帮扶有针对性，在发挥党员和少数民族作用的同时，营造了一个团结和谐、共同进步的良好氛围。

【吴志明等慰问坚守世博会一线的干部群众】 5月6日，市委常委、政法委书记吴志明，市长助理、市公安局党委书记、局长张学兵在区领导周国雄、孙荣乾、顾顺祥、韩力鸣、符祖鸣陪同下到长寿路街道走访慰问坚守在世博一线的武警、居委会干部和社区志愿者，吴志明代表市委、市政府对大家为世博成功举办付出的辛勤努力表示感谢和诚挚的慰问。在长寿社区学校召开座谈会上，吴志明听取区长孙荣乾关于区世博工作组织实施情况、长寿路街道介绍社区联手共同营造办博氛围的有关情况，他指出，要全力以赴，继续保持高昂的精神状态和扎实有效的工作措施。要进一步增强责任感、使命感、荣誉感，不松懈、不满足、不止步，以最大的热情，尽最大的努力，服务世博、奉献世博，不辱使命、为国争光。要精益求精，一丝不苟地做好各项服务接待工作。要不断总结经验、查找不足，不断研究新情况、解决新问题，努力使服务保障尽善尽美，让来自四海的朋友游得开心、吃得放心、住得安心。要协调一致，进一步发挥集中力量办大事的优势。要实行统一指挥，加强工作协调，集聚各方力量和优势，推进世博各项工作。要善始善终，努力形成世博工作长效机制。下达任务时，要考虑基层的承受能力，科学运用警力和志愿者力量，抓住工作重点，全力以赴把世博工作做好。希望普陀区再接再厉，为完成世博各项任务和经济发展创造良好环境。在长寿路街道普雄居委会，居委会干部向市领导汇报小区组织了多支志愿者队伍，通过看好家、护好院，保平安、维稳定作为支持世博会成功举办的自觉行动。吴志明感谢居委会干部和小区居民对世博会的大力支持。在镇平路3号线站点，吴志明一行慰问站点值勤的武警官兵和公安干警，叮嘱他们在值勤过程中要劳逸结合，确保世博安保任务的完成。在安检测机旁，吴志明听取安检员介绍设备使用和市民支持配合的情况后说，举办成功、精彩、难忘的世博会离不开市民的理解、配合，希望大家继续把好安全关。

吴志明一行还察看了长寿路街道公安派出所，仔细询问干警们工作警务情况，对干警们为维护社区一方平安所作的努力表示感谢。在长寿社区学校，市领导们与正在排练的社区文艺团队的队员们握手表示谢意。

【冯国勤到长寿路街道调研信访矛盾化解工作】 6月11日上午，市政协主席冯国勤、副主席李良园到长寿路街道调研信访突出矛盾化解工作。冯国勤在听取区领导关于信访工作基本情况和信访突出矛盾处理工作情况的汇报后，对普陀区2010年以来化解信访突出矛盾和围绕世博稳控取得的成绩给予充分肯定，并就下一步工作提出三点要求：一是要加强基层力量，支持基层工作，努力将矛盾化解在基层。领导对一线的工作要帮助、要支持、要协调，责任主体要敢于在前面做工作，努力改变“老大难、老大一出场就不难”的现象。二是要加强工作力度，努力化解信访突出矛盾。充分发挥组织优势的作用，抓住关键人、关键事，要尽最大努力攻坚克难突出矛盾，要依法及时化解新矛盾，不再产生累积问题。三是要坚持依法办事。化解矛盾不能突破政策底线，既要依法维护信访人的合法权益，又要维护社会公平、公正。市政协秘书长陈海刚、市信办巡视员许仁绿，区领导周国雄、顾顺祥、符祖鸣、高德彪陪同调研。

【丁薛祥参加市人大代表联系社区活动】 6月17日，市委常委、市委秘书长丁薛祥到曹杨新村街道源园居委会，以市人大代表的身份参加联系社区活动。丁薛祥在区委书记周国雄的陪同下，到居委会了解居民群众的基本生活、收入、居住条件和参与世博会、参观世博园区等情况。慰问居委会干部，看望源园居委会困难党员陈敏惠，关切地询问她的病情、家庭生活和子女情况，鼓励陈敏惠要相信地区党和政府一定会帮助她度过难关，并送上慰问金和慰问品。丁薛祥在曹杨社区学校与联系源园居委会的区党代表、区人大代表一起，召开由曹杨社区党政领导、社区居委会干部、党员群众代表参加的"党代表、人大代表联系社区座谈会"。丁薛祥指出，世博会自举办以来整体运行平稳有序，全市上下为此作出了巨大努力，尤其基层工作很有成效，这离不开社区广大干部群众的辛勤付出。他强调，办好世博会是上海各级党和政府的历史责任，世博会期间的各项工作要常抓不懈，思想和工作上不能有任何的松懈。在谈到代表联系社区工作时，丁薛祥要求党代表、人大代表要成为党员群众利益的代言人，要了解群众所思所想。要树立围绕群众利益的理念，按照市委的要求，通过联系社区工作，走进群众、了解群众，为履行好代表的职责提供保障。他表示，作为普陀区选举产生的市人大代表，将认真做好代表联系社区工作，当好学生，认真学习基层的经验和做法，为做好自己的本职工作汲取营养，当好服务员，对大家反映的有关问题，积极推动解决，尽心尽力为社区居民服务。最后，丁薛祥详细了解世博会期间社区工作开展情况、社区建设管理、困难群众帮扶和老居民区改造等有关工作。

【俞正声视察苏州河（普陀段）建设情况】 6月25日，中共中央政治局委员、市委书记俞正声，市委常委、市委秘书长丁薛祥在区领导周国雄、孙荣乾、顾顺祥陪同下，先后前往苏州河城市展览馆、梦清园、M50创意产业园等地视察，并坐船查看苏州河南岸半岛地带文化创意产业发展和苏州河两岸环境综合治理情况。俞正声一行先到宜昌路梦清园苏州河城市展览馆，听取并观看了苏州河过去和现在的介绍及图片实物展示。后又驱车到莫干山路的上海M50创意产业园区。园区里集聚着从20世纪30年代到90年代的旧厂房，现已成为风情各异的创意艺术工作室群。俞正声一行边看边听取园方和企业主关于艺术产业发展情况的介绍。

随后，俞正声主持召开调研座谈会，区委书记周国雄汇报了普陀区世博会工作和经济、民生及"十二五"规划编制工作等情况。俞正声对普陀区在苏州河沿线开发建设方面取得的成绩给于肯定，并就进一步做好当前重点工作提出要求。俞正声强调，现在各方面越来越关注世博会，世博能推动上海的发展、振奋上海的士气。当前要不惜一切代价把世博会办好，尽全力完成好中央交给的任务。他指出，各区都在发展楼宇经济，而且体量都不少，大家要根据上海的特点认真思考，同时要加强"十二五"规划的研究，"十二五"期间如何发展要仔细琢磨，增长靠什么、怎么增长，发展靠什么、如何破除发展中的瓶颈等问题，进一步理清发展思路和工作举措。

【沈骏调研保障性住房建设工作】 8月5日，副市长沈骏率市房管局、发改委、建设交通委、规土局等部门负责人到区就经济和社会发展民生工作进行实地调研和指导。沈骏一行察看沪嘉北A块、李子园A块保障性住房建设基地和长征镇402坊配套商品房建设基地后，召开专题调研会。沈骏充分肯定近年来普陀区在保障性住房建设和旧区改造方面取得的成绩，要求普陀区按照市委、市政府的部署和要求，继续以高度的政治责任感，全力以赴，进一步推进保障性住房建设。他强调，在廉租房工作上，要在确保居住安全的前题下，探索将二手房、改造后的旧厂房等作为实物配租房源，逐步提高实物结合比例。在经济适用房建设上，要按照原则性与灵活性相结合原则，在政策许可的范围内积极探索"租售转化"问题，将政策的惠民宗旨落到实处。在公共租赁建设上，要多渠道探索建设方式，同时按照市场化运作的要求，培育专门的住房租赁公司，政府要加大政策扶持力度，逐步缓解引进人才、白领等群体的阶段性居住困难。在旧区改造上，要加大动迁安置房的筹集力度。沈骏希望普陀区结合区情实际，大胆创新工作思路和工作方法，千方百计、想方设法筹集更多适配性强、方便老百姓居住的保障性住房，不断完善住房保障体系，改善更多住房困难家庭的居住条件，促进不同居住人群之间的和谐。

【艾宝俊视察桃浦生产性服务功能区建设情况】 8月6日，副市长艾宝俊一行在区领导孙荣乾、裴崎、诸葛宇杰等陪同下，视察桃浦生产性服务功能区建设和长风地区开发建设现场，并召开座谈会。艾宝俊说，每次来普陀都感觉普陀区变化很大，后发优势明显。桃浦生产性服务功能区建设规划要注意产业布局适当，商贸业和工业的比例要合理，要考虑长远规划。生产性服务业发展要确定重点目标，聚集的项目要结合十二五规划，体现产业特点、产业门类，定位要正确，要选择符合上海产业发展方向、产业功能和重点的项目。选择一些龙头型企业，把商业地产和桃浦生产性服务功能区建设的定位结合起来。

【赵雯调研"十二五"旅游业发展规划编制情况】 8月24日，副市长赵雯在市旅游局长道书明，区领导周国雄、孙荣乾、诸葛宇杰及市旅游局、区商务委等有关方面领导陪同下参观上海纺织博物馆，并召开座谈会。周国雄、孙荣乾、诸葛宇杰等领导分别就区"十一五"旅游产业回顾，"十二五"旅游产业发展初步安排及2010年上海旅游节活动安排作了汇报。自4月28日，苏州河水上游船项目正式启动以来，进展有序。苏州河浏览作为一张新的城市名牌，将和生态、生产、生活结合起来，充分挖掘普陀工业旅游资源，挖掘苏州河十八湾文化内涵，真正把苏州河建设成为国际大都市旅游休闲景观长廊和现代服务业的发展高地。赵雯在听取区委、区政府领导关于普陀区"十二五"旅游业发展规划和苏州河旅游业发展情况后，首先对苏州河观光游览项目开发和运营情况予以肯定，并感谢区委、区政府在苏州河旅游资源的开发利用上做了不少工作，创造条件，逐步完善码头等旅游基础设施，开辟苏州河都市旅游新项目，打造了上海城市新名片。赵雯指出，苏州河夜航线路已经开通，“十二五”期间，市旅游局、普陀区要加强与国家有关部委以及市相关部门、相关区的沟通协调，积极整合苏州河沿岸绿色生态、宜居生活、创意产业等旅游资源，水岸结合、联手推进苏州河水上旅游业发展，并加大宣传推介力度，提升普陀都市旅游内涵，努力打造成上海都市旅游名片。随后，赵雯一行坐船实地察看了苏州河水上旅游夜航线路。

【冯国勤召开信访矛盾化解工作座谈会】 9月8日，市政协主席冯国勤、副主席李良园在区召开信访突出矛盾化解专题调研座谈会。区委书记周国雄汇报区信访工作基本情况，区委副书记、政法委书记顾顺祥汇报领导包案和信访突出矛盾化解工作情况，长风新村街道汇报了领导包案情况。冯国勤充分肯定普陀区信访矛盾化解和领导包案工作取得的成绩，并提出要求，一要坚定信心。要坚持不懈做好矛盾化解工作，为持续发展创造良好条件。要始终坚持目标不动摇、不松劲，以细水长流、水滴石穿的精神，扎实推进矛盾化解工作。二要依法办事。要始终坚持公平公正原则，切实运用法律手段推进矛盾协调化解，不断提高群众的法制认知水平，有效保障社会和谐稳定。三要依靠基层。要切实加强一线、支持一线、帮助一线，提高一线化解率。要加强基层队伍的力量，帮助、支持、协调矛盾化解工作。要引导矛盾下沉，而不是矛盾上交。要少折腾、不折腾，在化解特殊案例中，对原有的体制机制进行优化和完善。四要坚持发展。要处理好改革、发展、稳定的关系，不断研究新形势、解决新问题、争取新进步。要审时度势、运筹帷幄，在化解矛盾的过程中防止组织化、团伙化、政治化倾向，经济的问题要用经济的手段来解决，社会的问题要用社会的方法来解决。要加强协调和协商，把握舆论导向，适当运用人大代表、政协委员的力量来参与矛盾化解的评判和协商。区委办、区信访办、长风新村和长寿路街道、区矛盾化解律师团负责人参加会议。

【杨振武调研文化发展状况】 10月15日，市委常委、宣传部长杨振武到区调研文化发展状况。杨振武一行首先视察了莫干山路50号的M50创意产业园，参观园区内的壹鼎轩工作室和香格纳画廊，园方向市领导详细介绍创意园产业发展的有关情况。随后，杨振武在长风生态商务区1号绿地，察看商务区建设情况并召开座谈会。区领导周国雄、祝学军分别就近年来区文化产业发展和“一园十馆”建设情况作汇报。杨振武首先感谢区委、区政府重视文化产业的发展。他指出，M50是在20世纪30、40年代纺织厂旧址上建立起来的，能够保留下来也是科学发展观的一种体现，旧的推倒重来是发展，但传统的历史痕迹值得保留的也是一种创造，也是一种文化的传承。普陀区在苏州河沿岸改造开发，特别是在文化产业发展投入大手笔，充分体现宜居城市这个概念。通过参观学习，觉得普陀区有不少亮点，在文化产业、文化和旅游业结合上，在文化宣传工作上很有成绩，这是难能可贵的，普陀的先进典型在上海最多。宣传文化工作是一个整体，“十二五”规划在文化建设的布局上强调合理性，要树立全市一盘棋的意识，整合资源，通过市区联动，加强沟通，互相配合，共同推动文化事业的发展。杨振武一行坐游船实地视察了苏州河十八湾夜景建设情况。

【胡延照等视察冬季征兵工作】 11月4日上午，副市长胡延照、上海警备区参谋长叶志胜少将、上海警备区政治部主任田金生少将和上海警备区市征兵办领导到区中心医院体检站视察2010年冬季征兵体检工作。胡延照一行到体检站看望应征青年和医务人员，鼓励应征青年立志报效祖国，到部队这个大熔炉去锻炼自己，为国防事业奉献青春。对负责体检的医务人员表示慰问，要求他们以对国家负责任的态度，把好应征青年的身体素质关，为部队输送优秀的兵员。在随后举行的2010年征兵工作情况汇报会上，胡延照充分肯定全市和普陀区在征兵工作中所做的努力。他指出，全市各单位都十分重视今冬征兵工作，目前征兵工作开局良好，措施有力，进展顺利。并对征兵工作提出3点要求：一要从讲政治的高度，确保征兵任务完成。世博会成功举办离不开人民解放军和武警部队广大官兵的辛勤付出，是一次拥政爱民的最好实践，通过世博洗礼和考验，部队在人民群众中的威信大提高。各单位、各部门一定要继承发扬光荣传统，重视征兵工作。兵役机关任务重、责任大，要采取有效措施，扎实做好各项工作，各级党委和政府要把优秀青年送到部队。二要进一步采取有效措施，确保兵员质量。宣传部门要做好舆论宣传，营造参军光荣的的氛围；卫生部门要认真把好应征青年体检关；高校要通力合作，把好文化关；公安部门要按照规定做好政治审查关，把政治可靠、身体健康、作风正派的优秀青年送到部队。三要进一步贯彻落实廉洁征兵精神。要按照国务院和中央军委廉洁征兵的要求，坚持廉洁征兵，畅通监督渠道，加强检查督促。在体验、政审、定兵等过程中坚持规范操作，确保“公开、公正、公平”，确保完成2010年冬征兵任务。

【韩正调研经济工作】 12月7日，市委副书记、市长韩正在区领导孙荣乾、顾顺祥、裴崎、诸葛宇杰等的陪同下到区调研经济工作。韩正一行首先察看位于天地软件园的维鹏信息技术（上海）有限公司和上海灵禅信息技术有限公司，韩正关切地询问年轻员工的工作生活情况，对年轻的创业者们依托科技、运用创意拓展市场表示肯定，并希望更多的年轻人来上海创业。随后，韩正等到纳尔科（中国）环保技术服务有限公司视察，仔细听取公司领导关于水处理和工艺过程处理解决方案介绍，参观了该公司研发中心和培训中心后，韩正说，上海要建设面向未来的宜居的特大型城市，环境保护至关重要，欢迎更多世界知名企业参与上海环保建设。

【杨晓渡出席民营经济专题调研座谈会】 12月9日，区召开民营经济专题调研座谈会，围绕民营经济转型发展的主题，听取民营企业家的意见和建议。市委常委、统战部部长杨晓渡出席会议，区内15家民营企业家代表参加座谈会。杨晓渡在听取民营企业家汇报企业抓住机遇转型发展的基本情况及在发展过程中遇到的融资、上市、人才建设等制约企业发展的瓶颈问题后，首先充分肯定民营经济为区域经济发展所作出的突出贡献。相比其它经济成分，民营经济在理论创新、制度创新、科技创新和文化创新上具有独特的优势，有着广泛的发展空间，相信"十二五"期间能有更长足的发展。市里在组织调研，广泛听取意见和建议，修改和完善"十二五"期间发展规划，非常欢迎民营企业家建言献策，多提宝贵意见；希望大家多关注经济形势，要加强对形势的研究判断，早感觉、早防范，任何时候都不要满足，要练好内功，把企业发展好。

【冯国勤调研指导信访工作】 12月20日，市政协主席冯国勤到区调研信访矛盾化解工作并召开座谈会。市政协秘书长陈海刚、市信访办巡视员许仁绿，区领导周国雄、顾顺祥、符祖鸣等市区领导出席会议。座谈会上，区委书记周国雄，区委副书记、政法委书记顾顺祥分别就区信访工作总体情况和领导推进信访突出矛盾化解工作基本情况进行汇报。冯国勤充分肯定普陀区信访突出矛盾化解工作取得的成绩，并就进一步做好区信访工作提出要求，一要敢于创新。要在目前较好的工作基础之上，继续以创新精神做好信访矛盾化解工作。坚持正确的指导思想，将稳控与化解有机结合，创新方式方法。二要重视基层。要重视基层、基础工作，进一步加强、充实、支持、依靠广大基层干部，充分发挥他们的作用，敢于负责、敢于挑担。继续坚持"力量在基层加强、资源在基层整合、工作在基层协调、矛盾在基层解决"的工作思路。三要勇于攻坚。要始终保持良好精神状态，坚持不懈地做好矛盾化解工作，领导带头、坚持原则、守住底线。要讲究方法、注重细节、注意策略，想方设法化解矛盾。四要依靠群众。要提高领导干部做好群众工作的能力，相信群众、依靠群众，敢于面对群众，善于倾听群众呼声，依法维护信访群众的合法权益。要积极引入第三方力量来化解群众矛盾，形成矛盾化解工作的合力。要加强对群众的引导教育，不断提高群众的法制认知水平。

鸟瞰曹杨新村　　（陈泰明/摄）

一、中共普陀区委

综　述

2010年，中共普陀区委高举中国特色社会主义伟大旗帜，坚持以邓小平理论和“三个代表”重要思想为指导，深入贯彻落实科学发展观，围绕“五个确保”要求，坚持“抓发展、强功能、重民生、促和谐”的指导方针，团结带领全区广大干部群众，坚定信心、开拓进取、扎实工作，全面完成区“十一五”规划确定的各项目标任务，区域经济、政治、文化、社会建设以及生态文明建设和党的建设各项事业取得新的进展。

圆满完成世博会工作。建立健全社会面防控工作组织体系，实行全区9个街道、镇安保工作分片包干。完善社会管理措施，加强对重点人、事、地、物的稳控监管。深化群防群治社会动员机制，充分调动各方资源，全力参与平安世博工作。全区未发生重大的治安案件、群体性事件及安全生产事故，整个社会面平稳有序。完成驻世博园区第五安保责任区安保工作，探索实践的“三方三联”勤务模式试点工作在园区推广。做好居民“世博大礼包”发放、世博特许商品销售等市里下达的各项工作任务。加强城区运行保障情况监控，建立应对有效的应急保障指挥体系。切实保障水电煤等城市生命线的安全，确保生产安全、食品安全、交通安全、消防安全和水源安全。扎实推进公共医疗卫生、窗口服务等各项保障工作。坚持“热情友好、勤俭节约”原则，做好接待服务工作，提高区的知名度和美誉度。以迎接城市文明指数测评为契机，加大城市顽症整治力度，提升城区管理水平，提高窗口单位服务质量，文明指数测评始终保持中心城区中游水平，进步指数全市第一。开展“慧眼、凤眼、童眼看世博”、“图书漂流，牵手世博”等宣传活动，组织各类世博题材文艺演出，进世博园区专场演出连续创下多项全市之最。加强世博志愿者队伍建设，开展世博志愿者形象大使与世博志愿者服务站结对活动，将“便民、微笑”理念融入站点的服务项目中。

平稳较快推进区域经济发展。全年累计完成财政总收入154.76亿元，其中区级财政收入完成51.96亿元，同比增长17.42%。加大产业结构调整政策扶持力度，制定《区产业发展规划(2010—2015)》和《关于进一步规范和完善本区财政扶持政策的意见》。产业结构调整取得成效，现代服务业对区级税收的贡献比重持续上升，亿元楼总数达到6幢。制定《关于推进企业上市的若干意见》及实施细则，打造区域企业融资互助平台。科学谋划“十二五”发展，八届区委十三次会议审议通过《关于制定普陀区国民经济和社会发展第十二个五年规划的建议》(简称《建议》)，明确普陀未来五年发展的定位与目标任务，《区国民经济和社会发展第十二个五年规划纲要(草案)》根据《建议》精神进行完善。按照区域发展的功能定位和空间布局要求，有序推进长风生态商务区、真如城市副中心、中环商贸商务区、桃浦生产性服务业功能区、长寿综合服务带等重点地区建设。科技创新能力不断增强。同济大学科技园沪西园区、华大科技园核心功能区等园区建设进展顺利；M50、天地软件园被命名为全市首批示范创意产业集聚区，天地软件园被列为上海市8家服务外包专业园区之一；“上海市TD建设与应用试点示范区”项目得到实施；与同济大学合作建立“同济大学中国物流研究与培训中心”；区科技企业获批国家科技部创新基金项目10项，市创新基金项目18项；实施高新技术成果转化项目23项；56家科技企业实施自主研发项目191项；复星药业等12家企业被列入首批上海市技术创新型企业；新增5家市科技小巨人(培育)企业。完善招商引资政策体系。全年引进内资项目2099户，注册资金66.4亿元，其中注册资金1000万元以上的有105家；引进外资项目110户，合同外资3.73亿美元。深化国资国企改革，制定《关于规范普陀区国有企业改制工作的若干规定》等文件。城区功能环境持续改善，区域内交通布局和路网结构不断优化，排水系统建设和河道整治力度不断加大，新建绿地30.6万平方米。完成苏州河景观灯光二期和长风公园景观灯光建设。落实节能减排各项工作,继续推进第四轮环保三年行动计划。各街道、镇实现市容环境责任区达标创建全覆盖,成为全市首批达标创建全覆盖区(县)。

稳步推进民主政治建设。坚持和完善人民代表大会制度,制定《关于进一步加强人大工作的实施意见》,支持区人大及其常委会依法履行职能,加强区人大常委会自身建设,提高人大代表履职水平。坚持和完善共产党领导的多党合作和政治协商制度,落实《中共上海市普陀区委关于加强人民政协工作的意见》,加强区政协常委会自身建设,促进政协工作发展。巩固爱国统一战线,开展党派、民族、宗教、侨务、新社会阶层人士及对台工作,加强党外干部队伍培养。围绕民主党派换届,推进其班子建设。深化统一战线理论研究和工作调研,形成一批调研成果。加强工、青、妇等人民团体的组织建设。深化司法体制改革,推进"依法治区"工作,提高城区法治化水平。

不断加强宣传思想文化工作。开展党委(党组)中心组理论学习,全面实施《普陀区处级单位党(工)委或党组中心组理论学习制度》。推进学习型社会建设,荣获"全国社区教育先进区"。深化精神文明建设,推进文明行业、文明单位、文明村等基础文明的创建工作,争创"全国文明城区创建工作先进城区"。做好先进典型的培育、宣传工作,组织开展以"文明观博"为主要内容的全民培训。改进新闻舆论宣传,设立区政府新闻办公室,建立新闻发言人制度,制定《关于加强政府舆情处置和媒体接待工作的意见》,开展政府新闻发布工作,完善外宣采访点建设,文明观博网上测试成绩位列全市前茅。文化事业得到发展,推进文化类政府实事项目建设,推进区属电影院转企改制和文化机构"退租还文",成功举办"新上海人歌手大赛"等系列苏州河文化艺术活动,组织"百场电影进社区"活动,开展文化市场专项整治行动,全国第三次文物普查实地调查取得成果。

以改善民生为重点的社会建设管理水平不断提高。加强住房保障工作,成立区旧改工作领导小组和办公室,启动新一轮旧区改造工作,完成以"六小工程"为重点的320个老小区环境改造工作。开展促进就业工作,启动建设"青年就业启航实训基地"等项目,成立"中华印务创业孵化基地"和"创业汇"综合性创业资源市场,成立劳动人事争议仲裁院。推进保障救助工作。落实各项惠民政策,完善社会分类救助机制;开展慈善帮困活动,深化社会公共帮困机制,成立全市首家"晨路慈善服务社";建立居民经济状况核对中心;完善为老服务体系,开展老年健康促进行动;区荣获全国养老服务示范活动单位称号。协调发展社会事业。坚持优先发展教育,推进素质教育,加强教育对外交流工作,落实加强校园安全各项措施;强化公共卫生服务体系建设,稳步实施医疗卫生体制改革,加强建设健康城区工作;推进体育事业发展,开展系列全民健身主题活动;加强双拥工作,组织驻区部队开展"军徽映夕阳"和"情系工程"活动,完成退役士兵接收安置工作;关心残疾人等弱势群体,成立9家残疾人"阳光基地",荣获"创建全国残疾人工作示范城市达标城区"称号;开展第六次人口普查;继续加强国家安全、保密、档案、人口、计划生育等工作。提高社区建设管理水平。加强社区公共服务设施建设,不断完善社区生活综合服务圈;制定《关于加强本区居委会建设的若干意见(试行)》,加强居委会规范化建设;加强各类社会组织管理和预警。社会和谐稳定局面得到巩固。重视矛盾化解工作,深化领导接访、包案和下访工作;探索引入第三方(律师)参与信访化解;市交办突出矛盾化解率在中心城区排名首位;推进"平安世博"打击整治攻坚战,推进"平安普陀"创建;制定《普陀区重大社会事项社会稳定风险评估办法》;落实实有人口管理措施;探索公开选拔专职人民武装干部工作。

党的建设取得新进展。巩固学实活动成果,组织55家单位开展"回头看",召开深入学习实践科学发展观活动总结大会,建立健全学习实践科学发展观的长效机制。区四套班子集中开展"听民意、察民需、解民忧、保民生"主题活动,21名局级干部以基层联系点为平台,分头召开问计于民座谈会,征集群众盼望解决的实际问题164项,其中现场研究解决37项,办结或正办理143项,短期内难以解决的21项已列入工作计划。常委会自身建设继续加强。坚持和完善民主集中制,严格执行《中共上海市普陀区委会议制度》、《中共上海市普陀区委常委会报告制度(试行)》等制度,不断完善常委会各项规章制度,理顺运行机制。聚焦区域发展和党建工作的重点、难点和热点问题,开展"进一步加强群众工作"等13个专题调研,形成一系列工作方案、发展规划和政策意见。班子、干部和人才队伍建设不断推进。制定《普陀区贯彻落实〈2010—2020年深化干部人事制度改革规划纲要〉的实施意见》,严格执行《干部选拔任用工作条例》,制定《关于在世博会期间进一步发挥各级领导班子和干部队伍作用的若干意见》、《关于进一步优化普陀区人才发展环境的若干意见》,推进实施"人才强区"战略,关心离退休老干部。基层党的建设得到加强。深入开展以"世博先锋行动"为主题的创先争优活动;加强社区党建,制定《普陀区关于进一步加强党支部书记队伍建设的实施意见》;全面推行发展党员公示制、责任追究制。党风廉政建设深入开展。开展"严守纪律、端正作风"专项教育治理活动,制定《普陀区局级领导干部履行党风廉政建设责任记录册》,出台《关于进一步加强监督的实施意见》,促进干部作风廉洁。结合学习贯彻《廉政准则》,以领导干部为重点,深化"讲党性、重品行、作表率"主题教育活动。试行重点单位和关键领域"三重一大"报备案制度。制定《关于加强本区党政机关工作人员在公务活动中收受礼品管理监督的意见》和《关于规范普陀区公务员离职后从业行为的实施细则》。做好办信查案工作。

(毕 晗)

重要活动

【八届区委十一次全会】 于1月15日在区中心会场举行。全会由区委常委会主持。全会的主要任务是:深入学习贯彻中央经济工作会议、市经济工作会议和九届市委十次全体会议精神,分析当前形势,总结2009年工作,部署2010年任务。会议审议并通过八届区委第十一次全体会议关于免去区委委员1人的决定、关于递补区委委员1人的决定,书面审议区委2009年干部选拔工作专题报告,并对2009年干部选拔任用工作和2009年新提拔党政主要领导干部进行民主测评。会议指出:普陀区正处于经济发展转型的关键时期,不仅是产业、需求和投入结构的调整和转型,更需要实现思想观念、体制机制、方式方法和工作作风的转型。要把办好世博作为头等大事抓好,要把转变发展方式作为当务之急扎实推进,要把改善民生作为执政之本全力解决,要把维护社会稳定作为第一要务落到实处,要把抓好两个"五年规划"衔接作为重要任务。关于加强党的建设,必须以加强党的执政能力和先进性建设为主线,以改革创新为动力,不断提高党的建设科学化水平,为普陀经济社会发展提供坚强的政治和组织保证。会议就贯彻落实全会精神、做好区"两会"期间服务保障,以及节前安全生产、维护稳定、扶贫帮困等各项工作提出要求。

(毕　晗)

【八届区委十二次全会】 于7月12日在区中心会场举行。会议传达九届市委十二次全会精神,回顾总结上半年工作,安排部署下半年工作。区委书记周国雄主持会议并传达九届市委十二次全会精神,区委副书记、区长孙荣乾作下半年经济工作安排的报告,区委副书记顾顺祥就《关于加强和改进新时期群众工作的若干意见草案》作说明,会议经表决通过该《意见》。会上,周国雄代表区委常委会就贯彻落实九届市委十二次全会、八届区委十二次全会精神,做好下半年工作提出要求。同时强调,下半年工作要求更高、任务更重、压力更大,区委常委会提出当前要突出抓大事、要事和难事,抓好13项重点工作的推进落实。

(毕　晗)

【八届区委十三次全会】 于11月10日在区中心会场举行。全会的主要任务是:贯彻落实党的十七届五中全会和九届市委十三次全会精神,审议区委《关于制定普陀区国民经济和社会发展第十二个五年规划的建议(草案)》(简称《建议(草案)》)准确把握当前形势,紧密结合区的实际,从全局和战略的高度统一思想,形成对普陀区今后五年工作目标任务的共识,以进一步团结带领全区干部群众,开创普陀区经济社会各项事业科学发展的新局面。区委书记周国雄主持会议并传达九届市委十三次全会精神,区委副书记、区长孙荣乾对区委《建议(草案)》作说明。大会分组讨论并审议通过《建议》。周国雄就贯彻落实九届市委十三次全会和八届区委十三次全会精神,扎实做好当前重点工作提出要求。

(毕　晗)

1月15日,八届区委十一次全会在区中心会场召开　　(区委办供稿)

【八届区委十四次全会】 于12月28日在区中心会场举行。会议的主要任务是:贯彻落实党的十七届五中全会、中央经济工作会议和九届市委十四次全会精神;审议区委常委会2010年工作报告、2011年工作要点;审议《区委2010年干部选拔任用工作专题报告》,并对2010年干部选拔任用工作和新提拔党政主要领导干部进行民主评议;全委会委员非定向推荐正处级领导干部后备人选。区委书记周国雄主持会议并传达九届市委十四次全会精神。区委副书记、区长孙荣乾作区2011年经济社会发展工作安排的报告。周国雄代表区委常委会就做好2011年工作,确保"十二五"开好局、起好步提出要求。　(毕　晗)

【区党政代表团赴滇考察】 3月6—9日,区领导周国雄、胡佩艳、裴崎与区有关职能部门和单位主要负责人组成的普陀区党政代表团,在云南普洱市——普陀区对口支援地区学习考察,检查2009年对口帮扶项目的完成情况,慰问援滇干部,与当地政府共商2010年对口支援工作的目标、任务,探讨加强两地友好合作的举措。在区对口帮扶的镇沅、景东两县,代表团一行深入乡镇、村寨,实地察看苦聪人异地安置点和农村脱贫奔小康整村推进项目,了解村民家庭生产、生活状况,并送上礼品和慰问金。区政府还向镇沅县捐款50万元,用于村级动物卫生防疫体系项目;向景东县捐款50万元,资助优良桑树品种母本穗条基地项目建设。代表团在两地分别召开座谈会,全面听取两县经济社会发展和对口帮扶工作情况。周国雄在与当地领导座谈时表示，搞好对口支援工作既是一项严肃的政治任务，也是我们应尽的责任和义务。我们一定要按照中央的要求和上海市委、市政府的部署，尽心尽责、善始善终做好对口支援过程中的各项工作，向党和人民交出满意的答卷。在滇期间，代表团拜会普洱市委、市政府。中共普洱市委副书记、市长李小平全程陪同代表团考察普洱市的市容和经济社会发展状况，并代表普洱市委、市政府感谢普陀区委、区政府和全区人民15年来对景东、镇沅两地的对口帮扶和无私援助。双方还就进一步加强两地友好往来、合作交流进行沟通和洽谈。 （毕　晗）

3月6—9日，区党政代表团赴对口支援地区云南普洱市学习考察

（区委办供稿）

区委重要会议一览表

会议名称	日期	主要内容
区委常委会	1.8	听取区委常委专题报告工作；审议区“专项教育治理活动”区委常委会专题民主生活会方案、区委常委会开展学实活动整改落实“回头看”工作自查报告、绩效考核、区领导班子工作总结；听取迎世博工作情况、2009年四季度区领导化解信访突出矛盾、关于区经营性文化事业单位（电影院）改制方案的汇报；研究干部工作
区委常委会	1.17	通报区委征求意见汇总情况；区委常委围绕民主生活会主题对照检查，开展批评与自我批评；区委书记讲话
区委常委会	1.22	专题学习俞正声书记关于群众观点的讲话；传达市委、市纪委有关会议精神；审议区2010年经济和社会发展计划（预安排）（送审稿）、关于对处级以上领导班子进一步加强监督的暂行规定、区领导干部廉洁自律守则（送审稿）、关于进一步从严管理干部的实施意见（送审稿）；听取区纪委、组织、宣传、统战、政法工作会议筹备情况的汇报，听取关于2009年度区机关绩效考核结果情况汇报；研究干部工作
区委常委会	2.26	传达九届市委十一次全会，市财政、税务、安全生产工作会议，市平安建设推进大会的精神；通报市规范评比达标表彰有关精神；审议区学实活动工作总结，区人大常委会、区政协常委会工作要点；听取区2010年度融资计划的情况汇报；研究区委常委会上半年调研工作、党建工作、干部工作
区委常委会	3.19	传达贯彻全国两会和市有关会议精神；通报新闻发言人有关事宜；听取对6名党员领导干部党纪处分和开展《党员领导干部廉洁从政若干准则》学习活动情况、关于区管处级干部在政协作用发挥、关于区党代表分组、代表组组长人选调整情况、关于社会建设工作及区社会工作大会筹备情况、关于对区“十一五”规划部分指标进行调整、区招商引资工作等汇报；审议关于进一步加强党支部书记队伍建设的实施方案、《关于区2007—2009年度市劳模、先进工作者候选人和模范集体侯选单位名单》（送审稿）；研究干部工作
区世博工作会议	3.24	贯彻落实市委、市政府精神和市世博工作领导小组要求，部署区世博各项工作；顾顺祥主持会议并宣读《关于建立上海市普陀区世博会工作领导小组及其有关工作机构的通知》，孙荣乾就运行保障指挥部和当前区域经济社会重点工作作部署，顾顺祥、祝学军、胡佩艳、裴崎分别代表安全保卫指挥部、宣传及社会动员指挥部、领导小组办公室和接待服务指挥部作工作部署；周国雄对做好区世博会各项工作提出要求：全力以赴做好世博工作，认真做好第六次测评迎检工作，统筹兼顾加快经济社会发展
区委常委会	4.2	传达市有关会议精神；研究工、青、妇工作；审议关于区2010年全国劳模和先进工作者侯选人评选事宜；听取国资委工作、企业协会政社分开工作的汇报；研究城市建设与管理；研究干部工作
区委常委会	4.16	市纪委宣布对蔡志强党纪处分的决定；区委常委专题报告工作；听取关于筹备召开区人大工作会议有关事项、区政府党组工作、信访办近期工作、关于市区党代表和人大代表联系社区工作实施方案、关于世博会期间轨道车站出入口安保力量查疑防控情况、都市大型水上情景剧《红楼梦》后续方案、苏州河普陀段命名方案征询意见等情况汇报；研究干部工作

（续表）

会议名称	日期	主要内容
区迎世博600天行动总结大会	4.27	孙荣乾主持会议并宣读第六个百日“迎世博贡献奖”表彰决定；顾顺祥作区迎世博600天行动总结；周国雄讲话肯定取得的成绩，并就做好世博会工作提出要求：严阵以待，以必胜信念迎接挑战；严守阵地，以过硬措施完成任务；严格要求，以强大合力夺取胜利
区委常委会	4.29	通报区世博会工作领导小组办公室和安全保卫、运行保障、接待服务、宣传及社会动员指挥部工作情况和近期工作安排，听取区五一期间相关工作安排汇报；听取关于参与市公安局“金盾基金”的请示汇报；研究干部工作
区委常委会	5.7	听取老干部、党校、商务委的工作汇报；研究干部工作
区“十二五”规划大讨论活动研讨会	5.12	相关部门交流发言，周国雄对做好区“十二五”规划编制工作提出以科学发展观指导规划编制工作、增强规划编制的前瞻性和可操作性的要求
区委常委会	6.18	听取召开八届区委十二次全会筹备工作、关于开展纪念建党89周年系列活动方案、关于世博会运行期间开展立功竞赛评比表彰名单的汇报
区迎世博600天行动表彰大会	6.21	孙荣乾主持会议；观看区迎世博600天行动总结片《足迹》；顾顺祥宣读《关于表彰普陀区迎世博600天行动先进的决定》；向先进颁奖；周国雄讲话要求：做好世博常态化工作、做好区经济社会发展各项工作、做好文明指数测评迎检工作
区党政负责干部会议	6.21	开展“讲党性、重品行、作表率”专题教育活动；观看警示教育片《蜕变》，通过蔡志强严重违纪违法案件再次敲响反腐倡廉的警钟；周国雄就进一步加强党风廉政建设提出要求：加强党性修养、正确对待权力和利益，增强纪律观念、严格做到廉洁自律，重视道德品行、培养健康生活情趣
区委常委会	6.22	听取并审议关于世博会运行期间开展“服务世博、奉献世博”立功竞赛评比表彰情况的汇报
区“世博先锋行动”暨纪念中国共产党成立89周年座谈会	6.29	基层党组织和党员代表交流发言；周国雄在充分肯定区基层党组织和广大党员服务世博、奉献世博同时，就进一步开展好以“世博先锋行动”为主题的创先争优活动、切实做好当前重点工作提出要求：进一步把全区各级党组织和广大党员干部的思想和行动统一到为世博会贡献智慧和力量上来，统一到全面加强基层党的建设上来，统一到推动区域经济社会各项事业发展上来
区委常委会	7.2	传达市委书记俞正声来区调研时的讲话精神；部分区委常委专题报告工作；审议上半年区委常委会工作报告、2009年决算和2010年上半年财政预算执行情况的报告；听取区委上半年调研情况、区委全会上周国雄、孙荣乾讲话稿起草情况、区政府党组工作、《中共上海市普陀区委关于加强和改进新时期群众工作的若干意见（送审稿）》起草情况、全区上半年完成经济和社会发展各项目标任务进展情况、关于终止个别人员区八次党代会代表资格的建议、关于开展世博会期间干部专项考核办法等的汇报；研究干部工作
区委常委会	7.12	传达九届市委十二次全会精神；通报区委13项重点工作推进情况；听取区2010年机关绩效考核实施办法制定情况的汇报；研究干部工作
区委常委会	7.23	听取关于做好起草《区委十二五规划建议》有关工作安排的建议；听取上半年区人大党组工作、区政协党组工作、统战部工作的汇报；听取审议人武部上半年工作汇报；研究干部工作
区委常委会	8.6	听取二季度区领导化解信访突出矛盾情况、科教文卫体工作的汇报；审议《关于加强区党代表、人大代表联系社区工作的若干意见》
区委常委会	8.20	听取落实《区委关于进一步加强监督的实施意见》情况、社会稳定和平安普陀创建情况、610工作的汇报；研究干部工作
区委“十二五”规划建议起草工作培训暨研讨会	8.30	市人大常委会施凯作关于社会转型和社会治理的辅导报告；市委研究室张国华作“十二五”建议起草辅导报告；周国雄就做好《建议》起草工作提出把握好《建议》起草原则、起草要求、起草质量等的要求
区委常委会	9.3	听取区1—9月份预决算执行情况、信息化建设情况的汇报
区委常委会	9.10	传达市有关会议精神；通报2010年苏州河文化艺术节方案；听取关于开展“上海市对口支援都江堰市灾后重建评选表彰”推荐工作，关于上报市委创先争优活动领导小组“创先争优 世博先锋”、“五好”基层党组织和“五带头”共产党员推荐名单等的汇报；通报区委十三项重点工作推进情况；听取关于解决东方曹杨国际学校一事、关于区西北物流保税中心进展情况、关于区城投公司担保案处置结果、关于区国有资产经营运作平台公司组建方案等的汇报；研究干部工作

（续表）

会 议 名 称	日期	主 要 内 容
区党（工）委、党组负责人座谈会	9.30	就近期人才、统战、新闻宣传、党风廉政建设等工作作通报和安排；周国雄传达近期中央、市委有关精神，并就进一步做好党（工）委、党组工作提出要求：发挥三个作用，处理好四对关系，增强五种能力
区委常委会	10.18	传达《中共上海市委关于制定上海市国民经济和社会发展第十二个五年规划的建议（征求意见稿）》并组织讨论；传达市委巡视组对普陀区开展巡视工作的通知和要求，听取关于迎接市委巡视组开展巡视工作有关准备工作的情况汇报；听取区政府党组工作汇报；听取关于对2005年车改补贴调整的建议、关于开展“世博先锋行动”评选表彰活动、关于选派机关干部赴非公企业挂职锻炼工作方案等的汇报；研究干部工作
区党政负责干部会议	10.21	周国雄传达市党员负责干部会议和世博会执委会会议精神，就学习贯彻好党的十七届五中全会、市党员负责干部会议精神提出要求：切实把思想统一到中央决策部署和市委要求上来，切实做好区“十二五”规划编制工作，切实做好当前各项工作；祝学军对区第八次迎检测评工作作再动员，周国雄提出做好测评迎检工作要求：各级领导要亲临现场靠前指挥，明确奋斗目标咬紧不放，强化工作措施坚决到位
区委常委会	10.29	区委常委向常委会报告三季度工作推进情况；听取关于八届区委十三次全会筹备情况、关于召开2010年度区委常委民主生活会前期准备工作和实施意见、关于依法治区工作等的汇报；通报有关案件情况
区委常委会	11.5	周国雄通报丁薛祥及各区县领导视察苏州河普陀段活动；讨论并审议区委工作汇报、纪委工作分报告和组织工作分报告；讨论并审议《中共普陀区委关于制定普陀区国民经济和社会发展第十二个五年规划的建议（征求意见稿）》；研究干部工作
区防火及安全生产紧急会议	11.16	孙荣乾对全区防火及安全生产工作进行部署；周国雄对做好当前防火及安全生产工作提出要求：引以为戒，高度重视防火及安全生产工作；举一反三，全面开展安全事故隐患大排查；严守职责，确保人民群众生产生活安全
市委巡视组进驻普陀区动员会	11.22	余东升代表市委第三巡视组就巡视工作的意义、主要任务、方式方法以及总体安排等作讲话，对做好巡视工作提出要求：充分认识开展第二遍巡视工作的意义，重点围绕四方面来开展第二遍巡视工作；认真负责地完成市委交办的巡视任务；周国雄代表区委和区四套班子全体成员表态，将全力配合巡视组开展各项巡视工作，并对参与和配合市委巡视组做好巡视工作提出要求：提高思想认识，主动参与配合，搞好工作协调，推进全区工作
区防火安全专题工作会议	11.24	高德彪、符祖鸣分别通报分管的工作；孙荣乾部署全区防火安全检查工作；周国雄提出做好区防火安全工作要求：高度重视防火工作，认真落实防火工作责任制，全面开展防火安全教育和大检查，坚决整改各种隐患
区委常委会	11.29	听取召开八届区委十四次全会筹备工作情况汇报；审议《区人大党组关于召开区十四届人大七次会议的请示》、《区政协党组关于召开区政协十二届五次会议的请示》；研究干部工作
区党政负责干部会议	12.15	传达贯彻中央经济工作会议和市党政负责干部会议精神；周国雄就抓好中央、市委精神的贯彻落实提出要求：认真学习中央、市委会议精神，抓紧谋划明年经济社会发展，切实做好年前相关工作
区委常委会	12.17	传达中央和市经济工作会议、市党史工作会议的精神；审议区委常委会2010工作报告、区委常委会2011年工作要点、周国雄和孙荣乾在八届区委十四次全会上的讲话；听取区人大、政协党组工作汇报；听取区全年重点工作推进情况、区机关党建工作、元旦和春节前全区重要会议（活动）安排等的汇报；研究干部工作
区委常委会	12.24	传达九届市委十四次全会精神；听取关于《普陀区进一步加强人才激励和保障工作的若干意见（试行）》及区人才工作会议方案汇报；审议关于全委会非定向推荐正处级领导干部后备人选初步人选名单；研究2011年区委常委会会议主要议题安排
区经济工作会议	12.27	贯彻落实中央、市经济工作会议精神，谋划研讨2011年区经济工作；周国雄主持，孙荣乾作当前经济工作形势和任务的分析；分组讨论2011年区域经济发展的形势和任务及推进方法；周国雄对会议进行总结并就抓好会议精神的贯彻落实提出要求
区世博会工作总结表彰大会	12.31	孙荣乾主持会议，顾顺祥宣读获上海世博会全国、市先进名单和《中共上海市普陀区委员会关于表彰“世博先锋行动”先进基层党组织、优秀共产党员、优秀组织者的决定》；周国雄讲话指出：回首世博、我们不辱使命，总结世博、我们收获良多，传承世博、我们续写精彩

（毕 晗）

组织工作

【概况】 2010年,区委组织工作坚持围绕中心、服务大局,以改革创新精神全力推进干部工作、组织工作、人才工作和自身建设,基本完成年初预定的各项工作目标。完成各项涉博组织工作任务。印发《关于在世博会期间进一步发挥各级领导班子和干部队伍作用的若干意见》,要求各级领导班子和领导干部全力以赴保世博;选派和抽调89名优秀干部到世博一线工作,制定《关于开展世博会期间干部专项考核的办法》和《关于做好世博借调干部(人员)培养使用工作的通知》,加强优秀干部的培养;开展世博安保专题培训,在党校增设世博专题培训内容,举办网上世博专题培训班,组织优秀中青年干部到世博城市最佳实践区现场学习;推进以“世博先锋行动”为主题的创先争优活动,开展“百日冲刺、勇当先锋”活动。加强领导班子思想政治建设。制定下发《中共普陀区委关于加强领导班子思想政治建设的实施意见》,要求进一步树立群众观念,提高群众工作能力;开展“严守纪律、端正作风”专题民主生活会和以“贯彻落实廉洁从政若干准则”为主题的处级班子年度民主生活会,加强各级领导班子党风廉政建设和作风建设。推进干部人事制度改革。印发《普陀区贯彻落实〈2010—2020年深化干部人事制度改革规划纲要〉的实施意见》;开展竞争性选拔干部工作,选派优秀机关干部赴非公企业挂职锻炼。强化干部考核管理。制定《关于贯彻实施干部选拔任用工作四项监督制度的意见》,组织开展处级单位贯彻落实四项监督制度自查工作;实施干部选拔任用“一报告、两评议”工作;制定实施《区管领导干部(人员)经济责任审计分类管理办法》,对24名干部进行经济责任审计;落实干部个人有关事项申报和收入申报工作;制定《关于规范普陀区公务员离职后从业行为的实施细则》。推进干部教育培训。开设“十二五”规划与普陀发展专题培训,为区“十二五”发展凝心聚力;探索完善处级干部“五学并进”学教机制、中青年干部“五站连训”培养机制。加强机构编制管理。规范行政机构设置和编制配备,探索建立机关事业单位实名制管理制度,建成本区事业单位实名制信息库。初步完成区事业单位按行政执法(行政管理)、公益服务、生产经营分类的工作。建立区机关公务员实名制管理工作机制。加强人才工作。突出区域人才政策的研究和制定,加强区域人才工作的管理和协调,为华东师范大学4名入选“中央千人计划”的人才提供配套资金,启动“上海千人计划”申报工作。抓好基层党组织和党员队伍建设。深化学习实践科学发展观活动。召开深入学习实践科学发展观活动总结大会;桃浦镇紫藤苑居民区党总支在全市“学实”活动总结大会上作书面交流。加强党员队伍建设。制定《普陀区关于进一步加强党支部书记队伍建设的实施意见》,建立党支部书记初任培训制度,推行发展党员公示制、责任追究制,探索发展党员推荐制、票决制;举办入党积极分子、预备党员集中教育培训,840余人参加;开设“两新”组织小型支部集体党课103次,参与党组织364个,参与党员5960人次;投入区管党费95.6万元,开展帮困慰问工作。推进各领域党组织建设。中组部调研长寿区域化党建工作,参观长寿社区学校,听取长寿社区关于区域化党建的探索和实践、放大社区党组织效能等汇报,调研组肯定长寿社区利用社会资源、分层分类开展活动、满足不同层次居民“终身化”学习需求的做法,评价区域化党建领导体制和工作格局完善,对全国基层党建工作有示范和引领作用。完成社区(街道)党工委下属三条线党组织负责人的集中调整工作,开展居民区党组织领导的基层民主自治机制建设情况的调查摸底,在各社区(街道)、镇试点推行居民区党员代表议事会制度,完善地铁社区党建联动、社区物业管理党建联建等工作;实施党(工)委或党组抓基层党建工作责任制考核结果反馈通报制度;开展“两新”组织党组织标准化建设,建立区非公有制企业党组织书记联席会议制度。推进与青浦区城乡党组织结对帮扶工作。加强基层党内民主建设。完成区党代表任期制各项工作;组织代表组开展系列专题调研,形成调研报告33篇、代表提议2份;开展集中性党代表联系社区活动;聘请市党代会代表为区“社区党建顾问”;制定“关于基层党组织公推直选的实施意见”。完成“普陀党建网”网站群建设,9个街道镇子网站全部开通。2010年全国组织工作满意度民意调查,普陀区位列全市首位;全区获上海市“创先争优,世博先锋行动”“五好”基层党组织13个、“五带头”共产党员63人;获区“世博先锋行动”先进

12月17日,长寿社区领导向中组部调研组汇报社区党建工作情况

(区委组织部供稿)

基层党组织80个、优秀共产党员200人、优秀组织者20人。完成干部任免事项111人次,其中提拔处级干部48人,交流处级干部42人;完成试用期满干部考核14人。至年底,全区有各级党组织2247个,其中党委86个,党总支244个,党支部1917个。党员73833人,其中女党员28946人,占党员总数的39.2%;35岁以下青年党员8071人,占党员总数的10.93%;新发展党员389人,占党员总数的0.54%;大专以上学历党员27757人,占党员总数的37.59%。全区共有现职处级干部426人,平均年龄49.8岁,其中40岁以下45人,占总数的10.56%;大专以上学历417人,占总数的97.89%;女干部88人,占总数的20.66%;党外干部13人,占总数的3.05%。（王贞飞）

【竞争性选拔干部】 9月中旬,全区推出社会工作党委副书记、科委副主任、招商服务中心主任及真如城市副中心开发建设投资有限公司总经理等4个岗位,参与市公开选拔工作。同时推出石泉、甘泉街道人武部部长岗位,在区域内公开选拔。通过公开报名,资格审查、笔试面试、综合考察等环节,有6人走上领导岗位。该次公开选拔干部引进一批年龄轻、素质高、专业强的优秀人才,发掘和储备一批具有较好发展潜力的优秀干部,为加快优秀人才聚集、拓展干部选任、交流渠道进行有益的探索。（吕升昂）

【推行干部选拔任用记实制度】 8月,区委组织部根据党政领导干部选拔任用工作责任追究、有关事项报告、向全委会报告和民主评议、离任检查的四项监督制度规定,在全区推行干部选任工作记实制度。通过对干部选任初始提名、意见征求、民主推荐、酝酿、考察、讨论决定及公示任职等各环节的真实记录,加强干部选拔任用全过程监督。截至12月,对涉及提拔的8名干部进行选拔任用记实。（吕升昂）

【非定向推荐处级党政正职后备人选】 12月中旬,根据《普陀区关于实行全委会非定向民主推荐正处级领导干部后备人选的工作方案》。通过各委、办、局、街道、镇在本单位组织干部群众进行民主推荐,区委常委会审议,区委全委会以无记名投票的方式进行差额推荐,确定27人作为处级党政正职后备人选,进行培养考察。（吕升昂）

【印发"贯彻落实'干部人事制度改革规划纲要'的实施意见"】 11月19日,根据中央办公厅《2010—2020年深化干部人事制度改革规划纲要》、市委办公厅《上海市贯彻落实〈2010—2020年深化干部人事制度改革规划纲要〉的实施意见》,区委印发《普陀区贯彻落实〈2010—2020年深化干部人事制度改革规划纲要〉的实施意见》。该"实施意见"明确提高选人用人满意度,深化干部人事制度改革的基本目标和重要内容,对重点推进的规范区管党政领导干部选拔任用提名制度、加大竞争性选拔和差额选拔干部力度、坚持和完善从基层一线选拔培养干部制度、继续试点基层党组织领导班子成员公推直选、完善促进科学发展的综合考核评价机制、贯彻落实干部选拔任用四项监督制度、深化国有企业领导人员管理制度改革、推进事业单位岗位设置管理工作等8项任务提出工作要求。11月22日,区委召开"深化干部人事制度改革"座谈会,区委书记周国雄,区委常委、组织部部长钱城乡出席会议并讲话。会议就深入推进干部人事制度改革,建设一支高素质的领导班子和干部队伍提出要求,并对深化干部人事制度改革工作作具体部署。区教育局、国资委、宜川路街道等党组织进行交流发言,区卫生局、司法局、人社局等单位作书面交流。各部、委、办、局,法院、检察院、社区(街道)、镇、人民团体及区管企业党组织书记和组织人事部门负责人150余人参加会议。（卢卫祎）

【建立干部监督工作联席会议制度】 7月2日,由区纪委(监察局)、组织部、机关党工委、信访办、国资委、人社局(公务员局)、审计局等7个部门组成的区干部监督工作联席会议召开第一次会议,正式启动干部监督工作联席会议制度。区委常委、组织部部长胡佩艳讲话,区委常委、纪委书记左燕主持会议。建立联席会议制度,以提高选人用人公信度和满意度为目标,突出对领导班子、领导干部和干部选拔任用三类重点对象的监督,建立健全沟通协调、信息分析、调查研究、多方参与机制。会议通报区干部监督工作联席会议组成人员名单,审议并通过《普陀区干部监督工作联席会议工作办法(试行)》和《2010年工作要点》。（卢卫祎）

【建立世博干部管理六项机制】 世博会期间,区委组织部建立世博干部管理六项机制。领导责任机制。制定关于发挥各级领导班子和领导干部在世博会期间作用的"若干意见",明确领导工作责任,细化职责分工,落实工作措施。干部选派机制。通过召开工作会、干部自愿报名、单位党组织推荐、组织人事部门资格审核等环节,选派和抽调89名优秀干部到世博一线工作。跟踪考察机制。成立世博一线临时党支部、考核协调小组,坚持每月组织生活、工作例会,开展工作实绩分析评价。考核台帐机制。建立基本情况表、月度工作表现反馈表、总结鉴定表以及荣誉奖励、座谈交流、个人体会等有关材料组成的"一人一档"。监督管理机制。成立世博会借调干部联络组,建立干部监督联席会议制度,开设《组工专报——世博干部动态》专刊,普陀党建网设立"世博干部动态"专栏,形成创先争优氛围。服务保障机制。运用热线电话、短信联系等方式,加强沟通;开展走访慰问活动,帮助解决生活、工作中的实际困难。年内,提拔一批表现优秀、做出较大贡献的干部晋升领导职务或非领导职务岗位任职。（卢卫祎）

【实施干部选拔任用四项监督制度】 5月,区委根据中央关于贯彻实施干部选拔任用四项监督制度的工作要求,进一步提高选人用人公信度,制定《关于贯彻实施干部选拔任用工作四项监督制度的意见》(简称意见),印发全区各处级单位党组织。“意见”围绕四项监督制度的贯彻实施，提出明确的落实措施和要求，细化工作项目，落实责任部门。区委组织部制定《关于贯彻实施干部选拔任用四项监督制度工作项目的方案》，将“意见”中的学习宣传、规范操作、加强领导三方面要求，分解为10个工作大项、22个工作小项，明确实施时间、目标步骤和落实部门，并将贯彻实施四项监督制度，规范干部选拔任用工作纳入处级单位年度考核和绩效考核工作中。年内，全区有干部任免权的处级单位开展“一报告两评议”工作，各单位参与选人用人工作民主评议的有1413人，评议新提拔干部230人。区委组织部、纪委、人社局(公务员局)联合对16家处级单位贯彻《党政领导干部选拔任用工作条例》执行情况进行抽查，以进一步匡正选人用人风气，提高选人用人公信度和组织工作满意度。

(卢卫祎)

【开展干部培训】 年内，举办2期处级干部进修班，围绕十二五规划，通过专家解读、案例研讨、学习讨论、现场考察等方式进行培训，86名处级干部参加。举行5期处级干部专题讲座，内容涉及群众观点与群众工作、公共卫生保障、干部选拔任用监督制度等方面，1500余人次参加。完成2期局级和局级后备干部参加市干部选学班的报名参训工作，共有46名局级干部和局级后备干部报名参加。举办区第二期弘扬人文精神与提升领导力高级研修班，以菜单方式面向全区处级干部、处级副职后备干部、组工干部开放选训，212名处级及处级后备干部参加。推进干部在线学习工作，2010年度参加学员1733人，实现全区干部在线学习注册率、学习率、通过率“三达百”。

(张　明)

【人才工作会议】 4月7日，召开区人才工作协调小组(联席会议)全体会议，会议审议并原则通过《普陀区2009年人才工作总结》、《普陀区2010年人才工作要点》等文件，发布《普陀区2009年人才资源状况报告》。10月20日，召开区人才工作协调小组(联席会议)扩大会议。12月28日，召开区人才工作会议，举行人才工作巡礼展示，传达全国和市人才工作会议精神，总结近年来区人才工作经验做法，明确今后一个时期人才工作的指导方针、目标任务和工作举措。制定出台《普陀区进一步加强人才激励和保障工作的若干意见(试行)》，在人才安居、科研、待遇等多个方面进行有针对性的创新和突破。区委书记周国雄讲话要求：要认识新形势下做好人才工作的重要意义、加大人才工作创新力度、切实加强对人才工作的领导。

(张　明)

6月29日，区委举行世博先锋行动暨纪念中国共产党成立89周年座谈会

(区委组织部供稿)

【创先争优活动】 年初，贯彻落实中央、市委有关精神，在全区党的基层组织和党员中深入开展创先争优活动。区委成立创先争优活动领导小组。区委组织部、宣传部召开“普陀区深入开展创先争优活动部署会”，区委办转发《关于2010年在全区党的基层组织和党员中广泛深入开展以“世博先锋行动”为主题的创先争优活动的实施意见》。年内，开展世博安保专题培训，全区9个街道、镇和25个部门的200余名处级干部参加；实施世博全员培训，全区1881个党支部，57503名党员参加。分批组织优秀中青年干部、第二期区青年论坛学员等，赴世博城市最佳实践区现场学习。举办网上世博专题培训班。开展“百日冲刺、勇当先锋”活动，开辟专栏、网页、简报等，组织动员各级党组织和广大党员在服务世博、奉献世博中创先争优。成立中国民营企业联合馆运营服务临时党委、第五安保责任区临时党支部等园区临时党组织14个，通过创建党员责任区、加强党员教育等，激励园区党组织和党员立足岗位，创先争优。成立区“两新”组织创先争优活动指导协调小组，制定下发《关于在全区“两新”组织党组织和党员中广泛开展以“三比三看”为主题的创先争优活动的实施意见》。开展党员志愿者路口、地铁站台保畅通活动，14万余人次参加。窗口服务行业党组织和党员开展“亮身份，践承诺”活动，全区815个一线窗口服务单位摆放“普陀区世博党员服务窗口”标识，2603名一线窗口服务单位党员佩戴党徽上岗，作出服务承诺，接受群众监督。

(林夏荫　王贞飞　潘逸峰)

【“世博先锋行动”暨纪念建党89周年座谈会】 6月29日，区委举行“创先争优　奉献世博——普陀区‘世博先锋行动’暨纪念中国共产党成立89周年座谈会”。会议总结全区深入开展“世博先锋行动的初步成果，动员和号召全区各级领导干部、基层党组织和广大党员进一步明确使命、增强党的观念，发挥战斗堡垒和先锋模范作用，为世博会成功举办提供坚强的组织保证。区委书记周国雄讲话，区委常委、组织部长胡佩艳主持会议。座谈会上，世博园区第五安保责任区临时党支部、区级机关党工委、长征镇党委以及区市政工程管理署工会副主席金晶分别从一线行动、岗位行动、家园行动、志愿行动四个方面交流参与“世博先锋行动”的体会，展现各级党组织和广大党员扎实工作、奋力拼搏的精神风貌。区四套班子成员、检法两长，各部委办局，社区（街道）、镇及相关单位党政主要负责人和党员代表近200人参加会议。（林夏荫）

【发展党员工作】 年内，区委组织部在全区基层党组织全面推行发展党员公示制、责任追究制，在条件成熟的党组织中推行发展党员推荐制、票决制。3月2日，下发《关于规范入党积极分子和预备党员集中培训工作的若干意见》，对入党积极分子、预备党员培训班的办班主体、学时要求、内容形式及师资力量等提出意见。9月14—16日，组织1053名党员（其中新党员100名）和237名入党积极分子，参加为期3天的通过党员干部现代远程教育平台的集中培训。9月16—17日，举办2010年度党委组织员培训班，提升基层党建工作能力与水平。举办预备党员培训班3期，培训预备党员近500人。（林夏荫）

【城乡党组织结对共建签约仪式】 8月4日，普陀区与青浦区举行城乡党组织结对共建签约仪式，区领导周国雄、孙荣乾、钱城乡、裴崎和青浦区领导高亢、张国洪、胡燕平、孙萍、陈勇章出席。仪式上，双方区委签订合作共建协议；区委组织部、商务、教育、文化、卫生与青浦区相应单位结对，分别开展党的建设、商贸旅游、教育事业、文化事业、医疗卫生等方面的结对共建；长征镇、桃浦镇分别与青浦区白鹤镇、金泽镇结对，主要开展党建、精神文明、社区文化共建等活动；9个街道、镇，科技党委、区管企业西部集团、中环集团分别与青浦区12个经济相对困难村结对帮扶。长征镇党委向白鹤镇杜村村党总支赠送老年活动室帮扶资金。区委书记周国雄讲话，希望共建双方能有更多的沟通，建立定期会商、活动联络、交流通报等一系列工作制度；探索互利型共建项目，实现优势互补、相互促进；创设更多亮点，总结典型事例，加强宣传引导，动员更多的党员参加共建活动。（林夏荫）

【推进基层党内民主建设】 3月，区委组织部在全区范围内开展基层党组织向党员报告工作并接受评议的工作。至年底，各级基层党组织召开党的代表会议101次，党员大会1968次，举办党员座谈会878次，征得党员对党组织工作的意见和建议1649条。4月26日，制定下发《关于基层党组织领导班子成员实行公推直选的实施意见》，明确公推直选基本内涵、总体要求、主要实施步骤等五方面的工作要求。开展居民区党组织领导的基层民主自治机制建设情况的调查摸底，主要掌握现阶段各居民区党组织已有的基层民主自治机制或工作法，为推行党员代表议事会奠定基础。上半年，在9个街镇选取50个居民区，开展党员代表议事会制度试点工作，探索在居民区党组织领导下，居民区各类党员代表共同参与民主管理社区事务的制度。推进党务公开工作，先后在组织系统内部和各基层党组织中对2009年区管党费的收支情况进行公示。（林夏荫）

【培训初任党支部书记】 10月13—15日，第一期党支部书记初任培训班在区委党校开班。按照《关于建立党支部书记初任培训制度的实施意见》的要求，全区党支部书记初任培训制度正式实施。在征求新任党支部书记对培训需求的基础上，设置区情和普陀区未来发展解读、演讲和沟通技巧、党的最新理论成果解读、党风廉政建设及党支部工作实务五门课程，同时还安排分组讨论和交流发言。培训班为学员创造学习机会和交流沟通平台，为开展党支部工作奠定基础，增强信心。年内，举办党支部书记初任培训班2期，培训党支部书记209人。（林夏荫）

【落实“两新”组织党建工作三年行动计划】 年内，区社会工作党委贯彻落实《上海市“两新”组织党建三年行动计划（2009—2011年）》，在“两新”组织工作中，建立推进情况督查制度，定期召开党建工作例会，每季度对各单位进展情况进行通报，推进党的组织工作全覆盖。开展“两新”组织党建工作调研，走访重点楼宇、园区、企业，了解党建工作推进情况，研究工作中的困难和问题，提出协调解决的对策建议。截至年底，全区非公企业党的组织覆盖率为16.3%，党员占从业人员比例为4.8%。规模以上非公企业独立建立党组织的比例从2009年的78.9%提高至87%、党的组织覆盖率从85.8%提高至93.8%。（潘逸峰）

【选派机关干部到非公企业挂职】 11月22日，全区首批选派的10名机关干部分赴10家非公企业，开展为期1年的挂职锻炼工作。挂职干部主要从事企业党建工作，担任党组织书记助理职务。挂职干部锻炼为全脱产形式，党组织关系转入挂职企业党组织，挂职期间原则上不承担派出单位的工作任务，派出单位不得擅自将干部调回；挂职干部不从企业领取工资、奖金和津（补）贴，不享受企业的福利待遇。区委组织部制定下发《关于赴非公企业挂职锻炼机关干部的管理考核办法》，建立健全挂职锻炼工作的管理考核制度。把干部挂职锻炼范围扩大到非公企业，旨在达到党建工作得提高、企业发展增动力、挂职干部受锻炼、人才培养探新路的目的。中央政治局委员、中组部部长李源潮先后两次批示对该项工作予以肯定。新华社、解放日报、中国新闻等媒体进行报道。（潘逸峰）

【建立区非公企业党组织书记联席会议】 5月27日，区委组织部为巩固和扩大非公企业学习实践活动成果，创新非公企业党建工作方式，畅通党和政府与非公企业联系沟通渠道，建立由上海复星高科技（集团）有限公司党委、上海致达集团有限公司党委、上海五环建设工程有限公司党委等

20家区非公有制企业党组织书记为成员的联席会议，并下发《关于建立全区非公有制企业党组织书记联席会议制度的意见》。联席会议每季度召开一次，采取座谈交流、主题研讨、现场参观、学习培训等形式，先后组织成员单位围绕创先争优、党建工作有效性等专题开展讨论。（潘逸峰）

【标准化建设“两新”组织基层支部】 8月12日，区社会工作党委为推进全区“两新”组织党组织工作的规范化、制度化、科学化建设，完善“两新”组织党建工作保障体系，制定下发《关于开展“两新”组织党组织标准化建设的若干意见》，在全区“两新”组织党组织中开展“六个有”（有党的标识、有学习资料、有工作台账、有活动场地、有工作经费、有活动制度）标准化建设，为“两新”组织党组织开展活动、发挥作用提供基础性保障。年末，全区“两新”组织党组织达到标准化建设要求的有49个。（潘逸峰）

【启动党代表联系社区工作】 4月19日，区委召开党代表、人大代表联系社区工作专题会议，启动党代表联系社区工作。印发《关于加强区党代表、人大代表联系社区工作的若干意见（试行）的通知》，明确代表联系社区的工作要求、方式方法、工作流程、代表意见处理及反馈等方面，形成较为完善的工作机制；规定每年组织市、区党代表参加2次集中联系社区活动，并组织党代表参加每月15日的党代表社区接待日活动。为进一步畅通党代表反映意见和建议的渠道，在《普陀党建网》上开设“党代表直通车”栏目，方便党代表随时通过互联网向区委、区政府反映意见、提出建议。年内，共收到党代表联系社区后所提意见、建议400余条，涉及社区管理、城市管理、民生保障等群众最为关注的问题，由区党代表联络办通过认真梳理，及时将问题反馈至各区属职能部门和街道、镇，并对处理和解决情况进行督促协调、跟踪了解。（潘逸峰）

【聘请“社区党建顾问”】 9月20日，区委举行“社区党建顾问”聘请仪式，聘请市九次党代会第四代表组全体代表担任普陀区“社区党建顾问”，为市党代表提供更多的与普陀人民群众零距离接触的机会，全面了解民情、反映民意、集中民智。同时发挥市党代表的资源优势，为区的政治、经济、社会、文化及党建工作更好地发展，提供帮助和指导，发挥“社区党建顾问”促进社区各项建设的实际效果，取得双赢的局面，有效推进区域化大党建工作。（潘逸峰）

【调整商务委机构设置】 2月3日，区机构编制委员会（简称区编委）贯彻落实区委八届九次全会精神，深化国资国企改革发展，进一步理顺关系、优化配置，印发《关于调整区商务委机构编制事项的通知》，综合考虑区国资国企管理部门机构编制调整的实际，调整区商务委机关内设机构及所属事业单位设置。区商务委员会内设机构由原来15个调整为12个，下属事业单位为动物卫生监督所、酒类专卖管理局、旅游咨询服务中心、中小企业服务中心（外商投资服务中心）等4家。（沙　晨）

9月20日，区委举行“社区党建顾问”聘请仪式　（区委组织部供稿）

【调整房管局和规土局所属事业单位设置】 2月3日，区编委以区政府各部门机构改革主要职责内设机构和人员编制规定为依据，按照转变政府职能、理顺职责关系的总体要求，进一步理顺归属关系、梳理职责任务、优化资源配置、规范机构编制管理，印发《关于同意调整区房管局所属事业单位机构编制的批复》，调整区房管局和规土局所属事业单位机构。区房管局下属事业单位为房产管理（含信息中心及各街道、镇房管办）、房地产交易（区房地产登记处）、住房保障和房屋管理局教育培训、土地发展、房地产测绘、住房保障、住宅建设发展等7个中心和房地产事务所。区规土局下属为规划和土地管理监督检查队、规划和土地档案信息中心、规划和土地设计所、建设用地事务所、规划和土地管理所、土地测绘所。（沙　晨）

【采购管理实行“采管分离”】 2月3日，根据《上海市人民政府办公厅关于本市进一步加强政府采购管理工作的实施意见》精神，建立区政府采购“采管分离”体制。区编委印发《关于同意调整区政府采购中心隶属关系的批复》，区政府采购中心由区财政局管理整建制划归区机关事务管理局管理。（沙　晨）

【建立新闻办公室】 4月2日，为贯彻落实市委、市政府有关会议精神，建立和完善政府舆情处置机制，区编委下发《关于同意成立普陀区人民政府新闻办公室的批复》，以推进区政府新闻发布工作规范化、制度化建设。区新闻办归口区委宣传部管理。（沙　晨）

【推进文化体制改革】 4月3日，区编委根据《国务院办公厅〈关于印发文化体制改革中经营性事业单位转制为企业和支持文化企业发展两个规定〉的通知》和市委宣传部《关于推进本市区县所属经营性文化事业单位转企改制工作的通知》等文件精神，下发《关于同意撤销曹杨影剧院等三家事业单位建制的批复》，以推进区文化事业单位改革，深化影剧院机制转换，理顺文化事业和文化产业管理关系。（沙　晨）

宣传工作

【概况】 2010年，区委宣传思想工作按照"高举旗帜、围绕大局、服务人民、改革创新"的总要求，加强理论学习，深入调查研究，大力推进"抓发展、促和谐"建功立业主题实践活动，精心组织新闻宣传，圆满完成全年各项任务。市委常委、市委宣传部部长杨振武到区调研，对区近年来在先进典型培育等方面取得的成效给予充分肯定。

以建设学习型党组织为重点，深入推进理论武装工作。组织全区各级党组织学习党的十七届四中、五中全会精神，学习《七个"怎么看"》、《划清"四个重大界限"》等重要读本，开展群众观点与群众工作、廉政准则、"十二五"规划等4个专题学习。区委学习中心组开展《中国共产党党员领导干部廉洁从政若干准则》学习，邀请市纪委法规室作专题辅导报告；举行十七届五中全会专题学习会，邀请市委党校教授作学习辅导；举行学习市委书记俞正声关于群众观点重要讲话精神专题交流会，四套班子主要领导作交流发言；赴世博会城市最佳实践区学习考察等15次集中学习。此外，区委学习中心组还专门到浙江嘉兴、苏州工业园区参观学习，并与青浦区委学习中心组进行专题交流。将区委书记周国雄"讲党性、重品行、作表率"主题党课、北京师范大学教授于丹的《儒道兼济——构筑中国人格两岸》的演讲，制作成光盘和小册子发到全区各级党组织。发挥《普陀中心组学习》专刊的平台作用，反映区委中心组的学习情况和各级中心组的学习经验和做法。落实《普陀区处级单位党（工）委或党组中心组理论学习制度》，对全区处级以上单位中心组的理论学习情况进行检查考核。发挥"东方讲坛"阵地作用，举办各类讲座120余场，推进学习型机关、企业、社区及系统的创建活动。全区被评为市级学习型单位9个，区被评为全国社区教育先进示范区。

以迎博办博为契机，广泛开展对内对外宣传。落实武宁路大渡河路口等5块大型公益广告牌宣传世博；利用亚新生活广场、百联中环广场等主要商业场所14块大型电子显示屏滚动播出世博信息或世博公益宣传片；在武宁路、长寿路、大渡河路、金沙江路等4条主要道路挂招风旗近4000组；组织拍摄世博"三五"集中行动公益宣传片，在上海电视台、东方卫视等12个电视频道中播出，持续一年时间，同时制成DVD发放至区内基层单位；设计制作"世博清凉小礼包"、"天天点点"招贴画、以"魅力苏州河"优秀摄影作品为素材的新年挂历等宣传品。开展世博会"公众参与馆"展品项目征集活动，全区共有2400多张照片、15件实物及2个民间工艺项目进入世博园公众参与馆展示。区获"中国2010年上海世博会宣传特殊贡献奖"、"上海世博会社会宣传工作突出贡献奖"、"中国2010年上海世博会公众参与馆优秀组织奖"。建立新闻发布机制，规范新闻发布工作，全区各委办局均建立新闻发布责任人制度。开展各类新闻宣传，举办"拥抱世博、展示文明"系列访谈节目，制作印发《上海普陀》对外宣传折页、《美好生活在普陀》中英文双语宣传手册，配合拍摄5集电视连续剧"回到苏州河"，拍摄《上海普陀》双语宣传片。协助完成11个国家馆日世博会参展方外国友人进世博等文化活动的新闻报道。《新普陀报》、"普陀有线台"及"区门户网站"等媒体开设专版（栏）报道世博新闻。制作专题片57部，开设"媒体监督"、《创先争优，奉献世博》等10个特色栏目，完成世博期间文明指数测评媒体监督和文明在线回复工作。对"拥抱世博、展示文明"系列访谈节目进行评比和颁奖。完善区级对外宣传采访点和参观接待点的建设，并在区报和门户网站上进行宣传介绍。世博期间，完成境内外新闻单位的接待任务，计9个批次、6800余人次；中央及市媒体报道区新闻2000余条，其中头版头条26篇（条）。

以弘扬先进典型为引领，深化主题实践活动。围绕社区工作、志愿者服务、城市建管创新案例等方面，开展三个"十佳"（十佳居委会干部、十佳志愿者、十佳工作案例）评选活动。举办"普陀群英谱"画展，宣传12位先进人物的典型事迹。组织开展向徐虎学习的"六个一"系列活动。

开展思想政治工作研究。举办区人文关怀和心理疏导工作室工作研讨会，区心理疏导工作入选中国思研会调研课题。开展优秀思想政治工作者评选活动，表彰优秀思想政治工作者12人，其中被评为市优秀政治思想工作者2人。建立完善会员单位联络员工作例会，新发展会员单位8个。申报创建"上海市企业文化建设示范基地"，其中上海奥盛集团有限公司、西部集团成功荣获"上海市企业文化建设示范基地"称号。（丁荣华）

【宣传思想工作会议】 2月4日，区委召开2010年宣传思想工作会议，传达学习全国宣传部长会议和市宣传思想工作会议精神，对区宣传思想工作优秀集体和先进集体进行表彰，团区委、区绿化市容局及曹杨社区党组织作交流发言。区委常委、宣传部部长祝学军作2009年区宣传思想工作总结和2010年任务部署。区委书记周国雄就做好区宣传思想工作提出要求：充分认识当前做好宣传思想工作的极端重要性；全面完成2010年宣传思想工作各项任务；不断提高宣传思想工作的科学化水平。8月2日，在下半年宣传思想工作会议上，祝学军部署宣传思想工作，要求全区各级宣传部门进一步加强思想理论建设、世博会期间社会宣传工作、主题实践活动、新闻发布和媒体接待服务工作、城市文明志愿服务行动、精神文明创建工作、群众性文化活动、

宣传文化队伍建设等八项重点工作。（丁荣华）

【区委学习中心组参观南湖革命纪念馆】 4月1日，区委学习中心组到浙江嘉兴参观南湖中共“一大”会址和革命纪念馆，缅怀革命先烈，并开展“牢记党的宗旨，践行群众观点”座谈，周国雄、叶维华、夏斯德、裴崎分别交流发言。周国雄指出，做好新形势下的群众工作，要重感情，做到与群众心连心；重方法，增强工作实际效果；重长远，建立工作长效机制。区委学习中心组还考察嘉兴工业园区内的浙江清华长三角研究院和加西贝拉压缩机有限公司。中共嘉兴市委领导会见并陪同参观。（丁荣华）

【“舆论引导及记者采访与管理”专题培训】 4月6日，区委常委、宣传部部长祝学军在区委党校作题为“舆论引导及记者采访与管理”的授课，围绕常规性、敏感性问题采访接待，新闻采访点受理境外记者采访基本程序、突发公共事件、公众性事件新闻应对及政府新闻发言人的必备素质等方面内容，结合热点案例对有关工作流程和政策进行解读。全区70余个委、办、局的新闻发布责任人、联络员及区“十一五”期间第九期处级干部进修班的学员计160余人参加培训。培训后，处级干部进修班的学员进行实景模拟案例演练。（丁荣华）

【举行新闻通气会】 4月22日，区委宣传部召开新闻通气会。区委常委、宣传部部长、区新闻发言人祝学军主持，区委组织部、区旅游局、建交委、绿化市容局、文化局等的新闻发布责任人分别介绍各部门的世博阶段性和特色性的工作亮点。与会者与媒体进行互动。来自中央、市级及境外共31家媒体和全区各相关部门新闻发布责任人、联络员共60余人参加新闻通气会。7月19日，新闻通气会有中央、市级和境外共42家媒体、各相关部门新闻发布责任人及联络员80余人参加。（丁荣华）

【香港网络媒体世博行采访团访问普陀】 4月24日，由中联办张绍瑞处长率领的香港网络媒体世博行采访团一行20余人到区进行参观、采访。区委常委、宣传部部长祝学军，区委常委、副区长诸葛宇杰陪同并举行媒体见面会。香港新闻媒体由雅虎香港、文汇网、香港新闻网等16家网络媒体组成，是2010年上海世博会试运行后首个来沪参观采访的媒体。采访团考察莫干山M50创意园区、乘坐苏州河游船、参观长风生态商务区2号绿地。祝学军在媒体见面会上向客人们介绍普陀发展，同时介绍普陀的风土人情。区委宣传部、区外事办、文化、旅游、长风生态商务区等有关方面的领导陪同参观。（丁荣华）

【思想政治工作研究会年会】 5月18日，区思想政治工作研究会年会暨文化团队建设与思想政治工作研讨会在区中心会场召开。会上，离婚劝和工作室代表全区9家人文关怀和心理疏导工作室区作工作汇报，区文化局、体育局、收藏协会、长风社区（街道）、宜川街道赵家花园居委会等单位进行交流发言。市委党校副教授潘鸿雁博士、上海社会发展研究会常务副会长徐中振研究员就交流发言展开点评。会上通报表彰2007—2009年度优秀思想政治工作者，授予长征镇张月生、宜川中学李蓓璐等12人为区“优秀思想政治工作者”称号。会议下发2010年普陀区思想政治工作研究会《调研课题指南》，与会人员就文化团队建设、思想政治工作等课题展开讨论。区思想研究会团体会员单位已发展到59家。（丁荣华）

区委宣传部举行新闻通气会　（区委宣传部供稿）

【于丹演讲】 8月9日，区委宣传部在区图书馆邀请著名文化学者、北京师范大学艺术与传媒学院副院长于丹教授作《儒道兼济——构筑中国人格两岸》的演讲。周国雄、孙荣乾、叶维华等区四套班子领导，全区处级干部，区卫生、文化系统代表及金晶等部分青年代表参加。演讲从儒道两家思想入手，阐述中国人格的基本特征和重塑中国人格的历史文化积淀，感悟和激活古代经典中属于中华民族的精神基因，唤起听者重新审视并传承中国文化瑰宝的热情。该次演讲是由区人民医院举办的“贴近大师，感受文化，开拓思路，促进发展”《名家课堂》的特别专场，作为全区处级干部双休日讲座的一项重要内容。区委常委、宣传部部长祝学军致辞，全国劳模、全国三八红旗手、全国五四青年奖章获得者、区人民医院护士长于井子向于丹教授献花。演讲之前，于丹还为部分听众签名留念。（丁荣华）

【宣传干部培训班】 8月10—13日，由市宣传党校和区委宣传部联合举办的2010年普陀区宣传干部培训班在青浦伊百花园举行。区委常委、宣传部部长祝学军作动员讲话，指出组织干部集中培训，是提高干部综合素质、推进区宣传事业全面发展的重要举措；要求学员努力成为学习型、创新型的宣传干部。培训班为期4天，安排论语与精神文明建设、经济社会发展趋势、世博会文化与理念、舆论引导能力和心理学等5方面的讲课内容。各委、办、局，街道、镇，人民团体，区属企业的分管领导、宣传干部和专职精神文明干部100余人参加。（丁荣华）

【苏州河十八湾优秀摄影作品展】 9月30日，由区委宣传部和市摄影家协会主办，区绿化市容局、文化局，区摄影协会承办的庆祝中华人民共和国成立61周年"苏州河十八湾优秀摄影作品展·2010普陀"在区图书馆开幕。区委常委、宣传部部长祝学军宣布开幕，副区长高德彪致辞，市摄影家协会副主席陈海汶宣读获奖者名单。区委宣传部副部长、区文明办主任徐志平介绍"市容杯"苏州河景观灯光摄影比赛情况，区绿化市容局党委书记刘会勇主持开幕式。与会领导和嘉宾还为获奖者颁奖。该摄影展选取参加区"市容杯"苏州河景观灯光摄影比赛的50余幅优秀作品，展会分为四块：苏州河星空、苏州河之花、苏州河烟雨及苏州河飞瀑。参展作品反映苏州河十八湾建设的初步成果，展示苏州河文化长廊的独特魅力，诠释"城市，让生活更美好"的世博会主题。展会为期9天，从9月30日至10月8日。市绿化和市容管理局巡视员陶渊，苏州河景观建设者代表和摄影比赛获奖代表参加开幕式。（丁荣华）

5月30日，苏州河十八湾优秀摄影作品展开幕　　（区委宣传部供稿）

【培训居民区党组织宣传委员】 12月7日，区居民区党组织宣传委员培训班在区委党校开班。区委宣传部副部长、区文明办主任徐志平主持开学典礼，区委党校常务副校长蔡建勇部署培训班教学计划。区委常委、宣传部部长祝学军出席并对参加学习的居委会宣传委员们提出三点要求：思想重视，要认识到宣传阵地对于建设和谐社会的重要作用；认真学习，提升自身素质，当好党组织的"参谋"，当好居民群众的"连心桥"；学以致用，将课堂所学知识运用到工作中，更好地运用好传统媒介与新型媒体凝聚民心的作用。根据教学安排，培训班从12月7日起至14日止，分2期进行，每期3天。教学内容包括"十二五"发展规划、社区精神文明创建、形势任务、突发事件处理与媒体应对以及居民区党组织建设等五方面内容。全区居民区党组织宣传委员240余人参加培训。（丁荣华）

【志愿服务名人工作室命名授牌】 12月28日，由区委主办的"为人民服务　点滴做起　贵在坚持"——向全国劳动模范徐虎同志学习座谈会暨普陀区志愿服务名人工作室命名授牌仪式在西部集团举行。仪式上，市委常委、宣传部部长杨振武为区志愿服务名人工作室命名授牌并讲话，充分肯定以徐虎为代表的先进群体为社会树立的良好楷模，充分肯定普陀区委在世博后开展的以先进模范人物为引领的志愿服务行动，要求全市各级党组织要开展学习先进活动，开展好后世博精神文明建设各项工作，传承和发扬世博中创造的各种好的经验和做法。区委书记周国雄向徐虎赠送记载他35年服务生涯的精美画册《成长的轨迹》，并向全区广大干部群众发出"为人民服务，贵在坚持；向徐虎学习，从点滴做起"的号召。区文明委在会上以徐虎、曹道云、金晶、于井子、朱雪芹的名字命名志愿服务名人工作室。工作室弘扬和践行志愿服务精神，由徐虎等名人率先垂范，以服务百姓、奉献社会为宗旨，提供物业服务、政策咨询、健康导医、心理护理、医疗咨询、扶贫济困、纠纷调解、求职咨询、素质拓展等五大类20项品牌志愿服务，从而带动全区的志愿服务事业。徐虎代表先进典型发言：利用志愿服务工作室的平台，培育更多的先进典型，服务更多的居民群众。市委宣传部副部长、市文明办主任马春雷，市总工会副主席汪兰洁、上海国际港务集团副总裁包起帆、区领导叶维华、祝学军等，以及金晶、曹道云、于井子、朱雪芹等多位先进典型代表，百余名干部群众代表参加仪式。（丁荣华）

统战工作

【概况】 2010年，区统战工作以服务经济建设，实现区域经济可持续增长为中心，以宣传、参与、服务世博为重点，以建设统战文化为目标，以提升干部队伍素质为保障，凝聚力量，共同投身和谐新普陀建设。召开党派负责人联席会议，专题学习胡锦涛总书记关于树立和践行社会主义核心价值体系的重要论述，引导各民主党派区委把中国特色社会主义主题学习教育活动推向深化。召开统战工作会议，传达全国和市统战部长会议精神，部署2010年工作。推进各民主党派区委积极参政议政，召开双月座谈会，听取意见建议。组织区各民主党派负责人和无党派代表人士赴贵州学习考察，并在遵义召开集体谈心会，围绕区域经济、社会发展和党派自身建设等方面交换意见。成立区委统战部专家咨询团，为区“十二五”规划的制定建言献策。组织开展统战人士城市文明志愿者活动，2000余名各界统战人士参与交通文明执勤和社区环境整治等世博城市文明志愿活动。新社会阶层世博志愿者服务总队荣获“普陀区世博会期间志愿服务活动先进集体”称号。在长风、宜川、石泉三社区分别召开社区侨务文化建设、社区网络统战及社区统战园地建设现场会，介绍推广以统战文化引领社区统战的成功经验，为新一轮一街（镇）一特创建展示提供示范借鉴，得到市委统战部和市侨办领导的肯定。开展统战社工招录工作，制定《普陀区统战系统社会工作者管理办法》，举办社区统战工作者培训班。组织区党政代表团赴台参访，扩大两地基层党际交流面和影响力。召开涉台教育工作座谈会，贯彻落实中央对台工作方针，推动区涉台教育工作深入开展。编辑出版《普陀海联》报3期，并开辟世博专栏。年内，举办各类培训班22期，讲座85次，研讨座谈22次，学习考察40批次，社区巡讲67次，受教育3万余人次。贯彻“三联制度”，走访企业300家（次）。完成市委统战部世博案例征集工作，上报率和获奖率居全市首位。区委统战部机关支部被区级机关党工委评为“为世博添彩、为党旗增辉”先进党支部。（王　锐）

【开设统战工作3个新载体】　年初，区委统战部通过深入调研、工作务虚，确定成立《普陀同舟》杂志编辑部、普陀统战文化研究会及普陀统战网站3个工作平台，以加强统战系统队伍业务建设。2月2日，市委常委、统战部部长杨晓渡，区委书记周国雄在区委统战工作会议上点击开通“普陀统战”网站。网站主要设置工作动态、多党合作、民族宗教、自由择业知识分子、港澳台侨、非公经济及培训宣传等栏目，及时发布区统一战线工作动态。举行《普陀同舟》首发仪式，全年共编发《普陀同舟》月刊12期，宣传、交流区统战工作的举措、经验和成果，杂志由区委统战部主办，区委常委、统战部部长夏斯德任主编。建立“普陀统战文化研究会”，组织开展统战文化建设的专项研究，区社会主义学院负责研究会的运作，夏斯德任研究会会长。（王　锐）

【招录统战社工】　年初，区委统战部根据《中共上海市委统战部、上海市民政局关于推进统战系统社会工作者队伍建设的实施意见》要求，招录统战社工，以专职干部助理岗位，协助开展统战社区工作。报考人员要求具有本市常住户口，大专或同等以上学历，年龄一般在50周岁以下，有一定的社会交往能力、组织协调能力、公文写作能力及计算机办公软件操作技能等。招聘工作由区委统战部、人社局、人才交流中心合作，拟定实施招聘程序、各环节措施；试题由华东师大、区委统战部共同完成。参加考试150人，按照1∶3比例进入面试的55人进行考核，由各街道镇对三轮（包括体检）合格的考生进行政审。全区9个街道、镇招录统战社工18人。3月份，举办社区统战工作者培训班，就统一战线的方针、政策、理论及统战工作五大领域（党派、民族、宗教、新社会阶层及海外统战）的专项知识进行统一辅导。制定《普陀区统战系统社会工作者管理办法》，从统战社工的招聘、培训、聘用、职责与义务、待遇、管理与考核、奖惩、辞职与辞退等方面作出规定。（王　锐）

【成立区委统战部专家咨询团】　7月21日，区委统战部召开党派负责人联席会议暨统战部专家咨询团成立大会，区委常委、统战部部长夏斯德讲话，发改委主任王智华介绍区“十二五”规划编制工作的有关情况，统战部副部长顾欣钰宣读《关于成立统战部专家咨询团的通知》，夏斯德向来自华东师范大学、同济大学两所高校的16位专家咨询团成员颁发聘书。组建区委统战部专家咨询团，通过区校合作平台，进一步发挥专家教授的智慧、学识，在人才与舞台方面更好互动，为区“十二五”规划的制定建言献策。11月4日，召开专家咨询团会议，就区经济和社会发展“十二五”规划纲要（征求意见稿）听取专家意见。咨询团成员立足普陀实际，结合各自研究领域，分别就转变区域经济发展方式、加快产业结构调整、保障和改善民生、提升城区管理水平、构建和谐稳定社会环境、推动区域文化发展等方面提出诸多建设性意见和建议。（王　锐）

11月9日，区委统战部在宜川路街道召开“社区网络统战展示现场会”（区委统战部供稿）

【网络统战展示现场会】　11月9日，区委统战部在宜川社区文化活动中心召开“以社区为依托，以网络为媒介——宜川路街道社区网络统战展示现场会”。市委统战部纪检组长、直属机关党委书记严军，区委常委、统战部部长夏斯德，区统战系统、街镇党(工)委分管领导和统战干部近300人参加会议。与会者参观“往事悠悠、精彩无限——中远两湾城社区网络论坛的回顾与展望”图片展。会上，播放专题片《凝心聚力e线牵》，介绍宜川街道近年来以网络为媒介开展社区统战工作的成效；严军和夏斯德为“七彩两湾网友联谊会”揭牌；宜川社区统战人士为观众献上沪剧小品《我们的网络生活》；“七彩两湾”论坛展示以网络为载体，服务团结社区各界人士的在线互动；市、区领导为中远两湾社区“网络十佳”获奖代表颁奖。与会领导对宜川路街道在网络统战方面取得的成绩给予肯定，并就进一步加强网络载体建设，更好地用文化的内涵、方式和手段做好社区统战工作提出建议。（王　锐）

【统战文化园地建设现场会】 12月7日，区委统战部在石泉路街道社区学校召开统战文化园地建设现场会。市委统战部秘书长徐力，区委常委、统战部部长夏斯德，市委统战部有关处室，区统战系统和各街道、镇有关干部近200人参加会议。石泉路街道以精彩纷呈的文化情景剧，汇报近年来以社团为纽带，以活动为抓手，以各界统战人士联谊会为载体，建设和谐统战园地的实践与成效。与会领导充分肯定石泉街道在社区统战工作方面取得的成绩，并就进一步加强统战文化园地建设，更好地发挥各界统战人士联谊会的载体作用提出希望。（王　锐）

【推进党外干部队伍建设】 年内，区委统战部以党派换届准备为契机，推进党外代表人士和党外干部队伍建设。制订换届人选准备方案，把握政策要求，多方听取意见，统筹考虑各民主党派区委换届人选。召开党派基层支部换届工作推进会，调整充实党外后备干部库，完善后备干部队伍结构。举办各民主党派区委后备干部培训班，加强对重点对象的考察培养。发挥知联会“蓄水池”和“人才库”作用，吸引和培养更多的党外人士。推荐优秀党外干部参加市委统战部和市社会主义学院举办的培训班，调整补充5名政治素质好、有一定影响力和代表性的党外人士担任区政协委员，推荐优秀的党外干部到政府部门和司法机关担任领导职务。（王　锐）

政法工作

【概况】 2010年，区政法综治工作将保障平安世博作为头等大事，以推进社会矛盾化解、社会管理创新、公正廉洁执法为重点，建立健全世博安保组织体系，构建社会面防控工作网络，完善工作机制，推进排查整治、宣传发动、矛盾化解、基层基础建设等工作，确保世博园第五安保责任区的安全，维护全区稳定。完善世博安保工作机制，建立不同安保等级节点报告、定期工作例会及区和街镇两级督查等制度；实行班子领导分片包干安保工作，定期开展世博安保专项检查。健全社会面防控工作组织体系，组建12个世博安保社会面防控专项工作联席会议办公室，制定下发28个区社会面防控工作方案，全面落实人、事、地、物各项社会面管控措施。组织开展平安世博宣传月活动、平安志愿者上岗启动仪式、平安志愿者表彰、“6·26”国际禁毒日集中宣传教育等活动。拍摄制作《世博，我们准备好了》专题宣传片，编发《平安世博知识手册》，向34万户家庭发放《平安家书》。开展平安英雄宣传评选活动，4人入选上海市第三届平安英雄候选人名单。由上海“零点公司”组织的群众安全感调查，普陀区群众安全感指数为84.68，比上年上升12.21，为历年最高。年内，区公安部门立各类刑事案件6367起，同比下降11.3%，连续36个月保持命案破案率100%；区检察院批准逮捕犯罪嫌疑人862人，提起公诉952件1278人；区法院受理各类案件18845件，审结18870件；全区各级人民调解组织受理民间纠纷12683件，成功调解12650件。区委政法委办公室、公安普陀分局刑侦支队一队分别被中共中央、国务院授予“中国2010年上海世博会先进集体”，区国家安全分局被国家安全部授予集体二等功，区法院被最高人民法院授予“2010年度全国先进法院”并荣立集体一等功，区医患纠纷调解委员会被国家司法部授予“全国模范人民调解委员会”；普陀区被命名为上海市“平安城区”，桃浦、长征、长寿、长风、曹杨、甘泉、石泉、宜川8个街道镇被评为上海市“平安社区”，247个居委会和141个基层单位被评为上海市“平安小区”和“平安单位”。（廖春燕）

【建立世博安保指挥体系】 3月，成立区世博会工作领导小组安全保卫指挥部，研究审定区世博安保工作重要政策和工作方案，决定世博安保工作重大事项，组织指挥安保相关工作。区委书记周国雄任总指挥，区委副书记、政法委书记顾顺祥任常务副总指挥。指挥部下设办公室，指挥(情报)中心，园区安保、反恐怖、社会面防控、信访稳控、接待服务安保、交通安保工作组等9个工作机构。全区各部门、街道镇，各居(村)委，部分企事业单位相应成立世博安保工作领导小组，单位主要领导任组长。年初，区委书记周国雄与53个单位主要领导签订世博安保、反恐、综合治理等系列责任书。各委办局，街道镇分别与下属单位，居(村)委签订责任书。（廖春燕）

【加强重点人员管理】 年内，区世博安保指挥部社会面防控工作部对重点人员建立每月排摸制度，开展滚动式排摸。成立重点人员专门帮教小组开展管理工作。对吸毒人员，建立排查分类管控、分析管理帮教、信息情况通报、责任落实检查及突发事件处置五类制度。对精神病人，开展5次线索调查和风险评估，推广柔性访视。在全市率先设立刑释解教人员三级管控机制和预警工作机制，建立区“过渡性安置就业基地”。对社区矫正人员，完善公检法司和社区单位监外执行工作衔接机制。启用新建的区收容救助站，对流浪乞讨人员实行24小时巡查救助。依托“乐业青春创业基地”、“关爱服刑人员子女活动”等平台，对吸毒人员、社区闲散青少年等特殊群体开展心理疏导、帮困助学、就业支援等工作。（廖春燕）

【防控重点单位】 年内，区世博安保指挥部社会面防控工作部对区反恐重点单位、重点目标持续开展安全检查和督导。在上海二手车交易市场、苏州河游览公司等重点行业，组织近千名员工开展反恐怖防范知识培训。在上海印钞厂、上海好又多超市长风店等单位，开展针对性反恐应急演练。落实重点口岸管控措施，对口岸查控工作人员，根据不同岗位分8批进行脱产岗位培训。同时，由上海武宁长途汽车站、交通大众客运有限责任公司联合成立督察小组，不定期开展暗访和抽查，查获各类危险品、违禁品70余件。全区宾旅馆（留宿场所）严格执行实名制登记制度和携带物品管理制度。632个住宅小区、12897个水箱和1904个蓄水池（水泵房），落实住宅小区水箱"双人双锁"管理措施。1797处民防工程做到安全使用全覆盖检查，签订责任书425份，关闭和调整无证无照违规住宿民防工程42家。全面检查13346扇铁门，修复损坏铁门230扇，修建一批防攀爬栅栏。 （廖春燕）

【管控重点物品】 年内，区世博安保指挥部社会面防控工作部贯彻市政府《关于管制刀具管理的通告》的规定，对全区各危险性刀具销售商家逐一落实下架、撤柜措施，指定8家单位进行定点销售。围绕爆炸、剧毒、放射性等8类危险品生产、经营、运输、使用、储存、处置6个环节，逐一明确管控责任单位，落实危险物品实名登记购买、烟花爆竹限售等制度。建立世博食品安全监管综合平台和信息物流溯源系统，开展供博食品配送企业负责人、从业人员食品安全培训，并定期对9家供博中心厨房按不同类别开展督导检查。全区所有学校食堂、世博指定接待酒家、旅游推荐餐厅开展评估和监督，完成14家接待酒店、5家推荐餐厅评估、检查任务。 （廖春燕）

【平安志愿者上岗仪式】 3月31日，区世博安保指挥部社会面防控工作部、区委宣传部、区综治办、禁毒办、法宣办联合主办的"平安世博、和谐普陀——主题宣传暨平安志愿者上岗启动仪式"在区少年城举行。区委副书记、政法委书记顾顺祥等领导为平安志愿者代表发放《平安世博知识手册》和世博安保宣传品，顾顺祥宣布区平安志愿者上岗正式启动。区平安志愿者代表、上海市北海中学副校长、2009年度全国禁毒志愿者先进个人眭定忠宣读倡议书，倡议全区人民为世博做贡献，当好东道主。观看由区社会面防控工作部、区委宣传部和区综治办联合制作的"世博，我们准备好了——普陀平安志愿者在行动"专题片，介绍志愿者招募、组建、培训、上岗演练等工作。区综治办、公安分局、禁毒办、司法局、工商分局、文化局、禁毒社工站、矫正社工站、青少年社工站等单位开展咨询服务，并发放宣传资料13000余份。各街道镇党（工）委副书记、综治办主任和志愿者代表450余人参加启动仪式。 （廖春燕）

【开展群防群治】 年内，区委政法委组织发动各单位开展群众性的群防群治工作，减少可防性案件的发生。由上海申通地铁集团公司出资、培训，区综治办招募轨道交通辅助安检员213人，区委组织部抽调机关干部近200人，在17个轨交站点协助开展安检工作。区市容局动员环卫工人1000余人，在做好本职工作同时参与街面治安巡防。区人武部组织民兵680人，开展街面治安巡逻，协助做好重点目标和重要部位的警戒守护。区房管局组织物业安保人员开展商务楼、居民小区内水箱、水池、泵房等二次供水设施的安全防范守护。甘泉街道实施"红警工程"，组织群众佩戴红袖章在社区巡逻。长风街道在长风公园建立共建共管办公室，组织公园锻炼团队1200余人维持公园内安全秩序。曹杨街道发动群众守牢道路口、弄堂口、楼梯口、家门口、水箱口"五个关口"。桃浦镇、宜川街道组建来沪人员治安巡逻队，长寿街道组建世博"两新组织"党员志愿者服务队，石泉、宜川街道组建社区信息员和来沪人员治安巡逻队，桃浦、长征、真如镇开展经济园区安全教育培训和社区安全培训。 （廖春燕）

【平安志愿服务】 世博会期间，区委政法委在全区招募33500名平安志愿者，开展岗前培训、在岗培训、救助知识培训等，并落实奖励、表彰等制度。3月1日—11月15日，全区每天有万余名平安志愿者参与平安志愿服务。日均组织近2500名志愿者在249个居（村）委开展治安巡逻，实行可疑人员必问、重点部位必查、发现问题必报的"三必"要求，发挥看家护院作用。日均组织3000余名平安志愿者上街巡逻，安排街面巡逻路线501条。日均组织1500人次志愿者守护475个公交站点，通过看、闻、问发现站点可疑人、可疑物、可疑事，保障群众出行平安。落实专业条线平安志愿服务，用专业所长，开展矛盾化解、重点人员稳控、人民调解和旅游景点、商业闹市守护等服务。全区9个单位获"上海市志愿服务先进集体"，115名平安志愿者获"上海市优秀志愿者"的称号。 （廖春燕）

【社会稳定风险评估】 为从源头上规避、预防、降低、控制和应对可能产生

平安志愿者在公交站点服务

（区综治办供稿）

的社会稳定风险，确保区重大决策及重点项目顺利实施。3月，成立区重大决策及重点项目社会稳定风险评估工作领导小组，区委书记周国雄、区委副书记、区长孙荣乾任组长。区委政法委修订完善《普陀区重大决策及重点项目社会稳定风险评估办法(试行)》，明确社会稳定风险评估的实施要求、评估范围、责任主体、参与部门、工作流程、后续操作方法及责任追究。多次召开重大决策及重点项目社会稳定风险评估工作会议，对已拟定的评估办法进行审议。7月，举行区重大事项社会稳定风险评估工作试点启动仪式，对绿洲中环商务中心6号楼、真如体育场改建、国棉一厂地块、大渡河路拓宽等项目开展社会稳定风险评估。风险评估按4个流程进行：确定评估事项，制订评估方案；广泛研究论证，准确识别风险；审查评估内容，确定风险等级；科学评估分析，形成评估报告。(廖春燕)

1月22日，中央综治委副主任陈冀平考察桃浦镇紫藤苑居委会
(区综治办供稿)

【街道、镇综治工作中心成立】 年内，全区9个街道镇先后挂牌成立综治工作中心。中心由街道镇的综治部门具体牵头、职能部门协作参与，开展矛盾纠纷排查化解、治安防控体系建设、重点人员服务管理、基层平安创建活动等社会治安综合治理工作，达到矛盾纠纷联调、社会治安联防、突出问题联治、重点人员联管、基层平安联创的工作目标。综治工作中心由主要部门与协作部门进驻。主要部门包括综治办、公安派出所、司法所、信访办、人口办、社区保安队、社工点等，实行集中办公，对外统一受理接待。进驻部门在履行原有职责的前提下，由综治工作中心调配使用人员力量，统筹安排工作任务，建立统一台账，做到定岗定责，一岗多能。综治工作中心内设司法信访综合服务窗口、人民调解、安置帮教、预防犯罪、法律咨询等工作室。(廖春燕)

【推广紫藤苑综治工作管理模式】 年初，区综治委将推广紫藤苑基层综治工作模式列入2010年平安建设实事项目。桃浦镇紫藤苑居委针对辖区地处城乡结合部，来沪人员集中、治安情况复杂的特点，发挥综治工作站的功能作用，统筹居委、物业、业委会三方资源，建立楼组信息员“五报”制度、来沪人员“色标”管理法等经验，受到中央、市综治委肯定。3月，召开紫藤苑平安建设工作现场推进会，要求各街道镇，各居(村)委学习紫藤苑综治工作模式，加强基层综治工作。组织全区综治干部、派出所所长、社区民警、居(村)委干部等近千人，到紫藤苑小区实地参观学习。同时，制作紫藤苑综治工作经验材料汇编，拍摄专题纪录片，在面上介绍和推广紫藤苑管理方法。各居(村)委综治工作站结合工作实际，整合小区资源，完善各项制度，夯实基层综治工作，全区创建市级平安小区达99.2%，为历年最高。(廖春燕)

【整治治安复杂地区】 年初，区综治委制定《关于进一步加强社会治安重点地区排查整治工作的若干意见》，突出滚动排查、责任落实、督导检查三个环节，先后开展城市轨交站点、“城中村”、“黑车”运营、群租、无证无照经营、违章搭建、非法传销、窃电、“三无”船舶等专项整治工作。年内，查处“四类车”非法营运680起，暂扣“四类车”375辆；清理桃浦镇槎浦河“三无”船舶30余条；拆除违章建筑5.7万平方米；收容救助流浪乞讨人员583人，消除一批治安隐患。(廖春燕)

【加强校园周边安全防范】 5月，区政府牵头建立校园周边安全联席会议制度。区内各学校落实安全工作一把手责任制，建立“安全手机”短信平台，与相关职能部门实现重大情况双向及时传递。规范学校保安配备及管理，加强学校安全设施维护保养，提升安全防范效果。组建由家长志愿者、学校教职工、街镇干部共同参与的护校执勤队伍和1000余名校园平安志愿者，加强学校内部巡逻。在坚持“一校一警”的基础上，分析全区166所学校、幼儿园的地理位置、周边治安状况等，划分三个级别，落实相应交警、交通协管员、校外治安辅导员及社保队员等护校力量。将所有学校列为公安民警必到守护目标，由巡警、交警、特警共同参与守护。全面排查学校、幼儿园周边500米范围场所及重点人员情况，先后出动警力550人次，检查并落实安全措施。(廖春燕)

党校工作

【概况】 2010年，中共普陀区委党校以贯彻党的十七届四中全会、五中全会精神为主线，以贯彻落实《中国共产党党校工作条例》和《2010—2020年干部教育培训改革纲要》为载体，以学习马克思主义中国化最新成果为中心内容，以提高领导干部的领导素质和执政能力、强化党性锻炼为重点，

组织处级进修班学员开展“参与世博、奉献世博”主题活动

（宋　静/摄）

坚持“党校姓党、从严治校”的原则，切实增强干部教育培训的针对性和实效性，不断推进党校的教学、科研、人才队伍建设和管理等各项工作。组织全体教职工开展服务世博、奉献世博的各项公益活动，组织党员干部参加“党员志愿者路口保畅通活动”，在新村路岚皋路口执勤；选派党员分别参与轨道交通站点和世博园区安保工作。组织第九期处级进修班学员开展“参与世博、奉献世博”主题实践活动，参与区迎世博重点建设工程武宁路道路整治工程的施工。承担部分外省市兄弟党校来沪参观世博、开展培训等服务工作。年内，会同有关部门开办处级干部、公务员等各类培训班51个班次，参加学员4398人次。区委党校先后荣获上海市学习型机关创建先进单位，区机关优秀基层党组织、区宣传思想政治工作优秀集体、区治安保卫先进单位等称号。（于萌苗）

【提高处级班培训质量】　年内，在第九、第十期处级干部进修班上，开发培训课程和培训项目，创新培训内容和方式。开设“推进真如副中心建设”课程，施行现场教学，开设“协调正副职关系”专题培训，施行案例教学。紧贴区的经济社会发展中心工作、着力提高领导素质和执政能力，设立区“十二五”规划讨论、世博后上海的发展工作案例研讨等专题，融入教学。全面推行案例式、研究式、体验式、情景式、互动式教学模式，深受学员欢迎，培训效果明显。（于萌苗）

【创新“2＋X”培训模式】　3月，普陀区国资国企改革发展专题研修班在区委党校举办。该期专题培训班采取2＋X的培训模式，由区委组织部、党校作为干部教育培训的牵头、实施的2家单位，区国资党委作为主办单位，区纪委作为协办单位，联合对国资系统区管、区属骨干企业党政领导、监事会主席和区国资委的干部等100余位学员进行专题培训。邀请上海市高校专家教授、市国资委领导开设国有企业改革发展的方向与路径、国有资产监管的现状与发展趋势、利用资本市场推进国资国企改革和国有企业的廉政文化建设等专题讲座。通过培训，使国资系统的干部学员进一步开拓视野、更新观念，增强责任意识和风险意识，在全区国资系统统一思想、理清思路、明确方向，为推进普陀区国资国企改革提供有力支撑。（于萌苗）

【深化案例教学】　年内，按照市委组织部《关于做好本市群众工作案例征集工作的通知》的要求，围绕普陀经济建设、社会建设和党建工作的热点、难点问题，继续编写教学案例。完成《普陀区开展“六小工程”靓老小区、惠老百姓》、《普陀区构建关注民生协调机制》、《长征镇群众工作责任区制度》、《轨交7号线新村路站涉民矛盾化解工作》、《律师以第三方介入信访矛盾化解》、《创意小店》等11个教学案例的撰写工作，其中3个案例编入上海市干部教育培训案例第二辑《春风化雨——上海群众工作案例集锦》，其他案例在主体班教学中实施运用。（于萌苗）

【开展课题调研】　年内，与相关部门合作发表论文25篇。与区政协、建交委合作开展《关于优化发展普陀区静态交通的思考》课题研究，形成的调研报告以区政协主席会议建议案的形式提交区政府参考。与区委组织部开展“非公企业党建”调研，撰写《普陀区非公企业党组织在提升企业软实力中发挥作用的探索与思考》调研报告。组织教研人员赴有关街镇开展“如何做好新形势下的基层群众工作”专题调研。先后与上海科学社会主义学会，上海市社联、上海哲学学会联合举办“社会主义公平与正义的理论与实践”研讨会和“后改革时期与公平正义”学术研讨会，复旦大学、华东师范大学、上海市委党校、华东理工大学、上海师范大学、南京政治学院上海分院等单位以及解放日报、社会科学报、《探索与争鸣》杂志社等80余名专家学者参加研讨会。（于萌苗）

【优化内部管理制度】　年内，加强制度建设、规范工作程序、优化内部管理，制定《中共上海市普陀区委党校教职工违纪处分规定》，明确适用范围、基本原则和处分种类，要求党校教职工坚持“党校姓党”的原则，严格遵守政治纪律、工作纪律、财经纪律和廉政纪律。制定《中共上海市普陀区委党校关于主动服务基层、密切联系群众的若干规定》，规定重大事项通报制度，谈心、交心制度，理论宣讲服务基层制度等。制定《中共上海市普陀区委党校列入“三重一大”事项备案细则》，严格规定资金使用、工作项目中必须纳入“三重一大”事项的内容。修改和完善《中共上海市普陀区委党校考勤管理制度》等制度。

（于萌苗）

保密工作

【概况】 2010年，区保密工作坚持服从服务平安世博工作大局，以提高信息化条件下保密管理能力为工作重点，发挥保密工作“保安全、保发展”的作用，出色完成全年工作的目标任务。通过签订保密责任书，落实“谁主管、谁负责”的保密责任制。召开区保密工作大会，传达中央领导重要指示、市委保密委扩大会议和《关于进一步加强上海世博会期间保密工作的通知》精神，总结2009年保密工作、部署2010年工作，区委副书记、保密委主任顾顺祥对进一步做好保密工作提出要求：清醒认识保密工作面临的严峻形势，切实增强敌情意识、风险意识、责任意识；充分认识世博期间做好保密工作的现实意义，切实加强涉密载体的管理；把握重点工作与面上工作的关系，落实好各项保密工作的长效措施；重视保密干部队伍建设，在实践中提高业务能力。会议表彰区2008—2009年度保密工作先进集体24个、先进个人18人。制定下发年度区保密工作目标管理考核责任书，调整和增补区委保密委员会部分组成人员。举办保密干部培训班，区委副书记、保密委主任顾顺祥出席会议并就做好世博期间区安全保密工作提出要求，开展正确定密工作、计算机网络检查等业务培训，全区78家单位的82名保密干部参加培训。召开各部委办局，街道镇保密干部协作组会议，形成上下联动、齐抓共管、逐级负责、责任到人的工作局面。年内，全区未发生重大失泄密事件，实现平安世博的目标。

（吕林喜）

【确保世博期间不发生重大失泄密事故】 世博会开幕前，区保密办先后召开区属各保密协作组会议，贯彻落实市委保密委《关于进一步加强上海世博会期间保密工作的通知》精神，重申计算机使用中的“五条禁令”，制作下发世博期间机关干部“十二条”保密守则，组织全区党政机关开展世博期间的保密自查工作。执行保密工作双月检查制度，及时发现问题，采取有效措施。对区世博会工作联络员进行世博安保保密工作专项教育，通报涉博内部信息网络泄密和涉密文件被盗事件的情况，发放《保密知识手册》。对四部一办的所有计算机进行检查。上半年，区保密局共抽查区属党政机关单位27家，检查计算机57台，其中涉密计算机27台，非涉密计算机30台。（吕林喜）

【加强网络防范工作】 8月31日，区保密局贯彻落实市保密局《关于境外情报机构对我实施网络攻击窃密及加强有关防范工作的紧急通知》，区委副书记、保密委主任顾顺祥要求，加强检查、教育和防范工作。由区保密局牵头，区安全分局、科委组成专项检查小组，对区属党政机关单位进行保密复查。复查31家单位，检查涉密计算机108台，非涉密计算机180台，涉密U盘108个，非涉密U盘58个，对不符合要求的单位，能现场整改的当场整改，对限期整改的单位，进行技术指导。（吕林喜）

【强化涉密载体保密管理】 年内，区保密局按照积极防范，突出重点，内外有别，内紧外松的原则，加强监管，充分发挥督查、指导职能，抓好传统纸质涉密文件管理。坚持每季度下发文件核对单，各单位核对上一季度收文情况，上报区保密局，并进行不定期上门检查。做好教育考试中的保密工作，与区教育局协同抓好招生保密工作，全程参与教育考试中的保密业务指导，检查保密工作落实情况，并在考试结束后做好考卷处理工作。落实信息公开保密审查。参与区2009年政务公开和政府信息公开工作检查评估，审查、修改《普陀区政府信息发布保密审查制度》等。（吕林喜）

【取缔涉密文件资料非法交易专项行动】 8月下旬，区保密局根据市国家保密局的通知要求，牵头召集区公安分局、工商分局、供销合作社等单位进行研商，落实“集中清理取缔涉密文件资料非法交易专项行动”工作方案。抽调专人组成联合专项检查小组，对经营旧书报废纸回收业务，且经营规模较大的勤奋供销物资有限公司等3家集散场所，进行重点检查；对16家在居民小区的交投站、回收点进行重点抽查；并对被检查单位的管理人员及从业人员进行保密宣传和教育。经查，未发现涉密文件资料流失及非法交易的情况。（吕林喜）

【开展保密法制宣传】 年内，区保密局以新的《保密法》颁布为契机，开展宣传教育，增强保密法制意识。在党校各类培训班中开设保密课程教育，由党校办公室主任担任兼职老师。开展出国人员行前保密教育，新进大学生，初任公务员等保密宣传教育。组

3月5日，区委召开保密工作会议　（区保密办供稿）

织区世博工作人员学习新《保密法》及《世博期间“十二条”保密守则》。对于特殊时期保密工作的特殊要求进行针对性宣传教育。举办保密知识竞赛，区属机关重点单位领导及涉密重点岗位人员，区委、区政府领导均参加保密知识竞赛试卷的答题活动，竞赛评出优胜单位组织奖10个、先进个人40人。（吕林喜）

老干部工作

【概况】 2010年，区委老干部局按照上海市老干部工作会议精神和区委有关要求，认真贯彻落实中组部等9部门《关于利用社区资源做好离退休干部服务工作的意见》和市委组织部等5部门《关于进一步加强社区老干部工作的意见》，积极进取，努力工作。组织老干部学习市、区重要文件精神，举行各类报告会8场，发放《十七届五中全会公报》、《老干部参考》、《2010理论热点18讲》等学习资料近8000份；下发多媒体学习光盘12套6900张，涵盖市委老干部局和区组织的报告会、党建讲座等。开展关心下一代工作先进集体和个人评选表彰活动，评选出先进集体46个，先进个人94人；召开关心下一代工作会议，区委老干部局局长万永保作工作报告，区关工委主任林则福讲话，提出要突出重点，创新方法，不断提高关心下一代工作质量和水平、取得工作新实效的要求。举办纪念区关心下一代工作25周年成果图片展，编印《晚霞深情映朝晖——普陀区关心下一代工作先进集体和个人事迹选编》一书。举办区退休处级干部、离退休干部党支部领导、社区老干部学习活动小组组长等读书班，近300人次参加。开展以世博为主题的系列活动，先后组织350余位老干部参观世博会预展，向全区的离休干部和处级以上退休干部发放世博会门票1000余张；组织7支老干部参赛队，参加市老干部活动中心举办的“上海市老干部迎世博知识竞赛”等活动；召开慰问世博工作者座谈会，弘扬世博工作者的奉献精神，区市民巡访团团长刘有为、城市志愿服务站点巡查组组长王含芳交流体会。重视和关心老干部生活，四套班子领导在高温季节分五路慰问区部分离退休老干部，送上党和政府的关心和问候；区四套班子主要领导参加敬老祝寿会，为98位90、80、70岁的离退休干部集体祝寿。方便老干部就医，在区一级医院和二级医院建立老干部病房，新建老干部病床22张；安装提示门铃3000户。全年，为老干部完成实事项目18件，包括赠送购物小推车、搓脚器、报刊整理箱，免费清洗空调和脱排油烟机等，近6000人次受益；帮助解决生活实际困难，提供“十助”（助餐、助浴、助洁、助行、助医、助学、助急、助乐、助游、助聊）居家养老服务585人；结对帮助1200余人，走访慰问老干部2000余人次；对患重大疾病的114人和有困难的易地安置离休干部20人发放救助、补助金20万余元。年内，《上海老干部工作》、《上海老年报》、上海教育电视台《常青树》栏目刊登和宣传区老干部工作简讯和专题节目16篇，《新普陀报》先后有10个专栏介绍区关工委主任林则福、全国离休干部先进个人方耀熊等老干部的先进事迹。截至年底，区直接管理的离退休干部1085人，代为管理的易地安置离休干部78人，居住在区内的外单位离休干部（社区老干部）1400余人，有离（退）休干部党支部47个。

（张晓燕）

【老干部工作会议】 3月2日，区老干部工作会议在区政府中心会场召开，会议传达全国老干部局长会议精神，总结2009年全区老干部工作情况，部署2010年工作任务。会议由区委常委、组织部部长胡佩艳主持。区委书记周国雄讲话，强调要深刻认识中央对老干部工作提出的新要求。各部委办局，街道镇分管领导，各离休干部党支部书记、老干部工作者等200余人参加。（张晓燕）

【成立老干部平安世博志愿者服务队】 4月10日，区老干部局与上海市市级机关工委老干部部在长寿公园联合举行老干部平安世博志愿者服务队成立仪式。市委老干部局副局长方孔嘉讲话，全国老干部先进个人代表张辉发言。市级机关党工委副书记仇泽群、市委老干部局副局长方孔嘉、副区长符祖鸣向9个社区的离休干部代表授“老干部平安世博志愿者服务队”队旗。全国老干部先进个人方耀熊、张辉等11位老干部志愿者代表宣誓并承诺：在世博会举办的184天里，学习世博知识，传播世博理念，弘扬中华文明，做世博精神的传播者；参与治安巡逻，维护社会稳定，维护和谐上海，做美丽家园的守卫者；建设和睦家庭，促进邻里互助，创建和谐社区，做团结和谐的推动者；文明观世博，热情迎宾客，扬中华精神，展上海老干部风采，做文明礼仪的带头人。浦东新区和甘泉路街道舞蹈队表演扁鼓舞和舞蹈《红红的日子》。（张晓燕）

【老干部大学获市通联工作先进集体】 5月27日，区老干部大学通讯联络（简称通联）工作在市老干部大学系统2009—2010年度通讯联络工作会议上获“市老干部大学通联工作先进集体”称号，校通联组组长徐念奎获“优秀通讯员”称号，区老干部大学在会上作题为《以通联组为抓手，做好宣传报道工作》的交流发言。区老干部大学、老干部活动中心通讯联络组成立于2009年9月，由2名活动中心工作人员、3名老干部及大学各班级通讯员组成，老干部徐念奎任组长。截至5月24日，通联组向市老干部大学校报投稿18篇，用稿13篇；上海市老干部大学学报投稿1篇，用稿1篇；《新普陀报》投稿19篇，用稿14篇。（张晓燕）

【关心下一代工作表彰大会】 9月19日，区老干部大学在区中心会场召开关心下一代工作开展25周年暨普陀区关心下一代工作表彰大会。市委老干部局副局长、市关工委副主任兼秘书长魏挺，区委常委、组织部部长、关工委名誉主任钱城乡出席会议并讲话。区人大常委会原副主任、区关工委主任林则福作《继往开来，求真务实，推进区关心下一代工作持续健康发展》的工作报告，区政协原副主席、区关工委副主任严振超传达中央关工委和市关工委会议精神，区委宣传部副部长、文明办主任徐志平宣读表彰决定，表彰先进集体47个，先进个人93人，授予董镇等3人为“普陀区关心下一代工作贡献奖”、李学红等8人为“普陀区关心下一代工作荣誉奖”。区委组织部副部长、老干部局局长万永保主持会议。区关心下一代工作先进集体和先进个人代表、离退休干部党支部书记、社区老干部学习活动小组组长代表及老干部工作者近300人参加会议。与会者还参观“纪念普陀区开展关心下一代工作25周年成果图片展”。 （张晓燕）

10月14日，区老干部庆祝第二十三个敬老节大会在区图书馆举行
（区委老干部局供稿）

【庆祝第二十三个敬老节】 10月14日，区老干部局在区图书馆报告厅举行区老干部庆祝上海市第二十三个敬老节大会。区委常委、组织部部长钱城乡出席会议并致辞，著名电影表演艺术家、上海市老干部影评协会名誉会长、离休干部秦怡应邀参加会议并作“美丽的人生、幸福的晚年”主题报告。会上，举行《幸福晚年大家谈》授书仪式，老同志们从各自的生活经验出发，阐述“幸福”的含义，讲述晚年的兴趣爱好，介绍保健养病的经验、解决矛盾的方法和消费理念等，诠释对“幸福晚年生活”的理解；放映秦怡早期主演的故事影片《母亲》。应邀参加会议的还有市老干部影评协会的领导和区离退休干部近千人。 （张晓燕）

【老干部助老结对工作】 11月23日，区老干部助老结对工作交流会在少年城举行。会上，区委常委、组织部部长钱城乡充分肯定各社区（街道）、镇和居民区党组织开展老干部助老结对工作的成果，并就进一步做好这项工作提出要求：认识做好老干部助老结对工作的重要性和紧迫性；明确助老结对工作的具体要求，各社区党组织要承担起组织、开展助老结对工作的责任，广大志愿者要切实履行助老结对的义务；加强对助老结对工作的组织领导。区委组织部副部长、老干部局局长万永保作工作总结，介绍老干部助老结对工作的基本情况、方法措施和工作经验；长风社区（街道）党工委、真如镇党委、谈家渡居民区党总支、赵家花园居民区党总支4个单位进行工作交流。区委组织部、老干部局、社区办、民政局和各社区（街道）、镇分管领导，离退休干部党支部书记老干部工作者、居民区党组织代表、助老结对志愿者代表等150人参加会议。 （张晓燕）

【开展敬老节系列活动】 10月中旬，全区开展“为世博喝彩、让生活快乐”敬老节系列活动。10月11日，在区老干部活动中心举行“难忘的岁月、难忘的歌”老干部大型歌会，街道、镇及区老干部歌咏队、器乐组等12支老干部队伍260余人参加。10月12日上午，举行“精彩世博、魅力无限”老干部诗词吟诵会，区诗词组老干部、华东师范大学老干部诗词组成员参加，分别朗诵自行创作的、以上海世博会为主题的诗篇。10月14日上午，区老干部相聚区图书馆报告厅，参加“美丽的人生、幸福的晚年”——著名电影表演艺术家秦怡电影生涯回顾暨区委老干部局庆祝上海市第二十三个敬老节电影招待会；组织摄影组老干部在区老干部活动中心举行“光影的瞬间、和谐的故事”摄影展示交流会，展出老干部世博摄影作品40余幅，其中20余幅选送到市离退休职工世博摄影展。举办“手中的笔，心中的情”书画笔会。活动周期间，参加活动的老干部达1500余人次。 （张晓燕）

党史工作

【概况】 2010年，区委党史研究工作注重以史鉴今，资政育人，坚持从实际出发，抓重点、重研究、扎实推进党史研究工作。开展苏州河普陀段沿线革命史、工业史、文化史研究，充实苏州河人文资源相关专题史料，整理普陀段沿线相关史料。参与区政协关于苏州河专题研究讨论，提供相关历史资料，并对苏州河普陀段十八湾命名提出建议。党史研究室和档案局成立《红色追忆》编辑小组，搜集声援“五四运动”、抗战“大锅饭”运动、“地下军”起义、区第一届党代会和人代会、毛泽东等中央领导视察、无缝钢管试验成功等展现中国共产党在普陀早期革命的光辉历史，编辑成书，向建党90周年献礼。年内，续编和完成《普陀区2002—2010组织史资料》，开展革命遗址普查，完成双月《普陀党史大事选编》6期的汇编，提供《新普陀报》党史专栏文章6篇，其中抗日战争纪念文章4篇。 （袁彩根）

【续编组织史资料】 3月，区党史研究室协同区委组织部开展续编《普陀区2002—2010组织史资料》工作。拟定编纂工作方案、编写区组织史资料

区委召开区组织史资料编撰工作会议　　（区委党史办供稿）

模式和培训材料。4 月 19 日，区委召开区组织史资料（2002—2010 年）编纂工作会议，区委书记周国雄讲话，组织部部长胡佩艳主持并部署编写工作。党史研究室进行编纂工作业务培训。出席会议的有各部、委、办，法院、检察院，各社区（街道）、镇分管领导和责任部门负责人，部分企事业单位的分管领导和相关部门负责人，共150 余人。党史研究室还就组织史资料编纂工作进行培训，对中共普陀区组织史资料的若干说明和写作规范作具体解释。要求各部门和单位按机构演变顺序，从现有机构向前追溯的办法进行编纂，系统、完整、准确地反映组织沿革变化的历史，坚持实事求是的原则和“广征、核准、精编、严审”的方针，收录自 2002 年 11 月—2010 年12 月的机构沿革、领导名录等。年底，完成向市党史研究室申报《普陀区组织史资料（1987—2010）》和自编本《普陀区 2002—2010 组织史资料》的编纂任务。　（袁彩根）

【革命遗址普查】 年初，区委党史研究室会同 9 个街道镇和文化局等部门，开展革命遗址普查。桃浦镇、长寿路街道等单位对区域内已发掘和未发掘的革命遗址进行普查。区域内重要的革命历史文化遗址，包括党的重要机构旧址，重要党史人物的故居、旧居、活动地，重要事件、重大战役战斗遗址，具有重要影响的革命烈士事迹发生地或墓地，能够反映重要历史活动、进程、思想、文化的各种遗迹等；新中国成立以来特别是近年来兴建的各类纪念馆、展览馆等内容，涉及新民主义革命时期的纪念设施等。调查每处革命遗址的名称、地址、面积、建筑样式及材质，形成时间、利用时间等基本情况；遗址本体的历史由来、使用状况、保存状况、陈列物品情况；遗址使用管理的所有权属、经费来源、工作人员状况；遗址周围的环境状况（包括自然环境和人文环境）等信息、资料。调查中还同时拍摄场景、环境照片。对一些已被损坏的不复存在的重大遗址、遗迹，介绍基本情况，写明损毁原因。根据普查内容和要求，各单位于6 月上报革命遗址 21 处。区委党史研究室根据上报遗址，安排 4 人专程进行实地走访和调查，向涉及单位、居民进行采访考证，查明区革命遗址 17处。其中已建成的革命遗址有顾正红纪念馆、沪西革命史陈列馆；雕塑有刘华塑像、谢晋元塑像、第三次武装起义群雕；树碑有上海总工会第四办事处、十九路军军部遗址。尚未开发的革命遗址有锦绣里半日学校、沪西共舞台遗址、暨南大学遗址、华童公学、沪西工友俱乐部、申九二二斗争、1919 年沪西工人首次政治罢工地、莫干山路（叉袋角）沪西地下军起义、真如发报台、大夏大学。12 月 31 日，革命遗址普查登记表、普查报告、遗址统计表、其他遗址的登记表等向市委党史研究室上报。　（袁彩根）

【编撰沪西革命史史料】 年内，区委党史研究室加大对新民主革命时期的党史研究考证，查阅大量书籍和文档资料，初步完成《中共沪西党史 1919—1949》的沪西革命史文本史料编纂，即五四运动前后的沪西工人运动、建党和大革命时期的沪西、沪西工友俱乐部的诞生、土地革命战争时期、解放战争时期等篇章，10 余万字。（袁彩根）

【加强党史宣传工作】 年内，区委党史研究室参与区文化局与上海影视公司创作的以顾正红惨案和中国共产党领导的五卅运动等基本史实为基础的《五卅！五卅！》（原名《先驱者》）电影剧本的审阅、研讨及提供相关资料的工作。参加文化局召开五卅运动 85周年纪念大会，在会上作“五卅运动与普陀这块红色热土”的交流发言。与老干部局联手，围绕社会主义革命和建设的专题，开展对离休老干部林则福个人口述史征集工作，形成个人口述资料整理稿。世博期间，到长征镇向居委干部宣传普陀党史、宣讲世博精神。做好党史大事记的整理、报送和文书档案整理，输入编程电脑库。（袁彩根）

【开发档案资源】 年内，区委党史研究室利用存史档案资源，为区人民武装部编纂区武装志提供张浩、项英、关向应、李硕勋、张琴秋、陈寿昌、嵇直等多名曾在沪西地区领导革命的人物资料和相关照片资料。利用《新普陀报》平台，发表纪念抗战胜利文章，有刘少奇领导沪西人民反日大罢工、沪西各界人士奋起全面抗战、回忆抗日英雄谢晋元、药水弄大惨案；社会主义时期历史文章，有计划经济时期的票证供应；沪西革命史人物文章，有钱希均曾在沪西工作等。6 月，向区委宣传部、区规划局反映保留即将动迁的重要纪念地锦绣里——全国最早工人半日学校的革命遗址，并提供题为党创办全国第一所工人学校——沪西工人半日学校的有关资料。（袁彩根）

二、普陀区人民代表大会

综　述

2010年，区人民代表大会（简称区人大）及其常务委员会（简称常委会）认真履行宪法和法律赋予的职责，贯彻落实党的十七大会议精神和市委、市人大工作会议要求，努力推进区域经济平稳较快发展和社会事业全面进步，各项工作取得新进展。区委召开人大工作会议，印发《关于进一步加强人大工作的实施意见》，明确工作的努力方向和工作重点，推进工作不断发展创新。

服务发展大局，增强监督实效。关注世博安保和社会治安工作，听取区政府专项工作报告，提出做实做好各项工作，确保万无一失等要求；评议区政府上半年工作，提出巩固迎博办博工作成果，并形成长效机制的意见和建议。综合运用执法检查、听取审议专项工作、视察和专题调研等法定监督手段，先后对“义务教育法”、“环境保护法”及“就业促进法”等法律法规在全区贯彻实施情况开展执法检查；以教育公建配套、水环境整治、促进青年就业和以创业带动就业等为重点，开展执法检查后的跟踪监督；听取区政府贯彻实施“市城市规划条例”、“全民健身条例”等情况的报告。关注区“十二五”规划编制、国资国企改革、未成年人刑事审判及民事审判、行政诉讼法律监督等工作，听取区政府关于区“十二五”规划编制情况的报告；听取和审议区政府关于国资国企改革情况的报告，区法院、检察院的相关报告。受市人大常委会委托，就财政预算、住宅物业管理、科技进步、人口与计划生育等相关法律法规的施行以及行政诉讼、保障性住房建设等情况开展调查研究，提出法规修改建议近40条。

讨论决定重大事项。就区2010年上半年财政预算执行情况、2009年决算草案、2010年教育经费预算和2009年教育经费决算情况，开展调查研究，审查并批准区2009年决算。听取和审议区“十一五”规划实施情况的报告，作出对区“十一五”规划个别指标进行调整的决定。重视干部任后监督工作，召开工作动员会进行专题部署，先后听取和审议区环保局、民政局、人口计生委专项工作报告，并对主要负责人专项工作的履职情况进行测评。通过任后监督，推动相关工作的开展，进一步增强政府组成人员的国家意识、法律意识和公仆意识。

规范和保障代表依法履职。建立人大代表联系社区制度，修订和完善有关工作制度，听取和传递基层群众的呼声和要求。倡导区人大代表响应区委号召，参与“抓发展、促和谐、建功立业”主题实践活动；指导各代表组开展代表向选民报告履职情况活动。围绕区域经济和社会发展的重大问题、人民群众关心的热点难点问题，以代表组为单位开展专题调研，撰写调研报告31篇；引导代表将调研成果转化为推进工作的实际成效，提出有质量的议案和书面意见；组织代表对区政府实事工程推进情况进行视察，听取代表对下一年度区政府实事工程项目的建议意见。推动代表议案和书面意见办理工作。“关于进一步加快我区养老设施建设”的议案，交区政府办理；对关注度高、综合性强的书面意见，作为主任会议督办件，督促有关部门解决；听取和审议区政府关于代表书面意见办理情况的报告。举办“监督法”、“老年人权益保障法”等专题辅导讲座，提高常委会组成人员和广大代表依法履职能力。配合市人大常委会举办“市民与法”讲座，对市民进行法制宣传教育。加强对代表组和镇人大工作的指导，完善例会制度。组织指导代表补选工作。组织开展市人大普陀组代表活动，进行市人大代表向原选举单位报告履职情况的探索。围绕城乡结合部道路建设、产权市场规范发展等开展专题调研。

推进人大工作制度化、规范化建设。进一步健全和完善常委会日常工作制度，修订“区人大常委会议事规则”、“区人大常委会代表资格审查委员会和各工作委员会职责任务的规定”、“区人大常委会任免国家机关工作人员若干规定”等相关规则。筹建上海普陀人大门户网站，利用互联网等现代信息技术，加大监督力度，增强人大工作的公开性和透明度。年内，召开区第十四届人民代表大会第六次会议，举行常委会会议5次，主任会议

10次。听取和审议区政府和区法院、检察院专项工作报告19个。任免国家机关工作人员34人(次),任命人民陪审员70人。区十四届人大六次会议期间和会后,收到代表书面意见81件。受理人民群众来信来电212件,接待来访201批368人次。

(龙伟平)

1月19—22日,区人大十四届六次会议在区图书馆举行(区人大办供稿)

区人民代表大会及常委会、主任会议

【十四届人民代表大会第六次会议】 该会议于1月19—22日在区图书馆举行。区第十四届人大代表282人,出席会议252人。会议听取和审议区委副书记、区长孙荣乾所作的关于普陀区人民政府的工作报告;听取和审议普陀区2009年预算执行情况和2010年预算草案的报告,审查和批准普陀区2009年预算执行情况报告和2010年预算;听取和审议区人民代表大会常务委员会主任叶维华所作的关于区人大常委会的工作报告;听取和审议区法院院长石彩英所作的关于普陀区人民法院的工作报告;听取和审议区检察院检察长周骏如所作的关于普陀区人民检察院的工作报告;表决通过关于上述各项报告的决议;补选李锐、黄铁昌为区十四届人大常委会委员。会议收到代表议案1件和代表书面意见68件,交区有关部门办理。

(龙伟平)

区人大常委会会议一览表

会议名称	日期	主要内容
区十四届人大常委会第三十二次会议	3.18	审议通过区人大常委会2010年度工作要点;审议区十四届人大六次会议主席团交付审议的代表议案的初审处理决定;表决通过有关人事任免案;表决通过王珏、陈震屏两代表辞去区第十四届人民代表大会代表职务的请求
区十四届人大常委会第三十三次会议	5.26	听取和审议区法院关于未成年人刑事审判工作情况的报告、区政府关于"十一五"规划实施情况的报告;通过区十四届人大六次会议主席团交付审议的代表议案的处理决定
区十四届人大常委会第三十四次会议	7.30	听取和评议区政府2010年上半年工作情况和下半年工作安排的报告;听取和审议区政府关于区2009年决算和2010年上半年预算执行情况的报告;审查和批准区2009年决算;听取和审议区政府关于区2009年度本级预算执行和其他财政收支的审计工作报告;审议区人大财经工委关于区2009年决算和2010年上半年预算执行情况的初审报告;听取区政府关于2010年教育经费预算和2009年教育经费决算情况的报告;表决通过有关人事任免案;听取和审议区政府关于代表议案、代表书面意见办理情况的报告;审议区人大常委会代表工作室关于代表书面意见办理复查情况的报告;听取区环保局关于扬尘污染控制工作情况及局长黄海威专项工作履职情况的报告并进行测评
区十四届人大常委会第三十五次会议	9.29	听取和审议区政府关于"十二五"规划编制情况的报告、关于本区贯彻实施《中华人民共和国老年人权益保障法》和《上海市老年人权益保障条例》情况的报告;听取区民政局关于发展老年公共福利事业及局长倪辉专项工作履职情况的报告并进行测评;审议关于修改《上海市普陀区人民代表大会常务委员会议事规则》的决定(草案);审议通过区人大常委会代表资格审查委员会关于个别代表的代表资格的报告
区十四届人大常委会第三十六次会议	11.29	听取和审议区检察院关于民事行政检察工作情况的报告;区人民政府关于国资国企改革情况的报告;听取区人口计生委关于控制人口数量、提高人口素质工作情况及主任蒋莺专项工作履职情况的报告并进行测评;表决通过关于修改《上海市普陀区人民代表大会常务委员会关于代表资格审查委员会和各工作委员会职责任务的规定》的决定(草案)、关于修改《上海市普陀区人民代表大会常务委员会任免国家机关工作人员若干规定》的决定(草案);审议通过区人大常委会代表资格审查委员会关于个别代表的代表资格的报告;表决通过有关人事任免案

(许 亮)

区人大常委会主任会议一览表

会议名称	日期	主要内容
区第十四届人大常委会第四十一次主任会议	3.10	决定常委会第三十二次会议日程、议程(草案)等,讨论决定会议有关文件提交常委会审议;审议关于加强区人大代表与人民群众联系的若干意见(草案),内司工委关于对区法院未成年人刑事犯罪审判工作情况专项报告和区检察院民事审判行政诉讼法律监督工作情况专项报告的调研工作计划
区第十四届人大常委会第四十二次主任会议	4.29	听取区迎世博安全保卫和社会治安工作情况的汇报、关于开展《中华人民共和国老年人权益保障法》及相关法律法规执法检查的实施方案、关于2010年度开展对区人大常委会任命的国家机关工作人员在专项工作中个人履职情况测评的工作计划;研究常委会5月份工作安排
区第十四届人大常委会第四十三次主任会议	5.18	决定常委会第三十三次会议日程、议程(草案)等,讨论决定会议有关文件提交常委会审议
区第十四届人大常委会第四十四次主任会议	6.22	听取区政府关于教育公建配套设施建设情况的汇报
区第十四届人大常委会第四十五次主任会议	7.19	决定常委会第三十四次会议日程、议程(草案)等,讨论决定会议有关文件提交常委会审议;听取关于开展执法检查集中视察的方案
区第十四届人大常委会第四十六次主任会议	8.25	听取区政府关于推动本区就业和再就业工作情况的汇报;听取区环保局扬尘污染控制工作和局长黄海威专项工作履职情况的评价报告
区第十四届人大常委会第四十七次主任会议	9.20	决定常委会第三十五次会议日程、议程(草案)等,讨论决定会议有关文件提交常委会审议
区第十四届人大常委会第四十八次主任会议	10.28	听取区政府关于贯彻实施《全民健身条例》情况、关于环保执法检查后相关工作整改情况的汇报;听取关于对区民政局发展老年公共福利事业专项工作和局长倪辉专项工作履职情况的评价报告;听取关于补选区人大代表的初步方案;研究常委会11月份工作安排
区第十四届人大常委会第四十九次主任会议	11.17	决定常委会第三十五次会议日程、议程(草案)等,讨论决定会议有关文件提交常委会审议;听取关于代表专题调研评审结果的情况汇报、关于组织代表集中视察的方案、关于区人大门户网站建设情况的汇报
区第十四届人大常委会第五十次主任会议	12.20	听取区政府关于代表议案和书面意见办理落实情况的汇报,关于巩固"迎世博600天行动计划"成果、建立城市管理长效机制工作情况的汇报;听取对区人口计生委关于开展"控制人口数量,提高人口素质"工作和主任蒋莺专项工作履职情况的评价报告;听取关于个别代表补选工作的进展情况

(许　亮)

监督工作

【概况】 2010年,区人大常委会围绕区域改革发展稳定大局,以迎博办博为大事,坚持从人民群众的根本利益出发,把促进经济发展、推动民生改善放在首要位置,突出监督重点,增强监督实效。听取和审议区政府和区法院、检察院19个专项工作报告。通过开展执法检查、视察和专题调研等,推动政府加快转变经济发展方式,着力改善民生,支持和促进"一府两院"依法行政和公正司法。对区贯彻实施"老年人权益保障法"和"市老年人权益保障条例"情况进行执法检查,督促政府及有关职能部门进一步加大对老年事业和养老设施建设的投入,切实维护老年人的合法权益。开展教育公建配套、水环境整治、促进青年就业和以创业带动就业等工作执法检查后的跟踪监督,推动相关部门达成共识,形成合力。听取和审议区法院关于未成年人刑事审判工作、区检察院关于民事行政检察工作的专项报告,提出进一步加大宣传力度,加强队伍建设,提高审判和检察人员的综合素质和执法水平等建议,得到区法院、检察院的回应。听取和审议2009年度本级预算执行和其他财政收支的审计工作报告,督促有关部门进一步严格预算执行,深化财政管理体制改革。继续探索干部任后监督的有效形式。配合市人大常委会的执法调研和立法工作开展调查研究。 (龙伟平)

【推动迎世博安全保卫和社会治安工作】 4月,开展迎世博安全保卫和社会治安工作专题调研,通过召开座谈会、实地视察等方式,了解掌握全区安保工作情况。常委会第四十二次主任会议听取区政府关于迎世博安全保卫和社会治安工作情况的汇报,提出注重统筹协调,形成合力,做实做好各项工作,确保万无一失等要求。

(吴鸿祥)

【视察区域安全生产】 4月,组织部分区人大代表视察区安全生产工作。在实地视察巨风大厦建筑工地、上海申佳工业气体有限公司等单位后,代表们听取区政府关于加强安全生产监管工作情况的汇报,提出要切实落实企业安全生产主体责任和政府安全生产监管责任,构建政府监管、企业负责、全社会参与的安全生产工作格局,建立安全生产长效工作机制,督促重点监管对象尽快建立和健全事故应急预案,加强安委会成员单位之间的协调与沟通等意见和建议。 (龙伟平)

【监督教育公建配套设施建设】 年内，以教育公建配套建设为重点，开展“义务教育法”执法检查后的跟踪监督。组织教科文卫、城建环保等相关工委成员，走访大华颐和华城房产、华运房产等承建单位，实地视察大华颐和华城小学和大华清水湾小学等在建教育公建配套项目。6月，常委会第四十四次主任会议听取区政府关于教育公建配套设施建设情况的汇报，督促区政府及其相关职能部门进一步发挥教育公建配套联席会议的作用，不断完善督促和制约机制，推动已确定项目的落实；进一步探索建立长效管理机制，努力促成教育公建配套设施与新建住宅区同步规划、同步建设、同步使用。截至年底，2008年以来列入跟踪监督范围的30所中小学（幼儿园）校舍中，已有18所实现项目竣工并交付使用或项目开工。（汤能武）

【监督就业和再就业工作】 5—8月，以促进青年就业和以创业带动就业为重点，开展“就业促进法”执法检查后的跟踪监督。8月，常委会第四十六次主任会议听取区政府关于推动区就业和再就业工作情况的汇报，提出进一步重视、扶持中小企业发展，充分发挥中小企业吸纳就业的重要作用；进一步加大有关优惠政策的宣传力度，推动再就业和创业带动就业工作；建立就业信息与企业用工信息定期沟通的长效机制等工作要求。区政府及其相关职能部门在扶持创业带动就业、促进青年人就业、托底安置困难人员和加大就业投入等方面做了大量工作。截至年底，全区新增就业岗位25365个，完成占全年任务指标数的118%。（龙伟平）

【“一法一条例”实施情况检查】 5—9月，区人大常委会对区贯彻实施“老年人权益保障法”和“市老年人权益保障条例”（简称“一法一条例”）情况开展执法检查，实地查看爱晚亭敬老院、新曹杨福利院、月星敬老院、中环逸仙敬老院及在建中的怡和爱心养老院等，了解机构养老和老年公共服务设施建设情况。9月，常委会第三十五次会议听取和审议区贯彻实施“一法一条例”执法检查报告，提出综合配置养老资源，确保实事项目落实；加大资金支持和政策扶持，推动养老设施建设多元化、多渠道发展；加强培训、提升从业人员职业技能等意见和建议。年内，恒盛鼎城养老院和中远两湾城养老院开工。（吴鸿祥）

【“环境保护法”执法检查和跟踪监督】 年内，以水环境整治为重点，开展“环境保护法”执法检查，并对检查后的情况进行跟踪监督。10月，常委会第四十八次主任会议听取区政府关于环保法执法检查后相关工作整改情况的汇报，督促区政府及其相关职能部门继续加大水环境治理力度，扩大河道整治工程项目，运用多种科技手段进行水质治理；继续加大排水管网建设和截污纳管工程的改造力度，进一步加大管网养护经费的投入；继续探索创新管理机制，建立符合河道管理特点、满足河道保洁需求的长效管理机制，巩固河道整治成效。年末，全区水环境治理工作成效明显，河道水岸景观建设有长足发展，真江东、大光复、新师大等排水系统建设加快推进，生活污水和工业废水的截污纳管进展明显。（许金荣）

11月2日，区人大代表视察人口计生工作　　（区人大办供稿）

【调研“全民健身条例”贯彻实施情况】 6—10月，为进一步推动“全民健身条例”的贯彻实施，促进全民健身活动的开展，组织教科文卫工委成员，走访区体育局等部门，实地视察桃浦文化体育活动中心等健身设施，召开座谈会，对区“全民健身条例”实施情况进行专题调研。10月，常委会第四十八次主任会议听取区政府关于贯彻实施“全民健身条例”情况的汇报，提出广泛宣传“条例”，形成崇尚健身的良好风气；加强组织协调，形成齐抓共管的合力；确保对全民健身活动和场地的经费投入，切实保障学生体育活动正常开展，推进学校体育活动场地向社区居民开放；切实提高管理和服务水平，努力形成政府领导、依托社会、覆盖面广的全民健身组织网络和队伍体系等意见和建议。（汤能武）

【开展国资国企改革情况调研】 11月，组织财经工委成员走访区国资委等部门，对区国资国企改革情况开展专题调研。常委会第三十六次会议听取和审议区政府关于国资国企改革情况的报告，提出进一步解放思想，提高国企科技创新能力，增强国企发展动力；进一步加强现代企业制度建设，提高国企的运营效益，推动国资国企改革向纵深发展等要求。（龙伟平）

【探索干部任后监督工作】 年内，根据“地方组织法”和“监督法”的规定，探索干部任后监督工作的途径和方法。5月7日，召开2010年度区政府有关部门专项工作及其负责人专项工作履职情况测评工作动员会。常委会人事工委通报2010年度专项测评工作计划，测评对象、内容、方法和步骤及时间节点等要求。区民政局、环保局、人口计生委三部门负责人作表态性发言。年内，常委会先后听取和审议区环保局关于扬尘污染控制，区民政局关于养老设施建设，区人口计生委关于控制人口数量、提高人口素质等专项工作汇报，并对这些部门的主要负责人专项工作的履职情况进行测评。（金　斌）

【建立城市管理长效机制调研】　年内，区人大常委会组织城建环保工委成员走访区建交委等部门，召开座谈会，对区巩固迎博办博成果，建立城市管理长效机制情况开展专题调研。12月，常委会第五十次主任会议听取区政府关于巩固“迎世博600天行动计划”成果、建立城市管理长效机制工作情况的汇报，提出努力提高城市管理的法治化水平，进一步理顺城市管理体制和机制，建立健全城市管理的考核机制，确保城市管理日常运行维护和长效管理资金的落实，营造人人参与城市管理的氛围，形成政府主导、社会协调、市民参与的城市管理新格局等意见和建议。（许金荣）

讨论、决定重大事项

【概况】　2010年，区人大常委会根据年度工作安排，听取区政府关于2009年决算、预算执行和其他财政收支审计、2010年教育经费预算和2009年教育经费决算情况、2010年上半年财政预算执行情况等报告，审查批准区2009年决算。听取和审议区政府关于“十一五”规划实施情况的报告，并根据区政府的提请，审查批准关于调整区“十一五”规划个别指标的议案。听取和审议区政府关于区“十二五”规划编制情况的报告，对科学编制区“十二五”规划提出意见和建议。

（龙伟平）

【听取“十一五”规划实施情况报告】　5月13日，区人大常委会召开座谈会，就区“十一五”规划实施情况和规划需要调整的个别指标问题进行调研。5月26日，常委会第三十三次会议听取和审议区政府关于“十一五”规划实施情况的报告，并根据区政府的提请，审查批准关于调整“十一五”规划中区级财政收入、工业销售产值、五年新建改建车行桥梁、人均公共体育场地面积4个指标的议案。

（龙伟平）

【听取“十二五”规划编制情况报告】　5—9月，区人大常委会组织工委成员多次深入区发改委等部门了解“十二五”规划编制工作，并组织代表开展大讨论，对科学编制规划提出建设性意见。9月29日，常委会第三十五次会议听取和审议区政府关于“十二五”规划编制情况的报告，提出处理好与市规划及区各专项分规划的衔接关系，处理好经济发展与社会事业发展的协调平衡关系，彰显经济发展成果惠及民生改善等意见和建议，得到区政府及其相关职能部门的重视。

（龙伟平）

人事任免

【概况】　2010年，区人大常委会共任免区国家机关工作人员31人。其中任免区人大常委会工作机构成员6人、区政府组成人员1人、区法院工作人员18人、区检察院工作人员6人。同时，任命新一届区人民法院人民陪审员70人。（金　斌）

任免“一府两院”主要工作人员一览表

日　期	会 议 名 称	姓　名	任 免 职 务
7.30	区第十四届人大常委会第三十四次会议	陶腊仙	任区商务委主任

（金　斌）

联系人大代表和人民群众

【概况】　2010年，区人大常委会贯彻市、区人大工作会议精神，不断扩大人大代表对常委会工作的参与面，发挥人大代表联系群众的优势。建立人大代表联系社区制度，开展人大代表联系社区活动，为代表联系群众、知情知政、履行职责等创造条件。开展“抓发展、促和谐、建功立业”主题实践活动，指导各代表组开展代表向选民报告履职情况活动，进一步密切代表与选民和选举单位的联系。以代表组为单位组织代表开展专题调研，撰写调研报告31篇。推动“关于进一步加快区养老设施建设”代表议案的办理工作，推进相关项目的落实。加强对代表书面意见办理质量和进度的督查，保证代表书面意见件件有着落，事事有回复。发挥常委会培训中心的作用，举办专题辅导讲座，提高常委会组成人员和广大代表依法履职能力。组织指导代表补选工作，全区2个选区补选产生2名区人大代表。（杨晓芬）

【建立人大代表联系社区制度】　2010年，区人大常委会按照市委、区委要求，建立人大代表联系社区制度，开展代表联系社区活动，要求每位代表年内走访所联系的居民区2次以上，听取和传递基层群众的呼声和要求，督促有关部门协调解决问题。年内，以迎博办博、区“十一五”规划完成情况、“十二五”规划编制等为主题，有468人次的市、区人大代表深入居民区，听取群众的意见和建议，收集到各类意见、建议348条。经汇总整理，及时送交区相关职能部门研究处理。（杨晓芬）

【推动代表议案和书面意见办理】 年内，区人大常委会在区十四届人大六次会议期间和会后，共收到代表提出的书面意见81件。在调研的基础上，将代表在区十四届六次会议期间提出的《关于进一步加强领导集中财力统筹资源加快我区养老设施建设》的议案交区政府办理的决定。重视对代表议案和代表书面意见的办理质量和进度的督办工作，听取和审议区政府关于代表议案办理情况的报告，代表书面意见办理情况的报告和办理情况的复查报告。截至年底，代表书面意见办结32件。（杨晓芬）

【开展专题调研】 年内，围绕区经济和社会发展的重大问题和人民群众关心的热点难点问题，以代表组为单位组织代表开展专题调研。围绕后世博时代志愿者管理运行机制的研究、低碳型生态商务区建设思路及措施、推进社区养老服务发展的实践与思考等课题，代表们深入基层开展调查研究，撰写调研报告31篇，并形成报告汇编。（杨晓芬）

【“抓发展、促和谐”主题实践活动】 年内，区人大常委会继续在区人大代表中开展“抓发展、促和谐、建功立业”主题实践活动，并把主题实践活动与迎博办博、代表组活动、人大代表履职及接受选民监督相结合，充分发挥人大代表推进经济发展、促进社会和谐的重要作用。指导各代表组开展代表向选民报告履职情况活动，进一步密切代表与选民和选举单位的联系。（杨晓芬）

【视察政府实事项目】 12月6日，区人大常委会组织全体区人大代表和市人大普陀代表组代表对区经济社会发展情况以及2010年政府实事项目的进展情况开展集中视察。代表们分两路实地视察与嘉定区对接的桃浦路改建工程、已封关运作的西北物流园区保税物流中心、完成标准化建设的甘泉街道社区卫生服务中心、青年大学生创业孵化基地、教育公建配套项目万里城幼儿园以及长风一号绿地、商标火花收藏馆等。代表们还实地视察苏州河景观灯光工程。（杨晓芬）

【受理人民群众来信来访】 年内，区人大常委会共受理群众来信来访410件次，接受市人大常委会信访办转信89件。在规定时间内办结全国人大交办件40件、市人大交办件15件，并做好反馈工作。对人民来信来访所涉及问题，区人大常委会及时转交相关职能部门，督促其依法办理。全年组织25名区人大代表参与信访接待、45名代表参加信访听证会。（陈勇忠）

【加强人大代表培训工作】 年内，区人大常委会培训中心围绕人大中心工作，举办“监督法”辅导报告会、“老年人权益保障法”讲座，开展《行政许可法》、《行政处罚法》、《刑事诉讼法》等法律法规培训，人大代表和区法院、检察院有关人员参加。配合市人大常委会，协助开展“2010年市民与法——人大代表说法”系列普法讲座，举办《劳动合同法》与劳动争议仲裁等培训，区、镇人大代表、机关干部、社区居民千余人参加。协助指导镇人大开展对镇人大代表的培训。（张　丽）

【组织市人大代表闭会期间活动】 受市人大常委会委托，年内，区人大常委会组织市人大普陀小组代表开展座谈会、实地视察等活动5次，103人次参加。代表组围绕城乡结合部道路交通建设、产权市场规范发展等主题，通过到相关部门召开座谈会，了解道路交通建设，到普陀、嘉定、长宁等地实地查看道路交通情况，视察上海市联合产权交易所，听取产权市场开展工作情况的介绍等形式，开展专题调研活动，完成调研报告2篇。（杨晓芬）

三、普陀区人民政府

综　述

2010年，在中共上海市委、市政府和普陀区委领导下，普陀区人民政府（简称区政府）坚持以邓小平理论和“三个代表”重要思想为指导，深入贯彻落实科学发展观，紧紧围绕“五个确保”的要求，依靠和团结全区人民，扎实工作，奋力拼搏，圆满完成各项任务，全面实现区“十一五”规划确定的各项目标。全年，实现增加值219亿元，同比增长9.16%；实现财政总收入154.76亿元，同比增长22.77%；其中区级财政收入51.96亿元，同比增长17.42%。新增就业岗位25365个，新建绿地30万平方米。

2010年，区政府的主要工作有7个方面：

1. 区域经济平稳较快发展。现代服务业、商贸业、科技产业在区级税收中的比重不断上升，“3、2、2”产业结构优化目标基本实现。税收亿元楼累计达到6幢。出台多项促进经济发展的扶持政策。建立“长风金融港”，集聚一批境内外知名股权投资和管理企业。西北物流园区保税物流中心封关运行，上海外高桥西北保税物流有限公司建立。合作成立“同济大学中国物流研究和培训中心”。中国移动通信集团上海有限公司落户普陀。推进信息化工作和无线城区建设，普陀区被列入首批“上海市TD建设与应用试点示范区”。天地软件园被命名为“全国文化产业示范基地”，M50获“上海名牌”称号。科技创新工作得到有力加强。实施政策聚焦，增强科技园区发展活力，科技企业加快向园区集聚。华大科技园、同济大学科技园建设步伐加快。71家科技企业承接国家、市级各类科技专项计划150项，实施科技成果转化24项；56家企业自主研发科技项目191项。新增市级科技小巨人企业5家、区级科技小巨人企业17家、高新技术企业15家。电科所、化工院、复星医药分别领衔的“智能电网终端设备”、“改性塑料”、“抗体药物”技术创新联盟被认定为市级首批联盟。新建市级技术创新服务平台1家，市级科技孵化器1家。创建市标准化示范试点项目5个，27家企业、30个产品获上海名牌称号。招商引资呈现良好势头。引进内资注册资金66.14亿元，引进外资3.8亿美元。全区楼宇信息和招商管理信息系统框架基本完成。一批总部型、龙头型企业落户。制定《普陀区关于推进企业上市的若干意见》及实施细则，支持帮助企业上市。2家企业获国家证监会和市证监局辅导备案，7家企业完成或正在进行股改。国资国企改革工作不断加强。区国资管理新格局基本形成，国资（集资）监管实现全覆盖。国资国企全年完成营业收入46.39亿元，实现净利润8.26亿元，上缴国资收益9204万元。顺利完成英雄集团的整体划转和交接，启动区城投公司和区安居公司整合。《企业会计准则》开始试点。对全区348家行政事业单位开展清产核资，顺利实现行政事业单位国有资产管理职能的平稳过渡。重点地区建设取得新进展。长风生态商务区：项目建设有序推进，综合配套环境不断完善，服务业发展功能进一步凸显；2家五星级酒店建成开业，米高梅国际娱乐中心、跨国采购中心项目加快建设；泸定路桥建成通车；完成大渡河路部分临时商业网点拆除工作；工业遗址园建设积极推进。真如城市副中心：沪宁城际铁上海西站投入运营；大渡河路22万伏变电站选址和建设工作积极推进；长江实业、绿地集团开发项目有序推进。中环商贸商务区：加强交通组织和环境治理，停车导向系统和物联网智能停车系统投入使用；梅川路文化时尚休闲街完成改造。桃浦生产性服务业功能区：完成国际方案征集工作，推进开展控详规划修编工作。长寿综合服务带：楼宇经济的综合效应进一步显现。

2. 城市建设和管理不断加强。完成区保障房地块控详规划和中环市级商业中心交通专项规划编制工作。完成区城市空间发展战略规划研究。完成轨道交通7号线、11号线各站点复位工程，推进轨道交通13号线区域站点建设。完成枣阳路、丹巴路、叶家宅路（安远路—新会路）辟通工程，完成桃浦路（区界—定边路）、金昌路区区对接道路辟通。为迎博办博，市容环境景观建设和管理成效显著。建成武宁路、苏州河沿线等一批景观工程。苏州河观光项目正式运营。公共卫生和食品安全有序可控,文化市场监督和执法力度不断加大,特种设备安全和安全生产总体平稳,窗口服务行业水平不断提升。新师大低标排水系统改建完成,大光复排水系统投入使用。启动曹杨路、桃浦路、大渡河路综合改造工程前期工作。长风公园成功创建国家4A级景区,新建桃浦楔形绿地3万平方米,桃浦体育公园(二期)建成,兰溪公园等2个公园完成改造。普陀区成为全市首批市容环境责任区达标创建全覆盖区。节能减排工作扎实推进。淘汰15家高能耗、高污染企业;实施18个企业及部门设备技术改造项目。对14幢楼宇开展能源审计和节能诊断,实施合同能源管理。推进区第四轮环保三年行动计划,完成87个项目。组织开展世界环境日暨世博环境论坛。甘泉路街道子长小区荣获"上海市世博绿色出行示范小区"称号。

3. 社会事业发展协调稳步推进。着力加强教育事业均衡优质发展。全区新增幼儿园学额1747个;开展区素质教育先进校争创工作;高中特色化、多样化发展初现成效;探索推进地区学校组团发展模式,成立长征镇优质教育发展共同体;推进终身教育发展,荣获"全国社区教育示范区"称号,曹杨街道荣获"全国学习型街道示范单位"称号;成立普陀中英教育交流中心;加大民办教育扶持力度;全面实施校安工程,开工22所,完成16所。稳步深化卫生事业改革发展。建成上海住院医师规范化培训基地;区中心医院通过上海市三级医院等级评审;卫生医疗科研能力显著提升,承接国家级、省部级科研项目27项,14项成果通过鉴定;社区卫生服务综合改革取得成效;甲流疫苗、季流疫苗及麻疹强化免疫接种率在全市领先;市儿童医院、市妇幼保健中心迁建项目整体开工;健康城区创建工作扎实推进,为19105名退休和生活困难妇女提供相关疾病免费筛查服务;荣获"全国人口计生系统先进集体"和"全国婚育新风进万家示范区"称号。扎实推进文化、体育事业特色发展。区图书馆新馆正式开放,全市首个"上海当代作家手稿作品收藏展示馆"开馆;完成刘海粟美术馆展览分馆二期建设;有序推进区属电影院转企改制工作;举办苏州河文化艺术节;获得第十二届上海国际艺术节"特别贡献奖","新上海人歌手大奖赛"等一批项目获"群文活动优秀项目奖";组队参加市十四届运动会并取得较好成绩;完成第三次国民体质监测工作;建成4个公共运动场。完成第六次全国人口普查工作。民族、宗教和侨务工作取得新发展。区档案馆成功创建国家二级档案馆。全面完成对口支援都江堰玉堂镇灾后恢复重建任务。

4. 切实保障和改善民生。启动建设"青年大学生创业孵化基地"等3个创新性项目;坚持以创业带就业,帮助508人成功创业,17305人接受各类职业技能培训;劳动人事争议仲裁院正式运行。推进社会救助保障工作。累计发放救助帮困资金1.62亿元,救助45.6万人次;成立居民经济状况核对中心,区救助管理站新址正式启用;新增养老床位612张,新建老年活动室14个,18423位老人享受居家养老服务;中远两湾城和恒盛鼎城养老院奠基;完成创建"全国残疾人工作示范城市"的目标任务。旧区改造工作力度加大。全面完成建民村地块动拆迁工作;推进实施"两次征询"和"数砖头+套型保底"的动迁新政策、新机制;完成居民动迁1626户,完成单位动迁23家,拆除面积10.5万平方米。住房保障体系建设不断加强。新落实廉租住房租金配租家庭879户,累计向4877户廉租家庭发放配租租金3269万元;完成320个老小区环境改造"六小工程"。

5. 巩固和提升社会管理工作。优化社区公共服务设施。建成曹杨、石泉社区事务受理服务中心,开工建设长寿社区邻里服务中心;开通长征1路B线;出台加强社会建设工作实施意见;推进安全社区建设,长征镇被世界卫生组织命名为"国际安全社区"。加强社会稳定工作。加强对矛盾的风险评估和预防处置工作;各级各类人民调解委员会调处矛盾纠纷12683件,区医患纠纷调委会获"全国模范人民调解委员会"称号;一批突出信访矛盾有效化解,市交办的信访突出矛盾的化解率为45.7%;严厉打击各类犯罪活动,组织开展"集中打击街面扒窃"等22次专项整治行动,各类刑事案件立案6367起,同比下降11.3%;社区综治工作中心建设实现全覆盖。开展全区性安全生产大检查,检查单位3711家;公共安全管理长效机制进一步完善。

6. 圆满完成世博会保障工作。世博会文明指数测评,保持中心城区中等水平;区政法委办公室获世博会全国先进集体称号,4人获世博会全国先进个人称号。全区获世博会市级先进集体11个,先进个人16人。9家

市首个公共租赁住房建设项目在普陀区奠基开工　　(区府办供稿)

中心厨房、7家食品生产企业圆满完成世博保障供应任务。组织市民代表2200人次参加10个国家、国际组织的国家馆日、荣誉日活动。实现世博特许商品销售额5.92亿元。在世博园区内推出“图书漂流、牵手世博”活动。完成友好城市、对口支援地区代表团及港、澳、台、侨团组96批次4300人次的观博接待工作。圆满完成世博园第五责任区安保任务,涌现首个“世博园区文明出入口”、“样板停车场”等一批榜样集体,探索形成“三方三联”、“警力复用”、大客流“四通”工作法等一批典型经验。成立33500人的平安志愿者队伍,确保迎博办博工作。

7. 政府服务效率和工作透明度进一步提高。开展行政审批事项清理工作,取消和调整行政审批事项224项,其中取消63项,调整161项。深化并联审批工作,11个部门进入并联审批系统。“区长信箱”受理来信2330件、处理完毕2318件;公开公文类政府信息1416件。采纳区政协《关于确定苏州河普陀段名称的建议案》,苏州河普陀段正式命名“苏州河十八湾”。扎实开展“严守纪律,端正作风”专项教育治理活动,开展银行账户清理、财政性资金利息管理和财政票据检查工作,继续清理行政事业性收费,实行行政收费与部门预算彻底脱钩。加强对工程建设领域突出问题的自查工作,切实加强对区级财政预算执行情况、重点民生资金使用管理情况等的审计和审计调查。（陈　苗）

重要政事及决策

【印发《关于公布本区取消和调整行政审批事项的通知》】 3月4日,区政府印发《关于公布本区取消和调整行政审批事项的通知》。该“通知”指出,区涉及市第四批取消和调整的行政审批事项共224项,计22个部门。其中取消的行政审批事项63项,调整的行政审批事项161项。“通知”强调区政府各部门要认真做好取消和调整行政审批事项的落实和衔接工作,切实加强后续监管。要根据推进服务政府、责任政府、法治政府和廉洁政府建设的要求,继续深化行政审批管理制度改革,依法对行政审批事项实行动态管理和长效管理,促进政府职能转变,更好地适应改革开放和经济社会发展的需要。“通知”公布区涉及第四批取消和调整的行政审批事项目录。（陈　苗）

【印发“区行政事业单位国有资产管理办法(试行)”、“实施细则(试行)”及“实施办法(试行)”】 为规范和加强区行政事业单位国有资产管理,维护资产的安全和完整,合理配置国有资产,提高资产的使用效益,保障行政机关履行职能和促进各项事业发展。7月22日,区政府印发《普陀区行政事业单位国有资产管理办法(试行)》(简称“管理办法”)、《普陀区行政事业单位国有资产处置管理实施细则(试行)》(简称“实施细则”)及《普陀区行政事业单位国有资产委托管理实施办法(试行)》(简称“实施办法”)。“管理办法(试行)”对行政事业单位、行政事业资产、行政事业资产管理的主要任务及行政事业资产管理的内容作出具体说明。明确区财政局是区行政事业资产管理的职能部门,对行政事业资产实行综合管理并履行有关职责;行政事业单位的主管部门负责对本单位及下属单位占有、使用的国有资产实施指导和监督管理并履行有关职责;区财政局根据工作需要,对区行政事业资产可实施委托监管。还明确资产配置和使用、资产处置和产权纠纷的调处、资产评估和统计报告、监督检查和法律责任等方面的具体内容。“实施细则(试行)”明确资产处置是指区行政事业单位对其占有、使用的国有资产进行产权转让及产权注销的行为,包括调出、出售、报废、报损等行为。行政事业单位国有资产处置收入,包括出售收入、报废报损残值变价收入,均属国家所有,冲减有关资产评估等费用后,以区财政局或各部门资产处置批复文件和实际交易价格,按有关规定调整有关账目并办理相应的变动产权登记手续,相关收入纳入部门综合预算管理。还明确行政事业单位需处置的国有资产范围、资产处置实行分类审批、行政事业单位的资产处置程序、资产处置申报时应提供的相关文件、证件及资料等四个方面。“实施办法(试行)”明确国有资产委托管理,由区财政局将国有资产委托行政事业单位进行管理的行为。区行政性资产(包括区级机关、街道、镇使用的行政性国有资产)由区财政局委托区机关事务管理局统一管理;区事业性资产由区财政局委托各有关委、办、局及街道、镇管理。各受托管理部门对区财政局委托管理的国有资产实施监督管理并履行有关职责,承担相应的法律、法规责任。（陈　苗）

【印发《关于规范普陀区国有企业改制工作的若干规定》】 为进一步深化区国资国企改革,保证国有企业改制工作有序、规范进行,8月20日,区政府印发《关于规范普陀区国有企业改制工作的若干规定》。该“规定”明确适用范围是本区所属国家出资企业(以下简称“区属企业”),包括区管、区属骨干企业和其他区属企业。区国资委对“区属企业”分别实施出资监管和委托监管。“规定”所称改制是指国有独资企业改为国有独资公司;国有独资企业、国有独资公司改为国有资本控股公司或者非国有资本控股公司;以及国有资本控股公司改为非国有资本控股公司。“规定”还明确企业改制的基本程序,改制方案的制定、清产核资、财务审计、资产评估和资产处置、企业改制相关工作职责等五个方面。（陈　苗）

【印发《本区房屋拆迁套型面积补贴标准及价格补贴系数标准》】 9月25日,区政府印发《本区房屋拆迁套型面积补贴标准及价格补贴系数标准》。该“标准”适用于区开展旧区改造事前征询制度试点工作的房屋拆迁基地。“标准”明确被拆除房屋属于旧式里弄房屋、简屋以及其他非成套独用居住房屋的,适用套型面积补贴。套型面积补贴按照满足被拆除房屋基本使用功能的原则,以房屋拆迁许可证核发之日合法有效的房地产权证、租用公房凭证计户。套型面积补贴标准为每户15平方米(建筑面积)。拆除居住房屋价格补贴系数为30%。（陈　苗）

【印发《普陀区老小区环境建设"六小工程"实施意见》】 4月29日，区府办印发《普陀区老小区环境建设"六小工程"实施意见》。该"意见"明确，实施"六小工程"是为进一步改善居民居住环境、提高居民生活品质、促进社会和谐发展，更好地解决老百姓对居住环境设施的需求，提升老小区综合环境质量和居民群众的满意度。"六小工程"环境建设根据合理性、朴实性、长效性的原则，对老小区的路面工程、绿化工程、晾衣工程、停车工程、椅子工程、门面工程分步进行改造和建设。区房管局是组织推进单位，主要负责对各街道镇组织实施工作的指导、督促；牵头对方案设计评审，以及施工质量、工程进度和后续维护管理等方面的过程监督。区财政局主要负责资金的匹配落实和资金监管，确保资金及时到位。各街道镇负责项目的组织实施，计划、方案的上报，设计、施工单位的委托，负责工程质量、安全、施工、竣工验收及长效管理的落实。项目预算按照实施情况分为30万、20万、10万三个层次。还明确实施要求、实施流程和措施保障。（陈　苗）

【印发《普陀区关于构筑社会消防安全"防火墙"工程三年行动计划的实施方案》】 9月25日，区府办《印发普陀区关于构筑社会消防安全"防火墙"工程三年行动计划的实施方案》。该"方案"要求政府部门消防工作，落实组织领导、监管、设施建设、检查考评"四项责任"。社会单位消防安全，提高检查消除火灾隐患、组织扑救初起火灾、组织人员疏散逃生、消防宣传教育培训"四个能力"。社区火灾防控，夯实组织建设、设施建设、群防群治、队伍建设"四个基础"。公安机关消防监督管理，提高火灾隐患排查整治、消防监督执法规范化、消防宣传教育、社会管理创新"四个水平"。"方案"明确启动、调查、贯彻、推广、督察、考评、奖惩七个阶段工作要求与方法，明确区社会单位消防安全"四个能力"建设标准和验收办法。2012年底，区政府对全区构筑社会消防安全"防火墙"工程进行总体验收，并总结表彰。（陈　苗）

【转发《普陀区关于进一步加大工作力度确保实现"十一五"节能减排目标的实施意见》】 为进一步贯彻落实国务院和市委、市政府的工作要求，确保实现"十一五"期间万元增加值能耗累计下降20%的节能减排约束性目标，6月29日，区府办转发区发改委制订的《普陀区关于进一步加大工作力度确保实现"十一五"节能减排目标的实施意见》。该"意见"分析"十一五"最后一年节能减排工作面临的形势和压力，要求全区各部门、各用能单位要增强节能减排工作的责任感和使命感，咬定目标不放松，确保完成目标任务。"意见"提出总的工作思路，即围绕目标，分解节能减排工作的责任，确保完成各项目标任务。同时提出八项工作措施：把握关键，推进工业重点能耗企业节能工作；加大力度，积极实施节能减排重点工程；增加投入，大力推动节能技术的研发和改造；强化管理，加强重点企业节能管理和能源审计；加大扶持，提高对节能减排工作的资金支持力度；做好预测，提升对节能减排形势的研判水平；注重细节，做好节能减排的基础性工作；加强宣传，营造良好的节能减排舆论氛围。区政府适时将对全区节能减排工作进行总结，并对做出突出贡献的集体和个人予以表彰和宣传。（陈　苗）

实事项目

【概况】 2010年，区政府实事项目的特点是集中于民生、社会事业和公共领域。内容主要是促进就业、养老安康、公共卫生、社会保障、便民服务、物管建设、科教文体、绿化建设及市容环保等百姓最为关心的有关方面，共9类，涉及部门13个。1月25日，区委区政府举行"2010年服务经济、重大项目、实事工程目标责任签约仪式"，区政府与各实事项目责任部门签订《2010年区政府实事项目目标责任书》。年内，各实事项目的有关委办局、街道镇，强化责任意识，落实项目任务，确保各实事项目有序进行，较好地完成实事项目的工作目标。（沈　燕）

【促进就业实事项目】 全区新增就业岗位25365个，完成目标的118%；城镇登记失业人数为19617人，低于指标数93人，控制在指标范围内；扶持508人成功创业，完成目标的101.6%；新增托底安置"双困"人员2853人，完成目标的114.1%。（沈　燕）

【养老安康实事项目】 新增养老床位612张（其中在建500张）；新建、改建标准化老年活动室14个；居家养老人数达到18423人，完成目标的102.4%。（沈　燕）

1月25日，区实事工程目标责任签约仪式举行　　（社区办供稿）

【公共卫生实事项目】 完成白玉社区卫生服务中心改扩建工程和流动人口孕产妇特约分娩点建设工程。（沈 燕）

【社会保障实事项目】 至12月底，新增受理廉租家庭991户，签订协议879户，进一步扩大廉租房受益面，做到应保尽保；全区9个街道镇建立残疾人阳光职业康复援助基地；为2万名退休女职工和生活困难妇女提供妇科病、乳腺病免费筛查。（沈 燕）

【便民服务实事项目】 完成宜川社区综合治理服务与管理中心建设；区婚姻收养登记服务中心、人口和计划生育指导中心建设，已完成项目方案设计、功能定位、项目立项等手续，项目施工队伍已进场；为提高防火安全标准，重新对长寿社区邻里生活服务中心方案进行设计优化，并就调整事项报区有关部门审批，待审批结束后即可正式进入施工。（沈 燕）

【居住民生实事项目】 以完成320个小区"六小工程"为重点，有效推进老小区环境改造工作；区公房和售后房物业一体化服务达标补贴工作进展顺利，已有72家物业公司、逾380个小区纳入考核、补贴范围，居民对物业服务的满意度得到提高。（沈 燕）

【科教文体实事项目】 完成"校安工程"第一批曹村六小等12所学校校舍的抗震加固工作；新建瞿家廊小学项目各项手续齐备，已做好进场施工准备；完成石泉东路篮球场等4个公共运动场建设；长征社区文化活动中心工程已结构封顶。（沈 燕）

【绿化建设实事项目】 新建绿地30.07万平方米；完成长风公园、兰溪公园的改造工程；宜川公园预计2011年5月改造完毕。（沈 燕）

【市容环保实事项目】 街道镇扬尘污染控制达标工作通过验收；新创建安静居住小区1个；新创建环保绿色小区6个；完成苏州河普陀段沿岸二期灯光景观建设；完成285处（座）环卫设施的新建、改造工作。（沈 燕）

法制工作

【概况】 2010年，区法制工作着力推进全区依法行政工作，加强督促检查依法行政有关规定的执行情况，清理行政规范性文件，梳理行政审批事项，受理行政复议申请，审核行政强制执行案件，深化行政执法责任制，开展行政执法人员培训，梳理审议区各部门行政审批事项基本情况。年内，审核并向市政府报请备案区行政规范性文件2件。收到行政复议申请的来电、来访及电子邮件100件；受理行政复议申请35件（其中不予受理8件），审结23件，其中维持10件，驳回2件，当事人撤回申请9件，终止2件。受理区房管局限迁申请39件，批准强制执行36件，其中实施强制执行14件，经做工作当事人自行搬迁20件。（李 明）

【清理行政审批事项】 1月15日，按照市政府召开的全市行政审批制度改革工作电视电话会议和沪府发［2009］68号文件的精神，区政府办公室下发《关于清理第四批取消和调整行政审批事项的通知》，要求各相关委、办、局对照市政府第四批已取消和调整的892项行政审批事项目录，逐一进行核对、梳理。经汇总，全区涉及取消和调整的行政审批事项共224项，22个部门。其中取消行政审批事项63项，调整行政审批事项161项。3月4日，区政府下发《关于公布本区取消和调整行政审批事项的通知》，对取消和调整的224项行政审批事项目录进行公布。（李 明）

【清理行政规范性文件】 6月28日，区府办下发《关于做好规范性文件清理工作的通知》，该文件明确清理的范围、分工、标准、进度、结果处理及工作要求六个方面。各委、办、局、街道、镇按照文件精神，对现行有效的区政府发布、批准的规范性文件（包括以区府办名义颁发的规范性文件）及区政府各部门、镇政府制定的涉及公民、法人或者其他组织权利义务的内部文件、机密文件等的合法性、合理性、协调性和可操作性进行清理。清理工作历时4个月，经过起草或实施部门填写规范性文件清理建议表、区法制办审核和听取意见、区政府审批和公布三个阶段。清理规范性文件29件，其中继续有效的9件、废止或宣布失效的16件、予以修改的4件。10月26日，区政府下发《关于本区规范性文件清理情况的通知》，向社会公开清理结果。（李 明）

【行政规范性文件制订和备案培训班】 11月3日，区法制办针对规范性文件清理工作中反映的问题和做好有关后续工作的要求，举办规范性文

11月3日，举办规范性文件制订和备案培训　（区法制办供稿）

件制订和备案培训班。邀请市政府法制办主管全市规范性文件制定和备案工作的领导专家讲课，内容有规范性文件的界定、基本法律特征和应当注意的问题，对在规范性文件清理中反映出来的问题进行点评，并就加强规范性文件制定和管理提出工作要求。区政府工作部门和镇政府的法制科长、法制干部及行政办公室负责人20余人参加培训。（李　明）

【征询新制订法规规章草案意见】年内，区法制办先后办理市政府法制办下发的《上海市终身教育促进条例（草案）》、《上海市住宅物业管理规定（修订草案）》、《上海市基本医疗保险监督管理办法（草案）》等16件新制订法规、规章草案的征询意见工作。通过召开相关部门专题会议、书面征求意见及走访有关部门等形式。收集整理对新制定法规、规章草案的各方意见，并结合区的具体实际情况分别对16个草案提出书面修改意见，报市政府法制办。（李　明）

【基础法律知识培训】　年内，区法制办根据市政府法制办《关于本市行政执法人员基础法律知识培训考试的实施意见》的要求，举办区级行政执法单位新上岗行政执法人员基础法律知识培训班5期，旨在提高行政执法人员的依法行政意识和能力。培训以规范行政执法机构共同行为的法律、法规和规章为主要内容，设"行政许可法"、"行政处罚法"、"行政复议法"、"行政诉讼法"、"国家赔偿法"及"行政诉讼证据规则"等课程，邀请市法制办、华师大政法学院及市高院行政庭的专家、教授授课。420余名新上岗行政执法人员参加培训，并通过考试，考试合格率99.5%。该工作同时接受周边区新上岗行政执法人员参加基础法律知识培训、考试，得到周边区的欢迎，受到市政府法制办的肯定。（李　明）

【做好重点工作法制服务】　年内，区法制办贴近民生问题，做好法制服务。配合区旧改办，参与长征镇真北村旧区改造、合利坊旧改基地、轨道交通站等动拆迁中各类听证会和信访矛盾化解工作。会同市、区有关部门参与沪西水产市场合同纠纷遗留争议处理、区城投公司担保案、兴力达纠纷案、建民村开发补充协议、信访复查复核等法律事务咨询、指导、协调工作。配合区迎博办博活动，做好相关的法律指导和服务工作。（李　明）

社区工作

【概况】　2010年，社区建设工作坚持以人为本，统筹兼顾，推进以改善民生为重点的社区建设。社区公共服务设施建设不断加强，石泉社区事务受理服务中心对外开放，曹杨社区事务受理服务中心基本建成，长寿社区邻里生活服务中心开工建设。完成白玉社区卫生服务中心扩建工程，新建2个社区公共运动场。8个街镇建立综治调处中心。新建、改建标准化老年活动室14个。改善居民的生活环境，完成320个老小区的"六小工程"。开展"新时期加强群众工作"的课题调研，形成专题调研报告和《区委关于加强和改进新时期群众工作的若干意见》。全面推进社会建设工作，建立区社会建设工作领导机制和工作运行机制。开展普陀区"十佳居委会干部"评选活动，树立一批社区工作战线上的先进典型。收集社区民意100余件，编辑《社情民意简报》4期。年内，居民参加社区综合保险覆盖率100%，区财政统一安排180余万元用于百万居民的综合保险费支出。各街道镇全力做好迎博办博工作，完善和巩固社区管理长效机制，在城市文明指数测评中，为全区确保"中游水平"做出努力。编制社区建设发展"十二五"规划，协助指导街道镇完成"十二五"规划的编制工作。（陆海河）

【社会建设工作会议】　3月30日，区委、区政府召开社会建设工作会议，就进一步加强普陀区社会建设作全面部署。区长孙荣乾主持会议并就创建全国和谐社区建设示范城区作情况通报，区委副书记顾顺祥就《区委、区政府关于加强社会建设的实施意见》作情况说明。区委书记周国雄讲话，指出深刻认识加强社会建设的重大意义，加强社会建设必须注意的几个问题，加强领导、保证财力、落实责任的要求。区法检两长，各部委办局、街道镇，各人民团体主要负责人和区有关方面领导，部分居委会干部等200余人参加会议。（陆海河）

【编制社区建设"十二五"规划】　年内，区社区建设工作办公室（简称社区办）组织编制《普陀区社区建设和发展"十二五"规划》（简称"规划"），走访宝山、长宁、闸北、虹口等区，学习编制社区建设和发展规划的思路；听取街道镇对"规划"的意见和建议；组织区相关单位和街道镇开展"规划"

3月30日，区委、区政府召开社会建设工作会议　（社区办供稿）

大讨论等活动。该"规划"坚持以人为本、分类指导、因地制宜的原则,围绕打造服务完善、管理科学、环境优美、治安良好、文明和谐的现代化社区发展总体目标,建设和形成社区公共服务、社区环境建设与管理、现代社区治理、社区价值认同、社区平安保障、社区组织领导六大体系。提出"十二五"期间社区建设和发展的群众满意度、社区公共服务和社会保障、社区文化与教育、社区环境与管理、社区精神文明、社区安全与稳定、基层民主自治七大指标体系。强调加强组织领导,完善条块协调推进的工作机制;健全公共财政体制,确保社区建设经费投入;加强社区服务经济工作,为社区发展奠定物质基础;加强社区工作队伍建设,提升人员队伍素质;确保规划落实,认真组织实施、监测与评估的保障措施。（陆海河）

【推进社会建设工作】 年内,社区办贯彻落实市社会建设工作会议精神,推行5项措施推进社会建设工作。健全领导机制,规范工作制度。年初,成立区社会建设工作领导小组和办公室,各街道镇相应组建社会建设工作领导小组和办公室。区社会建设工作领导小组办公室主要职责是:在领导小组的领导下,研究提出加强全区社会建设的政策建议,协调社会建设的相关工作,督促检查领导小组决定事项的贯彻落实,总结推广社会建设工作经验,承办领导小组日常工作。建立区社会建设工作领导小组成员单位联络员队伍,定期交流情况。成员单位定期反馈情况,领导小组办公室汇总整理社会建设经验和做法,主动与市有关部门沟通联络。开展"关于加强和改进新时期群众工作的思考"、"普陀区街镇社区服务中心的情况"等调研,进一步推进社会建设工作。落实市、区社会建设大会要求,先后出台《中共普陀区委关于加强和改进新时期群众工作的若干意见》、《中共上海市普陀区委员会关于进一步加强党支部书记队伍建设的实施意见》、《普陀区重大事项社会稳定风险分析评估办法》3个配套文件。全年,文汇报"社会建设"专栏先后报道长寿社区"小小慈善超市发挥帮困作用"、宜川社区"社区服务打包派送上家门"及桃浦社区"平安紫藤苑,和谐新家园——普陀区动迁基地安居乐业法宝多"3篇文章;《上海社会建设》简报录用区4篇信息,在全市区县社会建设办公室中名列第五位。（陆海河）

【评选"十佳居委会干部"】 年底,区社区办、区委宣传部、民政局联合开展区"十佳居委会干部"评选活动,以集中展示居委会干部的精神风貌。各街道镇把"十佳居委会干部"评选活动作为学习宣传先进、加强新时期群众工作、推进基层民主建设和社区建设的一项工作内容,组织动员社区群众参与推荐工作。成立由区纪委、组织部、宣传部、人大办、政协办、社区办、民政局、人社局及各街道、镇相关领导参加的评选领导小组,负责审核推荐人选材料,根据事迹情况进行评定,确定20名入围候选人。新闻媒体向社会公布入围候选人的事迹,广泛征求社会各界的意见。召开"十佳居委会干部"候选人事迹演讲会,由入围者自行演讲。经区评选领导小组成员无记名投票,评选出区"十佳居委会干部",并由区委、区政府表彰。（陆海河）

普陀区"十佳居委会干部"名单

姓　名	所属居委会	姓　名	所属居委会
杨兆顺	桃浦镇紫藤园居民区党总支书记	陶美珍	真如镇杨家桥居民区党总支书记
接正萍	长征镇怒二居民区党总支书记	朱爱琴	曹杨新村街道杏梅园居民区党总支书记
许国英	长寿路街道长三居民区党总支书记	王金妹	宜川路街道赵家花园居民区党总支书记
杨宝琴	曹杨新村街道兰岭园居民区党总支书记	蒋菊珍	甘泉路街道甘泉苑居民区党总支书记
倪志刚	长风新村街道普陀四村第二居民区党总支书记	徐引娣	石泉路街道洵阳新村第二居民区党总支书记

（陆海河）

【社区综合保险运行良好】 年内,区政府引入保险机制参与社会管理,协调各种利益关系,有效化解社会矛盾和纠纷,为维护社区稳定起到重要作用。明确社区综合保险的内容,是社区居民住宅公共设施火灾责任综合保险、社区公众责任险、社区聘用人员团体人身意外伤害综合险、社区孤老孤儿意外伤害及疾病医疗补贴保险。确定承保单位承保地区,太平洋保险公司上海分公司承保长寿、宜川、曹杨、长风、长征五个社区,中国人民保险公司上海分公司承保甘泉、石泉、真如、桃浦四个社区。区财政安排180余万元用于9个街道、镇的社区综合保险支出。开展理赔业务培训,组织街道镇干部、居委会干部参加培训,学习有关保险业务知识,提高社区发生意外风险后的处置能力。及时处置事故理赔。年内,9个街道、镇发生各类事故68起,其中火灾公众责任险25起、公众责任意外险25起、普通家财险18件。赔付金额121.68万元,其中太保支付赔款51.29万元、人保支付赔款70.39万元。（陆海河）

【畅通社情民意反映渠道】 年内,区社区办注重察民情、倾民意。在街道、镇设立社情民意信息反馈点,每个反馈点聘请2—3名居委会干部作为社情民意信息员,定期向社区办反映情况;在街道镇党办设立社情民意直报点,定期反映街道镇工作推进中的新情况;发动区市民巡访团参与了解基层最新情况。多渠道收集信息,基层信息员每月将社区居民集中反映的情况和迫切希望解决的问题反馈至社区办；结合国家政策措施出台及社会热点问题，与职能部门组织居委会干部、居民代表、相关政策涉及对象等召开社区民意座谈会；不定期召开由区领导参加的社情民意恳谈会，听取群众意见建议，了解社区工作情况，及时解决问题。深入基层解民忧，制定党员干部基层联系制度，开展定期走访，帮助化解矛盾纠纷，保障群众切身利益。全年，收到各类社情民意信息近百条，其中及时解答的约40条、反馈职能部门落实解决的约50条。（陆海河）

信访工作

【概况】 2010年，区信访工作围绕“平安世博”目标，抓畅通信访渠道，落实各级领导接访下访工作；抓领导包案，推动疑难信访积案矛盾的化解；抓初信初访矛盾处理时限和程序规范，提高初次信访矛盾的化解、办结率；抓重要交办信访事项的督查督办，确保按时办结；抓世博稳控预案的制订和督办落实，实行24小时信访值班；抓信访干部队伍建设和业务培训，增强管理能力和水平。年内，坚持以程序规范促化解、促效率，区信访办接待受理来信来访14329批（件），登记、转处和告知达100%；全区未发生涉世博场所滋事等严重事件，重点对象平均在控率达95%以上；信访积案矛盾化解，市下达指标105件，化解48件，化解率45.7%，列中心城区第一位；当年新发生初次信访事项（除动迁类矛盾外）的化解率、办结率分别达80%和90%以上。信访高发势头得到遏制，全区信访总量比上年下降23%。区委、区政府被世博安保协调小组信访工作组评为世博安保信访工作优秀集体；区信访办被市委、市政府评为“上海世博工作优秀集体”。（朱茂祥）

【重视基层信访工作】 2月10日，区委、区政府落实市委稳定工作会议精神，重视街道镇信访机构和干部队伍建设。区编办印发《关于加强各街道（镇）信访机构设置的通知》，明确各街道镇设置信访办公室，在行政办公室增挂牌子；在现有编制中明确2—3名公务员从事信访工作；信访办公室主任为正科级。3月，区信访办发文进行督办，各街道镇完成信访机构设置和人员配备。12月底，全区街道、镇共有信访工作人员38人，其中公务员24人、事业编制5人、其他人员9人。（朱茂祥）

【畅通信访渠道】 4月1日—11月15日，区委、区政府领导在坚持周四信访接待日制度基础上，实行13位领导每个工作日轮流接待来访群众，区职能部门干部参与接访，确保第一时间疏导、安抚群众情绪，解决群众困难。各街道镇领导坚持每天轮流接待来访群众。期间，区领导共接待群众127批563人次，其中集访35批364人次。区信访办将区领导接访件均及时交办相关职能部门，共交办87件，其中化解23件。（朱茂祥）

【信访先进表彰暨目标责任签约会】 4月13日，区委、区政府在区中心会场召开2008—2009年度信访先进表彰暨信访目标责任考核签约会议。会议由区委副书记、区长孙荣乾主持，区委副书记顾顺祥宣读2008—2009年度获得市、区级信访系统先进集体、文明信访室、先进工作者表彰决定。区领导与33家单位签订2010年信访工作目标责任书，并对做好世博期间信访稳定工作进行再动员、再部署、再落实。区委书记周国雄就做好2010年特别是世博期间信访维稳工作提出要求，即清醒认识信访维稳工作面临的严峻形势，牢牢把握工作重点，切实履行和落实信访工作责任。（朱茂祥）

2008—2009年度信访系统先进集体、文明信访室、先进工作者名册

等级	先进集体	文明信访室	先进工作者
市级	区委区政府信访办公室	长寿路街道信访办公室 区公安分局信访办公室	王建中　许忠祥　张志刚　桂正和　陈耀华 丁昌元　陈智琴　陈乾镭
区级	15个	12个	28人

（朱茂祥）

【加强信访工作领导】 年内，市政协主席冯国勤、副主席李良园等领导先后4次到区指导信访突出矛盾化解工作。区委、区政府贯彻落实市委、市政府的部署和市领导检查指导工作时提出的要求，将信访突出矛盾化解工作摆上重要议事日程。区委常委会研究讨论并通过《普陀区贯彻“推进2010年市领导联系区县化解信访突出矛盾工作”的实施方案》，明确组织领导和工作目标；区委常委会先后6次听取工作汇报，并将化解积案矛盾工作列为区下半年13项重点工作之一。为加强专项工作的组织领导，成立由区委书记周国雄任组长，区委副书记顾顺祥、副区长符祖鸣任副组长的专项工作领导小组。领导小组定期听取化解进展情况汇报，分析研究案件，指导矛盾化解工作。区委、区政府13位领导全部参加包案，以此推进信访工作。（朱茂祥）

【加大信访督办力度】 年内，区信访办对初次信访事项全部作为交办件进行追踪督办，限时办结。对群众来访反映比较强烈的问题或是初次群体性矛盾，均用查办件进行交办、督办，要求责任单位限期告知处理结果。年交办信访事项910批（件），办结率95%；牵头督办市信访办交办重要信访事项75件，办结率100%。区受理复查申请21件，办结21件；当事人申请市政府复核8件，支持区复查结论8件；一批信访矛盾通过复查复核，实现终结，其中80%以上当事人息访。（朱茂祥）

【召开信访会议】 区委、区政府重视全国“两会”、国庆节和世博会等重要节点期间的信访稳控工作，先后于2月26日、4月13日两次召开全区党政主要领导参加的信访工作会议，传达贯彻市委、市政府重要会议精神，部署全区信访稳控工作。各街道镇，委办局制定稳控工作预案，抓信访工作措施落实。4月28日，区委副书记、区长孙荣乾主持召开突出群体信访矛盾专题研究会议，要求加大矛盾化解力度，加强沟通疏导，确保世博会期间信访稳控工作万无一失。会议对合利坊、澳门路660弄、东新村等动拆迁突出群体信访矛盾提出明确的处理意见。7月13日，区委副书记顾顺祥主持召开信访矛盾化解工作推进会，要求咬住目标，形成条块之间、责任主体与律师之间的工作合力。7月30日，区委、区政府召开上半年信访工作总结会议，顾顺祥就进一步做好下半年信访稳控工作提出要求，即加强排查和稳控工作，切实抓好各项工作措施的落实；加大矛盾化解力度，各条线提供政策支撑，形成合力；加强队伍和机构建设，信访机构设置和人员配备必须按要求落实到位；建立和完善突出矛盾逐级函告的工作机制，推动矛盾有效化解。8月4日，区委召开专题会议，研究领导包案化解工作。全年未发生在京群访登记，为全国“两会”、上海世博会及广州亚运会等重要活动营造良好的社会氛围。 （朱茂祥）

外事工作

【概况】 2010年，区外事工作取得较好成绩。世博期间组织区各界人士2200人参加德国、哈萨克斯坦、莱索托等10个国家的馆日活动和国际自然基金会荣誉日活动。开展世博馆员进社区活动，俄罗斯、德国、埃塞俄比亚、肯尼亚等40余个国家馆的外方代表共90余人参加。发展对外合作交流，与日本香川县多渡津町开展友好交流，接待多渡津町政府、议员、市民及学生等代表团4批，组织区学生代表团赴日访问。与墨西哥萨波蕃市签署友好合作交流意向书，双方政府代表团进行互访。与阿根廷老虎州市政府签署开展友好交流的意向书，区政府代表团对老虎州市进行友好访问。强化因公出国管理，坚持从严控制、大幅减少、确保重点、务求实效的原则。年内，组织因公出访团组21批次87人次，分别比上年下降36.36%和47.9%。接待自主邀请和市外办交办任务，共18批381人次。区外办被评为上海市2010年涉世博外事工作先进集体。 （周　丽）

8月13日，日本香川县多度町教育代表团与洛川学校师生交流

（区外事办供稿）

【世博参展方外国友人访问普陀】 8月17日，上海世博会国际参展方进普陀活动在长寿社区文化活动中心举行，来自世博会参展方的近百名外国友人参加该活动。区委副书记、区长孙荣乾、区人大常委会主任叶维华，区委常委、副区长裴崎，区人大常委会副主任曹玉茂等出席欢迎仪式。孙荣乾在欢迎仪式上代表区委、区政府和区百万人民对远道而来的客人们表示热烈的欢迎，并希望通过活动，增进相互之间的友谊和对区的了解。欢迎仪式上，表演少儿舞蹈、男声独唱和川剧变脸等节目。欢迎仪式结束后，外国友人们与长寿社区居民共同进行剪纸、面塑、陶吧、瓷刻等互动活动，并乘坐游船观赏苏州河十八湾，游览长风公园海洋世界和白鲸馆。 （周　丽）

【“抱树”落户长风公园】 9月4日，荷兰艺术家爱德文·斯瓦克曼创作的象征中荷友谊的艺术作品“抱树”在上海长风公园揭幕。荷兰驻沪总领事，荷兰视觉艺术（译名BKVB）基金会主席等荷兰贵宾，区人大常委会副主任曹玉茂、副区长景莹，区政府及各界人士出席揭幕仪式。BKVB基金会主席致辞，中荷双方互赠世博礼品和“抱树”模型。2009年5月，为庆祝成功运作6个月的荷兰文化馆的盛大落幕，以及荷中两国在文化领域里的合作，BKVB基金会与区政府商定由爱德文·斯瓦克曼在长风公园制作“抱树”艺术作品，作为赠送上海市民的一份特殊礼物。“抱树”项目由区政府、荷兰王国驻上海总领事馆、荷兰文化馆共同合作完成。“抱树”使用人行天桥的标志性结构，使其从原有环境中截取，环抱到一棵树的周围，公众可以从不同层面观赏到这棵树，营造一种“人在树叶间”的诗般感受。“抱树”向上的环形桥象征着中国与荷兰间的友谊纽带，茁壮成长着的树代表两国人民欣欣向荣的交流。“抱树”坐落在长风公园铁臂山银锄湖边的显著区域。“抱树”落户长风公园，将进一步推动上海与荷兰友好交流的发展，有利于普陀区利用这一交流平台，更好地开展国际交流合作。

（周　丽）

【签定友好合作交流意向书】 9月6日，普陀区与墨西哥萨波蕃市友好合作交流签约仪式在区政府举行。区委常委、副区长裴崎与萨波蕃市市长代

表玛利亚·索菲亚一起代表双方政府在友好合作意向书上签字，宾主双方各自介绍地区经济社会发展情况并互赠纪念品。意向书明确双方在平等互利的原则基础上，于行政、经济、贸易、科学技术、社会服务、公安、民事保障、环境保护、文化活动、教育、体育、旅游、卫生、人员往来等范围内，开展基础合作与信息交流，并组织展览、交易会、学术研讨、人员交流等活动，推动共同繁荣和发展。双方指定政府具体部门作为友好交流的职能机构。区委常委、组织部部长钱城乡出席签约仪式，区府办主任王珏主持签约仪式，与会者观看反映普陀区情和萨波蕃市市情的电视宣传片，双方政府对口部门进行互动交流。（周 丽）

【坚持外事工作"三化"要求】 年内，区外办将涉世博外事作为外事工作的重中之重，坚持规范化、精细化、人性化的理念，确保外事管理服务万无一失。坚持组织管理规范化。健全会议制度，通过每周四例会、专题协调会、阶段总结会等形式，及时反馈信息、协调解决矛盾、总结交流经验、提高工作质量；制定接待工作流程，实行主陪领导、接待组长责任制，明确各自职责，加强上下沟通，实行无缝衔接，杜绝差错和失误；先后制订《经费使用报销和礼品物品领用制度》《礼品标准和发放范围规定》以及《廉洁办博规定》等，落实勤俭办博、廉洁办博的规定。坚持协调落实精细化。制作接待方案，涉及团组联系、接机时间、入住宾馆、餐饮酒店、参观线路、礼品赠送、座位排定及工作人员配备等各环节；精心组织实施，加强对区内外各部门的沟通和统筹，为各个来访团组进行全程服务；保持馆日活动纵向与活动组织方，横向与社区办、机关党工委、各街道镇密切联系；突发情况及时采取应变措施，在佛得角国家馆日因故推迟情况下，当即调集160名老师出动应急。坚持接待服务人性化。满足各类宾客的需求，做到吃好、住好、行好、参观考察好；注重高温季节防暑降温，为宾客备一瓶水、一条毛巾、一把扇子、一顶帽子及清凉油和人丹。（周 丽）

档案工作

【概况】 2010年，区档案工作实现"两个转变"（转变重事、重物的传统观念和认识，建立覆盖人民群众的资源体系；转变重机关团体利用、服务的传统观念和认识，建立方便人民群众的利用体系）、建立"三大体系"（档案资源体系、利用体系、安全体系），档案创新服务、依法监管、基础管理及信息化建设等工作迈上新台阶，区档案馆成功晋升为国家二级综合档案馆，档案事业呈现又好又快的新局面。加大档案接收、征集力度，完成区级机关2000年前永久、长期档案的接收进馆工作。整合档案资源，举办"馆藏档案珍品展"和"群星璀璨先进人物事迹展"。加强档案监管，明确9项行政审批事项的审批条件、申请材料、审批流程等要求；完成撤并调整的13家机关单位保管期限表审批；对149家单位进行重点档案确认登记。推行信访档案管理，动态信访档案规范管理列入街道镇社区建设和管理重点目标考核。推进档案信息化建设，优化升级档案馆管理系统，加强资源数据库建设，加快馆藏档案数据化进程，丰富和完善档案信息资源。完成《区档案事业发展"十二五"规划》编制，明确"十二五"期间的发展方向、主要任务、实施项目、保障措施等五大战略目标，提出基础设施、信息化建设、业务指导、依法治档、工作环境、人员素质等9项发展任务。全年完成全文扫描400万幅，累计完成550万幅；录入条目60万条，累计完成155万条。加强档案馆自身建设。梳理和明确岗位职责，修订完善档案接收、征集、保管、利用、统计等规章制度，形成制度汇编。完成档案馆指南续编。认真实施新馆建设前期准备工作。年内，接收卫生局等15家单位6619卷、12324件档案进馆。接待查阅档案8569人次，利用案卷9082卷，提供档案凭证29660页。接收39家单位主动公开政府信息706份，备案公文类信息目录2020条，受理依申请公开政府信息198件。12家区级机关、企事业单位的档案晋升市、区级先进，6家区级机关、企事业单位通过复查验收。截至年底，区档案馆馆藏全宗148个，案卷170995卷，照片档案15702张；开放档案全宗60个，档案7886卷，馆藏资料10361册。（诸姝菲）

【区档案馆晋升国家二级档案馆】 9月8日，受国家档案局委托，上海市档案局巡视员仓大放带领专家测评组代表国家档案局，对区档案馆创建国家二级档案馆工作进行测评验收。测评组听取区档案馆关于创建国家二级档案馆工作的自查情况汇报，实地查看档案库房、陈列室、技术用房及接待查阅窗口等，对照《市、县级国家综合档案馆测评细则》，逐条逐项审查迎检材料。通过测评，专家组认为：区委、区政府重视档案事业发展，区档案馆条件保障措施得力，基础业务工作扎实有效，现代化管理程度较高，信息开发利用成果丰硕，符合国家二级综合档案馆标准。10月9日，经国家档案局审批同意，区档案馆晋升为国家二级档案馆。（诸姝菲）

【世博档案接收进馆】 区档案局将世博档案工作纳入年度重点工作，融入迎博办博全过程。建立联络员制度，深入各街道、镇及相关单位，指导建立世博档案专题目录和预立卷制度，安装档案管理软件，提供档案装具。根据不同阶段，提出档案收集建档要求，对区世博办和世博工作领导小组"三部一室"（宣传动员指挥部、市容交通指挥部、窗口服务指挥部及办公室）档案工作人员进行培训，60余人参加。7月29日，接收第一批迎博文书档案。世博后期，派专人实行上门指导。按照"应收尽收"的原则，参与对文书、声像、实物等多个门类档案的梳理，确保世博档案收集完整、门类丰富、质量优良。12月底，区迎博办博档案全部接收进馆，计539卷（件）。其中文书档案420卷、照片档案32卷（721张）、实物档案21件、光盘档案66张，图书资料4册。（诸姝菲）

【监管动迁档案】 区档案局联合区房管局、监察局加强对区重点动迁地块、重大动拆迁工程项目档案的指导与监管。走访拆迁基地，对拆迁档案资料数量、档案人员等相关情况进行调查摸底。与区房管局联合下发《关于加强普陀区动拆迁档案管理的通知》，为推动阳光动迁提供真实可靠的信息。召开建民村旧城改造项目档案工作专题会议，规范拆迁档案收集、整理、归档、利用等操作流程。4 月 19 日，与区监察局、房管局联合举办动拆迁工作档案管理培训会，拆迁公司档案干部近 40 人参加。截止年底，全区 140 余块拆迁基地 80% 以上的拆迁档案经过系统整理，拆迁档案数量达 3 万余卷（袋）。（诸姝菲）

【推广“就近受理、跨馆出证”】 区档案局在全市率先提出“就近受理，跨馆出证”服务机制，将全市 15 个区县的档案信息连成一张网，首访接待的档案馆通过传输平台，请求档案原件保存地的档案馆协同查阅并反馈，由首访接待的档案馆为利用者所需的婚姻、独生子女、知青等民生档案出具证明。该机制经市档案局论证，得到肯定，并在全市推广。11 月 3 日，首次顺利接待异地查阅者。至年底，共受理 24 例异地查阅。（诸姝菲）

【《市社区档案服务机制研究》通过评审】 4 月，区档案局承接由市档案局批准立项的《市社区档案服务机制研究》课题，成立以局长王卫国为组长，区档案局、宜川、长风街道办事处共同参与的课题组。该课题以社会转型和档案资源社会共享为背景进行开拓性研究，通过走访调查、研究分析等方式，形成《上海市社区档案服务机制研究报告》。该报告提出构建以区档案馆为中心，政府机关及所属单位、街道社区等为支点的多元化档案资源体系，把涉及公众就业、社会保障、婚姻、知青等与民生息息相关的档案资源体系进行整合，创新民生档案资源的共享机制，实现民生档案及时、方便服务的上海市社区档案服务民生的发展思路、解决方案和管理手段等建议。9 月 3 日，通过市档案局课题评审委员会的评审，获市档案局“档案管理与服务创新奖”。（诸姝菲）

【档案教育培训】 年内，区档案局深化档案管理服务，提升档案干部能力和水平，开办第二十三期档案人员岗位业务知识培训班，共计 240 个课时，培训学员 51 人，其中 50 人取得上海市档案局颁发的档案人员岗位业务知识培训合格证书。开办档案专业人员继续教育培训班，共计 42 课时，培训学员 44 人，全部取得上海市档案局颁发的上海专业技术人员继续教育单科结业证书。开办档案实务培训班 3 期，220 人次接受文书、科技、声像、实物档案的收集、整理、归档等实务操作技能培训。举办文书立卷改革培训班，71 个单位 200 余人参加。开展档案专兼职人员基本情况调查，160 名档案干部接受调查。通过调查分析，形成《普陀区档案从业人员基本情况调查报告》，该报告旨在提高全区档案人员素质，提升区档案工作水平，为新一轮档案事业“十二五”发展奠定基础。（诸姝菲）

【验收档案“五五”普法】 9 月，区档案局下发《关于开展档案“五五”普法检查验收工作的通知》，要求各单位就贯彻落实区档案“五五”普法规划、普及档案法律知识情况等内容进行检查验收。验收工作分为自查、抽查和综合测评三个阶段。全区各单位按要求进行自查，12 月，区档案局对长风街道、区司法局等 107 家单位进行抽查验收，通过检查和综合测评，合格率 98%，其中优良率 41%。（诸姝菲）

【档案工作年度检查】 11 月，区档案局下发《关于开展机关、团体档案工作年度检查的通知》，要求各单位把实施文书立卷改革作为档案工作的重要任务，列入议事日程，切实加强领导，落实人员，保障经费。是月，采取协作组形式，组织档案干部到各单位检查落实情况，听取档案工作情况汇报，实地察看文书档案立卷情况，征求档案管理人员对文书立卷改革的建议。经检查，52 家单位实现以“卷”到“件”的文书档案立卷改革目标，落实情况良好率达 99%。（诸姝菲）

【馆藏档案珍品展】 8—9 月，区档案局在甄选馆藏精品后，在局陈列室举办馆藏实物档案珍品展，展品有原中共中央总书记江泽民为普陀区图书馆题词、全国人大常委会委员长吴邦国为《新普陀报》题词，上海市区公所徽章、粮食票证大全、上世纪各年代各类证书以及 1988 年普陀体育摄影协会赴南京请中国女排队员和教练签名留念的排球等。展览分为 4 个展柜。同时展出杨富珍、徐虎、曹道云、金晶、刘翔等劳模、先进人物事迹。（诸姝菲）

副区长景莹观看馆藏档案珍品展　　（区档案局供稿）

地方志工作

【概况】 2010年,区地方志工作坚持为区委中心工作服务,积极挖掘和利用地方志资料,研究和发挥史志"存史、资政、育人"的功能。编纂出版《普陀年鉴(2010)》,完成上级部门部署的《上海年鉴(2010)》、《长江三角洲城市年鉴(2010)》等相关内容的撰写。召开《普陀年鉴(2011)》编纂工作会议,全区80余人参加。完成《汶川特大地震上海市对口援建都江堰市志》、《汶川特大地震抗震救灾志·灾后重建志》(上海部分)资料长篇整理并报送市地方志办公室。 (陈 霞)

【《普陀年鉴(2010)》出版发行】 《普陀年鉴(2010)》由区地方志编纂委员会编纂,区委副书记顾顺祥任主编、副区长景莹任副主编。经市方志办、《上海年鉴》工作处和上海社会科学院出版社的指导,全区100余名撰稿人员的共同努力,通过组织发动、编辑修改、区编委会和市志办审稿等阶段,于8月由上海社会科学院出版社出版。《普陀年鉴(2010)》是普陀区第十二部综合年鉴,依次设普陀概貌、大事记、领导视察调研、以中文序号为标示的31个栏目、统计资料、特载、专文、附录、索引等,全书82.2万字,并刊有彩色地图一幅,卷首照片39帧,正文随文照109帧。该年鉴为大16开本,全彩色印刷,印数800册,并配套发行可供全文检索的电子光盘。

(陈 霞)

《普陀年鉴(2010)》出版发行 (区方志办供稿)

【完成2部志书(普陀区)资料长篇】 年内,完成《汶川特大地震上海市对口援建都江堰市志》、《汶川特大地震抗震救灾志·灾后重建志》(上海部分)资料长篇的整理并报送市地方志办公室。2008年11月,国务院办公厅下发《关于成立汶川特大地震抗震救灾志编纂委员会的通知》,开始全国性的《汶川特大地震抗震救灾志》的编纂,全志设11个分卷,《汶川特大地震抗震救灾志·灾后重建志》是其中的第九卷。在编纂《灾后重建志(上海部分)》的同时,编纂《汶川特大地震上海市对口援建都江堰市志》。记述的时限为2008年5月12日至2010年12月31日。区地方志办公室根据区合作交流办提供的资料,进行搜集整理,分别按要求和代码编辑两志的资料长篇,并分三批报送市志办。首批,内容为2009年12月31日之前的资料,于2010年1月底报送;第二批,内容为2010年5月31日前的资料,于6月30日前报送;第三批,内容为2010年6月以后援建工作收尾阶段的资料,连续报送至援建工作完成。

(陈 霞)

四、政协普陀区委员会

综　述

2010年，政协普陀区委员会（简称区政协）围绕区域发展大局，履行政治协商、民主监督、参政议政职能。通过委员学习日、中心组学习、专题讲座等形式强化委员理论学习，凝聚政治共识。汇聚各界力量，参与世博相关工作。开展“我为世博献一计”活动，提出建立城区市容环境长效管理机制、落实低碳环保的常态化举措等建议；组织委员参加迎世博志愿者服务，参与上海市迎世博农民工讲师团活动，制作世博专题宣传片；开展世博园区监督评议工作，由40余名区政协委员组成评议小组，三次进世博园区察看，提出意见建议60余条，其中增加便携式扩音设备数量、修补或改建绿化带、缩短卫生设施的保洁间隔等建议，被《上海世博局工作简讯》收录，并得以改进。组建区“十二五”规划咨询组，为区域发展献计出力。参加区委、区政府组织的区“十二五”规划纲要编制座谈会、专家咨询研讨会等活动，向规划编制提出建议；聚焦“商贸物流”的功能定位、区的战略空间布局、社会事业发展、文化创意产业、体制机制改革等方面，形成《关于区“十二五”规划制定中需要关注若干问题的建议案》。打造苏州河十八湾文化品牌。提交《关于为苏州河普陀段命名的建议》；举办苏州河十八湾文化发展论坛，“苏州河十八湾文化发展论坛摄影展”，《人民日报》、《人民政协报》、上海电视台等发表新闻报道17篇；市政协将苏州河十八湾作为年末集中视察点之一。推进社情民意工作。制定《区政协反映社情民意工作办法》，对社情民意工作的组织领导、工作队伍、服务保障等方面作出规定；组建社情民意信息员队伍，增设委员网上提交社情民意平台，创立《普陀区政协社情民意专讯》。关注老龄事业发展。成立“推进老年俱乐部建设”课题组，视察宜川街道老年俱乐部，与区政府相关职能部门进行座谈，召开常委（扩大）会议，围绕“推进老年俱乐部建设”进行专题协商讨论，形成《关于进一步推进老年俱乐部建设的建议案》；区政协保健咨询顾问团、法律咨询顾问团定期赴老年俱乐部，为老年人提供健康和法律咨询服务。提升协商议政效能。组织委员与区委、区政府领导开展讨论；就老年俱乐部建设、社会事业发展、保障房建设、苏州河夜间景观建设等方面，进行年末集中视察；63名政协委员被12家单位聘为特约监督员，4名委员被区委、区政府聘为信访听证员。年内，召开区政协全体会议2次、常委会议6次、主席会议14次、区长和区政协主席联席会议2次，秘书长会议2次。提交提案131件，立案128件，办复率100%。完成调研报告44篇，其中2篇转化为常委会建议案，3篇转化为主席会议建议案。反映社情民意305件，采用256件，其中被市政协采纳22件，区委、区政府领导批示52次；汇编《普陀政协简讯》（社情民意增刊）和《普陀区政协社情民意专讯》24期，提交区委、区政府及有关部门参考。在国家、市、区级报刊上刊登工作报道75篇。　（孟兆艳）

全体委员会议及常委会会议

【区政协十二届四次会议】　于1月18—21日在区图书馆举行。会议应出席委员339人，实到296人。政协主席林爱娟主持会议。会议审议通过副主席夏斯德代表常务委员会所作的工作报告，副主席柴晓苗代表常务委员会所作的关于区政协十二届三次会议以来提案工作情况的报告。与会委员列席区十四届人大六次会议，听取并讨论区政府工作报告、财政预决算草案报告、区人民法院工作报告、区人民检察院工作报告。区领导出席区政协十四次四次会议开幕和闭幕会议，并分别参加大会咨询活动、联组讨论和大会发言，与委员共商普陀发展大计。区委书记周国雄在闭幕会上讲话。会议审议通过《政协上海市普陀区第十二届委员会第四次会议决议》。会议期间，共收到提案118件，经审查立案115件。　（孟兆艳）

【区政协年中工作会议】　于7月29日在区政府中心会场召开，政协副主席柴晓苗主持会议。会议听取并讨论由政协副主席夏斯德所作的区政协2010年上半年工作总结和下半年工作打算的报告。与会委员列席区十四届人大第三十四次常委扩大会议，听取并讨论中共普陀区委副书记、区长孙荣乾所作的区政府关于2010年上半年工作情况和下半年工作安排的报告。300余名政协委员出席会议。

（孟兆艳）

区政协常委会会议一览表

会 议 名 称	日期	主 要 内 容
十二届十六次常委会议	1.7	决定区政协第十二届委员会第四次会议于2010年1月18—21日举行；通报2009年区政协常委出席常委会议的情况；审议区政协常务委员会工作报告和关于区政协十二届三次会议以来提案工作情况的报告，审议区政协十二届四次会议议程（草案）和日程（草案）；通过调整、增补十二届区政协委员建议名单，区政协十二届四次会议委员小组召集人名单、列席及邀请范围，十二届区政协界别组召集人、副秘书长调整、增补名单
十二届十七次常委会议	1.20	听取区政协十二届四次会议分组讨论的情况汇报；审议通过区政协提案委员会关于十二届四次会议提案审查情况的报告（草案）；审议区政协十二届四次会议决议（草案）
十二届十八次常委会议	3.4	邀请区委常委、区纪委书记左燕通报区专项整治和党风廉政建设工作情况；审议通过区政协常务委员会2010年工作要点；部署2010年度区政协专委会和界别工作
十二届十九次常委会议	6.9	邀请副区长符祖鸣通报区再就业工作情况；就推进老年俱乐部建设进行专题协商讨论
十二届二十次常委会议	10.28	专题协商讨论区"十二五"规划纲要（草案）；区长孙荣乾、副区长裴崎出席会议听取委员意见建议

（孟兆艳）

重要活动及重要建议案

【概况】 2010年，区政协以传达全国"两会"精神、做好群众工作、把握后世博机遇和区"十二五"规划编制情况为主题，举行中心组学习暨委员学习日活动，500余人次参加。围绕区"十二五"规划编制，举行常委会专题协商讨论。组织委员开展年末集中视察，为委员知情明政搭建平台，创造条件。召开区长与区政协主席联席会议，通报区政府、区政协下半年工作安排，并围绕区域发展空间布局、加快老年俱乐部建设、完善苏州河开发建设运作机制等区域发展中的重点工作进行沟通交流。在区图书馆举行各界人士"迎中秋·庆国庆"联欢会暨上海音乐学院附属安师实验中学汇报演出，区政协副主席夏斯德致辞。召开2010年度区政协专委会、界别组工作总结交流会，夏斯德提出工作要求，区政协副主席谢筠主持会议并总结专委会和界别工作，区政协经济委员会、工会界别组等专委会、界别组进行交流发言。开展以"传承志愿精神，弘扬道德新风尚"为主题的2009年度"学雷"奖学金评比表彰活动，区政协"学雷"奖学金理事会对在孝亲敬老、志愿服务、见义勇为、帮困助学、低碳环保、热心公益、科技创新及自主管理等方面表现突出的100名中小学生颁发奖学金。年内，提交常委会建议案2篇、主席会议建议案3篇，完成调研报告44篇。（孟兆艳）

9月21日，区政协举行各界人士"迎中秋·庆国庆"联欢会

（宦霞萍/摄）

【"十二五"规划咨询组成立】 6月24日，区政协举行委员沙龙暨"十二五"规划咨询组成立会议，区委常委、政协副主席夏斯德，区委常委、副区长裴崎出席会议并讲话，政协副主席柴晓苗宣读《关于成立普陀区政协"十二五"规划咨询组的通知》，政协副主席谢筠主持会议。"十二五"规划咨询组由28名委员组成，成员包括社会学、管理学、经济学、财政学等方面的专家学者，金融界、企业界、新闻界等领域的专业人士，以及区政府有关部

门的负责人。咨询组实行"1+3"的工作模式,即以区"十二五"规划纲要为引领,在50多个分规划中重点围绕民营经济、老龄事业及空间发展战略三个分规划开展调研和咨询建言。咨询组参加区委、区政府组织的区"十二五"规划纲要编制座谈会、专家咨询研讨等活动,向规划编制提出建议;与区工商联、民政局、规划局开展咨询研究;召开咨询组全体会议,就区"十二五"规划纲要进行研讨。咨询组聚焦"商贸物流"的功能定位、区的战略空间布局、社会事业发展、文化创意产业、机制体制改革等方面,形成《关于"上海市普陀区国民经济和社会发展第十二个五年规划纲要"若干问题的建议》,在区政协十二届二十次常委(扩大)会议作主题发言,有关咨询组成员围绕民营经济、老龄事业及空间发展战略三个分规划作专题发言。

(孟兆艳)

【苏州河十八湾文化发展论坛】 7月6日,区政协与同济大学在长风生态商务区2号绿地游艇会馆联合举办苏州河十八湾文化发展论坛。论坛围绕深入挖掘苏州河历史文脉,加快苏州河沿线开发建设进程进行研讨。同济大学教授莫天伟、区政协学习和文史委员会副主任施镇平、同济大学副教授岑伟、区政协经济委员会副主任嵇启春分别作题为《回到苏州河——苏州河十八湾计划》、《关于确定苏州河十八湾湾名的思考与建议》、《"徜徉"苏州河——步行空间及自行车空间策略和事件经营》及《打造文化共享空间,发展文化旅游产业》的主题发言。市政协副主席朱晓明讲话,同济大学党委书记周家伦、区委书记周国雄致辞。市、区有关方面负责人,区政协委员计150余人出席。部分与会嘉宾乘坐游船考察苏州河十八湾景观和沿线开发建设情况。论坛期间还举办"苏州河十八湾文化发展论坛摄影展"。区政协在论坛专题发言的基础上,形成区政协主席会议《关于推进苏州河十八湾后续工作的建议案》。《人民日报》、《人民政协报》、上海电视台等22家媒体跟踪报道,刊登新闻报道17篇。

(孟兆艳)

【开展年末集中视察】 12月8—10日,区政协组织委员开展年末集中视察。区政协委员150余人分别赴长征镇老年俱乐部、长风街道白玉社区卫生服务中心、长风1号绿地和商标火花收藏馆、万里城幼儿园、宜川老年俱乐部、甘泉街道社区卫生服务中心、中华印刷厂创业孵化基地、连亮路经适房基地、上海西站交通枢纽等进行视察,了解区经济社会发展情况。区政协副主席夏斯德、柴晓苗、谢筠、周旭东、梁立群,副区长景莹、符祖鸣,参加视察活动。

(孟兆艳)

【通过《关于进一步推进老年俱乐部建设的建议案》】 该"建议"为常委会议建议案,经区政协十二届十九次常委会议审议通过。"建议"认为,老年人生活照料、医疗健康、精神文化等需求日益突出,群众对社会化养老服务需求与养老服务业发展相对滞后的矛盾日益凸显,老年人养老问题日趋严峻。主要建议:(1)将老年俱乐部建设纳入区"十二五"发展规划。把老年俱乐部建设列为"社区生活综合服务圈"打造的重点项目之一,纳入政府实事工程项目。(2)完善老年俱乐部的区域规划与合理布局。建议在全区层面上进行资源合理调配和利用,以街道、镇为主体,划分服务半径和区域进行选址,综合配置养老资源。(3)加强老年俱乐部的场地保障和监管力度。在各街道、镇的组织下,因地制宜进行建设,加强监管,对移作他用的老年服务设施和场地要恢复属性。4、拓宽老年俱乐部建设和运作资金来源。采取政府拨款、社会参与、老人缴费相结合的方式,实现资金保障。5、实行税收优惠等老年俱乐部建设相关鼓励政策。在政府购买服务的基础上,通过减免税收等优惠政策的支持和鼓励,重视建立扶持养老服务业发展的协作机制,各职能部门密切合作。

(孟兆艳)

【通过《关于推进苏州河十八湾后续工作的建议案》】 该"建议"为主席会议建议案,经区政协十二届三十三次主席会议审议通过。"建议"认为,苏州河十八湾的建设发展对普陀区新一轮发展具有重要意义。主要建议:(1)从战略高度审视苏州河的建设发展,与区"十二五"发展规划相匹配、相衔接,制定3年、5年甚至更长远的建设规划方案,使苏州河十八湾开发建设更加科学有序,实现健康可持续发展。(2)成立"苏州河十八湾开发建设领导小组",统筹协调苏州河十八湾开发建设的相关工作。组建以国资公司控股,民企、外资参与的苏州河十八湾开发公司,以多元混合的经济实体,逐步实现市场化的商业运作模式。(3)确定苏州河十八湾湾名,通过政府平台、社会媒体以及在全区中

12月9日,区政协委员视察上海西站交通枢纽建设情况 (宜霞萍/摄)

小学中开展"苏州河十八湾湾名"大讨论等活动,加大社会宣传力度,增强市民参与度,不断扩大"苏州河十八湾"知名度和社会影响力。(孟兆艳)

【通过《关于优化发展普陀区静态交通的建议案》】 该"建议"为主席会议建议案,经区政协十二届三十五次主席会议审议通过。"建议"认为,区的静态交通发展仍然处于偿还历史欠债和努力满足社会经济发展现实要求的初级阶段,停车泊位总量上供应不足,公共停车泊位比重偏低。主要建议:(1)将静态交通发展纳入区"十二五"发展规划。科学地进行静态交通需求及分布预测,对"十二五"期间区的静态交通发展作前瞻思考。(2)积极加大政策扶持力度。区有关职能部门应确保静态交通在规划控制、设施用地、投资安排、路权分配、财政税收扶持等方面的优先实施。(3)充分挖掘区内静态交通资源潜力。对地下空间资源进行全面梳理,已有的地下停车库,采取错时停车等方式充分利用;在车流密集、停车需求大的区域,挖掘公园、绿地等的地下空间潜力,建设地下停车库;合理利用高架道路下方空间资源,为附近商务楼宇、居民住宅提供停车便利。(4)鼓励社会资本进入静态交通设施建设领域。建议制定长期、科学的统盘规划,制订鼓励停车设施开发建设的详细办法和规定,出台优惠政策和措施予以扶持,鼓励多元化投资建设公共停车场(库)。(5)优化规划方案,建立管理机制。建立集中统一的静态交通管理机制,采取远近结合、逐步推进的实施过程。(6)加快智能建设,提高管理水平。将智能化静态交通诱导停泊系统的规划、设计和建设,摆上政府"实事工程"。

(孟兆艳)

【通过《关于加快推进普陀区中小企业上市的建议案》】 该"建议"为主席会议建议案,经区政协十二届三十五次主席会议审议通过。"建议"认为,普陀区是民营经济大区,财政税收中有90%以上的份额来自中小企业,培育和扶持一批有核心竞争力、创新型、符合区域产业导向的企业改制上市,对调整产业结构,转变经济增长方式,促进区域经济又好又快发展,具有直接的促进作用。主要建议:(1)制定中长期规划,明确上市目标,营造促进改制上市的良好氛围。加强相关部门领导和服务人员的专业知识技能培训和实地学习,提高为企业服务的能力和水平。(2)集聚政府行政资源,明确责任部门,加大培育企业上市力度。政府有关部门要为准备上市公司提供"一站式"服务,帮助中小企业解决在改制上市过程中面临的问题。(3)集聚社会中介资源,明确中介机构,加大扶持企业上市力度。区政府应推动建立政府、中介机构和准备上市中小企业间的交流平台,加强对中介机构的指导,督促其搞好企业上市各项服务。(4)重视分类指导,明确奖励措施,加快企业上市步伐。对不同类别的中小企业进行梳理,加快上市后备梯队建设,缩短其改制上市的前期准备时间。(孟兆艳)

【通过《关于"十二五"规划制定中需要关注若干问题的建议案》】 该"建议"为常委会议建议案,经区政协十二届二十次常委会议审议通过。"建议"认为,"十二五"期间是普陀区区域战略地位提升、功能加速释放的关键时期,也是区实现发展方式转变、产业结构调整、战略功能日趋清晰的重要发展阶段。主要建议:(1)进一步明确"商贸物流"功能定位,大力发展以国际贸易为指向的总部经济,大力引进功能性机构,积极打造功能性服务平台,提升传统商贸业的现代特色,营造宜居宜商的创业投资环境。(2)综合考虑区未来城市功能提升的目标要求以及区域产业基础与环境条件,全面考虑多样化城市功能的形成,大力发展"一心两轴三片区"的战略空间布局。(3)大力发展教育、医疗卫生、体育和老龄事业。(4)大力发展文化创意产业,使其成为继现代服务业、商贸业、科技产业、房地产业后的第五大支柱产业。(5)注重体制机制改革。逐步建立民生投入与政府财政收入同步增长的机制;改善企业发展环境,发挥"服务是普陀第一资源"的优势;大力培育和发展社会组织,探索建立社区共治平台;大力吸引各类优秀人才,引导企业、高等院校和科研所组成创新合作联盟,提高城区创新能力。(6)增加反映产业结构导向的经济指标、反应创新驱动、低碳环保、共享发展及民生优先的指标;注重体现过程的广纳群言和综合衔接。

(孟兆艳)

专门委员会工作

【概况】 2010年,区政协11个专门委员会充分发挥政协工作机构的职能作用,完成常委会交办的工作任务,着力提高履职水平和实效。举办区政协中心组学习暨委员学习日活动4次,邀请全国政协常委、市人大常委会副主任郑惠强,全国政协委员、中国佛教协会副会长觉醒传达全国政协十一届三次会议精神;邀请区委书记周国雄作"牢记群众观念,做好群众工作"专题报告;邀请上海市咨询行业协会管理咨询专业委员会专职副主任庄岐作"用好用足世博契机,精心谋划上海'世博后'大文章"专题报告;邀请区长孙荣乾介绍区"十二五"规划编制情况。开展调查研究,形成较高质量的调研报告,《关于优化发展普陀区静态交通的思考》和《关于推进普陀区中小企业上市的建议》成为区政协主席会议建议案;《关于确定苏州河十八湾湾名的思考与建议》,在"苏州河十八湾文化发展论坛"上进行专题发言;第一代独生子女家庭及养老问题的研究,形成具有较强现实意义的调研报告。年内,各专委会形成调研报告21篇,均以《建言专刊》的形式提交区委、区政府领导及有关部门参考。提升提案办理质量,制定《关于提案办理工作的基本要求》,发至各承办单位;召开提案办理工作推进会,了解办理工作进展情况,协商解决办理中的困难和问题。(孟兆艳)

【苏州河十八湾课题调研】 4—7月,区政协学习和文史委员会历时3个月开展苏州河十八湾命名及故事编撰工作,组织委员赴苏州河沿线开展调研,形成调研报告《关于确定苏州河十八湾湾名的思考与建议》,该报告提出,应拓展苏州河十八湾“名实”关系的认知视角，对十八湾具体湾名提出建议方案，并在“苏州河十八湾文化发展论坛”上作专题发言。（孟兆艳）

【促进区域经济发展研究】 8—10月，区政协经济委员会依据区域经济发展实际，围绕“促进中小企业上市”课题，成立以张科平为组长的课题调研组，拟定工作计划和进度安排。课题组先后召开区发改委、财政局、工商联、商务委、科委等职能部门和16家企业代表座谈会6次，对区域中小企业走访、调研，摸清中小企业上市工作现状，理清存在的问题，分析产生问题的原因，最终形成《关于加快推进普陀区中小企业上市的建议》的报告，从制定中长期发展规划、集聚政府行政资源、发展社会中介机构、加强企业上市指导等方面，提出对策建议。该报告转化为区政协主席会议建议案。10—12月，区政协经济委员会围绕“电子商务发展”课题，成立以周元祝为组长的课题调研组，开展深入调研，走访区内电子商务重点企业、区商务委等职能部门，形成《普陀区电子商务发展现状与建议》调研报告，从建设产业园区、发展第三方支付、对接市级单位、鼓励物流企业发展电子商务等方面提出建议。（孟兆艳）

【探讨区域科技发展策略】 年内，区政协科技委员会贯彻落实《2010年普陀区厂务公开民主管理工作要点》，围绕促进企业发展，维护职工合法权益的主题，聚焦“构建民营企业和谐劳动关系”课题。5—8月，经走访区内部分企业，了解厂务公开情况，形成《探索推进厂务公开民主管理工作，构建民营科技企业和谐的劳动关系》报告，从加强宣传教育、强化政府管理、发挥典型示范效应等方面，提出加强厂务公开民主管理工作建议。组织委员到世博园区开展民主监督评议，提出完善和改进运行工作的建议。与科技、科协界别组联合，组织委员考察上海世博会中国民营企业联合馆筹建情况，对中国民营企业联合馆的运营保障工作提出建议。赴湖北学习考察上海追日科技有限公司科技成果转化情况。（孟兆艳）

【提升提案办理实效】 年内，区政协提案委员会协助区政协办公室制定《区政协办公室关于提案办理工作基本要求》，印发各提案承办单位参考。逐一审阅提案，遴选出10件反映党和政府亟待解决、群众普遍要求改进、对推动工作有重要作用的提案，作为重点提案提请区政协主席会议审议。从27件提案中摘录重要内容，呈送区领导参阅。召开提案办理工作推进会，了解办理工作进展，解决办理中存在的问题和困难。走访提案承办较多的区政府职能部门，检查提案办理工作。区政协网站发布年内所有提案，便于相关部门参阅，并为委员撰写提案或调研课题提供参考。采取委员年末集中视察活动等形式，跟踪部分重点提案的落实情况。区政协十二届四次会议以来，收到提案131件，其中大会期间提案118件，会后提案13件。经审查立案128件，未立案3件，立案率98%。其中13件提案被列为重点提案，占提案总数10%，由区政府和区政协领导督促办理。在全部办复的128件提案中，被承办单位采纳解决和部分采纳的97件，占76%；被承办单位留作参考的31件，占24%。提案人对提案办理情况总体评价“好”的118件，占92%；“较好”的10件，占8%。（孟兆艳）

【征集苏州河十八湾湾名】 7—12月，区政协教育委员会在中小学生中开展“苏州河十八湾”名称征集活动，引导广大中小学生走近苏州河、了解苏州河，形成对“苏州河十八湾”的全面认识和了解。组织学生以个人、小组或亲子等方式，为苏州河十八湾起名，收到学生提交的湾名4158个。经过收集汇总、专家评审、网上投票等程序，评选出“优秀命名奖”60名，“优秀组织奖”9个。（孟兆艳）

【高中优质教育均衡发展调研】 7—10月，区政协教育委员会与民进普陀区委联合，围绕教育发展中的优秀高中自主发展和多元化、特色化建设，开展专题调研，赴区内部分高中学校和区教育局开展座谈，形成调研报告《顺应时代潮流　特色多元并举——关于推进区高中优质教育均衡化发展的若干建议》，分析区优质高级中学现状，找出推进优质高中教育尚待解决的问题，提出关于加强优质高中教育发展的若干建议。该报告刊登区政协《建言》专刊。（孟兆艳）

【开展养老问题研究】 区政协人口和健康委员会在年度专题调研工作中，针对区域人口老龄化程度加深，老年人口养老、就医需求矛盾加重，开展“老年医疗护理”和“第一代独生子女家庭养老问题”两个方面的课题调研。3—5月，围绕“老年医疗护理”课题，成立以于为国为组长的课题调研组，拟定工作计划，调研区内老年医疗护理的基本状况、存在问题和老年医疗护理需求发展，形成调研报告《关于普陀区老年医疗护理的几点建议》，提出科学规划老年医疗护理机构设置，加强对老年护理医院的扶植政策，完善养老机构与医疗卫生资源共享机制，拓展筹资渠道、兴办各类养老设施等四点建议。5—11月，围绕“第一代独生子女家庭养老问题”，成立以蒋莺为组长的课题调研组，与区人口计生委合作，通过抽样对1906户第一代独生子女家庭的问卷调查，召开专场座谈会，走访相关部门和专家咨询，形成《上海市第一代独生子女家庭及养老问题研究——以普陀区为例》的调研报告。报告总结第一代独生子女父母及这一群体老年生活的基本情况；综述该人群生活所面临的共性问题；从研究、探讨和完善计划生育老年保障政策的角度，提出独生子女家庭的养老模式和新一轮生育关怀工作思路。（孟兆艳）

【建言老年俱乐部建设】 3—6月，区政协社会和法制委员会承担区政协常委会“推进老年俱乐部建设”课题调研任务，成立课题组，先后走访区民政局、社区办、统计局、人口计生委等职能部门和部分居委会、敬老院等养老助老机构，与居民开展访谈，形成调研报告《组建老年俱乐部，探索社区养老新模式》。报告从规划布局和服务项目设置、场地和基础设施建设、资金来源和经济保障、引入市场机制、加强队伍建设、注重规范化管理、加强政策扶持等方面，对推进老年俱乐部建设提出建议。该调研报告被转化为区政协常委会议建议案，建设老年俱乐部的建议受到区委、区政府重视，并纳入区“十二五”发展规划。（孟兆艳）

【研究美术展馆功能提升】 7—10月，区政协文化和体育委员会立足区的文化事业发展实际，选取“提升刘海粟美术馆展览分馆功能”作为年度调研课题。该课题基于刘海粟美术馆展览分馆在区挂牌成立，以提升展览分馆功能为切入点开展调研。成立以刘毛伢为组长的课题调研组，到杨浦区国歌博物馆、嘉定区美术馆学习考察，了解外区在博物馆、美术馆建设中的先进经验；深入长风生态商务区，了解建设发展情况；结合区在发展博物馆方面的做法，形成《把握文化发展机遇，全面提升服务功能——关于提升刘海粟美术馆展览分馆功能的调研报告》。该报告分上海美术馆事业发展的现状、刘海粟美术馆展览分馆的功能定位和现状、提升美术馆功能的发展方向、存在的困难及建议四部分。建议部分提出：对刘海粟美术馆退租还文予以支持、进一步解决人员编制问题、根据美术馆特点给予相应财政扶持等。（孟兆艳）

【建言城区建设管理】 年内，区政协环境和城区建设委员会围绕《普陀区迎世博加强市容环境建设和管理600天行动计划》，组织委员赴世博园区参观考察。开展“静态交通发展”调研，形成调研报告《关于优化发展上海市普陀区静态交通的思考》，提出加强法制建设、将静态交通纳入“十二五”规划、鼓励社会资本进入停车场建设和管理、完善管理机制、加快智能建设等建议。该报告转化为主席会议建议案。（孟兆艳）

【营造民族团结与宗教和睦】 年内，区政协民族和宗教委员会与区民宗办联合开展清真从业人员“迎世博清真工作培训”。组织委员赴世博园区开展民主监督评议，提出改进工作建议。组织委员观看多媒体音乐剧《弘一法师》，欣赏美籍华人董荣璨《世博雅歌》音乐会。成立课题组，开展清真食品供应情况调研，形成《优化网点建设，确保清真供应》调研报告，提出在清真副食、清真食品、清真饮食3个子行业中，重点抓好清真饮食供应；加强网点建设，实施增量、挖潜、培育措施，满足清真饮食供应需求；实现政府主导与市场运作、短期需要与长期发展、硬件设施与软件建设的有机结合，确保清真供应健康发展；组织成立普陀区清真行业协会，加强清真工作，保障和改善少数民族食用民生的建议。（孟兆艳）

【调研涉台教育和集体资产处置】 上半年，区政协港澳台侨委员会深入校区、社区、园区及机关开展涉台教育工作调研，形成调研报告《对普陀区涉台教育再思考》。报告从进一步明确涉台教育的含义、创新载体、拓展内容、探究原则、明确目标及建设保障机制等方面，提出有利于涉台教育的策略和方法。下半年，针对区农村集体资产处置工作中面临的困难，深入长征、桃浦镇开展调研，广泛收集外省市和兄弟区县相关资料，形成调研报告《对普陀区农村集体资产处置的几点建议》，建议适当调整失地农民补偿标准，相关职能部门合力，加强对村转制公司监管，健全养老保障体系，完善就业服务。（孟兆艳）

政协之友社工作

【概况】 2010年，区政协之友社第六届理事会坚持有益、有度、有序的原则，组织社员为建设和谐新普陀发挥作用。组织开展学习党的十七大和十七届五中全会精神、学习实践科学发展观、关注国际国内时政大事要事等系列学习活动。开展“贴近时代，贴近生活”各类联谊活动，组织委员参观世博会，见证人类文明的盛典；以世博会为主题，开展拍摄苏州河夜景，结伴游江南，赏荷花、枫叶，品秋景等摄影专题活动；编织制作“海宝”工艺品，编织富有世博特色的交通卡套等纪念品。召开纪念抗战胜利65周年和中国人民志愿军赴朝参战60周年座谈会，重温历史，振奋精神。注重发挥兴趣组组长作用，年内召开工作交流会2次，形成理事会为社员、组长为社员、社员为社员服务的良好氛围。鼓励社员围绕区域经济建设和社会发展、迎世博以及建设和谐新普陀，建言献策、反映社情民意；组建社情民意信息员队伍，为之友社社情民意工作提供组织保障。参与区政协“学雷”奖学金评比表彰工作。（孟兆艳）

【六届四次社员大会】 3月10日，区政协之友社召开六届四次社员大会。政协副主席夏斯德代表区政协向大会表示祝贺。区委副书记、区长孙荣乾从保发展、保民生、保世博、保稳定等四个方面，介绍区政府2009年主要工作情况。会议听取区政协之友社理事长严振超所作的区政协之友社第六届理事会工作报告。（孟兆艳）

五、中共普陀区纪律检查委员会

综　述

2010年，全区各级纪检监察组织按照党的十七届四中全会、十七届中央纪委五次全会以及九届市纪委五次全会的决策部署，坚持标本兼治、综合治理、惩防并举、注重预防的方针，不断推进惩治和预防腐败体系建设。围绕中心，全面落实党风廉政建设和反腐败各项工作，保障迎博办博各项任务的完成和区域经济社会平稳有序发展。

加强反腐倡廉宣传教育。印发《关于认真学习宣传贯彻〈中国共产党党员领导干部廉洁从政若干准则〉的通知》，利用各种载体开展学习宣传活动。在全区党员干部中继续开展“讲党性、重品行、作表率”主题教育活动，坚持各级党组织负责人带头上党课制度，参与制作区委主要领导的主题党课教育片，并组织党员干部收看；对征集的40余篇党课教案进行讲评，扩大示范效应。制定《普陀区加强廉政文化建设的分工方案》，明确牵头单位的责任和要求，重点推进机关、社区和企业倡廉活动。重要节日期间，发送祝福短信、电子贺卡等，进行反腐倡廉温馨提醒。把廉政文化建设与“世博先锋行动”、文明社区建设、“文明家庭”创建等活动相结合，提高群众的知晓率和参与率。

严格廉洁从政各项监管。区委下发《关于进一步加强监督的实施意见》等制度，强化对领导干部的管理和监督。制定《关于规范普陀区公务员离职后从业行为的实施细则》，对29名离职公务员执行提醒谈话和落实承诺制度。落实《关于加强本区党政机关工作人员在公务活动中收受礼品管理监督的意见》，组织25家礼品上缴单位观摩拍卖活动，共拍得款项21万余元。严格执行党员领导干部报告个人有关事项、述职述廉制度。发挥经济责任审计联席会议作用，对22名党政主要领导进行经济责任审计，强化整改情况跟踪和审计结果运用。

开展专项治理。深化领导班子严格执行“三重一大”制度，在建交委、卫生局、教育局、国资委及街道镇试行“三重一大”事项报备案制度，增强权力运行的透明度。完成65个部门自2006年以来的行政审批事项清理工作，实现企业并联审批系统升级和范围扩展，土地出让实施网上并联前置审批。跟踪监督政府“采管分离”运行情况，完善相关制度。区因公出国（境）的经费预算纳入市综合管理信息系统，保障因公出国（境）管理工作更加规范。监督检查2008年以来工程建设项目，纠正教育收费不规范、物业服务不到位、医疗服务态度冷漠等问题。全区医疗机构建立医德档案，并探索信息化管理。对区党政机关举办庆典、研讨会、论坛活动进行摸底清理。

纠正损害群众利益的不正之风。动态跟踪“纠风在线”涉及区的40余例投诉，实施协调督办，限期整改。组织1500名居民及企业代表持密码上网进行政风行风测评。启动三年一轮的民主评议10类基层站所工作，初步形成区纪检监察机关组织协调、街镇党政组织牵头领导、基层站所主管部门负责实施的工作格局。2010年，完成全区工商所和社区卫生服务中心政风行风民主评议工作，促使处于“权力末梢、服务前端”的基层站所政风行风得到改善，群众得到实惠，为实施民主评议基层站所工作打下基础。

保持查办违纪违法案件工作力度。年内，全区纪检监察组织受理信访举报345件次（含上级机关转办件），其中检举控告230件次。立案16件，移送司法机关2件2人。审结各类违纪案件20件，给予党纪政纪处分20人。

加大党风廉政建设责任制检查力度。制作《普陀区局级领导干部履行党风廉政建设责任制记录册》，便于区委、区政府领导对照分工履行职责。年初，召开党风廉政建设责任制工作推进大会，对党风廉政建设和反腐败工作进行全面分工。年中，纪检监察机关按照联系制度，加强与牵头单位协调联系，了解工作进展情况，帮助总结经验，指导解决问题。年底，在各单位全面自查的基础上，由12名区领导

带队，对 20 家党政机关进行专项抽查。（邬晓亭）

重要会议及活动

【概况】 2010 年，区纪委、监察局先后召开八届区纪委五次全体会议和区党风廉政建设责任制工作推进会，传达贯彻十七届四中全会、十七届中央纪委五次全会、九届市纪委五次全会和八届区委十次、十一次全会精神，总结 2009 年全区党风廉政建设和反腐败工作，研究部署 2010 年工作。举办"讲党性、重品行、作表率"主题教育报告会，召开普陀区运用"制度加科技"推进反腐倡廉工作等重要会议，全面贯彻落实党风廉政建设和反腐败各项工作。（邬晓亭）

区纪委、监察局重要会议一览表

会议名称	日期	主要内容
区"严守纪律、端正作风"专项教育治理活动以案释纪报告会	1.14	市纪委副书记李芬华作专题报告
八届区纪委五次全会	2.5	传达贯彻十七届四中全会、十七届中央纪委五次全会、九届市纪委五次全会和八届区委十次、十一次全会精神，总结 2009 年全区党风廉政建设和反腐败工作，研究部署 2010 年工作
党风廉政建设责任制工作推进会	3.31	回顾总结 2009 年全区党风廉政建设责任制工作，部署落实 2010 年全区党风廉政建设和反腐败工作部门分工
纪检监察干部工作会议	4.9	就 2010 年纪检监察重点工作进行业务培训
纠风工作会议	4.22	贯彻市有关工作要求，总结 2009 年区纠风工作，部署 2010 年工作
区审批事项清理工作会议	4.27	解读市有关工作要求精神，部署区 2010 年行政审批事项清理工作
"讲党性、重品行、作表率"主题教育报告会	6.12	区委书记周国雄为全区处级领导干部作"怎样看待新形势下的群众工作"主题报告
运用"制度加科技"推进反腐倡廉工作会议	7.14	总结上半年党风廉政建设和反腐败工作，交流工作经验，部署下半年工作
民主评议基层站所动员会	9.7	部署民主评议基层站所工作

（邬晓亭）

【"严守纪律、端正作风"专项教育治理活动】 2009 年 12 月 25 日—2010 年 2 月 5 日，全区开展"严守纪律、端正作风"专项教育治理活动。该活动将加强学习贯彻始终，着力在增强党员干部法纪意识上下功夫。各单位采取个人自学、集中学习、专题辅导、集体研讨等形式，学习《中国共产党章程》、《中华人民共和国公务员法》、《中国共产党纪律处分条例》、《行政机关公务员处分条例》等党纪法规和《从政提醒——党员干部不能做的 150 件事》等书籍。邀请市纪委副书记李芬华结合蔡志强、殷坤能案件作以案释纪、以案释法的专题报告，增强党员干部廉洁自律意识。以廉洁自律为主题，围绕《普陀区领导干部廉洁从政守则（讨论稿）》进行讨论，提出修改意见或建议 100 余条。党员干部围绕活动内容，深入查找领导班子和党员干部中存在的突出问题，提出重点治理和自查自纠方面的内容。全区 64 个处级单位开展专项治理教育活动，按照区委安排的各个步骤和环节，认真完成各项工作。各级领导班子和党员干部提高思想认识、明确整改措施、推动当前工作，达到"严守纪律、端正作风"的要求。（邬晓亭）

【《牢记群众观点、做好群众工作》主题党课】 6 月 12 日，区纪委在中心会场举办主题党课，区委书记周国雄主讲《牢记群众观点、做好群众工作》，就牢记群众观点、做好群众工作进行深刻阐述，要求党员干部要牢记"百姓乃父母，为民是天职"，要以诚恳的态度面对群众，当群众的知心人、贴心人。全区 400 余名处以上干部现场听讲。该党课被制作成专题教育片，下发全区 1700 余个党支部，组织党员干部集中学习。50 余个处级单位主要领导在本系统内为所属单位干部群众上主题党课。（邬晓亭）

【"廉政准则"学习活动】 3 月，区纪委组织开展宣传学习中央"廉政准则"活动。邀请市纪委法规室主任王春水，为区委中心组进行专题解读。区委下发《关于认真学习宣传贯彻〈中国共产党党员领导干部廉洁从政若干准则〉的通知》，明确各级领导班子和领导干部为重点，以党员领导干部学习落实、接受监督，党员干部对照遵守、查找差距，人民群众知晓了解、严格监督为目标，开展分层分类学习宣传。为 500 名处级以上领导干部配发由市纪委编发的《学习〈中国共产党党员领导干部廉洁从政若干准则〉资料选编》、《廉政准则图文宣传手册》。各单位按照区委统一部署，抓学习培训、宣传教育、配套制度、监督检查、组织领导等五个关键环节，开展学习教育。据统计，全区党员干部 4688

人次参加,其中局级干部96人次,处级干部1870人次;处级单位党委中心组专题学习128场次,举行专题宣讲12场次,参加廉政知识测试1870人次。（邬晓亭）

【开展专题纪律教育活动】 5月,根据市纪委《关于围绕举办世博会开展一次专题纪律教育的通知》要求,在全区各级党组织中围绕增强责任意识、纪律意识及廉洁勤俭办博意识的三方面内容,开展专题纪律教育活动。通过政务平台、局域网的"网上课堂"等学习园地,登载有关世博知识、文件精神、实际案例。组织党员干部观看《以勤奋工作和出色表现为世博提供坚强保证》、《迎世博党员宣传教育片》等电视专题片,动员广大党员主动融入世博,参与世博、奉献世博。与区委组织部、宣传部联合开展以"世博先锋行动"为主题的创先争优活动,以岗位行动、志愿行动、家园行动为活动载体,开展先进典型引路工作。总结"世博先锋行动"中的先进基层党组织和优秀共产党员的有效做法及典型事迹,在《新普陀报》、区有线台、普陀党建网、普陀门户网站等媒体上开设专栏,进行宣传报道和播放。（邬晓亭）

党员干部廉洁自律

【概况】 2010年,区纪委采取有效措施,加大党员干部廉洁自律教育管理力度。贯彻落实《中国共产党党员领导干部廉洁从政若干准则》,加强对领导干部廉洁自律等制度规定执行情况的监督检查。规范公务员离职后从业行为,实行谈话、承诺制度。严格执行党员领导干部报告个人有关事项制度,加强民主生活会情况的监督和整改措施落实情况的跟踪。开展党政机关、事业单位"小金库"治理"回头看"的监督检查,向国有企业、国有控投企业及社会团体延伸"小金库"专项治理工作。（邬晓亭）

【规范公务员离职后从业行为】 5月,区纪委会同区委组织部、公务员局制定《关于规范普陀区公务员离职后从业行为的实施细则》,明确公务员离职后按照干部管理权限实行谈话、承诺制度,离职人承诺签字的书面材料由区委组织部、人社局归档保存。至年底,36名离职公务员进行退休、离职谈话和个人书面承诺。（邬晓亭）

【执行廉洁从政制度】 年内,区纪委严格执行党员领导干部报告个人有关事项制度,对报告滞后、内容不全等个别现象,进行宣传、提醒。发挥管理软件作用,及时提供干部申报信息。全区433名处级干部报告上一年的个人有关事项;1980名各级党政干部进行述职述廉。落实民主生活会制度,制定召开民主生活会的《实施意见》,加强对各个处级班子召开民主生活会情况的监督和整改措施落实情况的跟踪。加强党政主要领导干部和国有企业领导人员经济责任审计工作,强化事业发展、科学决策、依法行政、经济管理等责任和廉洁从政、廉洁自律的意识,加强审计结果的运用。至12月底,对25名党政主要领导进行任期、离任经济责任审计。认真执行谈话制度,通过各类谈话,切实加强对党员领导干部的关心、教育、管理和监督。（邬晓亭）

【落实厉行节约规定】 年内,区纪委以落实中央厉行节约要求、反对铺张浪费工作为抓手,推进领导干部作风建设。贯彻中央厉行节约八项要求,协同区有关职能部门抓好加强综合预算、制定定额标准、压缩项目经费、消化存量资金、推进节能降耗,控制因公出国(境)团组数、人次数和经费支出等工作。迎博办博中,深化节约型政府的理念,控制消费性支出,明细每个项目、明确人员补贴标准,规范物资采购、接待服务标准,确保每笔资金合理使用。全年,压缩行政经费1483万元。（邬晓亭）

【专项治理"小金库"】 6月,全区开展党政机关、事业单位"小金库"治理"回头看"监督检查。将"小金库"治理"回头看"监督检查与银行账户管理、行政事业单位财政性资金利息管理、财政票据清理及行政事业单位收费情况检查结合起来,杜绝"小金库"的资金来源。上半年分别对8个单位进行"回头看"重点检查,未发现存在"小金库"性质的问题,但部分单位在收费票据使用、房屋租赁管理等方面还存在操作不规范问题。"小金库"专项治理工作向国有企业、国有控投企业及社会团体延伸。由区纪委、监察局牵头,区财政、审计、国资委、民政等部门联合召开协调会议,分析全区情况、明确工作要求、做好工作分工。8月26日,召开全区国企社会团体专项治理"小金库"工作会议,要求按照动员部署、自查自纠、重点检查及整改落实四个步骤进行。10月下旬,区组成5个检查组,分别对28家企业、6个社团进行重点检查,对于财务会计处理不规范的问题及时督促整改。（邬晓亭）

查处违纪违法案件

【概况】 年内,发挥查信办案机制作用,认真办理上级督办的信访件,加强与涉信涉访单位的沟通、协调、指导。发挥区反腐败协调小组的作用,区纪检监察机关与检察院、法院等司法机关及公安、工商、审计等行政执法机关的协作配合机制进一步强化,案件线索移送、协调办案等方面的作用进一步发挥。坚持"一案两报告"制度和案件通报制度,组织涉案部门党员干部旁听案件审理,召开案件剖析会,发挥查办案件的治本功能。基层纪检组织执纪意识、办案能力和办案质量进一步提高。全年,区纪检监察组织受理信访举报345件(次)(含上级机关转办件),其中检举控告230件(次)。立案查处各类违纪违法案件16件,移送司法机关2件2人。审结各类违纪案件20件,给予党纪政纪处分20人。（邬晓亭）

预防腐败

【概况】 2010年,全区推进惩治和预防腐败体系建设,执行和完善相关制度。开展基层党组织向党员报告工作并接受评议活动,扩大党员的知情权和监督权。推行"公推直选"工作，保障党员民主权利。加强干部监督管理，建立分层分类谈话工作机制，实施诫勉谈话工作程序，试行"三重一大"制度相关事项报备案工作。加强国有企业、村委会、"两新"组织等基层党风廉政建设，签订党风廉政建设承诺书，完善预防腐败体系建设。

（邬晓亭）

【推进党务公开工作】 年内，推行党务公开特别是基层党务公开工作。在全区基层党组织中开展向党员报告工作并接受评议活动，扩大党员的知情权和监督权。上半年，在40个居民区党组织试点建立党员代表议事会制度。下半年，在全区所有居民区推行，落实党员的参与权。进一步推行"公推直选"工作，切实保障党员各项民主权利。（邬晓亭）

【加强干部监督管理】 2月，贯彻执行区委《关于进一步加强监督的实施意见》，组成由区委、区政府班子成员、纪委监察和组织部门、各单位党政组织分层分类的谈话工作机制。在专项治理、来信来访等工作中，发现有倾向性、苗头性问题，尚未构成违纪违法的，及时开展谈话、诫勉、教育。制定《普陀区纪委、监察局实施诫勉谈话工作程序（试行）》，对诫勉谈话的适用情形、工作职责和谈话方式等进行具体规定，为各级党政组织开展谈话提供方便。全年，各级党政纪检组织开展诫勉谈话共14例。加大对公权力大、公益性强、公众关注度高的部门以及资金、资产、资源集中度高的领域监督力度，在教育、卫生、建交、国资和街道镇试行"三重一大"制度相关事项备案工作，明确执行制度的第一责任人、主要执行者和协调监督者。

（邬晓亭）

【基层党风廉政建设】 年内，加强国有企业廉洁从业管理。协同区国资委组织企业领导人员廉洁从业专题培训班，重新修订国企"三重一大"制度，签订党风廉政建设承诺书，对"国企领导人员经济责任审计"、"经营业绩考核与薪酬管理办法"等执行情况进行监督检查。督促落实符合条件的企业纪检监察组织负责人，按照有关规定和程序进入监事会。推进农村党风廉政建设工作，协同区国资委、社区办、民政局等职能部门，对长征镇、桃浦镇撤村建居、资产处置、"三资"监管等问题进行调研，提出关于尽快梳理并解决两镇农民、农村遗留问题，切实加强两镇"三资"监管，推进两镇党风廉政建设的建议。贯彻落实市"两新"组织党风廉政建设工作会议精神，协同区委组织部对"两新"组织党风廉政建设现状进行研讨，确定工作目标。（邬晓亭）

3月22日，召开工程领域专项治理工作领导小组会议　（区纪委供稿）

行政监察

【概况】 2010年，区纪委、监察局围绕区委、区政府中心工作和市纪委、监察局的工作重点，集中精力落实各项行政监察工作，促进和保障迎博办博各项任务的完成和区域经济社会平稳有序发展。协调相关部门开展"扩内需、保增长"政策落实到位专项监督检查，推动投资项目的优质高效和资金运作的规范安全。开展专项效能监察2009年区级财政扶持产业发展专项资金管理使用情况，跟踪检查2010年专项资金的计划和进展情况，促进财政扶持资金合理、有效、规范使用。开展行政审批事项清理工作，对全区65个职能部门的485项行政审批事项进行清理，做到一项不漏。

（邬晓亭）

【监督扩内需保增长政策落实情况】 4月，根据中纪委和市纪委关于做好2010年扩大内需促进经济增长政策落实监督检查工作的要求，区监察局会同发改委、财政局、审计局、商务委等部门成立检查组，对上海延华智能公司科技股份有限公司等使用中央专项财政扶持资金的项目企业，以实地查阅资料、查看账册方式，对项目进度、资金使用、招投标程序、财务管理情况进行专项检查，发现并督促项目企业纠正项目内容调整、财务管理制度执行不严格、项目进度较慢等问题，并提出相关整改建议，推动投资项目的优质高效和资金的规范安全。

（邬晓亭）

【专项治理工程建设领域突出问题】 区纪委、监察局根据中央、市治理工程建设领域突出问题工作领导小组的规定和要求，在区工程建设项目单位中组织开展突出问题自查自纠活动，对2008年以来的工程项目进行全面清理。3月22日，区召开工程建设领域突出问题专项治理工作领导小组会议，总结各部门自查自纠工作开展情况，明确下一步重点抽查阶段工作安排。区委常委、区纪委书记、区专项治理工作领导小组组长左燕出席会议并讲话。会议由区专项治理工作领导小组副组长高德彪主持。会上，区发改委、建交委、财政局、规土局、环保局等单位分别就本系统、部门在自查自纠阶段发现的问题和整改的措施进行交流。8月，区纪委、监察局协调发改委、建交委等相关部门对25个实事项目进行重点检查，并以“一个项目一张表”的形式将检查情况反馈到项目管理单位，督促整改落实。（邬晓亭）

【监察保障性住房建设】 年内，加强对保障性住房建设和实物配租摇号选房工作的监察。参加区廉租住房实物配租试点工作推进会，了解廉租房实物配租政策和房源落实及收入核对工作进展等情况。提出加强研究，依法合规实施保障性住房的建设，完善保障性住房投放社会的工作预案，强化监督管理，确保公开、公平、公正，把好事办好等建议。结合建设工程突出问题专项治理工作，对“李子园A块”和“沪嘉北A块”两个保障性住房建设项目开展重点检查，推进项目规范、顺利实施。（邬晓亭）

政风行风监督

【概况】 2010，区纠风工作抓住区世博工作领导小组办公室督查和效能监察工作的契机，推进政风行风建设。在迎博办博期间，以重点部门、重要时间节点、服务窗口、世博资金使用、世博大礼包发放等为重点，进行监督检查。开展基层站所民主评议工作，有效解决百姓关心的热点问题。巩固清理评比达标表彰活动的成果，按照要求明确保留评比达标表彰的项目。开展清理摸底党政机关举办庆典、研讨会、论坛活动，了解活动的基本情况。联合检查教育收费、物业管理行为、涉企收费等，确保各项专项治理工作落到实处。年内，开展各项检查20余次，形成督查报告16篇。（邬晓亭）

【开展基层站所民主评议】 9月，区纪委推进基层站所政风行风建设，有效解决百姓关心的热点问题，在街道镇开展基层站所民主评议工作。制定下发《普陀区民主评议基层站所工作实施方案》，明确评议工作的要求、内容、程序及纪律。建立联系街镇制度，纪委班子成员每人联系一个街镇，抓好跟踪推进，确保基层站所的实例调查、问题整改及民主评议落到实处。组织调查员对9个街道镇社区卫生服务中心、工商所进行政风行风群众满意度测评，问卷调查行政相对人和服务对象900人。各街道镇召开各类座谈会111次，出席1265人次；走访企、事业单位、居委会共326个；个别访谈603人；查阅人民来信、来访记录219件；明察暗访“窗口”单位225个。针对反映的问题，各基层站所制定整改措施，逐一落实。（邬晓亭）

【开展世博专项督查】 3月，区纪委参与制订《做好本区世博期间督办和效能监察工作的若干意见》等文件，规范全区各部门、各单位开展督办和效能监察的目的要求、实施原则、范围内容、方法和结果运用等。对涉及世博工作的重点部门开展督察，通过听取情况介绍、查记录、看台帐等方式，了解相关部门和单位的落实情况。4月起，分别对9个街道镇、18个基层居委会，区的重点安保目标、轨交站点、公交站点、志愿者服务站等进行多次检查，了解世博工作落实情况。在世博大礼包发放中，进行全过程的跟踪监督，与民政局联合组织专项检查。结合文明指数测评，在9个街道镇的主要道路、超市卖场、地铁车站、居住小区等进行实地明查暗访，对检查中发现的百余个问题，反馈各街镇及相关职能部门，督查整改。

（邬晓亭）

【开展专项治理活动】 年内，区纪委加强政风行风建设，开展专项治理活动。巩固清理评比达标表彰活动的成果，转发上海市清理规范评比达标表彰工作联席会议办公室下发的《关于公布本市评比达标表彰活动保留项目通知》；落实市、区清理规范评比达标表彰工作有关会议要求，指导相关单位按照要求开展保留的评比达标表彰项目，跟踪监督已撤销的区级评比达标表彰项目。下发《普陀区关于对党政机关举办庆典、研讨会、论坛活动开展清理摸底的通知》，对各单位上报的举办庆典、研讨会、论坛活动进行梳理、汇总，摸清基本情况。开展规范教育收费、规范物业管理行为、规范涉企收费等专项治理，组织开展联合检查，确保各项专项治理工作落到实处。

（邬晓亭）

六、民主党派·工商联

综　述

2010年，各民主党派区委、区工商联围绕中心、服务大局、建言献策、参政议政，为区“十二五”规划编制和经济社会发展出力；参与世博，服务世博，组织成员参加梅川路休闲街城市文明志愿者活动，为文明、平安观博服务。开展树立和践行社会主义核心价值体系活动，树立正确的世界观、人生观、价值观，坚定走中国特色社会主义道路的信念。在区政协十二届四次会议期间，各民主派区委、区工商联作大会发言8篇，提交集体提案14件。全年反映社情民意和信息500余篇，发展民主党派成员65人。民建、民进、农工党、九三区委等完成基层支部（支社）换届工作。至年底，区内有民主党派区级组织7个、基层支部（支社）84个、成员2246人；区工商联有企业会员1444家、老会员（原工商业者）123人。（严　坚）

中国国民党革命委员会上海市普陀区委员会

【概况】　2010年，中国国民党革命委员会上海市普陀区委员会（简称民革区委）把宣传世博、服务世博和学习践行社会主义核心价值体系活动作为工作主线。9月上旬至中旬，组织民革党员参加世博志愿者服务活动，民革第一、第四支部的党员相继参与梅川路休闲街城市文明志愿者活动，做文明礼貌的宣传员、交通秩序的引导员和商业文明的监督员。开展“看世博、想普陀”社情民意征集活动，由党员撰写社情民意28篇，被区政协采用12篇，由领导批示4篇，报市政协10篇、民革市委15篇。在区政协十二届四次会议上，民革区委作大会发言1篇，提交集体提案2件、委员个人提案5件。《普陀区招商引资系统优化方案》的提案被列入优秀提案。完成《文化建设是构建和谐劳资关系的驱动力》调研报告。发扬爱老敬老传统，上半年组织老年党员参观黄浦江水文化园，下半年组织参观世博园、重阳节午茶活动并为70岁以上老人祝寿，以及开展冬送暖夏送凉活动。全年发展党员5人，均为大学以上学历。至年底，有基层支部4个，民革党员138人。2月4日，召开2009年年终总结表彰大会暨迎新联欢会。陈鸿宁被民革中央评为民革全国基层工作先进个人。第一、第四支部获民革市委2007—2009年度基层特色支部称号，陈鸿宁、陆文曦被民革市委评为2007—2009年度基层工作先进个人。民革界别被区政协评为2007—2009年度先进界别组，高亮全等被评为委员先进个人。赵山被民革市委评为2009年度反映社情民意信息工作积极分子和2009年参政议政先进个人。（尹庆荣）

2月4日，民革区委召开2009年年终总结表彰大会暨迎新联欢会（蒋增祚/摄）

【学习和践行社会主义核心价值体系活动】 2010年，根据民革中央和民革市委要求，成立学习实践社会主义核心价值体系领导小组，制定学习实施方案，发放《学习实践社会主义核心价值体系读本》等书籍，请专家学者讲课。由党员撰写学习体会文章，在《普陀民革》上开设专版登载，并推荐部分文章在《上海民革》上发表。把学习实践社会主义核心价值体系融入组织建设，落实《组织工作规划纲要》，加强后备干部的培养，推荐2名年轻党员参加民革市委学习、5名年轻党员参加中共区委统战部后备干部学习班学习。9月2—3日，民革区委和区社会主义学院联合举办社会主义核心价值观培训学习班，请民革市委副主委董波作"学习和践行社会主义核心价值体系"专题讲座。把学习实践社会主义核心价值体系融入制度建设，落实民革区委班子分工负责制，发挥5个专门委员会作用，确保各项工作有序运转。 （尹庆荣）

【1个支部1项特色活动】 2010年，民革区委运用支部考核评价细则对支部工作进行考核和激励，以加强支部建设。开展1个支部1项特色的创建活动，第一支部开展"老青结对"活动，第二支部开展"和谐快乐在支部"活动，第三支部开展"健康科学生活"活动，第四支部开展"普法教育进社区"活动。各支部结合特色创建活动组织外出考察参观，分别到江苏如皋、无锡灵山和召稼楼古镇等参观，党员参与率80%以上，支部凝聚力得到加强。 （尹庆荣）

【开展涉台工作宣传】 2010年，根据民革特点，拓展对台工作新思路，做好涉台工作。参与民革市委涉台课题调研，与曹杨街道协作开展青少年涉台宣传，举办涉台教育现场会，党员陈鸿宁作"涉台教育再思考"的演讲。 （尹庆荣）

【爱心捐助活动】 2010年，青海玉树地震牵动广大党员的心，民革区委以自愿为原则，开展爱心捐助活动。党员梁振民身居海外，听到青海玉树地震消息后即请同事代交5000元特殊党费，支援灾区。党员吴沛青在地震发生后即捐款5000元，并动员支部捐款，体现民营企业家的社会责任感。民革区委原副主委何秋英交纳1000元特殊党费。年逾80的老党员桑钟美因行动不便，打电话给民革区委捐款500元。1周内，民革区委收到党员捐款2.7万余元。党员陈应谦通过上海市慈善基金会向1名家住大华新村的小学五年级困难学生资助三年学费，每年1000元。 （尹庆荣）

中国民主同盟上海市普陀区委员会

【概况】 2010年，中国民主同盟上海市普陀区委员会（简称民盟区委）以树立和践行社会主义核心价值体系主题活动为全年工作的主线和抓手，以服务世博、奉献世博为载体，坚持传承进步，参政为民。参与"积极争做志愿者，服务世博添光彩"主题活动，组织盟员在梅川路休闲街开展商业监督、市容巡查、交通维护、文明宣传等活动；组织30名骨干参加"文明观博我参与"活动；开展"走近宗教文化，当好世博主人"活动，组织支部委员以上盟干部参观普安堂和沪西清真寺；举办《观世博、爱上海》摄影比赛，盟员通过作品体现对上海世博会的热情关注。在区政协十二届四次会议上，民盟区委作大会发言1篇，会议期间提交集体提案2件、委员个人提案10件。民盟区委获区政协2007—2009年度优秀调研报告1篇，优秀提案2件；委员个人获优秀提案1件，被评为委员先进个人2名。2月1日，召开盟员代表大会和全体盟员大会，传达区"两会"精神。年内，被区政协采用社情民意28篇，其中区领导批示4篇；报市政协社情民意8篇，被市政协采用4篇。与民盟华东师大委员会合作，完成《博客在普陀区民盟基层组织建设中的实践与探索》统战理论研究论文。《新一代民主党派成员思想建设研究报告》获2009年上海市统战理论研究成果二等奖，普陀区统战理论研究成果一等奖。民盟区委被民盟市委评为"参与世博、服务世博先进集体"，郭广昌、杨晓燕等8人被评为先进个人。上海复星高科技（集团）有限公司董事长郭广昌、上海致达科技集团有限公司董事长严健军当选全国青联十一届常委会委员。区中心医院支部等14个支部被评为2008—2009年度民盟区委"两好两手"先进集体。全年发展盟员20人，平均年龄39.3岁。至年底，有基层支部27个，盟员527人。 （王　红）

6月29日，民盟盟员参观上海造币有限公司 （李　新/摄）

【捐款支援地震灾区】 5月，根据民盟市委抗震救灾倡议书的要求，民盟区委号召盟的组织和广大盟员，发扬中华民族“一方有难，八方支援”的传统美德，以交“特别盟费”形式参与青海玉树抗震救灾，捐款总计71320元，其中“特别盟费”28920元，通过盟员所在单位和街道向灾区捐款42400元。 （王 红）

【树立和践行社会主义核心价值体系活动】 8月4日，民盟区委举办暑期盟干部学习班，请中共黄浦区委党校副校长金越明作“学习与践行社会主义核心价值体系”的辅导报告。组织盟员参观上海造币有限公司和上海纺织博物馆，了解民族工业对上海地域政治、经济、人文发展的巨大影响和历史贡献。组织近30名盟员参加民盟市委纪念史良诞辰110周年活动暨民盟市委传统教育基地挂牌仪式、纪念费孝通诞辰100周年暨费孝通学术思想研讨会，接受民盟传统教育。组织全体盟员观看电影《唐山大地震》。发出《关于开展树立践行社会主义核心价值体系征文活动的通知》，要求各个支部开展1次支部活动，在支部内部组织1次学习大讨论，通过《普陀盟讯》进行交流。 （王 红）

中国民主建国会上海市普陀区委员会

【概况】 2010年，中国民主建国会上海市普陀区委员会（简称民建区委）组织会员学习全国“两会”精神、听取中共区委书记周国雄作“牢记群众观念，做好群众工作”的报告和有关世博专题报告等，增强履职尽责、参政议政意识。在区政协十二届四次会议期间，民建区委作大会发言1篇，提交集体提案2件、委员个人提案12件。全年反映社情民意25篇，其中被市政协采用3篇、区政协采用18篇。3件集体提案被区政协评为2007—2009年度优秀提案，2篇调研报告分别获二等奖和三等奖，民建界别组获区政协2007—2009年度先进界别组。响应中共区委统战部《身体力行迎世博，展示形象促发展》倡议，组织会员结合岗位工作献计出力。根据民建市委《关于支持抗旱救灾积极投入“思源·甘泉”行动的通知》要求，159名会员共计捐助善款43190元。2010年，发展会员6人。至年底，有基层支部12个，民建会员413人。3人被评为全国优秀会员，4人被评为上海市优秀会员，第一支部被评为全国先进基层组织。 （施建文）

【开展对口联系和调研活动】 6月，民建区委与区商务委员会举行对口联系活动暨2010年参政议政工作动员会。区商务委员会副主任陆文龙作普陀区“十二五”产业结构规划研究专题报告，民建区委对参政议政工作进行部署。会员汪生洋等结合本职工作，在调研基础上，就工业园区建设、科技产业扶持、中小企业发展、教育资源开发利用等问题提出建设性意见和建议。 （施建文）

【树立和践行社会主义核心价值体系教育活动】 4月，民建区委把追思、学习孙起孟先进事迹作为开展“弘扬民建优良传统，努力践行社会主义核心价值体系”的活动内容。7月，组织70余名会员参与社会主义核心价值体系学与行的问卷调查。9月，完成《树立和践行社会主义核心价值体系是民主党派的精神之源立足之基发展之要》的课题研究，提出关于社会主义核心价值体系学与行融合的思考。召开“社会主义核心价值体系学与行交流会暨参政议政推进会”，交流学习实践社会主义核心价值体系的体会。会议认为要忠实实践社会主义核心价值体系，在中国共产党领导下，同心同德、同舟共济，参政为民，传承进步，弘扬民建的优良传统，充实党派工作的内涵，自律、自重、自醒、自警，为多党合作做出新的贡献。 （施建文）

【庆祝民建会成立65周年】 2010年，民建区委以纪念中国民主建国会建会65周年为契机，组织会员学习会章、会史，开展一系列具有纪念意义的教育活动。10月22日，召开庆祝中国民主建国会成立65周年座谈会，5名老中青会员回顾民建成立、发展壮大的65年风雨历程。组织新会员参观黄炎培故居。通过纪念活动，激励民建会员继承和发扬优良传统，增强凝聚力，坚定走中国特色社会主义道路的信念。 （施建文）

【基层支部换届】 2010年，民建区委12个支部，除第十二支部外，全部进行换届改选，产生新一届支部委员会。新当选支部委员中，35岁以下（含35周岁）有11人，占17.7%，其中支部

10月22日，民建区委召开庆祝中国民主建国会成立65周年座谈会

（陈 飞/摄）

主任2人、副主任4人。支部换届到龄退下的委员有25人,占43.6%,其中支部主任8人。（施建文）

中国民主促进会上海市普陀区委员会

【概况】 2010年,中国民主促进会上海市普陀区委员会(简称民进区委)开展树立与践行社会主义核心价值体系活动,推进学习型组织建设;动员会员积极参与世博、奉献世博、服务世博,组织会员20人次参加梅川路休闲街城市文明志愿者活动。民进进华中学支部开展“学雷锋、迎世博”为民服务活动、“小手牵大手,文明世博行”师生迎世博倒计时50天承诺行动,并与公安普陀分局交警支队一起组织外国学生参加世博交通志愿活动。在区政协十二届四次会议上,民进区委作大会发言1篇,提交集体提案1件、委员个人提案16件。撰写《顺应时代潮流、特色多元并举——关于推进我区高中优质教育均衡化发展的若干建议》、《网络环境下民主党派自身建设研究》、《民主党派学习型组织建设研究》等3篇调研报告。反映社情民意25篇,其中被区政协采用8篇、区领导批示2篇,报市政协12篇、被市政协采用3篇。报送民进市委等稿件54篇,分别被《上海民进》、《民进申城月报》、《团结报》、《联合时报》、《文汇报》和有关网络媒体采用。年内组织区政协民进界别组活动4次。开展敬老助贫活动,向真如镇杨家桥居委会2名贫困居民各捐助1000元;民进医卫支部为真如镇敬老院提供医疗咨询服务,并向敬老院捐款800元。进华中学支部被评为2010年“民进中央全国先进基层支部”。民进区委获2009—2010年度民进市委“达标创优评比活动”优秀奖、2010年民进市委宣传工作先进集体。民进区委主委戴立益主持的《基于教师专业发展理念的教师教育课程群建设与实践》获得国家教学成果二等奖、上海市教学成果一等奖。陈国强被评为2010年度全国优秀民办校长,李文荣、杜永念被评为2010年民进市委宣传工作先进个人。全年发展会员9人。至年底,有基层支部17个,会员322人。（李文荣）

【树立和践行社会主义核心价值体系活动】 2010年,民进区委开展“树立和践行社会主义核心价值体系、推进创建民进全国先进基层组织”主题活动。7月27日,举办暑期干部学习班,请复旦大学教授徐以骅作“树立和践行社会主义核心价值体系,加强自身建设”的报告,戴立益作上海市教育工作“十二五”规划纲要介绍,60余名民进干部参加。结合中国革命发展史和民进会史、会章的学习,在各基层支部开展“为什么必须坚持以马克思主义为指导”等6个“为什么”的学习,组织知识竞赛,推动学习型基层支部建设,提高会员政治思想素质,强化政治意识和大局意识。（李文荣）

【基层支部换届】 2010年,根据民进市委进行基层支部换届改选的要求,民进区委17个基层支部中,5个支部因新建或已经届中调整不再进行换届外,其余12个支部均进行换届改选,其中在职支部9个、退休支部3个。换届后,支部委员由48人减到43人,平均年龄由55.16岁下降到46.11岁。（李文荣）

【建立民进上海市委西部教师培训基地】 9月9日,民进区委在进华中学举行民进上海市委西部教师培训基地揭牌仪式。这是上海民主党派中唯一为贫困地区教师进行系统培训的常设基地。民进市委主委蔡达峰,中共区委常委、区政协副主席、统战部部长夏斯德到会祝贺。教师培训基地建立后,对20余名贵州山区校长进行培训,安排他们到甘泉中学和华东师大进行考察实践。（李文荣）

9月9日,民进上海市委西部教师培训基地揭牌（李文荣/摄）

中国农工民主党上海市普陀区委员会

【概况】 2010年,中国农工民主党上海市普陀区委员会(简称农工党区委)开展参与世博、服务世博活动,履行参政议政职能。世博会期间,组织20余名党员志愿者参加梅川路休闲街城市文明志愿者活动,担任商业文明监督员、市容整洁维护员、交通秩序引导员、文明礼貌宣传员;部分党员参加平安世博志愿者活动、无偿献血招募志愿者活动。在区政协第十二届四次会议上,农工党区委作大会发言1篇,提交集体提案1件、委员个人提案5件。农工党区委负责人参加中共区委召开的“双月座谈会”等,围绕区的经济和社会建设建言献策,参与《上海市普陀区国民经济和社会发展第十二个五年规划纲要(草案)》的协商。农工党界别政协委员向区政协提供14篇社情民意。全年共发展党员17人,其中医卫界13人;平均年龄38.6岁;

6月22日,农工党区委举行树立和践行社会主义核心价值体系报告会
(蒋　雁/摄)

其中学历为硕士2人,大学11人,大专3人;有高级职称2人,中级职称15人。至年底,有基层支部10个,党员411人。李玲娣等9人被评为区政协2007—2009年度委员先进个人。农工党区委2篇调研报告分获区政协2007—2009年度调研报告二等奖、三等奖,3件集体提案被评为区政协2007—2009年度优秀提案;并获农工党市委纪念中国农工民主党建党80周年征文优秀组织者奖、纪念中国农工民主党建党80周年知识竞赛优秀组织者奖。(蔡伟青)

【树立和践行社会主义核心价值体系教育活动】 2010年,是树立和践行社会主义核心价值体系的学习宣传年。根据农工党中央和农工党市委关于开展树立和践行社会主义核心价值体系教育活动的意见,作出部署,安排学习时间,下发学习辅导资料。同时,以纪念农工党建党80周年为主线,把树立和践行社会主义核心价值体系教育活动贯穿于各项纪念活动之中。组织党员参加学习践行社会主义核心价值体系讲座。6月22日,举行“树立和践行社会主义核心价值体系”报告会,请农工党市委副主委姚俭建就为什么要树立和践行社会主义核心价值体系、社会主义核心价值体系的基本内容、社会主义核心价值体系的实践要求以及农工党中央关于树立和践行社会主义核心价值体系三年工作规划等方面进行讲解,基层支部主任以上干部、中青年骨干等40余人参加。请市社会主义学院副院长彭镇秋作“学习践行社会主义核心价值体系,推进民主党派基层组织建设”专题报告,了解社会主义核心价值体系的科学内涵、民主党派基层组织建设的具体做法和要求,基层支部委员以上及部分党员70余人参加报告会。(蔡伟青)

【纪念农工党建党80周年】 2010年,农工党区委以纪念农工党建党80周年为主题,开展各种形式的纪念活动,学习农工党的发展历程和宝贵经验,团结教育全体党员继承发扬多党合作优良传统,推动各项工作取得新的成绩。各基层支部组织党员参观中国农工民主党全国第一次干部会议会址,加深党员对农工党光荣历史的了解。出版1本画册,画册从领导关怀、思想教育、参政履职、组织建设、社会服务、党员风采、艺苑缤纷、联谊等方面反映农工党区委的发展历程、展示党员风采,激励党员更好履行职责,作出贡献。响应农工党中央开展党的历史知识竞赛活动号召,组织广大党员参加竞赛,收到267份答卷。开展征文活动,收到征文18篇。征文以党员的所思、所见、所感,反映农工党贯彻落实中国共产党领导的多党合作和政治协商制度,为社会主义现代化建设服务的体会。(蔡伟青)

【基层支部换届】 2010年,根据农工党市委《关于2010年市属支部委员会换届工作的意见》,农工党区委10个基层支部进行换届。为确保换届工作顺利进行,农工党区委成立支部换届领导小组,制定《关于基层支部委员会换届工作的意见》,明确支部换届工作的内容、提名程序和时间安排等。至7月底,基层支部换届工作全部完成。新一届支委班子人员的文化程度、年龄结构等均有较大改善,班子的整体素质和活力增强。9月3日,召开基层支部换届总结大会暨新一届支部委员培训班,支部委员以上人员参加。农工党区委主委李玲娣对新一届基层支部工作提出加强政治理论学习,加强制度建设,加强与中共基层组织的沟通联系,加强后备干部队伍建设等4点要求。农工党区委副主委李月华作基层支部换届工作总结,3名支部委员作交流发言。(蔡伟青)

【参与社会服务活动】 3月4日,农工党区委组织6名高年资医师在曹杨社区学校开展学雷锋为民服务活动,为80余名居民进行义务医疗咨询服务。农工党区中医医院支部与真如镇敬老院结对,在3月5日学雷锋活动日以及高温期间为老人测量血压,提供健康咨询服务。4月14日,青海玉树发生7.1级地震,响应农工党中央的号召,组织基层支部开展募捐活动,为灾区献上爱心,共捐款20932元。7—9月,农工党综合支部和联合支部2名党员建立青年就业启航实训基地,为应届毕业生就业创造条件,首期学员30名,经实训后全部就业,取得良好的社会效应。(蔡伟青)

中国致公党
上海市普陀区委员会

【概况】 2010年,中国致公党上海市普陀区委员会(简称致公党区委)树立迎博办博大局意识,动员全体党员参与世博、服务世博、奉献世博。广泛宣传世博,向全体党员发出“了解世博、宣传世博、参与世博、服务世博”

的倡议;以《普陀致公》为载体,刊发介绍世博知识、宣传世博理念的专题文章,增强党员世博大局意识。组建党员志愿服务者队伍,参与梅川路休闲街城市文明志愿者活动,向社区群众宣传世博精神、文明理念。世博会试运行期间,组织党员中的政协委员到世博园区参加检查评估和民主监督活动,提出改进意见和建议。在世博会举办期间,组织党员前往世博园区参观,并动员党员邀请海内外朋友前来参观世博。围绕中心服务大局,履行参政议政职责,从区域经济社会发展的实际出发,确定选题,组织人员,开展调研,建有用之言,献务实之策。举办参政议政专题研讨班,提高党员参政议政能力。发挥区校合作优势,依托华东师大,开展调查研究,完成统战理论调研课题1篇、统战论文2篇。区政协十二届四次会议期间,致公党区委作大会发言1篇,提交集体提案2件、委员个人提案11件。致公党界别被区政协评为2007—2009年度先进集体,2篇调研报告分获区政协2007—2009年度调研报告一等奖和优秀奖,2人被区政协评为2007—2009年度委员先进个人。为充分调动广大党员参政议政积极性和主动性,致公党区委开展评先奖优活动,表彰党务积极分子15人,投稿积极分子12人,先进支部1个。组织参观、座谈、慰问、向青海玉树灾区捐款等活动,增强组织的凝聚力。至年底,有基层支部5个,党员187人。(张翠萍)

11月6日,致公党区委开展"共建和谐——上海致公爱心服务日"活动

(张伟英/摄)

【学习践行社会主义核心价值体系活动】 2010年,致公党区委把学习践行社会主义核心价值体系作为工作的中心和主线,制订方案,组织落实。以社会主义学院致公党区委分院为平台,开展社会主义核心价值体系学习宣传;以培训学习为抓手,提高对社会主义核心价值体系的认识;以传统教育为重点,深化对社会主义核心价值体系的理解。把学习践行社会主义核心价值体系与推进学习型参政党建设有机结合起来,加强党员干部队伍思想建设和基层组织建设,通过举办专题报告会、研讨座谈会、青年党员骨干研讨班、上党课、支部集体学习等形式,进行社会主义核心价值体系宣传教育活动,坚定党员走中国特色社会主义道路的信念和信心,促进党员用社会主义核心价值体系指导主观世界的改造,树立正确的世界观、人生观、价值观,自觉践行社会主义荣辱观,弘扬以爱国主义为核心的民族精神和以改革创新为核心的时代精神,培养高尚道德情操和健康生活情趣,加强个人思想品德修养,使社会主义核心价值体系内化为党员的价值取向,外化为行为准则,巩固同中国共产党团结合作的思想基础。在"树立和践行社会主义核心价值体系,推进基层组织建设"活动中,致公党区委被致公党市委评为上海市先进集体,致公党华东师大支部被致公党中央评为全国先进支部,张翠萍被致公党中央评为先进个人,戴雪荣、张文明被致公党市委评为先进个人。(张翠萍)

【基层组织建设年活动】 2010年,响应致公党中央和致公党市委的号召,以制度建设为重要抓手,结合各基层支部工作实际,开展基层组织建设年活动,推动基层组织建设上台阶。做好换届准备工作,充实调整后备干部队伍,发挥青年骨干党员作用。举办青年党员学习班,选送党员参加致公党市委和中共区委统战部举办的青年骨干学习班、理论研讨班,提高认识,培养能力。做好组织发展工作,掌握培养对象的思想、工作状况,加强与培养对象所在单位中共组织的沟通联系,跟踪考察培养工作,严把入口关。2010年,发展6名年纪轻、学历高、参政议政能力强的中青年入党。把支部考核列入基层组织建设年活动的重要内容,引导支部在组织学习、开展活动、发挥作用等方面争先创优。

(张翠萍)

【爱心服务日活动】 2010年,致公党区委把推进与社区结对共建作为加强基层组织建设、发挥服务社会功能的重要途径,与共建单位一起开展"共建和谐——上海致公爱心服务日"活动,在石泉社区文化中心为社区居民提供医疗、法律、心理、政策法规咨询等服务;组织党员志愿者到社区共建单位参与环境整治、文明交通执勤、宣传世博知识、帮困助学等活动。并在社区学校设立社情民意箱,及时了解情况,强化党员了解社区、关心群众、服务社会的意识。(张翠萍)

九三学社上海市普陀区委员会

【概况】 2010年,九三学社上海市普陀区委员会(简称九三区委)开展树立和践行社会主义核心价值体系活动,弘扬民主科学传统,履行参政党职能,提升参政议政水平。举办主题为

"践行科学发展观，建设高素质参政党"的学习研讨班，加强班子自身建设，九三区委委员、支社主委参加。在区政协十二届四次会议上，九三区委作大会发言1篇，提交集体提案2件、委员个人提案7件。社员反映的5篇社情民意被市政协采用，其中邵印麟关于《对医保挂号后零费用情况一律予以处罚的做法不尽合理》得到中共中央政治局委员、中共上海市委书记俞正声的批示。成立"关于推进民主党派学习型组织建设的研究"统战理论课题调研组，结合培养后备干部，由年轻社员参与调研，并撰写《关于推进民主党派学习型组织建设的研究》的调研报告。九三区委与九三市委老年工作委员会合作，开展"进一步加强老年护理工作"的课题调研，召开"老年护理系统的现状与对策"座谈会，撰写《关于上海市老年护理体系建设建议》，获九三市委2010年度参政议政工作提案三等奖。年内，九三区委获九三市委2006—2010年度社务工作先进集体称号；景莹、陈明仪获九三学社中央优秀社员称号，董正宇、陈莉获九三市委优秀社员称号。上海世博会期间，组织社员参观世博，感受世博；参加梅川路休闲街城市文明志愿者活动，以实际行动为世博出力。社员沈剑华拍摄的观博照片分别刊登在《人民政协报》、《联合时报》等报刊上。全年发展社员2人。至年底，有基层支社9个，社员248人。

（侯义婧）

【树立和践行社会主义核心价值体系活动】 2010年，九三区委开展树立和践行社会主义核心价值体系活动，组织区委委员参加九三市委举办的报告会，听取中共市委党校教授冷鹤鸣作"社会主义核心价值体系"的报告，提高委员四个把握能力（政治把握能力、参政议政能力、组织领导能力、合作共事能力），更好地发挥班子整体作用。组织九三区委委员、支社委员、新社员参加中共中央统战部召开的"社会主义核心价值体系学与行"电视电话报告会，认识社会主义核心价值体系的时代背景、重要意义、科学内涵、重要地位。通过学习，社员们初步明确树立和践行社会主义核心价值体系的目标、定位、主题和原则，坚定在中国共产党领导下，坚持中国特色社会主义政治发展道路的信念。

（侯义婧）

【基层支社换届】 2010年，根据九三市委基层换届工作要求，九三区委结合实际，制定《九三学社普陀区委第七届支社换届工作的意见》。在换届工作中，听取中共区委统战部和相关中共基层组织的意见，有针对性开展树立和践行社会主义核心价值体系学习活动，通过各支社充分酝酿、民主选举，产生新一届支社领导班子。9月上旬，9个支社完成换届工作。

（侯义婧）

九三学社社员参加梅川路休闲街城市文明志愿者活动

（九三区委供稿）

【庆祝九三学社成立65周年】 为庆祝九三学社建社65周年，9月12日，九三区委组织全体社员参观上海汽车博物馆，使社员们了解世界汽车发展的历程，体会在时代变迁中，汽车给人类社会发展带来的重大影响。

（侯义婧）

上海市普陀区工商业联合会

【概况】 2010年，上海市普陀区工商业联合会（简称区工商联，又称普陀区商会）围绕区的中心工作，以上海世博会为契机，发挥各级商会和民营企业家作用，推进和谐阶层关系建设。举办"抓住世博机遇，促进经济转型"——区领导与民营企业家集体学习会，推动非公经济结构转型发展。全年走访民营企业300余家（次），帮助企业协调关系、解决困难。工商联界别政协委员提交提案10余件，反映社情民意7件。2名企业家被增补为区政协委员。在区政协十二届四次会议期间，区工商联作大会发言1篇，提交集体提案2件。2件提案被区政协评为2007—2009年度优秀提案，1篇调研报告获区政协2007—2009年度优秀奖，工商联界别组被区政协评为2007—2009年度先进界别组，5人被区政协评为2007—2009年度委员先进个人。区工商联《引导民营企业为上海世博会添彩》案例，被评为2009年度全国工商联（商会）十大亮点和优秀案例。区工商联主席、奥盛集团总裁汤亮提交的《助中小企业融资，完善信用担保体系》提案获市政协2009年优秀提案奖。加强工商联宣传和网站建设力度，组建由34家会员企业组成的信息员队伍，全年编辑各类信息450余件。区工商联"通过迎世博网站鼓励非公经济人士参与世博"被评为迎世博网宣工作特色项目。加强基层商会组织建设，建立华大科技园商会、中环国际中小企业总部社区商会和西北物流园区商会，筹建人才服务业商会(HR商会)、谈家28楼宇商会和天地软件园商会,接收市场管理协会、梅川路业主联谊会。举办学习贯彻《中共中央国务院关于加强和改进新形势下工商联工作的意见》培训班、2010年区青年创业者研修班,引导非公经济健康发展。以“加强统战文化研究,推进统战文化建设”为主题,完成《以文化为先导、活动为纽带,不断壮大代表人士队伍》等3个创新工作案例,完成“关于推进非公经济人士参与社区建设的思考”、“倡导商会文化,促进阶层和谐”调研课题。组织基层商会2009—2010年度市、区考核评优活动,桃浦镇商会、长风商会被评为市工商联第四届优秀基层商会,长风商会会长许伟根被评为先进个人。开展第四届普陀区优秀中国特色社会主义事业建设者评选表彰活动,表彰一批在承担社会责任、推动经济发展、扩大就业渠道、建设和谐普陀等方面表现突出的非公经济代表人士。全年发展会员企业99家,至年底,有企业会员1444家,老会员(原工商业者)123名。2010年,6家企业获上海名牌,9家企业入围上海市民营企业100强。区工商联获上海市对口支援都江堰灾后重建工作突出贡献集体奖和上海世博工作优秀集体称号。 (裔昭林)

【为中小企业融资服务】 2010年,举办“牵手长三角、姐妹会世博”——长三角女企业家财富论坛、普陀区银企合作座谈会暨中小企业金融服务推介会、中国出口信用保险公司上海分公司服务出口企业推介会,对民营企业融资难问题进行研讨。通过区中小企业融资互助平台,帮助17家民营企业贷款3500余万元。成立区第二家小额贷款公司——普陀延华。普陀宝祥、普陀延华2家小额贷款公司,全年发放贷款近亿元。 (裔昭林)

【加强商会交流合作】 2010年,区工商联与南通市工商联、鹰潭市工商联、白山市工商联、十堰市工商联、襄樊市工商联缔结友好商会,推动双方企业间的交流与合作。举办“相聚世博会,走进金中环——中外商会普陀行”活动,美、英、德、法、日、韩等20余个国家和地区驻沪领馆和商会、贸易团体的70余名负责人参加。先后组团参加恳谈会、对接会和经贸考察,接待四川省工商联、都江堰市工商联等6批次境内外友好商会,洽谈投资与合作意向,组团参加第十一届中国西部博览会暨中国东西部民营企业合作发展恳谈会。 (裔昭林)

【民营企业为世博会作贡献】 4月7日,发出《普陀区民营企业积极参与世博、服务世博、奉献世博倡议书》。组织30余家会员企业1250人参加上海世博会第六次试运行。牵头组织统战系统城市文明志愿者队伍在梅川路休闲街开展为期6个月的世博会城市文明志愿活动,参加志愿执勤的统战人士近2000人次。组织并倡议“百家民企邀万人”参观世博会活动,邀请境内外友好人士3万余人次观摩世博会。区内有50余家民营企业参与世博工程、项目建设。致达集团承建世博会电器配套和技术支撑项目,久银车库承接世博中心机械自动化立体车库工程,锦元文化生产销售世博特许纪念品,月星集团成为世博会家具行业唯一赞助商,红子鸡美食入世博园营业。宏泉、致达、华明、致盛、瑞华集团等10余家企业承担180余万世博安保慰问专项资金。新的社会阶层人士世博志愿者服务总队获普陀区世博会期间志愿服务活动先进集体称号,奥盛集团获世博贡献奖。 (裔昭林)

【民营企业家回报社会感恩行动】 11月22日,在“普陀区光彩事业促进会2010年会暨非公经济代表人士回报社会感恩行动启动仪式”上,11家企业共捐赠264.5万元,帮扶百名困难劳模,资助10家老年俱乐部。3月,致达集团在“情满东方——2010上海市红十字会慈善之夜晚宴”上捐款200万元;5月,又向市慈善基金会专项捐款500万元;9月,再捐100万元设立奖优助困教育基金。区光彩事业促进会及非公经济代表人士全年向社会和地区捐赠总额5000余万元。致盛集团投资3亿元参与湖北新农村建设,帮助当地解决6000人就业。区工商联先后举办民营企业招聘周和世博服务人员专场招聘活动,120余家民营企业参加,提供就业岗位1500余个,达成就业意向600余人。奥盛集团获“全国光彩事业重点项目”,名列“2010中国慈善排行榜”。复星集团董事长郭广昌、奥盛集团总裁汤亮当选中国光彩事业促进会常务理事,致盛集团董事长张润斌当选中国光彩事业促进会理事。奥盛集团祥龙置业董事长孙赓祥登上“中国好人榜”。 (裔昭林)

11月22日,举行普陀区光彩事业促进会2010年会暨回报社会感恩行动启动仪式 (李 偕/摄)

七、人民团体·社会团体

上海市普陀区总工会

【概况】 上海市普陀区总工会(简称区总工会)下辖9个社区(街道)、镇总工会,7个委、办、局工会,8个行业工会。全区有工会组织8995家(其中独立工会3134家),会员21.6万人。2010年,区总工会团结动员全区各行各业职工在建功普陀、奉献世博中发挥主力军、排头兵作用,为成功举办世博会和推动区域经济社会发展作贡献。在新一轮劳模先进评选中,区内共评上3名全国劳模、17名市劳模、6个市模范集体、217名区先进生产(工作)者和149个区先进集体。开展普陀职工"文明服务、文明观博、文明出行"主题实践活动,参加活动的机关和企事业单位7693家,职工17.3万人次。开展农民工世博基本素质培训38948人次,并启动农民工初级工商管理EBA培训。开展世博窗口服务行业职工立功竞赛活动,参与单位1088家,职工3.9万余人。开展职工科技周活动,举办各类职工技术比武656场,组织近万名职工参与"五小"(小发明、小革新、小改造、小设计、小建议)竞赛活动,开展劳动保护监督检查102次。举办沪西工人文化宫成立50周年庆祝大会和区第六届职工体育节,承办职工体育活动90余次,参与职工2万人次。举办大型职工文艺演出27场,辅导基层文体活动53次,开办戏曲沙龙446场,吸引35680人次职工观摩。加强以区域性行业性职代会、联席会议、三方协商会议、劳动法律监督检查为主要内容的劳动关系协调"四轮联动"机制建设,围绕"保增长、办世博"的主题,丰富工作模式,在基层形成一批特色亮点。举办普陀工会劳动合同和集体协商指导员、工资协商特派员培训。全区签订集体合同企业1796家,工资协议覆盖职工73271人,377家规模以上企业建立内部劳动争议调解委员会。各级工会妥善调处2起群体性劳资矛盾和245起劳动争议案件。元旦、春节期间,走访100户特困职工家庭、149家困难企业,慰问困难职工4157人次,其中农民工2492人次,发放各类帮困款物210余万元。世博会期间,向67名特困职工发放三定帮困金3.34万元,向183名支内支疆职工发放一次性帮困款16万元;向1105名世博一线职工赠送意外保险,走访慰问职工1114人次,发放6.8万元慰问款物。推进"金秋助学"活动,向268名困难职工家庭子女发放助学款物27万余元。国庆期间,向532名困难职工发放生活帮扶、医疗帮扶和特定帮扶款物23万余元。举办143场招聘会,指导就业26362人次,达成意向12917人次,成功就业3618人。开办职工技能培训班370个,培训职工14813人次,其中农民工5373人次,经培训取得等级证书12146人次,为1000名困难职工减免技能培训学费总计25万元。组织25.5万余人次参加职工医疗互助保障计划,发放职工医疗互助保障金4559.8万余元,受益职工63704人次。开展"广普查、深组建、全覆盖"集中行动,新增基层工会418家,其中独立工会72家;新增工会会员1.5万人。启动新一轮增强企业工会活力达标创优活动。指导街镇总工会换届,推进工会主席、副主席直接选举,加强地区一级总工会建设。实施2010年工会干部教育培训计划,举办各类业务培训班102个,分级分批培训基层工会干部10578人次。各级工会获全国先进14项、上海市先进143项。区总工会《创新途径方法,大力推进职业化社会化工会干部队伍建设》获全国工会基层组织建设工作创新成果一等奖,《加强网络建设、强化网格覆盖》获全国工会基层组织建设工作创新成果三等奖。 (赵　勇)

【春节送温暖援助服务日活动】 1月23日,在普陀区职工援助服务中心举行以"心系职工情、温暖进万家、和谐迎世博"为主题的普陀工会2010年春节送温暖援助服务日活动。区职工援助服务中心开辟培训职介特色通道,为有职业技能和就业需求的职工提供一条龙服务。对纳入困难职工档案的2317名困难职工,发放各类助医、助学、慰问款物。邀请2名律师坐堂,解答劳动法律法规问题,指导职工维护合法权益,保障自身利益;关爱职工健康,携手九洲医院,邀请10名外科、内科、五官科、妇科、中医科等部门的主任医师提供冬令养生、保健知识咨询。宣传世博知识，发放《迎世博，上海农民工基本素质教育培训读本》、《十年互助行，风雨同路人》等宣传资料。此次活动集中发放援助款物总价值60万元，并以1次集中帮扶、2项促就业举措、3个咨询宣传点的“123”送温暖援助服务项目，切实为职工办实事、做好事、解难事。 （李　悦）

1月23日，区总工会开展春节帮困送温暖活动　（李　悦/摄）

【四届九次全委（扩大）会议】 1月27日，区总工会四届九次全委（扩大）会议在新长征中环大厦召开。区委常委、副区长诸葛宇杰出席会议并讲话。区总工会主席、党组书记严爱科代表常委会作题为《以十七届四中全会精神为指引加强工会建设，切实提高服务科学发展、服务职工群众的能力和水平》的工作报告，回顾总结2009年全区工会组织建设和工会工作发展情况，部署2010年工会工作。会议增补区总工会第四届委员会委员、常委，表彰2009年度工会系统获全国、上海市先进集体和先进个人以及普陀区基层工会十佳创新（亮点）工作奖。区商务、建设、科技、教育、卫生、公安、机关等7个部门工会就“围绕‘四个确保’，工会服务大局、服务职工创新亮点工作”主题，在会上作专题交流发言。区总工会委员、经审委员、女工委员，各系统、街镇分管书记、工会主席，区总工会机关部室及直管单位负责人，以及建在各行业、经济园区、小区、集团、楼宇的信息直联点工会负责人出席会议。 （李　悦）

【劳模先进迎春系列活动】 2月3日，开展“喜迎世博、建功普陀”2010年劳模先进迎春系列活动。慰问在职、退休、支内回沪等360名劳模先进；结合迎春团拜活动，举办“百名劳模先进迎春考察活动”，组织近百名劳模先进和职工优秀人才参观考察长江隧桥，感受上海的飞速发展；结合春节慰问走访，开展“万千慰问送到劳模手中活动”，组织工会干部向各类劳模发放价值20余万元慰问金、慰问品；结合市劳模先进评选活动，开展“万名职工建功普陀行动”，宣传弘扬先进模范人物的先进思想、模范事迹和崇高精神，号召全区职工以劳模先进为榜样，坚定信心，扎实工作，当好世博东道主，为推进和谐新普陀建设作贡献。 （李　悦）

【区总工会门户网站改版升级】 为更好地适应工会工作发展需要，发挥网络对工会工作的推动作用，2月24日，区总工会进一步优化网站设计布局，丰富网站内容，加强网上互动交流，使网站面貌一新。改版升级后的区总工会网站域名为www.shptzgh.org，开设“新闻中心”、“资料中心”2个下载区和“组织建设”、“宣教文体”、“民管法律”、“保障维权”4个栏目，同时开通若干专题网站和网上办公系统，以信息化为依托，拓宽服务基层工会和广大职工的空间，为工会工作者提供一个良好的工作平台。 （李　悦）

【第二届“五一巾帼奖”表彰大会】 3月2日，普陀区“五一巾帼奖”表彰大会暨普陀区第六届职工体育节开幕式在真如镇社区文化活动中心召开。区内各级工会女职工干部以及女职工先进代表欢聚一堂，共同迎接第100个三八国际劳动妇女节。区人大常委会主任叶维华，区委常委、区政协副主席、区委统战部部长夏斯德等出席。会上，表彰普陀区第二届“五一巾帼奖”先进集体和先进个人，并向世博巡访团女劳模代表献鲜花。于井子、陈扣娣、杨明辉等女劳模向全区女职工发出“拥抱世博、建功普陀”的倡议。同时，区第六届职工体育节在沪西工人文化宫演艺中心和基层工会职工艺术团表演的体育舞蹈中拉开帷幕。 （李　悦）

【餐饮行业职工技能操作竞赛】 3月2日，区总工会围绕“文明服务、文明迎博”的要求，深化餐饮行业迎世博主题立功竞赛，以“四个一”为主要内容，启动“学礼仪、学双语、迎世博”餐饮行业职工技能操作竞赛。服务技能比一比：开展不同层面、不同规模、不同工种的餐饮行业服务技能竞赛，营造行业职工“比、学、赶、帮、超”的良好氛围；世博知识考一考：依托三级餐饮行业工会组织网络，组织职工参与世博知识普及考试，全面提高餐饮服务职工世博知识知晓率；服务差距找一找：开展文明服务大讨论活动，主动寻找餐饮服务过程中普遍存在的问题和不足，切实提升全区餐饮服务水平；风采绝活秀一秀：发掘餐饮行业职工在平时工作中炼就的绝技绝活，并通过各餐饮行业服务技能竞赛，为职工提供展示平台。4月7日，“服务世博，我们准备好了！”区餐饮行业职工技能操作竞赛在上海曹杨职业技术学校举行。51名餐饮行业技术骨干经过层层选拔，就工艺冷拼、点心制作、铺台折花3个项目同台竞技。上海市先进农民工、区餐饮行业工会主席黄丽向全区餐饮行业职工发出“当好东道主、奉献世博会”的倡议书。在场近300名餐饮行业职工签名承诺“文明服务、文明观博、文明出行”。此次技能操作竞赛既是对区餐饮行业职工技能登高主题立功竞赛活动的总结和检验，也是对全区窗口服务行业广大职工在参与世博、服务世博、奉献世博中，充分发挥工人阶级主力军、排头兵作用的进一步引导和宣传，号召窗口服务行业全体职工为举办一届“成功、精彩、难忘”的世博盛会建功添彩。（李　悦）

【1.05万名职工参加免费体检】　3月3日，区总工会女职工委员会和区职工援助服务中心携手为区内500名非公企业女职工提供免费体检。区总工会还组织1万名工作在世博一线服务单位的职工和困难职工参加免费体检。（李　悦）

【表彰全国和市区劳模先进】　4月27日，在区政府宴会厅举行2010年普陀区劳模先进表彰大会。区委书记周国雄，区委副书记、区长孙荣乾，区人大常委会主任叶维华，区政协主席林爱娟，区委副书记顾顺祥，区委常委、组织部部长胡佩艳，区委常委、副区长裴崎、诸葛宇杰，区委常委、人武部政委林楠，区人大常委会副主任陆永新、张新华，副区长符祖鸣、高德彪以及全国和市、区劳模先进代表200余人出席。正在北京参加全国劳动模范和先进工作者表彰大会的徐虎、彭寿、朱雪芹通过视频连线，畅谈赴京领奖的感受和投身新普陀建设的决心。周国雄在会上代表区委、区政府向受到表彰的劳模先进表示祝贺，向广大劳动者致以节日的问候，并勉励全区劳模先进再接再厉，继续发挥时代先锋和行动楷模的表率作用。会上，表彰3名全国劳动模范、17名上海市劳动模范和先进工作者、6个上海市模范集体以及216名区先进生产（工作）者、149个区先进集体。（李　悦）

【劳模先进和职工代表参观世博园区】　迎世博倒计时600天行动计划实施以来，全区劳模先进和一线职工立足本职、全心付出、无私奉献，为迎世博各项工作任务的顺利完成作出突出贡献。五一国际劳动节来临之际，区总工会组织400名来自全区各行各业的劳模先进和一线职工代表参观世博园区，旨在通过亲身参与世博、感受世博、共享世博，更好地投身世博“三个文明”主题实践活动。（李　悦）

【3名全国劳模赴京参加表彰大会】　4月25日，区总工会欢送全国劳模徐虎、朱雪芹、彭寿赴京出席全国劳动模范和先进工作者表彰大会。徐虎第五次当选全国劳模，是当选全国劳模次数最多的劳模之一。朱雪芹为上海首批获得全国劳模称号的农民工。（李　悦）

5月25日，澳大利亚工会代表团访问区总工会　（赵　勇/摄）

【职工援助服务中心新楼落成】　4月26日，区总工会职工援助服务中心新服务大厅落成仪式在沪西工人文化宫举行。职工援助服务中心是对全区职工提供服务，对困难职工、农民工实施帮扶的专门工作机构，是2010年上海世博会“采访线”工程境内外媒体民生采访点。它依靠工会组织网络及其四级工会帮扶机构，发挥工会组织联系职工群众的桥梁与纽带作用，通过技能培训、职业介绍、互助保障、信访接待、法律援助、困难救助等多种形式，为求助的困难职工和农民工提供直接、快捷、方便的帮助和服务。（李　悦）

【挪威奥斯陆市总工会访问区总工会】　5月20日，以挪威奥斯陆市总工会主席斯文恩·托雷·莫滕森为团长的挪威奥斯陆市总工会访华团一行5人到区总工会访问交流。奥斯陆市总工会于1997年在挪威总工会召开的全国代表大会上宣告成立，现有会员12万人。区总工会主席严爱科对挪威客人的来访表示热烈欢迎，并介绍普陀工会在维护职工政治、经济、精神文化权益等方面的工作。访华团参观了区总工会职工援助服务中心、沪西工人文化宫、沪西职工技术交流站，走访上海九洲通公司，了解私营企业工会工作情况。（李　悦）

【澳大利亚工会代表团访问区总工会】　5月25日，以国际工联主席、澳大利亚工会理事会主席夏兰·巴洛为团长的澳大利亚工会代表团，在全国总工会国际部副部长彭勇陪同下访问区总工会。市总工会常务副主席肖堃涛、区总工会主席严爱科等参加接待。代表团听取区工会组织和工会工作情况介绍，重点了解工会在提升技能、促进就业和维护职工权益等方面的工作，并参观区总工会职工援助服务中心，与工作人员进行交流。（李　悦）

【命名职工迎世博600天行动先进集体和个人】 迎世博期间，在全区职工群众中开展“光荣劳动者、建功世博会、展现新普陀”主题实践活动。为展示普陀职工迎世博600天行动成果，发挥先进典型的示范引领作用，激励职工群众做好世博会运行保障工作，7月14日，区总工会命名49名普陀职工世博服务示范员、49个普陀职工世博服务示范团队（岗）。引导广大职工以先进为榜样，投身到普陀职工“文明观博、文明服务、文明出行”主题实践活动中，创建浓厚热烈世博氛围、高效有序窗口服务、干净整洁市容环境，为举办一届“成功、精彩、难忘”的世博盛会作贡献。 （李 悦）

【高温慰问走访活动】 在高温季节，全区安排50余万元专项资金，开展“战高温、保世博、促平安”高温慰问走访活动，向在世博园区、轨交站点1105名参加世博安保工作的普陀职工送上慰问品；组织区劳模巡访团到园区，由徐虎、于井子、曹道云、陈扣娣等劳模先进向园区内的公安干警和职工志愿者送上清凉，并参加志愿服务行动；区总工会机关干部到基层企业班组，为400名职工送去工会组织的关爱，并督促企业做好高温季节劳动保护工作；会同区绿化和市容管理局向4100名绿化、环卫工人送上解暑用品；会同各个部门把高温慰问品送到商圈、建筑工地、车间等高温场所。

（李 悦）

【四届十次全委会】 8月25日，区总工会召开四届十次全委会，会议审议通过有关人事任免事项，选举张新华为区总工会主席、钱忠明为区总工会副主席。 （李 悦）

【举办阳光就业行动专场招聘会】 9月27日，在西宫天天职场开设困难职工家庭高校毕业生阳光就业行动专场招聘会，为有求职需求的大学毕业生尽快找到工作、实现人生目标提供服务。参加这次招聘会的企业单位有85家，提供岗位462个，涉及管理、行政、金融、会计、文秘、市场营销等十几个行业。除专场招聘会外，区总工会还深入困难职工家庭，将实施“困难职工家庭高校毕业生阳光就业行动”与开展“技能培训促进就业行动”结合，推出报刊自荐专栏和网站求职登记服务，为求职大学生提供免费就业指导，开展有针对性的就业帮扶、岗位推荐、技能培训等服务，广泛开辟大学生就业渠道。 （李 悦）

【青工e坊网上读书展示活动】 10月22日，第十二届上海读书节“共享世博，共阅精彩”普陀区青工e坊网上读书活动展示在区民防指挥中心管理所举行。作为第十二届上海读书节项目之一，自2010年上海世博会开幕以来，区青工e坊以“共享世博，共阅精彩”网上读书活动为平台，在全区326个青工e坊分站的青年职工网友中倡导“文明服务、文明观博、文明出行”3个文明理念，凝聚不同地区系统、不同所有制企事业单位的青年职工以“精彩在科技、精彩在奉献、精彩在人文”网络主题发帖形式阅读世博、感悟精彩，结合本职、建言献策。2010年，青工e坊网上论坛各类迎世博主题帖5000余条，为组织动员青年职工倡导终身学习，营造尊重知识、崇尚文化、追求文明的良好氛围起到积极的宣传作用。 （李 悦）

【沪西工人文化宫成立50周年】 11月16日，在沪西工人影剧院举行纪念沪西工人文化宫成立50周年大会。区委书记周国雄，区委副书记、区长孙荣乾，区人大常委会主任叶维华，市总工会副主席陈国华，区委副书记顾顺祥，区委常委、区政协副主席、统战部部长夏斯德，区委常委、宣传部部长祝学军，区委常委、副区长裴崎，区委常委、纪委书记左燕，区委常委、人武部政委林楠，区人大常委会副主任陆永新，区人大常委会副主任、区总工会主席张新华，区政协副主席谢筠、梁立群等出席。区委、区政府及市总工会、市文广局相关部门负责人，部分区县总工会及工人文化宫负责人，区总工会历任老领导，各系统、街镇工会分管书记、工会主席，区劳模先进代表和职工群众代表近千人参加会议。与会人员观看专题片《脚步——沪西工人文化宫成立50周年巡礼》、西宫演艺中心和职工文体社团演出的文艺节目《五十年情怀》。 （李 悦）

共青团上海市普陀区委员会

【概况】 2010年，共青团上海市普陀区委员会（简称团区委）围绕中心、服务大局，发挥团组织在服务世博会和参与区经济社会建设中的生力军和突击队作用。在聚焦世博，深入开展青春世博行动方面，将世博会作为教育引导青年的生动载体，以“青春世博行动”为总揽，使青少年在参与世博志愿者和践行公益理念中提高道德素质，增强民族自豪感。在关注民生，服务青少年健康成长方面，整合服务资源，改进服务方式，创新服务手段，围绕青年最关心、最直接、最现实的利益问题，在就业创业、爱心帮困、畅通利益诉求渠道等方面为青年排忧解难。在夯实基础，推动团的组织建设创新发展方面，着力加强团的基层组织建设和基层工作，以“争红旗、创特色”活动为抓手，推进“创先争优”活动，搭建举优荐优平台，培养优秀青年人才。至年底，全区共有团组织1048个，团员18443人。 （徐慧敏）

【世博会志愿者工作站成立】 1月28日，世博会普陀区志愿者工作站揭牌仪式在普陀区图书馆举行。区委常委、宣传部部长、世博会筹办工作领导小组普陀区志愿者组组长、区迎世博600天行动领导小组社会动员指挥部指挥祝学军与志愿者代表姚庭宝为世博会普陀区志愿者工作站揭牌。上海市世博会筹办工作领导小组普陀区志愿者组领导出席揭牌仪式，参观新落成的工作站办公室，在制作的感谢信上签名，并将感谢信送至志愿者们手中。全区有世博志愿者4900余人。

（徐慧敏）

【区青联举办闹元宵活动】 2月27日，举行2010年普陀区青联闹元宵活动，团市委副书记陈凯等出席，区青联常委、青联之友社成员、青联委员等150余人参加。青联委员自导自演，分别表演新委员合唱、女委员时装秀、才艺展示等节目，并展示部分委员2009年获奖的优秀创业项目。区青联回顾2009年工作，展望2010年前景，重点介绍“创YE！小店”大学生创业见习大赛情况。青联委员们希望进一步借助青联的平台，实现联情联谊联志的目的，在建设和谐新普陀中再立新功。闹元宵活动中，向青联委员们发出“献出一份爱心、点亮一个心愿”活动倡议，20余名区青联委员组成临时家庭带领10个残疾青少年参观世博会。（徐慧敏）

【团区委十二届六次会议】 3月9日，共青团普陀区第十二届委员会第六次全体会议在区政府中心会场召开。团区委十二届委员，市、区属重点单位团组织代表，青工、社区、学校、少先队等基层团队干部120余人参加。团区委书记李锐代表团区委十二届常委会总结2009年区共青团工作，部署2010年工作。团区委副书记李颖传达区委八届十一次全会和团市委十三届五次全会精神。会议由团区委副书记钱晓莉主持。会上，团区委与各青工、社区系统团组织代表签订2010年度工作目标责任书，表彰2009年度获得市、区级团工作先进集体和先进个人。（徐慧敏）

【绿化环保宣传活动】 3月13日，团区委与区绿化和市容管理局在区青少年活动中心广场联合举行绿化环保宣传活动，活动主题是“绿色生活、有你有我”。活动现场群众踊跃参与，青少年和家长们在签名墙前签名响应。并举行绿化法规、绿化建设管理、家庭养花等咨询服务，200余名社区居民带着小孩办理树木、绿地认养手续。（徐慧敏）

【世博志愿者培训启动仪式】 3月18日，中国2010年上海世博会普陀区志愿者培训启动仪式暨区情报告会在区图书馆报告厅举行，区委常委、宣传部部长祝学军出席大会作开班动员和区情报告。世博会普陀区志愿者组、志愿者工作站相关领导、部分分站负责人、世博志愿者培训师、社区学校常务副校长以及城市志愿服务站点管理岗位志愿者、综合岗位志愿者、专业岗位志愿者代表600余人参加。会上，区志愿者组领导向世博会普陀区志愿者工作站分站代表赠送《城市志愿服务站点志愿者读本》等培训用书。（徐慧敏）

【世博志愿者形象大使命名】 4月26日，普陀区世博城市志愿服务站点志愿者上岗誓师大会暨区世博志愿者形象大使命名仪式在区图书馆广场举行。该活动由区世博会工作领导小组宣传及社会动员指挥部主办，区世博会工作领导小组、宣传及社会动员指挥部、世博志愿者工作站、各分站领导和160余名世博城市志愿服务站点志愿者代表等出席。区委书记、区世博会工作领导小组组长周国雄讲话，区委副书记、区长、区世博会工作领导小组副组长孙荣乾宣读《关于授予徐虎等5位同志“普陀区世博志愿者形象大使”称号的决定》，仪式由祝学军主持。区领导为普陀区世博志愿者形象大使代表曹道云、金晶、于井子授绶带、颁证，并为世博城市志愿服务站点志愿者颁工作证。区世博志愿者形象大使代表金晶向全区世博城市志愿服务站点志愿者发出倡议，并带领志愿者代表宣誓，号召全体世博志愿者高扬“奉献、友爱、互助、进步”的志愿者精神，实现“成功、精彩、难忘”的共同期盼，万众一心、全力以赴、志愿奉献、为国争光。仪式结束后，区领导与曹道云、金晶、于井子等一起慰问区内5个城市志愿服务站点世博志愿者。世博会普陀区志愿者工作站首创在城市志愿服务明星站设置《七彩心感动》留言本，留言本设置签名留念、志愿剪影、游客留言3个板块，通过文字、照片等多种形式，记录每个志愿者站点在世博会期间的点点滴滴，留下志愿者参加志愿服务的足迹和感悟。（徐慧敏）

4月26日，举行普陀区世博城市志愿服务站点志愿者上岗誓师大会暨区世博志愿者形象大师命名仪式（汤　旻/摄）

【开设青年论坛网上专题班】 5月12日，普陀区青年论坛网上专题班第一次线下活动暨赴上海世博会城市最佳实践区学习调研活动展开，普陀区“五站连训”第三站青年论坛的学员们开始网上专题班的学习。全区共有53名副科级、科级后备青年干部参加为期2个多月的专题班学习。专题班围绕“世博盛会与普陀经济社会发展”的主题，设置《上海世博专题》、《新经济模式与上海发展》、《构建社会主义和谐社会》以及《知识拓展》等4个版块的课程，并要求每名学员至少要完成360分钟的学习，通过在线考试获得至少6个学分。53名学员全部通过课程学习、在线考试、BBS讨论、撰写小结及参加线下活动等各个环节，通过率达100%。（徐慧敏）

【25名来沪贫困小学生看世博】 5月15日，11名青少年社工带领金鼎学校25名来沪贫困小学生参加由团市委、市阳光社工站办公室主办的“为了明天——牵手2010”千名儿童看世博大型公益活动，先后参观菲律宾馆、新加坡馆、澳大利亚馆等场馆。

（徐慧敏）

【少先队第七次代表大会】 5月31日，以“铭记领巾责任，伴随普陀成长，争当四好少年”为主题的少先队普陀区第七次代表大会暨2010年普陀区庆“六一”主题集会在普陀少年城举行。区委书记周国雄，区委副书记、区长孙荣乾，区人大常委会主任叶维华，团市委副书记陈凯等出席。区教育局副局长郑建国，团区委副书记李颖，区第六届红领巾理事会理事俞益柯、朱喆作主报告。大会号召全区少年儿童牢记“领巾在胸前，责任在肩上”的承诺，用行动响应中共中央总书记胡锦涛的号召，用行动保持红领巾的荣誉，争当“四好”少年（热爱祖国、理想远大的好少年；勤奋学习、追求上进的好少年；品德高尚、团结友爱的好少年；体魄强健、活泼开朗的好少年），为普陀争光，为家乡尽责，为创建和谐新普陀贡献自己的力量。

（徐慧敏）

【大学生创业见习大赛总结会】 7月15日，在长风社区学校举办“创YE！小店”大学生创业见习大赛总结会暨颁奖仪式，团区委领导为50名获奖参赛选手颁奖。获奖参赛选手代表在仪式上展示技能，畅谈创业感悟。团区委书记李锐代表大赛组委会回顾一年多来“创YE！小店”大学生创业见习大赛的历程，总结赛事组织、探索模式、大赛收获等成果。（徐慧敏）

【142名大学生参加暑期实践】 7月19日，2010年上海高校优秀大学生赴普陀区暑期实践锻炼动员大会在区政府中心会场举行。来自复旦大学、交通大学、同济大学、华东师范大学、上海财经大学等25所高校的142名大学生，分赴区内47个部门和单位参加实践锻炼，并接受“六个一”教育活动，即：一次爱国教育活动、一次礼仪教育活动、一次保密教育活动、一次区情教育活动、一次公德教育活动和一次城市精神教育活动，提高学生综合素质。（徐慧敏）

【团区委十二届七次会议】 9月20日，共青团普陀区第十二届委员会第七次全体会议在区政府中心会场召开。团区委十二届委员，市、区属重点单位团组织代表，青工、社区、学校、少先队等基层团队干部100余人参加。团区委书记李锐代表团区委十二届常委会总结上半年共青团工作，部署下半年工作。团区委副书记李颖传达区委八届十二次全会和团市委十三届六次全会精神。（徐慧敏）

【“两新”组织团干部培训】 9月29日，与区社会工作党委、区委党校共同举办普陀区“两新”组织团干部培训班，90余名“两新”组织团干部参加培训。开班仪式由团区委书记李锐主持，区委组织部副部长、区社会工作党委书记施云华，区委党校常务副校长蔡建勇出席。团市委地区部部长华洁蓉为团干部作上海共青团“两新”组织团建工作专题辅导报告。

（徐慧敏）

【世博志愿者工作总结大会】 11月30日，举办“奉献世博感动你我”为主题的普陀区世博志愿者工作总结大会暨志愿者风采展示活动。市文明办副主任朱响应、团市委副书记邓小冬和区领导周国雄、孙荣乾、叶维华、夏斯德、祝学军、韩力鸣、裴崎、左燕、林楠等出席。大会由区委副书记、区长孙荣乾主持，区委书记周国雄讲话。大会回顾总结迎博、办博期间，普陀区12万城市文明志愿者、园区站点志愿者、平安志愿者共同奋战、无私奉献和倾情付出的感人事迹，表彰全区各条战线涌现出的志愿者先进代表。

（徐慧敏）

【共青团普陀区第十三次代表大会】 12月30日，共青团上海市普陀区第十三次代表大会在普陀区图书馆开幕。团市委副书记钟晓敏和区领导周国雄、孙荣乾、叶维华、顾顺祥、钱城乡、夏斯德、祝学军、诸葛宇杰、曹玉茂等出席。历任团区委书记，各群众团体、区有关部委办局和街道、镇党政领导，以及全市各区县团委和部分高校团委的负责人应邀出席。团市委副书记钟晓敏和区委书记周国雄讲话。钟晓敏指出，3年来普陀共青团在加强理想信念教育、提升青年在迎博办博中的有效作为、引导青年树立正确的就业观念、活跃团的基层组织建设等方面的探索走在了全市的前列。希望普陀共青团始终坚持用社会主义核心价值体系教育引导广大青年，始终坚

11月30日，举办普陀区世博志愿者工作总结大会暨志愿者风采展示活动（汤昱/摄）

持在服务大局、服务青年中打造服务型的共青团,始终坚持以改革创新的精神加强团的自身建设。周国雄在讲话中对全区青年提出3点希望:希望青年志存高远,勇担历史重任,要用中国特色社会主义理论体系武装头脑,努力成为共产主义远大理想和中国特色社会主义共同理想的坚定信仰者、科学发展观的忠实执行者、社会和谐的积极促进者,把个人前途和希望融入到党和人民的伟大事业中,在全面建设小康社会的共同追求中实现人生价值,勇敢承担起时代赋予青年的历史重任,与祖国共奋进、与普陀同发展、与时代齐进步;希望青年砥砺品格,努力明德修身,要潜心修学,做知识丰富的人,要开明睿智,做紧跟时代的人,要无私奉献,做格调高尚的人;希望青年开拓创新,争做时代先锋,要有锐意进取的朝气,要有追求卓越的志气,要有攻坚克难的勇气。区妇联主席姚军代表群众团体、金山团区委书记庄健代表区县团委致贺词。李锐向大会作题为《服务青年成长,推动科学发展,团结带领全区团员青年为全面建设和谐新普陀奉献青春、智慧和力量》的工作报告。报告总结区十二次团代会以来的工作,提出今后3年区共青团工作的指导思想和奋斗目标。大会选举产生共青团上海市普陀区第十三届委员会。在大会闭幕式上,区委常委、组织部部长钱城乡代表区委讲话,要求新一届委员要以务实创新的精神进一步深化思想引领,以务实创新的精神进一步服务青年成长,以务实创新的精神进一步提升团建水平。同日,举行共青团上海市普陀区第十三届委员会第一次全体会议,选举产生新一届团区委常委、书记和副书记。李锐任书记,钱晓莉、李颖任副书记。 (徐慧敏)

上海市普陀区妇女联合会

【概况】 2010年,上海市普陀区妇女联合会(简称区妇联)团结带领全区广大妇女和家庭,参与世博、宣传世博、服务世博、奉献世博,确保世博会圆满成功;参与区经济和社会事业建设,全面完成“十一五”妇女儿童发展规划各项目标任务。世博期间,共接待全国妇联、长三角妇联组织的16个观博团队,1020人次。8月,邀请苏浙沪3地20余户家庭参与上海市妇联组织的“百万家庭世博志愿行动”,通过“百户家庭世博行——签名承诺活动”向世博园游客发出倡议,用文明行动,为世博会增光添彩。动员全区职业妇女投身“巾帼世博建功行动”,共评选出全国三八红旗集体1个、全国巾帼文明岗5个、全国巾帼建功标兵3个、上海市三八红旗集体5个、上海市三八红旗手24名、上海市巾帼文明岗82个、上海市巾帼文明示范岗2个、上海市巾帼建功先进个人2名、“服务世博、奉献世博”上海市优秀集体2个、上海市优秀个人21名、上海市百名优秀创业女性6名等。 (何 佳)

3月6日,召开庆祝三八国际劳动妇女节100周年大会 (陈泰明/摄)

【文明礼仪培训】 年初起,组织市民开展迎世博文明礼仪养成教育和文明观博学习培训活动,培训分“走进世博”、“精彩世博”、“文明世博”3个板块,为社区居民重点讲解什么是世博、如何看世博,帮助社区居民掌握世博精彩看点及观博文明礼仪。截至4月,共培训4万余人次,其中16398人参与文明观博培训和网上测试,13953人取得合格证书,合格率为85%。 (周 凌)

【帮困送温暖活动】 春节前后,开展一系列帮困送温暖活动:为区内市级困难老三八红旗手提供近3万元帮困资金,为85名准孤儿、自强少年、困难儿童提供助学金4.9万元,为43名重症困难妇女提供慰问金4万元,为区妇联离退休老干部和大病职工送上6500元新春慰问金,为市级困难老三八红旗手送上6000元高温慰问金。暑假期间,为41名准孤儿提供8400元高温补贴,为195名家境困难的优秀儿童提供世博门票和帮困助学金共计11.6万元。年内,全区有19613名退休和生活困难妇女获得政府免费妇科筛查。 (何 佳)

【纪念三八国际劳动妇女节100周年大会】 3月6日,在普陀少年城举行纪念三八国际劳动妇女节100周年大会。市妇联副主席朱鸣,区委副书记顾顺祥,区委常委、副区长诸葛宇杰,区人大常委会副主任曹玉茂,区政协副主席谢筠等出席。区三八红旗手、巾帼文明岗、社区文明家庭、志愿者代表等300余人参加。会上,顾顺祥强调2010年是上海办博的关键之年,区妇联要加强与妇女群众间的血肉联系,团结和引领全区妇女以主人翁的姿态积极投身到世博会的各项工作中去,凝心聚力,再建新功。区妇联主席姚军在致辞中汇顾2009年普陀妇女迎世博工作开展情况和取得的成绩。会议表彰2009年获得全国、市及区的各类先进集体和先进个人。 (华明来)

【三八妇女维权周启动】 3月2日，在长寿绿地举行"普陀区'三八'妇女维权周暨平安世博宣传月启动仪式"。市妇联巡视员史秋琴，区委常委、副区长诸葛宇杰等出席，区妇儿工委相关成员单位分管领导及联络员、妇女儿童维权志愿者和家庭志愿者等100余人参加启动仪式。史秋琴对普陀区妇女儿童维权工作给予充分肯定，向一直坚持为维护妇女儿童权益而努力的相关单位、工作者以及全体志愿者们表示感谢，并宣布2010年普陀区三八妇女维权周暨平安世博宣传月系列活动启动。诸葛宇杰为新成立的普陀区"平安家庭"志愿者队伍授旗，为"白玉兰志愿行动安保员、预警员和巡逻员"发放聘书。姚军部署2010年区三八妇女维权周和"平安世博·和谐普陀"宣传月系列活动有关工作。区"十佳"家庭志愿者代表向全区居民发出参与"平安家庭"创建活动志愿服务倡议，并举行家庭志愿者宣誓仪式。

（黄赛兰）

【长三角女企业家财富论坛】 3月18—19日，举办"牵手长三角、姐妹会世博"长三角女企业家财富论坛。3月18日，市妇联主席张丽丽，副区长、区妇儿工委主任景莹等出席长三角和普陀区女企业家、妇女干部联谊晚会，庆祝妇女运动100周年。来自浙江、江苏省10个市的女企业家代表和普陀区的妇女干部、女企业家，以及区台湾姐妹会代表等200余人参加联欢晚会。3月19日，"后世博经济与长三角女企业家发展"——长三角女企业家财富论坛开幕式在上海游艇会所举行。市妇联副主席黎荣，区委常委、副区长诸葛宇杰等出席论坛开幕式。论坛邀请《第一财经时报》编辑、第一财经电视"经济学人"节目主持人杨燕青，上海市发展改革研究院副院长汪胜洋，上海财经大学500强研究中心研究员潘诚，北美控股集团、北美城市发展集团董事长兼首席执行官贾浩等围绕"后世博经济与长三角女企业家发展"主题发表演讲。论坛为长三角女企业家搭建一个交流和沟通的平台，为彼此联络友谊、开展合作奠定良好基础。

（周　凌）

3月18日，举办"牵手长三角、姐妹会世博"长三角女企业家财富论坛
（于凯俊/摄）

【"放心家园"服务活动】 5月起，围绕"排忧解难、解决后顾之忧"工作目标，为271名"世博人"及其家庭提供"放心家园"服务项目，包括"快乐330"晚托、田华母婴护理、婚姻家庭心理健康指导服务和锦霞快乐周末亲子学校等个性化服务菜单，通过发放"放心家园世博大礼包"、世博感谢信、服务项目优惠卡和宣传折页资料等，为工作在世博一线的"世博人"解决后顾之忧，让"世博人"在园区工作安心放心。暑假期间，区妇联开设适合世博人家庭和孩子需求的"特色军事夏令营"、"家庭教育讲座"和"亲子活动"等5个服务项目，将社会的关爱送到世博人家。

（潘晓菁）

【周末亲子学校挂牌】 2010年，区妇联会同有关企业成立3所亲子学校。1月19日，在长征镇全民健身中心举行奇翔周末亲子学校挂牌仪式；4月，举行锦霞周末亲子学校挂牌仪式；5月23日，举行金宝贝周末亲子学校挂牌仪式。3所学校针对不同年龄段儿童提供相关课程和指导，奇翔周末亲子学校专为特殊儿童家庭提供家教指导，锦霞周末亲子学校专为成长期儿童家庭提供家庭教育服务，金宝贝周末亲子学校为年轻父母提供早教指导。3所亲子学校成立后，陆续开展自闭症儿童家庭亲子大讲堂、"金宝贝"早教周末亲子公益课程、锦霞科学育儿大讲堂、"走进孩子的世界"青春期女童家庭教育讲座等活动，为家长和孩子们提供家庭教育学习交流的平台。

（潘晓菁）

【第十一届家庭文化节开幕】 10月15日，普陀区第十一届家庭文化节、第十二届家庭教育宣传周在中环百联开幕。市妇联副主席朱鸣出席，区委常委、宣传部部长祝学军宣布开幕。这次活动以"五大行动、全家携手、服务世博"为主题，围绕低碳理念，由区妇联、绿化和市容管理局、爱卫办以及各街道、镇等单位联合开展，为期1个月，宣传低碳生活理念，开展文明行动，投身于美好家园的建设中，以实际行动演绎"城市，让生活更美好"的主题。具体做到：出行守秩序（文明乘车拒坐黑车，公共场合排队礼让，电梯乘坐左行右立）；家家多植绿（家家添绿户户垂杨，多栽一棵树减少碳排放，社区绿化我爱护）；楼道不堆物（公用楼道不侵占，门前清洁健康你我，楼道无杂物通行更安全）；垃圾要分类（垃圾分类装，废电池分类放，垃圾入箱不落地）；养宠不扰邻（遛狗牵索勿要忘，抱着宠物进电梯，自带用品捡拾宠物粪便）。

（潘晓菁）

【女律师联谊会成立】 10月21日，普陀区女律师联谊会成立大会在上海市凯博佳豪酒店白玉兰厅举行。会上，推选时军莉为会长。区各律师事务所女律师代表共70余人参加会议。区女律师联谊会的成立，对女律师施展才华，提高在政治经济活动中的地位和影响，解决执业活动中遇到的困难和挑战具有重要作用。它是一个沟通的平台，方便女律师之间交流经验、探讨问题，促进女律师之间的合作；它是一个服务的平台，为女律师们提供优质的服务，通过开展职场礼仪培训、女性保健讲座、提供家政服务，提高职业修养，提升女律师的职业形象；它是一个成长的平台，使女律师更好地参与服务妇女儿童和家庭的维权工作，以她们的专业所长有针对性地为妇女儿童及家庭解决矛盾和问题，同时也为女律师提升业务水平、实现自我价值创造条件。 （周　凌）

【参与第三期中国妇女社会地位调查】 11月19日，区妇联召开关于参与开展第三期中国妇女社会地位调查专题会议，部署调查事项。涉及调查的3个街道12名调查员、调查指导员参加会议，街道分管领导和区发改委统计局专业人员应邀出席会议。截至12月底，3个街道8个居委会完成全国妇女地位调查问卷共120份。 （周　凌）

上海市普陀区科学技术协会

【概况】 2010年，上海市普陀区科学技术协会（简称区科协）围绕区域经济社会和科技发展的重点，坚持“三服务一加强”（服务经济社会发展、服务提高全民科技素质、服务科技工作者，加强自身建设）的工作定位，以“学术为本，科普尽责，服务是魂，管理自治”的工作理念，以项目化管理为抓手，发挥学会优势，服务区域经济社会发展，通过项目化扶持，加强信息化应用，提高学术交流成效；依托社团专刊《聚焦》，提高建言献策质量；引导科技工作者深入企业，增强企业自主创新能力。加强学会科普服务能力，为提高全民科学素质服务。围绕科学办博、文明观博，宣传世博科技知识。服务民生，推进科普进社区。开展校外科普，提升青少年综合素质，提高科学普及和服务市民的水平。加强学会组织建设，增强学会服务能力和向心力。加强社团自治和组织建设，探索建设科技园区科协，开展2009—2010年度星级学会和优秀会员评比等工作，提高学会的吸引力和凝聚力。 （顾呈健）

【科协七届三次全会】 3月2日，召开区科协七届三次全会。会议听取并审议通过区科协七届三次全委会工作报告，表决通过区科协七届委员会常委、委员的任免事项。会议号召全区各级科协及所属团体，以科学发展观统领各项工作，发挥党和政府联系科技工作者的桥梁纽带作用，坚持为经济社会发展服务、为提高全民科学素质服务、为科技工作者服务，为区的改革发展稳定做出新贡献。 （顾呈健）

【中小学生爱鸟周宣传活动】 4月10日，区中小学生爱鸟周宣传活动在长风公园举行。活动以“科学爱鸟护鸟，保护生物多样性”为主题，通过野外观鸟识鸟竞赛、宣传版画制作和现场绘画，倡导青少年从自身做起，不食用野生动物，自觉构建人与自然和谐社会。 （顾呈健）

【区少年科学院小院士与院士同览世博】 7月2日，上海世博会公众参与馆“相约名人堂——与院士一起看世博”普陀专场活动举行。中国工程院院士、同济大学教授郭重庆走进“名人堂”，与区少年科学院小院士代表一起携手看世博。区少年科学院于2001年成立，至2010年，已培养248名少年院士。这次活动，通过世博会平台，为青少年创造一次与院士专家近距离接触的机会，激发青少年学习科学知识、参与世博的热情，提升青少年科学素养。 （顾呈健）

2010年普陀区科学技术协会业务主管科技团体一览表

序号	团体名称	成立年份	会员数		负责人
			个人（人）	团体（个）	
	合　计		4416	655	
1	普陀区医学会	1960	597	17	姜士德
2	普陀区电子电器学会	1978	68	5	张金祥
3	普陀区环境科学学会	1979	400	6	黄昌发
4	普陀区理科学会	1980	210		杨　杰
5	普陀区建筑工程学会	1982	486	36	彭　波
6	普陀区能源科学技术协会	1982	120	16	王　镇
7	普陀区机械工程学会	1984	300	12	程富乐
8	普陀区青少年科技辅导员学会	1984	296	35	郑建国

（续表）

序号	团 体 名 称	成立年份	会 员 数		负责人
			个人(人)	团体(个)	
9	普陀区食品营养学会	1986	142	10	王耀发
10	普陀区化学化工学会	1987	180	14	魏建华
11	普陀区园林学会	1987	80	30	莫国富
12	普陀区节能科技协会	1988		90	李明辉
13	普陀区技术经济联合会	1988	172	2	李治国
14	普陀区制冷工程学会	1996	200	30	张盟杰
15	普陀区民营企业家协会	1999	75	280	梁信军
16	普陀区颗粒学会	2000	60	4	陈邦林
17	普陀区物流技术经济学学会	2001	638	68	陈建国
18	普陀区科普志愿者协会	2004	264		周玉珍
19	普陀区反邪教协会	2007	65		妙 灵
20	普陀区保健刮痧研究会	2008	63		宋 蔚

2010 年普陀区科学技术协会业务主管企业科协一览表

团 体 名 称	成立年份	会 员 数		负责人
		个人(人)	团体(个)	
合 计		2759	30	
上海复星科技(集团)公司科协	2001	1600	1	汪群斌
上海致达科技(集团)公司科协	2001	828	12	崔大勇
上海华明电力设备制造公司科协	2001	81	1	张惠国
上海久银车库工程有限公司科协	2001	15		祝 宪
上海科油石油仪器设备制造公司科协	2001	50		倪 振
上海旭升精细化工技术研究所科协	2001	15		杨 伟
上海宏泉集团公司科协	2001	50		凌卫民
上海曹杨建筑粘合剂厂科协	2002	30		金爱华
上海升广科技有限公司科协	2002	22		赵忠伟
上海昂泰兰捷电讯集成公司科协	2002	54		王澎涛
上海天地软件园科协	2010	14	16	梁专建

上海市普陀区归国华侨联合会

【概况】 2010 年，上海市普陀区归国华侨联合会（简称区侨联）贯彻落实上海市第十次归侨侨眷代表大会精神，学习市委常委、统战部部长杨晓渡在上海市第十次归侨侨眷代表大会开幕式上的重要讲话，着眼侨情变化，探索侨联工作的新思路、新途径；着眼自身优势，努力为区经济和社会发展服务；着眼侨情要求，推进为侨服务工作多形式、常态化；着眼世博大局，合力开展各项活动，推进侨务文化建设；着眼持续发展，加强侨联自身建设。在区政协十二届四次会议上，侨联界别组共提交提案 6 件，反映社情民意 10 篇。完成《普陀区侨界服务和谐社区建设的调查》报告。区侨联常委、侨界企业家张蓓向青海玉树地震灾区捐赠20万只口罩,价值人民币37.4万元;区侨联常委、侨界企业家邓志忠向区对口帮扶的云南省普洱市和湖南省石门县捐赠进口医疗保健床各8台,价值人民币40余万元;区侨联常委、侨界企业家林勇在石门县投资50万元,帮助贫困地区开发茶园建茶厂。为上海西北物流园区引进投资1000万元项目1个,组织同济医院"海归"医学专家赴革命老区江苏省海安县提供医疗培训、咨询服务。世博会期间,各街道、镇侨界人士参加"社区为世博争光"活动,120名侨界人士参加梅川路休闲街志愿者执勤活动。11月16日,市侨联召开"亲情中华世博行"表彰大会,区侨联获"优秀组织奖",40名侨界人士获"世博优秀志愿者"称号。在上海市第十次归侨侨眷代表大会上,普陀区有2个集体和8名个人受到表彰,区侨联常委杨长青获上海市"侨界十杰"称号。 (葛惠桃)

【第六次归侨侨眷代表大会】 1月5日,普陀区第六次归侨侨眷代表大会在区图书馆召开。市侨联党组书记李葳萍,区委书记周国雄,区委副书记、区长孙荣乾,区人大常委会主任叶维华,区政协主席林爱娟等区四套班子领导以及区各民主党派、人民团体和有关部门的负责人出席。华东师大侨联等单位向大会发来贺信、赠送花篮。区科协代表区各人民团体向大会致贺词。李葳萍、周国雄分别向大会表示热烈祝贺,并对侨联工作提出新的要求。大会审议通过游华基代表区侨联第五届委员会所作的工作报告,选举产生第六届委员会委员、常委,葛惠桃当选为区侨联第六届委员会主席,王行恒、张志枫、祝德秋、袁刚、徐伟德、徐肇启、黄东雅等7人当选为副主席。 (葛惠桃)

【迎世博摄影大赛】 由市侨办、上海世博事务协调局、市新闻办、市摄影家协会主办,区侨联承办的"快乐的城市,快乐的人"迎世博摄影大赛,于2009年6月在上海游艇会所举行开拍仪式。2010年4月16日,迎世博摄影大赛颁奖大会暨获奖作品展揭幕仪式在区图书馆举行。此次摄影大赛被列入全区性迎世博重要文化活动,经过10个月的摄影活动,在来自国内外1.4万幅摄影作品中,评出一、二、三等奖共200幅作品进行表彰。区委书记周国雄和主办方领导出席颁奖仪式。 (葛惠桃)

【第十一届世界华人学生作文大赛颁奖大会】 区侨联落实活动场所,搭建平台,协助市侨联筹备由中国侨联、中央电视台、《快乐作文》杂志社主办第十一届世界华人学生作文大赛颁奖大会暨"亲情中华世博行"——海外教师培训班和获奖学生夏令营。8月4日,来自美国、加拿大等国家和地区的100余名华人师生在洋洋显达度假酒店参加第十一届华人学生作文大赛颁奖大会,共有50篇作文获奖。中国侨联副主席乔卫,市委常委、统战部部长杨晓渡,区委常委、统战部部长夏斯德参加颁奖大会。此次活动成为海内外华人作文教育的一项重要活动和促进华人教育事业的一个特色品牌。 (葛惠桃)

【全国著名画家作品展】 为纪念9月3日上海世博会尼泊尔国家馆日,区侨联联合上海炎黄画院、上海海上书画院及侨商会,共同承办"庆百年世博,迎和平之火"全国著名画家作品展,于8月13日在刘海粟美术馆普陀展览分馆举行开幕仪式。展出徐昌铭、白丁、李景林等160名画家的作品220幅。由区侨商会企业家出资,把被联合国科教文组织认定的"和平之火",从释迦牟尼出生地——蓝毗尼专程迎送到上海世博会尼泊尔国家馆点燃,为中尼友谊和文化交流谱写新的篇章。尼泊尔国家馆馆长释卡亚参加画展开幕剪彩仪式,并对迎取"圣火"之举给予高度赞扬。 (葛惠桃)

【《侨益法》颁布20周年纪念征文活动】 2010年,是《中华人民共和国归侨侨眷权益保护法》(简称《侨益法》)颁布实施20周年。区侨联以纪念《侨益法》颁布20周年为契机,总结近年来维护归侨侨眷权益工作的经验,开展纪念《侨益法》颁布20周年征文活动,要求归侨侨眷和相关人士将20年来在维护归侨侨眷权益方面的所见所闻、所思所想、亲身经历、感悟启示等以文字形式报送区侨联。活动期间,共收到征文11篇,其中区侨联副主席徐肇启《依法维护"侨益"的点滴体会》和侨眷郎济春《为〈侨益法〉叫好》2篇征文受到市侨联表彰,并被收入市侨联纪念《侨益法》颁布20周年征文集。 (葛惠桃)

【为侨服务凝聚侨心】 2010年,举办"侨之春"春节团拜会,邀请市侨办、市侨联、区委统战部领导向老归侨拜年,并现场为老归侨提供法律和健康咨询服务。元宵节,举办"侨之心"形

1月5日,普陀区第六次归侨侨眷代表大会召开 (张 嫣/摄)

势报告会。中秋节，举办“侨之情”电影招待会。每次活动都为老归侨送上节日慰问品。安排4批80名老归侨到上海市“侨爱心”休养中心疗休养；组织140名老归侨到区中心医院体检；为25名生活比较困难的老归侨送上慰问金7500元；为33名老归侨申办慈善医疗卡。在春节、国庆和高温期间走访慰问区侨联历届原领导、顾问，侨界代表人士及回国探亲的区侨联海外委员。组织各街道、镇侨联分会在节假日及高温期间走访慰问老归侨，为生活困难的老归侨发放慰问品和补助金，在全区初步形成为老归侨帮困维权机制。

（葛惠桃）

上海市普陀区红十字会

【概况】 2010年，区红十字会围绕服务民生、促进社会和谐、服务上海世博会工作目标，完成群众性现场初级急救培训三年政府实事项目。提高人道救助实力，全年接受社会各界捐赠款物1156.2万元，其中爱心善款1033.51万元，物资价值122.69万元。举办“世博·普陀献爱心”慈善演唱会，推进“阳光成长”救助服务。实施社区困难“失智老人关怀”项目，深化“夕阳陪伴”助老服务。加强社区报灾救灾，开展海地、青海玉树、甘肃舟曲等地自然灾害的赈灾募捐。推进学校红十字工作，新杨中学、宜川中学附属学校、联建小学被市红十字会命名为“上海市红十字工作达标学校”。召开冠名红十字医疗机构工作评估会。接待瑞士杜南·莫瓦尼埃协会3名国际红十字运动创始人的后人到区参访。开展“5·8世界红十字日”、“世界急救日”、《中华人民共和国红十字会法》颁布纪念日、世界艾滋病日等主题宣传活动，传播红十字精神。区红十字会获市红十字会2006—2010年度“五五”普法二等奖。 （梁　斌）

【成立红十字事务中心】 2月3日，成立普陀区红十字事务中心，王蓓任副主任。红十字事务中心围绕“保护人的生命和健康”红十字宗旨，服务世博、服务民生，参与完成救护培训三年政府实事项目，参与举办“世博·普陀献爱心”慈善演唱会，参与完成玉树、舟曲等地的赈灾募捐工作。

（梁　斌）

【红十字特色服务】 4月，组织271名区世博城市服务站点志愿者开展救护知识技能培训，其中培训救护员79人、普及192人。5月17日，接待比利时政府弗拉芒社会福利、公共卫生和家庭部长，比利时世博事务政府总代表以及中国红十字会副会长郝林娜等一行参观长寿社区学校、长征镇金沙雅苑红十字服务站。6月5日，向区世博城市服务工作站赠送52只红十字医药箱。8月，开展“世博送关爱”活动，向576户困难家庭发放帮困金11.52万元。5月20日、10月20日，分别组织机关工作人员、大学生志愿者到世博园区参观红十字会与红新月会国际联合会馆。12月30日，区红十字会及真如镇、长征镇、甘泉街道红十字会被市红十字会授予“服务世博组织奖”，长风街道红十字会获“服务世博优秀组织奖”，于井子、李保山、陈月萍、钱旭峰、陶金宝、曹杰、熊永红等7名红十字工作者获“世博红十字志愿服务奖”。

（梁　斌）

【完成救护培训政府实事项目】 2010年，全区完成救护员培训2059人、市民普及培训17326人。3年共完成救护员培训6832人、市民普及培训52725人，完成率分别为112.29%、102.18%，超额完成政府三年实事项目。9月26日，召开“急救为人人·和谐庆世博”救护培训政府实事项目总结会，9个街道、镇成立群众性救护队，向10个社区卫生服务中心赠送培训器材，向社区红十字服务站赠送轮椅车100辆、急救包264只。全区社区红十字服务站轮椅车、急救包等配备率达到100%。

（梁　斌）

【家庭防灾自救培训】 11月15日，胶州路718号居民大楼发生特大火灾后，区红十字会向静安区红十字会紧急援助10万元救灾款。11月19日，响应市政府《关于切实做好消防和安全生产工作的通知》精神，会同区妇联、公安普陀分局消防支队在曹杨社区学校举办家庭防灾自救培训会，对300余名街道、镇红十字会干部、红十字救护队员，居委妇代主任及各小区10楼以上居民代表进行火灾自救互救知识培训，并向社区及家庭发放家庭急救包746只。

（梁　斌）

【赈灾募捐】 2010年，区红十字会发扬人道主义精神，发动各级红十字会开展应对自然灾害的赈灾募捐活动。1月13日，加勒比岛国海地地震，共募集捐款21.8万余元。4月14日，青海玉树地震，共募集救灾款523.2万元。8月7日，甘肃舟曲泥石流灾害，共募集救灾款45.8万余元。

（梁　斌）

【迎春募捐帮困活动】 1月1日，区红十字会会同区体育局举办2010年普陀区元旦慈善长跑活动，启动“千万人帮万家”迎春募捐帮困活动。元旦、春节期间共慰问社区困难家庭中的肿瘤病患者、精神病患者、遭遇意外灾害的生活困难者、麻风病致残者等720户困难家庭，资助帮困款39万余元。2月10日，向区精神病防治中心702名休养员赠送价值270.79万余元的御寒衣物。1月10日，长征镇红十字会承办“中环商务杯”迎春慈善登高邀请赛，募集善款82万余元。

（梁　斌）

【“世博·普陀献爱心”慈善演唱会】 4月10日，区红十字会会同区妇儿工委在区图书馆举办“世博·普陀献爱心”慈善演唱会，市妇联主席张丽丽，区委书记周国雄，市红十字会副会长孙大红，区人大常委会副主任曹玉茂、陆永新，副区长、区红十字会会长景莹，区政协副主席柴晓苗等与社会各界人士共800余人参加活动。活动得到郑丁培芳、丁子峻、杨千嬅、丁子高等香港爱心人士和著名艺人的支持，共筹集人道救助资金200万元，用于身患重病、残疾、孤儿、自闭症等困难

4月10日，举办“世博·普陀献爱心”2010慈善演唱会　（梁　斌/摄）

儿童，让他们分享世博和人道救助服务。（梁　斌）

【“阳光成长”救助服务】　1月28日，区红十字会会同区人口计生委在桃浦镇举行“关爱独生子女困难家庭迎春特别行动”，向桃浦镇新上海人0—3岁独生子女困难家庭定向捐赠价值38.7万元的奶粉。2月3—5日，会同区妇儿工委、妇联、教育局以及上海新波生物技术有限公司等爱心企业进病房、进家庭，慰问6名大病重病儿童，发放救助金6.6万元。六一国际儿童节，组织16名孤儿开展“欢乐世博行”和“阳光成长夏令营”活动，会同区人口计生委组织6名困难儿童观看世博会，其间，募集3.4万元善款救助宜川一村1名被沸水烫伤的5岁女孩。7月18日，联合民间组织Tomato·Club（番茄会）举办“阳光成长计划”助学活动，募捐2200元，资助2名贫困中小学生。12月19日，会同Tomato·Club（番茄会）举办“2010非番の约”迎新活动，向困难学生捐赠羽绒服和保暖鞋。全年救助造血干细胞移植成功的白血病患者4人，支付医疗救助金24万元。（梁　斌）

【关怀社区“困难失智老人”】　2010年，通过向72名社区“困难失智老人”免费发放成人尿片尿裤等护理用品，共支出救助金20.64万元。长风街道红十字会联合华东师大成立大学生志愿服务队，为社区“困难失智老人”提供志愿服务。10月19—22日，举办首期社区居家老年介护培训班，36名学员取得证书，推进“困难失智老人”关怀服务项目。（梁　斌）

【“夕阳陪伴”助老服务】　10月16日，组织20余名红十字志愿者，为甘泉敬老院27名老人开展测量血压、拍摄彩照等服务，并送上重阳糕。长寿街道红十字会组织上海第二军医大学专家为老年人健康检测，组织志愿者为老人免费理发。长风街道红十字会组织大学生志愿者到白玉敬老院曹家巷分院开展“爱在深秋”慰问孤老活动。真如镇红十字会领导到真如、真光敬老院与241名老年人共度重阳节，并组织桐柏高级中学红十字青少年与清四小区“空巢老人”开展结对服务。甘泉街道红十字会在周家巷小区为40名老人举办“唱响世博·璀璨夕阳”重阳祝寿活动。石泉街道红十字会组织志愿者坚持每天早晨为9名75岁以上独居老人倒马桶。（梁　斌）

【10.34万名儿童参加少儿医保】　2010学年，全区10.34万名儿童参加少儿医保，参保率99.37%。区少儿住院基金办公室认真做好网上流转、零星报销居保业务，各定点医院共支付医疗费用289.6万元，有3056人次受益；接受报销480人次，报销109.19万元。（梁　斌）

【宣传与传播红十字精神】　3月1日，组织31名遗体捐献志愿者和实现者家属到福寿园参加瞻仰活动，纪念《上海市遗体捐献条例》颁布日。3月5日，长风街道红十字会组织红十字会干部、红十字志愿者近百人在社区服务中心开展学雷锋便民利民服务。5月8日“世界红十字日”，各街道、镇红十字会在社区以拉横幅、设展板、办讲座、发资料、举行逃生急救演练等形式宣传世博，开展红十字特色服务；晋元高级中学238名高三学生以自愿加入造血干细胞捐献志愿者资料库上海分库的形式庆祝“世界红十字日”。9月26日“世界急救日”，在《新普陀报》登载一期宣传专版，各街道、镇红十字会在社区单位、公园、商场、世博服务站点等场所开展救护知识宣传和急救演练，发放《灾害与意外》避险逃生应急手册。10月31日，在区政务平台、门户网站开展纪念《中华人民共和国红十字会法》颁布17周年宣传活动。甘泉街道红十字会组织50名红十字志愿者开展红十字运动基本知识和法律法规竞赛。12月1日，区红十字会和真如镇红十字会在上海中亚建设工程有限公司广场开展纪念第23个“世界艾滋病日”纪念宣传活动，向外来务工人员和市民发放宣传资料450份、安全套1200只。（梁　斌）

上海市普陀区残疾人联合会

【概况】　2010年，上海市普陀区残疾人联合会（简称区残联）与残工委各成员单位协同合作，完成残疾人康复、就业培训、救助、社会保障、维权等各项年度工作任务，编制残疾人事业发展“十二五”规划，推动残疾人事业新发展。宣传2010年上海世博会，印制并发放2万只世博宣传环保袋、2000本盲人迎世博宣传读本。结合残疾车年检，向残疾车主发出文明倡议。组织残疾人表演艺术团参加2010年上海世博会城市文化广场周周演活动。组织719名残疾人参观世博“生命阳光馆”。残疾人各专门协会根据残疾人特点，举办纳凉晚会、演讲、征文、邮品交流等活动。建立区残疾人活动中心，加强社区助残员队伍管理，按照“三个阳光”（阳光之家、阳光心园、阳光基地）需求设置岗位，充实人员，推进区残疾人综合服务中心建设。召开区残联五届四次主席团会议，增补宋胜利、姚金彪为五届主席团委员，选举宋胜利为五届主席团副主席、执行理事会理事长。至年底，有户籍持证残疾人 18831 人，其中肢体残疾 8182 人、视力残疾 3167 人、听力残疾 1564 人、言语残疾 172 人、智力残疾 2651 人、精神残疾 2641 人。（王凤霞）

【创建全国残疾人工作示范城市达标城区】 2007 年，市政府下达创建全国残疾人工作示范城市区县任务书。经历 3 年的创建，把改善残疾人生活状况作为创建工作的出发点和落脚点，对照创建工作 136 个目标和相关要求，发挥区残工委各职能部门作用，逐一细化目标责任，全面推进创建工作。2010 年 3 月 27 日，中国残联和上海市残联联合验收组对普陀区创建工作进行检查验收，在实地察看和听取情况介绍后，充分肯定区创建工作所取得的显著成绩，授予普陀区“创建全国残疾人工作示范城市达标城区”称号。（张有富）

【建立 9 所“阳光基地”】 至 6 月底，9 个街道、镇 9 所“阳光基地”全部建成并投入使用，累计投入资金近 460 万元，提前半年完成任务。基地共吸纳残疾人 130 人，切实解决就业困难残疾人的医疗、养老、劳动收入等基本保障问题。同时，通过基地劳动培训，有 10 人走向社会，实现正式就业。（游余芳）

【残疾人康复服务】 2010 年，制定《关于肢体残疾人矫治手术医疗费用和安装假肢、矫形器贫补费用的暂行规定》，对肢体残疾人矫治手术医疗费用和肢体残疾人安装假肢、矫形器的费用给予补贴。开展残疾人健康免费体检，完成市级健康体检 2609 人、区级健康体检 1903 人。加强残疾车管理，全年年检残疾车 984 辆，更新

9 月 11 日，组织残疾人参观上海世博会（张丽君/摄）

281 辆。开展残疾人“送康复服务上门”，受益 2230 人。为 320 名 0—16 岁残疾儿童实施复康救助，为 660 名重残无业残疾人提供居家养护服务，为 279 名重残无业人员提供机构养护，为 46 名有需求的精神病人新增免费服药品种。常规配发辅助器具 5877 件，受益残疾人 5002 人次。（何祖伟）

【残疾人就业保障】 全年帮助残疾人就业 227 人，完成市残联下达指标的 203%，应届残疾大学毕业生就业率 100%。制定《普陀区促进残疾人就业的扶持办法》，补贴金额 15 万元。完成残疾人技能培训 977 人次。（游余芳）

【帮困送温暖活动】 年内，开展帮困送温暖活动，帮困 13842 人次，帮困经费 276.8 万元；重残无业人员享受医疗帮困 2107 人，提供救助款 112 万元；申报残保金 620 家，收缴金额 4334 万元；“扶残助学春雨行动”中，291 人享受助学补贴，发放助学款 66.55 万元。（游余芳）

【残疾人文化体育活动】 2010 年，组织残疾人文化体育活动。根据视力残疾人的特点，创编盲人足球操（舞）《铃儿响叮当》，填补盲人舞蹈空白；组建 9 个街道、镇残健融合龙舟队和区盲人协会、聋人协会龙舟队，共 11 支队伍约 160 名运动员、领队参加 2010 年普陀区端午节城市龙舟国际邀请赛暨普陀区城市龙舟残健融合赛、区中学生城市龙舟锦标赛；组织 95 名肢体、盲、聋残疾人参加上海市群众性体育比赛。承办 2010 年上海市聋人桥牌赛，18 个区县 181 名运动员、教练员和工作人员参与比赛。各街道、镇开展每周社区特奥活动 48 次，参与社区特奥活动 8640 人次。（张丽君）

【残疾人维权服务】 2010 年，接待来信、来访、来电 406 件次，处理、办结率均 97% 以上。建立区无障碍建设督导三级网络，完成创建全国无障碍城市建设目标。配合区建交委等部门对全区公共服务场所进行无障碍督导 3327 人次，督导检查各类单位 1751 家；采集无障碍设施地理信息数据 2000 多条；完成 11 户示范型家庭无障碍改造，为 353 户残疾人家庭安装无障碍扶手等设施。（张有富）

上海市普陀区台胞台属联谊会

【概况】 2010 年，上海市普陀区台胞台属台联谊会（简称区台联）坚持“围绕中心、突出特色”的工作原则，团结全体台胞台属，认真履行职能，完善工

11月12日,区台联理事等瞻仰中山陵　　（徐明珠/摄）

作机制,联谊交友,开创台联工作新局面。组织台胞台属参加台情报告会和涉台讲座等专题学习活动,提高大家对党的对台政策、海峡两岸局势和台湾参与上海世博会情况的了解与认识,增强台联凝聚力和影响力。世博会期间,组织台胞台属参观世博园区,为了解世博、参与世博、宣传世博创设氛围;由20名老、中、青台胞台属组成的志愿者服务队,参加梅川路休闲街中心广场城市文明志愿者活动。履行参政议政职能,以课题调研为工作纽带,发挥台胞台属界别政协委员作用,为开展涉台教育献计出力,参与涉台教育专题调研,对涉台教育现状进行认真梳理和分析后,就涉台教育的原则、目标、载体、评价等方面提出意见建议,推进涉台教育持续、有效开展。（徐明珠）

【建立通讯员队伍】 为使居住在普陀区的台胞、台商、台属的信息及时反馈到区台联,更好地为台胞台属提供服务,9月16日,成立区台联通讯联络服务队,有通讯员12人。通讯员的主要任务是将发生在台胞、台商、台属的身边事及时反馈,然后由区台联根据台胞台属需求提供服务。年内,共为台胞、台商、台属办12件实事。（徐明珠）

【老台胞了却心愿】 12月,83岁的中国福利会幼儿园退休职工、中共党员、台胞柯倩与上海宋庆龄基金会办理捐赠协议,表示去世后将把产权房（价值90余万元）和全部存款20余万元作为特殊党费捐赠给慈善事业,资助贫困地区幼儿教育;并与上海市红十字会办理眼角膜和遗体捐赠手续,希望身后能给需要的病患带来光明,为医学研究服务。她说,是党和祖国给了我一切,我要把一切献给党、献给祖国。（徐明珠）

【谒拜中山陵】 11月12日,正值孙中山诞辰144周年纪念日,区台联理事30余人在会长王金荣带领下,到南京中山陵,瞻仰孙中山陵寝。大家怀着对孙中山的崇高敬意和缅怀之情,排着整齐的长队,有序地瞻仰中山陵,缅怀孙中山的丰功伟绩。（徐明珠）

上海市普陀区少数民族联合会

【概况】 2010年,上海市普陀区少数民族联合会（简称区民族联）围绕"参加世博、服务世博、奉献世博"的主题,结合区少数民族志愿者工作实际,开展各项工作。4月26日,组织150名少数民族志愿者参观世博园区。7月1—12日,组织156名少数民族世博志愿者参加梅川路休闲街"迎世博文明岗"执勤。区民族联被市民宗委评为上海市世博工作先进集体。区民族联联系碧真饭店协助回民小学解决回族师生清真午餐供应,保证回族师生的饮食习惯。10月15日,举办"颂祖国、庆世博、话重阳"招待会,向长期以来默默无闻、无私奉献的退休少数民族干部表示感谢。（李　颖）

【第五次少数民族代表大会】 3月30日,普陀区第五次少数民族代表大会在区政府中心会场召开。市民族联会长火恩杰,中共区委常委、区政协副主席、统战部部长夏斯德等出席并讲话。130名少数民族代表参加会议。会议由达良俊主持,陶凤珍作《普陀区少数民族联合会第四届委员会工作报告》,修改并通过《普陀区少数民族联合会章程》,选举产生区民族联第五届领导班子和委员,伍贤民任第五届区民族联会长,达良俊、彭波、马琦、张宇艳等任副会长。会后,召开普陀区少数民族联合会第五届委员会第一次全体会议。（李　颖）

【来沪少数民族"双语"学习班开学】 12月24日,普陀区来沪少数民族"双语"（汉语、维吾尔语）学习班在沪西清真寺举行开学典礼,市民族联、中共区委统战部、新疆自治区驻沪办、华东师大等10余个单位领导出席开学典礼,为学员颁发证书。市民族联会长火恩杰讲话,他肯定普陀区来沪少数民族的服务管理工作,祝贺普陀区少数民族"双语"班圆满成功,为上海推广该项工作打下扎实基础。学习班招收20余名来沪维吾尔族学员,他们多为青年男女。区民族联集中为他们注册、拍照、做学员卡,并对首批学员的文化程度、知识状况进行摸底考核,准备教学所需物品和教材,制订教学大纲,选配以新疆自治区驻沪办工作人员和华东师大教师为主的师资队伍。学习班教学内容包括日常用语、法制法规、上海方言及风土人情介绍、普通话、商业用语、商业合同等基础知识,

12月24日，普陀区来沪少数民族"双语"学习班举行开学典礼
（白忠富/摄）

每周上课1次。并从9个街道、镇安排20名人员参加学习维吾尔族简单生活用语，熟悉他们的生活习惯及当地的风土人情等，与少数民族学生进行一帮一、一对一交流。（李 颖）

【为贫困家庭送温暖】 2010年，区民族联整合社会资源，筹措6万余元，资助少数民族困难群众250人次。区民族联会同市民族联、市妇联、市残联等部门帮助少数民族解决生活中的实际困难，解决就业5人，为来沪少数民族解决8起子女入学问题。（李 颖）

【做好来沪少数民族的稳定工作】 世博会期间，区民族联共处置7起维稳事件。一来沪少数民族人员与乐购超市因店铺转租引发纠纷，聚集100余人在乐购超市采取过激行为，并扬言闹事。根据区领导要求，做好该来沪少数民族人员思想工作，配合有关部门妥善处理这一纠纷。（李 颖）

【民族联理事夜游苏州河】 中秋前夕，组织全体理事夜游苏州河，观赏苏州河两岸的美丽夜景，感悟上海世博会主题——"城市，让生活更美好"。看到改革开放的成果，苏州河两岸的巨变，普陀区呈现的一片新面貌，理事们感慨万分。（李 颖）

上海市黄埔同学会普陀区工作委员会

【概况】 2010年，上海市黄埔军校同学会普陀区工作委员会（简称区黄埔同学会工委会）开展海内外联络工作，加强宣传，扩大影响，广交朋友，增进友谊。邀请黄埔同学到区参观访问，交流海内外和海峡两岸发展情况，宣传改革开放和和平统一方针政策，参与接待海内外朋友40余人次，其中台湾将军级军官12人。向国内外发出信件60余件、贺卡190余件，其中寄给海外和台湾的原将级军官黄埔同学有36件，电话交流30余次，通过相互沟通，增进黄埔同学友谊，促进两岸民间交往。做好春节前慰问黄埔同学以及冬季、夏季登门家访慰问工作。至年底有会员7人。（李培芳）

【撰写宣传稿件10篇】 2010年，区黄埔同学会工委会撰写各类稿件10篇，多为报刊杂志采用，分别发表在《联合时报》、《上海黄埔》、《践行科学发展观》、《新中国名人档案·经典理论篇》等刊物上。有3篇分别获特等奖、一等奖及优秀作品。区黄埔同学会工委会主委夏世铎被中国艺术家交流协会推选为终身名誉主席，同时将夏世铎的事迹、作品及个人简历列入建国60周年珍藏精品系列，由文化部门、文艺机构、全国各大名校、图书馆、博物馆传阅和永久收藏。夏世铎撰写的《难忘的历程、神圣的使命》获"世界重大学术创新成果"特等奖，并将全文刊登在《世界重大学术创新成果获奖经典》（中文版Ⅲ）中，该书由中国国际交流出版社出版发行。（李培芳）

【举办各类座谈会】 2010年，召开春节茶话会、传达区"两会"精神学习会、举办纪念上海市黄埔军校同学会成立25周年座谈会、与西南联大上海校友会联合举行纪念中国人民抗日战

3月22日，纪念上海市黄埔同学会成立25周年座谈会
（李培芳/摄）

争胜利65周年座谈会，以及庆祝中华人民共和国成立61周年座谈会等，通过各项活动使黄埔同学及家属深受教育，大家表示要发扬黄埔爱国精神，发挥黄埔同学和后代的作用，传承黄埔精神，联络海内外黄埔同学及家属后代，为促进两岸交流祖国统一发挥应有的作用。（李培芳）

【开展联络工作】 2010年，接待黄埔军校第十七期旅美同学和原中国民主和平统一策进会监事、原台湾瑞致有限公司董事长郑忠明以及山西省曲沃县政协常委、黄埔同学杨基庆，促进海峡两岸黄埔同学之间的联络交流。夏世铎应邀赴北京参加毛泽东思想学术研究会与中华爱国主义精神联合会联合在北京举办的“共和国不会忘记——2010中国时代先锋人物颁奖典礼暨新书首发式”大型系列活动，夏世铎被授予“2010中国时代先锋人物”称号，并参加在卢构桥举行的“爱我中华宣誓”，赴革命圣地西柏坡参观访问。（李培芳）

其他社会团体

【概况】 至2010年底，在区民政局登记注册的社会团体有117个，比上年减少1个。年内，变更2个：上海市普陀区民间组织促进会更名为上海市普陀区社会组织促进会，上海市普陀区食品安全协会更名为上海市普陀区食品药品安全协会；注销1个：上海市普陀区广告协会。（严　坚）

2010年普陀区社会团体名录

序号	名　称	序号	名　称
1	上海市普陀区各地投资企业协会	30	上海市普陀区建筑工程学会
2	上海市普陀区体育总会	31	上海市普陀区终身教育协会
3	上海市普陀区信鸽协会	32	上海市普陀区电子电器学会
4	上海市普陀区足球协会	33	上海市普陀区有害生物防制协会
5	上海市普陀区计划生育协会	34	上海市普陀区颗粒学会
6	上海市普陀区企事业单位治安保卫协会	35	上海市普陀区医学会
7	上海市普陀区市场管理协会	36	上海市普陀区石泉路街道老龄工作促进会
8	上海市普陀区税务学会	37	上海市普陀区卫生工作者协会
9	上海市普陀区工商行政管理学会	38	上海市普陀区企事业卫生管理协会
10	上海市普陀区思想政治工作研究会	39	上海市普陀区质量协会
11	上海市普陀区个体劳动者协会	40	上海市普陀区商业联合会
12	上海市普陀区勤工俭学研究会	41	上海市普陀海外联谊会
13	上海市普陀区教育学会	42	上海市普陀区妇女工作促进会
14	上海市普陀区殡葬管理协会	43	上海市普陀区物流技术经济学学会
15	上海市普陀区游泳协会	44	上海市普陀区桥牌协会
16	上海市普陀区田径协会	45	上海市普陀区汽车、摩托车运动协会
17	上海市普陀区政协之友社	46	上海市普陀区老年人体育协会
18	上海市普陀区自行车运动协会	47	上海市普陀区职工技术协会
19	上海市普陀区天主教爱国会	48	上海市普陀区民营科技企业联合会
20	上海市普陀区少数民族联合会	49	上海市普陀区基督教三自爱国运动委员会
21	上海市普陀区会计学会	50	上海市普陀区台胞台属联谊会
22	上海市普陀区理科学会	51	上海市普陀区花卉协会
23	上海市普陀区青少年科技辅导员协会	52	上海市普陀区集邮协会
24	上海市普陀区环境科学学会	53	上海市普陀区助残者协会
25	上海市普陀区园林学会	54	上海市普陀区宜川路街道老龄工作促进会
26	上海市普陀区化学化工学会	55	上海市普陀区少数民族体育协会
27	上海市普陀区技术经济联合会	56	上海市普陀区肾友联谊会
28	上海市普陀区能源科学技术学会	57	上海市普陀区曹杨新村街道老年协会
29	上海市普陀区机械工程学会	58	上海市普陀区收藏协会

（续表）

序号	名　称	序号	名　称
59	上海市普陀区节能科技协会	89	上海市普陀区光彩事业促进会
60	上海市普陀区中学语文教育研究会	90	上海市普陀区真如镇促进就业联谊会
61	上海市普陀区拥军优属协会	91	上海市普陀区长风新村街道老龄工作促进会
62	上海市普陀区真如镇老龄工作促进会	92	上海市普陀区甘泉路街道老龄工作促进会
63	上海市普陀区私营企业协会	93	上海市普陀区桃浦镇老龄工作促进会
64	上海市普陀区食品营养学会	94	上海市普陀区职工优秀人才发展促进会
65	上海市普陀区社区体育协会	95	上海市普陀区科普志愿者协会
66	上海市普陀区外商投资企业协会	96	上海市普陀区旅游协会
67	上海市普陀区真如足球协会	97	上海市普陀区监察学会
68	上海市普陀区社会组织促进会	98	上海市普陀区价格协会
69	上海市普陀区长寿路街道老龄工作促进会	99	上海市普陀区民防协会
70	上海市普陀区退休教育工作者协会	100	上海市普陀区书法协会
71	上海市普陀区市容环境卫生协会	101	上海市普陀区创业者协会
72	上海市普陀区烹饪协会	102	上海市普陀区原工商业者俱乐部
73	上海市普陀区木兰拳协会	103	上海市普陀区美发美容协会
74	上海市普陀区摄影协会	104	上海市普陀区新的社会阶层代表人士联谊会
75	上海市普陀区民营企业家联谊会	105	上海市普陀区食品药品安全协会
76	上海市普陀区劳动模范协会	106	上海市普陀区反邪教协会
77	上海市普陀区学校美育研究会	107	上海市普陀区环境保护协会
78	上海市普陀区建筑业联合会	108	上海市普陀区人民调解协会
79	上海市普陀区社会工作者协会	109	上海市普陀区社会帮教志愿者协会
80	上海市普陀区劳动和社会保障协会	110	上海市普陀区企业家慈善联谊会
81	上海市普陀区制冷工程学会	111	上海市普陀区企业联合会
82	上海市普陀区安全生产促进会	112	上海市普陀区信息产业企业家联谊会
83	上海市普陀区城市规划协会	113	上海市普陀区保健刮痧研究会
84	上海市普陀区社会治安管理协会	114	上海市普陀区梅川路休闲街业主联谊会
85	上海市普陀区学校书画研究会	115	上海市普陀区八卦掌拳术协会
86	上海市普陀区癌症康复俱乐部	116	上海市普陀区志愿者(义工)协会
87	上海市普陀区企业合同信用促进会	117	上海市普陀区城市龙舟协会
88	上海市普陀区长征镇老年协会		

八、工业·产业园区

综　述

2010年，围绕经济转型发展，积极推进产业结构调整，加快转变经济发展方式。完成《普陀区产业结构调整方向研究》、《普陀区物流产业现状、问题与对策研究》课题调研；制定《普陀区促进产业园区发展“十二五”规划》，以产业结构调整为主线，明确产业规划和功能定位。确立推进结构调整、推进重点园区建设、提升科技园区能级、推进创意园区发展、加快工业园区转型、建设公共服务平台六大任务，制定促进产业园区发展的保障措施，凸显区域优势和特色，更好地推进产业园区健康、有序、可持续发展。

年内，较好地完成各项经济指标和工作任务。企业结构调整加快，全区淘汰15家劣势、危化品企业。园区经济发展态势良好，上海西北物流园区保税物流中心（B型）正式封关运行；同济大学中国物流研究与培训中心正式挂牌成立；M50创意园和天地软件园成为市首批15家示范创意产业集聚区之一。此外，天地软件园还获得2010年度创意产业集聚区产业贡献奖及公共服务建设奖，M50创意园获公益活动组织奖。节能减排工作进一步推进，继续实施“十大节能工程”，落实“绿色照明工程”，推进燃煤锅炉改造。完成高耗能、高污染企业淘汰工作；实施企业设备技术改造项目，加强企业能耗监测、预警工作；加强对煤炭及成品油营运企业的管理。开展2010年区节能宣传周活动。加大服务企业力度，年完成各类项目申报102项，获批39项。争取国家财政支持726万元、市级财政支持4648万元、区级财政支持1161.5万元。

（罗高飞　危　薇）

工　业

【概况】 2010年，工业生产呈现恢复性增长，全年工业实现区级税收5.21亿元，比上年增长6.4%，占区级税收比重12.9%，比上年下降0.78个百分点。按税收属地口径计算，全年完成工业总产值228.19亿元，增长18.3%。其中，规模以上工业企业完成产值214.85亿元；规模以上通用设备制造业、印刷业、电气机械及器材制造业、化学原料及化学制品制造业和医药制造业分别完成产值35.9亿元、33.27亿元、27.76亿元、26.54亿元和14.83亿元，占规模以上工业产值的64.4%。工业生产产销衔接良好，工业产销率达99.78%，实现区属工业销售产值227.68亿元，比上年增长18.82%；实现工业出口交货值20.59亿元，比上年增长15.21%，65家骨干企业完成工业销售产值184.57亿元，比上年增长23.79%；其中，年销售产值超过1亿元的有37家，占比56.92%；年销售产值实现增长的有57家，占比87.69%。工业企业经济效益明显好转。全年规模以上工业企业完成主营业务收入221.03亿元，实现利润总额25.65亿元，比上年增长22.5%。规模以上工业企业中盈利企业205家，实现利润27.11亿元，增长30.9%。圆满完成“十一五”规划所确定的工业调整发展各项目标任务。

（罗高飞　危　薇）

【加快产业结构调整】 2010年，加强产业调研，加快产业结构调整，优化资源配置和产业布局。推进桃浦生产性服务业功能区和长征生产性服务业功能区规划建设，引进战略龙头企业，调整不符合园区产业发展导向的企业。开展“三高一低”（高耗能、高污染、高投入、低产出）企业的调整及劣势企业的淘汰工作。年内，淘汰15家劣势企业，其中1家为危化品企业，节约标煤3000余吨。组织企业申报市级产业结构调整扶持资金2200余万元。完成武威东路671坊南块等地块工业用地招拍挂的产业导向前置服务和产业定位工作，确保工业用地合理性。

（罗高飞　危　薇）

【培育孵化创意产业】 2010年，在创意产业的发展中，注重产业结构调整和区域特色相结合，注重产业内涵的提升，推动创意产业集聚区做大做强，充分挖掘苏州河沿线老厂房、老仓库等载体资源，有序推进文化、创意、旅游产业联动发展。加强管理，坚持例会制度，注重抓好集聚区联络员队伍的建设。完善统计制度，做好区创意产业集聚区季度统计及年审工作，促进集聚区健康有序发展。中华印务创意产业集聚区已试运营。Shanghai Top 创意产业集聚区于6月举行开园仪式。（罗高飞　危　薇）

【推进节能减排】 2010年，落实重点能耗企业能源审计制度，组织上海造币厂、上海印钞厂、桃浦热力公司等3家年能耗1万吨标煤以上重点企业实行能源审计。推进燃煤锅炉改造工程，对4吨及以上燃煤工业锅炉进行技术改造和结构调整；对区内主要燃煤工业锅炉进行热工试验、节能评估及摸底调查；对4吨及以上燃煤锅炉使用单位开展“二优一达标”工作。截至年底，全区有4吨及以上燃煤工业锅炉在用单位3家，锅炉11台，其中拆除锅炉2台，完成脱硫装置改造锅炉5台。组织上海长征温室有限公司、上海市曹杨商城有限公司等5家企业实施区级设备技术改造，4家企业已申报市节能技术设备改造项目。推进新产品、新技术节能研发工作，组织上海野尻眼镜有限公司、上海振华造漆厂、上海化工研究院等5家企业开展节能产品研发、清洁生产工作。组织上海宏泉丽笙酒店、上海物贸大厦有限公司等2家企业创建绿色饭店。全区16家参加节能技术改造企业（单位）总计节约标煤6739.56吨。组织12家重点耗电企业开展电平衡诊断工作，对1.67万台节能空调产品的使用情况进行监督核查。在9个街道、镇240余个居委会推广节能灯，共推广节能灯62.4万只，超额完成60万只的目标。（罗高飞　危　薇）

【节能宣传周活动】 6月15—20日，举办以“节能攻坚，全民行动”为主题节能宣传周活动，以推广高效节能产品、高效节能空调、高效节能电机、节能环保汽车等节能产品为宣传重点，引导公众科学消费、绿色消费，营造全社会共同节能的氛围。宣传周活动主要包括“节能宣传周开幕式”、“节能攻坚进商区、近百姓活动”、“节能攻坚进社区、近居民活动”、“节能攻坚进园区、近企业活动”，以及节能知识学习和网上竞赛、重点能耗企业节能培训等内容，把节能工作落实到社会的各个层面，形成区域节能的整体合力。（罗高飞　危　薇）

召开节能减排工作推进大会　（区商务委供稿）

【指导企业创新项目申报】 2010年，加强企业创新项目和专利产品等的申报指导工作。完成诺成药业股份有限公司等10家企业申报国家、市技术改造项目15项，获批5项；上海格力特电子电力有限公司等7家企业申报市高新技术产业化项目8项（含物联网、智能电网专项），获批3项；组织高斯印刷设备有限公司等3家企业申报市级企业技术中心，晨路信息科技有限公司等3家企业申报区级企业技术中心均获批；14家企业申报国家、市中小企业发展专项资金项目14个，获批6个；16家企业申报特色产业中小企业发展专项资金项目16个，获批4个；组织上海华明电力有限公司等4家企业申报专利新产品5项。全年申报项目数和争取各级财政支持资金均创新高。（罗高飞　危　薇）

【一批高科技企业获财政政策支持】 年内，上海电器科学研究所（集团）有限公司、诺成药业股份有限公司申报2010年国家重点技术改造专项资金获批，国家财政分别给予560万元、156万元的财政支持；上海绿新烟包科技股份有限公司、高斯印刷设备有限公司和电科智能股份有限公司申报市级企业技术中心获认定，并获市级财政支持各100万元；中国电子科技集团第五十研究所、上海数字智能化系统工程有限公司、复星医药集团被列入2010年度上海市引进技术吸收创新计划，共获市级扶持资金130万元。（罗高飞　危　薇）

【组团参加第十四届中国国际投资贸易洽谈会】 9月8—10日，区商务委会同区投资办，组织长风生态商务区、真如城市副中心，以及长寿、桃浦等地区的招商人员，赴厦门参加“第十四届中国国际投资贸易洽谈会”。这是普陀区首次组团参加由中国政府主办的国际性展会。作为中国最大的以促进双向投资为目的的国际性展会，共吸引来自68个国家、地区的机构和单位参展。在展会上，普陀区积极宣传区域投资环境和相关政策，并以“长寿商圈、商机无限”及“牵手桃浦、走向共赢”为主题，重点推介长寿综合服务带、桃浦生产性服务业功能区、西北物流园区的情况，引起相关企业与单位关注。（罗高飞　危　薇）

【同济大学中国物流研究与培训中心成立】 3月28日，普陀区人民政府和同济大学联合建设的“中国物流研究与培训中心”（以下简称“中心”）正式揭牌。该“中心”是普陀区与同济大学区校全面战略合作的重要内容之一，也是同济大学发挥知识溢出效应，

3月28日，同济大学中国物流研究与培训中心举行揭牌仪式　　（区商务委供稿）

主动服务区域产业经济发展的又一举措。“中心”依托同济大学，开展物流科学研究与高层次物流人才的培训，集聚物流研究人才，推动物流研究成果的产业化应用，为政府制定物流规划与决策提供支持，为普陀区物流产业发展提供智力与人才支撑。“中心”成立后，举行首次沙龙活动以及专业培训。区商务委会同“中心”完成《普陀区物流业的现状、问题与对策研究》课题。

（罗高飞　危　薇）

【搭建拟上市中小企业与股权投资企业对接平台】　6月13日下午，“长风金融港”正式启动后的第一个项目对接活动——拟上市中小企业与股权投资企业对接会议在长风生态商务区举行，区委常委、副区长裴崎出席会议并讲话。普陀区中小企业占全区企业总数的95%以上，其中科技型企业千余家，一批“专、精、特、新”的民营中小企业，具有较强的市场竞争力和发展潜力，这些企业经济效益良好，上市愿望强烈。在建设“长风金融港”进程中，努力借助股权投资企业和股权投资管理公司在资金募集、股权投资、企业重组和扶持培植中小企业等方面的优势和经验，通过搭建拟上市中小企业与股权投资企业的对接平台，加快金融服务业的发展和集聚，同时发挥股权投资企业资金优势和投资经验，加大对中小企业特别是科技型企业的扶持力度。全区有拟上市中小企业18家，均为科技型民营中小企业，已入驻“长风金融港”或有入驻意向的股权投资企业11家，双方有一定交流合作愿望。裴崎表示，普陀区将设立以财政资金作为引导性投入的产业促进资金，帮助有潜力的中小企业快速成长，争取在一段时间内培育一批上市公司，届时将有限选择在长风金融港落户的有资质的股权投资企业进行合作投资或委托管理。年内，出台一批中小企业上市和促进股权投资企业发展的扶持政策，推动中小企业利用资本市场做大做强，实现区域经济的可持续发展。

（罗高飞　危　薇）

2010年普陀区骨干企业一览表

单位：万元

序号	企业名称	总产值	销售产值
1	上海印钞有限公司	201854.3	201204.3
2	上海皮尔博格有色零部件有限公司	185141.4	177532.2
3	上海施耐德工业控制有限公司	158781.3	158781.3
4	科尼起重机设备(上海)有限公司	127145.4	120536.5
5	上海造币有限公司	107146.4	107083.4
6	上海绿新包装材料科技股份有限公	69969.2	69969.2
7	上海金叶包装材料有限公司	57246.1	67915.4
8	上海科尔本施密特活塞有限公司	56275.2	54420.7
9	上海康鹏化学有限公司	52426.3	52426.3
10	上海高斯印刷设备有限公司	48453.4	52122.4
11	上海和黄药业有限公司	51806.7	50097.2
12	上海华明电力设备制造有限公司	47674.4	47674.4
13	上海先灵葆雅制药有限公司	52355.5	46475.3
14	上海三维制药有限公司	30764.1	37725.8
15	上海白猫股份有限公司	35992.5	34336.5
16	朗盛上海颜料有限公司	32239.4	32127.6

（续表）

序号	企 业 名 称	总 产 值	销 售 产 值
17	上海牡丹油墨有限公司	30798.3	30057.7
18	上海斯瑞聚合体科技有限公司	26645.7	24827.7
19	上海天重重型机器有限公司	23942	23942
20	上海密特印制有限公司	20706.9	21131.7
21	上海相宜本草化妆品制造有限公司	20405.8	20405.8
22	汉高粘合剂有限公司上海分公司	21818.1	19636.7
23	上海曹杨建筑粘合剂厂	18290	18278.4
24	上海申克机械有限公司	16717.3	17919.7
25	利拉伐(上海)乳业机械有限公司	16892.9	16892.9
26	上海力达重工制造有限公司(本部)	13930	14736.8
27	上海协同科技股份有限公司	11621.1	14216.1
28	上海景锋纸业有限公司	14004.7	14008.5
29	江汉石油钻头股份有限公司上海分	11958.9	13294.3
30	上海证券印制有限公司	13034.9	13034.9
31	上海天重重型机械有限公司	12492.8	12492.8
32	荷贝克电源系统(上海)有限公司	11890.5	12198.5
33	上海利电电子有限公司	12147.5	12147.5
34	上海祥好塑胶五金有限公司	11581.4	11493.1
35	上海长空打字机厂	11436.4	11118.9
36	上海磊跃自动化设备有限公司	10826.6	10826.6
37	上海务邦工程设备有限公司	10668	10668
38	上海天田冲剪有限公司	9877.8	9877.8
39	上海尚翔汽车胶管有限公司	10104.6	9742.9
40	上海大丰电子有限公司	9516.5	9427.8
41	上海珍奥企玛生物技术有限公司	9663.4	8653.4
42	上海染料研究所有限公司	8555.4	8402.9
43	上海真林裸铜线有限公司	8267.8	8260
44	上海新华菱文具制造有限公司	8340.3	8045.4
45	艾佩达电子通信设备(上海)有限公	7722	7722
46	上海大宇生化有限公司	7703.8	7703.8
47	上海澳金洁具制品有限公司	7652.5	7652.5
48	上海新奇生电器有限公司	7140	7143
49	上海乐凯纸业有限公司	6637	7028.1
50	上海市工业区开发总公司桃浦热力	6604.6	6604.6
51	上海宜泰兴纸兴有限公司	6483	6452.5
52	安东尼技术玻璃(上海)有限公司	6190.5	6190.5
53	上海大可染料有限公司	6397.6	6187.2
54	兴科空气净化设备(上海)有限公司	6060.8	6060.8
55	上海新杨饲料工业有限公司	6032.8	6032.8
56	上海德银实业有限公司	5617.6	5927.9
57	上海特德拉化学油剂有限公司	5160.2	5801.1
58	上海吉普生办公用品有限公司	4909.9	5776.6

（续表）

序号	企 业 名 称	总 产 值	销 售 产 值
59	上海升广科技有限公司	6626.6	5739.7
60	上海敦煌化工厂	5424.5	5402.1
61	上海华伦仪表电子有限公司	5411.2	5368.2
62	上海标准件机械厂	5282.2	5330
63	尼开电机（上海）有限公司	5168.6	5172.4
64	塔达希时装（上海）有限公司	5113	5113
65	上海亿俊服饰有限公司	5005.9	5087.7
66	上海易隆服饰制造有限公司	5077.1	4849.4
67	上海市染料研究所桃浦实验工厂	4846	4846
68	上海联合仪器配套设备有限公司	4700	4700
69	上海埃梯梯恒通先进水处理有限公	4524	4524
70	上海富慧企业发展有限公司	4465.8	4465.8
71	上海立德精细化工有限公司	4326.3	4326.3
72	上海志昌塑胶电器有限公司	4343.4	4323.5
73	英雄金笔厂有限公司	4020.7	4314.9
74	上海纳薇服装设计有限公司	2452.4	4210
75	上海金隆昊商品器材有限公司	4138.1	4183.2
76	上海锦元文化发展有限公司	4179	4179
77	上海申佳工业气体有限公司	4045	4045
78	上海柯淇化妆品有限公司	4203.7	3958.9
79	上海泉美包装材料有限公司	3765.4	3765.4
80	上海野尻眼镜有限公司	3833.6	3673.5
81	上海儒德染料化工有限公司	3997.4	3655.6
82	上海广电模塑有限公司	3571.9	3571.9
83	上海曹杨医药用品厂	4134.3	3533.9
84	上海铬黄颜料厂	3672.5	3514.4
85	上海雅风企业发展有限公司	3445.7	3428.8
86	上海振浩电子科技有限公司	3410.9	3410.9
87	上海东旺塑料制品厂	3574.5	3390
88	上海彩生色料化学有限公司	3346.5	3346.5
89	上海婧诺面料复合制品厂	3295.6	3295.6
90	星和食品（上海）有限公司	3229.6	3229.6
91	上海铭敬印务有限公司	3121.4	3121.4
92	上海良纺纺织机械专件有限公司	3289	3101.6
93	上海天光化工厂	2940.8	3086.7

产业园区

【概况】 2010年，全区共有各类产业园区16个，在空间上基本形成“1+2+6+N”（1个物流园区、2个生产性服务业功能区、6个科技园区、N个其他产业园区）发展格局，完成淘汰劣势企业139家，通过腾笼换鸟逐步形成各园区的主导产业，园区经济已成为区域经济发展的重要基地。加强产业园区管理服务工作，建立健全园区管理长效机制，推动重点园区（西北物流园区、桃浦生产性服务业功能区和长征生产性服务业功能区）建设。推进桃浦生产性服务业功能区城市形态规划和控制性详细规划、长征生产性服务业功能区控制性详细规划落地。完成桃浦、长征两个生产性服务业功能区的年度评估工作。通过主动走访、定期召开工作例会等形式，深入了解企业发展需求，加强政策宣传力度，帮助企业用足、用好、用活各项政策，为企业发展营造良好的投资环境。

（罗高飞　危　薇）

长风生态商务区

【概况】　2010年，是长风生态商务区按照年度目标任务，克服房地产市场宏观调控对开发建设带来的影响，平稳地推进园区建设，在项目建设、环境配套、土地出让、功能培育、招商引资等方面取得重大进展。一批在建项目落成，按照五星级酒店标准建设管理的上海新发展亚太万豪酒店和上海国丰酒店先后建成营业；长风国际大厦、国浩大厦交付使用；国盛商业中心、长风景畔影视娱乐中心进入招商装修阶段；4A北区3幢写字楼、4C南地块赢华广场、7B臣风大厦施工进入室外总体。3D地块跨采中心、7A商务交通枢纽项目基坑施工；市儿童医院、市妇幼保健中心、区妇幼保健院项目全面开工。全年新建成商办楼宇5幢14.2万平方米，累计建成34幢57万平方米。成功挂牌出让长风8号东、9号西和11号西北地块，总出让建筑面积33.8万平方米，总出让金84.9亿元。3幅地块分别由雅戈尔集团、新加坡国浩集团和庆隆集团获地块开发权，雅戈尔、庆隆集团已与区规划和土地管理局正式签订国有土地使用权出让合同。长风10号北商办地块规划建筑面积22.5万平方米，按照高起点打造总部园区要求进入土地出让程序，并已召开土地出让推介会。围绕“生产、生活、生态”“三生”高标准主题，完成云岭东路50米绿带工程方案征集、评审、环评，立项方案，选址意见分获区有关部门批复，并已建成云岭东路绿带大渡河路部分路段。完成长风工业遗址园南块绿化土方置换和地下管线工程，苗木、草坪种植、主道路基本建成。配合区绿化市容部门，在原有夜景灯光基础上，完成1、4号滨河绿地灯光优化工程。在4号绿地建成苏州河迄今最大游艇码头，游艇泊位达51个，已成功举办上海苏州河观光游船开航和苏州河十八湾彩船夜航启航仪式。1号绿地游艇码头安装工程完成。完成商务区内766路、44路终点站迁移建设，为入驻企业提供交通便利。商务区北新泾35千伏电站升压改造正式启动，泸定路220千伏电站改造进入前期准备阶段。长风商务区内社区中心（含区档案馆、街道办事处）包括商业、服务、管理3个中心，总建筑面积6.8万平方米（地上）方案设计和土地划拨工作启动。注重开发以文化形成区域差异化竞争的软实力，推进特色文化项目建设。年内，长风视觉艺术馆建成开馆，先后举办“光影苏州河”摄影作品展、首届全国高等美术学院公共视觉优秀作品展和中日青少年摄影展等，成为视觉艺术家开展作品展示、学术交流新平台。商标火花收藏馆对外试运行，以“点亮城市、点燃生活”为主题，为市民展示上海从“火柴作坊”到“火箭基地”的沧桑巨变，被命名为“上海市科普教育基地”。成龙电影艺术馆主体及配套施工完成，装修布展进入收尾阶段。工业遗址园已启动绿地工业遗存加固保护工程。年内，商务区加快区域功能集聚，变“招商引资”为“引资招商”，集聚PE、VC等非银行类金融机构，发展金融衍生业务，以长风国际大厦为平台，打造“长风金融港”。加大宣传力度，全力营造“跨采中心在长风”整体概念，协办2010年中国（上海）跨采大会欢迎晚会、论坛等相关活动，取得较大影响。招商引资初显成效，全年引进包括纳尔科环保技术（中国）有限公司、兴达国际（上海）有限公司、劲霸（上海）有限公司以及世界五百强施耐德电气等总部型、龙头型企业48家，注册资金内资12.6亿元，外资2418万美元。园区户管企业共完成税收总额4.87亿元，较上年增长37.3%。其中，完成区级财政1.53亿元。

（田虹飞）

【启动“长风金融港”】　3月26日，在上海新发展亚太万豪酒店举行首批股权投资企业入驻签约仪式，正式启动“长风金融港”项目。市商务委、市金融服务办公室、上海联合产权交易所，区四套班子领导，数十家上海股权协会、创投协会成员单位负责人出席签约仪式。美投国际、中国资本、上海联创、苏宁投资、维思资本、协丰创投和欣致投资等7家境内外知名基金和企业与长风生态商务区签订入驻战略合作协议。区委书记周国雄和市金融服务办领导为“长风金融港”揭牌。“长风金融港”按照上海建设国际金融中心“一城一带”（陆家嘴金融城、外滩金融服务带）总体布局和区“商贸物流”功能定位，以“错位发展、补充配套”为原则，将长风生态商务区核心区域的长风国际大厦作为平台，集中引进股权投资企业、境外私募基金、从事创业投资和风险投资的基金或企业，以及其他非银行金融机构和会计

3月26日，举行首批股权投资企业入驻长风金融港签约仪式

（长风生态商务区供稿）

师事务所、律师事务所等中介咨询服务机构入驻落户，成为上海“一城一带”的重要补充，上海西区以股权投资企业为引领的金融服务重要板块，服务于普陀商贸物流功能和上海国际金融中心、国际贸易中心建设。至年底，已有21家股权投资和管理企业办妥工商、税务登记，注册和募集股权资金28.3亿元。（田虹飞）

【上海新发展亚太万豪酒店开业】 2月6日，长风生态商务区内普陀区首家按照五星级酒店建设管理的国际品牌酒店——上海新发展亚太万豪酒店宣布正式开业。区委书记周国雄和奉贤区人大常委会主任周伟民为酒店揭牌，新发展集团董事长丁福如、万豪中国区总经理夏浩强以及新任命的新发展亚太万豪酒店总经理交接代表酒店管理权的金钥匙。区长孙荣乾致词。区四套班子领导，奉贤区政协主席韦源等区领导出席开业仪式。上海新发展亚太万豪酒店由沪上知名的综合性企业新发展集团投资建设，历时4年，通过一流团队的精心规划设计和高标准施工建设，并引进世界知名的酒店管理公司万豪国际集团进行酒店管理。上海新发展亚太万豪酒店是长风生态商务区主要功能性项目之一，也是普陀区内第一家拥有国际品牌的五星级酒店，建筑面积约7万平方米，分为地上28层、地下4层，有501间客房，以及宴会厅、中西式餐厅、酒吧、Spa及游泳池等服务设施。（田虹飞）

【上海长风视觉艺术馆落成】 7月15日，坐落在长风生态商务区5号绿地中的上海长风视觉艺术馆举办落成典礼。区委书记周国雄，区委常委、宣传部长祝学军，区委常委、副区长裴崎，解放报业集团文艺部主任齐铁偕，上海摄影家协会秘书长曹建国以及中国美院上海设计学院，市、区摄影家协会及各有关部门代表出席典礼。周国雄为苏州河百年民族工业文明和沧桑巨变的“百年情结”雕塑铭牌揭牌。同时，由区规土局、长风管委会办公室共同主办的《光影苏州河》摄影作品展在视觉艺术馆开幕，摄影展主要展出陆元敏、徐喜先两位摄影家70余幅有关苏州河作品，区领导为视觉艺术馆和摄影展开幕剪彩。上海长风视觉艺术馆是长风生态商务区规划建设中的“一园十馆”系列博物馆、展示馆之一，其原址为老工业企业新视眼镜厂，旧址新馆为工业园区变身现代服务业集聚区的长风生态商务区带来独特文化新韵。（田虹飞）

【施耐德电气落户长风】 11月3日，区人民政府和施耐德电气（中国）投资有限公司战略合作签约仪式在长风生态商务区举行。区委书记周国雄，区委副书记、区长孙荣乾，区委常委、副区长裴崎参加签约仪式。出席签约仪式的有施耐德电气全球供应链执行副总裁管豪、施耐德电气全球供应链财务高级副总裁茨埃尔·关纳森、中国采购经理朱森、中国战略合作及节能增效总监孙力等。区国资公司与施耐德签订《长风国际大厦租赁意向书》，正式确定施耐德上海地区总部落户长风国际大厦。仪式上还签订《战略合作框架协议》和《二期物流仓库租赁合同》。（田虹飞）

2月6日，上海新发展亚太万豪酒店开业庆典 （长风生态商务区供稿）

西北物流园区

【概况】 2010年，西北物流园区推进物流产业功能性项目建设，西北物流园区保税物流中心封关运行，与外高桥保税物流园区进行战略协作和联合营运，合作建立上海外高桥西北保税物流有限公司，上海路威供应链公司、北芳储运集团入驻保税中心。保税物流中心正式运行与上海陆上货运交易中心的启用，标志着园区所承载的上海陆上保税口岸和公共信息平台两大功能已形成。深化产业结构调整，夏乐物流、上海卡拿翰通用机械有限公司等7家产业能级低、技术落后、能耗与产出倒挂企业退出园区。加大招商力度，引进企业（项目）30家，引资额1.21亿元，其中注册资金500万元以上有5家。加大对园区骨干企业跟踪服务，及时为企业解决需求，使园区税收稳步增长，其中，长空机械有限公司、伍缘现代杂货有限公司、必胜食品有限公司等骨干企业纳税金额共5000万元，占园区全部企业的35%。园区经济保持平稳较快发展，全年完成税收1.62亿元，比上年增长18%，完成区级财政5000万元，比上年增长11%。至年末，园区集体资产净值为5300万元，总收入2860万元，比上年增长7.92%；园区劳动力年人均收入1.76万元，比上年增长13%。（申　敏）

【西北物流园区保税物流中心封关运行】 9月26日，上海西北物流园区物流保税物流中心封关运行暨外高桥保税物流园区与西北保税物流中心战略合作签约仪式在普陀区举行，上海市副市长杨雄亲临封关仪式并致词，标志着保税物流中心项目正式启用，根据“区区联动、互惠共赢”工作思路，与浦东外高桥保税区建立战略合作伙伴关系，成立上海外高桥西北保税物流有限公司，打造陆港功能平台。从保税中心正常运营至年底，海关共为入驻企业办理报关业务18票，货值561.9万美元，征收税款总额101.9万人民币。货物品种涉及IT周边设备、电子元器件、精工标准件、生物反应器、橡胶制品、化工原料等。

（罗高飞　危　薇）

【重点项目建设进展顺利】 2010年，西北物流园区物流保税中心项目于9月26日正式封关运营，与上海陆上货运交易中心的启用，成为上海国际贸易中心建设的重要载体。中石油金迈路加油站项目完成工程60%。中国电信项目完工并运营。理想城（原中鑫）商务广场项目破土动工。

（申　敏）

【园区商会成立】 11月26日，西北物流园区商会举行成立大会。西北物流园区商会的成立是经济发展的需要，也是园区发展和建设的需要。商会以团结、教育、引导、服务为工作方针，团结各家企业和各界人士，为园区的经济和社会事业建设服务。通过无记名投票选举，上海长空机械有限公司总经理张永华为西北物流园区商会会长，上海西北物流园区集团有限公司副总经理黄国祥为副会长。

（申　敏）

9月26日，西北物流园区保税物流中心封关运行签约（区商务委供稿）

长征生产性服务业功能区

【概况】 2010年，中环国际公司及长征生产性服务业功能区以发展经济为中心，积极实施产业调整，推进重点项目建设，加强招商引资和服务企业的质量，实现经济稳步提高和各项工作的顺利开展，促进和谐园区建设。园区非公企业独立工会103家，各企业工会在推进企业职工的社会保险、公积金缴纳、工资协商、互助保险、扶贫帮困等发挥重要作用。通过实行企业职代会制度，推进职工《劳动合同》、女职工专项合同签订和工资集体协商工作。园区工会成立企业工会劳动关系调解委员会，建立农民工信访接待制度，有效地维护职工和企业的合法权益。年内，中环国际公司着力建设现代化企业管理制度，推行厂务公开制度，主动接受职工群众监督，促进党风廉政建设。长征工业区被全国总工会评为全国厂务公开民主管理工作先进单位。在推进经济发展和功能转型的过程中，经济保持平稳增长的态势，全年，实现总收入73.62亿元、利润2.93亿元、税收6.73亿元。公司招商引资实现税收2.27亿元；实现区级税收6002万元，占总税收的26.46%。中环国际公司直属5家企业全年完成总收入2.04亿元，实现税收903.47万元，实现净利润455万元。

（郭　娴）

【提升招商引资质量】 2010年，上海国际中小企业总部社区致力园区功能升级和结构调整，以打造国际化、功能性、总部型中小企业总部为重点，着力引进高科技、高附加值产业。继续实施“腾笼换鸟”，引进上海乐为体育用品有限公司等有特色、有实力、有潜力企业20家，注册资金1.48亿元，其中增资为1.17亿元。同时，实施“招、挖、堵”的税收增长策略，逐步调整税源结构。加大对企业的服务力度，招商部细化企业走访制度，及时了解企业经营情况，为企业排忧解难。

（郭　娴）

【重点项目进展顺利】 2010年，对总部社区控详规划的调整方案进行再次调整和修改。市规划院专门就控详规划的调整撰写研究报告，并由区规土局重新调整上报市局同意批准后需重新进行网上公示和召开专家认证会议。华明集团新建总部大厦一期建设进展顺利，实现年初既定目标，对打造总部社夯实基础。

（郭　娴）

【梳理集体资产投资关系】 2010年，为尽快实现“生产性服务业功能积聚区”建设规划，除进行资产资源回收外，在政策的许可下，对一些母公司和子公司相互投资以及各子公司之间相互循环投资进行梳理。同普物业公司退出对常真建筑装潢工程公司的投资，常真建筑装潢工程公司退出对同普物业公司的投资，同普物业公司退出对沪园公司的投资，常真建筑装潢工程公司退出对繁欣公司的投资，以上公司的投资均由中环国际公司全额接盘，为公司的进一步发展理顺投资关系，规范集体资产的管理。年内，平稳推进真北队级集体资产处置工作，对集体资产进行审计和评估。通过开展政策培训，认真梳理村民反映的意见，及时与镇集资委进行沟通，维护村民合法权益。

（郭　娴）

【抓安全生产】 2010年，按照市、区、镇相关部门要求，加强安全生产检查力度，增强职工安全生产意识，做到安全生产检查制度化。中环国际公司与真北行政管委会签订世博安保和安全生产责任书，园区内各公司与所属公司及企业、租赁户等签订世博安保和安全生产责任书共816份。年内，建立园区安全工作联席会议制度，确保园区平安无事故。上海“11·15”特大火灾发生后，园区及时展开火灾及其他安全隐患大检查，发放“防火安全检查”告知书1126份。上海世博会期间，中环国际公司组织实施“中环国际公司开展百日无事故”竞赛活动，使每个员工都承担起安全管理的责任。中环国际公司被评为区2010年度安全生产“百日无事故优胜单位”。（郭 娴）

新杨工业园区

【概况】 2010年，新杨工业园区坚持“为投资者服务、助投资者发展”的招商理念，加强挂靠招商（注册招商），扩大中介招商，淘汰劣质招商点，以质取胜。年内，加紧与上海世贸汽车贸易有限公司（捷豹、路虎4S店）、上海西上海集团汽车销售有限公司（沃尔沃4S店）、上海裕民汽车销售服务有限公司（东风裕隆汽车4S店）及上海众国高级汽车维修配件有限公司（运作汽车的定损、上牌及维修）等汽车项目的洽谈，提高招商引资质量。同时，加强客户联系，与客户建立良好感情，通过重点客户、关键人物及特殊关系，提高项目信息量和成功率，加快落户项目引进，并通过服务费用减免等扶持政策，引进成熟型企业，增加税收来源。全年，实现社会总收入44.6亿元，比上年增长2.9%；实现总产值22.6亿元，比上年增长1.7%；实现利润总额4.6亿元，比上年增长1.4%；实现增加值7.9亿元，比上年增长1.5%；完成税收2.1亿元，完成区级财政5746万元。（刘欢欢）

【提高税收效率】 2010年，新杨工业园区税收保持平稳增长，通过建立完整的企业数据库，针对各类企业开展分层次走访、沟通、慰问等客户关怀工作，确保纳税大户和骨干企业继续保持良好发展态势，中小企业的税收总量稳中有升。加强“宝马汽车4S店”、“上海祥羚实业有限公司”等重点项目跟踪，帮助解决建设、投产、运营过程中遇到的困难，促使早出成效。通过以上工作，稳定园区的税源，保持税收总量平稳增长。（刘欢欢）

【加快产业调整步伐】 2010年，新杨工业园区加快园区产业结构调整，首先是淘汰落后产业，年内，完成永健塑胶有限公司搬迁，收回土地20亩，搬离“上海大地木业有限公司”、“上海龙威印铁有限公司”，腾出28亩土地资源；与上海新奇生电器有限公司谈判回购闲置土地，由园区出资回购闲置27亩土地，盘活红柳路沿线的综合配套带，有利于园区目前高档汽车销售产业集聚的需求。（刘欢欢）

新曹杨工业园区

【概况】 2010年，新曹杨招商服务中心成立，在五芳斋大厦底层设立招商接待服务大厅，优化招商硬件的配置，提升招商服务功能。全年新注册企业45家，引进资金1.7亿元，完成全年税收达1.37亿元，比上年增长18%。重视引进与培育结合，形成和运国际租赁、五芳斋集团、敦奴集团、复兴医疗、卡啡仕食品、凯米光学、游趣网络等一批重要发展骨干企业，成为园区经济发展重要力量。实施丹巴路休闲商业街改造工程，梳理、调整中江路、怒江北路的门店商家，完善商业配套服务产业，提升园区经济发展环境。（王丽燕）

【注重培育优势企业】 2010年，新曹杨（集团）有限公司重点关注园区经济的健康发展，采取各项有效措施，逐步调整淘汰弱势企业，关注成长性企业的培育，重点支持优势企业的发展。对具有成长性好，产业产品优势的企业，做好梳理和排摸，进行走访和沟通，增强园区对企业的亲和力和凝聚力。通过对优质企业的走访，了解企业的现状和发展的困难，解企业之忧、帮企业之难，保障优势企业发展。利用园区商会组织的平台优势，定期定点组织商会成员活动，搭建各种合作平台，深化企业之间的交流、拓宽企业的业务渠道、探讨企业发展的新思路。加强企业内部管理，提升园区服务质量和员工的行为规范，提升园区的整体面貌。加大硬件设施的投入和完善，提高软件管理的能力，加强规范服务，确保园区经济的持续发展。（王丽燕）

【推动楼宇经济发展】 2010年，新曹杨工业园区内五芳斋大厦、天地科技大厦、中南大厦等4幢商务楼宇陆续交付使用，园区加大配套设施的投入和完善，提高物业管理的水平，使4幢新商务楼招租率都达到70%以上，完成年初制定的招商引资各项任务。同时，对原有楼宇合理规划，为进一步招优商、招好商预留发展空间。对原有楼宇中企业通过沟通，走访，做好培育和引导，优胜劣汰，引进具有成长性的企业。年内，先后引进敦奴公司、特种设备研究院、红星美凯龙总部等大型企业，提升园区楼宇档次和质量。（王丽燕）

【引进金融企业】 2010年，针对园区历年招商缺乏金融产业，整合多方资源，本着团结协作、互利共赢原则，先后引进航天证券、上海农商银行等金融企业，这些金融企业为园区发展起到金融保障作用。（王丽燕）

星云经济区

【概况】 2010年，星云经济区服从服务“保增长、抓建设、重民生、促稳定”部署，创新发展机制，经济区建设持续稳定发展。全年共计引进企业255家，比上年增长23.19%；注册资金4.82亿元，比上年增长30.27%；完成销售收入136亿元，比上年增长21.42%；利润总额6.14亿元，比上年增长4.74%；税收6.67亿元，比上年增长62.68%。顺利完成创百联中环亿元楼的指标，实现税收1.06亿元。稳步推进中环商务区入驻企业注册办照工作，年引进企业104家，落地64家、虚拟40家，注册资金1.89亿元，税收申报数4.18亿元，实际入库数4.11亿元。其中绿洲中环2.95亿元，百联中环购物广场1.12亿元，金沙创邑谷206万元，中环商务招商部年新增税收1105万元。经济区商务楼招商工作基本完成，胜益商务中心和绿洲中环中心合计出租面积9626.25㎡，出租率100%；Mini公馆出租面积1904.93㎡，出租率100%。南翔及真北两大园区完成年度招商考核指标。（尤　靓）

【加大商务区宣传力度】 2010年，星云经济区重视中环商务区品牌资产的维护和提升，通过与《上海热线》、《新闻晚报》等媒体合作，进行网络宣传及举办论坛，树立商务区对外良好形象。同时，对商务区网站进行升级，增加广告公司、各大合作银行、知名律师事务所等服务行业的信息咨询板块，加大宣传中环商务区力度。经济区上海中环企业营销策划发展有限公司主办的内部刊物《魅力中环》发行量已达7500册，中环商务区的知名度得到提升，年内，中环商务区获“2010年上海最具投资价值板块”金奖。（尤　靓）

中环商务区楼宇租赁服务网点　（区方志办供稿）

【中环商标成功注册】 年内，中环商务区商标获国家工商管理总局商标局核准注册成功，成为沪上商圈中唯一一家成功注册商标的市级商圈。中环注册的商标核定服务项目包括不动产出租、租赁、评估、管理以及商品房、办公用房出租和销售等10余项，其服务内容涵盖商务区的经济、管理、娱乐、文化以及行政等多个方面。（尤　靓）

【招商网点落户梅川路】 3月11日，中环商务区楼宇租赁网点落户梅川路1209号并对外营业。中环商务区内楼宇资源分布较为分散，而原有集开发、建设、招商于一体的招商模式已经不能满足市场竞争，许多潜在客户对如此分散的楼宇资源不够熟悉和了解，常常是求租无门，导致租赁及招商引资工作的难度增加，影响招商引资工作的开展。为此，中环商务区楼宇招商部门推出设立楼宇租赁网点新举措并且为该租赁网店申请热线电话：62659991，以方便客户电话咨询。该楼宇招商网点的设立在全市各大商务区尚属首例，此举不但在原有基础上拓展招商渠道，充分挖掘客源，为一些潜在客户了解所有楼宇资源提供极大的便利；同时，打破原有传统的招商模式，对商务区内的楼宇资源进行整合，开创商务区楼宇招商的先河。为商务区内的同普大厦、绿洲中环中心、新长征中环大厦和胜益商务中心等楼宇招商引资工作的展开起到推动作用。（尤　靓）

九、商贸·旅游

综　述

“十一五”期间，普陀区商贸业的规模得到扩大，布局得到优化，产业业态不断更新，服务功能逐渐完善，促进了区域经济的繁荣健康发展，为普陀区商贸业新一轮跨越式发展奠定了基础。到“十一五”期末，区商贸业实现商业销售营业额1489.75亿元、社会消费品零售总额299.66亿元、市场成交额2702.32亿元。年内，区商务委制订《普陀区商贸业发展“十二五”规划》，做大做强商贸物流产业，着力构建特色鲜明、功能完善、布局合理、产业联动的现代商贸业体系。

2010年，抓住上海世博会为区商业带来发展和提升的机遇，始终把迎世博和办博作为工作的“重中之重”，推进世博特许商品销售工作，以提升商业零售、超市和星级宾馆3个行业服务文明指数为重点，着力提高窗口服务水平。举办春季世博主题营销活动、2010上海购物节普陀区活动和跨年主题营销活动，提升商业消费人气。落实“家电以旧换新”政策，进一步扩大商业消费水平。商圈调整效应明显，中环商圈表现突出，百联中环购物广场基本完成业态调整，梅川路文化时尚休闲街改建完成，红星美凯龙重新装修，周边交通、绿化、市容等配套基础设施进一步完善，商圈整体形象显著提升，成为周边居民休闲、购物、餐饮的好去处。长寿商圈引进和创新商贸经营模式，调频壹、芳汇广场成功进行业态调整，我格广场、长城弘基广场正式开业，逐渐形成新型商业与传统商业有机结合、以新兴业态为主的商业业态格局。

继续推进标准化菜市场建设。芝川路标准化菜市场历经5年的努力建成营业，被列入2010年市政府实事项目的10家标准化菜场的蔬菜追溯系统全部安装完成。根据市政府文件精神，重建区整顿和规范市场经济秩序联席会议，建立行政执法与刑事司法相衔接的工作机制。加强对粮油市场、农副产品市场、药品零售市场的监管以及动物卫生防疫工作，密切关注粮食、猪肉、蔬菜等主副食品价格波动情况，推进绿叶菜产销直供对接工作，保障绿叶菜供应和价格基本稳定。完成2010年粮食库存检查工作，粮油副补工作在市粮食局对各区县的工作考核中名列前茅。

区旅游业呈现快速发展良好势头。长风公园景区获评国家4A级旅游景区，M50创意园获评国家3A级旅游景区。成功举办2010年上海旅游节普陀区活动，并获购物节营销大赛最佳人气奖。

（罗高飞　危　薇　姚　栋）

商　贸

【概况】　2010年，在世博效应带动下，全区消费市场持续繁荣，销售旺盛。全年批发零售业实现区级税收7.83亿元，比上年增长9.5%，占区级税收比重为19.4%。按税收属地口径计算，全年批发零售业实现增加值34.13亿元，增长18.3%。完成商业销售额1489.75亿元，增长20.6%。其中，批发零售业完成销售额1478.16亿元，增长20.6%；餐饮业完成销售额11.58亿元，增长26%。全年完成社会消费品零售额299.66亿元，增长17.7%，其中，吃的商品零售额73.4亿元；穿的商品零售额19.2亿元；用的商品零售额179.38亿元；烧的商品零售额27.68亿元。连锁超市、专卖店内在质量不断提升，年末，全区共有连锁商业网点621家，其中大卖场、连锁超市门店73家，餐饮连锁门店63家，便利店266家，专业店21家。商品交易市场交易活跃。全年市场成交总额2702.32亿元，增长52.8%。其中，消费品市场成交241.64亿元，生产资料市场成交2460.68亿元。区域内商业企业持续健康发展，百联中环购物广场等3家企业被评为刷卡无障碍示范商户，芳汇广场等5家企业被评为2010年上海商业优质服务先进集体，曹杨商城被评为2010年上海服务类（商业零售）名牌企业，世纪联华中环店店长荣获“全国商业服务业优秀店长”称号。　（罗高飞　危　薇）

【推进商业中心建设】　2010年，着力打造中环市级商圈，加快中环商圈相关规划的编制、业态的调整、交通设施的改善,百联中环购物广场运营情况良好,全年完成营业收入25.65亿元。梅川路文化时尚休闲街经过重新改造于4月全新亮相,商圈人气日显高涨,调整提升长寿商圈,亚新生活广场、调频壹购物中心、芳汇广场等经过业态调整,已成为周边居民休闲、购物的首选。全年,亚新生活广场完成营业收入3.55亿元,调频广场完成营业收入2.63亿元,芳汇广场完成营业收入7420万元。推进建设武宁商圈,6月,我格广场开业。7月,长城弘基广场开业。推进社区商业中心建设,已建成10余个社区商业生活中心。至年底,兰溪路社区商业中心成为"全国社区商业示范社区",万里、光新、甘泉、宜川等4个社区商业中心成为"上海市社区商业示范社区"。

(罗高飞　危　薇)

9月19日,举行上海购物节普陀区系列活动开幕式　(区商务委供稿)

【上海购物节普陀区系列活动】 9月18日下午,以"走进商贸普陀,体验购物乐趣"为主题的2010上海购物节普陀区活动开幕式暨普陀商业发展论坛在长寿商圈的调频壹购物中心举行。本届购物节,区的重点活动项目主要包括普陀区商业发展论坛、"购物金中环,消费新体验"中环市级商圈主题营销活动以及"魅力新普陀,长寿新风尚"长寿区级商圈主题营销活动。此外,区各大商家推出各具特色的营销活动,包括百联中环购物广场的"欢乐中环总动员,商家优惠大回馈"、红星美凯龙的"中秋情浓意更浓,盛惠炫耀十月天"、调频壹购物中心的"壹周年,壹元竞拍献爱心"、月星家居的"中国环球家具展览会"等营销活动。区商务委、旅游局、文化局发挥商旅文综合优势,举办苏州河(丹巴路码头至莫干山码头)缤纷水上花船游、芳汇广场的"走进社区,纳凉晚会"、百联中环的摄影大赛等活动。上海购物节普陀区活动从9月10日持续到10月7日,共安排4大板块60余项系列活动。购物节27天,抽样的17家重点商业企业共实现零售额5.32亿元,同比增长21.75%。其中,中环商圈、长寿商圈零售额同比分别增长43.22%、17.27%。普陀区购物节主题活动获2010上海购物节营销大赛"最佳人气奖"。调频壹、亚新、红星美凯龙在2010年上海优秀商业形象作品评选中分别获平面设计、橱窗陈列、空间展示3项奖。

(罗高飞　危　薇)

【世博特许产品销售】 2010年,为满足消费需求,推进世博特许产品经营工作,通过精心组织、多方合作,截至世博会闭幕时,全区共开设世博特许商品经营网点78家(其中旗舰店团购中心1家,贵金属特许商品零售专柜18家,特许生产商8家,普通特许零售商51家),完成世博特许商品销售额5.92亿元。区商务委获特许经营优秀组织奖——"金奖",特许经营商湖南华联瓷业、上海锦元和上海英雄金笔厂、新疆国玉和田玉公司分获"特许产品创新奖"和"特许产品质量奖"。　(罗高飞　危　薇)

【营运企业安全检查】 4月3日,开展大型商场超市"平稳畅通在窗口"应急预案现场演练,内容包括顾客突然晕厥、超市收银台出现故障、顾客投诉引发矛盾等不同情况的应急处置,提高窗口服务单位应对突发事件的能力,确保世博期间窗口服务单位的安全有序。4月—11月,由区商务委、公安分局牵头,对全区刀具销售单位进行排摸、筛选,与28家刀具销售单位签订《刀具销售安全承诺书》,发放刀具定点销售许可证,并对该28家单位的技防设施进行检查、审核,要求设施不达标者限期整改或没收其许可证,最终将符合要求的7家刀具销售单位确定为上海世博会期间刀具销售定点单位。落实防火责任制。年内,重点对区内50家规模达到100间以上客房的宾馆、48家商场超市、3家旅行社、5家沐浴行业、43家标准化菜市场进行全覆盖检查,发现问题及时整改并跟踪落实。　(罗高飞　危　薇)

【组织窗口服务培训】 1月28日,举办区旅游、商业企业平安志愿者工作培训活动,就区重点旅游景点及商业网点在世博会期间如何做好人群管理、治安巡防、火灾预防、公共应急处置等方面开展专业培训。3月5日,组织相关行业的服务窗口开展"诚信服务在窗口"集中行动,确保所有窗口服务单位,特别是重点窗口严格执行合同、质量、计量、价格、服务"五诚信"的服务规范,为市民和中外宾客提供优质、规范、温馨、周到的服务。累计培训世博知识及相关业务共12万人次。其中,培训服务规范5600人,岗位技能3000人,文明礼仪6500人,培训"双语"350人,"手语"360人,培训发证人数8万人。

(罗高飞　危　薇)

【沃尔玛购物广场桃浦店开业】 4月25日,沃尔玛购物广场上海桃浦店正式开业。沃尔玛购物广场桃浦店是世界500强零售业第一巨头沃尔玛在上海开设的第六家店。该店位于武威路1178号(红棉路口,白丽生活广场地下一层),营业面积7000多平方米,商品品种包括生鲜食品、日用百货、家用电器、通讯手机等。沃尔玛购物广场桃浦店紧邻地铁11号线桃浦新村站,交通便利、客流量大,能够满足周边居民消费群体的日常生活所需。开业首日,沃尔玛购物广场桃浦店便推出"开业热卖"、"购物送惊喜"、"疯狂大抽奖"和"激情五月,快乐共享"等系列活动,吸引众多周边居民前去消费。

(罗高飞　危　薇)

【组织蔬菜产销直供】 12月,贯彻市政府关于保障绿叶菜供应有关要求,在市商务委的指导下,开展农商对接、产销直供工作,通过引进农村蔬菜种植基地,实现标准化菜场10%的直供专柜产销直供。制定保障绿叶菜供应应急措施,设立600万元蔬菜保障供应应急专项资金,下拨60万元用于直供专柜补贴。建立蔬菜价格监测点,公布标准化菜场当日蔬菜主要品种指导价,确保绿叶菜供应和价格基本稳定。　(罗高飞　危　薇)

【建立蔬菜追溯系统】 2010年,推进蔬菜流通管理的制度化、规范化、信息化建设,加强蔬菜流通安全管理,区商务委多次召开会议,就蔬菜追溯系统的使用、安装、培训等相关工作进行动员、培训和部署。通过调研摸底、宣传发动、学习培训、检查对照、设备安装、运行检验,高陵路菜市场等10家标准化菜场完成蔬菜追溯系统建设任务,为达到"源头控生产,加工控质量,批发控流向,零售控准入"的总体要求打下基础。　(罗高飞　危　薇)

【整顿和规范市场经济秩序联席会议】 2010年,为加强整顿和规范市场经济秩序工作的领导和协调力度,根据市政府相关文件精神,经区政府同意,建立由35个成员单位组成的区整顿和规范市场经济秩序联席会议,联席会议设办公室和联络员,办公室日常工作由区商务委承担。联席会议成立后,加强行政执法与刑事司法的衔接,开展保护知识产权专项行动,药品流通行业整治和无证无照废品回收站的整治。　(罗高飞　危　薇)

【规范再生资源回收企业经营】 2010年,按照市商务委关于再生资源回收体系建设的有关要求,开展规范再生资源回收企业经营的检查。调整部分设置不合理的回收站点。统一设置回收站店招店牌,对已备案登记的46家企业开展年检,规范再生资源回收企业的经营行为。

(罗高飞　危　薇)

【加强粮油流通市场监管】 2010年,加强粮油市场监测工作力度,启动粮油价格销量数据监测日报制度,全年共统计上报监测数据3600余条。坚持监测信息员例会制度,对各网点监测工作进行分析,调整和取消不合理监测网点布局。对4家被纳入粮油流通统计范围的企业开展粮食流通统计执法检查,督促和规范企业的粮食流通统计报送工作,确保上传数据的准确性和科学性,全年共编制各类统计报表370余张。世博会期间,与街道、镇职能部门及重点粮食流通市场管理部门签约《保障本区粮油市场供应和价格稳定责任书》。年内,加强重点粮食经营企业的沟通联络,开展纪念《粮食流通管理条例》颁布实施6周年、粮食科技活动周、粮油食品安全知识及"爱惜粮食节约粮食宣传周暨2010年世界粮食日"宣传活动。全年开展4次行业检查,共检查网点30余处,确保粮油市场安全稳定。

(罗高飞　危　薇)

【做好副补帮困惠民工作】 2010年,按照市粮食局工作要求,指导和规范全区的副食品补贴发放工作,全年共发放副补资金697万余元,发放率达86%以上。完成9.2万名副补申领对象的信息核查录入工作,制订《普陀区副补发放对象数据录入工作方案》,组织开展副补网上数据库填报工作培训,指导各街道、镇副补发放所运用网上数据库填报系统开展工作。根据《普陀区副补业务考核办法》具体要求,重点加强专项资金管理和常规业务的规范化管理,做好全年粮油帮困券回笼统计及拨付工作。

(罗高飞　危　薇)

商业中心选介:

【中环商圈】 2010年,作为上海市12个市级商业中心之一的中环商圈,根据市级商圈标准,改善交通设施,调整商贸业态、提升服务能级,已成为上海发展最快的商圈。随着人口密度上升,居民消费能力上升,居民家庭私车拥有量上升三大因素,日均40万客流量给中环商圈的交通带来极大挑战。为此,在与区内10家商家洽谈后,在各主干道设立6个一级停车诱导系统,通过网络智能化传感器节点,监控和管理商圈内的停车位,缓解了梅川路、真北路等主干道车辆严重拥堵现象。年内,商务区根据商圈内人口增长对商业格局的需求,调整百联中环购物广场、农工商118广场业态,引进高端商贸企业,迁入友谊商店,随着梅川路文化时尚休闲街改建完成并全新亮相,提高了中环商圈商业业态的发展。截至11月,已引进200余家企业,为中环商圈增添了新的实力。为方便企业和消费者了解中环商圈,建立官方网站,创办《魅力中环》杂志,以商务、商业为内容,介绍商务区政策优惠、商家介绍、法律咨询、餐饮娱乐等方面信息,让公众能获得商圈内最新的业态信息。由于周边交通、绿化、市容等配套基础设施进一步完善,商圈获得越来越多消费者的信任和光顾,"中环商圈"的品牌效应不断升值。　(罗高飞　危　薇)

【长寿商圈】 长寿商圈以长寿路为主轴,东到苏州河,西至曹家渡。是列入《上海市商业网点布局规划纲要(2009年—2020年)》中心城区布局规划的第22个地区级商业中心之一。商圈内建有40余幢商务楼宇,建筑面积总量139万平方米。已建商业建筑面积35万平方米,在建、拟建商业建筑面积13万平方米。目前已集聚调频壹购物中心、月星家居、亚新生活广场、家乐福武宁店、红子鸡、钱柜、芳汇广场等大型商贸、服务企业。2010

年，调整曹家渡商圈业态，与静安、长宁联手打造曹家渡高端商业集聚区；调整调频壹购物中心、芳汇广场业态，引进新兴购物中心（购物中心名称），增加商业人气，提升商圈整体发展水平。长寿商圈已形成集酒店、商办楼宇、娱乐场所、公寓住宅于一体的集聚带，商圈能级不断提升。

调频壹购物中心是长寿商圈内一集时尚、餐饮与娱乐等业态于一体购物中心，地处长寿路和陕西北路交界，是普陀区崛起的时尚脉动新地标，总共6层，建筑面积约5万平方米。由美国黑石集团在上海的独资企业盈石资产管理有限公司营运管理，商场的室内设计由贝诺设计公司完成。调频壹购物中心从2009年5月1日起试营业，2009年9月19日正式开业，H&M、ZARA、Bershka、Bestseller、Asobio、Sephora和Uniqlo等国际知名品牌已纷纷入驻。2010年，购物中心营业收入比上年增长52.81%。

亚新生活广场是一座集百货、餐饮、休闲、娱乐于一体的大型购物中心。1996年12月8日开业，占地面积1.9万平方米，营业面积4.5万平方米，在开业当时成为上海地区独具特色与规模的综合型购物中心。2010年，营业收入比上年增长7.11%。

（罗高飞　危　薇）

【我格广场】　我格广场位于武宁路普雄路口，拥有一站式购物广场、高档办公楼及奥克伍德酒店式服务公寓，总建筑面积约11万平方米，含一座24层甲级写字楼、一座15层酒店式公寓和6层裙房购物中心。其中办公楼2.94万平方米，商场总面积约4.8万平方米，酒店式公寓112间，是全球品牌奥克伍德酒店管理公司在上海的首家酒店。商场部分从2010年5月1日开始试营业，6月6日正式开业。其内租户包括联华超级生活馆、ZARA上海旗舰店、Bershka、Pull&Bear、Stradivarius、避风塘、博纳银兴国际影城等百余家餐饮、服饰、潮流店铺。

（罗高飞　危　薇）

【长城弘基广场】　长城弘基广场位于中山北路3018号，是一个综合型商场，营业面积2.3万平方米，以"地铁一站式休闲生活广场"定位，汇聚餐饮、休闲、婚庆、服饰零售于一体。周边交通便利，内环高架直达，公交69路、216路、224路、829路、909路等公交设站于广场边，地铁3、4、11号线曹杨路站2号出口直通广场地下一层，有停车位600余个。10月30日试营业，11月28日正式开业。广场一层有星巴克、凯司令等休闲类饮品，二层主要为商务简餐企业，三层主推日韩等特色餐饮菜系，四层为雍记大酒店，五层喜堂婚礼汇一站式婚庆广场，地下一层潮人街食品区有光明，八马茶业，立丰等新鲜美食，以及流行服装饰品等个性零售商铺。

（罗高飞　危　薇）

旅　游

【概况】　2010年，区深化旅游行业管理，开展和推进各项迎博办博工作。贯彻落实旅游政策法规，加强旅行社常态管理和业务指导，年内注销1家旅行社，迁进1家旅行社；完成61家旅行社质量保证金帐户开设和质保金增存工作；做好区内旅行社营业部（分社）设立的备案登记工作，年内新增旅行社分社5家，出境游旅行社营业部11家，一般旅行社营业部13家；做好旅游统计工作。组织区内导游人员参加2010年度导游年审工作。指导区旅游协会完成换届选举工作，选举产生区旅游协会第二届理事会理事9人。推进旅游政风行风建设，健全政风行风领导机制，加大政务公开力度，提高办事效率。加强对旅游企业的教育培训，提升旅游企业服务能级。全面推进绿色旅游饭店创建工作。开展旅游星级饭店自查及抽查工作，完成三星级及以下旅游饭店评定、复核工作。强化旅游安全生产工作，组织旅游住宿业治安管理专题培训，提高技防、人防、物防等安全管理水平和突发事件处置能力，确保旅游市场安全有序。做好对区内旅游景区创建国家A级旅游景区的指导及验收评审工作，创建长风公园·长风海洋世界景区国家4A级旅游景区和M50创意园国家3A级旅游景区，实现区国家4A级旅游景区"零"突破。指导工业旅游景点开展上海工业旅游景点服务质量优秀单位创建工作，M50创意园、红星美凯龙公元2050/2500体验馆获上海市工业旅游景点服务质量优秀单位称号，完成上海纺织博物馆上海市工业旅游景点服务质量达标优秀单位工作评审验收。推进苏州河观光游览项目，实现苏州河观光游船正式开通首航和夜航，使苏州河观光游览项目取得质的突破。上海旅游节期间，成功举办苏州河十八湾彩船巡游活动。至年末，全区有旅行社62家，备案在册的旅行社分社共5家，旅行社营业部85家，星级旅游饭店8家（四星级2家，三星级5家，二星级1家），绿色旅游饭店7家。受上海世博会旅游影响，区旅游业呈现快速发展良好势头，全年接待境内外游客642.50万人次，其中旅行社接待游客49.23万人，纳入旅游统计范围的旅游饭店接待游客111.48万人次；全区纳入旅游统计范围的旅游景点4个，共接待游客481.79万人次。实现旅游收入18.87亿元，比上年增长70.61%，其中旅行社收入9.92亿元，旅游饭店收入6.54亿元，旅游景点收入2.41亿元。住宿客房平均出租率73.17%。

（姚　栋）

【苏州河观光游览项目启航】　4月28日下午，苏州河观光游船首航仪式在长风生态商务区丹巴路码头隆重举行，这是自上海开埠以来苏州河上实现的首次游船通航。仪式由上海市旅游局、上海市交通运输和港口管理局及普陀区人民政府主办，普陀区旅游局承办。副市长赵雯出席仪式并宣布苏州河观光游船正式启航。市旅游局局长道书明，市交通运输和港口管理局副局长朱建华，区委书记周国雄，市旅游局、海事局、同济大学、区四套班子的有关领导以及区有关部门的领导出席，区委副书记、区长孙荣乾主持仪式，赵雯和周国雄共同为丹巴路码头"苏州河十八湾"玉石揭幕。仪式结束后，赵雯与参加仪式的领导和嘉宾登船游览苏州河，多家新闻媒体、市民代表等共同见证了苏州河观光游船首航这一重要时刻。8月13日晚，在苏

4 月 28 日，举行苏州河观光游船首航仪式　　（区商务委供稿）

州河游船夜航正式开航的前夕，人民日报、新华社、解放日报、新民晚报等国内 20 余家媒体乘船夜游苏州河十八湾采风，区旅游局副局长梁立群就苏州河游船夜航的有关情况向媒体作详细介绍。8 月 16 日，苏州河观光游览夜航正式开通。9 月 25 日—10 月 6 日，举行 2010 年上海旅游节普陀区系列活动——“苏州河十八湾彩船巡游”活动，七艘参加巡游游船分别被命名为“工人先锋”、“绿色家园”、“创意普陀”、“创业热土”、“普陀旅游“、“文化长廊”和“龙舟精神”。彩船巡游在苏州河十八湾（苏州河丹巴路码头至昌化路码头），向游客展示普陀区商业、旅游、文化重点领域和项目的发展成就。许多曾经在苏州河边工作和生活过的市民，怀着对苏州河的情结，乘坐游船，欣赏苏州河两岸秀丽的风光和苏州河十八湾灯光夜景，感慨苏州河的沧桑巨变，体会“城市让生活更美好”的意境。苏州河十八湾彩船巡游活动期间，游船共运营 158 班次，接待游客 1194 人次。　（姚　栋）

【创建绿色旅游饭店】　年内，结合区内旅游饭店业态、规模及设施设备等实际情况，深化和细化各项“创绿”工作部署，组织区内旅游饭店进行“创绿”学习，开展“创绿”工作交流，推广区内绿色旅游饭店在“创绿”工作中好的经验和措施，尤其是饭店通过实施绿色管理，在能耗控制、管理效应和经济效益等诸方面取得的显著成效，以点带面，全面推进绿色旅游饭店创建工作。完成对金沙江大酒店和江苏饭店创建银叶级绿色旅游饭店的评审验收，对港鸿大酒店和凯博佳豪 2 家“创绿”饭店跟进辅导。至年底，全区有金叶级绿色旅游饭店 3 家（古井假日酒店、清水湾大酒店、宏泉丽笙酒店）；银叶级绿色旅游饭店 4 家（凯豪宾馆、上海物贸大厦、江苏饭店、金沙江大酒店）。　（姚　栋）

【文明观博评审】　6 月 21 日，启动由市旅游局和市精神文明建设会员会举办的“文明观博旅游团队和文明示范导游员”评选活动，向区内各旅行社发放《文明观博 200 问》500 份。通过创建活动，提高各旅行社带团带队的服务水平，向游客宣传文明观博理念。8—11 月，市“文明观博旅游团队和文明示范导游员”评选活动领导小组组织专业测评队伍及市民巡防团，通过对世博园旅游团队进行抽查及问卷调查的方式按照测评标准考核。区评出桂林老人观博团、河内世博团（上海西部国际旅行社有限公司），庙行木制品厂世博游（上海亚太国际旅行社有限公司），海南观博团（上海中康国际旅行社有限公司），传奇世博团（上海传奇国际旅行社有限公司）5 支观博团为市文明观博团队，陆惠（上海亚太国际旅行社有限公司）、王秀秀（上海中康国际旅行社有限公司）、颜智慧（上海传奇国际旅行社有限公司）、阙恺（上海易达国际旅行社有限公司）4 人为文明示范导游员。　（姚　栋）

【两区旅游局结对共建】　7 月 21 日，根据中共上海市委组织部、中共上海市委农村工作办公室《关于印发〈关于深化城乡党组织结对帮扶活动，努力构建城乡统筹基层党建格局的实施意见〉的通知》精神和要求，区商务委（区旅游局）党工委与青浦区旅游局党组签署《上海市城乡党组织结对共建协议书》。双方坚持把城乡党组织结对共建作为重要工作平台，本着“立足当前、着眼长远、量力而行、尽力而为”的原则，以“互惠互利、双向受益、共同提高、合作共赢”为目的，全方位、有组织、有重点地开展结对共建活动。双方就旅游业发展方面的“发展共促、组织共建、人才共育”等主要内容达成共建共识，推进苏州河与淀山湖“河湖联动”等项目的开展。通过两局之间的互助、联建，以实现资源共享、优势互补，共同推进普陀区、青浦区区域经济社会和基层党建工作统筹协调发展。　（姚　栋）

【强化旅游业安全工作】　年初，制订并下发《普陀区世博旅游安保应急防范工作方案》，要求旅游企业根据世博安保应急防范工作要求，加强安全管理，提高突发事件处置能力，切实保障游客的生命和财产安全，确保世博期间无重大旅游安全责任事故发生。组织区内星级宾馆、世博指定接待酒店、旅游景区（点）等重点旅游接待单位建立世博平安志愿者队伍；召开旅游企业安全保卫工作会议，将世博安全保卫工作要求和责任传达、落实至全区 290 家住宿企业、61 家旅行社、4 家重要旅游景点，并签订《普陀区旅游企业世博期间安全保卫工作责任书》。世博会期间，各旅游企业结合自身情况，建立景点安全管理领导小组，制订安全应急预案，并按时按要求向区旅游局报送景点安全运营信息。为市民举办旅游专题讲座，3 月 25 日，区旅游局与真如镇人民政府联合承办“东方讲坛·上海旅游讲坛进真如——旅游维权和旅游安全”专题讲座，为社区居民普及旅游常识，倡导理性消费、文明旅游，共有300余人参加。4月，联合区公安分局治安支队对区内290家住宿企业进行治安管理专题培训，增强各住宿企业安全意识，有效提高技防、人防、物防等安全管理水平和突发事件处置能力。“11·15”特大火灾事故发生后，第一时间布署落实全区旅游行业防火安全工作，切实加强宣传、教育和督查力度，排查和消除各类安全隐患，开展各项安全检查，有效防范事故发生，确保旅游安全处于受控状态。 （姚 栋）

检查旅游景点安全工作 （区旅游局供稿）

2010年普陀区旅行社、旅游饭店与旅游景区业务情况表

类别	旅行社				旅游饭店						旅游景区	
	接待数（万人次）			营业收入（亿元）	接待数（万人次）			客房数（间）	客房出租率（%）	营业收入（亿元）	接待数（万人次）	营业收入（亿元）
	出境游组团社	入境游、国内游组团社	总计		国际	国内	总计					
数量	0.69	48.54	49.23	9.92	16.02	95.46	111.48	5177	73.17	6.54	481.79	2.41
与上年相比（%）	7.81	6.94	6.95	87.17	12.18	19.47	18.37	-3.23	14.06	49.32	-36.14	74.64

2010年普陀区星级饭店一览表

序号	星 级	饭店名称	地 址
1	★★★★	古井假日酒店	长寿路700号
2	★★★★	江苏饭店	武宁路888号
3	★★★	金沙江大酒店	怒江路257号
4	★★★	物贸大厦	中山北路2550号
5	★★★	港鸿大酒店	武宁路501—503号
6	★★★	东航宾馆	中山北路2088号
7	★★★	清水湾大酒店	凯旋北路1305号
8	★★	北人酒店	中山北路2250号

2010年普陀区旅行社名录

序号	编　号	旅　行　社　名　称	经　营　地　址
1	L－SH－0000044	上海易达国际旅行社有限公司	中山北路2000号3楼A座
2	L－SH－0000041	上海新文化国际旅行社有限公司	江宁路1415弄20号202室
3	L－SH－0000044	上海普陀旅行社	安远路28弄1号101室
4	L－SH－0000131	上海亚太国际旅行社有限公司	华池路58弄5号210室
5	L－SH－0000147	上海梅山旅行社有限责任公司	梅川路1249号
6	L－SH－0000149	上海百川国际旅行社有限公司	长寿路28弄19号1401室
7	L－SH－0000174	上海交通大众旅行社	桃浦路168号
8	L－SH－0000237	上海玉屏国际旅行社有限公司	长寿路393号916室
9	L－SH－0000245	上海新巾帼旅行社有限公司	延长西路25号313室
10	L－SH－0000254	上海天承旅行社有限公司	南石二路111号
11	L－SH－0000261	上海西都旅行社有限责任公司	武宁路200弄22号303室
12	L－SH－0000270	上海永安国际旅行社有限公司	武宁路300弄10号405室
13	L－SH－0000308	上海真光旅行社	江西中路349号
14	L－SH－0000328	上海真诚旅行社	北石路158号
15	L－SH－0000374	上海豪鑫旅行社有限公司	中华新路1187号101室
16	L－SH－0000385	上海泰和旅行社有限公司	大渡河路1618阳光商务大厦B区301室
17	L－SH－0000390	上海桃苑旅行社	枣阳路108号1404室
18	L－SH－0000391	上海道恒国际旅行社有限公司	陕西北路1283弄3号1506室
19	L－SH－0000414	上海华环旅行社有限公司	华池路58弄1号1016室
20	L－SH－0000415	上海中辉国际旅行社有限公司	兰溪路141号
21	L－SH－0000417	上海生乐高校旅行社有限公司	中山北路3028号411—415室
22	L－SH－0000447	上海大地风景旅行社	白兰路137弄2号B幢805室
23	L－SH－0000460	上海川岛旅行社有限公司	中山北路3856弄2号2425室
24	L－SH－0000486	上海西部国际旅行社有限公司	武宁路302号
25	L－SH－0000492	上海新长征旅行社有限公司	真北路2182号
26	L－SH－0000505	上海华大旅行社有限公司	中山北路3631号
27	L－SH－0000537	上海梦园旅行社有限公司	长寿路569弄2号楼14楼C座
28	L－SH－0000569	上海明游国际旅行社有限公司	陕西北路1726号305室
29	L－SH－0000599	上海宝俊国际旅行社有限公司	长寿路569弄1号606室
30	L－SH－0000609	上海天域旅行社有限责任公司	延长西路25号305、600室
31	L－SH－0000629	上海朋友旅行社有限公司	大渡河路1689号
32	L－SH－0000638	上海捷成假日旅行社有限公司	长寿路748弄1号2102室
33	L－SH－0000639	上海远景国际旅行社有限公司	曹杨路505号国际大厦308室
34	L－SH－0000640	上海新健旅行社有限公司	平利路56号二楼
35	L－SH－0000651	上海国融旅行社有限公司	杨树浦路622好F13室
36	L－SH－0000701	上海长三角国际旅行社有限公司	曹杨路1040弄1号中友大厦1102室
37	L－SH－0000704	上海康泰国际旅行社有限公司	中山北路2052号振源大厦2309室

（续表）

序号	编 号	旅行社名称	经营地址
38	L－SH－0000716	上海天海国际旅行社有限公司	长寿路433弄3号楼9D座
39	L－SH－0000722	上海赛游国际旅行社有限公司	志丹路499号二楼南
40	L－SH－0000756	上海佳达旅行社有限公司	长寿路468号704室
41	L－SH－0000760	上海安莎国际旅行社有限公司	真南路500号凌风楼二楼205—212室
42	L－SH－0000795	上海正林旅行社有限公司	石泉路95号
43	L－SH－0000801	上海传奇国际旅行社有限公司	长寿路295弄1、2号2204室
44	L－SH－0000804	上海拓展国际旅行社有限公司	中山北路2668号联合大厦493室
45	L－SH－0000817	上海文晨旅行社有限公司	曹杨路1080弄2号1108室
46	L－SH－0000821	上海远阳国际旅行社有限公司	华池路58弄1号1615室
47	L－SH－0000845	上海春风旅行社有限公司	真光路1915弄18号1301室
48	L－SH－0000865	上海工惠旅行社有限公司	曹杨路520号
49	L－SH－0000876	上海寰道龙游旅行社有限公司	中山北路3553号605室
50	L－SH－0000883	上海绿畅国际旅行社有限公司	胶州路1118弄5号102室
51	L－SH－0000887	上海宝岛国际旅行社有限公司	长寿路587号沙田大厦2401室
52	L－SH－0000896	上海高登旅行社有限公司	陆家浜路285号2401室
53	L－SH－0000901	上海普汇国际旅行社有限公司	胶州路941号804室A座
54	L－SH－0000925	上海悦骏旅行社有限公司	潮洲路566号
55	L－SH－0000948	上海欣程旅行社有限公司	浦东大道2330号3号楼301室
56	L－SH－0000966	上海中康国际旅行社有限公司	常德路1211号810室
57	L－SH－0000985	上海挚友旅行社有限公司	华池路58弄5号603室
58	L－SH－0000986	上海万国国际旅行社有限公司	杨柳青路735弄36号丙
59	L－SH－0000987	上海联众旅行社有限公司	澳门路26号店铺4－102室
60	L－SH－0000990	上海荣和国际旅行社有限公司	骊山路222号
61	L－SH－0000997	上海龙之旅旅行社有限公司	曹杨路1021号
62	L－SH－0000848	上海五行旅行社有限公司	志丹路168号

十、招商引资·对外经贸

综　述

2010年，投资促进工作以科学发展观为指引，按照“调结构、保增长”的工作要求，全区招商引资工作围绕“提高外向度、主动调结构”工作目标，结合区域特点，落实工作责任，增强工作合力。招商引资保持良好势头，引资结构进一步优化，总部型、行业龙头型企业引进力度增大，地区总部、金融服务业及重点科技项目顺利落户，其中商贸物流、信息科技、金融服务等项目占引进内资企业总数59.9%。楼宇经济对区域经济的贡献度加大。全区商务楼宇总税收21.33亿元，税收“亿元楼”达到6幢。加强政策引导，促进股权投资和股权投资管理企业、信息产业、楼宇经济发展等产业扶持政策，加强“4+X”产业政策引导体制机制。完善招商引资政策服务规程，细化楼宇经济、总部型、行业龙头型、金融服务和专业服务业企业扶持政策操作规程，加强兑现力度。规范中介奖励现有政策，制订《关于促进楼宇经济发展扶持政策中介奖励的补充办法》。针对区内注册企业不断迁出的情况，拟定《关于加强对企业迁出工作的管理服务办法》，并做好实施工作。招商引资渠道进一步拓展，密切联系专业部门、行业协会、专业咨询机构、外国商会、非盈利社会组织，加大主动招商、外出招商力度。企业服务中心功能进一步优化，提高服务水平和工作效率，优化区域投资环境。加强招商引资服务平台建设，基本实现招商信息资源开发利用和信息共享，提高跨部门网上协同办理效能。区并联审批系统和招商信息管理系统投入运行，建成楼宇信息系统数据库一期工程并展示预演。

2010年，着力发挥外资在推动区域经济发展、产业升级、劳动就业等方面的积极作用，优化外贸产品结构，做好外资企业的管理服务工作，帮助企业开拓国际市场，推动涉外经济平稳健康发展。利用外资质量进一步提高，外资审批体制改革不断深入，引进合同外资金额和外资项目数创历史新高，外资管理型地区总部实现零的突破；外贸进出口稳步发展，进出口总额达到两位数增长。在保持货物贸易进出口规模的同时，推动服务贸易和服务外包发展，有3家企业被认定为上海市服务外包重点企业；4家企业被认定为上海市技术先进性服务企业。外商投资企业的经营状况良好，对区域经济的贡献度进一步提升。

（陆燕婷　罗高飞　危　薇）

招商引资

【概况】　2010年，全年引进内资企业2099户，比上年增长38.3%，注册资金66.14亿元，比上年增长13.8%。内资引进总量增长，引进规模明显提高，引资结构优化。在引进的内资企业中，注册资金1000万元以上企业105户，其中注册资金1亿元以上企业8户。引进商贸物流、信息科技、金融服务等各类符合区产业导向的内资服务业项目1894户，占引进企业数的90.23%；注册资金41.98亿元，占引资总额的63.47%，为区优化经济结构提供产业支撑。引进外资新项目96个，累计批准合同外资3.86亿美元。

（陆燕婷）

【总部型行业龙头型企业落户普陀】
2010年，坚持从招商源头注重调结构，突出“选资”、“引智”理念，积极引进产业能级高、成长性好的优质企业，加大对地区总部、研发中心、结算中心等知名企业的引进力度。年内，施耐德、五芳斋、波导电子、龙德芯、英盾安防等一批总部型、龙头型企业落户；中国地质、沪郊医药等一些长期税收未落地企业顺利落地；延华小额贷款、联创投资、立言投资、永安信等一批金融服务业顺利落户；电科电器、游韵网络、波克网络等一批重点科技型项目落户。

（陆燕婷）

【楼宇经济税收稳步增长】　2010年，完善楼宇经济发展体制机制，构建楼宇经济目标责任体系、信息沟通体系、政策支撑体系、考核激励体系和统筹协调体系，全区商办楼宇经济税收总量和单位面积产出不断增加，长风生态商务区、真如城市副中心、中环商贸商务区、桃浦生产性服务业功能区以及长寿综合服务带等五大重点地区建设的推进使一批楼宇能级得到提升，楼宇税收进一步提高。全年，区商务楼宇税收总量达21.33亿元，比上年增长22.73%，其中30幢重点楼宇税收总量达11.92亿元，单位面积的税收产出率达到1110.81元/平方米。税收“亿元楼”达到6幢（绿洲中环大厦、科技大厦、普陀区科技馆、中环现代大厦、中环商务大厦、中期大厦）。（陆燕婷）

【拓展招商渠道】 2010年，加强整合，依靠街道、镇和重点地区招商骨干力量，发挥企业“以商引商”的作用，沿沪宁、沪杭等区域经济发展轴线，扩大重点地区、重点领域招商项目来源。加强与知名中介机构、专业机构的合作联动，立足招大商和成熟型企业，发挥中介机构和专业机构的专业实力和国际营销力，提高引进企业特别是外资企业的质量和与区域产业功能的匹配度。加大外出招商和投资推介力度，抓住世博机遇，成功举办“魅力普陀创商机，牵手港商进长风”、“高力国际走进长风”、“全佳地产走进长寿”、“戴德梁行走进中环商务区”、“走进戴德梁行——普陀区重点地区商务楼宇招商推介活动”等一系列招商对接活动，介绍区的投资环境和优惠政策以及长风生态商务区、中环商贸商务区和长寿综合服务带等重点功能区重点商务楼宇的规划和招商情况。9月，组织长风生态商务区、真如城市副中心、长寿、桃浦地区等重点功能区招商人员参加第十四届中国国际投资贸易洽谈会，并以“长寿商圈、商机无限”及“牵手桃浦、走向共赢”为主题，重点推介长寿综合服务带、桃浦生产性服务业功能区、西北物流园区等重点项目，引起参展方关注。年内，会同高力国际，组织招商骨干赴京津地区学习楼宇经济；加强与英国英中贸易协会、德国中小企业联合总会（中国）等商会沟通联动，参与“2010中外商会看普陀”活动。（陆燕婷）

【优化企业服务中心功能】 2010年，加快区企业服务中心并联审批系统建设，实现“一口受理，多部门同时审批”，极大方便了企业。加强跨地区、多部门协调，拓展与律师事务所等社会中介服务机构合作，突破大项目引进瓶颈，实现“无缝对接”。加强重点项目保姆式服务，针对企业个性化需求，开展上门预约服务，帮助重点企业提供人才引进等服务，得到企业广泛好评。年内，区企业服务中心接待咨询、受理人数40276人次，日均接待181人次。区企业服务中心税务窗口被评为区“窗口服务文明示范点”，4人被评为服务能手。（陆燕婷）

【举办招商干部培训班】 1月13日，招商干部培训班在区委党校举办。此次培训是招商专项培训活动以来规模最大、参与人员最多、覆盖范围最广、培训内容最详实的一次，全区近20个招商责任单位180余名招商工作人员参加培训，并首创性地当场就具体政策进行测试。区领导在招商干部培训班上强调，推进招商引资工作持续发展是招商干部的职责，也是提高招商引资工作能力的需要，招商工作人员要加强学习，切实增长从事经济工作的才干。（陆燕婷）

【纳税骨干企业工作会】 8月11日，召开普陀区纳税骨干企业工作会议。上海联家超市有限公司等189家纳税500万元以上骨干企业获2009年度普陀区区域经济经济贡献奖。区委书记周国雄，区委副书记、区长孙荣乾，区委常委、副区长裴崎、诸葛宇杰等区领导出席会议。189家获奖企业代表、区有关部门、街道镇及部分重点地区、科技园区负责人参加会议。会议由裴崎主持，诸葛宇杰宣读《普陀区人民政府关于授予纳税骨干企业2009年度普陀区区域经济贡献奖的决定》。周国雄在讲话中肯定过去一年所取得的成绩，强调在面对来自内部和外部的压力与挑战时，区经济运行中也出现一些新情况、新问题。希望在座企业要抓住机遇，扎根普陀加快发展；要苦练内功，切实提高自主创新能力。要求全区各职能部门、各街道镇要强化服务意识、更新服务观念、突出服务重点、提高服务效能，为企业在普陀发展创造更加宽松适宜的环境。大会授予7家企业为2009年度普陀区区域经济贡献特等奖、13家企业一等奖、71家企业二等奖、98家企业三等奖。约克（中国）商贸有限公司、上海电科智能系统股份有限公司、上海晨路信息科技有限公司等3家企业代表交流发言。（陆燕婷）

【牵手港商进普陀活动】 12月16日，由区政府和香港贸易发展局共同主办“魅力普陀创商机，牵手港商进长风”活动在新发展亚太万豪酒店举行。区领导周国雄、孙荣乾、夏斯德、裴崎，香港贸易发展局华东、华中区首席代表钟永喜、上海代表黄琼，中国香港（地区）商会总经理汪学之及香港品牌集团董事局主席钟国斌等40多

8月11日，召开区纳税骨干企业工作会议　　（区投资促进办供稿）

位香港企业家参加活动。周国雄在讲话中表示,普陀区良好的区位优势和投资环境将为香港企业提供广阔的发展空间,香港企业,特别是商贸、物流、金融、医药、动漫、光电等产业和专业服务业入驻普陀投资发展,将有力促进区域产业结构调整、经济发展转型。区政府将在政策、服务和配套等方面给予香港企业全力支持,欢迎更多香港企业在普陀这片热土上施展才华。会上,普陀区政府与香港贸发局签署合作备忘录。 (陆燕婷)

2009 年度普陀区
区域经济贡献奖获奖企业名单
(排名不分先后)

特等奖(7 家)
上海联家超市有限公司
农工商超市(集团)有限公司
锦江麦德龙现购自运有限公司
约克(中国)商贸有限公司
施耐德电气(中国)投资有限公司
上海印钞有限公司
上海造币有限公司

一等奖(13 家)
上海施耐德工业控制有限公司
上海先灵葆雅制药有限公司
中船第九设计研究院工程有限公司
上海皮尔博格有色零部件有限公司
上海电力高压实业有限公司
上海和黄药业有限公司
上海康诚仓储有限公司
上海华明电力设备制造有限公司
德邦证券有限责任公司
上海烟草集团普陀烟草糖酒有限公司
上海安吉斯巴鲁汽车销售服务有限公司
中国建材国际工程有限公司
上海涂料有限公司

二等奖(71 家)
上海金叶包装材料有限公司
上海百联中环购物广场有限公司
上海绿新包装材料科技股份有限公司
科尼起重机设备(上海)有限公司
上海科尔本施密特活塞有限公司
上海华明电力设备集团有限公司
上海乐购物流有限公司
上海九州通医药有限公司
上海康鹏化学有限公司
上海密特印制有限公司
上海高斯印刷设备有限公司
上海复星医药(集团)股份有限公司
上海昆仑台湾商城有限公司
华东师范大学
上海证券印制有限公司
上海北盛建设工程发展有限公司
上东虹建筑安装有限公司
上海汽车工业物资有限公司
上海普陀区国有资产经营有限公司
上海伍缘现代杂货有限公司
上海曹安菜篮子股份有限公司
上海福满家便利有限公司
上海电器科学研究所(集团)有限公司
朗盛上海颜料有限公司
上海电科智能系统股份有限公司
上海和凌汽车服务有限公司
上海复星药业有限公司
上海智富建设工程有限公司
依革思儿(上海)商贸有限公司
上海沙驰服饰有限公司
上海腾迈广告有限公司
上海牡丹油墨有限公司
上海申克机械有限公司
上海曹杨建筑粘合剂厂
上海红星美凯龙装饰家具城有限公司
上海中西医药有限公司
艾佩达电子通信设备(上海)有限公司
汉高粘合剂有限公上海分公司
上海振环建筑工程发展有限公司
上海中远建设(集团)有限公司
上海华盛投资有限公司
特易购采购服务(上海)有限公司
上海化工研究院
上海申创建筑工程有限公司
上海曹杨商城有限公司
上海新曹杨经济发展有限公司
思达可家具(上海)有限公司
华东师范大学出版社有限公司
上海百联商贸有限公司
缆信网络有限公司
上海中一投资有限公司
上海普陀市政建设养护有限公司
上海三维制药有限公司
上海好来福家居市场经营管理有限公司
上海康仁乐购超市贸易有限公司
上海圣鑫投资有限公司
荷贝克电源系统(上海)有限公司
博马努瓦服饰商贸(上海)有限公司
上海环城再生能源有限公司
上海月星控股集团有限公司
上海联华超市配销有限公司
上海长空机械有限公司
上海协同科技股份有限公司
上海启发电子科技有限公司
华鼎建筑装饰工程有限公司
上海协和氨基酸有限公司
上海锦惠建设集团有限公司
上海百姓装潢有限公司
上海衡元建设工程有限公司
上海晨路信息科技有限公司
上海睿亦劳务服务有限公司

三等奖(98 家)
上海园林绿化建设有限公司
上海白猫股份有限公司
上海三维制药销售有限公司
上海市轻工业品进出口有限公司
上海新长征(集团)有限公司
上海建通工程建设有限公司
上海新曹杨(集团)有限公司
上海住建工程有限公司
必胜(上海)食品有限公司
上海顶通物流有限公司
上海上咨工程造价咨询有限公司
上海鼎兴建筑安装工程有限公司
上海复美益星大药房连锁有限公司
上海普陀中发都市工业科技有限公司
广州宝洁有限公司上海分公司
上海复星高科技(集团)有限公司
上海市装卸储运总公司
上海东昌福德汽车销售服务有限公司
上海现代交通建设发展有限公司
上海机电设备招标公司
上海市测绘院
上海金岛建设发展有限公司
上海白玉兰家具有限公司
味之素(中国)有限公司上海分公司
上海珍奥生物科技有限公司
国都证券有限责任公司上海中山北路证券营业部
上海安吉名世汽车服务有限公司
上海强生普陀汽车服务股份有限公司
利拉伐(上海)乳业机械有限公司
上海微波技术研究所
特易购商业(上海)有限公司
上海新长征建设发展有限公司
上海亿亿佰广场管理有限公司
上海宏泉集团有限公司

上海航空工业(集团)有限公司
上海高力物业顾问有限公司
上海世纪联华西部商业有限公司
伊莎贝尔(中国)食品有限公司
上海灯塔工贸有限公司
上海五环建设工程有限公司
上海华东电力设计岩土工程有限公司
上海市特种设备监督检验技术研究院
华美敦贸易(上海)有限公司
上海巴士六汽公共交通有限公司
中国移动通信集团设计院有限公司上海分公司
上海宏康实业投资有限公司
上海相宜本草化妆品制造有限公司
上海真维斯服饰有限公司
上海福沁卧室用品制造有限公司
上海曹杨医药用品厂
上海同方友友电视购物有限公司
峻领德高商业发展(上海)有限公司
上海延华智能科技股份有限公司
和运国际租赁有限公司
上海真北乐购生活购物有限公司
上海化工机械一厂
上海汉欣电线电缆有限公司
上海东洲罗顿通信技术有限公司
海霸王(汕头)食品有限公司上海分公司
上海志昌塑料电器有限公司
广发证券股份有限公司上海石泉路证券营业部
江汉石油钻头股份有限公司上海分公司
上海西上海奥杰汽车销售服务有限公司
上海新世纪物流有限公司
上海追日电气有限公司
上海安吉名流汽车服务有限公司
上海普新电力工程有限公司
上海路港燃料有限公司
上海忠诚精细化工有限公司
上海嘉成轨道交通安全保障系统有限公司
上海方大药业股份有限公司
中国建筑上海设计研究院有限公司
上海常真建筑装潢工程有限公司
埃伯斯电子(上海)有限公司
上海汉普机械有限公司
上海现代物流投资发展有限公司
上海古鳌电子机械有限公司
上海钱源娱乐有限公司
上海富成门窗有限公司
上海市纺织有限公司
上海古井金豪酒店管理有限公司
上海德骏汽车有限公司
上海汽车有色铸造总厂
上海联华永昌超市有限公司
上海致达科技集团有限公司
上海磊跃自动化设备有限公司
上海吉马酒业有限公司
上海普洛斯槎浦置业有限公司
上海格兰仕电器销售有限公司
煤炭科学研究总院上海分院测试中心
上海斯瑞聚合体科技有限公司
嘉柏(中国)国际货运代理有限公司
上海友谊制衣有限公司
上海升广科技有限公司
上海申光建筑工程有限公司
上海市旧机动车交易市场
上海红星美凯龙环球家居设计博览有限公司
上海上币金银制品厂

(资料来源:《新普陀报》2010年8月18日(专版))

对外经贸

【概况】 2010年,全区批准合同外资(含增资)3.86亿美元,同比增长11.1%。其中新批项目125个,批准合同外资3.33亿美元。新批项目以外商独资企业为主,其合同外资占全部新批项目合同外资的98%。新批项目98%的资金投向第三产业。其中:商贸业项目78个,吸引外资14610万美元;房地产业项目1个,吸引外资12933万美元;信息、科技、制造、咨询等项目46个,吸引外资5780万美元。增资项目30个,吸引外资0.53亿美元。全区累计涉外税收总额为29.81亿元,同比增长4.1%。外贸进出口总额14.02亿美元,同比增长24.12%。其中,外贸进口总额5.94亿美元,比上年增长38.61%;外贸出口总额8.08亿美元,同比增长15.28%。 (罗高飞 危 薇)

【外贸进出口平稳发展】 2010年,区外贸进出口企业总数为344家,主要涉及出口的商品有21项大类,91项小类,812种具体产品。进出口超千万美元的外贸企业有30家,总额为9.03亿美元,占全区外贸进出口总额的64.41%。全年完成外贸出口8.09亿美元,比上年增长15.28%,其中外商投资企业完成出口3.36亿美元,国有、集体及私营企业完成出口4.73亿美元。进出口总额中,一般贸易为12.41亿美元,加工贸易为1.15亿美元,其他贸易形式为0.46亿美元。出口商品中机电类产品出口额位居第一,达2.58亿美元,比上年增长22.34%。出口市场以日本、美国为主。

(罗高飞 危 薇)

【完成涉外税收29.81亿元】 2010年,区内涉外税收的企业总数为983家,比上年增长4.1%,完成涉外税收总额29.81亿元,比上年增长15.8%。其中,税收千万元以上的企业39家,共纳税23.86亿元,比上年增长20.9%;税收500万—1000万元企业28家,共纳税1.85亿元,比上年增长15.2%;税收100万—500万元人民币企业数119家,共纳税2.85亿元,比上年下降9.3%。从涉外税收的税种来看:其中,增值税11.80亿元,比上年下降0.9%,占总税收的39.6%;所得税13.81亿元,比上年增长41.8%,占总税收的46.3%;营业税2.96亿元,比上年下降5.3%,占总税收的9.9%。税收主要来源四大行业,即批发零售业为12.28亿元、制造业为9.68亿元、房地产业为4.82亿元、租赁与商务服务业为1.68亿元,四大行业总税收达28.45亿元,占比达95.4%。其中,房地产业增长明显,比上年增长151.7%;批发零售业,比上年增长22.1%。税收明显下降的行业为交通运输与仓储业,比上年下降60.1%。 (罗高飞 危 薇)

【外资企业年检工作】 2010年,627家外商投资企业进行年检工作,其中,合资企业125家,合作企业31家,独资企业467家,股份制企业4家。年检结果:正常运作企业505家,筹建的91家,停业的31家,企业存量率为50.65%,企业运营率为48.27%。外商投资国家(地区)共46个。投资总额1000万美元以上有62家。外商投资企业共吸纳就业人员4.8万人,比上年增长10.66%,其中第二产业吸纳就业人员1.5万人,第三产业吸纳就业人员3.3万人,第一产业吸纳就业人员109人。（罗高飞 危 薇）

【中小企业海外市场开拓资金审核】2010年,为推动区内中小企业走出国门,在海外市场拓展业务,做好中小企业海外市场开拓资金的审核工作。全年共审核批准87家企业185个项目,批准拨付金额241.1万元。

（罗高飞 危 薇）

【服务外包工作】 2010年,根据全国服务外包网统计数据,区内有20家企业直接或间接承接境外业务,其中9家集中在天地软件园,主要从事信息服务行业及动漫业。年内,5家服务外包企业获商务部扶持资金302.85万元,6家企业获上海市配套扶持资金208.7万元(其中51.4万元为补发2009年度配套资金)。上海中软资源技术服务有限公司、上海华之樱信息系统有限公司、上海冈三华大计算机系统有限公司等3家企业被认定为上海市服务外包重点企业;上海中软资源技术服务有限公司、上海华之樱信息系统有限公司、上海灵禅信息技术有限公司、上海诚予信息技术有限公司等4家企业被认定为上海市技术先进型服务企业。天地软件园被认定为第二批"上海市服务外包专业园区"。

（罗高飞 危 薇）

【外资审批工作】 2009年底,市商务委将包括外商投资商业零售等一系列审批权限下放。2010年,全区共完成审批批文300个,比上年增长33.3%。其中,批准已设立外资企业的各类变更申请129家次;出具文件处理意见36份;办理直销企业服务网点核查1家。完成1家企业鼓励类项目确认申报工作,项目进口设备免税金额为996.95万美元。（罗高飞 危 薇）

【重点项目进展顺利】 2010年,注册资本3.4亿美元的上海锦鹏置业有限公司落户长风;上海迪亚零售有限公司获准迁入;纳尔科(中国)环保技术服务有限公司成为区首家获市商务委认定的跨国公司管理性总部;上海华之樱信息系统有限公司获准设立区内第一家企业驻外办事处。

（罗高飞 危 薇）

2010年普陀区出口商品结构情况表

商品结构	出口额(万美元)	比上年增长(%)
机电产品	25818.1	22.34
纺织原料及纺织制品	17050.0	22.22
化学工业及其制品	8553.2	12.31
贱金属及其制品	6645.3	6.51
轻工产品	6151.0	-0.62

2010年普陀区进口商品结构情况表

进口商品名称	出口额(万美元)	比上年增长(%)
机电产品	18204.2	48.50
植物产品	10939	53.12
贱金属及其制品	10307.9	2.79
化学工业及其制品	4814.6	43.91
塑料及橡胶制品	3853.7	17.24

2010年普陀区主要出口市场情况表

出口国别	出口额(万美元)	比上年增长(%)
日本	14249.8	0.90
美国	14216.2	39.44
德国	5364.5	41.47
印度	3017.5	20.55
澳大利亚	2406.6	13.75

2010 年普陀区吸引外资情况表

吸引外资		批准外商投资企业		
		企业数(个)	合同外资(万美元)	比上年增长(%)
总计			38611.19	11.1
1. 新设外商投资企业		125	33323.42	77.3
其中	合资	15	605.55	
	合作			
	独资	110	32717.87	
2. 老企业增资		30	5287.77	-66.9

2010 年普陀区引进外资产业分布情况表

行 业	新批、迁入			增 资		合 计
	合同外资（万美元）	项 目（个）	万美元/项目	合同外资（万美元）	项 目（个）	合同外资（万美元）
商 贸	14610	78	187	2130		16740
房地产	12933	1	12933	1466		14399
信 息	2172	11	197	1117		3289
制 造	693	10	69	489		1182
咨 询	856	19	45	81		937
总 部	733	1	733			733
其 他	1326	5	265	3		1329
合 计	33323	125	267	5286		38609

十一、民营企业

【概况】 2010年，区民营企业围绕“五个确保”要求，参与世博工程项目建设，有效应对国际金融危机冲击，全区非公经济纳税105.77亿元，占全区纳税总额92.35%；为社会提供85%以上就业岗位，为区域经济持续较快发展作出贡献。年内，针对民营企业转型、融资、上市、总部建设等重点问题，成立普陀延华小额贷款股份有限公司，与2009年成立的普陀宝祥小额贷款股份有限公司一起，为中小企业发展提供贷款服务，全年发放贷款1亿元。同时运作区中小企业融资互助平台，共为17家中小企业贷款3500余万元。举办“相聚世博会，走进金中环——中外商会普陀行”活动，来自美国、英国、德国、法国等20多个国家和地区的70多位在沪领馆、商会、贸易团体的负责人参加，扩大了普陀区的影响。开展“服务世博、参与世博”活动，成立由新社会阶层代表人士组成的上海世博会城市文明志愿者服务总队，2000余人参与为期6个月的城市文明志愿者活动，服务总队被评为“普陀区世博会期间志愿服务活动先进集体”。在民营企业中倡议开展“百家民企邀万人”参观世博会活动，境内外友好人士3万余人次观摩世博。在全市率先举办普陀区2010年青年创业者研修班，培育青年创业者领军人物。年内，区民营企业开展回报社会感恩行动，首批11家企业共捐赠260万元，帮扶百名困难劳模和资助10家老年俱乐部。全年区光彩事业促进会及非公经济代表人士向社会和地区捐赠总额5000余万元。全年，新增私营企业2854户，年末注册登记的私营企业总数达19972家（含分支4264家），比上年增长1.9%，从业人员14.8万人。年注册资本384.1亿元，比上年增长1.9%，累计注册资金384.1亿元。年内新增个体工商户2540户，年末注册登记的个体工商户13641户，比上年增长9.6%；总注册资金2.43亿元，比上年增长51.2%。从业人员1.7万人。 （徐鹤华）

【9家民营企业入围市民企100强】 8月29日，在上海市企业联合会、上海市企业家协会、上海市商会、上海市经济团体联合会联合主办的“2010年上海民营企业100强发布会”上，上海复星高科技（集团）有限公司、上海奥盛投资控股（集团）有限公司、上海致达科技集团有限公司、月星集团有限公司、上海九洲通医药有限公司、上海红星美凯龙装饰有限公司、宏泉集团有限公司、上海绿新包装材料科技股份有限公司、上海华明电力设备制造有限公司等9家民营企业入围上海市民企100强，比2009年增加2家，其中上海复星高科技（集团）有限公司居2010年市民企100强排行榜首位。 （徐鹤华）

【22家企业培育成科技小巨人】 2010年，为提升区科技型企业自主创新能力，推动以企业为主体的技术创新，根据《普陀区产业发展科技孵化项目扶持资金实施细则》和《上海市普陀区科技小巨人工程实施（暂行）办法》规定，共投入1400余万元支持科技小巨人培育工作。至年底，经企业申报和专家评审，上海嘉成轨道交通安全保障系统有限公司、上海东洲罗顿通信技术有限公司、上海先达企业发展有限公司、上海晨路信息科技有限公司、上海邮政科学研究院等5家企业被评为市科技小巨人企业。上海绿新包装材料科技股份有限公司等17家被认定为普陀区科技小巨人企业。 （徐鹤华）

【“守合同重信用”企业104家】 2010年，根据《上海市企业合同信用评价管理办法》规定和要求，区合同信用促进会组织个私经营企业参与2008—2009年度“守合同重信用”企业的认定和信用等级（A级以上）评定。经市企业合同信用促进会认定工作会议公布，全区104户私营企业被认定为上海市2008—2009年度 “守合同重信用”企业，其中认定上海红星美凯龙装饰家具城有限公司等47户企业为AAA级；上海月星控股集团有限公司等39户企业为AA级；上海普汇国际旅行社有限公司等18户企业为A级。 （徐鹤华）

【致达集团按时完成世博工程】 2010年，上海致达科技集团有限公司参与世博洲际酒店、世博新闻中心、墨西哥馆、中国民企馆装饰、世博会电力、轨道交通电器等项目工程建设。在时间紧、任务重的情况下，集团开展“比进度、比质量、比贡献”三比竞赛活动，群策群力，攻克技术难题，按期、保质完成中国民企馆装饰和世博洲际酒店三至四层标段装饰任务，并克服技术难题，完成安装法国进口的新型匹萨炉和高级温控保温柜任务，为世博会电器配套提供300套故障诊断盒和UPS不间断电源设备。（徐鹤华）

【建设融资平台】 2010年，多项措施建设融资平台，解决民企经营者融资难。建立银企互动融资平台，5月，举办“普陀区银企合作座谈会暨中小企业金融服务推介会”和“中国出口信用保险公司上海市分公司服务出口企业推介会”，共为民营企业发放贷款3500万元。成立普陀延华小额贷款股份有限公司，与原宝祥小额贷款公司一起，共为民企发放贷款1亿余元。建立企业与企业合作平台，用盈利企业资金发展因资金不足影响发展规模的企业，以实现双赢，区内从事房地产开发的宏泉集团资金充足，2月4日，与从事研发、制造和销售固态存储系列产品的上海源翰数码科技有限公司签约，投资2000万元，帮助其产品发展。（徐鹤华）

【凯雷复星（上海）股权投资企业成立】 3月3日，全国首家外资股权投资合伙制企业——凯雷复星（上海）股权投资企业成立。该企业是由全球最大的私人股权投资公司之一的凯雷投资集团旗下的凯雷丝路投资公司和中国最大综合类民营企业复星旗下的上海复星产业投资有限公司各出资5000万美元合伙成立。（徐鹤华）

【华明集团技术研发出成效】 2010年，上海华明电力设备制造公司作为一家生产变压器设备为主的民营企业，集中力量抓研发，抢占该领域技术制高点。成立技术研发中心，建立“院士专家工作站”，在市、区政府支持下，对产品重点环节组织科研攻关。投资5000万元建成研发产品检测中心，并购置进口高精度数控机床和世界先进设计软件等设备，用于验证研发产品性能。重奖研发有功人员，凡研发成果用到新产品中去的，除给予有关人员一次性奖励外，还享受5—10年该产品价值1%—2%提成奖励。该公司研发的变压器有载分接开关技术指标已达到国内领先、国际先进水平，2010年该产品的产值达到6.8亿元人民币。（徐鹤华）

10月20日，上海普陀延华小额贷款公司开业　　（区个私协会供稿）

【天天快递与海航集团签约】 5月10日，天天快递有限公司与中国著名的大型现代服务综合运营商海航集团北方总部签约，成立海航天天快递有限公司，国家邮政局市场监管司司长韩瑞林和中国快递协会副秘书长沙迪出席签约仪式。签约后，海航占有天天快递60%的股份，天天快递占40%的股份，海航将指派包括新公司董事长在内的多名高管进驻天天，指导发展。年内，已完成企业重组，海航天天快递依托海航集团强大的综合资源优势和原天天快递良好的网络优势，做大做强，继续向精、稳、强、大方向发展。重组后的海航天天快递拥有20余个集散中心，187余家加盟公司，6个全资子公司，快递网络分布在国内1200余个城市，设有3000余个网点，形成以珠江三角洲、长江三角洲、环渤海湾地区为重点的快递网络布局。（徐鹤华）

【森银参加中欧中小企业经贸洽谈会】 10月7—8日，由中国个体劳动者协会、欧洲企业网和卢森堡商会共同举办的“2010年上海中欧中小企业经贸对接洽谈会”在上海金茂大厦召开，全国共有220余家企业参加。区民营企业——上海森银发展有限公司应邀参加洽谈会，并参与“怎样和中国人做生意”、“上海——经济繁荣的中心城市”、“中国进入欧洲市场的途径”等课题研讨。（徐鹤华）

【民营企业家参加高级经济管理培训】 10月17—22日，区个私协会选派普陀区家家乐杂货店、上海艺殿商贸有限公司等4家区内规模民营企业家参加全国民企系统高级经济管理研修班学习。研修班由中央党校、清华大学等国内知名学者、教授授课，主要讲授国内宏观经济形势、中国企业发展的瓶颈与突破、品牌营销、领导心灵智慧和管理艺术、系统科学与战略思维、商务沟通、当前的国家环境与中国的战略机遇等内容。参加研修班的4名企业家受益非浅。（徐鹤华）

【复星集团建设学习型企业】 4月，复星高科技（集团）获上海市“学习型企事业标兵单位”称号。复星高科技（集团）以“普陀区职工优秀人才发展促进会复星分会”为运作平台，围绕岗位发明、专利申报、转让、合理化建议等内容开展员工岗位创新主题活动，提高企业自主创新能力，拥有一批自主开发新产品。复星集团职工自主研发的新产品从2006年的23项发展到2010年162项。（徐鹤华）

【民营企业家获市非公经济优秀建设者称号】 2月25日，在第三届"上海市非公有制经济人士优秀中国特色社会主义事业建设者"表彰会上，区民营企业上海延华智能科技股份有限公司董事长胡黎明，上海瑞华置业（集团）有限公司董事长、总裁孟明荣等2位民营企业家获"上海市非公有制经济人士优秀中国特色社会主义事业建设者"荣誉称号。（徐鹤华）

【凯业必达（上海）网络入围"市第五届优秀网站"】 由市委宣传部、市网络文化建设和管理联席会议12个成员单位支持指导，市网宣办、市文明办主办，市网络文化协会、市信息服务行业协会等数家行业协会承办的以"传播世博、服务世博"为主题的上海市第五届优秀网站评选活动于5月28日启动，该活动作为上海互联网行业唯一获得政府支持的权威评选活动，成为推动网络文化和信息服务业建设的重要平台。区民营科技企业凯业必达（上海）网络信息有限公司在评选活动中入围"上海市第五届优秀网站"名单。（徐鹤华）

【邀万人参观上海世博会】 上海世博会期间，区民营企业倡议并组织"百家企业邀万人观世博"活动。期间，上海复星高科技（集团）有限公司、上海奥盛投资控股（集团）有限公司、上海华明电力设备制造有限公司、红子鸡美食总汇、上海宏泉集团有限公司、月星家具等邀请数百至数千人次参观世博会。上海祥龙置业投资有限公司出资60余万元，组织"祥龙世博之旅"活动，特邀革命老区安徽蒙城各界人士及希望小学学生共460余人参观世博会，并全程包吃、住、行、观、游，得到老区人民好评。（徐鹤华）

【参与社会公益活动】 2010年，区个体、民营企业发扬"一方有难，八方支援"精神，以各种方式履行社会责任。在青海玉树地震和舟曲地区泥石流灾害发生后，区内1891家个私经营企业（者）通过区个私协会、红十字会、民政局、市慈善机构等共捐款捐物874.49万元。复星集团通过中国光彩事业基金会捐款500万元，帮助舟曲受灾群众重建家园。5月25日，致达集团向市慈善基金会捐资500万元，设立致达集团慈善公益基金，用于助学、安老、扶幼、济困、环保、医疗、救灾等公益活动，并在上海中侨职业技术学院和曹杨二中设立奖学金，每年对一定数量的优秀生、贫困生奖优助困。12月26日，苏宁电器在庆祝创建20周年活动之际，向市慈善基金会捐资180万元，成立"苏宁1+1阳光行"慈善基金，并在全市所有连锁店店面设置"中国扶贫救灾募捐箱"，向社会募集善款，善款全部用于帮助上海地区困难群体。年初，区内26个民营企业出资3万余元与26名困难家庭的中小学生签订助学协议，帮助这些学生完成学业。（徐鹤华）

【组织4·15为民服务活动】 4月15日，根据市个私协会《关于开展"感恩社会、倾情回报"4·15爱心行动的通知》精神，区个私协会组织250余名个私经营者组成23项服务项目在区内9个社区服务点开展义务为民服务活动，同时组织6个服务小分队到社区及敬老院为老人和行动不便居民服务，共提供免费服务2万余元，受惠市民2300余人次。（徐鹤华）

【加大安全生产宣传力度】 2010年，认真落实市、区政府《关于开展2010年"安全生产月"活动的通知》精神，抓好个私经营企业安全生产。通过走访企业和在经营者集中的场所设置广播站、黑板报等，宣传《通知》精神，做到家喻户晓，并配合有关职能部门开展地毯式安全大检查。组织安全生产先进单位进市场、进商场、进企业传经送宝，提高企业干部职工对安全工作的认知程度。在2010年安全生产月暨平安世博安全生产先进企业评比活动中，上海风驰企业发展有限公司等10家民营企业获奖。（徐鹤华）

【调查个体工商户经营生活状况】 7月，根据市个私协会和市工商局监管处要求，对区内个体工商户的经营、生活状况组织调查。发放问卷350份，补充问卷150份，调查事项为22个大项和75个小项，召开座谈会，邀请各行业个体工商户50余人参加。通过调查，对个私经营者反映的税收负担、社会保险、经营环境及子女上学存在问题拟写调查建议向政府有关部门反映，维护个体工商户合法正当的权益，帮助解决其生活上的困难以及经营中的难题。（徐鹤华）

【为个体私营企业服务】 2010年，区个私协会发挥政府助手作用，依靠各基层工委会作用，为协会会员和个私工商经营者服务。协调个私业主参加西藏、青海、新疆等经济洽谈会展，组织商务考察等活动。通过多种渠道安置社会富余人员500余人次。协助有关部门完成地铁13号线大渡河路站出口处50余户个私经营者搬迁和安置。组织"冬送温暖"、"夏送清凉"活动，共慰问个私经营者3000余人（户），发放慰问金额7.74万元。对30位经济暂时遇到困难的个私经营者组织救济，救济金额4万余元。全区共设立9个接待窗口，专门负责受理和处理个私经营者诉求，并常年聘用律师一人，全年调处经济纠纷64件，为经营者挽回经济损失60余万元。（徐鹤华）

民营企业选介：

【上海复星高科技（集团）有限公司】 上海复星高科技（集团）有限公司（简称复星集团）是复星国际有限公司全资子公司，创建于1992年。是国内最大的综合类民营企业。其核心业务跨医药、房地产、钢铁、矿业、零售、金融服务及战略投资等六大领域。旗下有多家参股或控股上市公司，业绩逐年稳步增长，各业务板块在细分行业内基本进入国内前10强，已连续数年稳居中国企业前100强。2007年7月16日，复星的母公司复星国际（00656.HK）在香港联交所主板整体成功上市。

复星集团发展历程：1992年开始

业务运营。1994 年 8 月,复星开始房地产开发业务;12 月,通过复星医药开始开展医药业务 (当时公司名为复星实业)。1998 年 7 月,复星医药成为上海证券交易所上市公司;8 月,复地成立(当时公司名为上海复星房地产开发有限公司)。2000 年 8 月,复星医药完成 2250 万股的 A 股配股;10 月,投资友谊复星。2002 年 8 月,投资建龙集团;11 月,成为豫园商城的单一最大股东。2003 年 1 月,投资国药控股,复星及建龙集团投资于宁波钢铁;3 月,南钢联成立;5 月,德邦证券成立;10 月,复星医药发行 9.5 亿人民币的可转债。2004 年 2 月,复地完成首次公开发行,成为香港联交所上市公司;4 月,投资招金矿业。2005 年 1 月,南钢股份完成 1.2 亿股 A 股增发;3 月,复地完成 14660 万股 H 股配售。2006 年 4 月,复地完成 17590 万股 H 股配售;12 月,招金矿业完成首次公开发行,成为香港联交所上市公司。2007 年 7 月 16 日,复星集团在香港联交所整体成功上市;8 月 16 日,复星集团与海南钢铁共同签署签订《海南矿业联合有限公司合资经营合同》,以出资方式参与海钢改制重组。2008 年,投资分众传媒。2010 年投资法国 CLUB MED 集团;凯雷复星(上海)股权投资企业成立。

复星集团在郭广昌、梁信军、汪群斌及范伟等 4 位创始人带领下,以决策、搭台、修正、共成长为复星的经营理念,以"修身、齐家、立业、助天下"为企业理念,不断丰富、彰显"感恩、团队、透明、开放、学习及创造价值"的企业文化。2009 年,复星在中国民营企业集团纳税排名全国第四,创造 3317 个就业岗位,加上联营企业解决就业总人数近 7 万人。参与边远贫困地区的开发和西部建设,直接投资累计超过 30 亿。2010 年上海世博会前,复星联合 15 家国内一流的优秀民企,共同建设中国民企联合馆,搭建起一个向世界展示中国民企风采的舞台。热心社会慈善公益事业,关注社会、回报社会,是复星塑造和培养企业社会责任感、树立企业真实和良好形象的宗旨和目标。通过设立"希望工程"奖学金,创建科教助学基金、教育帮困基金,向历年洪涝灾区捐款,捐助建设上海科技馆,资助医疗保险基金,出资在海南建立"海空卫士王伟希望小学",捐助复旦大学教学楼和黄帝陵二期工程等,捐助总额已逾 4.5 亿元。2009 年,复星集团获中国企业 CSR 研究中心等机构主办的"中国企业社会责任"特别大奖、"中国最佳企业公民"、"中国十大慈善企业"等荣誉称号。

经过 19 年发展,复星集团凭借持续寻找发现中国投资机会的能力,持续优化管理、提升企业价值的能力和持续建设多渠道融资体系对接优质资本的能力,形成了以认同复星文化的企业家团队为核心,以上述三大能力为基础的价值创造链的正向循环。已累计纳税 200 余亿元,连续四年蝉联中国民营企业纳税总额第一位。获 2009 年"中国 500 最具价值品牌"、"CCTV60 年 60 品牌"、"21 世纪中国最佳商业模式创新奖"和荷兰 CRF 授予的"中国杰出雇主"奖等奖项。

2010 年,复星集团持续强化全球能力建设,积极与全球一流的投资机构、投资人开展战略合作,先后与凯雷、保德信集团等行业领袖企业展开战略和实质合作,与美国排名前三的寿险品牌——保德信金融集团联合设立"复星——保德信中国机会基金"。6 月,集团成功投资全球一流的休闲连锁度假酒店集团法国企业——地中海俱乐部。集团投资所涉及的医药健康、房地产、钢铁和矿业等业务整体运营情况良好,整体价值获得持续提升。复星集团实现营业收入 361 亿元,经营性利润同比增长 21.5%,位列中国民营企业 500 强营业收入第十四位、利润第二位,位列福布斯全球 2000 强第 1264 位,2010 年《财资》杂志宣布,复星为 2009 最具潜力中国企业。

(区工商联)

【上海宏泉集团有限公司】 上海宏泉集团有限公司前身是上海宏泉投资有限公司,成立于 1993 年,注册资金 1 亿元,是一家以现代服务业为主,同时涉及地产开发、物业管理、酒店经营和实业投资等多个产业领域的综合性民营企业集团。

近年来,宏泉集团先后建造了包括"祥和家园"、"祥和名邸"、"祥和公园"、"梅川路欧亚商业休闲街"及"祥和星宇花园"等祥和品牌系列住宅及配套产品。其中,"祥和名邸"获"第三届上海市优秀住宅"之首席,是上海 7 家创建"国家康居示范工程"小区之一;"祥和星宇花园"则被列入首批创建"上海市一级生态住宅小区"之一,并被评为"第四届上海市优秀住宅金奖"和"2005 詹天佑大奖优秀住宅小区金奖"。集团投资的上海宏

普陀区光彩事业促进年会暨回报社会感恩行动启动仪式

(区方志办供稿)

泉丽笙酒店，成为普陀区第一家五星级涉外酒店。集团旗下的宝祥小额贷款公司，截至2010年，累计放款120笔，贷款金额17139万元，支持区域内60余家中小企业产业提升和发展，为缓解区内中小企业融资难，为区域经济发展作出一定贡献。

宏泉集团在董事长王岳祥率领下，始终奉行"以人为本、优化组合、和谐发展"企业理念，提倡"聚人、聚心、聚德，同结祥和缘"企业文化，探索民营企业民主管理建设，其中建立职工董监事会等一些经验与做法得到全国总工会、市总工会充分肯定和高度评价，2009年，宏泉集团撰稿的《创新民营企业职工董监事制度，促进企业持续健康发展》一文获上海市厂务公开民主管理工作优秀成果奖。

宏泉集团积极参与政府实事工程建设，投资修路、开河、建公园，为城市公共建设和市民安居乐业服务。其中投巨资参与区政府十大实事之一的梅川路欧亚商业休闲街，2005年被评为上海"十大"休闲街第六位、"上海文明示范路段"，梅川路文化时尚休闲街中心广场的"祥和之光塔"获上海大世界基尼斯之最，改善了该地区商业面貌和居民的工作生活环境。热心社会公益和慈善事业，1995年起，常年捐助"蓝天下的至爱"、"光彩事业"活动、"红十字会"和捐资助学等社会公用事业。集团倡导和实施企业公民行为，积极开展责任宏泉建设，承担好企业公民的社会责任，形成企业经济效益和社会效益共同提高的发展局面，提升了企业的发展品质，促进企业与社会的和谐共进。2009年，宏泉集团获全国就业与社会保障先进民营企业称号，被评为第五届中国优秀企业公民。2010年，宏泉集团登上上海民营企业100强排行榜第六十一位，再获"中国优秀企业公民"称号，并被授"上海市推进学习型社会建设先进单位（集体）"奖牌，获普陀区区域经济贡献奖三等奖。（区工商联）

【上海奥盛投资控股（集团）有限公司】 上海奥盛投资控股（集团）有限公司（简称奥盛集团）创建于2001年，注册资金1亿元。奥盛集团是以预应力材料制造、实业投资和房地产开发三业并举的企业集团，下设钢铁事业部、海外事业部、房地产事业部和投资公司，拥有五家控股子公司，数家参股公司和海外公司，是国内最早形成跨国公司经营模式的民营企业之一。

钢铁事业部通过整合各种资源已经拥有完整的预应力材料生产制造产业链，其产品被广泛应用于大型桥梁、高速公路、高速铁路、水利工程及核电站等重点工程。奥盛集团不仅拥有世界顶尖的预应力产品生产技术及生产线，还拥有专业的研发队伍和一流的实验设备，在多个产品制造方面拥有近70项专利技术，荣获国家科技进步一等奖、鲁班奖、詹天佑奖等国内顶尖奖项逾70项，生产线被列入全国光彩事业重点项目。海外事业部主要从事国际贸易，国际经济技术合作及相关产业的投资等业务，在美国、意大利、法国、西班牙、加拿大、印尼、泰国等多个国家有合作项目和投资。房地产事业部在全国各地拥有相当规模的土地储备，同时拥有近百万平方米住宅及2000亩工业园区的开发经验。投资公司专门从事大型项目开发，投资范围涉及移动通信、金融机构、高速公路、医疗器械和高等教育等领域。

奥盛集团获2010年中国优秀企业公民称号荣誉证书（区方志办供稿）

奥盛集团在总裁汤亮博士带领下，连续多年销售收入近百亿，近年来更呈递增趋势，年均创税近亿元，在全国工商联上规模民营企业调研排序中列百强。曾获得"上海民营企业100强（第六）"、"上海市民营企业竞争力100强"（第四）等，在上海市企业联合会、上海市企业家协会发布的2010上海企业100强排序名单中，奥盛集团荣膺榜单第四十二位，同时荣登"2010上海制造企业50强"榜单第16位。集团在发展过程中坚持"诚信、务实、双赢、共荣"八字方针宗旨，以"强国兴邦"为己任，主动承担社会责任，热心社会公益活动，曾连续两年登上"中国慈善排行榜"，获"上海市文明单位"、"职工最满意企业"、"劳动关系和谐企业"等多项荣誉称号。2007—2010连续四年获"中国优秀企业公民"称号，2010年，在上海市企业联合会、上海市企业家协会主办的上海企业文化成果发布会上，奥盛集团获"2010上海企业文化建设优胜单位"称号，并被列入首批上海企业文化建设示范基地，总裁汤亮博士当选"2010上海企业文化突出贡献人物"。（区工商联）

【上海北盛建设工程发展有限公司】
上海北盛建设工程发展有限公司成立于1995年，是具有5项国家建筑一级资质的集团型企业。属下有上海晨来机械厂、上海盛敏建筑、江苏北盛船务公司等8家全资和控股企业。北盛公司专业技术力量雄厚，公司通过不断拓展施工领域，从一个三级资质企业

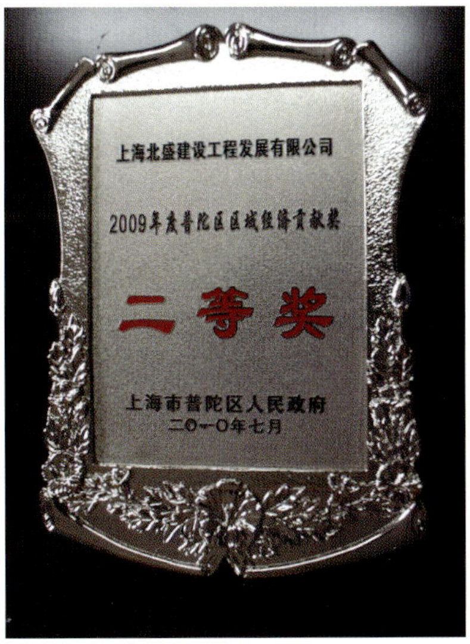

北盛建设工程发展公司获2009年度普陀区区域经济贡献奖

（区方志办供稿）

起步，较快发展成为拥有5项国家一级建筑施工资质，现有注册资本人民币1亿元，拥有各种大型施工机械、测试仪器和一支具有丰富专业经验的施工队伍，各类经济和和技术职称人员300余人，在强手如林的建筑行业里，成功开辟了一条民营企业创业之路，累计完成施工和各类生产产值达50亿元，上缴国家税收近2亿元。

北盛公司自成立以来，已累计完成市政、基础、安装、装饰及工业与民用建筑工程项目近千项，其中市、区重大工程项目有金桥22万伏变电站、二港合流污水截流工程、F1赛车站辅看台工程、上海科技馆、市委165号工程、莘庄立交桥、延中高架2.1标、轻轨二号线中潭站、磁悬浮工程、东郊宾馆、世博浦江基地住宅等，获得上海市“鲁班奖”、“白玉兰奖”、“金钢奖”、“金石奖”等多种奖项。并获上海市文明单位、上海市工商守合同重信用企业、上海市A类纳税企业、信用资质AAA等级企业、全国安全生产优质施工企业、上海市两新组织五好党支部、普陀区职工最满意企业等荣誉称号。

2009年，北盛公司在建的总承包与参建工程有20余项，其中，主题为“无限城市——香港”的世博会香港馆建设，获得承办方香港金门斯堪雅公司交口称赞；合同造价为1.44亿元的上海世博会大型配套项目——辰山植物园温室铝合金结构网壳及幕墙工程，是迄今为止公司在钢结构施工领域工程量最大和技术含量最高的总承包项目，公司以创新精神攻坚克难、追求卓越，荣获上海市重点工程实事立功竞赛重大工程赛区“优秀集体”称号。总承包山东开发的30万平方米住宅以及项目和上海地震局防震减灾技术中心大楼项目等均为公司创造了新业绩。全年北盛公司施工产值10亿元，上缴国家税收2600万元，获区“纳税千万元以上企业”金奖和《2009年度普陀区区域经济贡献奖二等奖》。

北盛公司注重提升企业文化和内涵建设，自1999年起，完成ISO 900质量体系认证，GB/T28001－2001职业健康体系和GB/T24001－2004环境体系的建设，使企业管理上了一个新台阶，被中国工程建设协会评为“全国安全生产优秀施工企业”。创业10多年来，北盛公司在董事长总经理史益敏带领下，秉承“诚实守信为本，与客户携手发展共赢”经营理念，坚持“严谨、务实、创新、优化、安康、环保”管理方针，恪守“业主放心、监理信任、用户满意”承诺，施工足迹遍布全国22省市，创造了一个“和谐北盛、品牌北盛、效益北盛”。

（根据《北盛公司2008—2010年年鉴》彩页内容整理）

【上海庞鸿实业有限公司】 上海庞鸿实业有限公司成立于1993年，注册资金50万元。庞鸿实业公司是一家致力于现代商贸物流和酒类批发销售的综合型高速成长企业，实行现代化企业管理制度。发展至今已拥有员工80余人，其中有一批高学历、高素质、经验丰富的管理和服务人员，拥有众多知名品牌代理权和以上海捷强酒类专卖连锁为代表的几十个分销渠道，代理产品远销国内外，拥有自己独特的物流配送系统，一万余平方米的储存仓库。公司以一切以客户满意为根本目的，实行严格的货源管理和完善的售后服务，为客户提供优质、方便、周到的全方位服务，基本形成稳定的市场和消费群体，获得市场和客户好评。

数年来，在严峻的国内外经济环境下，庞鸿实业公司全力打造“真心、真品、真价”品牌形象。公司以质高价优、利益共享的经营方针，取得洋河蓝色经典系列白酒、今世缘系列白酒、中粮华夏长城系列红酒、今朝美长城系列红酒和法国克林伯瑞酒庄系列红酒等知名品牌代理权。公司2005年度被上海市工商行政管理局评为“上海市守合同重信用企业”。2010年，庞鸿实业公司大力拓展新业务，加强西南贵阳、重庆铁路专线的相关配套服务体系的建设和管理，实现贵阳全程4天、重庆5天的快速货物运输速度，公司的业务量提升50%。

庞鸿实业公司在董事长龚立平带领下，精心打造构建和谐企业文化品

上海庞鸿实业公司外景　（庞鸿实业公司供稿）

牌,坚持以人为本,将员工视作企业发展的核心动力,与员工保持平等互助、相互敬重的合作关系,公司员工工薪福利待遇超过同行业平均水平,营造一个和谐、有序、高效的作业环境,增强企业凝聚力,留住了人才,公司的业务量逐年增加,先后获上海市诚信守法先进单位、普陀区先进企业。在企业发展的同时,公司恪守财富源于社会,必须回报社会的信念,坚持拥军优属、帮困助学等社会公益活动和慈善事业,得到社会的肯定,曾获为侨服务示范单位、高校帮困助学贡献单位等荣誉称号。(上海庞鸿实业有限公司)

【上海华明电力设备集团有限公司】 上海华明电力设备集团有限公司(简称华明)成立于1995年,是中国电力变压器分接开关领导企业。华明致力于以中国自主科技装备电力工业,是集变电站高压电力设备研究、开发、生产、销售为一体的高新技术企业,主要产品为变压器有载分接开关、无励磁分接开关、高压断路器和高压隔离开关、敞开式组合电器、绝缘材料等。随着中国电力工业的改革和发展,华明从创业初期一个10余人的作坊式工厂发展为拥有1000余名员工,7家下属企业,5家海外子公司,2个大型现代化生产制造基地的现代化电力装备集团公司。

华明通过不断的科技创新和技术改革,使华明的主打产品—有载分接开关成长为具有国际竞争力的中国民族品牌,华明也成为国内第一,世界领先的分接开关全产业链自主生产企业。自主研发的油浸式变压器的真空有载分接开关和三相1000A大电流有载分接开关,在全球有载分接开关领域处于领先地位。研制、生产的500千伏系列分接开关,填补了国产超高压分接开关应用的“空白”,标志着我国变压器有载开关技术已达到国际先进水平,具备产业化生产能力,打破了跨国公司对超高压分接开关长达50年的技术垄断。到2010年底,华明共申请专利200余项,获得国家专利115项。

华明电力设备公司装配车间　　(华明电力公司供稿)

华明产品广泛应用于电力及能源工业、化工、冶炼和铁路工程等,在国内,华明有6万余套产品在国家骨干电网上运行;在海外,华明产品远销美洲、亚洲、欧洲、非洲、大洋洲的80余个国家和地区,从最低气温低至零下50摄氏度的黑河,到高海拔地区的西藏,从美国风力发电厂到挪威海上石油钻井平台,华明的产品都可靠、出色地担负着电力供应的稳压、调压使命。华明已成为多个跨国集团公司如GE和ALSTOM(原AREVA)的合格战略供应商。近年来,华明依靠自主创新,年产值从90年代初的几百万元,发展到如今的7亿元,各项经营业绩也是逐年攀升。2010年,华明实现产值7.3亿元,向国家纳税1.3亿元。近二十年来,华明先后获得上海市“品牌企业”、上海市“劳动关系和谐企业”、上海市“专利示范企业”、上海市“科技小巨人”,上海市“高新技术企业”、上海市“科技企业创新奖”、上海市“守合同、重信用”企业,华明分接开关被评为“上海名牌”。2009年,华明获普陀区经济贡献一等奖,2010年,华明列入上海民营企业100强。

华明秉持“诚信治业,仁德待人”治企理念,引导每一位员工以认真负责、精益求精的工作态度为企业树立诚信形象,同时全力为员工营造良好的工作和生活氛围。2010年5月,投资3600万集行政办公、技术研发、市场营销为一体的新总部大楼开工,将成为华明员工温暖的家。

(上海华明电力设备集团有限公司)

十二、财政·税收·银行

综　述

2010年，区财政工作围绕“五个确保”目标，实施积极财政政策，克服国际金融危机影响，实现区域经济和财政收入较快增长。贯彻落实中央和市宏观调控政策措施，加强财源建设、优化支出结构、规范预算管理、强化财政监督、做好金融服务，形成有利于区域经济、社会发展的财政体制、机制，提高财政管理科学化、规范化水平，财政运行与经济社会发展实现良性互动。年内，实施协同治税，注重部门联动，优化非税收入征管模式，完善信息管理系统，落实各项监管措施，稳步拓展收缴分离范围和规模，密切与房地部门的联系，加强房地产各级市场的契税征收，重点对出让地块的审核，做到应收尽收。全年财政征收各类收入11.66亿元，比上年增长37.03%。完善区财政扶持政策，制订《关于进一步规范和完善本区财政扶持政策的意见(暂行)》，清理与税收挂钩的政策文件，形成区域范围内统一的财政扶持政策，发挥政策聚焦效应。促进街道(镇)招商职能按要求剥离，强化街道(镇)服务经济职能，加大招商服务中心(含分中心)工作力度，在招商质量和水平上下功夫。出台《普陀区关于进一步加强政府采购管理工作的意见》，规范政府采购行为，完成各行政事业单位600余人电子采购业务培训。

推进中小企业改制上市，制订《关于普陀区推进中小企业上市的若干意见》，拟上市企业中，已在证监会或市证监局辅导备案的2家，完成或正在进行股份制改造的7家。支持“长风金融港”建设，引进13家境内外知名基金和企业落户，其中7家基金募集资金28亿元。设立“普陀科技产业促进基金”，通过政府引导、市场运作培育科技企业上市。（周君文）

财　政

【概况】　2010年，区财政收入保持稳步增长，全年完成财政总收入154.76亿元，比上年增长22.77%，其中区级财政收入51.97亿元，为年初预算的108.72%，比上年增长17.42%，经市财政核定的经常性财政收入增长12.93%。区级财政收入加上体制补助收入16.02亿元、市与区结算收入12.75亿元，区级财力合计80.75亿元，比上年增长12.84%。全年财政支出78.57亿元，为年初预算的109.13%，比上年增长9.82%。区级财政收支相抵，基本平衡，当年结余1720万元。按照中央、市、区关于进一步落实党政机关厉行节约的要求，从严、从早控制出国、公车、接待、会议学习培训、庆典等相关经费增长，严格控制拨款总量，与区记账中心建立信息反馈制度，加强支出执行管理，全年共核减经费1482.99万元。（周君文）

【财政收入结构优化】　2010年，按照中央“五个更加注重”和上海“五个必须、五个确保”的工作要求，区财政工作密切关注、积极应对宏观经济变化，把调结构、促转型作为战略举措，推动改革和发展，优化财政收入结构。按照区域发展的功能定位和空间布局，有序推进重点地区建设，打造以服务经济为主的产业结构。全年经济运行总体平稳健康，产业结构调整取得新成效。第二产业实现区级税收8.29亿元，增长5.62%，占区级税收的比重为20.56%；第三产业实现区级税收32.02亿元，增长14.76%，占区级税收的比重为79.43%，其中现代服务业实现区级税收8.74亿元，增长27.82%，占区级税收中的比重为21.68%，产业结构调整目标基本实现。楼宇经济对区域经济的贡献进一步提高，税收亿元楼达到6幢。（周君文）

【公共财政保障民生】　2010年，财力分配继续向公共领域倾斜，突出抓发展、促和谐，全年民生支出总额为35.18亿元(不含廉租住房资金)，按同口径比上年增长16.74%，占一般预算支出比重达44.77%，同比增加2.65个百分点，增幅名列全市第一，其中：优先保障教育经费，全年合计投入15.74亿元，根据市教育督导要求，记入法定增长总量为9.21亿元，比上年增长16.60%，超过经常性财政收入增幅3.67个百分点，达到法定增长要求；支持公共医疗卫生服务建设，全年合计投入4.04亿元，比上年增长

30.39%;确保社会公共安全保障和稳定支出,全年合计投入6.95亿元;实施积极的就业政策、社会保障政策以及社会帮困救助(不含廉租住房资金),全年合计投入7.46亿元,其中促进就业投入1.07亿元,比上年增长9.05%;文化、农林、环保等事务支出全年合计投入9871万元;廉租住房资金投入1亿元。(周君文)

【财政支出确保重点】 2010年,围绕办好世博,全面落实各类专项资金,包括加快世博行动计划实施,安排专项资金4亿元,完善配套基础设施建设,保障市政重点工程、市区重点项目、环境综合改造等投入7.33亿元,贯彻市加快推进旧区改造工作的要求,将旧改地块全部土地出让净收益和非旧改地块80%的土地出让净收益17.50亿元作为旧区改造专项资金,以良好的城区风貌和人文环境迎接世博会。安排好财政扶持政策专项资金,包括产业发展、科技和人才发展、促进就业、节能减排、中小企业融资贴息和风险代偿资金共10.35亿元。(周君文)

【发挥财税政策宏观导向作用】 2010年,贯彻落实中央和市出台的一系列"扩内需、保增长"政策,实施高新技术企业所得税减征政策,对82家企业减免税收1.44亿元。实施科技研发费用所得税加计扣除政策,对71家企业353个研发项目加计扣除费用1.85亿元。实施再生资源退税政策,对19家企业拨付资金861万元。实施"家电以旧换新"政策,拨付资金3476万元。(周君文)

【加强世博资金资产管理】 2010年,完善世博资金资产监管制度,制订《普陀区世博会工作专项资金管理办法》、《普陀区世博会工作专项资金管理办法操作细则》和《普陀区世博会工作专项资金后续使用及决算管理办法》。优化世博资金绩效,着重对世博建设类项目中资金量最大的旧住房综合整治项目,通过走访、调研、协调,形成解决方案,资金保障上,财政托底,为街镇减负;资金拨付上,委托直拨,简化流程;资金监管上,搭建统一平台,提高资金效率。围绕世博后成果利用、长效管理等问题,撰写《关于世博专项资金监管的思考》,从基础设施后期养护、基层队伍后续发展、固定资产产权移交等方面提出合理化建议。(周君文)

【加强部门预算管理】 2010年,推进政府部门预算改革,加大预算透明度,向区人大公开各部门预算和专项预算。清理行政事业性收费,将行政事业性收费(除国家规定的教育收费)全部纳入一般预算管理,实行收支脱钩。清理收支两条线资金、财政性结余资金和财政性资金利息,除已有专项安排的外,收支两条线历年结余2.12亿元收回本级预算,财政性资金历年结余2.76亿元和财政性资金利息0.63亿元全部纳入综合预算管理,统筹安排使用。加大财政资金跟踪检查力度,试点实行绩效评估,选择迎世博600天行动计划绿化景观优化、公共品质提升项目,从项目实施内容、项目投资控制与财务管理、项目适用性、项目生态效益、社会效益五方面,开展绿化市容专项资金绩效评估,总体评价良好。推进财政管理信息化建设,制定《普陀区财政业务基础数据规范》,启动"金财工程"应用支撑平台试点工作。(周君文)

8月26日,普陀区召开治理"小金库"工作会议 (区财政局供稿)

【行政事业单位国有资产监管】 2010年,制订《普陀区行政事业单位国有资产管理办法(试行)》等3份文件,规范资产配置及使用、资产处置、委托管理等环节。区财政局会同区国资委、监察局、审计局,对全区348家行政事业单位进行清产核资,形成《普陀区行政事业单位清产核资工作报告》,核实行政事业国有资产总量264.18亿元,其中净资产86.54亿元、固定资产57.57亿元,分析各单位资产状况,着重从日常管理、会计核算、明晰产权、优化配置、非经营性资产用于经营监管五方面,梳理需要解决的主要问题,提出健全相应管理制度的建议措施,提高资产管理水平。(周君文)

【强化财政性资金管理】 2010年,结合行政事业单位"小金库"专项治理"回头看"监督检查工作,开展银行账户清理、行政事业性收费项目清理和财政票据专项检查,督促各单位严格按相关规定规范执行;加强建设性资金管理,起草《普陀区政府投资建设项目资金管理办法》,明确资金筹措、拨付及监管细则,控制建设成本;贯彻本市加快推进旧区改造工作的要求,制订《普陀区旧区改造专项资金管理办法》,规范资金筹集、使用和管理。根据《国务院关于加强地方政府融资平台公司管理有关问题的通知》要求,制订融资平台公司清理规范办法,将区城市建设投资有限公司等5家公司纳入清理范围,组织指导各公司对政府性债务进行梳理核实,由区政府、市银监局、市银行同业工会、相关银行及区融资平台公司召开贷款集体约谈会议,认定2家公司调整为公司类贷款,3家公司保持平台类贷款,贷款主体全部予以保留,为区域“十二五”期间重大项目建设提供融资保障。同时明确优化整改措施,防范财政风险,全年政府性融资78亿元,严格控制在年初融资计划之内。（周君文）

【加强财务会计监督】 2010年,加大财会工作监管力度,推进大中型企业贯彻实施新《企业会计准则》,成立由大企业财务主管、社会中介机构专家和大学教授组成的工作小组,对190家大中型企业集中业务培训。开展全区社会团体和国有企业“小金库”专项治理工作,完成117家社会团体和377家国有企业自查自纠、汇总统计工作,共发现“小金库”性质的问题20个,重点检查28家国有企业和6家社会团体,发现“小金库”性质的问题1个,另有部分单位的财务会计核算还不够规范,针对存在问题,要求有关企业、社团立即进行整改。加强会计人员培训和管理,对1万余名会计人员进行《企业会计准则》、《税收实务操作指南》、《企业融资实务与案例》和《行政事业单位会计与财务制度新解》继续教育,提高从业人员业务水平、职业道德和法律意识。深化财务会计信用等级管理,与会计信息质量检查、会计基础工作规范化考核相结合,从制度上确保财务会计信息的真实性、完整性和权威性,优化经济环境。年内,对243家企事业单位进行会计信用等级评定,并对已评定的53家A类、2家D类单位进行年度鉴定,其中2家A类企业调整为B类管理。（周君文）

【支持中小企业融资】 2010年,完善贷款信用担保机制,创新担保方式,在全市首创合同未来收益权质押,引导企业通过节能减排、循环经济项目融资。年内,协助上海阿尔西空调系统有限公司将承揽的节能技改项目合同未来收益权作为贷款质押。试行知识产权质押,协助上海华源热疗技术有限公司将无形资产(国家知识产权局颁发的三项实用新型专利证书)作为贷款质押。在天地软件园实施园区(第三方)反担保模式等。全年累计受理中小企业贷款申请120家,贷款需求5.44亿元。搭建企业互助融资平台,制定《普陀区中小企业互助融资平台管理办法》,全年发放贷款16户,贷款金额3379万元。在加强对宝祥小额贷款公司日常监管的基础上,推动设立第二家小额贷款公司——延华小额贷款公司,截至年底,两家公司合计发放贷款153笔,累计贷款金额2.29亿元。（周君文）

税　收

【概况】 2010年,区税务工作坚持“依法征税、应收尽收,坚决不收过头税”原则,服务于经济发展大局,从加强税收征管、加强队伍建设入手,不断提高税收征管质量,为实现“五个确保”作贡献。全年,完成税收收入141.31亿元,比上年增长21.61%,增收25.11亿元。其中,中央级收入完成79.05亿元,比上年增长30.56%,增收18.5亿元;市级收入完成21.95亿元,比上年增长10.29%,增收2.05亿元;区级收入完成40.31亿元,比上年增长12.76%,增收4.56亿元。具体特点如下:税收收入增长前高后低。上半年税收收入增长呈直线上升态势,至6月增幅达最高为56.6%。下半年税收增长一路走低,9、10月税收同比出现下降。11、12月税收回升,实现小幅增长。下半年税收增速较上半年明显放缓。区级收入增长相对较慢。区级收入增幅较中央级收入30.56%的增幅低17.8个百分点。主要行业税收增减不均。房地产、商业和制造业税收实现不同程度的增长。其中,房地产行业税收增长18.73%,制造业税收同比增长5.02%,商业比上年增长14.67%,而建筑业税收下降2.62%。主体税种收入差异明显。流转税实现较快增长,其中,营业税增长6.86%,增值税增长5.04%,消费税增长70.54%,但金额较小;所得税总体增长相对更快,其中,企业所得税同比增长44.64%,个人所得税比上年下降4.35%。（谷　翡）

【抓好重点税源管理】 2010年,完善多重监控、分级管理的税源监控体系,扩大总局级、市局级重点税源户监控范围,由2009年319户扩大至2010年348户,对企业申报及入库数据进行监控,对税收数据异常的企业开展情况排摸,分析其纳税风险,并针对高风险企业组织专项评估。深化纳税评估,进一步明确评估重点,设计制作更具针对性的纳税评估工作报告,突出纳税服务诉求,帮助企业查找涉税风险,协助建立和完善大企业风险防控体系,结合评估中发现的重要涉税问题和疑点,强化后续管理,促进征管和服务水平的提高。全年评估企业104户,共查补税款2285.94万元。整合修订《普陀区税务局重点税源管理员管理办法》,对相关工作内容作出明确规定,对考核指标进行细化和量化,增强考核的针对性、科学性和可操作性。强化管理所二级考核,对重点税源管理员工作情况进行考核,对主要扣分点逐一核实确认,确保考核公平合理。抓好企业走访,对区级收入负增长企业进行重点走访,切实掌握组织收入主动权。（谷　翡）

【规范执行税收政策】 2010年,继续落实新修订的增值税、消费税、营业税等3个条例及细则,组织政策宣讲、财务提示及工作例会,加强内外政策辅导,从增值税一般纳税人认定环节入手,落实超标企业认定工作,加强一般纳税人管理。严格执行营业税差额征税管理办法,制订具体措施,规范营业税计税营业额扣除项目的税收管理,并对政策执行情况加强反馈,实施跟踪问效,对市与区重点跟踪企业分户做好政策效应分析,确保政策落地。加强土地增值税政策的执行与管理,并对房产开发项目进行全面排摸,为土地增值税预征率调整做好准备。妥善应对二手房交易营业税优惠由2年到5年的政策变动,耐心做好解释和沟通工作,积极协调,缓解房产核价中出现的矛盾和问题。抓好促进高新技术产业化发展、高新技术成果转化等税收扶持政策的兑现工作,享受2009年度高新技术成果转化财政扶持先征后返涉及增值税616.8万元,企业所得税201万元。结合企业所得税汇缴工作,加大研发费加计扣除和高新技术企业政策落实力度，并加强同期资料管理，了解企业准备同期资料合规情况及存在的问题，确保新企业所得税法落到实处。全面梳理个人所得税政策，开展个人工资薪金所得与企业工资费用支出的比对，做好限售股转让所得征收个人所得税清算申请及税款补退工作，落实年所得12万元以上个人所得税自行纳税申报工作，受理纳税人自行申报10101人，比上年增长17.76%，申报应纳税额为59441.56万元。

（谷　翡）

【加强各税种管理】 2010年，强化增值税抵扣管理，对海关完税凭证、货物运输发票抵扣比重大的企业，重点核查其业务真实性和票、款、物的一致性，堵塞其他抵扣凭证管理漏洞，发现问题企业2户。对2010年已认证的机动车销售统一发票开展专项核查，共有24户企业26辆机动车存在属于应征消费税范围的机动车发生进项税额进行抵扣的情况，查补税额123.69万元。开展对纳税人企业所得税汇缴房屋原值信息与房产税税种登记信息比对核查，查补各类税收1275.74万元。开展2009年货物运输业营业税自开票纳税人资格年审，严格区分运输业和货运代理业务，对销售额大、运输工具少、税负低的企业抵扣发票真实性等项目进行重点核查，防止虚开代开货运业发票。组织房地产开发、汽车销售企业以及超市大卖场货运发票凭证印花税专项核查，共计查补印花税1200余万元。全面清理房产税、城镇土地使用税的税源数据信息库，逐户比对数据，确保纳税人房屋、土地信息的正确、完整、有效。（谷　翡）

【把好户管登记关】 2010年，合理调整户管，在行业分类的基础上，对集团成员企业、关联企业实行相对集中管理，推进分类管理和专业化管理。对开业、变更和迁移注销税务登记事项开通网上预登记，增加申办税务登记的通道，提高办事效率。开展开业登记并联审批工作，自8月1日正式启动至12月底共受理并联审批491户。配合区政府建立企业迁出工作管理服务机制，规范企业迁出秩序，对迁移注销企业做到“无缝衔接”，并配合做好留商工作。进驻阳光大厦工商注册大厅，集中受理业务，开展外商投资企业联合年检。加强清税、清票及会计报表相关事项的审核，把好注销审批关。

（谷　翡）

【加强纳税申报管理】 2010年，加强增值税零申报管理，做好增值税纳税人基础信息的维护管理工作，定期查询统计增值税零申报情况，选定对象实施评估和核查，进一步压缩增值税零负申报比例，抓好非正常户管理。完善非正常户管理办法，特别对被其他征管分局认定为“非正常户”的企业重点加大跟踪管理力度。推进网上申报和网上认证，至12月底，开通使用电子申报企业16953户，开通使用网上认证企业4977户。（谷　翡）

【严格发票控管】 2010年，加强增值税专用发票管理，强化发票日常发售和验旧核销环节审核，抓好场地核查和信息比对，防范骗购增值税发票行为，针对红字发票管理中存在的薄弱环节制定专项评估工作方案。稳妥推进商业零售税控收款机推广工作，选择有固定经营场所、月经营收入稳定并达到一定规模的一般纳税人进行试点，确保推广工作不影响企业的正常经营活动。开展有奖定额发票收缴工作，对纳税人已使用完毕的有奖定额发票做好验旧工作，未使用完毕的有奖定额发票做好缴销工作，对遗失的有奖定额发票按规定做好发票处罚挂失管理，共清理有奖定额发票11余万份。对已不发售的普通发票进行全面清理，对防伪税控企业最大开票限额10万元以上且连续8个月零申报的企业进行发票检查，组织开展打击发票违法犯罪活动，共查处发票违法企业13户、查获假发票470份、涉及金额702.57万元、涉及税额34.23万元，查补税款2.14万元，向公安部门移送案件1件。（谷　翡）

【防范税收风险】 2010年，规范减免税台账管理，对减免税到期企业进行清理，重申减免税台账的范围、要求和格式，并将其逐步纳入电子台账数据库，提高减免税管理的规范化、信息化程度。强化出口退税管理，完善工作规程，制定《出口货物税收函调管理办法》、《来料加工贸易免税管理办法》，下发开展出口退税业务提醒工作通知，明确岗责职能，加强内控监管，降低税务风险，同时，开发出口退税台帐管理软件，推进信息化管理。开展分税种行业税负率指标的测定工作，按行业特点科学测算、设立税负率预警指标，加强行业税负指标分析运用。组织2278户企业实施税收自查，纠正企业存在的涉税问题，提高企业对税法遵从度，共查补税款17079万元。推行征管质量排名，加强征管状况分析与监控，全面掌握征管质量。规范市场协税员队伍管理，实施《协税员工作岗位职责考核办法》，每半年开展工作质量考核，对专业批发市场依照行政区域和行政管理归属进行户管调整，完善协税护税网格化管理，有效控制征管盲点。（谷　翡）

【优化纳税服务】 2010年，成立纳税服务工作领导小组，召开纳税服务工作联席会议，加强统筹协调，及时解决企业的涉税诉求，先后制订《普陀区税务局纳税服务投诉管理实施办法（试行）》、《关于贯彻落实办税服务场所服务标准规范的通知》、《关于进一步加强日常税收宣传工作的通知》、《关于继续做好2010年分层次走访工作的通知》，明确纳税服务工作指导思想、具体内容、操作流程、考核评估等要求。整合相关服务资源，科学设置服务场所，对部分涉税事项实现区域通办，加强办税服务厅标准化建设，制定办税服务场所服务规范管理办法，加大值班长制度、应急预案制度、首问责任制等执行力度，增设预约服务制度，实行不定期巡查，严格管理监督，确保办税服务规范落实到位。推广应用自助办税设备，在政务公开区域提供自助服务设备，方便纳税人办税。加强宣传引导，建立纳税人呼声导读信息月报制度，畅通税企沟通渠道；开展“纳税人权利和义务”的学习宣传活动，组织2000户次的问卷调查。做好大企业纳税服务，落实大企业定点企业联系制度，加强对企业财务例会的管理和指导，召开15户大企业座谈会，直接听取企业的意见、建议和服务需求；划定59户年税收2000万元以上企业为定点联系企业，开展针对性的税源管理和差异化纳税服务。开展分层次走访工作，提高纳税服务工作的针对性和有效性，全年走访企业2417户。设立涉税咨询举报投诉接待室和热线电话，制订《服务投诉管理实施办法》，维护和保障广大纳税人的合法权利。 （谷 翡）

【"情牵普陀纳税人"系列活动】 4月，结合区域经济发展实际，沿用"税收·发展·民生"宣传主题，开展第19个全国税收宣传月系列活动，营造"服务科学发展，共建和谐税收"良好社会氛围。4月17日，组织开展"话税收·谋发展·叙民生·情牵普陀纳税人"宣传活动启动仪式，区税务局局长李俊强将题有"税收·发展·民生"大旗授予区老年骑游队的队员；奥运火炬手、世博志愿者宣传大使金晶向广大纳税人和社会公众发出倡议，用实际行动关心支持税收工作，共同推进社会和谐发展。活动现场设立税收政策咨询台，为市民和纳税人提供有关涉税咨询。红星美凯龙、中环百联、麦德龙等中环商圈企业代表围绕税收工作与企业商机、社会进步、民生改善等议题，开展交流，增进沟通。活动期间，开展"1+3"配套宣传活动。"1"是局领导带队开展分层次走访活动，沟通情况，宣传政策，听取意见和建议，帮助企业解决实际困难和问题。"3"是组织以"普陀城市变迁"为时间轴，以苏州河、真北路为空间轴的3项动态化宣传活动，即"苏州河水上宣传"，邀请纳税人及社区群众代表乘坐游船游览苏州河；"健步走送政策进社区"，将税收政策送进社区、家庭，普及税收政策，增强公民依法纳税意识；"自行车骑游队普及税法"，老年骑游队队员身披税法宣传活动标语绶带，通过骑游活动，宣传税法知识，扩大税收工作影响力。宣传月期间，区税务部门组织收看国家总局领导"走近纳税人"在线访谈、广告片《税收的作用》、《正确使用发票》等网络电视节目及有关税收知识竞赛等。 （谷 翡）

4月17日，举行税收宣传月启动仪式 （区税务局供稿）

【严打发票犯罪活动】 8月4日，开展以"依法纳税、守法经营"为主题严打发票犯罪宣传活动。市国家税务局第四稽查局、公安普陀分局、区税务局等相关部门领导出席，国际印刷包装城内45家商户（企业）参加活动并现场签订"依法纳税，守法经营"承诺书，郑重承诺，依法纳税，协税护税；守法经营，抵制造假；接受监督，承担责任。区税务局副局长陆水根在讲话中表示，此次活动旨在显示执法机关严厉打击制售假发票违法犯罪行为的决心和力度，唤起社会公众认清假发票的严重危害，打击发票违法犯罪工作，必须加强依法纳税、守法经营宣传，不断提高全社会法制意识和广大纳税人的税法遵从度，营造良好的税收法治环境。 （谷 翡）

【推行"一窗多能"办税模式】 2010年，组织力量对现有涉税事项、纳税申报、发票管理等流程进行梳理，划分"一窗多能"事项及"个性化（机动）"事项，确定受理审核要件及要点，明确操作流程及方法。搭建征管系统和其他涉税系统模拟环境，对办税服务厅的硬件、软件、网络等计算机设备资源进行升级，更新办税服务厅叫号系统。对办税服务厅工作人员进行轮岗培训，通过干训结合、以老带新、多岗实习等形式，促进工作人员逐步熟悉各项业务，增强窗口服务人员综合技能和能力，确保窗口正常运行。合理预见运行过程中可能导致的隐患，利用集约化联动平台，建立应急预案，配置备用设备。在前期筹备工作的基础上，通过办税服务厅张贴公告、发放征期公告、财税子网站公告、电子申报通告、短信平台等形式，对外做好宣传解释工作。 （谷 翡）

银 行

【概况】 2010年，区域内各主要商业银行存贷款稳中有升，企业贷款规模进一步扩大。至年末，区内主要商业银行各项存款1674.4亿元，比上年增长8.33%，其中，企业存款758.92亿元，增长4.96%；居民储蓄存款749.54亿元，增长8.46%。年末主要商业银行各项贷款655.33亿元，比上年增长10.04%，其中，短期资金贷款136.51亿元，下降33.45%，中长期贷款363.37亿元，增长46.93%；个人住房担保贷款143.55亿元，增长12.03%。年内，各银行加强银政企三方合作，关注普陀区的重点工程、重点项目建设，对区经济和社会发展给予关心、帮助和支持，为保持经济平稳较快发展发挥重要作用。

中国银行上海分行普陀支行

【加强经营管理】 2010年，中国银行上海分行普陀支行深入贯彻科学发展观,树立与普陀区域共同发展的理念,调整经营发展思路,提出以效益为中心,加强中间业务、资产业务、负债业务和风险内控等工作,实现可持续发展目标。按照分行年初、年中工作会议部署和“调结构、扩规模、防风险”工作方针,抓好“开门红”,通过动员会、调研会、座谈会、培训等多种形式,营造大战“开门红”浓厚氛围。制订工作措施及“开门红”方案、竞赛方案、奖惩方案和营销方案等,规范业务发展,各项业务增长明显,管理工作稳步推进,经营业绩成效明显。全年,支行实现经营利润2.25亿元,账面利润为2.04亿元;中间业务收益为7961.14万元。(顾莉敏)

【加强网点建设】 2010年,中国银行上海分行普陀支行加大网点硬件建设,注重提高网点产出效率。年内,新增桃浦支行,重新装修两家老网点,普陀区域内已设有11家营业网点。重视营业网点文明优质服务和安全保卫工作,加强网点窗口服务检查,通过调阅录像、检查网点环境和设备情况,及时发现问题加以整改,使网点做到高效、正确和安全。(顾莉敏)

【提高员工素质】 2010年,中国银行上海分行普陀支行班子成员和各团队主管参加分支行组织的各类培训,加强理论修养,提高大局意识。组织干部员工观看警示教育片、开展读书思廉等系列活动,树立正确的人生观、世界观和价值观,自觉遵守廉洁从业有关规定,通过培训、考核、轮岗交流等措施,加强干部员工队伍建设。支行通过多渠道、多形式,对理财经理、大堂经理、开放式柜员以及封闭式柜员开展相应的岗位技能培训,两周定期召开理财经理例会、保险封闭培训、PK竞赛;每周选派理财经理参加分行理财经理培训;不定期对开放式柜员和封闭式柜员进行操作技能训练,包括网上银行、信用卡业务培训以及基金培训等。各职能部门通过每周工作例会、专题培训或授课等形式,开展服务营销、银行产品、财务管理、安全保卫等岗位技能培训,取得很好效果。针对新员工多,带教时间短,风险意识较弱,操作不规范,基础工作薄弱等情况,组织业务经理、支行负责人等参加反洗钱、国内结算、会计出纳、IT蓝图核心系统等集中培训。(顾莉敏)

【加强风险内控管理】 2010年,中国银行普陀支行根据银监会和总分行要求,业务管理部和会计结算部先后开展多次案件风险排查、会计质量抽查等,配合专项治理和业务检查反馈情况,组织基层网点员工业务培训。修订《普陀支行专项整治处罚细则》,要求各网点主管建立《专项整治问题每日检查登记表》,发现问题及时上报支行有关部门及分管行长;组织合规经理对专项治理问题业务操作开展现场和非现场检查,发现问题,及时通报并按照专项整治处罚细则执行处罚。业务管理部在分析历年扣分原因基础上,根据年内控考核细则,组织各部门主管进行培训,明确各岗位职责,并从日常工作细节抓起,提高支行内控管理水平。(顾莉敏)

工商银行上海分行普陀支行

【经营实力】 2010年,工商银行上海分行普陀支行围绕上海分行“同业领军、系统最优、世界一流”发展目标,在发展中转型,在创新中突破,加快转型发展方式,在复杂多变的国内外金融市场环境和自身发展转型双重考验下,坚定信心、共克时艰,扎实推进各项工作,做好世博服务,多项经营指标取得历史性突破,开创普陀支行跨越发展新局面。全年,人民币储蓄存款余额263.59亿元,实现考核利润7.40亿元,比上年增加1.48亿元,增幅为25%。发挥工行规模、资金和网络优势,深化中间业务创新转型,实现中间业务收入3.12亿元,本外币各项存款余额408.03亿元,各项贷款余额121.88亿元。加快网点改造,增强渠道竞争力。年内,理财金客户新增12479户,专属贵宾理财中心达到20家,其中长寿路支行为财富中心。下辖24家营业网点、2家理财加自助网点以及4家离行式自助银行,强大的服务网络使客户现金存取、结算转帐、贷款融资、投资理财等业务往来便捷而安全。(郑 弘)

【各项业务快速发展】 2010年,工商银行上海分行普陀支行围绕总、分行目标任务,立足区域,发挥优势,明确重点、细化目标、落实责任,各项业务获得持续、健康、快速发展。抓好重点,坚持拓展优质信贷市场,公司业务合力营销,项目贷款、小企业、国内贸易融资等业务品种取得长足进步,年末人民币公司贷款余额超88亿元。抓好时点,应时而变紧随市场调控;抓好要点,攻克优质项目困境,确保重点项目,年末区域经济贷款余额13.86亿元,同业占比21.31%,排名跃居第一。抓好难点,快速突破国际业务瓶颈,全年国际贸易融资余额1020万美元,中间业务收入291万元。(郑 弘)

【提升精细管理水平】 2010年,工商银行上海分行普陀支行扎实推进经营管理、内控管理、服务管理、网点建设、队伍建设和凝聚力工程建设,为在市场竞争中把握主动权、在发展变化中捕捉新机遇。严格执行“三重一大”决策制度,强化案防关口前移。坚持集约化采购和“五分离”基本原则,扎实推进反洗钱工作。进一步梳理信贷业务前、中、后台的管理关系。加强消防安全检查落实整改,提高防范技术水平。履行一把手负责制,深化网点行长坐堂制和网点环境责任制,提升网点运营能力。履行服务标准统一制,以“感恩行动、大堂制胜”为服务理念,严格执行网点服务5A新标准,落实“新三声”服务。加强客户投诉管理,细化投诉管理措施,提高投诉处理效率。履行管理检查问责制,加大服务考核力度。每月进行100%网点全覆盖检查和服务通报工作,考核结果纳入二级支行行长绩效考核。(郑 弘)

建设银行上海分行普陀支行

【推进资产业务发展】 2010年,建设银行上海分行普陀支行坚持“客户分层、差异化服务、专业经营、集中操作”的改革方向,做大、做强高价值客户群体。对公业务上,面对宏观调控政策和监管举措,推进客户及信贷结构调整,依托普陀区域经济建设,重点关注真如城市副中心开发、区土地储备中心、桃浦都市产业园、轨道交通等建设，争取重点客户，年累计投放13.5亿元。同时以小企业信贷产品为抓手，多渠道、立体化推进业务发展，年内，支行小企业工程保业务、"e贷通"产品全覆盖均创分行第一。调整经营职能，实行行领导带队的营销制度，加强客户分层营销，重点做好关键客户、关键时点的营销工作。并以"三个一新突破"公司金融业务主题营销活动为契机，在重点做好基本结算账户争办工作同时，聚焦长风生态商务区、中环组团商贸群，关注其入驻的各类优质企业，拓展支行客户群体。在对私业务上，充实个人销售队伍力量，为所有网点配备客户经理或者双PB，优化完善客户经理管理模式，加强对个人高端客户维护。全年，完成利润3.26亿元，比上年增长7.16%；全口径贷款余额75.4亿，本外币全口径存款余额190.3亿，不良率仅为0.047%。（周 玮）

【夯实中间业务收入基础】 2010年，建设银行上海分行普陀支行通过"抓重点、拓亮点"，在保持传统产品优势，巩固市场份额同时，加强创新和拓展，提升竞争力，推出"保理"、"百易安"资金托管服务等创新产品营销，拓宽对公中间业务收入渠道。加大分支行之间联动，营销企业年金、并购贷款、信托等战略性业务和产品，突破贷款衍生的狭隘模式，促进中间业务全面发展。以服务"标杆赛"为抓手，促进对私业务发展。支行重点产品销售指标完成率名列分行前茅，其中基金收入分行排名第一。（周 玮）

【加强风险管理】 2010年，建设银行上海分行普陀支行贯彻落实银监会《流动资金贷款管理暂行办法》、《个人贷款管理暂行办法》、《固定资产贷款管理暂行办法》和《项目融资业务指引》（并称"三个办法一个指引"）有关要求，规范信贷资金使用，实现贷款的精细化管理。落实风险全流程管理办法，整合对公信贷经营岗位，推进市场营销与贷后管理岗位分离，明确客户经理、信贷经理和风险经理岗位责任，加强风险预警，强化跟踪管理，建立经营单位客户经理、风险经理每周信贷联席会议制度，对照风险控制和合规要求，做好贷款重检和风险排查，及时消除和化解风险隐患。加强信贷资产质量基础管理，全面落实精细化、专业化管理要求，严控操作风险，加强业务应急管理，健全相关管理工作机制，提高操作风险整体管理水平。加大对关键风险点监控和营业监控录像检查中发现问题整改情况的抽查力度，提高监督检查工作质量。推进营业体制改革，提高会计管理水平，对会计人员加强道德教育、理清操作流程，完善工作机制，明确管理职责，规范日常操作，降低资金风险。开展合规文化建设，加强对员工从业行为管理，提高全员合规意识。加强纪检监察力量，推进"长治久安"各项工作落实，开展以"诚信敬业、廉洁合规"为主题行纪行规学习活动，做到警钟天天敲、日日鸣，使员工明确从业行为的"底线和禁区"，增强防范案件风险意识，提高自我保护能力，树立忠诚廉洁、勤勉尽职、秉公办事的理念。（周 玮）

【完成世博金融服务】 2010年，建设银行上海分行普陀支行优化网点硬件环境，规范服务达标常态化管理，提高窗口服务质量和网点大堂规范服务水平。在为期半年的上海世博会期间，加强自助设备、投诉处理、应急预案等管理，并安排人员在各网点驻点守护、行政值班、安全巡查，做好客户投诉咨询工作，确保世博期间的安全和稳定，圆满完成世博金融和客户服务工作，达到有责投诉为零的工作目标。支行获建设银行上海分行世博服务组织管理奖，所辖11家单位获世博金融服务先进集体称号，3名员工荣获世博服务先进个人称号。（周 玮）

【加强网点建设】 2010年，建设银行上海分行普陀支行为推进网点营运管理建设，以提高区域内竞争力。完成长征支行原址装修工程，光新路支行及梅川路分理处新址装修并开业。在硬件设施不断改善同时，通过理顺业务流程、配置窗口业务、增加网点窗口数量、提高网点软硬件设施、合理调配人力资源等方法，把客户等候时间降到最低，为客户提供更优质服务。（周 玮）

交通银行上海分行市西支行

【加大营销力度】 2010年，交通银行上海分行市西支行以提高客户交叉销售率，提高产品渗透率，加大得利宝等优势产品销售为目标，采取"走下去，请上来"，组织人员下网点直销和督导，引导客户经理从坐等客户上门到主动打电话、发邀请函请客户上门等，帮助销售困难网点逐个击破。推行客户经理计价考核方案和哈朵平台机制，整合营销团队，创新销售模式，挑选营销能手，建立直销团队，以"跑网点、跑客户、跑市场"为中心，激发营销人员的销售热情，完成手机银行、代发工资等业务指标。提前一个季度完成全年沃德、快捷理财发展指标，交银客户拓展完成率达九成。年内，支行持续开展企业行、社区行等宣传活动，提升客户沙龙活动的频率和质量，通过营销活动和产品销售吸引一批新客户和新增资金。重视私人银行客户发展，由一把手挂帅营销和维护私人银行客户，组织多场私人银行客户活动，赢得客户好评。零售信贷团队面对房贷政策紧缩、市场交易清淡不利形势，在营销一手楼盘同时，加大对二手房中介门店拓展力度，与沪上知名中介"德佑地产"开展业务合作，为完成全年指标任务打下良好基础。（程振忠）

【营造良好内控氛围】 2010年，交通银行上海分行市西支行以奖惩规则简明清晰、差错违规区别对待为考核导向，做好员工传导教育。考核办法明确扣奖项目及金额，加大违规成本，鼓励差错自报，同时对于零差错网点和柜员实施正向激励措施，提高网点和员工工作积极性。挑选业务素质好、思想觉悟高和管理意识强的员工进入"内控智囊组"，定期开展"头脑风暴"等活动，为支行内控工作开拓思路。借助内控日志、内控运营分析会和制度发文等各种形式明晰工作成果、工作重点和工作规范，营造有序良好内控工作氛围。光新路支行倡导员工注重每一天积累，珍惜每一次机会；期货大厦支行用内控管理精细化、规范服务用心做、全员营销见成效作为工作

座右铭,抢市场机遇,提升行业地位。期货大厦支行和光新路支行均被评为分行"十佳"明星网点。（程振忠）

【提升支行团队活力】 2010年,交通银行上海分行市西支行为提升经理队伍素质和活力,开展干部、员工岗位聘任和竞争上岗双向选择活动,为员工提供个人发展平台,使一些有冲劲、有能力的优秀员工充实到营销队伍中。4月份,支行组织在全行范围内公开竞聘国际业务营销、营业网点营销、产品营销和助理客户服务经理职位,有20名员工经个人报名参加竞聘活动,11名员工进入新岗位锻炼,其中6人经锻炼合格,分别任国际业务营销、营业网点营销和产品营销3个岗位。为塑造一支懂业务、懂操作、懂规章会计人员队伍,加强网点间内控管理经验交流,开阔网点会计主管眼界,同时,从后台内控工作要求出发,加强检查辅导队伍建设,推进后备会计管理人员的实战锻炼,建立合规管理员、检查辅导员和网点内控行长结对交叉检查模式或网点内控行长短期互换岗位互为代职模式。代职或换岗后,结合工作实际,分析所在网点会计管理中得失利弊,撰写代职报告,并以此作为支行后续检查辅导参考依据。对特殊情况和特殊网点,汇总成专题报告或情况说明,直接递交支行行长室,为支行决策层提供第一手资料。年内,支行通过业绩计奖、计价考核等激励机制,加强从柜面员工到客户经理"全员营销"意识和主动性,试行末位淘汰制度,通过合理的岗位锻炼和人员流动促进团队的活力和战斗力。（程振忠）

【提升服务质量】 2010年,交通银行上海分行市西支行落实分行提出的工作零差错、服务零投诉、安全零事故总体目标,开展"感动服务2010"活动,将"五有"服务提升为"感动客户服务"。向各网点推广长寿路支行"七个"服务步骤,即"微笑相迎、礼貌问客、双手轻接、快速办理、巧妙营销、微笑相送",提升市西支行各柜面服务质量,提高客户对交行信任度。年初,修订2010年支行服务考核办法,明确服务责任人及工作职责,在世博会准备和实战阶段,支行实现零投诉预期目标。确立以客户为先,想客户所想,急客户所急的服务理念,全心全意为每一位客户做好服务工作。归集各网点梳理罗列出潜在投诉客户名单及未了事项,由支行重点掌握并协同网点消除隐患,防患于未然。支行营业部获年度上海市银行业文明服务示范单位称号。（程振忠）

【强化演练保平安】 2010年世博会期间,交通银行上海分行市西支行制订争创平安交行活动方案,落实节点要求,利用支行信息平台加以宣传,形成人人关注平安建设,人人参与安全防范。根据市行统一部署,组织防抢劫、防火灾等演练,光新路支行在运钞车押运人员协助下,现场演练防抢劫库箱;长寿路支行把防火演练作为提高员工消防知识的一部分,提高突发事件的处置能力。通过防抢劫、防火灾等演练,使干部员工熟练掌握各类突发事件处置方法,营业部把演练的每个细节拍成照片并加上文字说明进行宣传。年内,加强自助银行区域查巡,利用夜间时间检查各网点自助银行、离行式网点,发现并落实整改十几项安全隐患,并及时通报分行有关部门。针对虚假信息诈骗案件呈上升趋势,加大宣传力度,主动向客户宣传虚假信息诈骗案例,切断信息诈骗渠道,并严格把好客户汇款关。全年,支行未发生一起有责电信诈骗案件。（程振忠）

农业银行上海分行普陀支行

【营业指标增长明显】 2010年,农业银行上海分行普陀支行根据上海市分行三年发展规划,制订《普陀支行关于2010—2012年加速推进城区行业务发展工作的实施意见》,确立通过提高市场份额,跻身区域主流银行奋斗目标。年内,支行以三年发展规划为核心,加强执行,各项业务取得历史性突破,主体指标、市场份额和系统内排名都取得较好成绩。支行本外币存款余额比年初增加35.71亿元,完成分行全年计划的116.94%。新增人民币储蓄存款17.67亿元,余额市场份额比年初上升1.55个百分点,新增人民币对公存款17.39亿元,新增外币各项存款1046万美元,新增人民币同业存款1547万元,新增人民币对私贷款4.2亿元,本外币不良贷款余额1.88亿元,比年初下降1.21亿元,完成分行全年计划110.99%;实现中间业务收入8826万元,完成分行全年计划101.45%。支行获农行上海市分行2010年"春天行动"人民币储蓄优胜奖、2010年产品创意大赛优秀组织奖、2010年度金融先进单位等称号。（龚小卉）

【开展世博金融服务】 4月份开始,农业银行上海分行普陀支行以迎世博为契机,以世博金融窗口服务"零有效投诉"和世博会安全维稳"零事故"为目标,有序推进网点文明标准服务导入,完成全部15家网点文明标准服务导入工作。完成全部15家网点和附行式、离行式自助银行新LOGO标识及门牌更换工作,有效提升网点环境、视觉形象、员工精神面貌和营销服务意识。同时,通过多层次、宽覆盖、高频率督导检查,全行营业网点硬件环境有明显改善,员工服务语言、服务仪表进一步规范。重视客户投诉管理,建立高效通畅投诉处理流程,确保客户投诉在规定时限内得到处理,提高处理效率和客户满意度。成立世博应急金融服务专家小组,负责应急处理和专家答疑。开展世博志愿服务活动,70余人利用节假日及休息时间到支行各自助银行点进行24小时现场守护,做好世博金融安全保卫工作,50余人在世博期间利用双休日到网点协助做好大堂服务工作,开展"服务世博,学英语、会手语"活动,为客户提供英语、手语服务。支行所辖真北商贸区支行在迎世博600天行动中,荣获志愿服务贡献奖。（龚小卉）

【开展合规经营建设】 2010年,农业银行上海分行普陀支行注重加强合规人员队伍建设,构建合规信息网络,开展"银行业内控和案防制度执行年"和合规文化建设活动,推进内控和案防工作。在业务发展及市场营销过程中,以"发展是第一要务,控险是第一责任"理念,树立在控制风险前提下发展业务,在发展业务基础上化解风险的信念。支行在农业银行上海市分行"内控综合评价"中再次取得良好成绩。（龚小卉）

十三、综合经济管理

发展与改革

【概况】 2010年，区发改委围绕“服务中心、服务世博”开展工作。编制完成《2010年普陀区经济和社会发展计划》和《2010年普陀区重点建设项目安排表》，明确全区年度工作重点。加强经济社会运行形势分析，在《普陀区经济运行和社会发展分析资料汇编》中新增社会发展和重点楼宇发展情况等分析内容，编辑完成《2010年普陀区民营经济发展情况分析报告》，全面反映区经济运行情况。完成“十一五”规划执行情况评估，推进“十二五”规划区域发展重大课题调研，开展“十二五”规划大讨论和专家咨询研讨会，参与区委规划《建议》的讨论修改工作，修改完善“十二五”规划纲要。制订《普陀区2010年服务经济责任目标预安排》，组织召开签约仪式，落实各相关部门的年度经济责任目标。研究制定股权投资企业的扶持政策，推进“长风金融港”建设，争取各类金融企业和金融公共服务平台的入驻工作。召开区节能减排目标推进大会，总结部署节能减排工作，确保完成“十一五”节能减排指标。开展重点课题调研，形成《关于后世博和大虹桥与普陀区发展战略》、《2010年普陀区服务业发展报告》、《2010—2015年产业发展规划》、《条主结构、块主总量，在保证总量增长的同时更加注重结构优化》等调研报告，提出“产城一体化”、“低碳、绿色、环保”等一批有益于普陀区发展的城市理念。推进《普陀区社会事业资源整合三年行动计划》建设项目的落实，推动教育项目的审批和核准工作。全年共批准项目67个，其中审批类项目34个、核准类项目10个、备案类项目23个，批准项目总建筑面积198万平方米，总投资302亿元。（周　吉）

【年度计划执行情况跟踪】 2010年，为把握全区经济和社会发展趋势，区发改委、商务委、科委、税务局等相关部门联手每月编制《经济运行和社会发展分析资料汇编》，及时掌握全区经济运行及周边地区发展和项目推进情况，通过分析运行中出现的新情况、新问题、新特点，提出科学有效的对策建议。年内，重点跟踪《普陀区2009—2010年苏州河开发建设主要任务和重点项目安排》、《长风生态商务区基本建成三年实施计划》以及《普陀区促进楼宇经济发展三年工作计划》，定期了解其具体项目的建设情况，及时汇报计划执行中存在的问题并提出相应对策，确保计划落到实处。（周　吉）

【编制“十二五”规划刚要（草案）】 2010年，《上海市普陀区国民经济和社会发展第十二个五年规划纲要（草案）》（简称《纲要（草案）》）编制过程中，全区开展3次关于区域发展的总体思路、重点地区和社区建设发展思

普陀区“十二五”规划大讨论研讨会　　（区发改委供稿）

路大讨论活动，提出100多项问题，形成22份汇报材料，为更好地编制《纲要（草案）》奠定了基础。组织“十二五”规划重点课题调研，其中由区领导领衔的6个重点调研课题已全部形成课题报告并汇总成册，多项调研成果被《纲要（草案）》采用。召开《纲要（草案）》规划专家咨询研讨会，通过书面征询、专题会议、专家研讨和意见征询会等形式，听取相关专家及征求各部门、各重点地区的意见，形成《纲要（草案）》（征求意见稿）。同时，协调、指导推进39个部门专项规划、9个街道、镇和7个重点地区规划编制工作，加强主动研究，做好与市各项重要指标衔接。11月10日，区委通过了《关于制定普陀区国民经济和社会发展第十二个五年规划的建议》，根据《建议》，对《纲要》内容进一步修改和完善，先后形成规划纲要初稿、征求意见稿和送审稿。经12月29日区政府常委会和2011年1月7日区委常委会审议，形成规划《纲要（草案）》。

（周　吉）

【加大区域财政资金扶持力度】2010年，对全区财政扶持政策进行汇总、梳理，制定《普陀区财政政策汇编》和《普陀区科技发展专项资金扶持政策汇编》，确保产业扶持资金使用的规范性和内部的透明性。利用政策的杠杆作用，出台《普陀区关于对重点企业享受新一轮扶持政策的实施办法》、《普陀区关于促进股权投资企业和股权投资管理企业发展的若干意见》、《普陀区信息产业发展扶持政策》和《普陀区关于推进企业上市的若干意见》等政策，营造区域经济发展环境。加大区域财政资金扶持力度，全年给予区42个重点项目产业专项资金扶持政策，同时安排3832.5万元资金用于扶持科技项目。完成“上海手机动漫产业公共服务平台”等14个市服务业引导资金项目的筛选和组织转报工作。“上海手机动漫产业公共服务平台”、“上海西北物流园区保税物流中心”、“创意包装——科技电子商贸平台”、“东方数字文化信息识别系统（公共文化设施综合管理服务信息化系统）”和“M50创意设计孵化器”5个项目经市发展改革委批准，获得市级引导资金540万元。完成上海电器科学研究所（集团）有限公司新型电网终端设备检测地建设等3个国家重点产业振兴和技术改造专项资金项目申报工作，“上海斯瑞聚合体科技有限公司高强高模高性能PE纤维无维布符合防弹材料”项目已获中央预算内投资资金补助。

（周　吉）

【规范投资项目建设管理】2010年，建立更加科学的政府投资项目管理模式，推进代建制试点工作。制订《城市地下空间开发利用管理规定》和《关于完善普陀区旧区改造体制机制的若干建议》。起草《普陀区区级建设财力项目管理办法》和《普陀区区级建设财力项目储备和预安排管理实施细则（试行）》。建立项目决策审批评估机制，委托上海市投资咨询公司对区妇婴保健院项目进行项目总体评估和节能专项评估，组织有关专家对真如副中心的几条道路和长风生态商务区的绿地项目进行评审。通过制度建设和评估论证机制的建立，提高政府投资决策的科学化水平。

（周　吉）

【跟踪重点项目建设】2010年，重点对区政府确定的115个重点建设项目实施情况进行跟踪推进，完成《三年行动计划（2009—2011年）》中有关项目进展情况的中期评估。推进《普陀区社会事业资源整合三年行动计划》落实，主要包括中远两湾城养老院、普陀区救助站、残疾人综合服务中心、甘泉社区文化活动中心等项目以及原区图书馆改建、人民医院改造、桃浦社区卫生服务中心和区精神卫生中心改扩建项目。有序推进教育项目审批和核准，全年审批中小学校舍安全工程一至三期的建设、学校年度大修、朝春中心小学扩建体操用房等10多个项目。完成曹杨二中校区建设、华师大四附中异地扩建项目向市发改委申请立项工作。及时帮助解决重点项目建设中的难点，通过与市发改委的沟通、协调，落实、解决大渡河路22万伏变电站选址和上海西站建设工程资金不足等问题；以“一周一会”方式，协调解决长风生态商务区3个医疗设施项目建设过程中遇到的瓶颈，加快项目建设进程。按照工程建设领域突出问题专项治理要求，对区内符合专项检查范围的项目开展清理检查，查找决策审批环节存在的问题，形成自查报告。针对检查中发现的项目建设和管理过程中存在的问题，制订完善制度和机制建设的措施。按照市里的整改要求，对桃浦东路—真南路下立交工程存在的土地审批手续问题，协调落实整改措施，完善前期审批手续。

（周　吉）

【节能减排工作】2010年，加大节能减排资金和政策支持，完善《普陀区节能减排专项资金管理办法》，加大节能减排专项资金投入，节能技改项目奖励标准由每吨节能量300元提高到500元。推动桃浦热力公司、斯瑞聚合体材料、金叶包装、上海城建物资等4家企业申报市节能技改项目，获取市扶持资金约500万元。加强重点行业、企业节能，由区政府与相关责任部门、街道、镇及能耗2000吨以上重点企业签订《普陀区2010年节能减排目标责任书》，与12家年用电量500万千瓦时以上工业重点企业签订电平衡技术合同，督促企业推进节能减排工作。实施燃煤锅炉改造工程，对落后产能行业进行调整和淘汰，关、停、迁8家劣势企业。对新建建筑进行节能监管，在基建项目中推广、应用、引入太阳能等节能设施，确保新建建筑全部执行节能强制性标准。加强公共领域节能，推进“绿色照明工程”，在全区9个街道、镇244个居委会推广60万支高效节能灯，同时继续做好高效节能灯在区域内办公楼、医院、学校、商场超市、宾馆饭店等的推广工作。启动高效节能空调推广情况入户核查工作，对全区18000台高效节能空调进行逐台核查，确保财政补助资金的安全性和有效性。

（周　吉）

工商行政管理

【概况】2010年，区工商行政管理工作拓宽服务载体，支持区域经济发展。加大服务区域经济发展的各项政策落实力度，贯彻市工商局“支持企业发展十一条政策”，总结政策实施效果；实施股权质押登记、外商投资企业放宽出资期限登记政策，帮助企业解决融资难问题。继续实施大学生零首付创业等“创业八条政策”，鼓励创业促进就业。开展“走千家企业，促经济发展方式转变”活动，重点走访108户鼓励发展型企业、世博会相关企业、大型企业和重点工程（项目）企业、限制淘汰型企业、中小型企业，以登记注册、商标培育、监管规范等工作为切入点，发挥工商行政管理职能作用，为企业解决职能范围内的问题20个，解决率达100%。聚焦重点项目，与上海西北物流园区保税物流中心管委会签约，先后为上海外高桥西北保税物流有限公司等企业提供便捷服务，帮助其尽快完成注册手续，确保保税物流中心开幕顺利运行。加大服务招商引资力度，全年引进福建劲霸投资有限公司、上海高力国际物业服务公司等8个注册资本过亿的大企业落户普陀，总注册资本26亿元。推进并联审批，全年共收到内资企业设立登记的并联审批申请件564件、外资企业设立登记的并联审批申请件35件，受理量比往年有大幅度上升。推行企业网上年检和年检备案，全区企业网检率达97.38%，外资企业网检率达100%。推进实施商标战略，至年底，全区上海市著名商标25件，中国驰名商标5件。查处制假售假、虚假宣传、商业贿赂、商业欺诈等不正当竞争行为，加强对直销行为监管，打击传销行为。共查处各类违法违规案件833件。其中，检查支队查办的罗杰无照经营案获市工商系统2009年度“十佳案件”（2010年评选）。以落实“迎世博600天行动计划”为重点，开展无证无照经营整治，共取缔无照经营386户。加强合同格式条款监管，会同市物流协会制订《上海市建筑模板租赁合同示范文本（2010版）》，会同上海石材行业协会制订《上海市建筑用砂石料买卖合同（2010）版》等合同示范文本。对旅馆经营业、娱乐休闲、互联网、地下空间经营场所、废旧收购和印刷行业等六大行业组织17次联合执法行动，共出动检查人员5430人次，检查经济主体3488户。对全区农副产品批发市场开展打击欺行霸市专项整治行动；配合区政府和公安等部门加强危险性刀具销售管控、打击“黄、赌、毒”等违法行为、开展实有人口和实有房屋服务管理以及开展世博会反恐工作等。

全年，新设各类企业3201户，比上年增长7.1%，新设各类企业注册资金62.6亿元，比上年增长14.2%，其中，登记新开内资企业200户，比上年减少24.2%，注册资金2.9亿元，比上年减少84.9%；新登记外商投资企业147户，比上年增长27.8%，注册资金5.6亿元（美元以6.8:1换算为人民币），比上年增长155%；新增私营企业2854户，比上年增长9.4%，注册资金54.1亿元，比上年增长61.9%；新增个体工商户2540户，比上年增长11%，注册资金1亿元，比上年增长170%。至年底，全区有各类市场主体39094户，其中个体工商户13641户，比上年增长9.6%，资金数额2.43亿元，比上年增长51.2%。各类企业25453户，比上年增长1.4%，注册资金总额807.3亿元，比上年增长13.1%。其中内资企业4301户，按所以制形式分：国有企业530户，集体企业796户，股份合作制企业275户，有限责任公司2654户，联营及其他类型企业46户，内资企业总注册资金349.8亿元，增长7.9%。“三资”企业1180户（含分支机构），按企业类型分：独资企业1005户，合资企业146户，合作企业29户，“三资”企业注册资金10.8亿美元，增长10.2%。私营企业19972户，比上年增长1.9%，累计注册资金384.1亿元。（张　瑜）

【营造和谐商业环境】 2010年，针对区内各大中企业改制必须在2010年前完成企业变更登记手续的需求，以企业需求为导向，创新服务机制，在主动上门服务基础上，用延时服务、预约服务扩展服务内容，为企业排忧解难，完成区内所有提交申请的国有大中型企业注册变更登记。至年底，先后核准通过上海中西三维药业有限公司以股权、不动产方式增资17980万人民币注册变更申请并颁发新营业执照。快速为香港凤凰卫视都市传媒（上海）有限公司完成企业注册登记手续并核发营业执照。（张　瑜）

【推进“双打”专项行动】 2010年，注重“三宣传”活动（发放、宣传《禁售通告》、《打击侵犯知识产权和销售假冒伪劣商品专项行动告知书》、判例警示），推进打击侵犯知识产权和销售假冒伪劣商品专项行动。重点对新西宫服饰和小商品市场、长寿路、武宁路主要商业街以及市场和商业街周边窝点售假、黄牛拉客兜售行为、“傍名牌”等不正当竞争行为和保护世博会、亚运会标志及特许商品开展4次专项执法行动。并以“三强化”（强化

工商所工作人员在市场检查　　（区工商局供稿）

合同推广、强化督查暗访、强化执法实效)方式,加强辖区内市场的规范整顿。推广《上海市商品交易市场进场经营合同示范文本》使用,将合同示范文本中禁售法律义务、售假惩处手段和"一次警告,二次清退"等条款以补充条款形式附加在市场和商场的合同文本中。同时督促市场加强商品商标管理,建立健全商标资料档案,履行对经销商品商标使用合法性的审查义务,从源头杜绝商标侵权行为发生。经查,场内经营户合同示范文本使用率达95%以上。对重点市场、重点街区加强督查暗访,发现侵犯知识产权和销售假冒伪劣商品违法行为及时处理,消除监管盲点。在"双打"专项行动中,整治重点区域15处,立案查处各类侵犯知识产权和销售假冒伪劣商品案件17件。（张　瑜）

【世博会标志保护专项行动】 2010年,开展世博会标志保护专项行动,打击"三贩"(整治倒卖、伪造上海世博会票证、预约券和销售假冒世博会特许商品),加强涉博广告监管,开展保护知识产权宣传活动。世博会期间,共查处涉博侵权案件9件,查获假冒海宝玩具2700余件,海宝挂件、钥匙扣、纪念品等899件。桃浦工商所查获假冒霍尼韦尔公司"Honeywell"和"Genetron"空调制冷剂633罐,案值51.21万元,当事人已被移送公安机关处理。（张　瑜）

【市场信用分类监管】 2010年,推进市场信用分类监管工作,开展2009—2010年度示范市场评定工作,通过督查、市民巡访团暗查、向有关部门征询意见等方式,评选出上海市旧机动车交易市场、上海红星美凯龙家具装饰市场经营管理有限公司、上海新泉农副产品市场经营管理有限公司、上海蓝田农贸市场经营管理有限公司、上海真西综合市场管理有限公司和上海曹杨铁路市场经营管理有限公司杏山路农贸分公司等6个"2009—2010年度普陀区示范市场"。（张　瑜）

【食品安全监管】 2010年,贯彻实施《中华人民共和国食品安全法》,推进流通领域食品安全许可和监管工作,开展流通环节食品抽样检验及快速检测,督促落实索证索票和台账登记制度。4月,国家工商总局食品司调查组到锦江麦德龙现购自运有限公司视察食品安全监管工作,肯定区食品安全监管工作。加强供博食品原料监管,对区内10家供博流通环节食品原料供应商发货点实行24小时监管。针对辖区供博流通环节食品原料供应商发货点分布不均情况,实施分类监管。对水产、牛肉等食品保鲜期较短、存贮条件要求较高的食品原料,实施重点监管。重点加强索证索票和进货台帐的检查,确保货品从正规渠道进货,加强每批次货品的抽样快速检测,并与市场主办方一起监督发货查验,装箱封箱全过程。对直供世博园区内比利时、西班牙以及土耳其馆等场馆内餐厅、酒吧的进口酒类,实施特殊监管。监管干部认真核对商品报关单证与发货单证数量、品名以及商品包装上的保质日期,防止以次充好、以假乱真或非进口食品在装箱时混入其中。对饮料、调味品等保质期较长食品,实施常规监管。在发货时按照一般对供博食品发货监管方案进行检查,并做好登记台帐。世博会期间,对辖区10个供博食品发货点实行24小时同步监管,确保450批次、共计343.22吨进园食品的安全。全年,对流通环节食品抽样检验665组样品,快速检测1937组样品。开展问题奶粉清查、海南毒豇豆、假冒"五常稻花香米"等专项整治。（张　瑜）

【开展"地沟油"清查】 2010年,以食用油经营户为重点,严格控制销售散装食用油。强化对食用油经营主体的登记注册管理。加强对食用油经营者主体准入规范管理,对辖区所有销售食用油的经营户进行清理检查,建立健全食用油经营者经济户口和监管档案,严格规范食用油经营者的市场主体资格,切实做到底数清、情况明;对证照不全或超过有效期的,责令改正,及时予以清理,依法查处和取缔无证无照经营食用油违法行为。按照《食品安全法》规定和要求,依法监督食用油经营者把好食用油进货关,监督其建立和落实进货查验和查验记录制度,按规定记录进货情况,查验食用油供货方的生产(流通)许可证、营业执照和食品合格证明文件,确保进货渠道合法。督促市场主办者落实入场食用油经营户的食品安全管理责任,引导市场管理者严格控制食用油经营户销售散装食用油。以食用油经营者为重点对象,以集贸市场、批发市场为重点场所,强化食用油市场的监管巡查,对涉嫌不合格食用油的抽样检验,发现非法经营地沟油和非正规来源食用油行为,依法予以查处。（张　瑜）

【营造良好校园周边环境】 2010年,采取3项措施营造校园周边安全和谐环境。严格把好市场准入关,对校园周边涉及电子游戏厅、歌舞厅、网吧三类经营范围的行业,严格审查书面材料及相关材料,并实地查看住所和经营场所,对校园周边200米范围内的申请,一律不予登记。加强巡查,排摸中小学及幼儿园周边地区的网吧、食杂店、餐饮店、文具店,做到情况明。工商、公安、市容、城管开展联合执法,对食品、书刊、音像制品等实行重点监管,取缔校园周边无照经营网吧、电子游戏厅、歌舞厅以及销售不合格食品、不良文化书刊的行为。（张　瑜）

【取缔10家无照"黑网吧"】 年内,由长征镇政府牵头,工商普陀分局长征工商所会同长征镇综治办、公安、城管等部门近100人,对同普路徐家宅、老真北路费家宅、云岭西路蔡家浜等多家无照"黑网吧"进行整治,取缔10处无照"黑网吧",收缴机箱79台,显示器95台。（张　瑜）

【维权网络全覆盖】 2010年,全区255个居〔村〕委会建立"消费者权益保护联络点",基本实现消费者权益保护联络点在居〔村〕委会全覆盖,并在长风、桃浦地区试点推行"消费者权益保护联络点网络平台",利用平台发布消费警示、开展信息交流和维权。形成申诉—受理—处理—反馈整个流程全部在网络完成的快速通道。推动消费者权益保护联络点进商场、市场、企业、学校,至年底,共有消费者权益保护联络点44个。制定"事前强监管、事后讲维权、所点双联动、防范加宣传"二十字方针,开展统一规范维权工作。全年,工商普陀分局受理各类消费者申诉、举报2016件,办结率100%。 (张 瑜)

【消费者权益保护】 2010年,以"服务世博,服务消费、服务消费者"为指导思想,围绕"消费与服务"年主题,抓好消费维权处理,特别是涉博投诉快速有效处置,开展消费环境整治,促进消费环境和谐融洽。全年,区消保委接待咨询、受理投诉共4542件,其中接待咨询806件,受理投诉3736件,投诉量比上年增加1.19%,已办结投诉3728件,办结率99.79%。处理、调解投诉3675件,调解成功率98.58%。为消费者挽回经济损失418.22万元。运用人民调解方式调处争议36件。由区消保委对口负责的4家联网企业(上海移动、国美电器、农工商超市和月星家具)共处理投诉4888件,比上年增加25.27%。区消保委向工商普陀分局、区建委和区房地局等相关职能部门转处消费者投诉24件,已办结24件,办结率100%。 (陆 一)

【世博会消费保障工作】 2010年,根据市消保委要求,确定中环百联、曹家渡友谊商店、亚新生活广场、农工商超市118店、国美电器长寿路店和上海移动通信等6家企业为世博会消费维权服务点,负责接待消费者咨询、受理并处理或消费者投诉等职能。制订并实施《普陀区消保委世博会期间消费维权应急预案》,在世博会开园之际以及劳动节、国庆节长假期间,采用"五加二"、"白加黑"工作机制,加强值班,按照第一时间受理、第一时间处理、第一时间办结工作要求,快速、有效处理各类涉博投诉案件。在世博会期间,共受理涉博投诉案9起,均在第一时间办结完毕,涉博投诉解决率、成功率和消费者满意度全部达到100%。 (陆 一)

【专项消费体察活动】 2010年,注重企业服务规范有序,把牢消费和谐的第一关口。"3·15"活动期间,组织消费志愿者开展对小型连锁便利超市进行以食品为主的消费体察活动,工商、质监、卫监、食药监和物价检查等行政职能部门对区内时代超市普陀店、农工商118店、世纪联华中环店、家乐福武宁店等大型超市和商场,特别是设有"世博消费维权服务点"企业进行专项检查。重点检查家电产品安全标志、预包装食品标识、散装食品贮存环境、食品销售人员健康证等情况,同时将消费体察和专项检查情况向相关企业通报反馈,帮助企业改进服务质量,避免发生消费纠纷,督促商家企业自我规范营销,通过诚信规范的服务提升消费者满意度。

(陆 一)

开设保健品与药品辨识讲座 (区消保委供稿)

【消费知识宣传活动】 2010年,针对消费者投诉件集中在美容美发等行业预付卡消费维权,网络、电视购物潜伏陷阱,老年人难抵保健品推销等,通过宣传消费者权益保护法律法规,引导消费者科学、理智消费,在"3·15"维权宣传活动期间,向市民发放宣传资料4000余份。同时,在政府信息平台上发送消费服务信息,公布消费警示。区消保委每月参与老年人维权综合咨询活动,向老年人进行消费知识宣传,并结合发案较高案例(如老年人购买保健品、健身器材纠纷等),制作专题展板在各社区巡回展出。 (陆 一)

国有资产管理

【概况】 2010年,围绕"提高国有企业对区域经济的贡献度、提高企业核心竞争力、提高对区域民生稳定工作的贡献率"工作目标,以提高国资国企发展质量和效益为中心,突出改革、聚焦发展,提升服务、强化监管,推进国有企业重组整合,完成英雄集团整体划转交接;加强区属国资国企改革重组,组建国资经营运作平台公司,启动区城投公司和安居公司整合。国资管理新格局基本建立,区国资(集资)全覆盖监管体制基本建成,法人治理结构加快完善,国有企业经营绩效明显提高,对区域经济贡献逐渐加大,全年收缴国资收益9204.88万元,国有企业实现营业收入46.39亿元,净利润8.26亿元。重点地区建设加快,集聚长风生态商务区现代服务业功能培育,突出真如城市副中心公共服务载体打造,加快桃浦生产性服务业功能区开发建设。国资国企经营绩效显著提高,全年,国资系统22家区属企业累计实现营业收入58.67亿元,比上年增加3895.73万元,增幅0.6%;利润总额12.44亿元,比上年增加2.77亿元,增幅29.4%;实现净利润8.48亿元,比上年增加1.46亿元,增幅20.8%;累计上交税金6.22亿元,比上年增加9499.04万元,增幅

18.03%。企业财务状况有所改善，运行比较平稳。截至12月31日，国资系统22家区属企业资产总额389.53亿元，比上年减少23.48亿元，降幅5.68%。负债总额298.74亿元，比上年减少32.97亿元，降幅9.94%。所有者权益总额90.79亿元，比上年增加9.49亿元，增幅11.67%。国资收益大幅提升，全年应收缴2009年度国资收益9204.88万元，已收缴5162.84万元，比上年增加2034.51万元，增长65.04%。（杨　枢）

【国有集体资产监管全覆盖】 2010年，基本建立以出资监管为主、委托为辅和权责明确、分类监管、流转顺畅的国资（集资）监管全覆盖体制。制订《关于各委办局、各社区（街道）、镇下属国有（集体）企业统一纳入国资（集资）监管全覆盖的实施方案》，完成107户国有企业委托监管、84户城镇集体企业实施监管工作，明确委托方和监管方的职责、范围和权利、义务。7月5日，在国资（集资）监管全覆盖工作会议上，分别与10个委办局和9个街道、镇签订《普陀区国资监管全覆盖国资监管委托书》、《普陀区集资监管全覆盖实施监管协议书》。（杨　枢）

【完善企业法人治理结构】 2010年，加快完善企业法人治理结构，完成中环集团、西部集团、真如副中心公司、英雄集团公司章程修改工作，完成国有独资公司、国有控股公司章程范本修订。完成国资系统9户区管、区属骨干企业董事会、监事会39名人员调整充实和换届工作，交流或提任国资系统11户区管、区属骨干企业23名领导人员。实行董事监事外派制度，制订《普陀区国有企业监事会管理暂行办法》、《普陀区国有企业董事会规范运作指导意见》、《普陀区外派董事监事管理和考核暂行办法》等董事会规范运作管理制度。根据完善国有企业法人治理结构要求，实施国资（集资）系统2名外部董事、5名外部监事（包括监事会主席）选派工作，在中环集团、西部集团、真如副中心公司3家企业试行纪检负责人依法依规进入监事会，完成西部集团、中环集团、英雄集团、国资公司、真如副中心公司5名职工董事和西部集团、中环集团、英雄集团、真如副中心公司8名职工监事选配工作。（杨　枢）

【推进国资重组】 2010年，加强国资国企改革重组，调整产业结构，优化资源配置。加快推进桃浦生产性服务业功能区开发建设，3月24日，与上海电气（集团）总公司签订协议书，将上海英雄（集团）有限公司共计2.49亿元净资产划转普陀区，并顺利完成工作对接、部门对口、制度对标交接工作。与浦东新区开展"区区联动、互惠共赢"合作，与外高桥集团共同出资组建上海外高桥西北保税物流有限公司，举行"上海西北物流园区保税物流中心封关运作暨外高桥保税物流园区·西北物流园区保税物流中心战略合作签约仪式"，并与9月26日正式封关运行。做好国有企业整合重组，盘活存量国有资产，处理历史遗留问题和处置企业不良资产，制订《普陀区国有资产经营运作平台公司组建方案》和《上海润普企业发展有限公司组建工作的实施方案》，组建国资运营运作平台公司——上海润普企业发展有限公司。按照《关于区城投公司与区安居公司整合的方案》，完成城投公司和安居公司投资主体变更，整合后以城投公司作为母公司，安居公司作为城投公司的全资子公司，逐步成为以重点项目建设、房地产开发、资产管理、酒店管理为主的集团性公司。有序推进塑料公司整体改制暂缓后内部改革工作，在确保职工稳定和企业正常运转同时，促进扭亏增效内部管理体制机制改革，已取得初步成效。整合区商业网点，提高网点资源经营收益，制订《关于区商业网点管理办公室商业网点的整合方案》，完成网点办商业网点管理权和相关人员的移交、网点办商业网点审计、网点资产划转和职工持股会退股后并帐管理等4项工作，根据区商业企业的战略性重组发展规划，快乐集团与网点办资产整合顺利实施。（杨　枢）

【国资监管信息平台建设】 2010年初，制订《关于推进普陀区国资监管信息系统建设的实施方案》，完成国资监管信息系统建设项目公开招标工作，基本建成覆盖国资系统出资监管和实施监管企业的国资监管信息网络平台，按照"权利、义务和责任相统一，管资产、管人和管事相结合"以及政企分开、政资分开、所有权与经营权分开原则，围绕保障国有资产出资人权益的重大事项，设立8个应用模块，实现业务流程规范化，财务统计一体化，系统数据标准化，决策支持模式化目标，重点突出预防警示，强化实时监控，规范监管行为，使国资监管从事后监督转变为事前预测、事中监控和事后评估，提高国资监管能力和水平。（杨　枢）

【企业业绩考核】 2010年，完善企业业绩考核体系，针对不同类型企业进行分类考核，与17家出资监管企业和实施监管的城镇集体企业签订2010年度《经营业绩目标责任书》和《党群工作目标责任书》，实行"一企一策"、"一人一约"。同时，将原国资委、建交委、商务委系统的区管、区属骨干企业全部纳入统一考核范围。（杨　枢）

【集体资产监管】 2010年，加强区集资委实施监管企业集体资产监管，制定《区管区属骨干城镇集体企业重大财务事项管理暂行办法》，实行重大财务事项备案制度。完成区工业总公司、区供销社建立不动产数据库工作，两家企业共有土地3842平方米，房产83845平方米；梳理企业产权，完成区工业总公司、区供销社建立产权链工作。推进各委办局和街道、镇下属城镇集体企业改革改制，完成区就业促进中心下属申华防腐蚀工程部等小企业改制和真如镇下属真如工贸公司转让申华日化厂100%股权工作；做好集体资产评估备案工作，共受理集体资产评估项目5项，完成备案5项，涉及净资产2968.39万元。农村集体资产管理加强，长征镇完成2009年度农村集体企业年报统计试点工作，桃浦镇制订《农村集体资产管理办法》，加强农村集体资产管理。（杨　枢）

【重点地区开发建设】 2010年,围绕"一心两轴三片区"发展中心,加快重点地区建设发展。集聚长风生态商务区现代服务业功能培育,商务区内万豪酒店、国丰酒店相继开业,苏州河水上观光旅游开通,"长风金融港"揭牌成立,7家境内外知名股权投资企业入驻,泸定路等4条配套道路建成,3幅住宅地块公开挂牌出让,拍卖金额共计84.93亿元。真如城市副中心的沪宁城际铁路正式启用,铁路上海西站投入运营,区政府与上海铁路局签订《上海西站货场地区铁路土地收储框架协议》,长江实业、绿地集团项目稳步推进。产业投资公司围绕未来区域发展,推进桃浦生产性服务业功能区规划指导工作,收储土地,推进项目,已完成城市设计国际方案招标,修编控详规划,康鹏化学企业总部已整体入驻,建成上海桃浦特勤消防站。

（杨　枢）

【推进企业做强主营业务】 2010年,国资各企业集团抢抓市场机遇,扩大市场份额,加快主业发展,特别是优势企业发展喜人。中环集团全年实现利润6.6亿元,入选"上海市房地产企业竞争力20强风云榜"。西部集团实施"走出去"战略,参与江苏等4省5市的房地产项目开发建设,房地产销售6.3亿元。包装集团坚持用新工艺、新材料、新设备、新产品培育市场竞争力,全年销售收入9.07亿元。英雄集团研发41项世博特许产品,全年主营业务收入2.09亿元,出口创汇1375万美元。

（资料来源《新普陀报》2010年10月30日）

【国资国企改革发展专题研修班】 3月16日上午,区国资国企改革发展专题研修班在区委党校开班,区委常委、副区长诸葛宇杰出席并作动员讲话。研修班采取2+X的培训模式,由区委组织部、区委党校与区国资党委联合举办,对国资系统区管、区属骨干企业党政领导、监事会主席和国资委的干部进行专题培训。研修班特邀有关专家教授作国有企业改革发展的方向与路径、国有资产监管的现状与发展趋势、利用资本市场推进国资国企改革和国有企业的廉政文化建设等专题报告。　（摘自普陀图片新闻）

国资国企改革发展专题研修班开班　（区方志办供稿）

统计管理

【概况】 2010年,区统计工作以提高统计数据质量为中心,以提升统计服务水平为重点,完成各项统计任务。做好统计基础性服务工作,对区内508家外商投资企业进行联合年检,全年共办理统计登记730家。做好《普陀统计月报》、《九中心区主要经济指标对比资料》等统计成果的编辑、发布工作,编写《2009年普陀区国民经济和社会发展统计公报》。加强全区能源考核数据的核算及区、街道、镇两级能源数据审核评估,扩大非工企业能源统计监测范围,开展能源消费数据监测分析,完成《2009年普陀区节能降耗情况专项统计报告》、《2010年上半年区重点监控企业能源统计分析》等报告。以第二次经济普查数据为基础,开展"十二五"规划基础数据统计分析,完成《普陀区工业经济总体规模和效益分析》等统计分析报告。开展第六次全国人口普查,查实全区人口在数量、结构、分布和居住环境等方面的变化,加强和改善区宏观调控能力。围绕区域经济社会发展、人民群众关注的热点问题开展专项统计调查,完成组织工作满意度调查、上海市城乡划分清查、非公有制领域人才状况抽样调查等专项统计调查18项。组织统计业务培训,加强基层单位统计工作指导,推进统计基础工作规范化、制度化,按时保质完成各项统计年报收集、汇总、审核、上报。全年完成涉及42种年报表式、包括增加值、工业、能源、科技、商业、建筑业、房地产业、固定资产投资、物业中介、住宿餐饮、宾馆饭店旅行社,社会服务业、金融、物流、市场、劳动工资等16个专业6800余家企事业单位统计年报工作。做好统计定报、月度和季度报表统计工作。　（周　吉）

【加大能源统计工作力度】 2010年,以提高能源统计数据质量为核心,加强能源统计业务建设,把提高能源统计数据质量作为能源工作的中心任务,打实各项基础工作。完善能源统计体系,扩大能源统计监控范围,针对区非工业能源消费特点,把2008年经济普查数据库中年综合能耗在100吨标煤以上非工业企业全部列入区能源统计范围,区监控的非工业企业增加到350家。加强区、街道、镇两级能源数据审核评估力度,按照能源报表审核要求,对能源调查数据的审核、评估作明确要求,严格本期数据和上年同期数据对比,并定期开展数据质量评估分析。加强基层统计队伍建设,举办统计业务培训,提高统计人员业务水平,年内,组织2次非工业企业统计人员能源统计专业知识培训,统计质

量有效提升。（周　吉）

【统计执法检查】 2010年，按照市局统一部署，组织开展全区统计法和统计违法违纪行为处分规定贯彻执行情况大检查。整个执法检查工作分为自查与抽查两个阶段进行。自查阶段，从各行业抽取118家样本单位进行自查，其中工业企业40家、批发零售企业40家、住宿餐饮企业10家、房地产企业11家、建筑企业9家、固定资产投资企业8家。自查结果：无问题单位为95家，占80.5%；发现问题单位23家，占19.49%。抽查阶段，选取30家规模以上工业企业、限额以上批零住餐企业、资质以上建筑企业和亿元以上固定资产投资项目，对规模以上工业产值、固定资产投资完成额、城乡居民收入、价格指数、节能减排等重点指标进行抽查。抽查结果：14家单位部分指标存在多报、少报及漏报情况，没有发现严重统计违法违纪行为。通过检查，对企业统计中存在的统计主体范围不清、指标计算错误等问题及时予以纠正，督促企业规范统计基础工作，深化依法统计的认识。

（周　吉）

【第六次人口普查】 2010年，根据《上海市人民政府关于本市开展第六次全国人口普查工作的通知》，对人口普查的全过程进行精心设计，统筹安排，科学管理，使各项工作有序开展。组建普查机构，年初，区、街道、镇均成立普查领导小组及普查办公室，制订普查工作实施方案，落实办公场地、普查经费和人员。召开街道、镇由党政主要负责人参加的区第六次人口普查工作推进会，部署任务，明确时间节点。开展人口普查宣传工作，宣传人口普查的重要意义和工作要求，做到家喻户晓，营造普查氛围。成立普查试点课题研究领导小组及办公室，重点对港澳台和外籍人口、流动人口、常住人口和人户分离情况进行调查研究，并在长风新村街道、石泉路街道和桃浦镇分类开展试点，为普查登记和提高数据的准确性奠定基础。建立巡查督促、岗前例会、普查工作培训、各普查办公室主任工作例会、对口交流、基层特派员、普查学习等多项工作制度，保证人口普查工作质量和进度。全区5780余名普查指导员、普查员按时按要求完成244个居委会4093个普查小区地图和建筑物的绘制、人口普查户口整顿、《户主姓名底册》摸底、普查入户登记等工作。（周　吉）

审　计

【概况】 2010年，坚持审计工作“二十字”方针，严管理，强培训，抓公开，促整改，探索审计工作新思路新方法。以世博项目建设和世博资金管理使用情况为审计重点，严格审计监督，强化资金使用效益，确保勤俭办博、廉洁办博。根据市审计局统一安排，开展区迎世博加强市容环境建设和管理600天行动项目专项资金管理、使用情况跟踪审计调查，加强对世博运行资金监管，确保世博资金使用合理、规范、有效。全年共完成审计项目31个，发出审计报告、审计结果报告、审计调查报告、审计情况报告共39篇，查出管理不规范金额21.07亿元。提出审计建议64条。开展对18个部门党政领导干部和3个企业领导人员的任期经济责任审计。召开区经济责任审计工作联席会议，讨论通过区经济责任审计简易程序操作办法。（顾建琪）

【预算执行审计】 2010年，组织对长征、桃浦镇2009年度财政决算和区同级财政预算及收支情况审计。审计结果表明，2009年本级财政支出认真执行区人代会通过的各项预算，坚持厉行节约，不断优化支出结构，通过制定加强预算资金管理的相关制度，完善资金拨付管理，提高预算管理水平，保证年度保增长的各项政策实施。针对审计中发现区级预算执行和其他财政收支中还存在部门预算结余资金的管理尚不规范等问题，建议区财政局完善结余资金分类管理机制，加强核算管理，提高财政资金使用效益。针对两镇发现的财政预算管理、资产管理不够规范等问题，两镇政府高度重视，落实措施，建立综合财政预算管理体系，完善资产管理制度。针对18个部门2009年度预算执行审计，发现部分单位资产管理不够规范，往来账未及时清理，对所属单位监管不够严格，存在对外投资缺乏后续管理、账户设置不规范、历史遗留问题未及时清理等问题，相关部门高度重视，认真落实审计整改意见。（顾建琪）

【政府财力投资项目审计】 2010年，加大对教育、文化、社区建设等重大投资项目的审计力度，加强对新曹杨职校、真如社区服务中心、石泉社区学校等工程项目的竣工决算审计，主要针对项目建设过程中政府采购、资金拨付、控制预算和执行财经纪律方面的

区委书记周国雄视察人口普查工作　（区发改委供稿）

情况进行审计。3个项目送审工程造价34402.66万元,审计核定工程造价31204.64万元,核减工程款3198.02万元,核减率9.29%。为进一步提高项目建设管理水平和投资效益,结合区实际,完善和修订委托社会中介机构审计管理办法,明确受托中介机构在签订委托审计合同的同时,签订廉政协议,规范审计行为。(顾建琪)

【卫生系统财务审计调查】 2010年,开展区卫生系统财务收支及管理情况的专项审计调查。审计调查的重点是区财政投入卫生事业专项资金使用及管理、卫生系统的资产质量、医疗物资执行政府采购制度及公立医院系统各项收支管理情况等。结合和利用社会审计对区行政事业单位清产核资的审计结果,通过抽样审计、延伸调查等方式,反映卫生系统财务收支及管理的现状。审计调查结果表明,区政府加大对区域公共卫生、医疗机构基本建设项目和社区改革补偿的投入,区卫生主管部门积极引进市级优质医疗资源,优化区域卫生布局和结构,落实各项惠民政策,完善内部管理。针对审计发现的医院药品收入占业务总收入比重偏高、资产管理不够规范、部分医院存在不良资产等问题,提出审计建议,区卫生局即落实整改措施,规范卫生系统内部管理,加强和完善部门预算管理和财务管理,规范系统内的资产管理,提高资产资金使用效益。

(顾建琪)

【节能减排专项资金审计调查】 2010年,开展节能减排专项资金管理和使用审计调查。主要以资金为主线,以节能减排制度建设和节能减排责任目标落实为出发点,全面了解节能减排工作政策措施落实情况,节能减排工作管理体制和机制的合理性,专项资金使用管理的合规性和效益性等情况,促进完善政策、理顺体制机制、加强协调管理,确保节能降耗"十一五"规划和环保三年行动计划的落实。审计调查结果表明,区节能减排工作,按照国家和市有关要求,有序抓好落实,制定一系列节能减排相关政策措施,形成自上而下的节能减排工作协调机制,设立节能减排专项资金,稳步推进节能减排工作。针对审计中发现的节能减排目标责任制和评价考核体系尚不健全、节能减排专项资金缺乏有效管理等问题,区政府领导非常重视,批示要求"节能减排相关部门采取有效措施、认真落实整改"。相关部门即制定措施,细化分解节能减排目标责任,并建立严格的评价考核体系,在加大政策扶持力度同时,加强节能减排专项资金跟踪管理。

(顾建琪)

【审计调查土地储备及开发利用情况】 下半年,组织实施土地储备及开发利用情况审计调查,重点调查2007年至2010年6月期间区土地收购储备和开发利用情况。审计调查结果表明,相关部门认真履行职能,抓好总体规划的落实,加强沟通协调,确保土地储备规范、土地出让有序。针对审计发现在土地收购储备运作过程中土地储备项目决算和土地储备成本控制方面存在的问题,提出加强土地储备的成本核算与管理工作、完善土地储备机构的部门预算管理和财务核算管理工作等审计建议。通过审计调查,促进土地储备机构和受托公司加强内部管理,规范运作,提高土地储备资金使用的规范性、安全性和有效性。

(顾建琪)

【加大审计公开力度】 2010年,贯彻落实市、区关于审计工作公开的要求,加大审计公开工作的力度。调整充实局政府信息公开领导小组和办公室成员,建立政府信息公开工作流程,健全政府信息公开相关工作机制,加强领导,整合资源,完善机制,落实"主要领导亲自抓,分管领导具体抓,职能部门抓落实"工作机制,推进政府信息公开工作有序开展。区审计局主动公开《2010年重点审计项目计划》、《2010年度本级预算执行和其他财政收支的审计工作报告》等相关内容。

(顾建琪)

【加强审计管理工作】 2010年,区审计工作继续加大审计资源和审计项目计划整合力度,抓好审计机关自身组织实施的审计项目与委托社会中介机构实施审计项目之间的衔接,从源头上促进提高审计工作的整体效能;完善审计项目质量管理相关制度规定,组织开展内部优秀审计项目评选工作,有8个项目获奖。推荐1个审计调查项目参加市局优秀审计项目评选获优胜奖。推广金审管理系统应用,实行AO与OA的交互操作管理,有效控制审计项目质量。通过区经济责任审计工作联席会议平台,健全联席会议运作机制,形成审计整改工作合力。组织开展对2009年下半年和2010年上半年审计项目的跟踪回访检查工作,督促被审计单位加强审计整改,落实审计建议。(顾建琪)

安全生产监督管理

【概况】 2010年,区安全生产监督管理工作以"安全办博"为主线,严格落实政府监管和企业主体责任,区政府与各街道、镇和有关委办局签约安全生产责任书,各街道、镇与辖区内的重点监管企业签订安全生产责任书。根据世博安保工作要求,分别与危险化学品企业、重点监管企业签订世博期间安全生产责任书和承诺书,强化世博安保责任。广泛开展宣传教育,加强应急值守,严格安全生产标准化建设,着力防止和减少安全生产事故,确保区安全生产形势稳定可控。为提高监管效果,将常规检查与专项检查相结合、日常检查与突击检查相结合、行政执法检查与区领导带队检查相结合、夜间突击检查与应急演练相结合、单项检查与联合大检查相结合,开展一系列安全生产大检查和集中整治活动,用行政、法律等手段,督促企业解决安全上存在的问题。监管部门保持依法治安、依法严管的高压态势,做好事故防控和查处工作。结合重点领域、重点部位、重点行业的安全监管,开展隐患排查和治理,全年整改隐患12410项,依法查处违法行为1840起,有12家企业被责令停工停业整顿,对5家企业法人实施戒勉谈话,对1名事故肇事者处以刑罚,63人处以行政拘留。全年,发生生产安全死亡事故7起,死亡7人,低于全年死亡人数11

人的考核控制指标，未发生有较大社会影响的生产安全事故，实现“两个确保”的目标。（徐 俊）

【安全生产大检查】 2010年，在各重点节庆日和全国、市、区“两会”等重要敏感时段，开展全区性安全生产大检查和集中整治活动。对危险化学品、电力、燃气、道路（轨道）交通、建筑工地、特种设备、民爆器材及地下空间、人员密集场所、烟花爆竹等生产施工企业和活动场所开展重点安全生产大检查，对重点行业、重点地区、重点单位的安全生产进行重点监督检查。胶州路11.15特大火灾后，开展全区安全生产大检查，由区四套班子领导分别带队，重点检查危险化学品企业、高层住宅小区、学校等人员聚集场所，以消防应急救援、施工现场安全管理、特种设备和压力容器运行情况、生产安全防护措施、道路交通运输等为重点检查范围。各街道、镇、各相关安全监管和行业主管部门按照安全生产属地化管理原则，对所属企事业单位进行自查自纠，确保检查到位，不留死角。对存在问题的单位令其立即改正，对存在较大安全生产隐患的单位依法查处。通过检查、整治，消除事故苗头，切实保障居民群众的人身财产安全。全年，先后开展“夏季危险化学品专项检查”、“夜间危险化学品生产安全专项检查”、“迎国庆安全生产大检查”、建筑施工企业专项大检查等，全年共检查单位13842个，实施行政处罚37次，共处罚金138.6万元。建立“三级督办、四级责任”安全生产事故隐患整治体系和行政处罚回访制度，对挂牌督办企业的安全隐患整改和整改后巩固情况进行督查回访，严防安全隐患死灰复燃。全年共排查、整改安全事故隐患12410项，整改率达100%，有效减少和扼制生产安全事故发生。（徐 俊）

【加大危险化学品监管】 2010年，采取多项措施，对危险化学品进行严格监管，在世博会期间加强危险化学品管控力度。制订《普陀区安监局关于2010年上海世博会危险化学品安全保障工作实施方案》，加强安全生产领域危险化学品安全监管，防止危险化学品事故尤其是重特大危险化学品事故的发生。制订《普陀区安监局世博会反恐工作预案》，建立重大危险源实时监控系统，及时掌握涉及生产、储存、经营、使用剧毒化学品、易制毒、易制爆化学品的单位的相关信息。对生产、储存重大危险源的单位实行重点监控，规范危险化学品单位生产经营行为，严查非法从事危险化学品生产经营活动的单位和个人，打击各种利用危险化学品从事各种违法犯罪活动的行为，消除事故隐患。对已有危险化学品经营单位严格管理，要求经销台账清楚，严防危险化学品非法流入社会，按照“谁管理、谁负责”的原则，确保危险化学品合法经营。严控危险化学品经营单位经营许可新证的申请，从严控制新增经营单位，严把准入关。建立和完善危险化学品单位数据库，通过街道、镇安监办对辖区内危险化学品生产、储存、使用及无证经营单位进行全面排摸和检查，加强动态跟踪，督促经营单位落实实名购买、销售备案、进出库登记等关键环节的管控措施。3月，开展有毒有害介质输送管道联合大检查，街道、镇对区域内输送有毒有害介质的管道进行全面排摸。经查，全区在用危险化学品输送管道共22.37千米，其中，常压类2.85千米，承压类19.52千米，无弃用危险化学品输送管道。8月以来，开展危险化学品企业安全生产大检查，对16家危险化学品单位进行安全检查，共查出隐患20条，发出责令整改书3份，立即整改隐患18条。9月23日凌晨，对上海申佳气体有限公司、北方物流（集团）有限公司、中石油真光路加油站等危险化学品生产、储备、经营、使用、运输企业进行夜间突击检查。重点检查夜间生产调度和值班到岗、规章制度和操作规程的执行、工作人员的应急处置能力、应急预案和救援装备器材、“三违”（违章指挥、违章作业、违反劳动纪律）等情况。发现少数企业存在应急设施、设备不够完善、从业人员安全意识不高等问题。安检人员针对存在问题提出相应的整改意见和措施。（徐 俊）

3月23日，举行危险化学品生产安全事故应急救援演练 （区安监局供稿）

【危险化学品事故应急救援演练】 3月23日下午，区安监局和上海华谊集团涂料公司在上海振华造漆厂举行“迎世博，保安全”危险化学品事故应急救援演练。区委书记周国雄，上海华谊集团董事长金明达及区四套班子领导，上海市安监局领导，上海华谊集团领导，区安生产工作签约单位和区有关职能部门的领导、生产安全事故调查小组和专家组成员，以及涂料公司所属企业负责人观看演练。第一场景是模拟危险化学品仓库中化学品发生自燃，在扑救火灾中，一名员工吸入有害气体昏倒。第二场景是在转移危险化学品过程中，槽罐车与卡车追尾相撞，导致槽罐车后阀门裂开，有毒、有害液体泄漏,引发危险化学品事故。事故发生后,企业立即启动《环境突发事件应急预案》和《化学事故处置预案》组织自救,区有关部门接报后,启动《普陀区危险化学品应急救援预案》实施应急救援。安监、公安消防、交警、卫生、环保和企业安保人员经过近半小时紧张有序的救援,针对发生事故时需要采取的应急响应、应急指挥、事态评估、事故勘察、伤员营救、抢险抢修、紧急救护、事故控制、现场恢复、人员疏散、交通管制、资源管理、通讯联络等要素,分别进行实战操作。演练结束后,上海华谊集团领导、市安监局领导、区委书记周国雄对此次应急救援演练给予充分肯定。演练进一步完善了各类应急预案,增强事故应急处置的针对性和实战性,提高职能部门应急救援、协同处置能力和公众应对突发事件的保护自救意识。

(徐 俊)

【安全生产百日无事故竞赛活动】 7月15日—10月31日,以"五无一降低"(无死亡事故、无重伤事故、无火灾爆炸事故、无职业中毒和无中暑事故,伤亡率比去年同期或上级要求指标有所降低)为目标,开展安全生产百日无事故竞赛活动。参赛单位结合各自实际情况,精心组织,开展形式多样、内容丰富的活动。通过竞赛活动,提升地区企业安全生产工作管理水平,促进隐患整改措施的落实,确保场所和设备的安全,防止较大以上安全生产事故的发生,落实各级领导、生产经营单位主要负责人的安全生产责任,增强广大职工和市民的安全意识。经综合考评,长征镇、甘泉路街道、区国资委等3家单位获优秀组织奖。上海百众商业发展(集团)有限公司、上海中环国际中心企业总部社区投资有限公司、兴能实业发展有限公司等32家为优胜单位。 (徐 俊)

【安全生产月活动】 6月,以"安全发展,预防为主"为主题,组织开展"安全生产月"活动。在上海金叶包装材料有限公司举行"安全生产月"开幕式,组织观看安全生产警示片、应急救援情景演示,企业负责人和农民工代表提出"履行安全责任、贡献安全世博"倡议,发放2万份致全区从业人员公开信和1万份致企业法定代表人公开信。制作"身边的事故教训"安全生产宣教展板在各街道、镇园区和企业巡展,营造安全文化氛围。开展"找隐患,反违章,防事故"安全生产大检查,对50家重点危化企业、50家重点建筑施工企业和50家机械加工企业进行检查。各街道、镇安监办开展地毯式排查,共开展各类安全生产检查2500余次,检查各类生产经营单位3074家,查处整改各类安全生产隐患1671个,督促企业落实安全生产主体责任,打击非法违法建设、生产、经营行为,整治安全生产隐患。开展"安全生产明星小企业"评比活动,推进小企业安全生产监管工作。安全生产月期间,通过各种宣传平台和载体,深入企业、工地、园区、社区开展安全生产宣传活动,共开展各类宣传活动20余场次,发放各类宣传资料4万余份,提高企业法人、安全干部的安全生产意识、从业人员的安全防范意识和社区居民对安全生产工作的认知度,保证世博期间全区安全生产形势平稳可控。 (徐 俊)

【粉尘和高毒物品危害专项治理】 2010年,为加大职业健康工作力度,有效预防和消除职业危害,保护劳动者的安全健康权益,成立"粉尘与高毒物品危害"治理专项行动领导小组,组建职业卫生监管科,加强职业卫生监管工作,从维护职工安全与健康出发,最大限度地减轻职业危害因素对从业人员身体健康的影响。对区域内粉尘与高毒物品危害作业场所进行普查,重点检查整治危险化学品、家具制造等两大行业,对两大行业的职业健康管理制度、组织机构设置、教育培训状况、检测与评估情况、注册和申报现状、作业场所的防护设备、从业人员的防护措施等进行检查。专项治理行动中,共对162家粉尘与高毒物品危害企业开展自查、检查、抽查,投入资金31万元,整治隐患134个,其中,当场整改107个,限期整改27个。

(徐 俊)

【提高安全生产应急处置能力】 2010年,制订《普陀区安监局世博会反恐工作预案》、《世博会期间一般生产安全事故现场应急响应和处理(暂行)办法》和《世博会期间现场应急响应和处理流程图》等应急救援预案,严格应急值守制度,确保一旦发生紧急情况能够快速有效处置。推广中小企业应急预案的制订,指导和督促区内生产经营单位建立和完善安全生产事故救援预案,加强应急预案演练,及时整改安全隐患。针对生产安全事故发生特点,将安全生产监督检查向夜间和节假日倾斜,同时与区公安分局指挥中心、区应急办、卫生局等部门协商建立生产安全事故应急联系制度,提高事故应急接报速度。 (徐 俊)

【安全生产知识教育培训】 2010年,以增强企业员工安全意识和防范技能为重点,分级分类做好生产经营单位主要负责人、安全管理人员和从业人员安全培训,全年共培训企业主要负责人和安全管理人员2000人,培训消防管理和建筑施工安全管理负责人及操作人员2100人,发放三级教育卡3万多张。以送教上门等方式开展农民工安全生产培训和世博知识培训,全年共培训农民工1.2万余人。

(徐 俊)

【加强小企业安全生产监管】 2010年,采取有效措施加强小企业安全生产工作。对桃浦、长征等重点地区的部分小企业,特别是今年以来发生过生产安全事故的小企业进行安全生产检查,重点检查小企业安全生产信用评估措施落实情况和生产安全事故"四不放过"落实情况。对部分小企业生产场所存在的安全隐患,要求立即制订措施予以整改。对企业负责人加强安全生产教育,落实安全生产防范措施。加大监管力度,街道、镇加大对小企业摸底调查和安全生产信用复评工作力度,强化分级监管措施,确保小企业安全生产态势稳定可控。通过对小企业安全状况摸底,建立和完善小企业安全生产评估信息管理系统,做到对安全生产监管对象底数清、情况明,全年排摸小企业5122家,复评

4986家，并建档立制，实施分级分类管理。（徐　俊）

【开展特种作业人员持证上岗督查】2010年，在全区范围内开展特种作业人员持证上岗专项督查，重点对各类建筑施工工地、生产加工型企业和人群密集场所等生产经营单位贯彻落实相关法律、法规，特种作业人员培训和持证上岗、持假证及失效证件和培训档案建设等情况进行检查。共开展专项检查341次，检查生产经营场所341处，生产经营单位252家。检查发现，企业管理中仍存在部分特种作业人员对持证上岗认识不足，尤其在焊工、电工等作业中无证作业现象比较普遍，建筑施工类企业对特种作业证照管理混乱等突出问题。检查发现存在问题的生产经营单位47家，其中建筑工地37家、生产加工型企业8家、其他2家；不符合特种作业人员持证上岗有关规定的115人，其中无证上岗51人、证件失效58人、持假证件2人，培训档案资料不全4家。责令相关单位立即整改或限期整改。（徐　俊）

质量技术监督

【概况】　2010年，区质量技监工作紧紧围绕“质量提升年”和“服务世博会”的工作主线，开展专题教育，统一思想，提高干部责任感；加大监管力度，确保“三大安全”，保障世博会成功举办；全年共出动2214人次，检查、服务企业842户次，确保各项任务顺利完成。开展质量提升活动，建立健全质量状况分析报告制度，推进“质量兴区”工作。实施名牌发展战略，完善名牌培育机制，加大政府奖励制度实施力度，区内11家企业的11个项目获2010年度上海名牌称号；推进标准化战略，加强标准化示范试点建设，启动苏州河观光游览创建上海市服务标准化示范试点项目。推进市政府实事工程“上海市30万台家庭用水银血压计免费校准和小修”，以“计量放心、实事惠民”为主题，采用固定服务和流动服务相结合行式，累计校准、维修全区约1.8万台（件）家庭用水银血压计。加大食品生产企业日常监管力度，对食品添加物质、乳制品、地沟油清查以及对乳产品和含乳食品、用废旧材料生产食品包材等开展专项整治。加强特种设备安全监管，借鉴多起事故经验教训，确保特种设备安全可控。加大执法检查力度，组织对标准化市场、建材市场、宾馆和世博特许产品开展集中检查，并组织落实“双打”行动。（迟玉强）

【《普陀区质量状况分析报告》发布】年初，《2009年普陀区质量状况分析报告》发布。“报告”对区质量安全及监管状况、质量保障能力状况、质量发展能力状况和质量金榜进行汇总，用具体数据阐述质量现状及普陀区在全市所处水平，对区域内工业产品领域重点进行综合分析和专题研究，分析工业产品领域发展状况和存在的问题，并围绕“质量兴区”，提出提高质量发展的对策和建议。“报告”为政府决策、企业发展完善质量工作提供依据。（迟玉强）

【世博安全应急演练】　年初，制定完善世博产品、食品、特种设备和内部安保应急预案，先后举行现场应急演练。4月，在同济医院开展锅炉阀门失效引起煤气泄漏，造成设备运行异常以及工作人员煤气中毒模拟演练，同济医院启动锅炉应急预案，从煤气泄漏报警装置发出警报，到总指挥宣布演练结束，历时30分钟，现场应急处置过程总体可控。同月，在一家供世博食品生产企业举行应急演练，模拟在生产的某批次糕点检出溴酸钾严重超标。立即启动应急响应程序，赶赴模拟现场进行现场检查和进行相关调查，及时采取相应控制措施，消除可能导致的隐患，降低了风险，并在第一时间上报相关信息。通过应急演练，确保世博会特种设备安全，完善生产加工环节食品质量安全保障工作体系，保障世博产品质量安全。（迟玉强）

【特种设备专项检查】　3月—4月，为确保世博会期间区内各特种设备安全运行，对学校、街道镇等在用特种设备、居民楼电梯和轨道特种设备开展报警、应急装置专项检查。共检查9所学校的21台设备，总体情况良好，各学校特种设备定期检验率100%、作业人员持证上岗率100%。对检查过程中发现的电梯报警装置失灵、应急救援电话和投诉电话未在明显位置告知或失效的以及电梯维保单位与使用单位签订的维保合同对维保频率定义不明确，电梯保养记录不规范、保养记录内容未按照《电梯使用管理与维护保养规则》（TSG T5001－2009）进行修订的，责令保养单位严格按照《特种设备安全监察条例》及相应安全技术规范的要求，做好维修保养，严防隐患复发。专项检查辖区轨道交通站使用的特种设备，共抽查轨道交通站4座，抽查电梯20台，总体情况良好，运营单位上海地铁第二运营有限公司和上海地铁第三运营有限公司按要求对电梯等设备进行检查、保养，有专门应急预案并进行演练，但也发现特种设备安全管理制度和应急预案还不完善，电梯安全管理人员未持证上岗等问题，检查人员要求相关单位立即整改，确保轨道交通站内特种设备的安全运行。（迟玉强）

【质量兴区工作会议】　7月，召开质量兴区工作会议，区委副书记、区长孙荣乾，市质量技监局副局长杨江波，副区长诸葛宇杰，以及30个职能部门主要领导参加会议。诸葛宇杰通报区质量兴区三年行动计划进展情况，各部门结合各自职能对质量兴区工作进行交流汇报，杨江波对下阶段工作提出工作要求。孙荣乾对推进工作强调3点：在推进工作中要看到存在的困难和薄弱环节，要用大质量观念开展创新性工作。对照三年行动计划工作任务和节点进一步细化，做好明年十二五开局之年工作。强化措施、各方配合、形成合力，要将三年行动计划落到实处，使质量兴区工作成为经济社会发展的重要内容，在建设和谐新普陀中发挥重要作用。（迟玉强）

【推进上海名牌创建】　9月，召开2010年度名牌工作会议暨“上海名牌”表彰大会，市质量技监局副局长杨江波和区委常委、副区长诸葛宇杰出席会议并作重要讲话。会议通报表彰区内27家获2009年度上海名牌企业和1家推广卓越绩效贡献奖企业。上海市质量金奖、普陀区推广卓越绩效贡献奖获奖企业上海造币有限公司、上海名牌区域获奖企业上海春明粗纺厂(M50)和拟争创上海名牌企业上海曹杨商城有限公司进行交流发言。杨江波对普陀区名牌工作给予高度肯定,强调名牌战略是促进区域经济社会发展的一个有力抓手,要站在全局高度充分认识名牌工作的重要意义;发挥政府的主导作用,建立动态监管和回访机制,把扶持与保护名牌融入具体经济工作中;要加大宣传力度,让全社会共同支持名牌、参与名牌工作;要以推广卓越绩效模式、开展质量对比提升活动为契机,提高企业的质量管理水平和经营业绩,为普陀区经济建设做出更大贡献。诸葛宇杰要求:名牌工作要注重“四个结合”,即与更新发展理念相结合,提高思想认识;与区域经济规划相结合,营造发展环境;与企业自身发展相结合,发挥主体作用;与质量提升年活动和推广卓越绩效模式相结合,强化质量管理等基础性工作建设。年内,根据上海市名牌推荐委员会通告,全区有11家企业的11项产品或服务获2010年度上海名牌称号。其中新增企业4家4项,分别是上海名牌产品类:上海金叶包装材料有限公司复合包装纸。上海名牌服务类:上海昂泰兰捷尔信息科技股份有限公司(信息服务)、上海市曹杨商城有限公司(商业零售)、上海威斯特物业经营有限公司(物业管理)。 (迟玉强)

9月27日,召开普陀区“上海名牌”表彰大会 (区质量技术监督局供稿)

【开展“质量月”活动】 9月,以抓质量水平提升、促发展方式转变为主题,把质量兴区战略、检测工作整顿、质量提升活动结合,组织开展“质量月”活动。启动“质检邀您看企业,食品安全大家行”活动。先后邀请食品专业教师、学生、媒体和专业检测等5人参观上海乐津津饮用水有限公司;邀请区人大代表、政协委员及行风政风监督员参观上海风石食品有限公司;组织区内100多家食品生产企业的法人参观上海新雅食品有限公司。通过这些活动,企业落实食品安全责任的意识加强,食品安全保证能力得到提高,质量技监部门监管措施、监管效能不断完善、提高。推动标准化示范试点工作。被市质量技监局列为年度第1批上海市服务标准化示范试点的苏州河观光游览创建上海市服务标准化示范试点和首家质量金奖企业上海造币有限公司创建标准化示范试点项目正式启动。开展“质量月”普法知识宣传活动,普及特种设备安全管理、锅炉安全与节能、能源计量国家标准、食品安全、产品质量安全等知识,提升企业质量意识和公众维权意识。质量技监、建交委、工商、环保、公安等各司其职,密切配合,联合开展建材市场专项整治联合执法工作。组织执法人员参加市局行政执法技能大比武活动,取得复赛团体第二、3人入围个人前20名的优异成绩。 (迟玉强)

【质量提升服务进万企】 2010年,开展“质量提升服务进万企”活动,促进辖区产品质量和安全水平不断提高。主要做法有:以推进“二千一百”工程(在2010年至2012年3年内,培育1000家实践卓越绩效模式企业,培训1000名掌握并实践卓越绩效评价标准的企业中高层管理人员、培育100名质量奖评审专家)为主线,开展免费业务知识培训,提升企业质量管理水平和经营绩效,提高从业人员综合素质,共组织免费培训20次,培训企业705家,培训主要内容有质量管理体系、业务知识、标准、法律法规等。开展标准化示范试点,推进中小企业创建标准化示范试点,指导骨干企业开展创建先进行业标准化示范试点,制订、完善标准化试点实施方案,建立健全以技术标准为主体、包括管理标准和工作标准在内的企业标准体系。以不合格产品企业为重点,开展企业指导,召开产品质量分析会4场,分析企业产生不合格产品的原因和企业现阶段管理中存在的不足,帮扶企业健全和完善采购产品质量验收制度,加强对进货产品的产品质量验收把关等。 (迟玉强)

【启动苏州河旅游创建服务标准化示范点项目】 9月15日,苏州河观光游览创建上海市服务标准化示范试点项目举行启动仪式。市质量技监局副局长沈伟民,区委常委、副区长诸葛宇杰出席,市质量技监局、旅游局、区委宣传部、区机关党工委、商务委、质量技监局和旅游局等20多个部门负责人参加启动仪式。苏州河观光游览是第一批被市质量技监局列为2010年度市服务标准化示范试点项目。启动仪式上,市质量技监局就强化工作机制、细化创建目标、进一步做好示范试点、逐步打造上海都市旅游服务标准化示范区提出工作要求。诸葛宇杰就发挥苏州河及沿岸景点“点、线、面”

9 月 15 日，启动创建旅游服务标准化示范点项目（区质量技监局供稿）

相互融合的特色，建立健全苏州河旅游服务标准体系，推进苏州河旅游标准化、品牌化发展作专题讲话。区质量技监局以“3 个 1”为抓手推进苏州河都市旅游服务标准化工作，促进区旅游业发展。编制 1 项实施方案，包括创建目标、主要内容、保障措施和实施计划。以国家标准为基础，建立 1 个苏州河旅游服务标准化体系，涵盖服务流程、服务质量、服务环境、服务设施、服务管理等 8 个领域。实施 1 批国家、行业和地方标准，包括 GB/T10001（公共图形标识）、DB31/T367（游览船服务质量）和 DB31/T392（工业旅游服务）等。（迟玉强）

【含乳食品生产企业检查】 2010 年，加强对含乳食品生产企业监管，根据质检总局《关于进一步监督检查乳制生产企业质量安全主题责任落实情况的紧急通知》精神，制订抽样计划，对生产含乳食品企业进行监督检查，出动 40 人次检查 20 家企业，抽检原料乳粉 9 个样品，发出 4 张责令整改通知书。在监督检查中，区质量技监局根据企业提交的自查报告，逐一细化检查内容，督促企业全面实施进货查验、生产过程、出厂检验全过程安全管理和记录制度，确保企业建立溯源系统。对企业使用大包装乳粉进行全覆盖抽样检验，力求不留死角。强化企业法律意识，督促企业落实质量安全主体责任意识。通过监督检查，有效减少含乳食品安全隐患。（迟玉强）

【开展安全防范检查】 2010 年，开展系列安全检查，做好安全防范工作。吸取深圳华侨城“太空迷航”事故、“11.7”上海建华管桩有限公司压力容器爆炸事故和胶州路“11.15”火灾事故等教训，对区域内长风公园、卡童尼中环店等运营的 12 台游乐设备展开安全检查，发现存在 3 处隐患，当场责令整改，未整改合格不得投入使用。落实“11.7”上海建华管桩有限公司压力容器爆炸事故现场会精神，组织各街道、镇开展快开门式压力容器专项检查，排摸全区该类设备的数量和使用安全状况。重点检查设备安全联锁装置完好情况、操作人员持证情况和操作规程等安全管理制度的制定及落实情况，消除可能存在的安全隐患。胶州路“11.15”火灾后，开展安全生产大检查，对上海华谊集团华原化工有限公司胶体化工厂、上海和黄药业有限公司等单位的特种设备安全状况进行突击检查，发现其中一家单位由于即将停产搬迁，特种设备安全管理存在较大真空，特种设备安全管理人员未持证上岗，压力容器安全附件超期，压力管道超期未检；另一家单位未制订电梯钥匙安全管理制度，电梯日常运行检查和记录不到位等存在安全隐患，要求其立即整改，务必确保在日常生产和停产搬迁过程中不发生特种设备事故。（迟玉强）

【“双打”专项行动】 11 月，贯彻落实国家质检总局和市加大打击生产领域侵犯知识产权和制售假冒伪劣产品（简称“双打”）专项行动工作精神，先后召开区内重点产品（汽车配件、涂料、电线电缆、服装、家用电器等产品）注册型企业和化妆品生产企业“双打”动员会，并开展“双打”专项行动。在家电产品“双打”专项行动中，对区内 4 家企业是否存在销售未经强制性产品认证列入目录的产品、销售冒用他人厂名厂址的产品、销售质量不符合国家强制性标准的产品等违法行为进行执法检查，查获销售质量不合格电磁灶 5 起、冒用“国家强制性认证”质量标志的吸尘器案 1 起，依法扣押相关产品并进行处理。在为期 2 个月的化妆品生产企业全覆盖检查中，对涉嫌未经委托加工备案生产销售化妆品的 1 家企业立案调查。（迟玉强）

【锅炉节能监管工作】 2010 年，在推进特种设备节能工作过程中，结合上海市 4 吨及以上燃煤工业锅炉“二优一达标”工作要求，开展锅炉节能监管工作，取得明显成效。区内现存 2 家 8 台 4 吨及以上燃煤工业锅炉，区质量技监局主动联系市特检院和节能公司上门开展技术指导和政策引导，督促相关企业按时落实锅炉“二优一达标”要求，并委托市特检院为 2010 年后仍要使用的 4 吨及以上燃煤工业锅炉进行免费能效测试，以减轻企业负担。在能效测试过程中，1 家年耗标煤近 4 万吨（普陀区 2009 年在用锅炉年能耗约 5.5 万吨标煤）的锅炉用能企业在锅炉运行过程中存在问题，该企业 4 台 20 吨燃煤工业锅炉虽然历经多次技术改造，但部分锅炉实测能效只有 70% 左右，离“二优一达标”规定的锅炉能效不低于 78% 要求有较大差距，而且也与锅炉的实际状况有较大出入。通过原因查找，该单位锅炉没有精确和完备的监控仪器仪表，相关的考核、激励等责任制度也不健全，司炉人员不注重锅炉的经济运行，使锅炉长期处于非最佳经济运行状态，导致锅炉运行能效低下，能效测试技术人员帮助及时纠正，可为该企业节约燃煤 1600 吨/年。（迟玉强）

食品药品监督

【概况】 2010年,区食品药品监管工作以世博保障为核心,扎实推进各项监管任务,积极开拓进取,创新方法,取得良好效果。圆满完成区域内世博食品药品保障工作,开展食品药品安全专项检查行动,确保全区食品药品安全处于动态可控。开展食品药品安全宣传活动,以“把关世博食药安全,保障市民生活健康”为主题,开展三轮次全区性集中宣传活动,组织食品安全知识培训及宣传活动共30次,制作一批符合时令特征的宣传片和宣传品,发放至社区,并组织药品零售企业为居民开展药学服务等特色活动。全年,组织外送盒饭整治、地沟油清理、肉品非法交易取缔、非法收购药品及非药品冒充药品、隐形眼镜市场等专项检查34次。出动监督人员2.03万人次,检查各类餐饮单位、医药商店、医疗器械生产企业9000余户次,加大区内马路收购药品的巡查,打击非法收购药品行为。全年,食品立案20件,罚款人民币8万元;药品及医疗器械立案70件,罚款人民币25万元。完成监督抽检食品3313件,平均合格率92.37%,完成食品监督快速检测样品6291件,平均合格率94.02%。完成药品及医疗器械日常监督抽样850件,合格率98.4%。全年受理餐饮服务许可证新证221件、变更42件、注销23件、延续1014件。受理药品开办、变更、换证165件,医疗器械313件、药师挂牌214件。 (卢礼卿)

【加强中心厨房监管】 2010年,为确保世博食品安全,加强对中心厨房监管(中心厨房是负责向世博园区内餐饮企业提供食品原料及半成品的部门)。区内共有9家中心厨房,数量在全市各区县中排名第三。区食药监局因地制宜,量身定制最适合中心厨房的全程监管方式,从环节上把关,从操作上规范,采取“任务细分,责任到人”方法,监管人员对进货验收、快速检测、切配加工、留样包装到电脑录入、装箱贴标、装车发货等环节进行严格把关;从流程上理顺,运用新的监管手段,在原料验收和成品发送过程中,使用食品安全检测技术,启用“世博食品安全监管综合平台”以及“信息物流溯源系统”,引入射频识别技术,为进入世博园区的每件食品建立“电子身份证”,确保食品安全性和可追溯性。采取全程温度控制管理,热加工时,要求食物中心温度必须高于65度以上,加工完毕后,2小时内迅速降温至中心温度10度以下保存。包装好的半成品进入冷藏冰箱保存,冷藏车辆到达后,再迅速装箱装车,运输过程车厢温度保持在0—4度。对部分中心厨房或者大型餐饮安装电子监控设备。世博会期间,共出动监督员1464人次,监督检查中心厨房732户次,开展监督抽检722件,合格率99.9%,开展快速检测3170件,全部合格,入园车辆共计2183辆。 (卢礼卿)

【加强食品安全监管】 世博会期间,以玉佛寺、真如寺、长寿路、梅川路及桃浦物流中心为主要地区,加强全区食品安全监管。多次组织大中型餐饮服务单位、世博指定酒店、世博推荐餐厅、星级宾馆、旅游团餐供应单位开展培训,落实“四个全面”(告知、承诺、培训、宣传)工作。根据酒席、聚会多集中在节假日及晚餐时间饮食习惯以及晚间容易发现食品安全危险因素的特点,开展大中型餐饮单位错时监管机制。完善“团餐申报监管机制”,在餐饮单位一次性消费5桌以上宴席申报制度基础上,开展团餐单位摸底;及时了解和掌握供应旅游团餐的餐饮单位信息动态,每两周一次加强对旅游团餐供应单位监管和食品安全培训,发放《旅游团餐食品安全操作指南》,对辖区内14家世博指定酒店和3家旅游推荐餐厅开展事先评估,出具书面评估意见。根据细菌性食物中毒发生概率,建立食品安全风险预警平台,及时向监管对象发送食品安全预警信息,信息发送覆盖率99%以上。组织集体用餐配送单位、集体食堂专项检查,对辖区内9户盒饭、桶饭生产单位和44家工地食堂、200家学校食堂进行全覆盖监督检查,在部分学校食堂试点“更好的管理、更安全的食品”规范化管理,督促试点学校推进食堂硬件、软件的整改。开展整治无证加工、外送盒饭、“地沟油”等专项整治行动,取缔工业园区无证盒饭外送行为,及时处理某餐饮单位伪造证件外送盒饭至世博园区等突发事件,规范餐饮单位食用油采购及使用。开展乳品及乳制品突击检查,防控问题乳制品流入餐饮消费环节。年内,全力做好区内各大型活动中食品安全保障工作:8月11日—9月10日穆斯林斋月节,派员到专为斋月节提供饮食服务的沪西清

食药监执法人员对世博指定酒店开展食品安全监管工作

(区食药监局供稿)

真寺对其食品加工制作等关键环节开展巡回保障。全程巡视监管参演第二届中国校园戏剧节300名师生的食宿,未发生重大食品安全事件。在“端午节城市龙舟国际邀请赛”、“普陀区端午节民俗文化节”及“上海市购物节普陀区开幕式”等重大活动中,均派员对接待供餐单位驻点监管。（卢礼卿）

【加强曹安市场猪肉制品监管】 2010年,采取3项措施加强对曹安市场猪肉制品管理。督促曹安市场实行猪肉制品管理的新规定,即要求全体猪肉制品经营户在世博会期间若有违反国家相关规定的行为将在市场内停止交易,所有进入曹安市场的猪肉必须凭“瘦肉精”检测合格证明方可进场。对曹安市场预冷猪肉主要供应产地山东和江苏的屠宰厂实行异地飞行监测,4月15—18日,派员赴江苏连云港、淮安,对多家屠宰场进行“源头抽验”,突击进行“瘦肉精”等指标快速监测,共检测50件猪肉样品,合格率达到100%。加强对市场内猪肉经营户培训,开展《食品安全法》、《上海市生猪管理办法》方面培训,提高安全意识。督促曹安市场与与江苏、山东的屠宰厂及采购毛猪的业主签订“世博会食品安全责任书”。9月,缴获和销毁曹安市场场外销售无证散装猪肝、猪腰等非法内脏约8吨。（卢礼卿）

【落实餐饮企业“控制吸烟条例”】 年初,根据上海市颁布的“控制吸烟条例”要求,于2月底前完成对辖区内特大、大型餐饮场所、中小型餐饮场所、小吃店以及快餐店禁烟标识的发放和张贴,并对经营单位负责人进行控烟条例相关内容的宣传,要求将禁烟标识张贴在营业场所的醒目位置。3月,在条例正式实施后,共出动监督员2108人次,监督检查各类餐饮单位控烟落实情况736户次。从检查情况来看,绝大多数餐饮单位规范张贴禁烟标识和监督电话,大部分单位指定有禁烟管理人员,半数以上单位制订禁烟制度,并撤去店内原先摆放的烟灰缸等烟具,部分大中型餐饮单位划分吸烟区与无烟区,合理设置吸烟室或吸烟点。（卢礼卿）

【强化“旅游药店”监管】 2010年,针对区内2家以境外游客为主要销售对象的旅游药店特点,采取措施强化监管。针对旅游药店销售方式特殊情况,主动上门进行指导,帮助企业查找不足之处,强调不得将非药品冒充药品进行销售,不得夸大功效误导游客消费,并制作《消费警示》,用中、英、韩三种文字提醒消费者认清药品的外在标识,张贴在2家药店显著位置,结合日常检查跟踪张贴情况。与药店负责人约谈,帮助其提高责任意识和风险意识,并与药店签订零售药店“世博”规范经营承诺书。同时,增加日常监管频次,世博期间至少每月一次,对其药品经营及质量管理情况进行针对性跟踪检查。及时处理游客的投诉、举报,开展多次固守行动和联合执法行动,6—7月,数次出动执法队伍开展专项或综合执法检查,并对游客反映问题进行处理。在执法检查中,共查获无合法进货渠道各类药品保健品总金额约115万元。（卢礼卿）

食药监执法人员在曹安市场对猪肉食品进行采样 （区食药监局供稿）

【药品安全专项整治】 2010年,根据国家和市的统一部署,开展药品安全专项整治工作。增强对药品、医疗器械生产企业监管,督促企业落实药品质量授权人制度,配合开展GMP的认证工作,重点改进企业擅自变更处方和工艺流程违规行为。加大药品批发监管力度,以零售企业含麻黄碱复方制剂销售情况、药师挂牌服务、处方药凭处方销售等为重点,实施多次全覆盖检查。加强外省市中药饮片、一次性使用医疗器械及非药品冒充药品等监督检查。为保障区内全国麻疹强化免疫接种药品质量,对10家社区医疗机构进行摸底检查,保障药品质量。（卢礼卿）

【许可证延续工作】 根据《中华人民共和国行政许可法》、《中华人民共和国食品安全法》和《中华人民共和国食品安全法实施条例》有关规定,1月起,区食药监局启动餐饮服务许可证延续工作。通过餐饮服务许可证延续,梳理餐饮服务经营单位的基本情况,提高食品餐饮服务经营者和集体用餐配送单位硬件设施及卫生管理水平。（卢礼卿）

【医院疫苗配送、保管和使用情况检查】 5月下旬,对区内医疗机构开展疫苗专项检查。出动20人次对包括三级医院在内的10家医疗机构73批次疫苗进行检查。其中9家公立医院所使用的疫苗均由区疾病控制中心统一配送,使用的产品具有药品批准文号或进口药品注册证书,每家医院都建立冷藏保管制度,配置专用冰箱进行储存,并每日两次记录温度,均建立、保存真实完整的购进记录。（卢礼卿）

【医用氧使用专项检查】 6月,对全区医用氧的使用单位进行检查,共检查医疗机构11家,没有发现有医用氧假冒现象。针对存在医用氧供应商资料不齐全、管理制度不完善等情况,召开医疗机构医用氧监管工作会议,21家医疗机构的医用氧管理人员及分管院长参加会议。强调医用氧属于药品范畴,各医疗机构应及时纠正自身在医用氧管理方面存在的误区,在购进医用氧时,要从有资质的生产单位和经营单位购进,并索取医用氧供应单位的相关证照,建立并执行进货检查验收制度,采取措施使医用氧的管理由设备模式向药品模式转变。

(卢礼卿)

【规范药械免费体验点】 4月起,在辖区内开展药械免费体验点专项检查行动,对免费体验点进行排摸,根据大部分免费体验点位于综合性市场内的特点,从市场管理方入手,联合市场上级主管部门,加强对市场管理方培训教育。选择宜川路街道免费体验点较为集中的一家市场为试点,与工商普陀分局联手对市场内免费体验点进行巡查、宣传,规范其行为。对无法提供资质证明的体验点,按照相关法律法规处理。为期3个月的整治,免费体验点投诉举报率明显下降。 (卢礼卿)

【老年人助餐服务点专题调研】 7月,会同甘泉街道和区民政局,专题调研甘泉地区老年人助餐服务点食品安全管理工作。甘泉路街道为解决独居、高龄、生活自理有困难、低收入老年群体的用餐需求,设立多个老年人助餐服务点,调研中发现许多老年人助餐点存在食品安全隐患。在综合分析后,对助餐点食品原料的进货渠道、食品加工区域环境等方面提出规范化管理意见,提出以甘泉章家巷老年助餐综合服务点为示范,采用政府搭台,公司运作模式开展老年助餐服务。

(卢礼卿)

物价管理

【概况】 2010年,区物价局夯实价格工作基础,加强世博会期间价格监测监管和公共服务,着力解决民生价格问题。年内,开展行政事业性收费单位的收费年审,坚持年审与清费治乱、检查及调研相结合,为合理制定收费政策和收费标准提供依据。开展治理和规范涉企收费工作,对不合理的涉企收费项目及标准予以取消和调整。制订《普陀区教育收费工作收费管理办法》,明确区各级各类学校、幼儿园收费项目和收费标准,规范代办服务性收费行为。做好住宅小区前期物业收费标准审核,完善物业服务分级定级收费,做好物业收费标准确认、重新评估和收费标准备案等工作。规范行政行为,减少行政审批,对涉及价格管理的12项行政审批事项的设定依据、审批流程等方面进行梳理,提出清理意见。推进收费信息化、动态化管理,建立各收费单位收费情况资料库。加强价格监测走势分析,编制价格调查巡视报告11篇、编发价格简报26篇,把握市场价格动态。开展商务楼宇租金价格调研,起草《普陀区商务楼宇租金价格水平调研报告》,获2010年度国家发改委全国价格预测分析优秀论文奖。提升价格鉴证服务质量,抓"窗口"创优质服务品牌,被评为普陀区窗口服务行业迎世博服务文明优秀示范点。全年完成各类价格鉴证业务2497件,鉴定案值1682万元,其中:涉案物品价格鉴证512件,鉴证案值984万元;道路交通事故物损评估1985件,评估值698万元。在各类价格鉴证业务中,做到无投诉、无复议、无行政诉讼,达到零差错。 (周 吉)

【加强市场价格监测监管】 2010年,为把握市场价格动态,建成80多个监测点、149个品种的价格监测网络,其中增设餐饮、美发、房屋中介、旅游纪念品、旅游客车租赁、旅游、旅馆住宿等7类行业世博价格监测点67个,完善价格监测网络。全年完成各类价格监测665次,其中32种主副食品198次,64种农副产品27次,工业消费品10次,家庭耐用消费品30次,房地产价格监测10次。建立世博会专项价格监测网运行平台,上报与世博相关的价格监测364次,价格简报23期。做好应急监测,对短期发现价格异动的绿豆、大蒜、食糖、面粉、蔬菜等价格到实地监测,了解掌握价格变动情况,分析原因、提出对策、及时上报。做好五一、国庆节等重要时期居民必需品价格和市场供应情况的采价、汇总、分析、报告。加强对重点区域、重点行业的价格监督检查和应急检查,制订世博期间价格检查工作方案,成立价格监管工作推进组、区域市场巡查组、快速处置行动组和后勤保障组,出动2000余人次对中环商圈、长寿路、玉佛寺及其周边等重点区域进行价格巡查,检查大卖场、超市、专业市场、农贸市场及百货商场等50余户。相继开

开展市场物价巡查 (区发改委供稿)

展液化气、成品油、药品、低收入家庭粮油帮困卡使用情况以及所购大米、粮油等价格检查,确保低收入居民购到价廉物美的主副食品。对复星药业、华氏药房、宝丰、平民和国大药房等40余家药店、10余家旅行社、机动车安检站及市场内猪肉、禽蛋等副食品进行专项检查和监测,稳定市场价格秩序。重点整治规范各类促销价格、广告用语、标价形式,查处区域内两起"货不对价"的价格违法案件。（周　吉）

【履行收费管理职能】 2010年,完成金洲小学等2所民办学校学费、住宿费标准核定及晋元中学、曹杨中学等10所学校自制校服价格和侨华中学等13所学校学生餐费标准核定工作。开展对区内115家非学历教育办学单位《收费备案册》年度审验工作,建立健全收费单位收费公示制、学员退费制、法人承诺制。及时转换相关领域收费管理模式,解决街道、镇养老机构、公办医院、民办中小学校等6个系统100余家单位因《收费许可证》注销后价格管理方式转变问题。完成区内168家《收费许可证》换证工作,对机构改革后合并的收费单位重新核对清理。做好住宅小区前期物业收费标准审核,探讨酬金制超标准物业服务收费标准管理方式。（周　吉）

【行政事业性收费年审】 2010年,全区23个系统321家行政事业单位开展2009年度行政事业性收费年审工作,通过快报填报、汇总分析、审核换证等各环节,保质保量地完成收费年审工作,区物价局被评为"全国收费统计先进集体"。2009年度行政事业性收费收入27879万元(不含上缴市级单位和代市级单位的收费),比上年增加8.08%。其中,行政性收入7718万元,比上年增加6.7%;事业性收入12506万元,比上年下降0.9%;经营性收入7655万元,比上年增加28.9%。教育、环卫系统收费金额占总额的比重超过60%;绿化系统收费金额增幅较大,比上年增加118.5%;环保系统收费金额降幅明显,比上年下降24.5%。（周　吉）

【治理和规范涉企收费】 2010年,区成立治理和规范涉企收费联席会议,对区内36个部门及下属219家单位开展治理规范涉企收费工作。在治理过程中,坚持管理、审核与检查相结合,36个部门全部完成对所属事业单位、社会团体或代管单位等机构自查自纠工作,自查率100%。2009年度涉及企业收费行为的有60家,金额为1.8亿元。其中:收取经营服务性收费15家,涉及收费项目11个,收费金额13369.74万元;收取会费及其他服务性收费有16个社团,收费金额280.31万元;7个单位涉及房地产开发、建设和交易环节的各项行政事业性收费、经营服务性收费项目12项,收费金额4377.51万元。通过纠风办、发改委、民政局、社区办等部门的联合检查,对各单位收费行为进行调整和规范。经过自查自纠、集中审核和调研、重点检查、报送总结4个阶段,治理和规范涉企收费工作取得初步成效。（周　吉）

【推进价格诚信活动】 2010年,召开旅馆业世博期间价格自律工作会议,组织45家重点旅馆住宿企业签署价格诚信承诺书,实行明码标价,不盲目搭车涨价,落实住宿价格变动报告制度。对区内获准进驻世博园区的红子鸡和新九龙塘两家餐饮企业的价格进行成本核算,采取价格引导、政策宣传等价格管理措施,稳定入园餐饮企业价格水平。选择卖场、超市等28家企事业单位进行重点帮助和指导,组织开展价格政策培训。向全区商业行业发起"迎世博、守诚信、稳物价、优环境"的商业诚信规范等倡议活动,发出倡议书500多份。组织引导会员单位参与价格诚信建设活动,开展价格诚信企业和单位培训和评选,增强企业诚实守信、公平竞争意识。农工商118广场等45家单位被评为区价格诚信建设先进单位。（周　吉）

【重视价格信访举报】 2010年,认真对待群众的信访诉求,引导群众通过理性合法途径解决价格问题,从受理,查处、反馈都严格按规定时限办理,做到检查及时、督办有力、处理到位。建立举报回访制度,不断提高举报处理质量。全年受理来信(访、电)143件,其中来电78件、来信15件、来访24件、上级部门交办25件。年内办结143件,办结率100%。涉及行业主要为汽车安检费、超市、物业管理、停车、医疗、药品价格和维修服务收费等民生价格方面,为消费者挽回经济损失19.12万元。（周　吉）

十四、人力资源和社会保障

综　述

2010年，区人力资源和社会保障工作根据“五个确保”总体要求，以保世博、保民生、保稳定为着力点，开拓创新，做好服务世博、劳动就业、人事人才、社会保障各项工作。坚持创业带就业，推进《鼓励创业带动就业三年行动计划》和稳定岗位、职业培训、就业援助等市促进就业“1+3”计划。启动建设“青年大学生创业孵化基地”等三个创新性项目。开展就业援助月、民营企业招聘周、公共职介进三区（校区、园区、社区）等活动，创编《求职攻略》，帮助青年大学生就业和创业。加强就业服务，完成各类职业技能培训，制定完成农民工培训计划。加大托底安置工作力度，实现“零就业”家庭动态为零年度计划。

人事人才工作稳步推进，召开区人才工作会议，推出一批符合区实际、突出配套组合、注重可操作性的人才发展措施和政策，拟定包括人才公寓建设、财政扶持、人才就医、人才子女入学及科研创新资助等一系列创新举措，优化人才发展综合环境。推进领军人才等高层次人才队伍建设，开展骨干企业HR沙龙活动，组织社会学导进企业，完善人才开发服务载体建设，为企业发展储备人才。完善公务员招录、培养、选拔、交流机制，调整优化干部队伍结构；举办区人事干部培训班、科级干部任职培训班、新录用公务员初任培训，提高干部队伍素质，推进机关绩效考核。制订《关于规范普陀区公务员离职后从业行为的实施细则》，建立公务员离职谈话制度和从业备案制度。

劳动关系和谐发展，成立区劳动人事争议仲裁委员会，完善组织机构，区劳动人事争议仲裁院正式挂牌，依法及时处理劳动人事争议案件。开展监察执法专项检查，快速、稳妥处理群体性突发事件，确保劳动力市场平稳有序。开设来沪人员就业服务窗口，做好农民工就业管理和服务，发挥农民工联席会议作用，推进农民工“综保”转“城保”工作，提高参保比例。社会保障政策落实到位，基本社会保障覆盖面逐步扩大，社会保险费征缴力度加强，医保基金监督管理力度不断加大。（赵利娟）

促进就业工作

【概况】 2010年，区就业促进工作扎实推进，实施新一轮促进就业政策，落实促进就业责任，开展就业服务，大力促进创业带动就业，加大托底安置力度，确保就业局势持续稳定。全年，投入促进就业专项资金1.07亿元，比上年增长10%。全区实现新增就业岗位25365个，其中，区属单位179个，无主管单位16853个，非正规就业8333个。城镇登记失业人数控制在19617人。以创业带就业，帮助成功创业508人。促进就业困难人员和大学生就业，托底安置困难人员2853人，6419名户籍应届大学毕业生在年底前全部实现第一次就业。创新推出青年大学生创业孵化基地、青年就业启航实训基地和“创业汇”综合性创业资源市场，建立普陀就业创业服务新品牌。完成各类职业技能培训17305人，其中，中高级9249人，占总数的53.4%，调整政府培训补贴方式，由补贴到培训机构调整为直接补贴至个人，对23家承担政府补贴培训的单位365个标号开展督导，规范补贴培训的运作。编制《普陀区就业工作发展“十二五”规划》，完善促进就业政策体系。（赵利娟）

【实施新一轮促进就业政策】 年初，出台《关于进一步加强普陀区促进就业工作的实施意见（2010—2012年）》和《关于进一步加强普陀区促进就业工作实施意见的操作细则（2010—2012年）》，作为市促进就业“1+3”政策的配套和叠加。实施意见从就业困难人员就业、青年失业人员就业、鼓励创业带动就业以及加强职业技能培训等4个方面制订20条具体措施。在促进就业困难人员就业方面，对安置就业困难人员中特殊对象的用人单位，除享受市就业援助补贴政策外，由区级促进就业专项资金给予一定个人缴费部分的叠加补贴；对吸纳人数较多的就业援助基地，则给予就业援助基地特殊岗位补贴。在促进青年失业人员就业方面，对青年人员参加职业见习和创业见习都给予相应的配套补贴；对企业招用有劳动能力、就业困难且就业愿望迫切，又不具备就业困难人员认定条件的失业青年就业困难人员，实施“就业援助补贴券”政策；对企业招用区户籍首次就业的青年失业人员，给予用人单位一次性补贴奖励。在鼓励创业带动就业方面，给予符合条件带动就业的创业者开办费、转制费、贷款贴息等相关补贴。在加强职业技能培训方面，鼓励学员培训和鼓励机构发展相结合，加大培训促进就业的力度，对于经职业培训机构推荐被用人单位录用的学员，给予职业培训机构一次性补贴。同时，制订与资金拨付及意见执行相应的政策。

（赵利娟）

【就业援助月活动】 1月10日—2月10日，集中开展以未就业的就业困难人员、零就业家庭、登记失业的残疾人员为主要对象的就业援助月活动。其间，新安置就业困难人员就业230人、残疾人就业45人，消除零就业家庭28户。2月5日下午，区人社局、残联、总工会、就业促进中心和人才服务中心等部门联合举办“就业援助进家入户，帮您解决就业困难——就业援助专场咨询指导”主题活动。72家单位参加招聘活动，提供岗位1576个，其中公益性岗位491个、企业用工岗位1043个、残疾人用工岗位42个。现场为220余名群众提供相关劳动保障政策咨询服务，发放各类宣传资料1500余份，450余名求职者与用工单位达成初步用工意向。同时，通过排摸和认定，970名家庭困难的城镇登记失业人员和2180名生活困难公益性岗位从业人员，在春节前得到一次性困难补助，总金额达98.7万元。

（赵利娟）

【民营企业招聘周活动】 5月20—28日，区人社局、教育局、总工会和工商联合会开展“民营企业招聘周”活动。举办活动前，通过联络平台及时了解单位用工需求，多次上门确认招聘岗位的要求和待遇，确保招聘信息正确性。同时，利用公共招聘网发布招聘信息，为求职人员提供就业咨询服务，开展集体就业指导，对个别就业困难人员进行一对一指导，为民营企业介绍企业用工优惠政策。招聘活动周共组织126家用人单位参加，提供就业岗位1328个，涉及岗位为文员、客户服务、销售、营业员、电子商务、计算机、平面设计等。315名高校毕业生、进城农民工及社区失业人员现场签订就业意向。 （赵利娟）

【高校毕业生就业服务月活动】 9月20日—10月10日，集中开展2010年全国高校毕业生就业服务月活动。区人社局、就业促进中心及街道、镇就业服务机构协作联动，排摸区内应届毕业生，对其中有就业愿望、就业困难青年，采取职业指导、培训见习、职业介绍等方式，进行重点帮扶。同时，利用网络、广播、报纸等媒体宣传就业扶持政策和就业服务月活动内容，挖掘、梳理园区、商区、社区等就业岗位信息，推荐应届大学生就业。9月29日，举行“服务就业，成就人才——2010年高校毕业生就业服务月”主题日活动，设就业招聘推介会和扶持创业现场会两个活动专场。就业招聘会在澳门路全市首个综合性创业资源市场“创·业·汇”举行，36家用工单位提供各类用工岗位180余个，185名求职者与会应聘，意向录用52人。招聘会向前来求职的毕业生发放《求职攻略》，并提供政府补贴培训宣传和咨询。扶持创业现场会在金沙江路华师大科技园举行，现场设专家咨询、创业培训、创业见习、创业贷款、场地信息等5个专区，专家为有创业意向大学生提供创业指导，9家创业者基地提供44个见习岗位。针对不少意向创业者缺乏启动资金、场地等情况，财务咨询公司给予创业前小额贷款现场咨询，青年大学生创业孵化基地相关人员对缺乏场地的创业者进行现场咨询，3名意向参加创业见习青年现场达成协议。 （赵利娟）

11月9日，服务世博人员招聘会现场 （人社局供稿）

【服务世博人员专场招聘会】 11月9日，区人社局、工商业联合会在区图书馆举办以“服务世博，稳定就业”为主题的区2010年服务世博人员专场招聘会。招聘会共组织112家用工单位参加，提供就业岗位2302个，吸引1135名求职者参加，其中原世博服务人员458人。共有451人与用工单位达成初步用工意向，其中原世博服务人员267人。现场还为求职者提供职业指导、创业见习、培训报名、创业、政策咨询等服务。 （赵利娟）

【个性化援助措施安置就业困难人员】 2010年，通过构建就业援助网络，设立“就业援助监督热线”，开辟就业指导专窗，为援助对象提供“一对一”个性化服务；完善就业援助相关政策补贴，实施公益性岗位补贴及社保补贴、远距离车贴、就业援助基地用工补贴、青年就业困难人员社保补贴等政策;扶持建立就业援助基地等措施,加大对就业困难人员的就业援助。构建"2+2"就业援助网络,通过2支队伍(社区就业援助员队伍、公共就业服务队伍)和2个安置途径(社区四保岗位、万千百人项目),对就业困难人员进行职业指导与实施个性化安置,确保"发现一个,认定一个,安置一个"的就业托底承诺。年内,共安置就业困难人员11129人。通过社会企业岗位优先安置一批就业困难人员,有128家企业录用331名就业困难人员。（赵利娟）

7月22日,"创·业·汇"创业资源市场启动仪式　（区人社局供稿）

【就业创业服务三大品牌项目】2010年,推出"创·业·汇"综合性创业资源市场、普陀区青年大学生创业孵化基地(创意产业)和普陀区青年就业起航实训基地三大就业创业品牌项目,为拓宽青年就业渠道、营造创业氛围创建全新的服务和扶持载体。7月22日上午,举行区青年大学生就业创业助力项目暨"创·业·汇"综合性创业资源市场等3个就业创业项目启动仪式。"创·业·汇"综合性创业资源市场作为全市首个创业资源市场,以"汇聚资源、扶持创业、服务经济、促进就业"为宗旨,通过"走近创业、创业寻址、融资服务、上级洽谈、产品推介、综合服务"六大功能区域,为创业者搭建交流和服务的平台,汇集各方创业信息帮助创业者实现资源共享,提高创业成功率。自7月启动以来,共吸引100余家企业800余名意向创业者参与到小型扶持专场、主题讲座、企业推广等各类活动中,官方网站累积流量突破1万余人次。设在澳门路中华1912文化创意产业园区的青年大学生创业孵化基地,独立工作区域100间,可扶持100余名青年大学生创业、带动300余名青年就业。孵化基地创业项目定位为以文化传媒创意为主,其他配套产业为辅。入驻创业者可在园区内享受初创期房租补贴、区政府专项叠加房租补贴、一次性开办费补贴以及园区特设的房租减免等优惠。宁夏路657号"青年就业启航实训基地"是全市首个帮助青年(大学生)尽早实现就业的实训基地,创办这样的基地是一项探索青年就业的新举措。基地采用政府购买成果形式,参照德国巴伐利亚"青年就业助跑工场"模式,委托上海企顺职业技能培训中心实施。以职业指导、职业培训、工作实践为一体的实训项目每期6个月,让就业困难大学生和社区较长期失业青年通过实训,了解就业市场、认识自我、准确定位,尽早实现就业。年内,首批28名大学生已完成实训任务,走上就业岗位。（赵利娟）

人事人才工作

【概况】2010年,区人事人才工作围绕服务普陀经济社会发展总体目标,贯彻人才强区战略,优化人才发展综合环境,加强高层次人才队伍建设,完善人才开发服务载体和方式;调整优化干部队伍结构,注重教育培养,提高干部队伍素质,推进人事人才工作稳步发展。全年引进专业人才315人,其中外省市优秀人才32人。办理人才类《上海市居住证》736人,续办1987人,办理上海市居住证转常住户口申报33人。公开招录公务员及参照公务员法管理机关单位工作人员91人、事业单位工作人员257人、机关派遣人员58人,组织9家单位20个岗位开展跨部门竞岗交流、6家单位14个岗位参加市公务员公开选调交流,妥善安置军队转业干部18人。组织91名新录用公务员参加初任培训,2200人次参加公务员双休日讲座,举办区人事干部培训班、科级干部任职培训班。修改和完善机关绩效考核实施办法,加强机关事业单位收入分配规范工作。为基层卫生、公共卫生事业单位实施绩效工资做好前期准备工作。根据市委、市政府《关于规范本市公务员离职后从业行为的若干规定》要求,制订《关于规范普陀区公务员离职后从业行为的实施细则》,并建立公务员离职谈话制度和从业备案制度。推进机关事业单位退休管理和服务工作,制订《普陀区退休干部管理所工作职责》、《关于普陀区机关事业单位退休干部"冬送暖、夏送凉"工作的实施办法》等规章制度,加强机关事业单位退休干部活动室等硬件基础设施建设,丰富退休干部文化生活,帮助退休干部中困难人员解决生活中难点。（赵利娟）

【夏季人才招聘会】6月26日,"聚焦普陀、放飞梦想"——2010年普陀区夏季人才招聘会在上海人才大厦举行。招聘会现场汇集区内80家人才开发基础较好、人才需求量相对集中的骨干企业,其中国有企事业17家、民营企业58家和外资企业5家,提供千余个人才岗位,主要涉及计算机软件开发、网络信息技术、建筑、轨道交通、电子、机械、金融、财务、生物、医疗、化学、法律、广告设计、市场策划、人事管理等15大类。中高级岗位占到30%,应届毕业生岗位近300个,

举办夏季人才招聘会　（区人社局供稿）

2000 余名各类人才参加招聘会，661 名应聘者与用人单位现场达成初步意向。招聘会现场设立宣传咨询台，为求职者提供人事人才政策、劳动保障政策、职业指导、大学生自主创业等咨询服务。（赵利娟）

【组织骨干企业 HR 沙龙活动】 2010 年，组织 3 次区骨干企业 HR 沙龙活动。针对人事人才工作中热点和难点问题，区就业促进中心、人社局、人才中心、劳动人事争议仲裁院和区卫生局等有关领导分别作“就业系列优惠和定向培训相关政策导读”、“企业绩效考核管理”、市职业技能培训基本政策介绍及新出台的《上海市引进人才申办本市常住户口试行办法》政策解读、劳动争议典型案例分析及中医养生保健讲座等课程。同时，组织骨干企业各成员单位参观世博会“城市最佳实践区”等相关场馆，以开拓他们眼界。（赵利娟）

【加强高层次人才队伍建设】 2010 年，根据《普陀区领军人才队伍建设实施细则》，从领军人才结对联系、医疗保健、休假等方面做好后续服务保障工作。春节期间，开展结对领导春节慰问活动。4 月和 8 月，分别组织领军人才健康体检和年度学术休假。年底，结合领导走访慰问，为每位领军人才发放 5000 元学术资料费用，推进领军人才等高层次人才队伍建设。（赵利娟）

【世博立功竞赛评比活动】 2010 年，根据市委、市政府《关于在世博会运行期间开展“服务世博、奉献世博”立功竞赛评比表彰活动的通知》精神，在世博运行期间，组织 2 次“服务世博、奉献世博”立功竞赛评比表彰活动，共评选出市优秀集体 5 个，个人二等功 6 人，三等功 144 人，嘉奖 320 人。世博会结束后，经推荐评选，共评选出全国先进集体 1 个，全国先进个人 2 人，上海市优秀集体 6 个，上海市优秀个人 10 人。

【机关绩效考核工作】 2010 年，根据区委、区政府对区机关绩效考核工作有关要求，结合区经济社会发展形势，调整重点目标考核内容，制订《2010 年普陀区机关绩效考核工作的实施办法》，对区委、区政府确定的办好世博、转变发展方式、改善民生、维护社会稳定和抓好两个“五年规划”衔接等“五个确保”工作目标任务进行重点考核，对考评分值范围、加（扣）分办法、社会测评档次和分值、考核结果的确定办法以及垂直管理机关的考核总分构成等 5 个方面进行完善和调整。通过单位总结自评、区领导考评、目标主管部门考评、社会测评、互评和个性指标加分等，完成各单位考核分值综合汇总、高低分排序和考核等次拟定工作。经区委常委会审定，62 家区机关中，20 家单位被评为区 2010 年度绩效考核优秀单位，42 家单位为考核合格单位。（赵利娟）

构建和谐劳动关系

【概况】 2010 年，围绕上海世博会举办，提升劳动监察行政执法水平，做好劳动纠纷、社会矛盾的预警预防和处置，快速稳妥处理突发事件，确保劳动力市场平稳有序。全年，劳动监察受理投诉举报案件 773 件，处理突发事件 15 起，日常监察与突发事件总涉及金额 222 万余元，涉及人数 3.9 万人次。完善劳动人事争议仲裁实体化建设，依法及时处理仲裁案件，保障劳动者合法权益，全年受理劳动人事争议案件 2476 件，审结 2470 件（其中 2009 年遗留 205 件）。区劳动争议人民调解委员会全年共受理案件 1371 件，其中转仲裁 330 件，其余 1041 件均得到有效化解，实现矛盾柔性处理。增强劳动事务综合管理能力，召开区劳动关系协调联席会议，推进工资集体协商机制建设，促进劳动关系和谐发展，全区工资集体协商覆盖职工人数 73271 人。做好农民工就业管理和服务工作，推进农民工“综保”转“城保”工作，全年共有 16341 名外来从业人员办理城保用工备案登记。（赵利娟）

【维护女职工劳动权益专项检查】 根据市人保局、市总工会、市妇联《关于开展维护女职工劳动权益专项检查的通知》，3 月 5—12 日，开展维护女职工劳动权益专项检查。对 19 家单位进行劳动用工检查，涉及劳动者 5937 人，其中女职工 2820 人。专项检查重点关注女职工较为集中的服装、加工制造、零售、餐饮服务类企业，重点检查女职工特殊保护、签订劳动合同、支付工资和社会保险费缴纳等方面情况。对侵害女职工劳动权益及其他违反劳动保障法律、法规的行为，监察人员及时进行制止，并给予相应的政策指导。（赵利娟）

【清理整顿人力资源市场秩序专项行动】 根据人力资源和社会保障部、公安部、国家工商行政管理总局《关于开展清理整顿人力资源市场秩序专项行动的通知》及市相关部门要求，2月25日—4月15日，区人社局、公安普陀分局、工商普陀分局联合开展清理整顿人力资源市场秩序专项行动。专项行动按照"疏堵结合，以疏为主"原则，重点对辖区内工商企业密集区、流动人口集散地、职业中介机构聚集地和自发形成的人力资源交易场等区域展开突击行动，严厉打击以职业中介为幌子的违法犯罪活动，依法取缔非法职业中介组织，清理整顿违规经营职业中介组织，并注重加强规范用人单位招工行为。为配合联合执法行动效果，区劳动保障监察大队开展多种形式法律宣传活动。专项行动累计出动170人次，检查各类中介机构及用人单位73家，依法取缔非法中介机构68户，退还劳动者中介费4500元，有效改善人力资源市场秩序。（赵利娟）

【快速化解处置涉博案件】 2010年，制订《世博期间预警工作及应急处置预案》，稳妥、快速处置好各类涉博案件，依法保障劳动者合法权益，确保劳动关系和谐稳定。世博期间，共处理6起群体性突发事件，成功平息1起涉及世博园区内餐饮企业因提前解除劳动合同、员工要在园区内拉横幅事件，妥善解决一外来务工人员被黑中介骗取押金后，扬言要杀人的突发事件。随着世博会结束，临时性、短期性用工、部分企业关停等因素引发的劳资矛盾逐渐增多。区劳动保障监察大队高度关注，根据涉博案件处理预案开展调查取证，并对单位负责人进行政策法律宣传，组织劳资双方进行协商，迅速、妥善解决涉博案件6起，涉及人数近500人。（赵利娟）

【劳动人事争议仲裁院挂牌】 3月5日，普陀区劳动人事争议仲裁院挂牌成立。市人力资源和社会保障局副局长张剑萍、副区长符祖鸣等领导出席并共同为仲裁院揭牌。区人社局、总工会等12家原劳动、人事争议仲裁委员会成员单位领导出席。区劳动人事争议仲裁院成立，是区委、区政府着眼于有效化解劳动、人事争议案件，提升公共服务窗口形象，维护区域劳动关系和谐的重要举措。仲裁院2009年2月启动建设，同年6月1日建成并投入试运转。建筑面积700平方米，设有审理用庭室9间，并配备同步录音录像设备，确保庭审过程公开与公正，全院基本实现案件审理信息化和智能化。外来从业人员调解机构、劳动争议人民调解工作室在仲裁院设立受理窗口和独立的调解场所。全年，共受理各类劳动人事争议案件2476件，审结2470件（其中跨年度案件205件），10人以上集体案件17件，涉及劳动者297人，均在法定期限内依法及时办结。（赵利娟）

【开展"春风行动"】 3月5日，以"服务进城务工，共迎和谐世博"为主题的2010年春风行动招聘专场在沪西工人文化宫"天天职场"举行。招聘专场由区人社局、总工会、妇联共同举办，共有80余家用人单位为来沪求职者提供近1000个岗位，500余人达成工作意向。3月12日，在武宁路长途汽车站开展"2010年春风行动——打击非法中介专题宣传教育活动"。活动以"打击非法中介，维护外来务工人员合法权益"为主题，通过横幅、小旗帜、黑板报、海报、展板等形式，现场向外来务工人员进行劳动保障相关法律法规及政策宣传。"春风行动"还专门为农民工提供职业培训、职业介绍、就业指导、政策咨询、权益维护等服务。在长途交通客运站、绿地广场、工业园区进行劳动政策宣传，张贴大型宣传画及宣传板，向农民工免费发放"春风卡"、"进城务工须知扑克"等宣传资料8000余份，使来沪农民工以最便捷方式了解市综合保险政策、就业服务措施、法律维权方式等信息。（赵利娟）

【优秀农民工表彰大会】 4月22日下午，区召开2010年农民工工作联席会议暨优秀农民工表彰大会。区人社局局长盛金海主持会议，符祖鸣副区长出席，区农民工工作联席会议成员单位参加。大会表彰张建庆（上海盛鑫建设工程公司）、郭少海（上海华明电力设备制造公司）等15名优秀农民工，其中，张建庆、郭少海2人获"上海市优秀农民工"称号，唐孝中等6人获"上海市农民工先进个人"称号。符祖鸣在讲话中勉励获奖农民工再接再厉，争取更大成绩。同时要求区职能部门要重视农民工工作，以稳定农民工就业和维护合法权益为工作重点，加强就业服务、职业培训和素质培训，完善社会保障，强化综

区劳动人事争议仲裁院揭牌　　（区人社局供稿）

优秀农民工表彰大会　　（区人社局供稿）

合服务管理，推动农民工工作取得新进展，使农民工共享城市发展成果。（赵利娟）

【整治非法用工专项行动】　6月1日—7月30日，根据人力资源和社会保障部及市政府有关要求，组织开展为期2个月整治非法用工打击违法犯罪专项检查行动。其间，对144家单位进行劳动用工检查，涉及劳动者6293人。重点对劳动合同签订、工资支付、社会保险、工时休假、女职工和未成年工劳动保护等情况进行排摸，特别是对使用童工、非法拘禁员工、对员工使用暴力、劳动生产条件恶劣、拖欠工资等情况进行调查。区劳动保障监察大队3次召开区内宾馆住宿行业劳动用工管理座谈会，广泛听取用人单位意见，同时，组织4次夜间突击检查。专项行动共查处19家用人单位存在劳动用工违法违规行为。经整改，支付91名劳动者各类克扣、拖欠的工资24.98万元，1家用人单位与10名劳动者补签劳动合同，督促5家用人单位补缴11名员工共计7.9万元社会保险、综合保险费，取缔非法中介3家。（赵利娟）

【成立来沪人员就业服务中心】　12月20日，区来沪人员就业服务中心在白丽路510号挂牌成立。这是区人社局为加强对来沪人员的服务与管理，规范单位使用外来人员用工行为，遏制非法中介以保障外来人员合法权益，针对外地来沪打工人员建立的公共就业服务场所。中心主要为来沪人员提供就业信息、政策咨询、就业指导及岗位推荐。挂牌第一周，已有3家单位及8名个人进行招聘和求职登记，成功推荐2名外来人员就业。（赵利娟）

社会保障工作

【概况】　2010年，积极落实各项社会保障政策，累计发放失业保险金8169.7万元，惠及13.71万人次；发放医疗保险金1799.9万元，惠及1.82万人次；来沪从业人员综合保险覆盖14.86万人。全年依法开展工伤认定1636件，作出劳动能力鉴定910件，完成工时审批300家，审核高龄老人纳保83人，对支援外地建设退休（职）回沪定居人员发放生活帮困补助6300万元。稳步推进基本医保政策实施，全区参加居民医保10.47万人，参加市民社区医疗互助帮困计划1.55万人。加大医保基金监督管理力度，对辖区内15家医保定点医疗机构开展医保检查，追回不合理费用51.11万元；加强对医保定点药店和少数参保人员不良行为的监督管理，分别追回不合理费用6.88万元和9.13万元。与嘉定区合作研发医保监审软件，实现对医保费用实时交易数据的筛查审核。区社会保险费征缴完成31.68亿元，其中养老保险费征收19.44亿元，完成市中心下达指标的106.71%；每月20日、月底的平均征缴率分别为99.16%、99.93%，累计征缴率列全市第10名。历年养老保险清欠108.85万元，超额完成清欠52万元的指标，名列前茅，较好地完成各项征缴任务。区参加社会保险户数2.15万户，实际缴费单位1.50万户，其中：城保参保单位共2.05万户，参保人数22.65万人，实际缴费单位1.42万户，缴费人数22.22万人。小城镇保险参保单位990户，实际缴费单位688户，参保人数共27.15万人。按月发放养老金人数20.97万人。推进“三外”人员参保工作，截至12月底，外省市户籍职工、外籍人员、外省市户籍配偶参保人数分别为1.2万人、25人和833人。按照全国转移接续相关政策，区社保中心实行专人负责、专窗接待，全年共办理外省市基金转入479人，基金转往外省市35人，出具《基本养老保险参保缴费证明》132份。完成全区9022家参保单位18万名参保个人的缴费基数申报录入和116家教育系统事业单位编制数调整。全年事中控制核查6.21万条；二级审核的复审5495件（含工伤保险686件）。向外区发出协办985条，处理外区协办1455条，处理各类数据核查30次，涉及1102人次，整理移送各类资料共4083卷。专项审计整改单位674户，结案667户，结案率98.96%，已收到资金692.87万元。书面稽核115户，已整改47户，结案率40.87%，追缴社保基金1.42万元。全年受理法院、仲裁等部门各类协办函1681件，移送劳动监察644件。完成特殊工种工龄认定562人。（赵利娟　钟丽萍　陆颖鸣）

【“平稳畅通在窗口”活动】　4月，以迎博办博为契机，开展“平稳畅通在窗口”活动，通过分离来电咨询与来访咨询窗口，实行领导干部行政值班制、加强大厅巡视，繁忙时段调整人力资源、后台支援一线，开展星级服务明星评选活动，以及加强服务大厅设备检测等措施，提高窗口服务质量，全力确保年度医保转换工作平稳运行。

（赵利娟）

【医保定点药店专项检查】 10月29日—11月26日，根据沪医保办《关于开展医保定点药店专项检查的通知》要求，区医保办秉承"科学、严谨、公正、实事求是"工作原则，以"查实、查准、查全"为准则，全力以赴，精心组织，规范操作，对区内24家医保定点药店开展专项检查，共追回不合理费用68823.43元。检查采取"先试点，后展开"、"事先告知，事中指正，事后指导"检查方式，把检查与指导服务相结合，达到"加强管理，纠正错误，重点整改，规范服务"检查目的。

（赵利娟）

【增强基金征缴力度】 2010年，把征缴基金作为全年工作重中之重，注重关键时间节点，每月召开征缴分析会，提出阶段工作目标。加强征缴管理科后台与结算服务科前台联系，前置征缴干预措施，增强基金征缴意识。加强对重点单位、难点单位征缴力度，深入基层宣传政策、现场答疑，并落实专人为企业提供"一站式"服务。对不同性质、不同征缴难度的单位有针对性地采取催缴措施。每月初对近几个月来曾经发生过20日未到账的单位进行排摸和评估，重点跟踪疑似拖欠的单位，主动电话征缴提醒，提前掌握单位缴费情况。及时询问新开户单位是否收到缴费卡，并根据单位具体情况，指导其如何缴费进卡，尽量减少单位退票差错，提高进卡和扣款成功率。在抓重点单位征缴同时，不放松小额缴费单位征缴，确保参保户每月按时缴费。 （钟丽萍　陆颖鸣）

【健全业务管理机制】 2010年，制订《普陀社保中心业务审核实施规定》、《普陀社保中心事中控制相关规定》、《普陀社保中心特殊问题协调处理实施办法》、《普陀社保中心业务数据应用管理相关规定》等规章制度，完善和规范社会保险业务操作规程、监督检查、内部管理等业务。加强内部控制、业务核查，强化事中控制，按时间节点完成各类业务的事中审核，重点做好新政策及新业务审核控制工作，对于支付类业务的事中控制均在每个T+1支付时点前完成，确保出盘数据准确无误，杜绝业务差错。健全质量差错跟踪机制，质量控制中发现差错及时反馈相关科室，并督促其完成复查、纠错等后续工作，要求每一项业务差错在第一时间整改到位。做好事中控制统计及分析工作，及时查找业务风险点和内控盲区，通过每月业务点评提升业务经办质量。全年，区社保中心业务操作差错均在有效控制中。

（钟丽萍　陆颖鸣）

【提升窗口服务能级】 2010年，创新服务手段，多渠道服务居民百姓。在结算服务大厅开设"申报指导室"，开通"绿色通道"，设置便民服务箱，方便前来办理业务的单位经办人员和市民。"申报指导室"结合多媒体演示，申报指导员为经办人员提供个性化服务，延伸服务总台功能；"绿色通道"在等候人数较多情况时，及时调整特殊业务和小险种窗口，提高经办速度；便民服务箱为办事人员提供应急之需。推广网上办事，动员有条件在网上申报变更的单位进行网上业务操作，截至年底，完成网上变更4.05万条。制订社保登记、补缴、生育保险申领等业务的友情提示单，使参保对象能够及时了解与自己切身利益相关的的社保信息。

（钟丽萍　陆颖鸣）

【完善信访咨询制度】 2010年，健全每日领导当班巡检和每周四信访接待制度，加强咨询信访分析，跟踪落实信访件处理结果。落实中心领导、科室负责人在结算大厅轮留值班制度，受理特殊问题、化解疑难矛盾，及时解决群众最关心、最直接、最现实的利益问题，提高信访件一次性解决率。年内，共接待来访群众3.12万人次，转接12333电话2603次，处理办结信访信件86封，处理反馈网上评议平台受理件826件。9个街道、镇协管员累计接待8.53万人次社保政策咨询，受理和协助办理自由职业参保、生存资格认证、卡折分流等各项社保业务2.51万件，完成441人次丧劳鉴定网上申请录入。 （钟丽萍　陆颖鸣）

十五、城市建设

综　述

2010年，普陀区城市建设围绕“迎博、办博、保博”和“城区建设管理”两条主线，加强市政基础设施和城区环境景观建设，做好文明指数百日迎检测评等工作。发挥规土管理前瞻性作用，深化保障性住房建设专项规划编制，完善综合交通发展策略，提高规划编制能力；推进国有建设用地使用权出让、闲置土地处置，加强存量项目土地出让金收缴等，提高土地管理能力。2010年，相继完成长风生态商务区5幅地块，真如城市副中心B1、B2等地块的挂牌出让，完成28个存量项目土地出让金收缴。通过促进重点地区重大项目开发建设、完善社区公共服务设施建设、服务旧区改造、推进城市景观和雕塑等工作，提升建设项目推进水平。强化规划审批和监管，全年核发用地批准书22件、建设用地规划许可证11件、建设工程规划许可证54件。

加快市政基础设施项目建设。克服因世博会召开导致部分工程项目停工的影响，加大统筹安排和协调力度，确保重大项目建设有序推进。在世博会召开前完成轨道交通7号线、11号线（普陀段）各站点道路、绿化、排水管道的复位工程；完成轨道交通13号线隆德路、大渡河路、祁连山路等5个站点交地任务。世博会后，根据工程建设要求，加快推进轨道交通13号线长寿路沿线3个站点腾地工作；开展轨道交通14号线（普陀段）车站规划选址论证及拆迁调查摸底等前期准备工作。完成丹巴路等道路改建辟通工程，完成中山北路等7条道路整治工程，落实中山北路（杏山路口）增设“机机护栏”等10余项排堵保畅项目，及时抢修云岭西路、光复西路等沉管工程。推进大光复、真江东、新师大3个排水系统建设，大光复排水系统投入运行，真江东排水系统泵站进入试车阶段，新师大排水系统基本完成，进入调试阶段。

加强建设工程监管力度。重点开展建设工地文明施工常态管理，在全市建设工程文明施工专项测评中位列中心城区前列。全年受监土建在建单位工程571个，受监装饰项目单位工程121个，竣工验收备案工程122个，装饰工程竣工验收备案26个。吸取“11·15”胶州路特大火灾事故教训，对174个工地进行安全生产大检查，并提出整改要求。加强建筑节能管理体系建设，对25家重点企业节能降耗情况进行监控，新建居住建筑、公共建筑节能备案率达到100%。

推进河道管理和整治。2010年，河道管理在全市水务专项测评中夺得“四连冠”，得到市、区领导好评。蔡家浜、姚明港、工业河等河道整治工程土建基本完成，余横港泵站机电设备安装调试，年底完成竣工验收。推进武威河、金光北块和南北厅河道整治工程。西虬江橡胶坝增设泵站和真如港截污工程进场施工。南张华浜延伸段新建工程开展前期工作。

（李　梅）

规划和土地管理

【概况】 2010年，城市规划和土地管理工作按照“迎博、办博”期间工作要求，以“服务经济发展和民生改善”为主线，以“保增长、保民生、保稳定”为工作目标，贯彻落实《中华人民共和国城乡规划法》、《中华人民共和国土地管理法》和《上海市城市规划条例》，推进保障性住房建设和重点地区重大项目建设，强化城市规划管理，提升土地管理工作效率，发挥规土管理“前瞻性、引领性、基础性和保障性”作用。年内相继完成真如城市副中心B1、B2南块，长风生态商务区8号东、9号西、11号西北等地块公开挂牌出让。全年签订土地出让合同8件，实收出让金总价款31.46亿元。存量补地价和调整建筑面积等土地出让项目共27项，建筑面积53.76万平方米，总出让价款10.68亿元。区规土局核发用地批准书22件；建设用地规划许可证11件，总用地面积265658平方米；建设工程规划许可证54件。建筑工程复验灰线32件，共计建筑面积107万平米。建筑工程规划竣工验收40件，共计建筑面积151.8万平米。办理人大代表意见9件，其中主办2件，会办7件；政协委员提案6件，其中主办4件，会办2件。人大代表和政协委员对办理态度的满意率为100%。世博会期间,共接待群众信访41批次112人,办理来信来电410件,处理电子邮件147件,化解和缓解一批因城市规划建设而引发的突出群体性矛盾。（梁东麟）

【推进保障性住房建设】 2010年,推进保障性住宅选址和详规编制。在动迁配套房建设方面,围绕"十二五"期间2万户旧区改造和2010年动迁居民4072户的旧改目标,选址桃浦507坊(4.36公顷)、真光社区长征402坊(5.22公顷)作为动迁安置地块。编制真光社区W061201单元详规,A2街坊A2-4、A2-13地块(长征402坊)局部调整及桃浦九村02-02地块详规,获市人民政府批准。真光社区长征402坊地块进入桩基施工阶段,为全面开工建设作准备。核发保障性住房沪嘉北地块项目和世纪之门三期工程规划许可证,审定西合德里旧住房综合改造项目和李子园保障性住房项目的规划方案。经济适用房建设方面,在供应的住宅用地中,安排经济适用房用地5.03公顷。李子园A块(面积5.03公顷)经济适用房地块于4月23日获划拨批文,进入全面施工阶段。单位租赁房建设方面,在全市范围内率先试点单位租赁房建设,启动并实施上海铁路局石泉路货场单位租赁房项目。该项目(一、二期)及配套设施用地8.38万平方米,同步落实各项公建配套设施,其中,规划幼儿园用地7000平方米、公共绿地3500平方米。区规土局按照市、区两级政府要求,编制、协调规划设计方案,加大支持和支撑的力度,保障该项目如期推进。年内,上海铁路局单位租赁房项目一期工程进入全面施工阶段。长风生态商务区8号东、9号西和11号西北地块中,住宅用地为14.01公顷,其中按照20%的比例配置中小套型住宅,用地面积为2.80公顷。

（王永凯）

【编制区空间发展战略规划】 按照区"十二五"规划编制工作总体要求,结合"十一五"经济社会发展状况,在对国际、国内经济发展宏观背景及普陀区区位条件、产业基础、土地利用、道路交通、绿化水系、文化资源现状进行客观分析和细致研判的基础上,于年初启动区空间发展战略规划的研究和编制。按照"规划部门组织、专家领衔、部门合作、公众参与"等方式,保证区空间发展战略规划研究编制工作的质量和水平。其间,召开方案评审会,分别听取市规土资源局以及区政府办公室、发改委、商务委、建交委、文化局、绿化和市容局、长征镇、桃浦镇、长寿街道、真如城市副中心开发建设有限公司、长风商务区管委会、桃浦功能区管委会等相关部门和单位的意见和建议,对《普陀区空间发展战略规划》进行深化研究和完善。12月31日,完成区空间发展战略规划编制,为区科学制定"十二五"规划出谋划策,促进区城市规划建设可持续发展。

（梁东麟）

【重点地区规划编制和园区更新改造】 2010年,完成苏州河内外环线间(涉及长风生态商务区、长征产业园区)控制性详细规划局部调整。围绕园区建设和发展的实际,深化园区更新改造和研究,支持未来岛产业园区功能提升、产业升级,完成控制性详细规划局部调整,为未来岛园区发展预留空间。推进桃浦工业区转型,组织桃浦低碳生态城(暂名)规划修编,完成国际方案征集和控制性详细规划初步方案的编制。研究中环商贸组团功能与交通问题,启动并完成中环市级商业中心交通专项规划,提出缓解中环商务圈静态交通难点问题的方案。（王永凯）

【优化项目建设规划方案】 2010年,根据项目实际情况,实施对重点地区、重大项目开发建设定人、定时、定责的跟踪服务制度,优化项目建设规划方案。加强协调,提出解决问题的方法,在不违反法律、法规的前提下,全力推进项目建设。做好真如城市副中心长江项目等重大项目的方案审核,促进相关项目的实质性启动。先后核发瞿家廊小学扩建、真光二中新建、区中心医院外科医技综合楼新建、长寿一小改建等项目规划许可证。审定区妇婴保健院迁建,市儿童医院普陀新院、市妇幼保健中心、甘泉街道新宜老年活动中心新建和区精神卫生中心病房大楼改扩建等社会事业项目的规划方案。（梁东麟）

【全国高等美术院校公共视觉优秀作品展】 9月21日,由市城市雕塑委员会办公室、普陀区人民政府主办,上海城雕中心、中国美术学院上海设计学院公共艺术系承办的首届"全国高等美术院校大学生研究生公共视觉优秀作品展"开幕。区规土局在市相关单位指导下,在雕塑艺术家支持下,推进并落实该项展览的组织筹备工作并取得预期成效。其间,共收到来自中央美院、清华美院、中国美院等30所高等美术院校的500余件作品和作品方案,初评入围58件作品,最终复评出37件优秀作品。（王永凯）

【雕塑艺术进社区】 2010年,结合社区文化建设,开展"雕塑艺术进社区"活动,落实区红十字会纪念雕塑方案和普雄居委会、真西一居委小区雕塑方案审核、制作和会稿等,提升区域环境面貌和整体品位。（王永凯）

【规划管理】 2010年,依照《中华人民共和国城乡规划法》和《上海市城市规划条例》等法律法规,强化规划审批和批后监管,体现规划管理的权威性和严肃性。围绕民生建设总体要求以及重点地区和重大项目推进要求,结合区经济社会发展实际,强化相关规划方案调整评审和证照核发,全年共审核规划设计方案41件,核发建设工程规划许可证56件。加强批后监管,保障规划落地,强化项目开工复验和竣工验收环节的监督和管理,全年完成开工验线项目36件、竣工验收项目46件。（梁东麟）

【国有建设用地使用权出让】 2010年,按照《招标拍卖挂牌出让国有建设用地使用权规定》和《上海市土地使用权出让办法》等规定,相继完成长风生态商务区5B、6B7C、8号东、9号西和11号西北等5幅地块,真如城市副中心B1、B2南块地块,"两湾一宅”大公建地块，207 坊 10 丘，567 坊北块以及 650 坊（部分）、671 坊北块工业项目等地块挂牌出让，涉及摘牌金额共计 194.56 亿元。（王永凯）

【存量项目土地出让金收缴】 2010 年，先后完成上海月星控股集团有限公司普陀区 25 街坊 2/8 丘地块等共计 27 个存量项目的土地出让金收缴，共收缴土地出让金 10.68 亿元。同时，加强和规范补缴土地出让金（定价）管理，根据《中华人民共和国土地管理法》、《中华人民共和国房地产管理法》等相关法律法规和区有关制度要求，针对土地出让金项目不断增多、涉及金额不断增大的实际情况，通过建立《土地出让价格评审办法》、《关于审核确定土地出让金补缴金额的规定》等制度，强化土地出让金补缴金额审核机制。5000 万元（含）以上项目，严格按照《土地出让价格评审办法》和《关于审核确定土地出让金补缴金额的规定》，经区规土局局长办公会议预审后，报区土地出让定价小组或区政府常务会议评审。（梁东麟）

【土地管理】 2010 年，完成祥和小学划拨用地审批、区妇婴保健院建设项目用地预审、上海西站综合交通枢纽南广场及地下空间（一期）工程土地划拨、市消防局桃浦特勤消防站地块、真如城市副中心相关地块、锦绣里部分地块等项目土地储备审批；完成长征镇真北村土地征收编报、土地储备结案，为真北村旧区改造项目如期开工奠定基础；完成 2010 年土地储备规划编制和 2010 年基准地价修订会审，建立健全存量土地管理规章制度，推行土地指定委托评估制度和土地评估价格审议制度；会同有关部门解决涉及矛盾较大、时间跨度较长的历史遗留问题，桃浦镇槎浦村老宅改造进入补办征地手续环节。（王永凯）

【全国土地日主题宣传活动】 6 月 25 日，是第二十个全国土地日，区规土局采取悬挂横幅、宣传版幅巡展、开辟网上宣传栏以及向群众派发《土地日特刊》、《第二十个全国土地日——土地与发展方式转变》800 余册等，为“6·25”全国土地日主题宣传活动营造良好的宣传氛围。领导分别带队到长征镇和桃浦镇 2 个宣传咨询点，实地指导、组织主题宣传日活动。共接待咨询群众 500 余人次。（梁东麟）

【闲置土地处置】 2010 年，立足从“组织领导、方案制定、项目梳理、业务培训”4 个环节抓好闲置土地处置，在规定时间节点内完成闲置土地调查登记，为处置闲置土地奠定基础。拟定关于处置 34 个疑似闲置项目工作计划，力争 2010—2012 年，所有涉及项目全部处置完毕。2010 年，认定和处置 9 个净地项目。（王永凯）

【地名管理】 2010 年，区地名管理科完成区内建筑物、居住区名称调查，做好建筑物名称命名工作，全年共命名建筑物名称 20 件、公共绿地 1 件。命名武宁路北、石泉路南、中宁路东的公共绿地为武宁公园。（梁东麟）

【收缴竣工档案 56 件】 2010 年，根据新颁布的《建设档案编制技术规范》，加强城建档案管理和收缴，全年共收缴竣工档案 56 件 1416 卷，接待业务咨询 584 人次，上门指导 49 次，编制执照档案 50 件。（王永凯）

2010 年普陀区建筑物命名一览表

名　称	申报单位	所属街镇	位　置	性质	占地面积（平方米）
新长征中环大厦	新长征集团	长征镇	梅川路南、真光路西	商办	7676
通贸物流大楼	上海电信实业（集团）有限公司	桃浦镇	金迎路西、银杏路北	物流仓库	31096
理想城	致臻实业公司	桃浦镇	金迎路西、金通路北	商办	35723
文峰大厦新世纪	新世纪文峰美容美发公司	桃浦镇	绥德路北、南何支线南	办公	16131
华大科创楼	副中心开发办	长风街道	中江路东、金沙江路北	办公	3596
上海国际时尚教育中心	纺织工业大学	长寿街道	长寿路北、胶州路南	教育	15267
苏宁天御国际广场	上海苏宁环球实业有限公司	长风街道	丹巴路西、云岭东路南、木渎港东、规划光复西路北	商办	39507.3
汉森大厦	上海新龙进企业投资管理有限公司	长寿街道	规划延平路东、安远路北、新会路南	商办	4174
源达大厦	上海致源置业有限公司	长寿街道	长寿路北、西康路西	商办	7001
近铁城市广场	上海长昭置业有限公司	长风街道	真北路东、木渎港西、金沙江路两侧	商办	26319
品尊国际广场	上海明捷置业有限公司	石泉街道	沪宁铁路南、铜川路北、府村路东、岚皋路西	商办	48700
浅水湾恺悦大厦	上海恺悦投资发展有限公司	长寿街道	江宁路东、澳门路北	商办	5000

（续表）

名　称	申 报 单 位	所属街镇	位　置	性质	占地面积（平方米）
新曹杨科技大厦	上海新曹杨（集团）有限公司	长征	怒江北路南、泸定路东	办公	6910
五芳斋大厦	上海新曹杨（集团）有限公司	长征	中江路东、怒江北路南	办公	4887
新曹杨中南大厦	上海新曹杨中南实业发展有限公司	长征	虬江河北、金沙江路1340弄东	办公	5300
中海紫御豪庭	上海海创房地产有限公司	长风街道	金沙江路南、丹巴路西、云岭东路北、木渎港西、同普路两侧	住宅	140000
恒达休闲广场	上海桃浦房地产开发有限公司	桃浦镇	武威路南、白丽路两侧	商业	36700
联星丽景苑	上海桃浦房地产开发有限公司	桃浦镇	武威路南、红棉路西、水杉路东	住宅	58110
天地科技广场	上海爱达工具制造有限公司	长征镇	丹巴路西、虬江北	办公	11806

2010年普陀区公共绿地命名表

名　称	申 报 单 位	所属街镇	位　置	性质	占地面积（平方米）
武宁公园	普陀区绿化和市容局	石泉街道	武宁路北、石泉路南、中宁路东	绿地	73313

建筑业管理

【概况】 2010年，建管工作在提升管理水平中谋求新突破，圆满完成迎博办博和年度建筑业管理的各项目标任务。全年受监土建在建单位工程571个，建筑面积579.29万平方米。受监装饰工程项目127个，工程量4.30亿元。竣工验收备案工程122个，建筑面积98.03万平方米。在建电梯781台，验收备案458台。对25家重点企业节能降耗工作进行有效监控。监管规模和覆盖面比上年有较大幅度提升，建设工程安全质量处于全面受控状态。至年底，区内有施工总承包企业99家，其中特级施工总承包企业1家，一级施工总承包企业12家，二级施工总承包企业26家，三级施工总承包企业60家；施工专业分包企业164家，其中一级专业分包企业9家，二级专业分包企业30家，三级专业分包企业125家；施工劳务分包企业68家。处理涉及施工扰民、工程质量问题、建筑市场违规操作等信访投诉189件，办结率和满意率均为100%。实现建筑业税收"落地"3470余万元。

（杨海元）

【施工承发包备案项目92个】 2010年，完善建筑工程招投标依法评标、透明操作、公平竞争和政府程序监管机制。全年完成施工承发包备案项目92个（标段），总中标价23.24亿元，总建筑面积87.50万平方米，实际招标率和公开招标率均达100%，公开招标公正评价回收率和满意率均为100%。

（杨海元）

【窗口服务管理】 区建筑业受理中心贯彻执行窗口服务"五步法"（第一步，准时到岗、准备充分；第二步，主动问候、热情接待；第三步，规范受理、有问必答；第四步，依法办理、以人为本；第五步，按时办结、及时归档）、首问责任制、服务承诺制、"一窗式"管理和"一站式"服务等措施，提高文明窗口服务水平和对外形象。2010年，共受理企业资质申请68家，审核发证22家，受理安全生产许可证26家。受理工程报建73项，总建筑面积46万平方米，总投资9.95亿元。报监建筑工程项目172个，建筑面积180万平方米，工程造价55.80亿元。电梯项目590台，工程造价1.7亿元。办理施工许可证74份，建筑面积73.25万平方米，合同总造价32.70亿元。合同备案512个，建材备案企业22家，竣工备案项目161个，建筑面积129.70万平方米，工程造价28.50亿元。

（杨海元）

【建材交易监管服务】 2010年，建材交易逐步走向属地化，原有的砂石料交易量大幅下降。针对这一现状，区建管办走出去，加大对区域内建设工程和材料供应商的宣传力度，取得良好成效。全年完成砂石料交易859笔，交易量2270.93万吨；专业交易102笔，合同价9.52亿元；建材类交易390笔，交易量和交易额比上年有较大幅度增长。

（杨海元）

【安全质量监管】 建设工程安全质量监管始终是建筑业管理的重中之重，在世博文明指数测评中，根据季节特点，重点开展建设工地文明施工常态管理和防台防汛、高温季节防中暑等专项治理，取得显著成绩。2010年，获市、区级优质结构工程30个，其中市级优质结构工程8个，"普陀杯"区优质工程20个，"白玉兰"市优质工程6个。获上海市文明工地6个，区文明工地24个。全年发生建筑工地安全死亡事故2起，死亡2人，比上

年下降33.33%。（杨海元）

【安全质量专项检查】 2010年，综合执法部门开展建设工程消防安全、质量等各类专项检查，加大监管力度，特别是胶州路"11·15"特大火灾事故发生后，为吸取惨痛教训，立即开展全区在建工程项目安全生产和消防安全地毯式全覆盖大检查和现场演练。全年开具各类安全隐患整改单157份，暂缓施工指令书97份，停工指令书4份，开具质量问题整改指令单87份，局部停工单5份。行政处罚立案23起，处罚23起，处罚金额86.30万元。（杨海元）

【维护建筑业农民工合法权益】 2010年，共接待农民工上访事件73起，解决73起；完成农民工岗前培训448人、等级工培训864人；农民工健康体检2803人；发放综合保险卡109120张、信息卡40532张。为加大维权力度，做好在建工地农民工工资纠纷上访接待和协调处理工作，建立建筑业农民工心理疏导流动工作站，结合协调解决农民工工资拖欠等问题开展心理咨询，接待农民工上访事件58起，解决58起；接待上访外来从业人员279人，涉及外来从业人员879人，涉及金额766万元。（杨海元）

2010年普陀区获上海市优质结构工程项目一览表

工程名称	施工单位
中山北路3900号地块住宅20号楼	龙元建设集团股份有限公司
上海爱达工具制造有限公司旧厂房改建1号楼	上海新长征建设发展有限公司
桃浦西路商品住宅项目22号楼	上海华盛建设(集团)有限公司
桃浦西路商品住宅项目19号楼	上海华盛建设(集团)有限公司
中山北路3900号地块住宅17号楼	龙元建设集团股份有限公司
普陀三村旧区改造	长业建设集团有限公司
中山北路3900号地块小学	龙元建设集团股份有限公司
臣风大厦4号楼	宏润建设集团股份有限公司

市政工程管理

【概况】 2010年，市政工程管理围绕"迎博、办博、保博"的中心任务，以"市政设施道路文明指数测评"、"世博先锋行动"为载体，抓质量、抓管理，开展市政重大工程项目建设、市政设施巡查与整治、排水管道养护与防汛应急演练、整治各类违章灯箱广告，保障世博会成功举办；提高行业窗口服务水平，深化政风行风建设，强化管理职能，发挥行业管理作用；推进立功竞赛，细化各类创建活动，提高职工素质，优化市政行业形象。完成中山北路、武宁路2项景观道路整治工程，武威东路、云岭东路等3项道路改扩建工程；完成梅川一、二街坊地区排水管网改造，白水路、叶家宅路道路整治等3项民生工程；完成云岭西路沉管应急抢修工程，翻排及内修理直径1200毫米雨水管道85米；完成金昌路、桃浦路2项道路辟通工程和中山北路杏山路口增设护栏等10余项排堵保畅小改小革项目。（梅晓红）

整治后的武宁路（谢颖宜/摄）

【完成市政设施日常养护】 2010年，全区完成市政设施日常养护资金5551.75万元，其中道路设施养护2122.77万元、排水管道设施养护2069.1万元、护栏等附属设施养护565.07万元、桥梁驳岸等设施养护794.81万元；完成车行道养护105250平方米、人行道养护88439平方米、各类隔离设施调换和保养360026米、路名牌维修保养1289套、桥梁(含天桥、地道)维修保养241座/次；疏通各类排水管道651824米，维修保养各类检查井和进水口71447只，修理沟管210米；完成真华路、真金路、常德路等4项部分路段车行道专项整治工程，共整

治车行道23373平方米。在迎世博百日测评中，区内市政道路环境文明指数保持中心城区前三名。（梅晓红）

【道路综合完好率普查】 年内，加强迎世博道路保障工作，推进城市道路、桥梁等设施巡查、维修和保养，确保各类设施完好。对辖区内道路进行年度综合完好率普查，普查范围为截至2010年底管辖的城市道路、桥梁以及附属设施，检查城市道路及附属设施167条共685个单元，总长229382.4米，总面积5254386.2平方米；检查一般中小型桥梁（含桥涵）91座、大型立交3座、地道8座、人行天桥3座。城市道路综合完好率88.37%，比上年提高0.25%。（梅晓红）

【市政设施养护管理】 2010年，完成沪嘉高速公路汶水路南侧压力管修补工程、武威东路（真北路—真金路）道路新建工程等市政设施竣工接管，签订《市政工程竣工接管单》2份；与轨道交通13号线大渡河路站体建设单位办理养护维修责任临时移交手续，签订协议书1份。开展接管设施的调查排摸、修理疏通等日常养护维修，确保接管设施完好和正常运行。完成《上海市城市道路管理界线划分使用手册》编制的前期调研，督促区内自管道路建设和管理单位做好新型路名牌更换和安装。受理审批临时排水许可14户，受理审批临时封堵排水管道4户。（梅晓红）

【处置市政设施病害和市民投诉】 2010年，加强市政设施病害和市民投诉的处置督察，发现各类市政设施病害和市民投诉及时记录、及时沟通、及时解决。共出动处置督察人员50余人次，对长寿路、曹杨路等主要道路市政病害处置情况进行督办；对“12319城建热线”、人民来信、媒体曝光信息等进行现场核查和处置，市政设施病害处置率、市民投诉信息处置和答复率均达100%。受理“12319城建热线”、“水务热线”等来电1164个，办理人大代表、政协委员意见建议、提案和人民来信180件，受理网格化信息案件1577件，受理并答复迎世博文明在线网曝光信息11件，处置率和答复率均100%。结合“世界水日”、“中国水周”和每月“环境清洁日”等主题活动，通过设摊咨询、上门走访、问卷调查等多种形式发放市政服务手册500余册，宣传市政行业服务性质和内容，受理政风行风问题实例14件，件件有批示、有处置、有答复。（梅晓红）

【排查85座自管桥梁】 2009—2010年，完成85座自管桥梁动态信息采集和数据调整。为确保区内桥梁在世博会期间安全运营，根据市市政工程管理处桥梁管理科《关于进行城市桥梁限载牌设置情况排查的通知》精神，区市政工程管理署会同普陀市政建设养护有限公司三分公司对85座自管桥梁限载牌设置情况开展排查，缺损处及时进行补装，85座桥梁限载牌设置均符合技术规范要求。完成武威路一号桥、勤丰桥、金迎路翔二河桥等9座桥梁的结构检测和评估，其中B类桥8座、C类桥1座。根据桥梁检测报告，完成武威路一号桥桥面铺装层与人行道砼面层、勤丰桥简易伸缩缝的养护维修，金迎路横沥河桥、桃浦西路桃浦河桥和金家宅桥等的栏杆维修。（梅晓红）

【市政设施巡查与整治】 2010年，建立健全世博会期间市政设施巡查制度，开展道路设施病害巡查、防汛墙驳岸设施险情巡查以及武宁路、普雄路、曹杨路等保障责任路段道路环境巡查。对46条迎检测评路段，10个主要交通路口，近330个大型商场、影院、公共绿地等人群集散点周边道路以及34个与外区接壤点的道路和无障碍盲道设施，进行反复巡查，责任到人。同时抽调15名业务、体能良好的人员成立市政设施24小时巡查应急分队，随时进行突击巡查，在常规巡查基础上，根据水文潮位对堤防设施的影响，开展苏州河堤防设施水上巡查和凌晨巡查，掌握高潮位与低潮位等不同时期苏州河堤防设施的情况，确保苏州河堤防设施安全。世博会期间，共出动巡查人员1774人次，巡视道路1.17万余公里，巡查苏州河堤防设施940余公里，发现各类道路设施病害1783处、堤防设施险情3处、占道占用盲道设施147处，对各类道路病害进行梳理登记后，及时通报建设养护公司进行整治，保障市民安全出行。组建由党员、团员、业务骨干组成的“飞豹”拆违队，整治道路范围内违章设立的灯箱广告，先后出动2300余人次，拆除各类违法灯箱广告97车。（梅晓红）

【市政“飞马”喷刷队】 2010年，上海普陀市政工程有限公司组建市政“飞马”喷刷队，专门治理市政配套设施电杆、电箱脏、乱、差现象。“飞马”队

市政“飞马”喷刷队粉刷区内主要干道电线杆　（汪志文/摄）

运用“一磨二停三关”(在喷刷前把电箱打磨光滑洁净;刷完底漆停一天,隔天刷次道漆后再停一天,然后喷上彩色图案;细心关、技术关和美观关)工作法,完成区内130条道路电线杆喷刷26640根/次、中环立柱70个、电箱约2000只,清洗电箱600余只,出动600余人次。“飞马”队为普陀区历次世博测评迎检作出积极的贡献,获上海市迎世博第四个百日测评优秀创意贡献奖。（汪志文）

【排水管道养护】 2010年,注重开展排水管道养护,抓好非汛期下水道养护管理,督促建设养护公司对问题管道进行及时整改,连续6个月排水管道养护抽检得分在90分以上,名列全市第一。开展小市政旧式里弄下水道专项检查和排摸,完成小市政设施量梳理,针对旧式里弄下水道存在问题提出应对措施。开展轨道交通7号线、11号线和13号线等大型工程周边排水管道声纳专项检测,发现管道封堵、严重淤塞、渗漏、变形、倒虹、错位等问题87处,督促建设单位限期整改。（梅晓红）

【路政管理】 2010年,累计办理掘路执照143件,其中配合轨道交通站点建设9件,临时占路审批23件,夜间施工备案116项。配合公安部门完善重点目标高清车牌识别系统项目246只摄像头安装,44个路口交通信息化二期信号线埋设。推进人行道各类设置设施整治,完成迎世博600天行动各项整治任务。配合有关部门受理管线投诉,督促管线单位完成整改。在世博会期间,抢修管线300米,修补井盖80只,及时消除安全隐患。（陈笑一）

【重大市政工程监管】 2010年,针对区内轨道交通7号线、11号线各站点道路复位,13号线各站点建设,新师大排水系统改造,真如城市副中心建设等市、区重大市政工程项目进行全面监管,现场巡视工地556人次,督促整改市政病害125件,不文明施工23件。受理并解决涉及重大工程项目的“12319城建热线”投诉106件、网格化案件117件。汛前督促市重大工程做好防汛安全自检和预案落实,与区民防办等部门对19个市政工地进行防汛专项检查,督促整改23件下水道失养和积水隐患,确保汛期各重大工程安全。（陈笑一）

【水务稽查】 2010年,区市政工程管理署水务稽查出动129人次,对25个市政工地和餐饮业进行执法检查,责令整改23件。加大对轨道交通各站点建设规范排水的稽查力度,查处2起违法排放泥浆。协调解决4件居民排水投诉,保障市政排水管网正常运行。（陈笑一）

丹巴路辟通（汪志文/摄）

【完成年度交通状况分析报告】 2010年,更新GIS系统数据2次,完成170张路政掘路执照及自编号单子的探测更新,更新管线总长91.82公里,改进GIS系统35处。接待查看GIS系统90人次,打印图纸183张。完成对长风地块中江路等3条道路、祁连山南路Φ2700排水系统、西乡路Φ2200排水系统和轨道交通7号线、11号线常德路、金沙江路、桃浦新村等站点管线测量;185条道路排水设施资料输入;GIMS系统中道路和桥梁数据更新。完善区桥梁管理和决策辅助系统的运行,并形成2010年度普陀区桥梁评估与预测报告;做好道路交通信息采集系统普陀分中心的维护,完成普陀区2010年度交通状况分析报告,为区内路网优化及排堵保畅发挥作用。（陈笑一）

道路桥梁

【概况】 2010年,加快道路、桥梁建设,为区域经济社会发展营造良好硬环境。先后完成丹巴路辟通工程,云岭东路、叶家宅路改造工程,桃浦路、金昌路区区对接道路辟通工程。完成新师大低标排水系统改造工程中枣阳路、怒江路、凯旋北路下水道及道路工程。完成武威东路一期、二期改建工程。启动实施曹杨路、大渡河路道路改造工程。完成苏州河上威宁路桥(泸定路桥)、云岭东路桥以及宝成桥景观改造工程,取得良好的社会效应。武威东路下穿南何铁路立交桥工程启动拆迁。（李　梅）

【辟通丹巴路】 丹巴路(怒江北路—金沙江路)道路新建工程是2010年区政府实事项目。工程位于真北地区,为城市南北向支路,北起怒江北路,穿越朝阳河和桃浦河与金沙江路相接,规划红线宽度20米(3米人行道+14米车行道+3米人行道),新建道路长603.11米,按城市之路一级标准设计,设计车速30公里/小时,机动车双向2车道,单幅路形式,沥青砼路面。新建DN800－DN1500排水管道765米。该工程有2座新建桥梁,桥梁跨径布置:13米+13米+13米+落地梁+

20米+25米+24米+20米,桥宽20米。其中13米+13米+13米为桃浦河桥,采用简支预应力空心板梁;20米+25米+24米+20米为朝阳河桥,采用预应力混凝土连续箱梁。两桥之间采用20米长落地梁连接。工程总投资约2200万元,建设单位为普陀区市政配套综合办公室,设计单位为上海市城市建设设计研究院,监理单位为上海协恒工程管理有限公司,施工单位为上海普陀市政工程有限公司。丹巴路工程于2009年7月31日开工,2010年3月31日竣工。该工程的实施,使怒江北路至金沙江路南北贯通,形成完善的城市交通网。

(汪志文)

泸定路桥建成通车 (王勇成/摄)

【叶家宅路道路改建工程】 叶家宅路(新会路—安远路)道路改建工程是将原景观道路改建成机非混合车道加两边人行道的市政道路工程。该工程位于长寿街道内,道路设计北起新会路,南至安远路,全长162.26米,宽15米,工程费用290万元。工程于5月26日开工,9月30日竣工,建设单位为上海市普陀区市政工程管理署,施工单位为上海普陀市政建设养护有限公司。 (李 洁)

【桃浦路辟通工程】 桃浦路(定边路—嘉定区界)辟通工程是市重点工程项目,可开通区与区之间的断头路,解决居民出行不便问题。道路长约590米,宽42米,工程概算2628万元。工程于9月20日开工,10月31日竣工,建设单位为上海市普陀区市政工程管理署,施工单位为上海普陀市政建设养护有限公司。 (李 洁)

【金昌路辟通工程】 金昌路(金迎路—嘉定区界)辟通工程位于桃浦镇内,长182米,宽35米。该工程项目包括道路工程、排水工程,工程费用900万元。工程于9月25日开工,12月25日竣工,建设单位为上海市普陀区市政工程管理署,施工单位为上海普陀市政建设养护有限公司。

(李 洁)

【云岭东路道路改建工程】 云岭东路(真北路—大渡河路)道路改建工程位于长风国际生态商务区内。该工程长1905米,宽32米,下水道长1475米,工程概算(建安费)5759.23万元。工程于1月18日开工,12月31日竣工,建设单位为上海市普陀区住房保障和房屋管理局,施工单位为上海普陀市政建设养护有限公司。

(李 洁)

【威宁路(泸定路)桥新建工程】 该工程南起天山路,北至云岭东路,总长860米,连接长宁区和普陀区,初设概算(建安费)近1.19亿元。主桥宽27.1米,设4快2慢车道,引桥宽24.5米。路段:威宁路42米规划红线,泸定路50米规划红线。桥梁:主桥43+57+43米,三跨变截面预应力钢筋栓连续梁桥,一跨过河,北引桥229米,南引桥176米。排水:普陀段纳入木渎系统。工程于2008年9月17日开工,2010年2月11日竣工。工程建成后,从长风生态商务区上桥可通达威宁路,沟通和满足威宁路周边穿越中环线的交通需求。 (李 洁)

【宝成桥景观改造装饰工程】 苏州河上宝成桥南起叶家宅路,向北沿叶家宅路跨越苏州河至光复西路。施工长度90米,其中桥梁长68米,一跨过河,跨径31米,为等截面空腹式钢筋混凝土双曲拱桥。该工程于2009年10月10日开工,2010年1月30日竣工,工程费用850万元。宝成桥景观改造装饰工程完成后,新建的欧式景观装饰使老桥焕发新的风采,景观灯光系统增强了桥梁的灯光照明,并为苏州河道的景观添彩。工程建设单位为普陀区市政工程管理署,施工单位为上海振普市政配套有限公司。 (李 洁)

河道治理

【概况】 2010年,河道管理围绕"服务世博、保障世博"的总体目标,通过抓水环境改善、抓防汛安全、抓平安建设,巩固河道治理成果,建立长效管理机制,改善河道基础设施,提升水环境面貌。针对河道长效管理中存在的问题,查漏补缺,深化拓展,在抓细节、接短板上下功夫,加强河道日常维护管理。全年粉刷河道安全护栏41.32公里、维修220米,新建桃浦河安全护栏1.22公里,绿化1864平方米;清理桥头、防汛通道、绿化带、水下垃圾56处4868吨;对曹杨环浜2.5万平方米水域开展水质维护,水质持续稳定在三类;开展3.5万平方米水生植物及1.71万平方米河道绿化养护;清理补种真如港水生植物4000平方米;桃浦河大修养护,新建栏杆1160米,修防汛通道2292平方米,清除建筑垃圾273立方米。对中心城区10条河道、长征地区12条河道、桃浦地区28条河道保洁,新添保洁船6条,做到"面清、岸洁"。区内6个水系,21条中小

整治后的中槎浦　　（毕永垒/摄）

河道，长征、桃浦12座泵站、13座套闸调换水量2.16亿立方米。（郭雨莲）

【中小河道整治】 2010年，以实施第四轮环保三年行动计划为抓手，加快推进中小河道整治，木渎港二期防汛墙除险改造工程通过验收，完成蔡家浜、姚明港、工业河等河道综合整治，疏浚河道淤泥6598.93立方米、防汛通道869平方米，绿化河岸5155.8平方米。金光河、南北厅等河道整治工程2.71公里，疏浚土方7.5万立方米，建设护岸140米。武威河河道整治工程疏浚土方2.75万立方米，绿化河岸1.06万平方米，建设护岸1400米。西虬江橡胶坝增泵2台。完成中槎浦、李家浜、凌家浜、横港、大场浦、桃浦河、新槎浦河道疏浚工程可行性研究报告。（郭雨莲）

【河道基本情况普查】 2010年，根据"一河一档"建档要求，区河道管理所成立工作小组，开展河道基本情况普查，推进和完善"一河一档"建档工作。开展河道防汛墙结构、河床断面、沿河绿化、亲水平台、防汛通道、景观小品、安全护栏等调查，建立基础数据库，并应用于河道长效管理工作中。通过规范达标创建，推进泵站站容站貌整治，站容站貌得到改观；从河道水质及水环境面貌、河道设施、工程安全、基础资料建设入手，推进中槎浦星级河道创建，落实骨干河道养护责任制、河道日常巡查报告制，加强检查考核，增强养护单位工作责任感，做到防汛抢险、堤防护岸、安全护栏、景观区域、亲水平台维修养护常态化，养护计划、日常巡查、测量记录规范化。（郭雨莲）

【河道专项测评】 在"迎博、办博、保博"期间，制订"立足本职、创新方法、顾全大局、奉献世博"的16字方针，区河道管理所成立"迎检"领导小组，做好迎检综合测评，为区市容环境面貌改观作出积极努力，通过提高作业标准，创新改造保洁工具，打捞沿岸绿萍，提高工作效率。对水面宽、绿化景点多、人员活动频繁的河道，采取大船小船配套，水陆域并进的方法进行河道保洁，并配备应急队伍，提高应急支援能力。在全市水务行业18个区县和6个中心城区河道专项测评中，实现"四连冠"。（郭雨莲）

【落实河道防汛责任制】 在汛期，召开全区防汛动员会，充实调整防汛指挥部及成员单位，与辖区内各相关责任单位签订《世博防汛工作目标责任书》，组织干部职工层层签订《安全生产责任制》、《排水泵站管理及防汛防台岗位责任书》，落实防汛责任。按照预案要求执行汛期24小时防汛值班制度，做好值班记录。下发《防汛通讯网络表》、《防汛抢险器材主要物资储备一览表》等征求意见，修订完善防汛防台应急预案。制定汛期设施设备维修养护计划，汛前对28座排水泵站的机电设备、电器开关和线路进行维修保养或更换，确保汛期排水泵站设备处于良好状态。加强防汛抢险物资储备，调整补充防汛抢险物资品种和数量，保证紧急情况下调得出、运得快、用得上。（郭雨莲）

【安全生产检查】 2010年，按照市水务局部署，区河道管理所成立安全生产工作小组，明确责任分工，做到执法、治理、宣传同部署、同实施、同检查、同推进。根据《上海市水务局2010年安全生产工作意见》，加强河道建设工程、泵站水闸、堤防护岸、河道保洁等重点设施、重点岗位监控和管护。多次开展安全生产检查，组织泵站职工学习河道水闸安全生产教育读本，制定《泵站世博安保工作要求》，落实外来人员出入登记制度，开展泵站巡逻检查，做好稳定工作。3月起，由区综治办牵头，区建交委、公安普陀分局、区城管大队、桃浦镇政府等参与取缔"三无"（无船名船号、无船舶证书、无船籍港）船只，通过排模，共有滞留"三无"船67条、152人，收购18条"三无"船只。（郭雨莲）

【实施行政许可】 2010年，区河道管理所规范行政许可文书、行政许可行为，加强制度化、规范化建设，全年实施行政许可23项。许可过程中注重加强事前、事中监督检查，做好资料收集、现场踏勘、形式审查等。开展水务执法规范达标活动，制定执法工作计划，加强专项执法检查力度，对25条骨干河道开展重点执法巡查，对通航河道、涉河在建工程项目的防汛预案、抢险器材、物资、队伍准备情况组织专项检查。至10月底，行政检查209次，立案处理1件，监督当事人自纠整改1件。（郭雨莲）

【开展河道宣传活动】 2010年，区河道管理所会同团区委开展"世界水日”宣传进绿地广场、市民爱护水资源咨询释疑和承诺签名活动，发放宣传资料、纪念品等，吸引大批市民参与。举行宣传进社区座谈活动，加强和谐社区共建力度。世博会期间，在各河道与主要道路交叉口、人口密集地、沿河小区竖立85块河道铭牌，公开河道名称、管理单位和监督电话。竖立100余块宣传世博、爱河护河、保持水体整洁的宣传牌。

（郭雨莲）

防汛防台

【概况】 2010年，举世瞩目的世博会在上海成功举办，防汛防台工作较往年要求更高、责任更大、汛期更长，汛期时间与世博会展期同步，即提前1个月，延期1个月。在长达184天的汛期中，全区各防汛单位团结协作，做好防台防汛工作，开展排水管道疏通养护、河道堤防水闸隐患排查整治和下立交、地下空间防汛隐患整治防汛安全3项行动，对建筑工地、居住小区等易积水地区开展多次专项检查，主动应对各类防台防汛黄色预警10余次，成功抵御台风外围及多次暴雨侵袭，安全、顺利度过汛期。区内5—10月总降雨量为810.3毫米，其中6—9月降雨量704.3毫米，比常年值642毫米略偏多；梅雨量为269.0毫米，较常年梅雨（244.4毫米）偏多约一成。6月17日入梅（常年6月15日），7月17日出梅（常年7月9日），梅雨期30天（常年24天）。汛期高温日30天，比常年9天多21天。8月13日，出现汛期最高温度40.0℃，为1934年以来8月份极端高温纪录，也是1934年有记录以来上海第二极值高温。汛期中，经受“圆规”、“狮子山”台风2次外围影响，抵御“7·4”、“8·17”和“9·1”暴雨袭击，城区防汛总体安全、平稳。

（苏祖奇）

【消除3次暴雨影响】 7月4日早晨起，区内大部分地区短时普降暴雨，市防汛指挥部更新防汛防台黄色警报为橙色后，区防汛指挥部、各街道镇及各防汛专业单位立即启动二级应急响应。受暴雨影响，祁连山路地道一度积水90厘米，对祁连山路下立交施行交通管制；曹杨路（枫桥路—武宁路）路边积水15厘米，导致小俞家弄居民家中积水，区市政工程管理署出动移动泵车3台、调动消防车2台到现场排水。8月17日下午，区内普降大到暴雨。受暴雨影响，胶州路部分居民家中积水，区防汛办即与有关街道联系了解居民受灾情况，区市政工程管理署派应急排水队伍到现场处理相关灾情，祁连山路地道一度实行交通管制，祁连山路（云岭西路）由于云岭西排水系统尚未建设，积水情况严重，造成退水时间较长。9月1日，在第6号台风“狮子山”倒槽和冷空气共同影响下，下午起区内遭雷暴雨袭击，全区有6个站点累积雨量超过50毫米的暴雨标准，受暴雨影响，多条道路出现不同程度积水并波及低洼地区少量民居进水。区委、区政府领导指示有关部门要全力以赴抢排水，力争将损失减低到最低限度。各防汛部门按照预案迅速开展抢排，努力减轻暴雨积水影响，确保城市正常运行。消防部门调集多台消防车前往积水严重地区协助抢排。街道、镇发动居民开展自救互助，有关街道派员上门向居民做好解释工作，稳定居民情绪。至22时，区内积水基本排除。

（苏祖奇）

【组织下立交防汛演练】 为有效提高防汛应急能力，7月14日，区防汛指挥部在祁连山南路举行“2010年普陀区下立交防汛演练”活动，演练分为队伍集结、交通组织、防汛排涝等。区人大常委会、建交委、桃浦镇政府、区市政工程管理署领导以及部分区人大代表到现场观摩。抢险队伍的快速反应能力、先进的抢险装备以及队员熟练的操作技能，得到领导和代表称赞。

（苏祖奇）

交通管理

【概况】 2010年，为全面实施公交优先发展战略，突出公交行业公益性，完善行业公益性和运作市场化相结合机制，加强与市交通港口局的沟通联系和协调，做好迎博、办博交通保障工作，努力为市民提供便捷、安全、经济、可靠的出行条件。全年新增公交路线2条，增设站点33个，调整路线4条。区内共有公交线路108条，其中过境线48条，始发线53条，夜宵线7条。运行的轨道交通有3号线、4号线、7号线、11号线，13号线在建。5月，上海西站改建完成，并投入运营。为配合办博，解决乱停车造成道路交通拥堵问题，拓增机动车停泊位1360个，非机动车位3.46万个，缓解区内交通状况。

（罗来远）

【交通大众有限公司做好春运工作】 2010年，春运恰遇上海世博会召开之际，世博安保反恐维稳要求从各个方面给春运工作带来挑战和考验，为切实做好春运工作，交通大众公司从组织领导、运能安排、人员培训、服务信息、安全管控、应急预案、现场管理、后勤保障、便民举措等方面加以落实，投资15万元对客运站内外进行粉刷，细化营运全过程7个应急预案，对4种经营业态、20余个作业现场点实行工作领导小组和工作小组成员分块负责制。结合世博安保反恐要求，编发服务手册，对参加春运的258辆大客车、398名驾驶员实行GPS全程监管。共签约963份，做到全覆盖，知晓率、签约率均100%。客运站和自营高速及包车共营运7361个班次，运送旅客12.34万人次（不包括合作经营班线在外站发出的班次和人次），节后客运站（倒加班）到达班次3012个，疏散旅客近10万人次。共计检查旅行包85038个，查出违禁品115件。大众交通集团下属3家公司共组织66辆大客车参与春运加班，节前增发武汉、普陀、宁波、望江、泰州等地154班；节后赴安徽安庆（怀宁、望江）、南陵、旌德，江苏宝应等地“倒加班”153班，组织省际包车330班。吴中路和桃浦路2个客运站实施提前30天预售票。客运站严格遵守有关规定，以世博安保反恐标准和要求，加强对进站违禁品查堵、进站车辆各种营运手续检查、班线始发车辆安全例检，禁止站内超载出站，避免车辆“带病”出站；加强返程旅客疏散工作，确保旅客乘车和到站安全,及时增添和调整现场管理力量,有效控制车辆进出站并确保旅客有序疏散。2月18日—3月4日,仅桃浦路客运站到达2053个班次,到达旅客8.2万人次,全部得到安全疏散,其中日最高到达班次为160班,到达旅客突破6000人次,刷新近几年返程旅客记录。 (茆训伟)

【交通大众有限公司为世博营运服务】 2010年,交通大众有限公司主要从站点管控、园区服务、园外供应3方面参与世博会服务工作。加强组织领导,成立世博安保反恐维稳领导和工作小组;制定反恐维稳工作方案,编制世博安保、世博服务手册,分8批对310名员工进行内部脱产培训,250名驾驶员分4批参加由运管部门组织的专项培训,20名安保人员参加公安专项培训,落实层层签约,共计签约1106份;开展立功竞赛,实施预案演练,增加必要投入,强化人防、物防、技防措施。人防方面:4个客运站5个上、下客点增配30名安保和站务人员,落实对187名重点岗位人员资格审核。执行24小时值班制度,落实一、二级安保力量配备。加强门卫管理,实施"一车一检"、"一程一检",世博期间,4个客运站共安检57174个班次,接受安检534274人次,查验行包658506件,收缴危险物品987件。技防方面:桃浦站安装紧急报警系统、各周界报警系统,并与公安联网;石化站安装紧急报警系统。各客运站新安装4组、扩容5组电视监控系统。153辆省际客运车辆全部安装车载GPS图像监控系统。建立监控室。投资50万元分别为4个客运站配备2台X光安检仪及防爆毯、手持式安检仪、车底光学探视镜、综合应急箱等安保设施。所有营运车辆补齐逃生锤、灭火机、警示标识等设施。物防方面:对4个客运站服务环境进行整修,搭建安检下客点和候车室,划分安装检查隔离设施,完善导向标志设置。世博期间,坚持例会制度,成立督查小组,开展隐患滚动排查与整改,组织检查28次,对存在隐患及时整改。全力做好服务世博营运保障工作,做到调度无差错、服务无投诉、安全无事故、现场无批评。参与世博园区供车,先后有23辆作为VIP接待用车,共营运1300车次;提供服务世博单位团体租赁用车,15辆车为烟草集团、石油馆、韩国馆等单位世博固定用车,共营运2000车次;组织世博外围服务配套用车,有50辆客车间接为新西兰馆、澳大利亚馆、西班牙馆、团市委、市人社局以及其他社会团体、企事业单位、旅行社等服务,累计营运600车次。实现服务世博用车保障有力及时,企业品牌和社会公众影响力得到提高,企业综合管理水平和员工队伍素质得到提升。 (茆训伟)

邮　　政

【概况】 普陀区境内邮政业务归属上海市邮政公司市西邮政局、市西邮政投递局和市西邮政速递物流分公司,共设有7个邮政营业支局、13个邮政所、7个投递支局和4个邮政速递物流揽投部。区内邮政网点主要经营(代理)业务有:国际国内邮件、国际国内特快专递、同城即时业务、快递包裹、国际包裹、代收货款、电子商务速递E邮宝、报刊邮件投递、邮政储蓄、电子汇兑、报刊订阅零售、集邮、邮票个性化业务、邮购、礼仪、直递、邮政专用信箱、邮送广告、商业信函、企业邮资封片、收件人总付邮费、特约商户服务、代理保险、代收公用事业费、代售电信磁卡、一体化物流等。市西邮政局获上海世博会事务协调局"中国2010年上海世博会特许零售商最佳销售奖"。沪太邮政支局获上海市世博会事务协调局颁发的中国2010年上海世博会境内门票销售指定代理商和2009年度最佳销售网点。11月24日,市西邮政局通过中国方圆认证集团公司ISO 9001:2008标准质量管理体系复审。市西邮政投递局获2010年度上海市文明单位、上海市厂务公开民主管理工作先进单位、上海邮政世博工作先进集体等称号。 (丁英群)

【参与世博志愿服务】 1月21日,市西邮政局参加《上海世博园》邮票首发式暨上海市青少年迎世博书信文化展、上海世博会倒计时100天"邮政与世博同行"誓师会,各邮政支局在中环百联及邮局内设摊开展志愿服务。世博期间,市西邮政局为区政府机关和公安普陀分局、交警支队等部门制作世博个性化肖像邮票等世博邮品。 (丁英群)

【市西邮政优化便民服务举措】 2010年,市西邮政局各支局设立红缎带导邮员,指导用户正确用邮;设立服务专线,受理用户电话投诉;在各营业窗口放置并发放"邮政服务意见反馈卡"和"上海邮政用户意见征询单",受理用户的意见和投诉;放置"便民服务箱";开展电子指路服务;聘请社会监督员,接受社会监督。 (丁英群)

【推进挂号函件签约投箱工作】 2010年,市西邮政投递局从解决社会用户挂号函件投递难、取件难这一热点问题入手,通过日常投递、窗投、双休日专投、预约投递、设摊服务等多种方式,宣传并推进挂号函件签约投箱工作,共发展签约用户4808户,直投入箱挂号函件44290件,减少用户赴邮局窗口领取环节,节约时间成本。挂号函件投箱后,投递员在清单上批注投箱时间,根据签约用户的手机号码,发短信提示。 (王绍祥)

【开展邮政投递便民利民服务】 2010年,市西邮政投递局主动方便社区居民,依据用户作息普遍性、特殊性及家庭情况,组织团员青年、骨干力量,利用双休日,增加挂号邮件专投频次,参与人数达9173人次,投讫50016件;预约投递11446件;为1282名老、弱、病、残等特殊用户提供送信送报上门服务24345人次;处理错址、漏室等各类疑难邮件7791件。 (王绍祥)

2010年普陀区境内邮政营业投递局所一览表

名　称	地　址	邮政编码
普陀邮政支局、投递支局	常德路1269号	200060
叶家宅邮政所	安远路717号	200060
昌化路邮政所	江宁路1236号	200060
石泉路邮政支局、投递支局	石泉路19号	200061
曹杨新村邮政支局、投递支局	兰溪路132号	200062
华东师大邮政所	中山北路3663号	200062
长风新村邮政所	长风一村22号	200062
武宁路邮政支局、投递支局 武宁路邮政速递物流揽投部	东新路360号	200063
镇坪邮政所	中山北路2134号	200063
沪太邮政支局、投递支局	宜川路349号	200065
宜川邮政所	华阴路219号	200065
甘泉邮政所	甘泉一村126号101室	200065
桃浦邮政支局、投递支局 桃浦邮政速递物流揽投部	武威西路719号	200331
铁道大学邮政所	真南路586号	200331
武威西路邮政所	桃浦新村68号甲	200331
红棉路邮政所	红棉路351弄144号	200331
交暨路邮政速递物流揽投部	交暨路155号	200333
真如邮政支局、投递支局 真如邮政速递物流揽投部	真北路1882号	200333
北石路邮政所	北石路200号	200333
真光邮政所	真光路1830号	200333
万里邮政所	广泉路192号	200333

十六、房地产开发与管理

综　述

2010年，普陀区房地产开发与管理以改善老百姓居住质量、促进房地产市场健康平稳发展为宗旨，贯彻服务世博，服务民生，服务经济，维护稳定的方针，推进重点地区、重大项目建设。住房保障方面：沪嘉北A、李子园A和金光二期3个保障性住房项目加快建设进度；全年新增廉租住房家庭879户，累计向4877户家庭发放配租租金3269.22万元；积极筹备经济适用住房，探索发展公共租赁住房。迎博、办博方面：组织住宅小区和物业窗口行业世博百日测评迎检，做好各项世博运行保障工作，提升小区卫生环境和物业行业服务水平，物业窗口行业和居住环境百日测评成绩在中心城区保持中上水平；基本完成迎世博建筑整治工程项目竣工验收和移交工作；完成老小区环境建设“六小工程”（路面工程、绿化工程、晾衣工程、停车工程、椅子工程、门面工程）320个。房地产市场管理和发展方面：落实土地储备6幅、计16.86公顷；动迁居民1646户，拆除旧房面积4.90万平方米，10幅动迁基地完成扫尾，全面完成建民村地块动拆迁；住宅建设新开工63.08万平方米、竣工54.56万平方米，2个项目完成创建“四高”（高起点规划、高水平设计、高质量建设、高标准管理）优秀小区评审；批准商品房预、销售117.26万平方米，商品房、存量房实际交易195.47万平方米、交易额319.68亿元。　（蔡　军）

改造后的长风二村一隅　（闵志勇/摄）

旧区改造

【概况】　2010年，在新开基地有序推行2次征询和“数砖头＋套型保底”的动迁新政策、新机制。区房管局多次组织动拆迁公司进行新政策培训，快速办理真北村等地块的相关拆迁审批手续，配合相关部门搞好拆迁基地环境整治，完成收集拆迁档案和组织档案工作人员培训，向市相关部门争取筹集一批动迁安置房源。全年核发房屋拆迁许可证7件，批准拆迁居民1280户、面积4万平方米；批准拆迁单位24个、面积0.46万平方米；完成居民拆迁1646户、面积4.90万平方米；实施行政裁决55件，强迁17件；完成建民村、荣联住宅小区等10个拆迁基地的扫尾工作。同时，抓紧迎世博建筑整治工程收尾，稳步推进老小区环境建设和旧住房成套改造工程。　（蔡　军）

【迎世博建筑整治工程】　在迎世博建筑整治工程全面竣工的基础上，2010年，制定下发《关于加快推进迎世博加强市容环境建设和管理600天行动建筑整治项目竣工验收工作的通知》、《关于加强世博会期间建筑整治项目维修管理的通知》、《迎世博建筑整治保修协议》等，抓紧实施工程验收、移交、审价审计等后续工作。至12月底，迎世博建筑整治工程项目竣工验收和移交工作基本完成，审价工作加快推进。（蔡　军）

【老小区环境改造“六小工程”】2010年，组织各街道、镇推进老小区环境建设“六小工程”，全年完成320个小区的改造。在项目推进过程中，坚持走群众路线，工程实施前广泛听取居委会、居民和物业公司等各方意见，以居民群众实际需求为导向，确定整治项目，办老百姓需要、老百姓想办的实事、好事。突出亮点，在确保任务完成的基础上，将“中心绿地广场”、“百草园”、“三曲桥和六角亭”等具有科普价值和人文内涵的改造项目引入小区，因地制宜地打造小区亮点和特色。《解放日报》、《新民晚报》等主流媒体对此作专题报道。建立长效机制，按照“整治一个、移交一个”的原则，在竣工小区建立居委会、业委会、物业公司共同参加管理的长效机制，确保竣工设施有人管、有人修。（蔡　军）

【旧住房成套改造工程】2010年，为解决居民“烧饭难、洗浴难、如厕难”，稳步推进旧住房成套改造工程。交通路1913弄6—7号简单分隔改造项目竣工；宜川二村、曹杨六村、西合德里等成套改造项目正在抓紧施工。（蔡　军）

住宅建设

【概况】2010年，受国家房地产市场调控政策影响，区房地产市场保持低位运行，住宅建设稳步推进。全年核发新建住宅交付使用许可证14件。住宅竣工面积54.56万平方米，比上年增长12.4%；住宅施工面积228.12万平方米，比上年增长4.5%；住宅新开工面积63.08万平方米，比上年增长4.5%。开展节能省地型“四高”优秀小区创建，恒盛鼎城东苑、恒盛鼎城·圣都汇2个项目完成创建“四高”优秀小区评审，大华清水湾三期通过住宅性能认定预审。以改善中、低收入家庭住房条件为宗旨，稳步推进沪嘉北A、李子园A和金光二期等保障性住房项目建设。（蔡　军）

【公建配套建设和管理】2010年，区房管局在计划管理方面，完成4批住宅竣工配套计划、市政设施配套建设投资计划和公建配套投资计划的上报；对申报新开工基地和在建基地加强现场踏勘，传达政策，强化指导。在公建配套管理方面，加强配套费征收，按规定做到应收尽收；完成对保障性住房沪嘉北A和李子园A项目的公建配套核定。市政配套道路建设方面，长风生态商务区内5条道路建成通车。（蔡　军）

【保障性住房建设】2010年，沪嘉北A、李子园A和金光二期3个保障性住房项目按照工程进度和时间节点全面完成年度建设任务。至12月底，沪嘉北A项目基础工程全部完成，1、6、7、8号4幢楼结构封顶；李子园A项目完成50%的地下工程；金光二期项目接近结构封顶。（蔡　军）

房地产管理

【概况】2010年，房地产管理以服务区域经济发展为目标，加大行业管理力度，房地产业基本保持平稳健康态势。全年审核批准房地产开发企业暂定资质等级9家，完成房地产经纪企业备案登记48家，至年底，在区注册的房地产开发企业99家。批准商品房预、销售建筑面积117.26万平方米，其中住宅30.2万平方米，商业、办公用房59.48万平方米，地下车库和会所27.58万平方米。商品房成交量、成交金额比上年有较大幅度萎缩，其中，商品房预售登记2543件，建筑面积35.61万平方米，比上年下降38%，预售金额82.78亿元，比上年下降30%；商品房现房销售登记4297件，建筑面积37.42万平方米，比上年下降19%，销售金额48.59亿元，比上年下降25%；存量房交易登记13792件，成交面积122.44万平方米，比上年下降33%，成交金额188.31亿元，比上年下降22%。不可售公房交易170件，建筑面积3468平方米，比上年下降44%，成交金额5752万元。完成房地产测绘成果管理项目481件，开展行政审批事项集中清理，确定行政审批及办理事项44项。整治和拆除违法搭建820平方米，开展祥和名邸违法搭建整治。受理各类信访2270件，其中查办326件，办结率100%。办理“两会”意见和提案27件，办结率100%，人大代表和政协委员对办理态度满意率、对办理结果满意和理解率均达到100%。档案查阅窗口对外接待43578人次，提供房地产交易登记信息查阅73303卷。举办新进职工、行政执法人员培训班和动迁人员岗位证书复训班，取得良好效果。建立健全舆情监管队伍，落实专门责任部门和责任人开展舆情监管，对涉及房管局的舆情信息，严格按照“快报事实、慎报原因”的原则处理，并结合舆情监管，规范行政行为。根据市、区规划的整体要求，以科学发展观为指导，进行前瞻性研究，编制区房地产业发展“十二五”规划。（蔡　军）

【收购储备土地16.86公顷】2010年，落实402坊、507坊，桃浦539坊2丘、602坊3丘、604坊4丘、627坊1丘共6幅地块的土地储备，总面积16.86公顷。其中402坊、507坊地块将建设动迁安置房，分别对口用于真北村、锦绣里基地的动拆迁。真北村、上海西站货场地区铁路用地、桃浦704坊、709坊等地块的收购储备工作正在有序推进中。（蔡　军）

【房地产市场监管】2010年，贯彻国务院和市政府一系列房地产宏观调控政策，加强对房地产市场的监管，促进房地产市场健康、平稳发展。实施房地产全过程管理系统二期建设，将税收统计板块纳入系统中，并创建图形演示系统。开展房地产税收监管，及时统计有关信息，并与区税务部门进行沟通。（蔡　军）

【落实廉租家庭879户】2010年，区房管局落实廉租家庭879户，累计向4877户廉租家庭发放配租租金3269.22万元，提前超额完成市政府下达新增廉租家庭740户的年度目标任务。同时启动实物配租试点，完成申请受理、审核公示、摇号选房等工作，首批53户实物配租家庭即将入住新居。 （蔡　军）

【筹备经济适用住房申请工作】 2010年，区房管局在向外区学习的基础上，制订《普陀区经济适用住房工作方案》和《普陀区贯彻市政府办公厅〈关于加强本市区（县）和街道（镇、乡）住房保障事务管理工作的意见〉的实施方案》。并组织区住房保障中心、街道镇、房管办等多个层面的经济适用房政策培训。 （蔡　军）

【住宅小区和物业窗口行业百日测评】 2010年，抓好住宅小区和物业窗口行业世博百日测评迎检及各项运行保障工作，在每一个百日测评迎检前夕，区房管局科室与房管办结对，组织干部职工到住宅小区进行检查，发现问题加强督改和帮改，确保全区住宅小区干净整洁、和谐稳定。围绕上海世博会安全保卫工作要求以及物业安保工作规范，指导和督促各物业企业有针对性地制定值班制度、外来人员询问登记制度、技防24小时值班制度、重大事件报告制度、消防设施设备安全检查制度、小区班车安保制度等。组织物业企业对全区住宅小区中12897个水箱和1904个蓄水池进行清洗，对5352个水箱和上人孔进行加锁改造，建立“双人双锁”制度。请市房管局、区600办、公安普陀分局等部门领导、专家，对全区物业行业6000余名保安从业人员开展多次世博窗口服务和世博安保专题培训，组织“大练兵、大比武、大演练”活动，使保安队伍掌握窗口服务文明、安保反恐、消防安全、火灾救援等知识，提高日常接待服务和应对突发事件的能力。区物业窗口行业和居住环境百日测评成绩在中心城区保持中上水平。 （蔡　军）

【物业企业审批和业委会组建、换届】 2010年，全区审核批准物业企业三级暂定资质1家、三级资质升二级资质1家；组建业主大会、业主委员会19个，业委会换届改选34个；指导9个物业管理小区完成前期物业管理招投标；41个楼盘归集维修资金1.33亿元；完成有限产权接轨126户。 （蔡　军）

【推出便民服务“八小”举措】 2010年，区房管局转变工作作风，主动服务企业、服务基层，以政策培训会、现场办公等形式，加强对房地产开发企业、动拆迁单位、物业企业的服务。在局门户网站开设局长信箱、政风行风意见和建议游标，畅通老百姓反映问题的渠道，加大整改力度，解决居民群众急、难、愁问题。房地产交易中心结合窗口行业百日测评迎检，推出便民服务“八小”（首问责任、大堂引导、绿色通道、延时服务、产证加密、领导接待日、海宝便民箱、双语服务窗口）举措，受到居民欢迎。 （蔡　军）

宝山中环国际公寓 （唐耀国/摄）

房地产企业选介

【上海中环投资开发（集团）有限公司】 2010年，上海中环投资开发（集团）有限公司（简称中环集团）坚持“深化改革，锐意进取，扎实工作，拓展未来”的指导思想，努力开创工作新局面，全年实现利润总额6.37亿元，上缴税收1.89亿元，均创历史新高。区实事工程万里幼儿园6000平方米项目竣工交付使用；市实事工程浦东航头10万平方米经济适用房、区实事工程万里东学校1.4万平方米项目土建竣工；宝山中环国际公寓商品房一期8.7万平方米商品房实现预售，二期16万平方米开工；市重点实事工程共康雅苑一期10万平方米经济适用房土建竣工，二期19万平方米开工；市实事工程江桥10号地块10万平方米配套商品房开工；中环国际酒店项目开张营业。长海大厦获“上海市优质结构奖”，并申报“上海市白玉兰奖”；万里晶品苑1号房获“上海市白玉兰奖”；万里幼儿园获“普陀区优质结构奖”；中环国际公寓一期商品房和共康雅苑一期经适房共计21栋号房获“宝山区优质结构奖”，其中有6栋号房获“上海市优质结构奖”；中环国际公寓获“中国房地产最具创新价值楼盘”称号；吉林中环滨江花园一期获物业管理部优小区奖。完成中环集团“十二五”规划编制。为科学编制“十二五”规划，中环集团多次组织专题会议和调查研究，在回顾总结“十一五”发展的基础上，充分发挥“十二五”规划的前瞻性、战略性和指导性，经董事会审议通过“十二五”规划，明确中环集团未来5年发展定位与目标任务。在“迎博、办博”期间，中环集团以举办一届“成功、精彩、难忘”的世博会为使命，广大干部职工积极参与以“世博先锋行动”为主题的“创先争优”活动，在本职岗位上建功立业，在社区家园里热情服务，在志愿行动中为上海世博会成功举办作贡献。中环集团党委被区委授予“世博先锋行动”先进基层党组织。青海玉树地震发生后，全体干部职工纷纷献爱心，共捐款10余万元。成立中环集团帮困基金，捐款累计140万元。2010年，中环集团获“上海市重点工程实事立功竞赛优秀公司”、“上海房地产开发企业诚信承诺先进单位”称号，入选上海市房地产企业行业竞争力第八强。中环集团党委书记、董事长周玉升被评为“上海市劳动模范”。

（侯金华）

部分竣工交付使用的浅水湾恺悦名城　（陈泰明/摄）

【上海西部企业（集团）有限公司】

2010年，上海西部企业（集团）有限公司（简称西部集团）在房地产市场急剧变化，民生物业工作繁重，迎办世博期间任务艰巨等情况下，经过全体干部职工的努力，全面实现年初制定的各项目标。全年上缴各类税收1.85亿元。西部集团主营业务房地产开发方面，南昌商业公建、如皋上海新城二期和嘉兴御华名都先后开工建设，浅水湾恺悦名城住宅部分年内竣工交付使用；为保持发展的可持续性，成立上海西部企业集团海门威斯特置业有限公司，全面负责海门开发项目。在动迁形势严峻的情况下，西部集团调整工作思路，整合力量，优化结构，克服困难，逐步推进，完成长寿路合利坊“193地块”拆平交地工作。西部集团承接市、区政府各类实事工程：完成旧小区平改坡综合改造工程4个，涉及51幢房屋计49.42万平方米；完成二次供水改造项目2个，计5幢房屋4.8万平方米；对曹杨六村111—114号、宜川二村一期、西合德里182—183号等8幢房屋进行成套改造，共计1.45余万平方米；“双人双锁”工作中，水箱盖上锁3768只（含蓄水池），上人孔上锁2102只（含中间水箱门和泵房门）。根据迎世博600天行动计划，西部集团落实测评迎检工作，完成第六至第八个100天文明指数测评，其中门责制管理作为专项测评的重中之重，对下属567家沿街商铺进行梳理，定期组织人员进行检查和复查，出现问题及时整改。世博会期间，西部集团同步推出物业服务“6月新”系列活动，推进物业管理行风建设，先后举办“奉献世博我尽责，为民服务我快乐——西部集团物业小区、商铺门责巡查队出征仪式”、“小区卫士，世博先锋——集团小区经理、保安队长演讲比赛”等6期活动。西部集团名下南昌凤凰城上海实验幼儿园通过评估，被授予“省级示范幼儿园”称号。城市舞蹈公司被认定为上海市文化产业示范基地（骨干文化企业类示范基地），作为上海世博会文化服务供应商，承接并提供大量文化方面的支持和服务，包括参与德国史诗歌剧《尼伯龙根的指环》的宣传和对接工作；创制的新剧目《CHA》在世博会期间进行多场演出。

（黄文强）

十七、环境建设与管理

综　述

2010年，全力做好迎博、办博期间的文明指数测评。面对全市总体测评严峻的态势，建设系统干部职工克服高温酷暑、防汛防台和世博安保任务艰巨等困难，采取“5＋2”、“白＋黑”、“晴＋雨”的特殊工作方式，以“宁愿掉肉也不掉分的执著精神”，做好迎检测评工作。通过努力，普陀区在市第二至第八次环境文明指数测评中，成绩基本保持列全市前茅，为迎博、办博期间文明指数测评成绩大幅度上升奠定基础。

打造一批景观亮点工程。世博会召开前，全面完成武宁路道路、绿化、灯光、建筑立面等景观改造，作为“西大堂”的门户——武宁路以全新的形象迎接八方宾客；完成苏州河景观灯光二期建设，建成白玉路267米景观叠水瀑布，使苏州河水上夜航更具看点；基本完成长风生态园1号和4号地块景观灯光建设，长风生态园区景观灯光夜景粗具规模；落实苏州河水上观光游览项目，完成西康路桥和昌化路桥2个码头建设，并交付使用；推进苏州河三期防汛墙改建工程，完成96%的工程量。

提高城区绿化覆盖率。完成新建绿地30万平方米、生态专项建设绿地5万平方米，有序推进楔形绿地建设，建成并开放武宁公园。配合轨道交通建设，完成12个站点8.6万平方米配套公共绿地的恢复。加大老公园改造力度，长风公园通过整体改造，与长风海洋世界一起成功创建成区内首家4A级国家旅游景区；管弄、甘泉等公园全面进行绿化调整，景观面貌得到明显改善。完成绿地改造10万平方米，新种行道树1002株，建设立体绿化4280米，区绿化覆盖率23.5%，人均公共绿地面积6平方米。加强户外广告设置监管，拆除各类不规范户外广告设施，拆除总量列全市中心城区第一。完成店招店牌改造4209块，围墙美化2800余平方米，整治围墙8.56万平方米，立面粉刷125万平方米。加大环卫设施设备投入和更新力度，率先将GPS定位系统用于环卫作业车辆；优化环卫设施设置，新建公厕2座，改建公厕11座；新建垃圾压缩站4座，改建5座；改建垃圾房200座、环卫道班房2座。

营造生态文明的和谐环境。开展扬尘污染防控与治理，环境质量总体有所提高，区域平均降尘量明显下降。大力推进区环境保护和建设三年行动计划的实施，123个项目全部启动，完成87个，其中16个市重点项目已完成10个，环境标准化建设有所加强，环境基础设施建设不断完善。全力投入世博服务保障工作，区域环境安全得到有效保障。推进“十一五”减排及环境整治，推进燃煤锅炉二氧化硫减排，重点加大对桃浦热力公司等3家使用燃煤锅炉单位烟气脱硫设施的管理力度，确保二氧化硫排放达标率100%。新创建区环保绿色小区6个，绿色学校5所。　　（李　梅）

环境保护

【概况】 2010年，环境保护工作全力推进“十一五”规划各项指标任务的完成，谋划区“十二五”环境保护规划，加快区域经济结构转变，加大环境保护工作力度，全面保障世博会成功举办，推进生态文明的和谐新普陀建设。全年平均区域降尘量7.3吨/平方公里·月，空气质量优良334天，优良率92.3%，比上年上升3.2%；一级124天，比上年增加11天。世博会期间，全区空气质量优良率98.3%。二氧化硫年日均值浓度0.033毫克/立方米，二氧化氮年日均值浓度0.052毫克/立方米，可吸入颗粒物年日均值浓度0.079毫克/立方米。区域环境噪声昼间时段平均等效声级为56.6dB(A)，夜间时段平均等效声级为48.0dB(A)，达到二级标准。道路交通噪声昼间时段平均等效声级为71.2dB(A)，夜间时段平均等效声级为66.5dB(A)，未达到四类标准。全年审批环评报告表(书)项目352个，环评登记表项目263个，试生产项目40个，竣工验收项目466个，总量比上年上升7.5%，年度建设项目验收率91.4%。77家各类医疗卫生机构和7家宠物诊所共产生并处置感染性废物952.5吨，损伤性废物96.5吨，总计1049.0吨，医疗废物集中处置率

100%，医疗废物转移联单执行率100%。全年共出动1504批次、5172人次，对4663户次排污单位进行现场执法检查，对14家违法单位进行行政处罚，处罚金额共计30.05万元。完成各类环境监测数据65879个、监测报告588份、监测报表129份，环境质量年报、半年报、季报5份，空气质量日报358期，为区域环境监督管理提供科学依据。2010年，创建区级绿色小区6个、绿色学校5所，长征镇祥和名邸小区通过市环保局验收，成功创建为"安静居住小区"。（袁玮琼）

【实施第四轮环保三年行动计划】 2010年，区第四轮环保三年行动计划123个项目全部启动，完成87个，完成率70.7%；其中16个市重点项目，已建成长风生态商务区3号地块绿地3公顷、武宁绿地6.3公顷，完成环境监察标准化能力建设等10个项目，完成率62.5%。建民村绿地建设取得较大突破，完成地块动拆迁，并沿铁路50米建成1公顷绿地。桃浦楔形绿地3.3公顷项目基本完成。区环境监测站于上半年搬迁，完成实验设备、设施的安装、调试、强检和空气自动监测站站房建设及设备安装。在世博会召开前夕，增配环境应急监测车辆，增强环境应急能力。（袁玮琼）

【扬尘污染防治】 年初，制订《2010年扬尘污染控制计划》，明确各街道、镇平均降尘量考核指标值及相关职能部门的工作责任。世博会期间，加大联合执法频次及现场检查力度，每2个月开展1次联合执法检查，重点对建筑面积大、扬尘污染问题多、有居民矛盾的房屋建设工地、拆房工地和市政施工工地开展每周专项检查。组织扬尘污染防治专题培训和现场观摩，提升建筑工地扬尘防治意识及防治能力。全年新增11个区域降尘监测点位，区内常设区域降尘监测点位增至34个，为扬尘控制监管提供科学依据。（袁玮琼）

【化解环境扰民问题】 1—12月，全区共收到反映环境污染方面来信、来访、来电、电子邮件456件，其中来信88件、来访53批134人次、来电260件、电子邮件55件，信访总量比上年下降7.3%。噪声、油烟气污染为信访反映的主要问题，各占信访总量的44.5%和25.7%。完成"夏令热线"接诉和处置，实行"夏令信访党员包案"工作方式，解决20件疑难信访，开展4次错时监察，依法查处3家单位。（袁玮琼）

【二氧化硫减排】 推进燃煤锅炉二氧化硫减排，至年底，全区工业用煤50551吨，二氧化硫排放688.8吨，二氧化硫排放比市政府下达的"十一五"期末总量控制目标多削减1178.2吨。加大对桃浦热力公司、上海汽车有色铸造总厂、高斯图文印刷系统（中国）有限公司3家使用燃煤锅炉单位烟气脱硫设施的管理力度，确保二氧化硫排放达标率100%。开展加油站油气回收改造，上海阳光新普陀油气供应有限公司等5家民营加油站完成改造。推进清洁生产审核，完成上海印钞有限公司清洁生产审核验收，部署区重点企业2010—2014年度清洁生产审核工作。（袁玮琼）

【辐射安全监管】 2010年，区环保局与18家Ⅱ至Ⅴ类放射性同位素利用单位签订《上海世博会期间辐射安全承诺书》，明确各项辐射安全管理责任。对18家放射源销售、使用单位，25家射线装置生产、销售、使用单位进行10轮次的世博安全管控检查，确保放射性同位素在世博会期间安全受控。（袁玮琼）

【环境保护工作会议】 4月7日，召开2010年普陀区环境保护工作会议，区委副书记、区长、区环境保护和环境建设协调推进委员会主任孙荣乾，市环保局副局长吴启洲，区委常委、副区长诸葛宇杰，副区长、区环境保护和环境建设协调推进委员会副主任高德彪出席。孙荣乾从"聚焦重点，为世博添彩"、"瞄准难点，为区域经济发展做贡献"、"突出亮点，开创区域经济与生态环境协调发展"等3个方面对环境保护和环境建设工作提出要求。吴启洲阐述了普陀区环保工作的形势和任务。高德彪传达2010年全国环境保护工作会议和上海市环境保护工作会议精神。区环保局局长黄海威总结区2009年环境保护和环境建设工作情况，并对2010年环保工作进行部署，上海印钞有限公司和泾泰居委会代表分别进行交流发言。会上播放区环境保护和环境建设专题短片，集中展示普陀区自启动实施环保三年行动计划以来所取得的成果，分析当前存在的一些环境问题。（袁玮琼）

【纪念"6·5"世界环境日暨世博环境论坛】 6月3日，普陀区举行"纪念'6·5'世界环境日暨世博环境论坛"，市环保局党委副书记姜南，区委常委、宣传部部长祝学军，区人大常委会副主任张新华等出席，副区长高德

4月7日，召开2010年普陀区环境保护工作会议（徐　凌/摄）

彪主持。区环境保护和环境建设协调推进委员会成员单位相关领导以及同济大学经济与管理学院教授、2010 年上海世博会环境顾问诸大建应邀参加。论坛的主题为“实施低碳发展，建设生态文明”。区环保局作《低碳发展——绿色的未来》主题发言，诸大建作题为《低碳城市建设的基本特征》报告，区发改委、商务委、教育局和科委分别围绕低碳主题结合部门工作从规划、企业实践、教育、科技与科普等角度进行专题讨论。（袁玮琼）

【扬尘污染控制工作推进会】 10 月 26 日，召开普陀区第四轮环保三年行动计划暨扬尘污染控制工作推进会。市环保局局长张全，区委副书记、区长孙荣乾出席并讲话，区人大常委会副主任张新华、副区长高德彪出席，区环境保护和环境建设协调推进委员会成员、区环保三年行动计划及扬尘污染控制工作相关单位分管领导、部分区级绿色小区、绿色学校代表等参加。区环保局副局长陈亮汇报区第四轮环保三年行动计划及扬尘污染控制情况，区商务委、绿化和市容管理局、真如镇进行交流发言。会上对舒诗康庭、智慧苑、阳光西班牙、芙蓉花苑、海鑫公寓等 5 个 2009 年度区环保绿色小区，华东师大第四附属中学、晋元中学附校、武宁路小学、普陀幼儿园、上海音乐学院附属安师实验中学等 5 个区绿色学校进行授牌。（袁玮琼）

【环保专项行动】 开展 2010 年整治违法排污企业保障群众健康环保专项行动。环保专项行动包括世博环境保障、重金属污染专项整治、巩固减排成果的执法后督察。其间，共出动 4626 人次，检查单位 4097 户次，其中与区城管监察大队、建交委等部门联合执法检查 16 次；错时监察执法 6 次；对 11 家违法企业进行行政处罚，共罚款 26.6 万元；对 12 件挂牌督办、行政处罚案件进行环保后督察，除 1 件为重复发生原违法行为，已立案查处外，其余 11 件整改情况良好，环保专项行动取得明显实效。（袁玮琼）

【“绿色护考”环保行动】 2010 年，在公务员录用考试、高考、国家司法考试期间开展“绿色护考”环保行动。共出动 30 人次，检查学校和单位 70 户次，对 5 起噪声扰考事件当场予以劝阻，确保考场环境安静。（袁玮琼）

【开展环境宣传教育】 2010 年，开展世博会期间机动车尾气监测、公交车冒黑烟目测、机动车鸣号率监测以及机动车、非机动车禁鸣宣传工作。推进世博绿色出行，市环保局、上海世博会事务协调局以及美国环保协会共同授予区环保局“世博绿色出行之 100 + 社区活动优秀组织”称号。举办环境小硕士（YMP）暨环境小记者（YRE）项目教师培训班，36 所中学环保教师和英语教师参加培训，并分别获得由国家环保部宣传教育中心和瑞典隆德大学国际工业环境经济学院联合颁发的“环境小硕士”、“环境小记者”项目培训证书。组织百万市民学环保活动，全区共举办环保培训活动 190 次，参与培训 10043 人。组织环保活动 165 次，参加 11476 人次，网上培训 229 人，问卷调查近 3000 份，收到“我为环保献一计”征询书 400 余份。（袁玮琼）

市容管理

【概况】 2010 年，市容管理围绕“迎博和保博”这一工作主线全面展开，以每个百日文明测评活动为契机，以举办和承办“靓丽苏州河，光彩耀世博”普陀区“市容杯”苏州河景观灯光摄影比赛、“普陀区 2010 端午民俗文化节”、普陀区第十一届家庭文化节暨第十二届家庭教育宣传周等活动为载体，以“清洁普陀，美化家园”和全面完成“十一五”各项建设任务为目标，通过抓环境保障，确保世博期间环境整洁美化；抓工程推进，确保高质量完成各项建设任务；抓顽症治理，确保市容管理水平取得长足进步；抓服务强化，确保民生工作取得实效；抓形象塑造，确保社会宣传工作的知晓率；抓效能建设，确保政府职能转变继续深化的工作措施，全面完成迎世博 600 天行动各项任务及世博期间各项市容环境保障工作。市容管理、环卫作业、景观灯光建设取得明显成效，提升了市容市貌整体水平。（束泰平）

【苏州河景观灯光二期建设】 2010 年，完成苏州河（普陀段）景观灯光二

苏州河（白玉路段）百米景观叠水瀑布群　（区绿化和市容局供稿）

期建设。“苏州河十八湾”夜景成为苏州河景观建设的展示点,吸引大批观光游客。其中,已建成的苏州河(白玉路段)百米景观叠水瀑布群、长风公园景观灯光和联合大厦景观大屏幕是苏州河(普陀段)景观灯光二期建设中的亮点工程。苏州河(白玉路段)百米景观叠水瀑布群长267米,由12米、55米和92米3个沿河瀑布和4个瀑布间绿化带组成。在瀑布群开启时,景色迷人,气势壮观。长风公园景观灯光建设在高起点、高标准、高科技理念指导下,使公园夜间自然生态完美融合,现代生活与人文景观和谐并存,给夜间游人游园营造舒适的视觉环境,凸显长风公园个性魅力。联合大厦景观大屏幕分3个面,每个面通过LED视频灯条装饰,晚间可组成一个超大型显示屏,不仅亮化楼体,还成为区宣传世博知识的窗口和传播公益性广告的渠道。 (束泰平)

【整治市容环境】 2010年,抓住世博契机,围绕“整洁、有序、美观、平稳”的工作要求和目标,在治理乱设摊市容顽症上采取差别化管理等措施,使市容环境整治工作取得明显成效。全年协调各街道、镇完成店招店牌改造4209块,使店招店牌显规格调素雅、规格统一的风貌;美化和改造岚皋路、延长西路、光复西路、大渡河路等部分路段景观围墙2800余平方米,整治围墙8.56万平方米,立面粉刷125万平方米,经过美化、改造和整治后的景观围墙达到美化环境、宣传人文科普的作用;拆除高炮广告26个,拆除各类不规范户外广告和设施7682块,拆除总量位于中心城区前列。 (束泰平)

【提高道路保洁水平】 上海世博会期间,区内道路保洁机械化作业水平显著提高。普环公司原有机扫车14辆、冲洗车12辆,在迎博和保博期间,购置各类机扫车34辆、冲洗车23辆、扫路机6辆,道路机扫率达93%,冲洗覆盖率达93.5%。同时,加强管理精细化和保洁常态化,结合区内道路状况和特点,先后推行人机混扫、机冲联动各类组合式道路保洁法、人行道进行全方位冲洗的“飞行保洁”组合、“夜间作业、白天保洁”等模式,以及对武宁路、长寿路等主要道路进行“公交站点式”循环保洁,基本做到20分钟巡回保洁一遍,缩短垃圾在道路上的滞留时间,填补清道作业空白点,提高道路保洁速率,确保道路保洁整体水平保持良好状态。 (束泰平)

【责任区管理达标创建】 2010年,责任区管理达标创建工作坚持以迎世博600天行动为重要抓手,遵循管理为核心、单位和市民自律为关键、作业为基础、执法为保障的“四位一体”工作模式展开。为确保责任区管理达标创建工作落到实处,各街道、镇通过加大投资力度,结合区域特点,因地制宜形成综合建管特色工作制度,完善市容环境综合管理工作机制,加强源头监督,强化执法力度,防止顽症反复,使区的整体市容环境状况明显改善。9个街道、镇完成创建目标,创建达标率和复查合格率均100%,在全市名列前茅。长征镇被评为上海市首批“市容环境综合管理示范镇”。 (束泰平)

【“市容杯”景观灯光摄影比赛】 3月2日,区绿化和市容管理局与区委宣传部、上海市摄影家协会等7个单位联合在区图书馆举行主题为“靓丽苏州河,光彩耀世博——普陀区‘市容杯’苏州河景观灯光摄影比赛”启动仪式。市、区有关部门领导以及20个市级新闻单位,10个苏州河畔夜景设计和施工单位的代表出席。启动仪式上,活动组委会对获上海市十佳景观灯光——苏州河畔夜景设计和施工单位进行表彰。摄影比赛日期为3月2日—4月10日。其间,活动组委会共收到市内11个区县355名摄影爱好者的参赛作品2800余幅。经过由专家组成的评审委员会认真评选,评出一等奖2幅、二等奖4幅、三等奖6幅、优秀奖20幅、入围奖80幅。

(束泰平)

城管监察

【概况】 2010年,城管监察工作按照构建社会主义和谐社会的要求,全面实施《上海市城市管理相对集中行政处罚权暂行办法》,围绕“迎世博、办世博”这条主线,确保世博会期间市容环境整洁、社会稳定;深化执法勤务改革,创新执法运作机制,强化部门之间联动互动,完善工作制度和工作机制,加强执法顽症应对措施;适应新时期城管工作的要求,专业管理、专业执法、社会力量与综合执法相配合,转变整治模式,整合执法资源,降低执法成本,开拓城市管理发展的新思路,提升城管水平和执法实效;规范城管执法程序,建立相应的执法标准和量化指标,完善城管队伍结构,推进规范化分队建设,加强城管监察标准化、规范化、制度化建设,提高城管监察队员素质;改变规模性集中整治方式,由突击整治向常态长效治理转变,全区性整治向区域整治转变,单独执法向依托平安建设、卫生城区创建平台等组织有关部门联动整治转变;以拆违、整治渣土、清理“三乱”(乱涂写、乱招贴、乱刻划)及小广告为重点,建立执法工作目标责任制,完善相关部门联动执法机制;建立“双向告知”制度,促进管理与执法相互沟通、协调,落实属地管理执法责任制;依照法定权限,履行工作职责,有力、有序地推进拆违工作,突破环境整治难点。全年查处各类违法违规案件2495件,罚款352792元,罚缴分离率一般程序和简易程序均为100%;实施集中联合整治25次、区域专项整治52次,出动执法人员118819人次,出动车辆21319车次,劝导和教育违法人员5356人次,清除乱设摊52062处,纠正跨门营业23564起,纠正占绿毁绿132起,清除违章横幅186条,取缔夜排档1369只,清除“三乱”7752处,整顿车辆乱停放497处,纠正乱晾晒5764处;受理区网格化信息中心传送的各类投诉64183起、各类信访投诉6173件、市绿化市容局行政事务受理中心转来投诉5528件,处理“12319”投诉热线7657件;办理人大代表、政协委员意见、提案18件,处理率100%。 (潘英东)

【成立世博保障工作领导小组】 4月15日,成立区城管监察大队世博保障工作领导小组,由区城管监察大队主要领导任组长,大队分管领导任副组长，各部门中层干部为成员。领导小组下设安保、运行、宣传、后勤保障指挥部，建立部门职责制，确定应急处置程序。安保指挥部按照安保等级有关规定，组织指挥相关安保工作。运行指挥部主要处置区域内市容环境重特大突发事件，组织协调相关职能部门联合整治。宣传指挥部负责世博会宣传、各类文书资料编写，对市、区重要工作及领导小组布置任务落实情况的督办。后勤指挥部负责世博会期间执法整治后勤工作。各项工作由区城管监察大队指挥室按照总指挥指令，向大队10个专业分队下达，由各分队根据需要抽调人员，赴现场依法快速查处各类违法行为。7月21日，根据市行政执法局要求，在世博园高科西路、云台路、洪山路等3个出入口，维护社会稳定和环境整洁，并参加由市行政执法局组织的“假冒世博会特许商品销毁仪式”。（潘英东）

【区域环境整治取得成效】 区城管监察大队投入“迎博、办博、保博”工作，组织“迎博一号”、“办博二号”、“后博三号”系列整治。“迎博一号”行动自3月8日—4月20日，整治重点为乱设摊、跨门营业、渣土、施工噪声等反复性强的违法现象。主要整治区域为世博采访线和采访点及周边环境。整治分集中宣传阶段和集中整治阶段。在整治中，采取“组团式”模式，并加大巡察、定岗力度。“迎博一号”行动共出动执法人员23289人次，出动执法车辆4293车次，取缔乱设摊12337处，纠正跨门营业5608起，引导流浪乞讨5人次，宣传教育2315人次，清除布幅广告45条，查处擅自处置渣土运输8起。“办博二号”行动自4月21日—10月31日。主要针对市民和媒体反映的热点、难点和重点问题开展中小规模的联动整治。整治分成三个层面：由区城管监察大队牵头组织5—10次全区性大规模联合专项整治行动；以相邻的3个分队为一组，由区城管监察大队牵头组织每周3—5次中等规模整治行动；各分队根据各自辖区实际情况，开展以分队为主的小规模整治活动。整治行动共出动执法人员102943人次，取缔乱设摊48994只，纠正跨门营业28048起，清除布幅广告356条，处罚毁绿占绿案件57起，处罚擅自处置渣土案件15起。“后博三号”行动自11月1日—12月31日。主要以常态、长效管理为主，以分队为单位，在各自辖区实施定岗、固守，防止各类违法现象回潮，并制定相应的制度，建立与有关部门联动执法机制、与有关职能部门“双向告知”制度，促进管理与执法相互沟通、协调，落实属地管理执法责任制，使城市管理纳入长效执法管理轨道。（潘英东）

维护上海世博园区环境秩序的城管队员（潘英东/摄）

【环境整治实现3个转变】 2010年，城管监察工作改变环境整治方式，实现3个转变。一是由突击整治向常态长效治理转变。实施差别化执法管理，针对迎世博新形势、新任务，到社区调查研究，根据不同区域特点，明确严禁区域、严控区域和控制区域，有的放矢，采取错时制工作方式，调整作息时间，实施“黑加白”、“5+2”工作制，差别执法管理，提高实效。二是由规模化整治向区域组团式整治转变。健全分队层面组团式工作联动机制，以相邻的3个分队组成1个组团，每个组团根据辖区内实际情况，及时开展联动执法；加强社区层面联队式工作联动机制，由街道、镇牵头组织各职能部门派驻街镇机构，适时开展联动整治；强化区级层面综合式工作联动机制，借助区综合执法联席会议平台，整合执法资源，实行有序、统筹联动管理。三是由单独执法向联动、互动执法转变。依托平安建设、卫生城区创建等平台，整合执法资源，健全与有关部门联动、互动执法机制，并与相邻区城管监察大队联手，加强对区际接合部的执法。（潘英东）

【拆除违法建筑8.4万平方米】 根据年内拆除5万平方米违法建筑的区政府实事任务，坚持“突出重点，突破难点，突出亮点，标本兼治，以点带面，长效管理”的工作原则，对区域内违法建筑情况进行摸底调查，排出拆除计划，有序推进。逐步完善“12319”举报信息传递、城市网格化管理中心和居民发现报告的“三项制度”，建立拆违工作协调机制，健全拆违组织机构，整合违法建筑整治工作的法律资源和执法力量，提高违法建筑整治效率。完善违法搭建举报“一口受理”工作机制，按拆违受理立案率、到场及时率、处置率和结案率等指标，落实拆除违法建筑目标责任制，并与年度目标考核结合起来。全年拆除违法建筑83959.5平方米，完成年度计划的168%。（潘英东）

【夏季环境整治】 自6月25日起，全区开展为期2个月的夏季环境整治。“整治各类乱设摊战役”：加强早点摊、盒饭摊、西瓜摊等各类“乱设摊”的管理。与有关部门联手，对一些综合性违章实施整治，加强对沿街商店跨门营业的管理。“夏令夜间整治战役”：根据夜排挡特点，依靠街道、镇和相关职能部门，齐心协力控制夜排档蔓延；规范夜间土方运输，采取错时制，调整人员，加强夜间执法力度。“配合重大工程建设保障战役”：重点拆除轨道交通线周边违法建筑，清除有碍轨道交通线建设的违法现象；配合旧区改造，处置重大工程建设中影响市容环境的突发事件。通过夏季环境整治三大战役，基本遏止有悖市容环境整洁的违法现象。　（潘英东）

【治理轨道交通站点周边市容环境】 7月25日—8月31日，开展整治轨道交通中潭路、镇坪路、曹杨路、金沙江路站点周边市容环境。主要整治跨门营业、乱设摊、用卡车兜售水果等违法行为。整治行动分成宣传与告知、集中整治、定岗固守3个阶段。其间，对沿线违章户和违章人员进行宣传、告知，对经宣传教育屡教不改的违章摊主实施集中整治。整治由区城管监察大队指挥室组织统一调度，由3个分队联手的组团式模式进行，每日3次执法检查，做到依法行政，按程序操作，文明执法，严格执法。共出动执法人员2630人次，取缔乱设摊1450处，纠正跨门营业1156家，暂扣西瓜车13辆。在取缔乱设摊时，做好收缴物品的保管工作，按指定地点统一存放。

（潘英东）

【社会力量参与城市管理】 10月25日，区城管监察大队与农工商118店、好德便利超市举行文明共建签约仪式。本着“互相支持，强化管理，繁荣普陀”的宗旨，规定双方的权利和义务。协议规定区城管监察大队按照城管有关法规规章，加强对118店、好德便利超市门前及周边市容环境的治理，整治各类影响环境的违法行为，并做好日常检查、监察管理工作；118店、好德便利超市做好环境卫生责任区工作，并监督和督促下属部门做好工作。双方约定1年进行2次设点宣传，每季度召开1次工作例会，互通信息，促进社会力量参与城市管理。

（潘英东）

【完善督察考核机制】 2010年，区城管监察大队完善大队层面督导工作，开展督察工作效能检查，实行督察日志填报制度，建立督察工作与群众举报投诉挂钩的考核制度，对分队道路执法实效、队员行为规范进行强力督察，提高督察工作质量。实施《案件过错责任追究制》，实行谁办案、谁负责，谁审核、谁负责的由下到上分级追究制，把办案准确率与目标考核挂钩，与奖金发放挂钩。全年无败诉案件、无错案、无赔偿。　（潘英东）

园林绿化

【概况】 2010年，绿化建设和管理工作抓住世博会这一契机，全面完成区“十一五”各项绿化建设和管理任务。完成“一轴三线”（武宁路为轴，长寿路、中山北路和大渡河路为线）为主的2010年迎世博花卉景点布置任务，美化区的环境，演绎世博会“城市，让生活更美好”这一主题。“长风公园·长风海洋世界”被国家旅游局命名为国家4A级旅游景区，实现普陀区国家4A级旅游景区“零”的突破。采取协调社会共建等措施，实施武宁路、桃浦楔形、云岭东路和泸定路等道路绿地建设，恢复12个轨道交通站点8.6万平方米配套公共绿地，新种行道树1002株，建设立体绿化4280米。对管弄、甘泉、沪太、海棠等公园进行绿化调整，补种草坪、地被1.82万平方米，调整补种乔灌木9560株。结合世博会绿地景观优化工作，对187处公共绿地、99条道路沿线绿地和118个小区进行绿化养护管理考核和复查，完成40余个小区空秃地被补种任务。解决失管失养绿地9万平方米，补种苗木8万余株，草皮3000余平方米，地被2.3万平方米，改善居住区绿化。年内新建绿地30万平方米，其中新建公共绿地20万平方米，区绿化覆盖率23.5%，人均公共绿地面积6平方米。　（朿泰平）

【长风公园·长风海洋世界建成国家4A级旅游景区】 2006年8月，长风公园首次提出创建国家4A级旅游景区，经过2年创建实践，于2009年初明确力争在2年内成功创建国家4A级旅游景区目标。采纳上海地方评审小组的建议，长风公园与长风海洋世界联手，以“长风公园·长风海洋世界景区管理办公室”为联合申报主体，向国家旅游总局进行申报。并按照《旅游景区质量等级的划分与评定》、《旅游景区质量等级评定管理办法》的国家标准，完善景区“硬件”和“软件”建设。在“硬件”建设方面，投入3000余万元，对公园内主干道、6座厕所等基础设施进行改造和新建；“软件”建设方面，强化领导班子和员工队伍建设，对服务人员进行规范服务、礼仪和急救技能等培训，实现景区

上海市旅游局副局长沈山洲（中）、普陀区副区长高德彪（右一）为4A国家级旅游景区“长风公园·长风海洋世界”揭牌　（李树钢/摄）

等级质的提升和突破，使各项工作上一个新台阶。2010年5月，国家旅游景区质量等级评定委员会评审组对长风公园·长风海洋世界景区创国家4A级旅游景区工作进行验收。2010年6月7日，根据全国旅游景区等级评定委员会“关于批准国家4A旅游景区的通知”的函，上海长风公园·长风海洋世界景区获得国家4A级旅游景区称号。2010年6月14日，在普陀区2010端午民俗文化节开幕式上，市旅游局副局长沈山洲、副区长高德彪为获国家4A旅游景区的长风公园·长风海洋世界揭牌。（束泰平）

12月5日，举行长风公园志愿者队伍成立10周年庆典暨风采展示活动

（李中原/摄）

【公园改造以人为本】 2010年，坚持以人为本理念，先后对长风、兰溪、甘泉、梅川、沪太等公园进行改造，对公园基础设施进行全面更换和改建，使公园绿化景观得到优化，功能分区更趋合理，形成适合各类游客进行身体锻炼和赏景、娱乐、观花的休闲场所和景区，使公园的时代生活气息更加浓厚。（束泰平）

【布置迎世博花卉景点】 由普陀区园开公司和长风公园承担设计、社区绿化所监管，总体布局以“一轴三线”为主，同时涉及到区级主要道路及相关公园的普陀区2010年迎世博花卉景点布置方案，通过市绿化和市容管理局600办评审后，经过2个多月施工，至4月底，全面完成迎世博花卉景点的布置任务。共布置花坛花境11139平方米，其中公园花坛1706平方米，灯杆挂花592组，容器摆花319组，垂直绿化720米，主题景点8处，共计用花72万余盆。精美、靓丽的花卉景点不仅为世博盛会营造隆重欢乐的氛围，而且充分演绎世博会“城市，让生活更美好”的主题。区园开公司还在1天内完成世博轴两侧300余株银杏树的修剪，8天完成联合国馆、高架步道下、澳大利亚馆以及美国馆的绿化景点布置任务。（束泰平）

【长风公园志愿者队伍成立10周年】 12月5日，以“春华秋实，志愿奉献在长风”为主题的长风公园志愿者队伍成立10周年庆典暨展示活动在长风公园大舞台举行。区委宣传部、绿化和市容管理局、长风街道等部门领导以及500余名公园志愿者参加。成立于2000年的长风公园志愿者队伍，通过积极探索，形成一套公园志愿者管理运行机制，催生志愿者之家、老年学校、英语角等特色品牌，涌现一批有志于公园管理、热心为游客服务的公园志愿者，使文明游园活动、公园管理水平不断提高。长风公园志愿者工作被评为上海市先进集体，命名为上海市志愿者服务基地。（束泰平）

十八、精神文明创建活动

综　述

2010年，普陀区精神文明建设工作以加强公民思想道德教育，践行社会主义核心价值体系建设为根本，以迎博、办博为主线，充分发挥迎世博600天文明指数测评的导向作用、专项主题实践活动的推动作用和先进典型的示范作用，广泛开展迎世博社会动员及精神文明创建活动。

完成市民《文明观博》培训和世博知识宣传任务。设置"文明观博"普陀报专刊，在世博礼包发放时段，向市民发送富含普陀人文特征和环保理念的文明观博宣传品，加强市民文明行为的引领，提高广大市民与窗口服务单位、外来沪务工人员的文明观博意识，全区参与培训人数37万余人，合格率79.95%，位列全市第五。

推动迎检测评工作。以不断提升区文明指数为抓手，以整治乱设摊乱停放、跨门营业、集贸市场、不文明路段为区检测重点，开展迎世博、讲文明、树新风"三五"（每月5日窗口服务日、15日清洁日、25日公共秩序日）集中整治行动，全年集中行动30次，参与群众600万人次。并定期组织迎检巡查、及时通报结果、完善督察机制、落实整改责任，在后7次市城市文明指数测评中，普陀区始终保持中心城区中等水平，进步指数位列全市第一。

开展城市志愿服务行动。明确各类志愿者的职能分类和岗位需求，紧扣时间节点组织志愿服务活动，加大志愿服务的参与面。推进"世博宣讲"、"交通文明"、"市民巡访"等世博城市文明志愿8大行动。举行世博年志愿服务工作总结表彰会暨志愿者风采展示活动，推出区世博城市文明志愿服务优秀个人、先进集体和优秀组织者各10个。

深化交通文明创建工作。实施普陀区"关安生命、文明出行"三年行动计划，举办2010年春运启动日、交通安全宣传日、5.25公共秩序日等大型宣传活动，增强社区居民的文明交通意识，提升社区文明秩序。发动党员志愿者在102个路口，维持交通秩序，倡导安全文明，区四套班子领导带头示范，坚持每月一岗参与交通文明路口值勤志愿服务。年内，创建市交通文明路口10个、文明路段3个，区交通文明路口20个，市文明示范区域2个、文明轨道交通2个。

开展群众性精神文明建设活动。组织文明餐饮、文明小区、交通文明等创建活动，推进文明社区、文明单位、文明行业创建。2009—2010年度，成功创建全国文明单位1家（区中心医院），全国精神文明建设工作先进单位2家（区市政工程管理署、甘泉路街道办事处）；创建市2009—2010年度文明单位98家、文明小区225个；创建区2009—2010年度文明单位234家、文明小区151个、文明行业6家、文明机关36家、文明楼宇12幢。曹杨、甘泉、长寿、长风、宜川5个街道及真如、长征、桃浦3个镇，创建为新一轮市文明社区（街道）、文明镇。组织评选新一轮精神文明十佳好人好事。推进由中央文明委、中国文明网联合举办的"我推荐、我评议身边好人"活动。经群众网上投票，普陀区有5人入选"中国好人榜"。围绕形成全民学习、终身学习的学习型社会，促进人的全面发展目标，在深化"图书漂流"活动基础上，不断丰富市民学习活动，营造"时时能学、处处可学、人人皆学"的氛围，完善区域终身教育体系，深入推进各类学习型组织创建。2010年，普陀区荣获全国社区教育示范区称号。（熊雪琴）

重要会议和主要活动

【精神文明建设大会】 3月1日，区精神文明建设工作会议在区图书馆召开。会议总结回顾2009年全区精神文明建设工作，部署2010年精神文明创建任务，表彰2009年度各类先进集体、个人，及精神文明十佳好人好事、十佳科长、十佳项目获得者。区四套班子领导出席会议，区委书记周国雄代表区委讲话。区委常委、宣传部部长祝学军代表区文明委作工作报告。长征镇、长寿路街道和十佳科长代表交流发言。600余人出席会议。年内，区精神文明建设奖励基金项目累计支持13个项目，其中重点

3月1日，区精神文明建设大会在区图书馆召开　（区文明办供稿）

项目2项、扶持项目1项、特色项目10项。（熊雪琴）

【未成年人暑期实践教育活动】 6月，召开2010年区未成年人暑期工作会议，推进未成年人思想道德实践教育。以迎博、办博为契机，利用纪念日、重大节庆日、成人仪式等，组织形式新颖、内容多样的未成年人教育活动，把有效活动与世博内容相结合，把生动教育与示范引导相结合，把传统节日与创新发明相结合，注重实践和参与。暑假期间，开展文化世博、科技世博、奉献世博、平安世博之旅5大系列活动，引导未成年人树立“了解世博、体验世博、参与世博、服务世博”的理念；完善暑期工作机制，坚持暑前有协调、工作有布置、中途有检查、暑后有总结的工作原则，发挥学校、社会、家庭“三位一体”功能，倡导社会各界人士“人人争做教育者、时时关注青少年”，引导未成年人养成文明习惯、树立远大志向、增强爱国情感、积极奉献世博。年内，下拨至街道镇暑期经费27万元。2010年，普陀区荣获市首次颁发的未成年人暑期工作最高奖项“五星”奖；区47名小学生、40名初中生、17名高中生列入市“风尚好少年”候选人范围；普陀区获得“上海市未成年思想道德建设工作先进单位”、“上海市未成年人暑期工作优秀组织奖”。（熊雪琴）

市民文明活动

【概况】 广泛开展迎世博、讲文明、树新风主题实践活动及城市文明志愿服务活动，践行市民公共道德，引领市民文明行为。组织市民学习文明礼仪，开展世博知识竞赛等宣传教育活动，倡导“精彩世博、文明先行”理念，增强市民光荣感、自豪感和东道主意识，引导市民在“参与世博、奉献世博”活动中，提高文明素养、践行文明礼仪、养成文明自律。组织“世博先锋行动”党员志愿者路口保畅通活动，全区500余名领导干部、党员志愿者在100个市区文明路口和交通流量较大的居民小区、商业网点等公共场所及周边路口维持交通秩序，倡导安全文明行动。完善志愿者服务体系，举办世博会普陀区志愿者工作站揭牌仪式，召开志愿者上岗誓师大会，命名世博志愿者形象大使。深化3月5日学雷锋日、12月5日国际志愿者日城市文明志愿服务行动。组织志愿者网上登记注册工作，至年底，全区网上登记注册总人数32000余人、志愿服务项目1200余项，网上公布项目400余项，累计服务时间超过350万小时。举行“迎世博、学礼仪、讲文明”知识竞赛活动，收到答卷7万余份，47个单位和5000名个人参与竞赛。（熊雪琴）

【城市文明志愿服务“八大行动”】 充分发挥志愿者在平安世博、交通文明、清洁城市、文明游园、市民巡访、世博宣传、窗口行业和社区志愿服务“八大行动”中的作用，并辐射至文明社区、文明镇、文明单位。其中区平安世博志愿者服务队是全市人数最多、覆盖面最广的一支服务队，共33154人，全部实名登记，日均在岗志愿者始终保持在8000人左右。其他城市文明志愿服务行动分别在各责任部门（单位）的牵头组织协调下，结合实际情况，坚持以本为本的服务理念，体现各自工作特色。（熊雪琴）

【建设城市志愿服务站点50个】 围绕上海世博会总目标，做好世博城市志愿服务站点的志愿者选拔、培训和上岗工作，形成“组－站－分站－站点”四级架构。开展“世博进社区”、“世博进园区”等系列主题活动，全区50个城市志愿服务站点（外建站8个，内设站42个），近5000名志愿者走上城市服务站点岗位，累计服务市民和游客88万余人次。其中徐虎、曹道云、金晶、朱雪芹、于井子5位区世博志愿者形象大使以与站点结对形式，将典型人物所代表的“便民”、“微笑”等理念融入到站点服务项目之中，创新服务内容，提升服务品质，赢得社会广泛关注。在市“服务世博，奉献世博”立功竞赛中，全区获优秀个人10人、优秀集体1个，园区志愿者之星64人、优秀团队8个，站点志愿者之星663人、团队之星40个；区志愿者工作站荣获“站点管理创新”等5个创新创优奖项，获奖数居全市18个区县之首。（熊雪琴）

【“啄木鸟”获市志愿服务先进集体称号】 区市民巡访团聚焦区环境文明、秩序文明、服务文明和“三·五”集中行动，在发挥“啄木鸟”作用的同时，还承担“报春鸟”工作。年内，巡访团参加区交通文明路口、路段及区域的测评工作，巡访测评出租车、长途汽车站、轨道交通、公园绿地、菜场集市、建筑工地、邮政等窗口单位及环境卫生死角和规范停车；对89个市、区级文明小区，10家区级文明单位进行巡访，并以05版标准，实地察看、对照打分，对突出问题拍照留证；参与3镇联合创建活动，暗访长征、桃浦、真如镇6处规范停车点及9个交通文明路口、7条中心马路以及民政、卫生、超市、餐饮、宾馆等26个单位，帮助3镇寻找问题，督促整改；与上视《新闻坊》联手启动"迎世博城市巡访活动"，以城市巡访志愿者身份，坚持全力以赴、全员出动原则，穿街走巷寻找城市管理方面的问题，起到促整改，找亮点、树典型。全年，区市民巡访团提供信息30条，在上视《新闻坊》城市巡访栏目中播放。年内，被评为上海市迎世博志愿服务先进集体，其中荣获市杰出志愿者1人、世博会志愿者工作先进个人1人、市优秀志愿者5人。1人被授予区迎世博600天行动银奖，2人被评为区优秀志愿者和志愿服务站先进个人。（熊雪琴）

世博志愿者宣传《上海市民世博文明公约》（区文明办供稿）

【评选年度精神文明十佳好人好事】 2010年，普陀区选送的2件好人好事典型："师生奋不顾身　擒获行凶歹徒"（曹杨职业技术学校陈海云老师及5名学生见义勇为的事迹）被市文明委命名为2010年度市精神文明十佳好人好事；"八年如一日，敬奉两孤老"（曹杨新村街道公务员周全相与老人多年结对服务的事迹）被市文明委命名为2010年度市精神文明十佳好人好事提名奖。制定下发《关于开展2009年度普陀区社会主义精神文明十佳好人好事评选活动的通知》，其间，共收到好人好事41件（集体13件、个人38件），通过评审小组初审，区文明委第十四次全体会议审议决定，年度区精神文明十佳好人好事，集体5件、个人5名：（1）"舍己为公　奉献世博"（建交委整治市容环境"飞豹拆违队"的事迹）；（2）"社会服务的'枢纽站'党和群众的'连心桥'"（长寿路街道民间组织服务中心坚持8年服务社区的事迹）；（3）"感恩行动　感动社会"（工商联组织民营企业家帮扶资助百名困难老劳模、社区老年俱乐部的事迹）；（4）"夕阳西下人间美　志愿情谊别样红"（甘泉社区老年志愿者服务队坚持6年为社区敬老院老人服务的事迹）；（5）"奉献世博当主角　礼仪传播进万家"（普陀区"百万家庭行礼仪"志愿者讲师团）；（6）"抗争病魔　延续大爱"（"感动真如"志愿者沈沫的事迹）；（7）"身兼两职的志愿'达人'"（长寿社区志愿者叶盛服务世博的事迹）；（8）"夕阳别样红"（宜川二村退休党员潘昭鑫服务世博的事迹）；（9）"面对巨款不动心　高尚品格来彰显"（麦德龙保安、世博平安志愿者李卫拾金不昧的事迹）；（10）"社区居民身边的保健医生"（桃浦镇紫藤苑小区居民张兴发为小区奉献爱心的事迹）。

（熊雪琴）

地区与行业创建

【概况】 推进新一轮文明行业、文明单位、文明小区创建工作。分别召开文明创建工作推进会，按照市精神文明创建工作标准、市文明小区测评指标体系及市文明单位创建管理规定，围绕"服务文明、秩序文明、环境文明"的创建内涵，坚持分级管理原则，做好中途检查工作；坚持公开透明原则，规范创建程序，做好综合评审工作；坚持同创共建原则，形成合力，努力提高窗口服务质量，做好评估、公示、审核等迎检工作。以世博为契机，开展市民群众喜闻乐见并行之有效的文明创建活动。成功创建市2009—2010年度文明单位98家、市文明小区225个；区文明单位234家、区文明小区151个、区文明行业6家、区文明机关36个、区文明楼宇12幢。曹杨、甘泉、长寿、长风、宜川5个街道及真如、长征、桃浦3个镇，创建为新一轮市文明社区（街道）、文明镇。实施"文明交通三年行动计划"，在社区开展文明交通行为教育，着力纠正各类违反交通法规的现象，增强市民交通出行的法制意识、安全意识、文明意识。规范交通执法、交通管理、交通秩序，完善文明交通长效机制，创造良好道路交通环境，提升城区文明程度。

（熊雪琴）

【加强文明城区创建调研指导】 2010年，区文明办围绕争创"全国文明先进城区"目标，深化推进文明单位、文明小区等基础文明创建工作。先后调研走访区科委、卫生、机关、教育、公安等5个部门及甘泉、桃浦、长寿等3个社区，及时总结各创建主体的工作经验和有效做法，推动各项基础文明创建工作。6月，区各大口委办、街道镇，完成文明创建中途自查回顾；10月，分别召开文明单位、文明小区推进会，推动创建质量提升；11月起，按05版创建标准对各创建主体的经济发展、基础管理、环境质量、世博贡献等主要创建内容的实施与推进情况进行检查验收。通过广泛征询全区各职能部门与文明创建申报单位的意见，坚持专题调研、中途自查、个别指导、现场推进、集中验收的工作方式，

区文明办巡访、测评菜场规范停车　　（区文明办供稿）

对新创建的单位、小区、行业和楼宇进行重点检查，对原创建单位实行抽查，有效提升了各创建主体的创建质量。

（熊雪琴）

【落实文明交通三年行动计划】　为贯彻落实中央文明办、公安部下发的《“文明交通行动计划”实施方案》和《上海市文明交通行动计划实施方案》，实现普陀区城市交通状况逐步好转和市民文明出行素质逐步提高的工作目标，年内，区文明委围绕“关爱生命，文明出行”主题，组织开展6项活动：倡导六大文明交通行为；摒弃六大交通陋习；抵制六大危险驾驶行为；严查六类交通违法；完善六类道路安全及管理设施；加强六项保障措施。同时明确行动目标：加强部门协作，开展专题教育；完善安全设施，消除事故隐患；严格执法管理，整治交通秩序；优化交通组织，提高通行效能；提升执法水平，凝聚管理合力；深化宣传力度，营造浓厚氛围；加强社会监督，创新管理手段。努力创造安全畅通有序的交通环境，提高市民交通文明素质。

（熊雪琴）

【平安世博、文明交通活动】　5月25日，区文明办会同公安分局、各街道镇，在“我格广场”举行“普陀区‘平安世博、文明交通——我们共同的责任’——上海市交通安全宣传日活动暨5.25公共秩序日活动”，副区长符祖鸣出席并讲话。区四套班子领导带头示范，参与市区各交通文明路口的志愿服务；甘泉、长风、曹杨、长寿、长征等5个街道镇的文艺团队用说唱、舞蹈、小品等形式，进行交通文明和普法宣传；交警支队在现场设立交通法规咨询台与文明交通宣传展板。

（熊雪琴）

【文明行业、文明楼宇创建】　2010年，文明行业创建围绕“服务人民、奉献社会”的宗旨，将文明窗口创建充分体现在窗口服务、窗口管理、窗口礼仪之中，在当年的文明指数测评中取得较好成绩。年内，9个行业单位按照“工作业绩好、社会效益好、创建管理好、行业服务好、创建档案好“五好”标准，提出申报区级文明行业，强化行业服务能力与社会责任感，提升从业人员的职业素养。经申报行业中途自查，有3个单位因创建规模、创建程度、创建班子等问题主动退出申报，其余6个单位均附合推荐条件，申报成功。文明楼宇创建活动是推进区域经济和社会协调发展的一项具体内容，是三个文明同步发展的有效措施，也是各楼宇通过创建活动更好地体现城市精神、展示自我形象的有效载体。按照组织健全、发挥作用好，服务规范、物业管理好，秩序井然、安定团结好，卫生整洁、环境美化好，关心公益、道德风尚好的文明楼宇创建标准，区文明办对申报创建2010年区文明楼宇进行抽查、评估，合格文明楼宇12幢。

（熊雪琴）

十九、科学技术·信息化

综　述

2010年，普陀区科委按照区委、区政府的决策部署，扎实推进各项工作取得成效。全年累计获得国家、市级科技项目102项，其中科技部创新基金项目10项，市创新基金项目18项，国家重点新产品计划项目5项。新建市级技术创新服务平台1家，市级科技孵化器1家。创建市标准化示范试点项目5个，30个产品（服务、区域）获上海名牌称号。与区内9家科研院所开展合作共建信息化应用和无线城区建设积极推进，区被列入首批“上海市TD建设与应用试点示范区”。

保持科技产业良好运行。截至年底，全区科技企业1224家，资产总额1244.34亿元，较上年增长23.09%；年技、工、贸总收入655.16亿元；年上缴国家税金50.53亿元；年实现利润78.76亿元，较上年增长28.34%。高新技术企业总数突破110家。以科技园区、科技楼宇、高新技术企业三大板块为主的科技产业全年完成税收26.35亿元，同比增长21.97%，实现区级税收6.98亿元，同比增长22.91%，在当年区级税收中比重达17.29%，

提升区域科技创新能力。年内，指导科技企业承接各级各类科技专项计划项目150余项，获得国家、市各级科技扶持资金2200万元。全年，共有56家科技企业自主研发项目191项，投入研发资金约4.1亿元。新培育市科技小巨人（培育）企业5家、区科技小巨人企业17家，新认定高新技术企业11家。共支持科技企业实施科技小巨人工程1400余万元。鼓励区内企事业单位进行技术转移，累计认定各类技术合同200余份，合同成交金额49659万元。实施高新技术成果转化项目10项。全年共安排科技投入2亿元，支持各级各类科技创新项目350余项。

优化科技创新环境氛围。年内，制定完善《信息产业发展扶持政策实施细则》，推进科技产业三年计划中的各项政策和措施落实到位。认真听取各方意见，修订完善区科技发展“十二五”规划。编制《科技平台资源共享服务指南》，加快科技创新公共服务平台建设，降低企业研发成本，年内，共集聚仪器设备488台（套）、44家区域内有影响力的科技创新服务平台，全年为企业服务89542次，服务金额7751.46万元。整合落实仪器共享奖励措施，支持上海苏豪逸明制药有限公司等22家企业获批33万元。继续加强知识产权保护工作，至年底，普陀区有国家级专利示范企业2家、市级专利示范企业6家、试点企业10家，全年给予专利示范、试点企业奖励资金50万元；为企业办理专利减缓证明536份，比上年增长58%；办理专利专项资助55万余元，涉及专利396项、企业59家；同步完成市专利试点企业的专项资助初审，获市级资助金额47万余元。

加大科普工作力度。拟定《普陀区创建全国科普示范区工作方案》，开展各类市、区级科普示范创建活动，指导石泉路街道和长征镇成功创建上海市科普示范街道镇，同济二附中、真如文英中心小学成功创建上海市科技特色示范学校。有序推进科普教育基地建设，至年底，区内共有全国科普教育基地3家、市科普教育基地7家、市二期课改实践基地2家、区科普教育基地14家。举办科普实事项目擂台赛，长征镇“安全生活科普体验馆”等7个项目通过评审，全年共有10多项科普优秀项目获得科普资助经费40余万元支持。（顾呈健）

科技产业

【概况】　积极推动《普陀区科技产业发展三年推进计划》，按照“8+5+N”科技产业发展布局，推进园区建设和科学管理，科技园区的发展体制机制进一步理顺，着力提升科技楼宇综合水平，推动高新技术产业化，加大对科技企业的培育和扶持力度，2010年，科技园区实现税收9.61亿元，同比增长49.73%，完成区级税收2.70亿元，同比增长49.99%；科技楼宇实现税收3.07亿元，完成区级税收0.86亿元；高新技术企业实现税收13.67亿元，同比增长12.84%，完成区级税收3.42亿元，同比增长15.73%。

（顾呈健）

【加强科技园区、楼宇建设】 推进同济大学沪西科技园建设，年内，牵头同济科技园、桃浦镇、李子园村等相关单位注册成立公司并实质性运作。基本完成武宁科技园的体制转换。顺利推进华大科技园核心功能区建设。认真梳理真如、未来岛、新曹杨科技园区，并积极落实园区发展政策。建立完善园区例会制度、统计工作机制及联络员制度，切实提升科技园区的管理能力。召开季度科技楼宇联席会议，为各楼宇搭建互相学习和交流经验的广阔平台。 （顾呈健）

【加大科技企业管理服务力度】 举办多场科技政策宣讲会，介绍知识产权、研发公共服务平台、科技项目和高新技术企业、科技小巨人计划等方面的政策，使企业在全面了解的基础上选择适合自身情况的政策。按时完成高新技术企业、科技园区、楼宇企业的税收统计，通过比对分析，重点关注增长、下跌幅度较大的企业，落实领导走访制度，及时帮助企业解决困难。区科委荣获2009年度上海市软件和信息服务业统计工作先进集体。（顾呈健）

科技创新

【概况】 对照区“十二五”规划编制思路，对接市“十二五”相关信息，就区域科技产业的未来功能性、形态性、集聚性、体系等方面听取各方意见建议，修改完善区科技发展“十二五”规划初稿。年内，出台《普陀区中小企业共享科技资源支持资金管理办法》、《普陀区支持科技公共服务平台发展专项资金实施细则》等，积极构筑开放、高效的科技公共服务支撑体系，降低企业自主创新成本，提升产业核心竞争力。2010 年，列入市科技成果转化项目 23 项，列入国家和市级自主创新产品计划项目分别为 15 项和 19 项，列入科技部创新基金项目 10 项、市初创期企业创新基金项目 7 项、市一般创新基金项目 11 项，列入市级“火炬计划”项目 15 项。区科委被评为 2009 年度上海市高新技术企业认定及火炬统计工作优秀单位。在推进平台建设、服务企业创新、推进区域高新技术产业发展等工作中成绩显著，荣获“2010 年度上海研发平台工作先进区县”称号。。 （顾呈健）

【区与科研院所合作恳谈会】 2 月 27 日，普陀区举行以“科学发展、联动发展、共赢发展“为主题的区与科研院所合作恳谈会。上海电器科学研究所、上海化工研究院、中电第五十研究所、中船第九设计院、华东电力设计院、上海邮政科学研究院、上海特种设备监督检验技术研究院、上海市测绘院、中船勘察设计研究院 9 家院所党政领导应邀出席会议。区委书记周国雄致辞，区长孙荣乾介绍普陀区区域经济发展情况。恳谈会上，9 家科研院所与政府之间互通信息，交流感情，共商下一步加大共建深度与力度的长效机制。深度共建得到与会各方的高度认可，在互动交流中形成共识，即抓住“后危机时代”的挑战与机遇，充分发挥科技创新在发展战略性新兴产业、推进传统产业转型升级中的引领支撑作用，走出一条“科技创新带动产业转型，产业转型带动区域发展”的新路。 （顾呈健）

2 月 27 日，普陀区与科研院所合作恳谈会举行 （区科委供稿）

【鼓励企业开展创新主体建设】 年内，组织上海复星药业（集团）股份有限公司等 12 家企业成功申报首批上海市技术创新型企业，普陀区在全市 9 个中心城区中排名第三，创新型企业占高新技术企业比例全市排名第四。指导电器科学研究所、复星医药、化工研究院分别成立“上海智能电网终端用户设备产业技术创新战略联盟”、“上海复星医药抗体药物技术创新战略联盟”和“上海改性塑料产业技术创新战略联盟”，并被确定为首批上海市产业技术创新战略联盟。指导电器科学研究所建设的“上海市中小型电机及系统技术创新服务平台”成功列入全市首批确定的技术创新服务平台。 （顾呈健）

【“泛未来岛”院士专家企业行活动】 12 月 2 日，上海市科学技术协会与普陀区共同举行“泛未来岛”院士专家企业行活动。市科协副主席王智勇，区委常委、副区长诸葛宇杰等出席活动。在 2009 年推动建立首个民营企业“院士专家企业工作站”的基础上，此次院士专家企业行活动，通过政府搭台，推动院士专家与未来岛产业园区内企业进一步合作，14 名院士专家分别到专业对口的企业一线，进行深入调研和一对一交流，帮助企业进行科技研发和重点难题攻关，当场解决技术难题 4 个，会后落实调研课题 13 个，建立长期合作关系 11 对。通过院士专家研发团队与企业技术创新团队的有机结合，充分发挥高端人才在企业重大项目研发、高层次人才培养、重大科技合作与交流等方面的作用，推进企业的科技成果转化和高新技术产业化，推动普陀科技创新和经

12月2日，"泛未来岛"院士专家企业行活动举行　　（区科委供稿）

济社会更好更快发展。　（顾呈健）

知识产权

【概况】　促进知识产权与经济社会协调发展。全年受理专利申请2078件，同比增长38.7%，其中发明专利和实用新型专利1484件，占总量的71.4%。探索开展企业专利试点工作，累计发放专利申请专项资助资金55.73万元，涉及专利396项、企业59家。为企业办理专利减缓证明536份，较去年增长58%；办理区专利专项资助55.73万元，同步完成市专利试点企业的专项资助初审，获市级资助金额47.89万元。年内，区科委荣获2009年度上海市区县推进知识产权战略纲要工作先进集体，区组织的"知识产权与世博同行"文艺演出活动获迎世博宣传教育贡献奖。。（顾呈健）

【知识产权宣传月活动】　4月，开展知识产权宣传月活动，分别以商场、科技企业、中小学校3个层面推进，营造世博会知识产权保护的良好环境。与徐汇区知识产权局组成联合执法队，对首批市"销售真牌真品，保护知识产权"承诺单位进行现场督查，重点关注世博特许商品销售是否存在侵权现象；为科技企业管理人员讲解知识产权相关政策，针对个别企业的问题进行单独辅导，邀请市局专家会诊；联合区教育局评选区级知识产权试点学校，举办"我是小小发明家"创新发明设计比赛、"知识产权在我身边"宣传展板展评活动及"青少年知识产权教育"网站制作活动等比赛，参与活动500余人。（顾呈健）

【开办企业专利工作者培训班】　开办第二期普陀企业专利工作者培训班，培训时间一周。培训班依托市知识产权服务中心的教学资源开展授课，由区政府买单免费为区内一批专利试点与培育企业的专利管理人员提供培训，至年底，普陀区共为区内近40家企业培养专利工作者43人，受到企业好评。（顾呈健）

科学普及

【概况】　2010年，普陀区科普工作围绕"一个中心、两个抓手、三个发挥、四个增强"展开，即以迎世博为契机，不断提升区域公民科学素质，通过一手抓科普实事项目建设、一手抓特色科普示范建设，发挥政府职能部门、科普志愿者和科技专家（科技社团）的作用，不断增强科普事业发展的支撑力、科普工作的统筹协调力、科普宣传队伍的执行力、科普示范建设的影响力。开展学校科技教育，精心组织各类青少年科技创新竞赛和科普活动，组织小院士参与"相约名人堂——与院士一起看世博"普陀专场活动，激发青少年学习科学知识、参与世博的热情，提升区青少年的科学素养；举办"启思带你揭秘世博，科技点亮美好生活"科普巡展，发动全区公众参与"看世博　讲科学"上海市民节能科普知识网上竞赛活动等，让公众在参与、分享世博中体验科技进步和创新的重要作用。定期组织召开科普辅导员培训交流会，加强各街道镇专职科普辅导员之间的沟通联络。创新科普服务平台建设，以科普实事项目建设为平台支持学校开展科技活动，推进"科学商店"建设，华师大科学商店长征镇门店被评为市优秀社区门店。上海纺织博物馆、苏州河梦清园环保主题公园、上海长风海洋世界科普馆、上海红星美凯龙公元2050—2500年体验馆等科普场馆荣获区2010年度科普先进集体。长风海洋世界和普陀区中小学社会实践服务中心2家科普教育基地被上海市科普教育基地联合会表彰为"2009年度科普先进集体"，普陀区中小学社会实践服务中心的殷永强被评为"2009年度优秀科普工作者"。（顾呈健）

【科技社团服务世博系列活动】　年内，普陀区各科技学会结合自身特点，为科技世博年作贡献。区节能协会、技术经济联合会等科技社团在区社会福利院开展"迎世博、学雷锋"活动，并向全区福利院捐赠节能产品700余件；技经联成立世博宣讲团深入社区、学校开展宣讲活动，详细介绍世博会各国场馆和展品的科技看点和有关知识；化工学会和能源学会邀请国内外嘉宾来沪参观世博会，进行科技交流、技术咨询和恳谈合作；物流学会联合颗粒学会等对桃浦生产服务性功能区长风商务区等重点地区、重点项目的建设和发展开展调研，为区域经济发展献计献策；医学会加快学科及人才队伍建设，开展学术交流和继续教育，普及医疗科学知识，推进医疗卫生事业发展及社会和谐；青辅协会以科普为主线，探索教科研一体化，加强校内外教育衔接，推进教师科学教育专业能力成长，促进学生科技活动发展，逐步形成区域科技科普教育特色。技经联围绕节约能源、保护生态环境、保障

9月16日,全国科普日普陀区主题活动启动　（区科委供稿）

安全健康等主题开展科普工作;营养学会以“营养扫盲”为工作主线,开办讲座,提高居民“合理营养,平衡膳食”意识。（顾呈健）

【全国科普日普陀区主题活动】 9月16日,举行全国科普日普陀区主题活动启动仪式。启动仪式以“低碳生活进社区”为主线,分“科普文艺”、“家庭节能减排经验交流”、“低碳生活展版”3个版块进行。此次活动紧贴低碳经济和低碳生活、节能减排与气候变化、后世博上海城市的发展等热点,组织全区科普工作联席会议各成员单位和街道镇开展形式多样、内容新颖、成效显著的主题活动,提倡崇尚节能、科学文明的生活方式,提高区域公民的节能减排意识和能力,形成节约资源、减少污染、保护环境的社会风气。主题活动期间,区选送的科普艺术展演获市一等奖,网上科普节能知识竞赛参与率在全市排名前列。（顾呈健）

科技人才与成果

【概况】 年内,科技系统8家企业被评为上海市第十五届文明单位,16家企业获评区第十五届文明单位,上海电器科学研究所(集团)有限公司的“交流电机节能创新技术研究与应用”项目和“上海电科智能电器系统创新平台建设”项目分别获得2009年度科学技术进步二等奖。2010年度,区有11家单位的15个项目获得上海市科技奖。（顾呈健）

【民营科技企业践行社会责任】 年初,中国企业社会责任评选揭晓,复星科技集团名列中国企业社会责任民营企业创富榜第三位,同时复星还名列2009年中国(内地)民营企业经济责任榜第三位,荣膺“2010中国杰出雇主”称号,复星集团CEO、董事长郭广昌连续5次荣获“年度最具影响力企业领袖称号”。奥盛科技集团3次获得“中国优秀企业公民”称号,荣登“2010中国慈善排行榜”。区民营科技企业在持续提升企业发展及践行社会责任方面所做的贡献得到社会充分肯定。（顾呈健）

【27项产品获上海名牌称号】 1月14日,上海市名牌推荐委员会发布通告,普陀区共有25家企业的27项产品荣获2009年度上海名牌称号,其中新增企业7家、8项上海名牌。科委推荐的上海延华智能科技股份有限公司、维鹏信息技术(上海)有限公司分获信息服务类名牌企业称号,上海电器科学研究所(集团)有限公司的“SEITS道路交通信息智能化系统”和上海古鳌电子机械有限公司的“古鳌点钞机”获得上海品牌产品称号。（顾呈健）

【携手推出理财终端】 年内,德邦证券公司尝试金融与通讯合作,推出针对中高端客户群的炒股智能移动终端,内置炒股交易软件、集成“财富玖功”特色理财服务和电信语音固移融合IVPN等特色业务,充分迎合了商务人士的日常通讯需求和日益强烈的移动理财需求,全面提升用户的理财新体验。（顾呈健）

【国产最大功率液态软起动装置投运】 1月,由上海追日电气有限公司设计并制造的25000千瓦高压电动机液态软起动装置成功起动,起动时间52秒,起动电流只有额定电流的2.3倍。该装置可根据负载情况现场调整电阻值及起动时间,具有电流自动闭环控制、现场监控和后台计算机监控功能,是当前在国内投入应用的最大功率级别的电动机液态软起动产品,与进口变频器相比,具有自控性能、价格等优势,受到国内外电动机客户的一致好评。（顾呈健）

信息化

【概况】 2010年,普陀区信息化工作全面落实科学发展观,贯彻“科教兴区”主战略,以信息化产业发展、信息系统建设和应用、信息化环境营造为工作主线,切实服务普陀经济社会发展,促进信息产业对区域经济社会发展的贡献度,全面推进信息化建设,优化信息化发展环境。

信息产业整体规模稳步提高,软件认定企业增长态势良好。全年信息产业创造税收总额1.83亿元,增幅达24.41%,较去年提高9个百分点;软件和信息服务业相关产业完成产值51.24亿元,同比(可比)增长25.21%。纳入统计的153家企业,资产总计64.03亿元。软件认定企业收入达27.71亿元,同比(可比)增长38.01%,且占行业产值比重增加5个百分点,电科智能、协同科技、金蝶软件等软件企业产值过亿,一半以上的企业产值增幅超过30%。推进信息化基础设施建设,全区建成3G基站525处、WLAN无线热点709个,互联网用户普及率达59.2%,有线电视数字化整体转换完成38万户,IPTV用户5万户。区域内建成实际宏站数

162 个，其中集约化站址 51 个，室内覆盖数 369 个制定信息化“十二五”发展规划，正式启动“TD 建设与应用试点示范区”建设，明确了 TD 网络建设及无线覆盖、中环无线商圈、交通路况手机查询、无线政务及服务民生等多领域的“1+2+X”项目建设内容及实施方案。优化区电子政务平台的网络架构及系统安全性能。至年底，平台注册用户 4716 个，全面推进无纸化办公和网上办事，全年安排日程 14767 次，观看视频 2231 次，发布简报 1310 期、公告 254 条、56 份全区资料，442 份单位资料，预定会议室 3847 次，发送会议通知 2344 份，发送短信近 29 万条。对“上海普陀”门户网站进行系统优化，完成虚拟办事服务大厅建设，开设在线访谈等栏目。全年共发布各类新闻报道 1585 篇，公告 178 篇，政府信息 1217 条，英文新闻 185 篇，接收并及时处理各类网上来信 3618 封。（顾呈健）

【LED 产业持续健康发展】 1 月 21 日，普陀区科委应邀出席第九届慕尼黑上海电子展上海新闻见面会，LED 应用中心作为 LED 专区主办单位出席会议并就 LED 示范应用、政府率先应用、检验检测等方面答记者问，积极推介普陀现有产业政策与措施，为国内 LED 企业产业对接、出口贸易和技术合作搭建服务平台。3 月 16 日，在浦东新国际博览中心举办主题为“LED 引领低碳经济新发展”的第四届上海 LED 半导体照明创新与应用论坛，复旦大学电光源研究所、国家电光源质量监督检测中心（上海）、国内外 LED 专家和 LED 企业、行业机构、科研院所、高校代表等 300 余人出席论坛，区科委利用该次论坛充分展示普陀区发展、扶持 LED 产业集聚的决心和良好环境。（顾呈健）

【签订信息化建设合作协议】 3 月 18 日，区政府与中国联合网络通信有限公司上海市分公司（上海联通）在联通大厦签署《关于共同推进普陀区信息化建设的合作框架协议》。区委常委、副区长诸葛宇杰和上海联通副总经理赵乐代表双方签署协议书，区长孙荣乾和上海联通总经理蔡全根分别致辞祝贺。此次签约，双方本着“需求导向、政府推动、企业运作”的原则，在加大投资、优化区域信息化基础设施，服务企业、推动产业优化升级和加强技术应用、提升服务民生水平 3 个方面开展合作，积极发挥联通的资源和技术优势，共同推进普陀区信息化基础设施建设和应用。（顾呈健）

【拓宽信息化服务公众渠道】 年内，继续落实社区信息化推进工作机制，确定 2010 年社区信息化“5+5”工作内容；制定并下发《普陀区街道镇计算机机房建设基本规范》；完成全区 9 个街道镇的社区事务受理中心一门式服务平台建设，并在石泉街道开展一门式受理试点工作。推进教科文卫等社会信息化建设与应用，配合区教育局建设普陀教育网刊；建成全区卫生系统网络与信息系统，实现医院全覆盖。加强社会诚信体系建设的宣传教育活动，充分利用社区服务中心平台开展社会诚信宣传活动；与知识产权局等部门共同开展“迎世博、促诚信”创建活动，加强市场执法，提高市场诚信度。（顾呈健）

【确保世博期间网络信息安全】 年内，分别开展全区性网络与信息安全系列事件应急演练和信息中心核心机房单项应急演练，完善应急处置方案和工作机制，同时对“两网一站”等重要网络与信息系统运行状态进行 24 小时监控和漏洞扫描，并实行网络与信息安全申报制度，发现问题及时整改。世博期间，共处置因服务器操作系统故障和机房环境故障引起的 8 起应急事件。区网络与信息安全保障工作受到市网络与信息安全协调小组办公室专函表扬。（顾呈健）

【门户网站开通世博专题栏目】 年内，在“上海普陀”门户网站开通世博专题栏目，信息委精心策划推出《“慧眼、凤眼、童眼”看世博》专题行动，以“科技未来、感知美好、童年梦想”为主题，聚焦企事业单位、女性群体、中小学生三类不同人群的特点，把观博与爱科学、推动普陀产业转型的建设行动结合起来，与爱美丽、提升女职工建功立业的主体意识和低碳生活习惯的养成结合起来，与爱学习、提高中小学生的畅想能力和创新精神结合起来，使广大市民群众的观博热情内化为创新动力，提升强区惠民的责任感和使命感。（顾呈健）

【“上海普陀”门户网站获工信部 2 个奖项】 2 月，国家工业和信息化部发布 200 年度中国政府网站优秀评选结果，“上海普陀”门户网站获 2009 年度“中国政府网站信息公开领先奖”和 2009 年度“中国政府网站优秀奖”称号。（顾呈健）

【启动 TD 网络建设与应用试点示范区项目】 11 月 17 日，普陀区政府与中国移动上海公司签署《共同推进普陀区信息化建设战略合作框架协议》，正式启动普陀 TD 网络建设与应用试点示范区项目，市经济信息委副主任刘健、区长孙荣乾、中国移动上海公司总经理郑杰出席启动仪式。合作协议的签署，将促使双方通过合作，深入推动信息化在机关、园区、企业和社区的应用，进一步提升区域投资品质和企业发展的信息化环境，推进区高科技产业的发展，同时在改善民生等社会事业工作中体现信息化的服务支撑功能，形成共建共赢的良好局面。（顾呈健）

【做好社保卡网点服务】 年内，建立临时居住证成本结算及相关工作制度，做好临时居住证制证成本等相关预算的编制、结算工作，全区共办理居住证 3724 张，临时居住证 88926 张，不办证采集 8752 人；办理到期续签 118672 张、遗失补证 3846 张，离沪退证 6398 张。积极配合市人口办做好二代社保卡延长使用的宣传服务，加强社保卡补换卡网点建设，补换社保卡、学籍卡、儿童卡、敬老卡 29272 张。全年共办理社保卡、学籍卡、儿童卡 32420 张；为 70 岁以上老年人办理敬老卡 6940 张；办理“市民信箱”实名制登记 14677 个。（顾呈健）

二十、教　育

综　述

2010年，区教育工作以深入推进优质教育“圈链点”发展战略为主线，全面实施素质教育，规划教育发展，促进干部教师专业发展，有力推进教育强区建设。

编制完成《普陀区中长期教育改革和发展规划纲要（2010—2020年）》、《普陀区教育事业发展“十二五”规划》和教育资源建设、学校德育重点项目、学生健康促进、中小学生创新素养培养等12个行动计划，确定中长期及“十二五”期间普陀教育发展的核心理念、总体战略、主要任务、重大项目。

重点项目建设和教育公建配套协调推进，2所幼儿园建成并投入使用，6所学校在建，曹杨二中教育园区等3个项目完成立项。全面实施校安工程，13所学校全部完工并实现回搬，5所学校一期完工。

“圈链点”发展战略不断深化，召开桃浦地区基础教育协同发展第三届论坛，不断优化联合体工作机制和管理模式。成立长征镇优质教育发展共同体，20所学校共同参与，涵盖区域内0—18岁各级各类教育，以项目为载体，整合校内外资源，发挥联合优势，促进共同发展。逐步形成以街道镇为纽带、以社区内学校联合为形式、区域教育资源共建共享的教育联合体发展模式。

坚持德育为先，深入推进“两纲”。总结评估5年来学校实施“两纲”情况。汇编《普陀区“两纲进课堂”优秀论文与教案集》。运用区域资源，开展“苏州河十八湾”名称征集等。深化德育品牌建设，开发“伟人教育”《走进院士》课程系列，推进高中对《科学发展观常识》的学习。建立学科德育专管员制度。开展各层次班主任培训。优秀班主任走进学校开展“今天怎样当好班主任”论坛交流活动，辐射经验。开展“温馨教室”建设演讲，举行区心理活动课大奖赛。在中小学生中开展“手绘世博”工地画创作、“小手牵大手　文明世博行”万人承诺、“海宝一代”精神大讨论等世博主题教育活动，引导中小学生走近世博、服务世博，培养社会责任感和实践能力。10名学生被评为迎世博文明“礼仪之星”，104名学生和36个家庭获上海市世博“风尚好少年”、“风尚好家庭”称号。普陀区荣获上海市未成年人暑期工作“五星级”奖。

深化课改，稳步提升教育质量。召开区教学工作会议，下发《普陀区学校教学质量改进计划》、《普陀区中小学质量保障手册》、《普陀区中小学课堂教学有效性评估意见及案例分析》，明确深化课程教学改革的方向和主要任务，规范学校课程建设与教学工作。提升校长课程领导力，8所学校获批立项《上海市提升中小学幼儿园课程领导力行动研究项目》。推进有效教学的研究与实践，以“有效教学视野中的课堂规范”为主题，召开第五届全国有效教学理论与实践研讨会，5年有效教学探索取得丰硕成果，影响力不断扩大。《早期融合教育语言干预的实践研究》等11项教科研成果获第三届市教科院教育科研成果奖。承办“联合国教科文组织中国可持续发展教育第十次国家讲习班”，35所学校成为联合国教科文组织中国可持续发展教育项目实验校，6所学校成为示范校。27名教师在市中青年教师教学评选及市教研员专业评选中获奖。

推进教育信息化。完善教研平台，加强网络教研机制建设。推进机器人课程建设。深化“家校互动平台”功能建设。完成普陀教育网、普陀教育党建网改版，“普陀教育网”荣获“首届全国教育门户网站评比”地市级五十佳网站。推进信息技术与学科教学整合，曹杨二中召开2010年数学教学论坛暨TI教育技术国际研讨会，在理科教学中尝试引进TI无线互联学习技术；晋元高级中学建立信息化教学平台，召开课程教学与信息技术整合现场会，开展远程授课及网络异地教研等。推进教育国际化。成立“普陀中英教育交流中心”，促进普陀区与英国萨里郡的教育合作。开展“社区点亮生活”、“健康生活与运动”中英校际连线课程共建项目。举行长征中学与英国恩斯肯学校友好交流十周年庆典活动。举行“2010中美基础教育与学校管理对话”，与美国克利夫兰－高地大学学区教育代表团进行学校管理及交流合作的对话，并签定合作协议。举行“2010年沪台中小学校长论坛”、“第七届沪港高中生英语辩论赛”等，不断扩大教育交流与合作。

干部教师队伍整体提升。做好干部考核选拔，完善干部竞聘，优化干部结构。完成第二届幼儿园园长和小学校长岗位任期制聘任。建立“区优秀青年校长培养工作室”，遴选10名青年校长，实施导师带教与指导。举办党支部书记专题培训，选派20名党政干部出国培训，组织幼儿园大教研组长培训等，全年共培训干部2400余人次。完成“十一五”干部教育培养任务。

扎实推进新一轮师德建设优秀项目创建。开展学习“全国教书育人楷模”于漪老师系列活动。评选师德师能“星光奖”。“融情优教　以情育人——兴陇中学校内家长工作”荣获2010年上海市师德建设优秀项目。组织参加第九届上海市金爱心教师评选，3人获一等奖，14人获二等奖，47人获三等奖，31人获鼓励奖。加强骨干教师梯队建设，组建第二轮教师专业发展团队，形成由14名特级教师、42名学科带头人领衔的56个工作室、由97名高级指导教师组成的教师专业发展指导团队和由597名教育教学能手、188名教坛新秀组成的教师专业发展实践团队，占全区专任教师的15%左右。与嘉定区合作培养第一期市“优青工程”后备人选，12名教师、6名校长入选第二期市“优青工程”后备人选。举行市第二期“双名工程”成果展示普陀专场。对同济二附中等14所学校进行教师专业发展示范（优秀）校创建评审。深化人事制度改革，在7所学校试点基础上，全面开展事业单位岗位设置工作；做好义务教育学校绩效考核与奖励工作；规范编制管理，完成全系统教职工编制核定工作。按照评聘结合的要求，做好中高级教师职务评聘。新招聘教师324名，区内流动117名，招录事业单位工作人员73名，充实完善教师队伍。

至年底，全区有中学48所，在校学生2.92万人；小学28所，在校学生2.78万人；幼儿园71所，在园儿童2.29万人；中等职业学校1所，在校学生0.21万人；特殊教育学校3所，社区学校9所，社区学院1所，业余大学1所（另职工中专1所），教育学院1所。有教育中心12个和1家教育公司。另有民办非学历教育机构44个。

（顾文华　包玉全）

学前教育

【概况】　按期接收公建配套的万里城幼儿园，完成梅岭幼儿园新建项目，新开豪园幼儿园延川分园、大渡河二幼杨家桥分园、梅川幼儿园梅川分园、民办古浪博士蛙幼儿园，新增学额1747个，有效缓解部分地区入幼矛盾。完善幼儿园办园质量监测评估机制，对12所幼儿园进行办园质量视导、3所公办园、13所民办园进行等级验收，4所幼儿园通过市一级园复验，3所幼儿园通过市一级园评审，绿洲幼儿园成为上海市示范性幼儿园，区优质学前教育资源比例达到52%。开展第二届园长论坛，提升园长科学制定、有效实施学校发展规划的能力。开展专业能力评优获奖教师展示汇报，发挥示范作用。推进园本教研，召开推进以园为本教研制度建设项目现场会，辐射示范园经验。开展保育员、保健员全覆盖培训，举行专业知识与技能竞赛、专题论文交流评比等，提升保教质量。承办“全国幼儿混龄教育科研成果推介会”、上海“幼小衔接问题专题论坛”等，推广普陀区学前教育特色工作。4所市区示范园、3所市一级园分别与嘉定、奉贤二级园结对，辐射优质资源。整合资源，完成一年6次面向全区0—3岁婴幼儿的公益性早教指导服务，服务16500人次，覆盖率98%。医教结合，启动0—3岁残障婴幼儿免费服务日工作。召开早教工作现场会，出版第一本亲子指导手册。被市推荐为“全国学前教育先进区”。　（顾文华　包玉全）

【全国幼儿混龄教育科研成果推介会】　4月14—16日，由市教科院主办、区教育局协办、童的梦艺术幼儿园承办的“全国幼儿混龄教育科研成果推介会”举行。副区长景莹、市教科院副院长胡卫等领导和专家与会，全国各地的幼教同行300余人前来观摩。市、区领导向与会代表赠发由童的梦艺术幼儿园编著的《走进混龄教育》丛书，童的梦艺术幼儿园园长何敬红作《混龄教育管理与实践》主题发言。童的梦艺术幼儿园教师展示了各种形式的混龄教学观摩课，并与幼教同行们进行科研成果的研讨交流。景莹充分肯定童的梦艺术幼儿园在全方位探索混龄教育中取得的成果，希望进一步以现代教育理念发展幼儿教育，加强幼儿园课程建设，形成更多幼儿教育的特色，打造更多幼儿教育品牌。

（顾文华）

【专题研讨幼小衔接问题】　11月30日，由市教育学研究会主办、区教育局协办的“幼小衔接，我们该如何面对——幼小衔接问题专题论坛”在普陀少年城举行。区教育局局长李学红致开幕词，市教育学研究会常务副会长王厥轩及市教委基教处领导等与会。华东师大学前系教授华爱华、特级校长张人利等6名专家围绕幼小衔接过程中易发生的矛盾及缘由、小学和幼儿园在教育教学上应如何衔接等问题进行发言。专家们强调：幼小衔接工作，重在让幼儿建立自信心，引导幼儿以健康快乐的情绪走进小学，对学习充满好奇心和求知欲，并形成初步的学习和生活习惯。围绕该问题，与会人员进行互动研讨。　（顾文华）

【园长论坛】　第二届园长论坛从2010年3月启动，分分组交流、互动答辩、现场评审3个阶段，以“科学规划　有效实施　促进每一位幼儿和谐发展”为主题，以深化二期课改为主线，以提升园长课程领导力为切入点，旨在引导广大学前教育工作者关注每一位幼儿的全面发展，关注先进办园理念与教育特色的彰显，不断提升区学前教育的内涵品质。分组交流阶段，全区68所幼儿园园长分成5组，就幼儿园新三年发展规划进行交流。经专家评审后，选出10名园长参加第二阶段的专题研究并与专家互动答辩。第三阶段,3所市示范性幼儿园进行现场展示。各位园长现场查阅了幼儿园阶段自查报告、观摩幼儿园环境、集体教学与教研活动,听取园长专题总结、互动答问,市级专家现场评审反馈,与会园长分享市示范园落实基础性课程和特色课程的经验成果,发挥市示范园的示范辐射引领作用,提升园长课程领导力。(顾文华)

基础教育

【概况】 落实市、区教学工作会议精神,进一步推进素质教育,提升学生的学习生活品质。对江宁学校等12所义务教育学校进行区"素质教育先进校"评审,总结学校办学特色,推动义务教育学校向轻负担、有特色、高质量发展。对附属学校建设进行调研。召开"新基础教育"三年推广研究总结会。各高中学校积极探索特色化办学,逐步形成多元发展格局。5所区实验性示范性高中进行办学特色展示。培养学生创新素养,晋元高级中学被确定为首批"上海市普通高中学生创新素养培育实验项目"初试单位,并与同济大学、上海财大共建"结构创新实验室"和"金融实验室"。曹杨二中与复旦大学、交大等合作,建立博雅书院,并启动校际网络走班试验。促进学生全面发展。推进学校体育工作,保证学生"每天锻炼1小时"。组队参与市第十四届运动会,获得优异成绩。推进学校艺术、科技教育,曹杨二中获全国学校艺术教育工作先进单位,宜川中学、金洲小学、曹杨新村幼儿园成为首批国际生态学校,新增真如文英中心小学等2所市科技教育特色示范学校,恒德小学气象科普教育经验在全国会议上交流。开展特殊教育研究,提高特殊教育质量,加强对残障儿童的鉴定评估,为教师制定个别化教育方案提供依据,建立特殊儿童跟踪档案。(顾文华 包玉全)

【教学工作会议】 3月17日,区教学工作会议召开。副区长景莹出席并讲话。区教育局局长李学红作《推进素质教育,提高教学质量,提升学生学习生活品质》工作报告,对2006年以来区深化课程与教学改革工作进行总结,分析当前教学工作中的瓶颈和问题,指出要更加关注学生的学习生活品质,从满足标准的质量走向满足人的全面发展和社会需要的质量,让学生"学会学习,学会做人,学会创新,学会实践",为每一个学生的终身发展奠定基础。会议从加强课程建设、深化教学改革、探索多元评价、促进信息技术与课程教学整合和提升课程领导力等5个方面对今后一段时期教学工作的主要任务进行部署,区教育学院、晋元高级中学、真北中学、新普陀小学交流发言。副区长景莹要求全区教育工作者进一步转变观念,树立促进学生全面、可持续发展的科学质量观,坚持育人为本,聚焦内涵建设,抓好教育管理、课程教学改革和队伍建设,齐心协力,为人民群众提供更加均衡优质的教育。(顾文华)

【沪台中小学校长论坛】 3月19日,由台盟上海市委主办、区教育局承办的"2010年沪台中小学校长论坛"在江宁学校举行。台湾屏东县教师代表团和全区中小学校长、教师70余人参加论坛活动。台盟中央副主席、台盟上海市委主委杨健,市教委副主任尹后庆,副区长景莹等出席并讲话。论坛围绕沪台两地的基础教育展开,20余名台湾屏东县和普陀区校长结合中华传统文化教育、教职人员素质提升、课外教育、学生心理健康教育等展开交流和研讨。(顾文华)

【信息技术与高中教学整合研究现场会】 4月7日,市教委和区教育局在晋元高级中学联合举行"满足需求,充分发展"——信息技术与高中教学整合研究现场会。市教委副主任尹后庆、基教处处长倪闽景等与会,全市实验性示范性高中的校长、骨干教师等近500人参加现场会。现场会由"展示交流"、"大会交流"和"专题研讨"组成。晋元高级中学展示9门学科、12节信息技术与学科整合的教学观摩课,并与四川北川中学、印度泰戈尔学校进行现场远程授课和互动研讨,数学教研组老师与北京著名特级教师王建民通过视频进行网络教研活动。王丽萍校长作"满足需求,自主发展"主题交流,介绍2005年以来学校在信息技术与课程整合研究中的探索历程。与会人员还就如何有效地实施信息化教学进行研讨。区教育局局长李学红介绍教育信息化建设情况。(顾文华)

【举行上海市机器人竞赛】 4月25日,由市教委指导、市电化教育馆和区教育局主办、晋元高级中学承办的"第十一届全国中小学电脑制作活动——上海市机器人竞赛"隆重举行。市教委副主任尹后庆、市教育学会会长张民生、上海远程教育集团副主任兼市电化教育馆馆长王民以及区教育局党政领导等出席开幕式并观摩竞赛。全市14个区178个中小学参赛队350名选手和指导老师参加比赛。比赛设立机器人灭火、机器人足球赛、机器人篮球赛、人型机器人全能挑战赛等11个竞赛项目。经过初决赛,共产生11支冠军队伍,将代表上海市参加全国比赛。甘泉外国语中学在"人型机器人全能挑战赛"中折桂,获得参加全国比赛的资格。(顾文华)

【"新基础教育"推广研究总结会】 5月28日,区"新基础教育"三年推广研究总结会在真光小学举行,华东师大"新基础教育"研究中心主任叶澜教授、华东师大基础教育改革与发展研究所所长杨小微教授,区教育局局长李学红、副局长赵平和全区小学校长参加会议。真光小学、恒德小学、曹村六小校长、实验教师分别组团进行汇报交流。叶澜阐述"新基础教育"研究的特点,高度评价各校校长、教师真心实意投入研究、脚踏实地开展工作。赵平代表区教育局作总结发言,称赞3所学校借助"新基础教育"研究中心的专业力量,实现主动发展并取得初步成效;她希望各校都要有主动变革的意识,大胆创新,实现学校、教师、学生的共同发展。(顾文华)

【少先队普陀区第七次代表大会】 5月31日上午,以"铭记领巾责任,伴随普陀成长,争当四好少年"为主题的少先队普陀区第七次代表大会暨2010年庆"六一"主题集会在区少年城隆重举行。区领导周国雄、孙荣乾、叶维华、顾顺祥、祝学军、胡佩艳、裴崎、左燕、曹玉茂、陆永新、景莹、柴晓苗和团市委副书记陈凯等领导出席,来自安徽砀山魏庙希望学校的师生代表与区少先队员代表一起庆祝节日。大会表彰普陀区"十佳少先队员"、"十佳少先队辅导员",并对获奖的少先队员和老师颁发印刻有区长孙荣乾签名的奖牌。与会领导接见区"十佳少先队员"及"十佳少先队辅导员"代表。会议号召全区少年儿童牢记"领巾在胸前,责任在肩上"的承诺,用行动响应中共中央总书记胡锦涛的号召,用行动保持红领巾的荣誉,积极争当"四好"少年,为普陀争光,为家乡尽责,为创建和谐新普陀贡献自己的力量。（顾文华）

【环保画册《地球怎么了?》首发式】 6月12日,《地球怎么了? 为什么春天来得这么早》——全球变暖儿童画册的上海首发赠书仪式在恒德小学举行。区长孙荣乾、副区长景莹、市环保局副局长吴启洲等出席首发赠书仪式。仪式在恒德小学的环保情景剧《绿色出行看世博》中拉开序幕。《地球怎么了?》画册给6—12岁儿童带来全球变暖、气候变化、低碳生活等知识。该画册通过多学科结合方式,解释气候变化的成因和基本规律,引导儿童从小尊重自然,形成低碳生活概念。（顾文华）

【第七届沪港高中生英语辩论赛】 6月30日,第七届沪港高中生英语辩论赛在宜川中学落幕。中央人民政府驻香港特区联络办部长吴仰伟、部长助理向锦清、普陀区副区长景莹等出席并观摩辩论赛决赛。辩论赛由普陀区教育局主办,历时3天,来自香港和上海的12支学生队伍参加比赛,曹杨二中获得冠军。（顾文华）

【曹杨二中获全国学校艺术教育工作先进单位】 10月11日,上海市曹杨第二中学在全国学校艺术教育工作经验交流会上受到表彰,荣获"全国学校艺术教育工作先进单位"称号。2010年2月,曹杨二中合唱队代表上海赛区参加教育部主办的"全国第三届中小学艺术展演合唱项目总决赛",荣获展演活动艺术表演类中学甲组一等奖及展演金奖。多年来,该校以艺术教育为载体,促进学生博雅品性的养成,凸显"人文见长"的办学特色,学校的艺术社团在校园文化建设中发挥重要作用。（顾文华）

【区中学生论坛】 10月19日,以"传承志愿精神,构建美好城市"为主题的2010年区中学生论坛在宜川中学举行。论坛由上海市世博会志愿者形象大使金晶、宜川中学陆庆锋,园区志愿者李新和城市站点志愿者刘婕及曹杨二中、晋元中学和宜川中学的3位学生代表作为嘉宾,畅谈对世博会志愿者以及传承志愿精神的理解与思考。论坛发出倡议,希望同学们发扬服务他人,传承世博精神的理念,将快乐温暖传递给身边更多的人。（顾文华）

【"千校万班"足球活动启动】 11月9日,上海市学生阳光体育千校万班足球活动启动仪式在普陀区举行。国家足协发展部主任孙哲东、市教委副主任李骏修、市体育局副局长李伟听、区委副书记顾顺祥等出席启动仪式。全市18个区县的教育局、体育局分管领导及97所校园足球布点学校的校长、教练前来观摩和交流。区23所学校近2000名学生参与该次活动。启动仪式上,晋元高级中学和晋元附校的团体操、平利路第二小学的足球操及20支校园足球先进校的入场仪式进行表演。活动还对全市青少年校园足球进行表彰,普陀区延河中学、梅陇中学、金沙江路小学的足球项目受到表彰。区教育局局长李学红表示,校园足球已成为普陀区学校体育品牌,将继续加强与体育局的合作,让包括足球在内的体育运动成为对中小学生实施素质教育的重要载体,在体教结合中促进学生在身心健康、体魄强健、意志坚强等方面得到全面发展。顾顺祥希望各学校本着"健康第一"的理念,以校园足球活动为抓手,依托阳光体育平台,培养学生良好的健身习惯,为每一位学生的终身发展打下基础。（顾文华）

【晋元中学与高校共建创新实验室】 11月11日,晋元高级中学与同济大学土木结构学院和上海财经大学金融学院合作共建的"结构创新实验室"、"金融创新实验室"揭牌仪式举行。市教委副主任尹后庆,区委副书记顾顺祥,国家督学、市教育学会会长张民生,同济大学、上海财经大学领导,区教育局局长李学红以及区内中学校长、教师等近200人参加仪

11月11日,共建晋元高级中学创新实验室举行揭牌仪式
（区教育局供稿）

式。晋元高级中学校长王丽萍和同济大学土木工程学院名誉院长项海帆院士分别致辞，上海财经大学、同济大学领导以及顾顺祥、尹后庆分别讲话祝贺。揭牌仪式后，王丽萍向与会领导和专家汇报学校创新素养培育实验项目的实施情况。与会人员参观学校创新实验室，观摩实验项目课程及学生创新论坛。（顾文华）

【曹杨二中召开TI教育技术国际研讨会】 12月2日，曹杨二中召开以“感受国际技术，培育创新素养，提升学习品质”为主题的2010年数学教学论坛暨TI教育技术国际研讨会。来自美国、英国、加拿大、新西兰、新加坡等国家的教育专家与国内数学专家60余人与会。与会专家希望通过教育技术研讨来改进课堂教学，利用技术及时反馈教学中的问题，加强人机、师生、生生间的互动，提高学习兴趣和效率。与会者观摩了曹杨二中陆杰老师执教的“用TI－Navigator 图形计算器网络教学《矩阵的乘法》”的数学课。当前，利用计算器构建的局域无线网络进行教学的课堂形式在全球逐渐普及。（顾文华）

【班主任育德能力竞赛和评优活动揭晓】 区第二届班主任育德能力竞赛和评优活动历时一年，于年末落下帷幕。华师大附小丁亦文、光新学校于澍、晋元高级中学王玲、联建小学冯珺、培佳双语学校张骏、武宁路小学陈婕、平利一小赵艳斐、同济二附中贾彦春、曹杨二中彭立春和二中附校魏红荣获区第二届“十佳”中青年班主任称号。此次竞赛和评优活动以教育案例撰写、活动方案设计、实践活动及反思、主题教育课评优和“温馨教室创建”专题论坛等为抓手，以校本评优活动为重点，通过材料评审、实地听课、当堂面试、区域展示、综合投票等多种形式为广大班主任展示专业成长搭建舞台。这些脱颖而出的优秀班主任组成宣讲团，开展“走进学校，巡回演讲”活动，将建班育人的成功经验传递给更多的班主任老师，对推动班主任专业发展发挥了积极作用。（顾文华）

职业技术教育

【概况】 调整曹杨职校专业布局，确立以旅游服务类专业群为核心专业，重点打造烹饪、会展服务与管理、酒店服务与管理三大专业。做好新一轮市重点专业、精品课程申报，学校3个专业被确定为市重点建设专业。完善烹饪实训中心建设，通过市教委验收评估。加强校企合作，突出技能培训，拓展实践基地。继续做好职业启蒙教育，对16所中小学校的近千名学生开展职业启蒙教育。与法国马赛旅馆学校开展学生短期留学等交流。组建区中职校德育协作委员会，召开区中职校德育工作推进会。（顾文华　包玉全）

【区域职业教育德育工作协作会】 11月11日，区域职业教育德育工作协作会议召开，区教育局副局长方元升、各职业院校领导及德育部门负责人与会。区职业学校德育工作协作组是区域8所中职校和区成人中专学校共同参与的协作组织，旨在进一步推进职业院校的德育工作，促进各校之间的交流合作。会议明确了协作组的性质、组建目的、工作任务、组织机构等。方元升在讲话中希望通过政府和学校的共同努力，把区域职教德育工作做实、做细。还对中职校班主任培训、遴选中职系统骨干班主任等工作提出具体要求。（顾文华）

【职业教育资源辐射活动】 曹杨职校开放会展实训中心，至年末，共为4000余人次提供各项会务服务及会展实训教学。承办区总工会“迎世博窗口行业”餐饮技能培训及大赛、法国青年面包师培训，接待来自法、英、澳等国家300余名师生的访问及中式餐饮的学习培训。学校选派134名学生赴上海世博会参加顶岗服务工作。（顾文华）

社区教育

【概况】 完善社区教育三级网络，区社区学院（老年大学）新校舍落成。完成市级招标项目“社区学校（成人学校）标准化建设的实验研究”，出版《社区教育三级网络标准化建设的研究》。组织开展市、区两级社区教育示范街道（镇）评选，长寿、长风、真如和曹杨4个街道、镇被评为“第二轮上海市社区教育示范街道（镇）”。开展社区学校专职教师教学实践课评比竞赛活动，提升社区学校专职教师的专业化素养。承办首届“上海终身学习论坛”。与上海大学合作开展“终身学习推进员队伍建设”课题研究，在各社区学校建立“终身学习推进员工作站”，对首批45名推进员进行专业培训。编制《普陀区终身学习资源手册》，提高社区居民参与社区活动的知晓率、参与率和满意率。做好各类学习型组织的争创，丰富创建内涵，创新创建方法，努力培育一批骨干单位和家庭。普陀区荣获“全国社区教育示范区”称号。（顾文华）

【首届“上海终身学习论坛”举行】 11月5日下午，首届“上海终身学习论坛”暨普陀区社区学院（老年大学）落成典礼在普陀区社区学院新校址（枫桥路61号）举行。论坛由市成人教育协会、市推进学习型社会建设指导委员会办公室主办，区推进学习型社会建设指导委员会办公室、区社区学院承办。区委常委、宣传部长祝学军致欢迎辞，并与市人大科教文卫工委主任孙运时一起为区社区学院揭牌，区教育党工委书记范以纲与市老年教育协会会长俞恭庆共同为区老年大学揭牌。来自华东师大、市社区教育协会、区教育局和宝钢国际经济贸易有限公司等单位的10余名专家、学者和企业高管，围绕“成教，使生活更美好”的主题，交流各自经验，并展望“十二五”期间如何进一步发展作为终身教育体系重要组成部分的社区教育。华东师范大学教授叶忠海对8个主旨演讲做了点评，并详尽阐释了终身学习对促进当前社会发展的作用。（顾文华）

【普陀区获“全国社区教育示范区”称号】 12月4日，普陀区在杭州召开的全国社区教育座谈会上受到表彰，荣获“全国社区教育示范区”称号。区委常委、宣传部长、区学习委副组长祝学军上台领奖。普陀区是全国社区教育的发源地，1986年9月，成立“真如中学社会教育委员会”。2006年7月，被国家教育部命名为“全国社区教育实验区”。区社区教育以“为了每一位社区成员的可持续发展”为理念，走过了一条实体化、标准化、特色化、社会化的探索之路。社区学校实体化及标准化建设探索在全市乃至全国具有较大的影响，优质“社区教育资源圈”逐渐完善。 （顾文华）

教育管理

【概况】 加强教育督导与评估，对14所学校进行发展性督导，对12所学校少先队进行专项督导，对14所学校进行教师专业发展示范（优秀）校评审。规范和扶持民办教育发展，稳步推进民办学校年金制度、财务会计管理制度，落实民办教育专项资金，全年下拨民办义务教育学校生均公用经费、市民办教育发展专项资金、区民办教育发展专项发展资金1852.21万元。开展民非院校负责人培训，对20家民办非学历教育机构进行评估，规范办学。政风行风建设不断加强，推出争创文明行业“三要三不”举措。完善教育收费公示制度，严肃查处和纠正各类违规收费行为，坚决清理“校中校”，有效遏制违规收费办班行为。修订《普陀教育后勤服务指南》，规范教育经济行为。强化国资监管。完善干部管理各项制度，实施干部重大事项报告制度，把住房、投资和配偶子女从业情况等列入报告范围，全系统323名基层干部按要求申报了个人有关事项。通过干部经济责任审计、党建督导、纪检监察、群众监督等多种形式，加强对基层干部廉洁自律情况的监督检查，对33名校（园）长进行任期经济责任审计。加强对基建、政府采购、招生、教师招聘等重点环节、重要部门的监管。做好对口支援，选派5名教师赴云南支教、1名教师援藏，完成云南澜沧、四川都江堰教师共4批28人跟岗培训。健全校园安全措施，集中投入600多万元更新、增配校园技防设施，安排684万元加强保安队伍配备，全区中小学、幼儿园保安基本纳入有资质的保安公司管理。对在建工程工地、出租出借房屋、特种设备使用、有住宿生的学校进行安全检查。加大安全教育力度，加强应急预案演练等，提高师生逃生自救能力。在“2010年上海市第三届中小学师生识险避险、自救互救知识技能展示活动”中，由曹杨二中、玉华中学及沪太一小共25名师生组成的普陀区代表队荣获一等奖。区54所学校获“2008—2009年度上海市安全文明校园”称号。协助桃浦镇对11所非法幼儿园进行清理，安全稳妥接受农民工同住子女入园，确保社会和谐稳定。

（顾文华 包玉全）

【区中英教育交流中心成立】 1月12日，上海普陀中英教育交流中心揭牌仪式在长征中学举行。英国总领事馆文化教育处文化教育领事安格文，副区长景莹，区教育党工委书记范以纲，局长李学红等出席，英领馆文化教育处官员、区政府外事办、部分中小学校校长等80余人与会。安格文和景莹共同为中心揭牌。上海普陀中英教育交流中心由区教育学会开办，以学校师生语言培训、教育文化交流、国际教育论坛、夏（冬）令营、教育科研等为主要项目。以此为平台，进一步加强中英教育国际交流与合作，为推进教育国际化注入新的活力。至年末，普陀区与英国萨里郡有26所中小学校结对，其中15所学校参与英国总领事馆文化教育处的校际连线项目“社区点亮生活”、12所学校参与“健康生活与运动”课程共建活动。（顾文华）

【区中小学环境教育协调委员会挂牌20周年】 4月1日，普陀区召开纪念中小学环境教育协调委员会正式挂牌20周年座谈会暨2010年年会。市环境教育协调委员会中小学办公室主任赵才欣和市青少年科技教育中心、中福会少年宫、区教育局、环保局的领导出席。会议重温区中小学环境教育协调委员会20年来走过的历程，充分肯定区环境教育为提高学生综合素质所作的贡献及在环境教育中涌现出的先进典型。区教育局表示，将结合区域规划，加强部门合作、资源共享，与学生素质教育推进相结合，构建课程体系，培养骨干队伍，不断提高环境教育的水平。会议增补了新一届成员。

（顾文华）

【教师专业发展工程推进会】 5月18日，2010年普陀区教师专业发展工程推进会在区少年城二楼剧场举行。会议总结了第一轮教师专业发展指导团队的工作，并对第二轮教师专业发展指导团队工作进行动员。区教育学院院长、教师专业发展管理办主任杨杰对第一轮工作作总结报告，曹杨二中王洋、沙田学校查全瑶、江宁学校曹刚进行工作交流，与会领导为第一轮学员颁发结业证书，并为第二轮教师专业发展指导团队和实践团队举行授牌仪式。晋元高级中学周飞、武宁路小学林彬分别代表教师专业发展团队及基地学校作交流发言。区教育局局长李学红对2年来首轮教师专业发展工作进行梳理，同时部署第二轮教师专业发展团队的工作。区委副书记顾顺祥在讲话中希望教育局始终把教师队伍建设放在普陀教育事业发展的首位，坚持把提升教师专业素养作为队伍建设的核心工作抓好。 （顾文华）

【开展中美基础教育与学校管理对话】 6月17—18日，由美国克利夫兰州立大学教育与人类服务学院院长詹姆斯·密克腊克林博士，克利夫兰大都会学区总监克里斯汀·福特－麦克博士以及克利夫兰－高地大学学区助理学监杰弗里·塔尔伯特博士率领的美国俄亥俄州克利夫兰地区教育行政官员、专家、中小学校长和教师代表组成的教育代表团一行26人来访，与普陀区教育局领导、部分学校校长和教师进行了中美基础教育与学校管理对话和交流访问活动。17日上午，举行“机遇与挑战——2010中美基础教育与学校管理对话”，美国克利夫兰－高地大学学区的教育服务主任约瑟夫·米谢勒博士发表题为“克利夫兰高地－大学高地学区教育的机遇与挑战”的讲话。区教育局局长李学红作“教育促进人的可持续发展：我们的反思与应对”主题报告。18日上午，区教育局与来访者就两地教育交流合作项目进行座谈。李学红提出以合作项目的开发为支撑促进双方合作共建的建议，得到美国同行的热烈响应。美国来访者还参观了晋元高级中学、晋元附校和童的梦艺术幼儿园。（顾文华）

【“普陀教育社区行”宣传调研】 7月16—21日，区教育党工委书记范以纲、局长李学红等区教育局党政班子成员带领各科室负责人，先后至各自联系的9个街道（镇）开展“普陀教育社区行”宣传调研活动。区教育局党政领导分别向社区居民代表介绍了普陀教育发展情况，解答社区居民普遍关心的教育资源布局、招生入学政策以及外来人员随迁子女入学等问题，并向社区居民发放民意调查问卷300余份，听取社区对区教育事业的意见和建议。（顾文华）

【举行中日少儿世博展演】 7月24—25日，普陀区和日本爱知县名古屋市的500余名中日少儿演绎了一场主题为“放飞梦想、童心之旅”的精彩演出。市教委、区教育局有关领导与日本民间幼儿园联盟会会长藤冈省悟、日本儿童画家飞鸟童、日本儿童音乐家藤本和道等友人一起观看演出。中日少儿以励志音乐剧、交响乐和舞蹈等形式共同展现两国少儿的世博梦想和祝福及中日儿童健康向上的精神面貌。武宁路小学、曹杨新村第三幼儿园、童的梦艺术幼儿园、梅川幼儿园和满天星幼儿园的小朋友参加了展演活动。（顾文华）

【“普陀教育网”跻身全国地市级五十佳网站】 8月8－9日，第十届中国教育信息化创新与发展论坛在北京举行，表彰了首届全国教育门户网站评比中获奖的单位和个人。普陀教育网荣获“首届全国教育门户网站评比”地市级五十佳网站。该评选由教育部教育管理信息中心主办，历时7个月，报名网站遍布全国23个省（自治区、直辖市），参评网站近500个。“普陀教育网”从2001年开始建设，历经多次改版，已从原先纯静态的单一教育信息发布发展成为集“政府信息发布、教育政策咨询、社情民意互动、优质教育资源集聚”等多功能、综合性教育信息服务平台，在市教委区县教育行政部门政府信息公开和网站建设评选中多次名列前茅。（顾文华）

【成立长征镇优质教育发展共同体】 9月6日，长征镇优质教育发展共同体成立仪式在长征镇政府举行。区委副书记顾顺祥、副区长景莹、区教育局和长征镇的党政领导、英国领事馆官员以及长征镇的企业代表等出席。景莹和长征镇党委书记张月生为“共同体”揭牌。顾顺祥希望长征镇辖区各学校抓住机遇、主动发展，努力把长征镇打造成为优质教育资源丰富均衡的地区，造福长征居民。长征镇优质教育发展共同体有各级各类学校20所，涵盖学前教育、义务教育、高中教育和终身教育，将充分整合校内外资源，以组团发展形式共同推动长征地区学校的发展。仪式上，启动了“社区点亮生活”等5个项目。（顾文华）

【举办“绿叶讲坛”】 9月21日，区教育系统“绿叶讲坛”启动仪式在曹杨二中附属学校举行。区委宣传部、教育党工委有关领导及“绿叶讲坛”的特聘讲师等参加启动仪式。“绿叶讲坛”是为推进学习型团队建设，进一步提升全系统干部、教师的综合素质和人文素养而创建的一个新载体，旨在发掘和运用本系统教育资源，以义务巡讲或设点讲座的形式，为全系统提供高质量的讲座。“绿叶讲坛”首批推出8个讲座，涉及时政、国学、美术、书法、茶艺、心理疏导、救生技能、职场礼仪等专题内容。仪式上，与会领导向特聘讲师颁发证书，特聘讲师分别介绍讲座内容。（顾文华）

【长征中学与恩斯肯学校友好交流10周年庆典】 10月20日下午，上海市长征中学与英国恩斯肯学校友好交流10周年庆典活动举行。英国萨里郡教育局局长尼克·威尔森、英国总领馆文化教育处项目主管张大晟及市教委基教处、市教育国际交流协会、市对外友协等领导与会。与英国萨里郡结对的区内36所中小学校校长、幼儿园园长和英国萨里郡恩斯肯学校近300人参加庆典，共同观看长征中学教育国际化10年回眸的短片《让国际交流成就教育未来》。长征中学校长、党支部书记李少保介绍了中英校际教育交流10周年的情况。双方为长征中学原校长李海棠和英国恩斯肯学校原校长威布斯特颁发“中英教育交流杰出

10月20日，长征中学与英国恩斯肯学校友好交流十周年庆典（区教育局供稿）

成就奖”，为长征中学原外事办主任李培鑫和英国恩斯肯学校副校长彼得·汤普森颁发“中英教育交流突出贡献奖”。（顾文华）

【普陀教育讲坛开讲】 10月29日下午，由区教育学院主办的普陀教育讲坛第一讲在甘泉外国语中学举行。区教育局局长李学红，华东师范大学历史系教授余伟民、张耕华，市历史特级教师周靖、钱君端，全区各学科骨干教师和教育学院全体教育教学研究人员200人聆听了讲座。区教育学院院长杨杰致欢迎辞。第一讲由历史特级教师、区教育局局长助理周飞主讲。首先进行教学展示，并为听众作专题讲座《美剧的教学启示——课堂教学资源的开发与设计》。“普陀教育讲坛”从2010年下学期开讲，每月1—2场，邀请区内外专家、名师作学术讲座，旨在辐射名师优秀教育教学经验，搭建区域教师学习平台。（顾文华）

【第十次国家讲习班在区举办】 11月3—5日，联合国教科文组织中国可持续发展教育（ESD）项目第十次国家讲习班在上海普陀举办。讲习班由中国联合国教科文组织全国委员会秘书处、市教委主办，中国可持续发展教育（ESD）项目全国工作委员会秘书处、普陀区教育局、北京教育科学研究院承办。全国10多个省市和地区的近400名代表参加了讲习班。讲习班围绕“贯彻落实《国家规划纲要》战略，推进可持续发展教育”主题，先后进行了专场报告、专题考察、研讨交流等。联合国教科文组织协会亚太地区联合会主席陶西平，教育部基础教育司二司副司长朱慕菊，北京教育科学研究院院长时龙，市教委副主任尹后庆，区领导周国雄、孙荣乾等出席开幕式。陶西平、朱慕菊、尹后庆、周国雄分别在开幕式上致辞。3日，区教育局局长李学红作“可持续发展教育在普陀区的创新实践”专场报告，主要阐述将“提升每一个学生的学习生活品质”作为引领普陀教育发展的核心理念，把学生的可持续发展建立在学生高品质的

11月3—5日，中国可持续发展教育（ESD）项目第十次国家讲习班在普陀区举办（区教育局供稿）

学习生活基础上，坚持育人为本，能力为重，促进学生的全面发展。教育部教育研究发展中心主任张力在闭幕式上作“落实《规划纲要》，重视可持续发展教育”的专题报告。与会代表表示一定要更加明确教育为可持续发展服务的方向，探索可持续发展教育的新模式，开创教育改革和发展的新局面。自1998年中国开始可持续发展教育的理论研究和实践探索以来，成功举办了9次国家级讲习班，4次国际论坛以及多次中小型研讨和国际交流活动。（顾文华）

【“十一五”全国教育技术研究规划上海地区课题结题会】 12月21—22日，由中央电化教育馆主办，上海市电化教育馆、普陀区教育局协办的“十一五”全国教育技术研究规划上海地区课题结题会在洛川学校举行。中央电教馆副馆长王晓芜、中央电教馆研究部主任陈庆贵、上海市电教馆副馆长陈家虎、上海现代教育技术研究所所长蒋鸣和、华东师大中小学信息技术研究中心主任王荣良等专家、领导和各课题学校校长近60人出席。来自普陀、奉贤、长宁、浦东等4个区的19个课题分2组进行结题汇报，分别介绍课题的研究内容、过程和重点成果，并进行专家答辩。专家经过认真审议，一致通过全部课题的评审，同意结题。普陀区有13个课题参加评审，其中曹杨二中的《基于信息技术平台的师生发展性评价研究》、洛川学校的《学科专题学习网站的建设与应用研究》、平利路第二小学的《信息技术与学科教学有效整合，提高学生学习各学科基本能力的研究》等8项课题获得全国优良等级。（顾文华）

【全国“第五届有效教学理论与实践研讨会”】 12月2日，第五届“全国有效教学理论与实践——有效教学视野中的课堂规范研讨会”在普陀区新黄浦实验学校举行。市教委副主任尹后庆、副区长景莹、华师大课程所名誉所长钟启泉、上师大小学教育研究所所长杨庆余、市教委基教处、教研室有关领导以及市、区教研员、市课改实验基地学校和全国各地学校的校长及骨干教师共400余人参加。研讨会围绕“有效教学视野中的课堂规范”展开，区教育局局长李学红作主旨发言。新黄浦实验学校、教育学院附属学校、曹杨小学、宜川中学和梅陇中学等7所学校的教师分别执教了小学、初中和高中语文、数学、英语、物理、化学等5个学科共8节公开课，从不同角度展示对“有效教学视野中课堂规范”的理解和探索。专家、教研员等作点评，并与全国各地的学科教师进行深入互动。区教育学院院长杨杰、新黄浦实验学

12 月 2 日，全国第五届有效教学理论与实践研讨会在区召开
（区教育局供稿）

校校长王洪伟、朝春中心小学副校长沈晓岚作交流发言。普陀区连续5年召开全国性的有效教学研讨会，每年攻克一个难题，交流研究成果，推进了区域教育发展。（顾文华）

【“源恺励志奖”、“源恺自强助学金”颁发】 12 月 28 日下午，上海市教育发展基金会“源恺励志奖”、“源恺自强助学金”颁发仪式在普陀区金鼎学校举行。市教育发展基金会理事长谢丽娟、副区长景莹、上海源恺（集团）有限公司副总裁虞耀琦及市教育发展基金会、市教委基教处、区教育局等有关领导出席，并为学生代表颁发了证书和助学金。全市近 100 名农民工子女和特殊学校的学生代表参加。全市 2000 名农民工同住子女共获“源恺励志奖”100 万元，500 名特殊学校的学生共获“源恺自强助学金”50 万元。谢丽娟在发言中高度评价源恺集团的爱心助学义举，并勉励学生好好学习，立志向上，传承爱心，奉献社会。（顾文华）

2010 年普陀区学校增减情况表

校 名	地 址	备 注
冠龙中学（民办）	沪太路 1060 号	停办
豪园幼儿园（延川分园）	延川路 243 弄 51 号	新增分园
大渡河二幼儿园（杨家桥分园）	真北路 2904 弄 58 号	新增分园
梅川幼儿园（梅川分园）	梅川路 838 号	新增分园
阳光娃娃幼儿园	延长西路 240 号	新增园
石岚幼儿园（万里分园）	富平路 657 弄 21 号	新增分园
恒力锦沧幼儿园	三源路 61 号	新增园
秋月枫幼儿园	光新路 177 弄 8 号	新增园

（顾文华）

二十一、文 化

综 述

2010年，区文化工作按照区委、区政府提出的“五个确保”要求，全力以赴保障世博会成功举办，着力改善文化民生，全面实现“十一五”文化发展目标。

文化窗口建设全面加强。通过广泛动员、建章立制、全员培训、定期督查，组织便民服务、开展“窗口服务日”等多种举措，推进公共文化服务行业奉献世博工作，涌现一批先进集体和先进个人。年内，组织世博园区内外文化活动千余场，直接参与人次45万。“图书漂流”成功进入世博园区，举办百场电影进社区、纪念抗战胜利65周年系列活动、上海画家迎世博邀请展、俄罗斯油画展等一批与世博会主题相结合的文化活动和高品味美术展，世博文化活动反响良好。

公共文化设施建设稳步推进。区图书馆新馆正式开放，沪西工人影剧院完成改建，长风生态商务区火花博物馆、视觉艺术展示馆建成开放。社区文化设施进一步完善。长征社区文化活动中心新建工程结构封顶，长寿绿地文化广场、长风公园文化广场完成改建。至年底，全区每万人拥有公共文化设施面积2707平方米，比上年增长20.4%。

公共文化活动蓬勃开展。年内，组织开展各类群众文化活动3万余场次，参与人次173万，一批面向特殊群体的公益性文化活动深入开展，保障了弱势群体和特殊群体的基本文化权益。2010苏州河文化艺术节取得圆满成功，9个街道镇均举办特色鲜明的社区文化艺术节。一批优秀文艺团队获表彰。全年创作各类群文作品597件，小品《钟点房》等作品获市以上奖项。文物保护工作进一步加强，完成第三次全国文物普查第二阶段任务。

文化市场管理规范有力。加强对演出、娱乐、网吧、动漫游戏及美术品市场的日常管理。全年出动稽查1095次，检查场所4453家，立案查处43件，查处非法音像制品大案要案6件，收缴非法出版物29.13万张。完成325家文化娱乐场所年检、审批工作。开展“全国哀悼日”公共娱乐场所停止娱乐活动执法检查和“11.15”娱乐场所消防安全大检查。长寿路亚新广场、枣阳路华师大周边地区等路段盗版音像制品销售现象得到遏制。美术品市场内容监管形成制度。创新监管措施，推出三级联动日常监管巡查员制度，编印《普陀区文化市场三级联动巡查员手册》，建立“网吧及游艺(戏)机社会监督志愿者队伍，首次将日常监管延伸至街道、镇。

文化产业发展壮大。全年文化产业收入38亿元，比上年增长30%。苏河汇创意园、中华1912创意园、M50桃浦创意产业园等一批文化产业园建成开园，产业集聚效应进一步显示。网络文化、休闲娱乐、艺术品创作和交易等产业快速发展，形成了网络游戏、数字内容、生活服务等特色网络文化行业。 （胡 洋）

公共文化

【概况】 2010年，全区文化场馆无障碍设施普及率100%。影剧院行业在城市文明指数测评中排名稳步上升至中心城区第五名；网吧行业打造20家绿色示范网吧；娱乐行业举办“阳光娱乐”周宣传活动；40余名文化行业职工荣获市、区各类窗口服务先进个人称号；确保世博会期间各级各类文化设施环境整洁、功能完善、服务优质、世博氛围浓厚。

世博文化活动丰富多彩。30场“世博会社区市民活动”发动面广，影响力大。区11支参演团队，演出节目51个，创下多项全市之最：进入世博园演出人数最多、节目数量最多、参演团队最多、内容最丰富的专场演出；首个在最高温时段演出的专场活动；首个列入世博会文化演艺活动每日节目单的区县演出活动；区民乐团成为全市唯一应邀进入参展国场馆进行互动演出的民间文化团队。“图书漂流”活动成功进入世博园区，是全国唯一1项在世博园内开展的读书活动，各大媒体称其为世博会营建“文化亮点”。54场长寿绿地“城市文化广场周周演”与“世博合唱节”组织工作井然有序，受到上海世博局和市文广局充分肯定。半岛艺术中心入选“上海世博会城市特色文化展示馆”，宜川瓷刻画和桃浦铁艺书法入选世博会公众参与馆“秀空间”展示项目。开展世博会国际参展方进社区互动活动。

公共文化活动水平提升。组织各类群众文化活动3万余场次，参与人次173万。苏州河文化长廊项目获市群众文化优秀活动项目。2010苏州河文化艺术节圆满成功，新上海人歌手大赛等4个项目列入上海国际艺术节群文活动重点项目并获得优秀项目奖，区政府获特别贡献奖。

健全社区文化资源配送、支持体系。开展“电影、图书、文艺演出和文化指导员”进社区活动。全年为社区配送图书及阅览设施15万元，配送电影和文艺演出近500场；文化指导员下社区指导2655人次，辅导5.31万人次。区域文化交流与合作有突破。与市作家协会、美术家协会、音乐家协会、书法家协会等市级文化机构建立合作关系，长三角地区美术馆协作机制秘书处及上海市书法家协会长三角交流中心相继落户普陀。开展长三角地区首次苏州河主题美术创作，推出并收藏江、浙、沪国画家创作的精品力作40余幅。邀请肯尼亚、保加利亚、奥地利、土耳其等外国艺术团体进社区交流演出。（胡　洋）

【新春音乐会】　1月28日，普陀区2010年新春音乐会在区图书馆新馆剧场举行，区领导周国雄、祝学军、胡佩艳、林楠、曹玉茂、陆永新、张新华、景莹、谢筠等与社会各界人士代表出席。区委书记周国雄代表区四套班子向全区人民祝贺新春。上海歌舞团、上海东方青春舞蹈团、上海爱乐乐团登台演出。新春音乐会同时拉开了普陀区春节文化活动序幕。春节至元宵期间，全区共举办文艺演出、戏曲沙龙、美术展览、收藏展示、读书活动、公益电影等文化活动50余场。

（胡　洋）

【区图书馆新馆开放】　历经3年建设，普陀区图书馆新馆正式开馆。2月8日上午，区图书馆新馆举行开馆典礼。上海图书馆馆长吴建中，上海市文化广播影视管理局副局长王小明，上海图书馆党委副书记王世伟、副馆长周德明，上海市作家协会副主席赵丽宏等，区四套班子领导周国雄、孙荣乾、叶维华、林爱娟、祝学军、裴崎、陆永新、景莹、柴晓苗等出席开馆仪式，并剪彩。区图书馆新馆以区域文献信息服务中心、社会文化教育中心、公共图书馆服务协调中心和市民文化休闲活动中心为功能定位，是上海真如城市副中心首个投入使用的大型公共文化设施，将服务、辐射上海市西北地区。新馆位于大渡河路1800号，总建筑面积3.5万平方米，共20层，其中地上18层、地下2层，总投资超过1.6亿元，设计藏书量80万册，设置10余个专题阅览室，设有上海首个以收藏、展示当代作家手稿作品收藏展示馆，以及融入新理念的儿童玩具图书馆、多媒体信息超市等，并关注弱势群体，设置无障碍阅读区，是集图书信息提供、市民教育培训、会展会务服务、文化休闲娱乐为一体的综合性文化设施。（胡　洋）

【上海当代作家作品手稿收藏展示馆开馆】　4月23日，上海当代作家手稿作品收藏展示馆正式开馆。该馆由普陀区图书馆与上海市作家协会联手创办，旨在挖掘、研究、传播、发展当代海派文化，填补当代海派文化文献的空白，并在世博会期间向海内外来宾展示当代海派文化发展成果。至2010年底，已征集到徐中玉、钱谷融、徐开垒、赵长天、赵丽宏、邓伟志、王小鹰、李伦新、任大新、陈伯海、王周生等80余名作家的签名作品1300余册，手稿100余件。这些手稿和书信，从一个侧面反映了作家创作的心路历程，是研究当代海派作家创作风格发展较为珍贵的文献。开馆仪式上，区图书馆现场采集部分作家的手印，制作成个体化手模，并留在馆内永久收藏。（胡　洋）

【公共图书馆窗口服务宣传月活动】　5月1—30日，全区公共图书馆以“充分发挥公共图书馆窗口服务宣传教育作用，推进学习型社会建设”为主题，举行公共图书馆窗口服务宣传月活动。开展“好书推荐、读者沙龙、数字电影展映、多媒体数据库推广”等宣传活动27项，参与人次2万。区图书馆将服务月活动印制成排片表，与宣传手册一起发至各街道镇图书馆和居委会图书室。在服务一线设立党员服务窗口，开展“我心目中的图书馆”征集活动，并根据市民意见及时改进。年内，全区公共图书馆读者流量和图书借阅量进一步提升，其中图书外借办证数上升30%。（胡　洋）

【苏州河文化艺术节】　9月28日下午，2010苏州河文化艺术节在区图书馆剧场隆重开幕。市文明办副主任朱

8月8日，区民乐团应邀于世博会卡塔尔国家馆与该国民乐团同台演出　（区文化局供稿）

响应、文广局副局长王小明、文化市场行政执法总队队长周卫民、作协副主席王纪人等市领导与区县文广局负责人，区四套班子领导及各阶层代表和社区群众千余人出席仪式。区委常委、宣传部长祝学军主持开幕式，区长孙荣乾致辞，周国雄、叶维华、朱响应、王小明、顾顺祥等市区领导共同启动苏州河文化艺术节开幕按钮。之后，举行“情寄母亲河”、“放飞世博情”、“礼赞新普陀”3 个篇章的文艺演出。该届艺术节作为第十二届中国上海国际艺术节的“节中节”，自 9 月 28 日—10 月 26 日，以“唱响十八湾，魅力新普陀”为主题，举办新上海人歌手大赛，巴金著作手稿、版本、书名篆刻联展漂流暨巴金论坛，长三角中国画名家精品展，社区文艺团队汇演等 10 余项文化活动，成功打造“文化艺术的盛会，人民大众的节日”。（胡　洋）

10 月 26 日，新上海人歌手大赛决赛在广电大厦多功能演播厅举行
（区文化局供稿）

【新上海人歌手大赛决赛】 10 月 26 日，新上海人歌手大赛盛典、第十二届中国上海国际艺术节群文活动暨 2010 苏州河文化艺术节闭幕式在广电大厦多功能演播厅举行，市政府副秘书长蒋卓庆、市委宣传部副部长张止静、市文广局党委书记陈燮君、市文明办巡视员陈振民、上海国际艺术节中心总裁陈圣来，区委、区政府等领导出席并观看新上海人歌手大赛决赛。区长孙荣乾宣读 2010 苏州河文化艺术节表彰名单，区委书记周国雄致辞，蒋卓庆宣布该届艺术节闭幕。与会领导为获奖者颁奖。新上海人歌手大赛是第十二届中国上海国际艺术节群文活动的重要组成项目。大赛以“世博欢歌，唱响未来”为主题，自 8 月开始至 10 月底结束，分报名、初赛、复赛、半决赛、决赛 5 个阶段进行，旨在展现新上海人社会群体的风采，弘扬“海纳百川，追求卓越，开明睿智，大气谦和”的上海城市精神，演绎“城市，让生活更美好”的世博会主题。大赛受到新上海人的热烈响应，来自全国 20 余个省、市、自治区的近百名歌手报名参赛。参赛歌手在演唱歌曲之外，还表演了各自家乡的音乐、舞蹈、戏曲、民俗等，全方位、多角度地展示艺术才能。（胡　洋）

【巴金著作篆刻联展漂流暨 2010 · 巴金论坛】 10 月 12 日上午，巴金著作手稿、版本、书名篆刻联展漂流暨 2010 · 巴金论坛启动仪式在区图书馆 10 楼上海当代作家手稿作品收藏展览馆举行。此次展览在巴金逝世 5 周年前夕举办，共展出 20 世纪 20—30 年代以来的各类巴金著作版本 80 余种，其中包括开明书店 1929 年 10 月出版的《灭亡》、新中国书局 1931 年 11 月出版的《雾》初版本等珍稀版本，并配以书名篆刻。这些手稿贯穿巴金创作的一生，其中既有《家》、《春》、《秋》等巴金最为重要的代表作，也有后来改编为电影《英雄儿女》的《团圆》，以及他晚年作品《随想录》的部分章节，展现了作家创作的心路历程。启动仪式上，赵丽宏等知名作家面向社会“放漂”了一批巴金著作，以弘扬“热爱祖国，追求真理”的巴金精神，传播巴金和他的作品所折射出的人文精神，传承、发扬上海的城市文化记忆。仪式后，举行 2010 · 巴金论坛。20 余名中外专家学者出席，并对巴金精神和著作进行深入研讨。市作家协会党组书记孙颙、市文化广播影视管理局副局长王小明、市新闻出版局副局长阚宁辉，区领导周国雄、孙荣乾、叶维华、祝学军、陆永新、景莹等出席并参观联展。（胡　洋）

【世博会百场市民文化活动】 10 月 31 日，第四十场“城市文化广场周周演”在长寿绿地文化广场成功举行，标志着普陀区世博会百场市民文化活动圆满落下帷幕。世博会期间，围绕“城市，让生活更美好”的世博会主题，开展文艺演出、展览展示、电影放映、读书活动、文艺赛事等 5 个版块的公共文化活动 200 余场，在长寿绿地举办“世博会城市文化广场周周演”40 场，赴黄浦、浦东、青浦、奉贤、静安等区巡演 10 场，举办社区文化进世博文艺演出 30 场，参与 2010 世博合唱节演出，放映公益电影 100 余场，举办高品味美术展 9 个，开展“牵手世博，图书漂流活动”184 天，参与人次超过 10 万。（胡　洋）

【《钟点房》获华东六省一市戏剧小品大赛金奖】 11 月 27—30 日，“东山秋月”第十届华东六省一市戏剧小品大赛在江苏省南京市举行。由普陀区长寿社区选送的小品《钟点房》在 31 个精品中脱颖而出，荣获金奖。小品以“钟点房”为线索，通过夫妻重逢欢娱、误解争吵、和好如初、憧憬未来等场景，表达了进城务工人员参与世博建设的自豪之情。作品题材紧扣形势，贴近生活，富有感染力。

（胡　洋）

10月17日,"写意苏州河——长三角中国画名家精品展"开幕
(区文化局供稿)

【"写意苏州河"——长三角中国画名家精品展】 10月17日,"写意苏州河"——"长三角中国画名家精品展开幕式"暨"长三角美术馆协作机制秘书处"挂牌仪式在刘海粟美术馆分馆举行。市文广局、市书法家协会等市领导,区委、区政府有关领导,及参与画展的江、浙、沪长三角地区国画家代表出席仪式。此次展览共展出江、浙、沪地区30余名国画名家创作的50余幅苏州河主题作品,是上海首次开展的以苏州河为主题的写意画创作活动。参展画家以奔放的大写意为表现手法,展现苏州河的轻灵意境和上海都市的浪漫风情,抒发对上海城市建设的赞美,讴歌改革开放的伟大时代。江、浙、沪当代画坛的代表性画家陈佩秋、张桂铭、陈家泠、徐善、赵绪成、周京新、吴山明、马锋辉、池沙鸿都为此次画展贡献了作品。 (胡 洋)

【上海市书法家协会长三角交流中心揭牌】 12月25日,"纪念中国共产党成立90周年全国书法名家作品邀请展"签约暨"上海市书法家协会长三角交流中心"揭牌仪式在区政府举行。原中共中央宣传部副部长龚心瀚、市文广局党委书记陈燮君、市书法家协会主席周志高、市文学艺术界联合会党组书记杨益萍等市有关部门领导和来宾,以及周国雄、孙荣乾、叶维华、祝学军等区领导出席仪式。中心以上海为立足点,推动长三角地区书法艺术资源强强联合,带动长三角书法发展成果向全国辐射。揭牌仪式上,还举行"光辉的历程·永远的丰碑——纪念中国共产党成立90周年全国书法名家作品邀请展"启动签约仪式。周志高与区文化局党委书记马理路分别代表市书法家协会和普陀区文化局签约。根据协议,市书法家协会和区文化局在友好合作基础上,将邀请以江苏、浙江、安徽、上海四地书法家为主的全国知名书法家,围绕"纪念中国共产党成立90周年"主题,书写体现主旋律和毛泽东等老一辈革命家的诗词、对联、格言等,并从中精选出90幅作品在长三角地区巡展。 (胡 洋)

【百场电影进社区】 6月29日下午,2010年百场电影进社区活动启动暨社区公益影院揭牌仪式在石泉社区文化活动中心举行。区委常委、宣传部长祝学军宣布"百场电影进社区活动"启动,副区长景莹为全市首家社区公益影院——石泉社区公益影院揭牌,区文明办主任徐志平主持仪式,区文化局党委书记马理路和石泉街道办事处主任李佳玉分别致辞。此次活动由区委宣传部和文化局共同主办,旨在通过政府采购文化服务的方式向社区配送电影,进一步丰富群众精神文化生活。活动于9月底结束,为期3个月,由沪西电影院组建的流动放映队在全区9个街道镇的社区文化活动中心、文化广场以及公园绿地巡回放映,共放映中外优秀影片50余部近500场次,受益群众超过5万人次。 (胡 洋)

【纪念五卅运动85周年】 5月27日下午,"纪念五卅运动85周年"座谈会在江苏饭店召开,顾正红家乡滨海县和正红镇镇政府代表与领导参加。"五卅"运动亲历者胡长生的后代向顾正红纪念馆捐赠1925年由进步人士为"五卅"受害者特制的惨案纪念牌2块、1925年上海学联印制的明信片等文物;正红镇人民政府向顾正红纪念馆捐赠顾正红及其家庭曾用生活用品。区委常委、宣传部长祝学军出席并讲话,副区长景莹为捐赠者颁发捐赠证书。区有关部门和市民代表在座谈会上就如何在新形势下,继承和弘扬"五卅"精神畅谈体会。 (胡 洋)

【曹杨影城开业50周年庆典】 4月20日,曹杨影城开业50周年庆典在曹杨影城放映厅举行。副区长景莹致辞。上海联合院线常务副总经理许昉等市、区有关领导出席活动,并分别为曹杨影城爱心助老基地、中小学生影视教育协会理事、卡通王旗舰影院揭牌。电影艺术家秦怡、仲星火也出席活动。曹杨影城向青海玉树地震灾区捐赠人民币3万元。之后,放映3D立体数字电影《诸神之战》。曹杨影城于1960年4月开业,是上海市第一个工人新村的社区文化娱乐场所,1994年挂牌为三星级电影放映单位,2008年成为全市率先安装数字电影放映设备和3D立体电影设备的影院,现已发展成为集电影、娱乐、餐饮、商业为一体的综合性文化娱乐、休闲场所。
(胡 洋)

【"世界读书日"世博论坛专场活动】 4月23日,2010"世界读书日"世博论坛普陀区图书馆专场活动举行。论坛以"城市阅读,阅读城市"为主题,从国际化、城市化和公众的角度出发,邀请上海图书馆党委副书记王世伟、上海大学社会学系教授顾骏、上海作协副主席赵丽宏、上海女性问题研究专家林华等文化界人士围绕新媒体冲

4月23日，“世界读书日”世博论坛普陀区图书馆专场活动举行
（区文化局供稿）

击下的读者阅读这一话题，从不同角度探讨新媒体崛起对阅读产生的冲击，总结当前城市阅读形态，倡导全民阅读，营造书香社会。千余人参加论坛。当日，市文广局副局长王小明，市新闻出版局副局长蔡纪万，区委常委、宣传部长祝学军分别致辞。上海图书馆副馆长周德明为图书漂流自助亭进世博在线启动开机，市、区领导还启动了“上海当代作家手稿作品收藏展示馆”开馆装置，区文化局领导向作家代表赠送“百位作家访谈影像录”光盘。（胡　洋）

【“冬冬乐杯”少儿手工创意活动】 2月28日，历时1个月的“童心巧手迎世博”——“冬冬乐”杯少儿手工创意活动在区少儿图书馆闭幕。区领导陆永新、柴晓苗出席。现场展示由少年儿童制作的七巧板、折纸、沙画、彩陶等创意作品。创意活动先后举办京剧脸谱知识讲座、“微笑的世博京剧脸谱制作比赛”、“巧手塑海宝”彩陶、“童心迎世博”手工制作、少儿美食制作比赛等10项活动，全区9个街道镇和82所中小学校的3000余名学生参加。少儿手工创意活动，在激发少年儿童想象力和创造力的同时，引导少年儿童关注世博，参与世博。（胡　洋）

文物保护

【概况】 2010年，完成第三次全国文物普查实地文物调查工作，并顺利通过市级验收。经过近3年的实地文物调查，首次将普陀区特有的近现代工业遗产和石库门建筑精品纳入普查范围。至年底，在苏州河沿线共发现工业厂房16处，工人或资本家住宅4处、工人革命运动遗址4处，新发现安远路300号住宅和沈宅两处晚期石库门建筑精品、圣约翰大学河东旧址等一大批重要的近现代文教遗产建筑，丰富了普陀区历史文化遗产资源。（胡　洋）

【实地文物调查通过市级验收】 3月11日，普陀区第三次全国文物普查实地文物调查阶段验收工作会议在江苏饭店召开。经市有关专家审核，区文物普查实地调查工作通过验收。副区长景莹出席并致辞。区第三次全国文物普查工作自2007年下半年启动，至当月，共现场调查不可移动文物点47处，其中复查文物点30处，新发现文物点17处，另有消失文物点9处。普查范围涵盖全区所有街道镇，完成率100%；普查覆盖率与区域到达率100%。（胡　洋）

【百年国宝回归传奇——赵泰来收藏珍品展】 8月18—20日，“百年国宝回归传奇——赵泰来收藏珍品展”在长风视觉艺术馆举办，历经800年的南宋著名画家刘松年的《仙山楼阁图》引起参观者的浓厚兴趣。原中共中央宣传部副部长龚心瀚，中国书画艺术研究会名誉主席、国家博物馆国宝研究院名誉院长、中国经济贸易促进会主席曾培淦，区委副书记、区长孙荣乾，区委常委、副区长裴崎，区政协副主席谢筠等与其他嘉宾一起到会祝贺并为赵泰来收藏珍品展开幕剪彩。赵泰来是英籍华人，著名文物与艺术品收藏家、鉴赏家、画家、慈善家。赵泰来是清末民初著名外交家、法学家伍廷芳曾外孙。1979年，赵泰来继承家族藏于英国伦敦地窖的大批文物珍宝，之后历经数十年整理收藏，并无偿向祖国捐献大批文物古董，先后向中国历史博物馆、江苏盐城、广东番禺、东莞等十几家博物馆进行捐赠。他先后被美国哈姆斯顿大学、圣格拉斯大学授予荣誉哲学博士；多次受到党和国家领导人接见，应邀进京参加国庆观礼和国庆招待会；两度荣获世界杰出华人奖，并被评为华人慈善人物、中国收藏界十大人物、世界遗产保护十大人物等称号。当年，任香港理工大学孔子学院名誉院长，香港祖国出版社社长、总编辑。该次展览的展品为赵泰来收藏的部分国宝级藏品，其中包括与李南、马远、夏珪并称为南宋四大山水画家刘松年

8月18日，百年国宝回归传奇——赵泰来收藏珍品展在长风视觉艺术馆举办
（区方志办供稿）

的《仙山楼阁图》立轴;一批新石器时代的红山文化玉器;玉玦形龙、玉猪龙、勾云双龙首等;乾隆年制杏林春燕图珐琅彩对碗;难得一见的顺治玉玺。还有吴昌硕、张大千、黄君碧、齐白石、徐悲鸿等中国近现代名家书画佳作珍品60余幅。 (胡 洋)

文化市场

【概况】 2010年,全区共有各类文化经营单位398个,新增门店19家,其中文化娱乐场所经营单位293个,网吧门店87家,互联网文化经营单位87个,画廊18个。建立世博会文化市场监管工作责任制,将"平安世博"文化市场专项保障行动作为文化市场平安建设和2010年行政执法工作考核评议的重要内容,严格落实目标责任制,完善文化、公安、工商、城管等部门组成的文化市场联席会议制度和联合执法模式,建立文化市场三级联动日常监管巡查员制度,将文化市场监管延伸至街道镇。确保文化市场安全有序。严把准入关口,压减违法违规经营企业生存空间,年内,依法淘汰小、乱、差场所27家,全区持证大中型文化娱乐场所比例保持40%。推广联合检查、错时检查、暗访检查相结合的检查模式,多次会同有关部门开展联合执法行动。落实举报奖励制度,公布举报热线,拓宽案源,娱乐场所违法违规接纳未成年人发生率小于1%,比上年下降0.5个百分点。长寿路亚新广场、枣阳路华师大等周边地区与华阴路、甘泉路等路段的盗版音像制品销售现象得到有效遏制。引导经营业主依法经营、文明经营意识。在巩固"正版音像制品经营示范店"和"正版音像制品经营示范街"的基础上,评出文明网吧15家,并探索对"文明网吧"实行届期制、淘汰制等动态管理。 (胡 洋)

【美术品市场专项整治】 4月15日,区文化局在M50创意园设立现场办公点,对符合条件的企业当场给予《美术品备案证明》,对园区内的工作室进行登记造册,宣传涉及美术品经营的法律知识,分发《上海市文化综合执法机构对本市美术品经营单位的相关法规、规章告示》。4-5月,将美术品市场纳入重点监管范围,开展调查摸底工作,摸清全区美术品经营场所现状,并加强对商业性美术展览的内容审查,组织为期1个月每日3次的专项执法检查,有效防止含有违禁内容的节目或展品流入市场。 (胡 洋)

【建立三级联动日常监管巡查员制度】 6月25日,区文化局和文化市场行政执法大队联合举办文化市场三级联动日常监管巡查员培训班,邀请市文广局市场处处长李金鑫、市文化市场执法总队二处处长庄寄望等领导为44名首批选聘的文化市场巡查员进行业务培训。文化市场三级联动日常监管巡查员制度是年内加强文化市场管理的一项创新举措,旨在把文化馆、社区文化中心等基层文化工作人员纳入文化市场监管队伍,首次将文化市场日常监管工作延伸至街道镇,形成市、区、街道镇三级监管模式。 (胡 洋)

【世博文化市场专项整治】 世博会期间,全面推广联合检查、错时检查、暗访检查相结合的检查模式,落实举报奖励制度,公布举报热线,多次会同有关部门开展联合执法行动,对繁华街区、交通枢纽、旅游景点、集贸市场、学校周边、大型电子软件卖场、出版物及音像制品批发零售场所等重点区域进行反复清查。共检查各类文化娱乐场所2720家,收缴非法音像制品16.94万张,取缔非法地摊105个、地下批发窝点4个、无证娱乐场所38家,查处违规设置赌博机的游戏(艺)机场所23家。娱乐场所违法违规接纳未成年人发生率小于1%,较去年同期下降0.5个百分点。 (胡 洋)

文化产业

【概况】 2010年,区文化创意产业继续保持快速增长的态势,创意产业集聚区新增苏河汇和中华印务1912。至年底,创意产业集聚区达到10家,集聚区总建筑面积超过20万平方米。天地软件园税收突破亿元,被国家文化部授予"国家文化产业示范基地",总建筑面积3万平方米的天地科技大厦结构封顶。M50创意园实施品牌输出战略,在桃浦创意产业园开设分园。创意文化企业取得新发展。晨路科技信息公司创办的九维网获评2010年度最佳网页游戏运营商和最佳网页游戏运营平台称号,收入突破2亿元。灵禅公司顺利实现第三轮融资,产品在海外发行中处于国内领先,赴台湾上市准备工作有序推进。维洛城公司获风险投资商数千万美元投资,实现线下和线上营销的结合。 (胡 洋)

【天地软件园获全国文化产业示范基地称号】 12月9日,在天津举行的文化部第四批国家文化产业示范基地命名授牌大会上,上海天地软件园荣获国家文化产业示范基地称号。上海天地软件园是由普陀区政府于2004年投资建设的以文化创意产业、软件和信息服务业为主的高科技产业园区。企业入驻率达98%以上,是上海中心城区规模最大的高科技产业集聚地之一。园区共有130多家从事网络数字内容、文化创意产业的企业,其中动漫游戏为特色的文化产业发展最为迅速,已成为园区的主导型产业。2010年,园区先后被评为上海市服务外包专业园区、上海市示范创意产业集聚区,税收突破1亿元,产值达到30亿元。 (胡 洋)

【建立文化产业园区联谊机制】 12月20日,区文化产业园区联谊会在谈家28文化信息商务港举办首次联谊活动。区委常委、宣传部长祝学军,区委常委、副区长诸葛宇杰,副区长景莹等领导出席活动。联谊会由天地软件园、M50创意园、谈家28文化信息商务港、华大科技园、国家动漫游戏产业振兴基地、E仓创意园、景源时尚产业园、M50西部桃浦创意园、中华印务创意产业园、创邑金沙谷等园区组成,旨在搭建文化产业园区与政府、文化园区、企业之间相互沟通与交流合作的桥梁,推进文化产业更好更快发展。 (胡 洋)

二十二、卫　生

综　述

2010 年，普陀区卫生局围绕“服务世博、聚焦医改、科学规划、全面提高”的工作主线，顺利完成年初制定的各项目标任务，公共卫生、医疗服务和卫生监督体系进一步完善。年内，圆满完成各项世博保障任务；制定《普陀区卫生事业发展和公共卫生建设“十二五”规划》；开展“医疗质量万里行”活动；启动卫生系统岗位设置和公共卫生、基层医疗卫生事业单位绩效工资改革；完成甲型 H1N1 流感疫苗和麻疹强化免疫接种任务；妥善处置“11 · 15”特大火灾部分伤员救治工作；区中心医院晋升为三级乙等综合性医院；市儿童医院、市妇幼保健中心和区妇婴保健院落户长风生态园动工建设。全年，医务工会及区属医疗卫生单位共获得全国级（集体）奖 2 项；市级（集体）奖 27 项次；市级（个人）奖 22 项次；区级（集体）奖 36 项次；区级（个人）奖 21 项次。区卫生党工委荣获区“世博先锋行动”优秀组织奖，区医患纠纷人民调解委员会荣获上海市优秀人民调解委员会和全国模范人民调解委员会称号。

2010 年，普陀区健康水平三大指标：人均期望寿命 80.98 岁（其中男性 78.63 岁、女性 83.42 岁），婴儿死亡率 1.48‰，孕产妇死亡率 0/10 万。

截至年底，全区共有卫生机构（含执业诊所和企业医疗执业机构）159 所，其中三级综合性医院 2 所，二级综合性医院 2 所，二级专科医院 4 所，疾病预防控制中心 1 所、卫生监督所 1 所、中等医学教育学校 1 所，社区卫生服务中心 11 所、民办医院 3 所、门诊部（含民营）24 所、个体诊所 26 家、企业医务室 48 家。全区卫生工作人员 7934 人，其中卫生技术人员 6625 人（执业医师 2451 人、执业助理医师 106 人、执业护士 2743 人），每千人口拥有卫技人员 7.59 人；高级职称 625 人，占全区卫生技术人员的 9.43%。区属医疗卫生单位有卫生工作人员 5616 人，其中卫生技术人员 4763 人。全区现有病床 6770 张，每千人口拥有医院病床 6.1 张。

2010 年，区卫生事业投入 3.59 亿元，其中 1 亿元用于基础建设。列为区实事项目的白玉社区卫生服务中心改扩建工程和外来人口孕产妇平产分娩点建设项目完成。区中心医院新建外科医技综合楼项目开工建设；区人民医院内科综合大楼装修项目竣工；区精神卫生中心病房大楼改扩建项目完成代建单位招标；桃浦社区卫生服务中心改建及外立面装修项目有序推进；曹杨街道社区卫生服务中心改扩建项目完成扩初审批。

全年，区卫生系统中标国家自然科学基金 4 项；市科委项目 8 项（其中上海市自然科学基金 2 项）；市教委项目 5 项；市卫生局科研课题和市卫生局青年科研课题 10 项；获得 2010 年区卫生系统自主创新科研资助项目 28 项；完成第一期区科委资助项目中期评估工作。通过成果鉴定 6 项；获上海市科技进步奖 1 项，上海医学科技奖 4 项、上海中西医结合科学技术奖 1 项；获得专利 5 项。举办一类学分学习班 7 期，培训 677 人次；举办国际级学术会议 1 期，参会人员 300 余人。全区医疗卫生单位在各类杂志公开发表论文 417 篇，其中 203 篇发表于核心医学期刊。

2010 年普陀区卫生系统获国家自然科学基金情况表

序号	基　金　名　称	项　目　名　称	单　位
1	国家自然科学基金青年基金	丹参酮ⅡA 聚乳酸纳米粒介导 FN/integrinα5β1 抗肝癌侵袭转移作用	区中心医院
2	国家自然科学基金面上项目	p38MAPK 介导 COX－2 激活 Wnt 信号通路调控 Hp 感染胃癌细胞血管新生作用研究	区中心医院

（续表）

序号	基 金 名 称	项 目 名 称	单 位
3	国家自然科学基金面上项目	中药复方肠胃清逆转结肠癌草酸铂耐药的细胞铜稳态调节机制	区中心医院
4	国家自然科学基金面上项目	TLRs介导的炎症活化机制在胆道并发症形成中的作用及丹参酮ⅡA的干预机制	区中心医院

年内，制定《普陀区卫生系统引进高层次专业技术人才试行办法》，加大卫生人才培养和引进力度，引进高层次紧缺人才5人；公开招聘录用53名有临床经验的卫生专业技术人员和18名其他专业技术人员；录用应届毕业生107人，其中博士生2人；区中心医院作为全市第一批住院医师规范化培训基地，招录培训人员29名，其中博士生1名、硕士生13名、本科生15名。

全系统认真开展"迎博办博"卫生保障工作。成立世博会工作领导小组，下设安全保卫组、公共卫生和医疗组，宣传及动员组和办公室，制订详细工作方案和工作流程，构成6级管理网络，横向覆盖重性精神病管理、传染病防控、医疗救治、应急处置、卫生监督等各个方面，纵向到达各个关键控制点。有序开展重性精神病人治疗管理、传染病防控、公共卫生监督管理和医疗救治服务工作，确保"世博会"期间全区未发生重大突发公共卫生事件，无精神病人严重肇事肇祸事件，传染病发病率处于历史最低水平，各项医疗保障工作圆满完成。（刘晔翔　朱震东）

医疗卫生

【概况】 2010年，全区各级各类医疗卫生机构共完成门急诊诊疗总数达1147.43万人次，比上年增加6.99%；其中急诊抢救4.95万人次，抢救成功率97.4%；出院10.13万人次，比上年增加4.51%；住院手术2.65万人次，比上年增加6.27%。平均住院17天，比上年减少4.14天；病床使用率98%。区属医疗卫生单位年诊疗总次数为882.95万人次，比上年增加6.3%；出院6.72万人次，比上年增加3.38%；平均住院20天，比上年减少5.61天；住院手术1.64万人次，比上年增加1.86%。全年共完成无偿献血12056人份，实现市献血办年初下达任务的108.77%，开展迎世博应急献血演练2次，共募集全血476份。完成各类指令性健康体检30077人次，比上年增加26.3%。配合公安部门完成8499人份吸、戒毒人员的尿液检测工作。配合区劳动部门完成因病丧失劳动能力及工伤等级鉴定910人次。完成区域内各项大型活动医疗保障工作100余次。承担上海世博会期间非涉沪上访人员集中分流点医疗救治和疾病防控任务，接诊人员315人次，医疗咨询160余人次，指导消毒近40万平方米。完成都江堰灾后援建工作，工作重点由集中援助逐渐向长期技术指导转变，接受来沪进修培训人员10人；启动区中心医院对口支援云南省县级医院工作，签订对口支援协议书，派遣10名队员赴云南开展医疗工作，接收7人在区学习培训。（吴妙麟）

10月28—29日，区中心医院接受市级专家等级评审（区卫生局供稿）

【中心医院晋升三级综合性医院】 区中心医院建于1957年，1993年首批通过国家二级甲等综合性医院评审，2004年经上海市教委和上海市卫生局批准为上海中医药大学附属普陀医院（第二冠名）。区中心医院长期以来注重强化医院管理，提高医疗服务质量，医院综合实力显著提升。2008年底，正式启动申报三级综合医院工作，对照上海市医院等级评审标准，积极筹备，反复自查，不断完善。10月28—29日，接受上海市医院综合评价（评审）中心的医院等级评审。由中山医院王玉琦院长带队，上海市卫生局医疗服务监管处副处长高秋韵和上海市医院综合评价中心主任何梦乔任观察员等组成的专家组一行14人，就医院管理、基础设施、人力资源、学科建设、文化建设以及医疗技术水平等方面进行评审。区委书记周国雄、区长孙荣乾莅临区中心医院，对评审专家组的到来表示欢迎和感谢，副区长景莹出席评审会。12月31日，上海市卫生局批准区中心医院正式晋级为三级乙等综合性医院。年底，医院有核定床位1000张，年均门急诊190万人次，出院病人近3万人次，手术近1万例。（吴妙麟）

【救治“11·15”特大火灾伤员】 11月15日下午火灾事故发生后，离事发地点较近的区人民医院立即上报区卫生局，并在伤员送达之前成立了以院领导为组长，包括内、外、麻醉、急诊科、呼吸内科以及护理部主任在内的应急抢救队伍。区卫生局领导迅速赶赴医院，现场协调抢救组织工作，并通过公共卫生应急指挥中心发布指令，要求全区各急诊科做好批量伤员抢救准备。医务人员主动放弃休息，投入伤者抢救。从下午2点55分至晚上8点，区人民医院共收治9名伤员，向区中心医院转送5名伤员进行高压氧舱治疗。当晚，伤者全部脱离生命危险。区卫生系统快速反应、严密组织、有效处置、精心救治，为抢救伤者生命作出积极努力，得到伤者及家属的衷心感谢，受到各级领导和社会各界的广泛赞誉。 （吴妙麟）

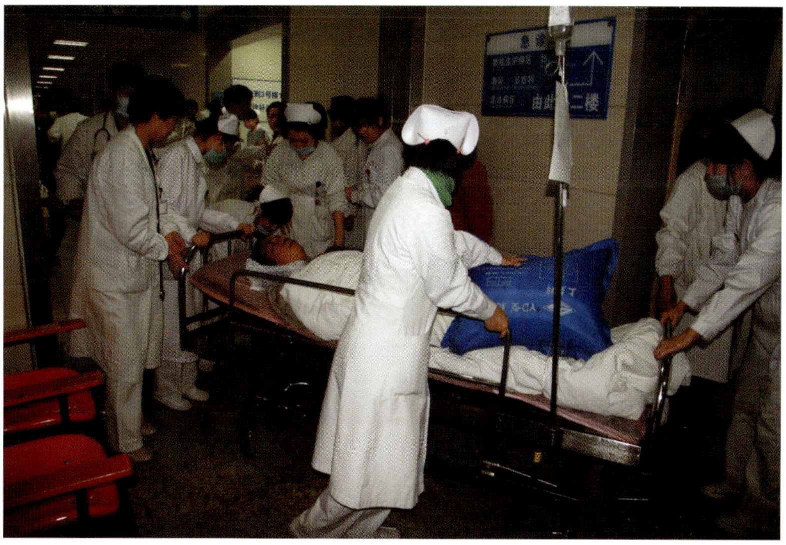

11月15日，区医务人员全力救治“11·15”火灾伤员 （区卫生局供稿）

【普陀国际医学高级论坛】 12月18日，“普陀国际医学高级论坛”暨科技文化节开幕式在区中心医院举行。该论坛由区卫生局、区中心医院（上海中医药大学附属普陀医院）和上海中医药大学中西医结合肿瘤介入研究所联合主办。中国科学院院士沈自尹，中国工程院院士丁健、顾健人，上海市中医药学会会长严世芸，上海中医药大学副校长刘平，市卫生局副局长瞿介明，上海市科委副巡视员施强华，以及区领导孙荣乾、叶维华、顾顺祥、夏斯德、陆永新、景莹等专家和领导与会祝贺。来自美国、日本，上海中医药大学及各附属医院、市六医疗集团成员单位代表300余人出席论坛。开幕式后，国内外知名专家围绕肿瘤、糖尿病、中医养生、老年性疾病等领域的最新进展举办讲座，并就综合诊疗和规范化、个体化治疗进行深入探讨，为与会者提供了一个相互学习，共同提高的学术交流平台。 （吴妙麟）

【世界卫生组织专家考察中医医院】 6月22日，来自15个国家、地区的60余名专家和世界卫生组织官员在市中医药发展办公室领导的陪同下实地考察区中医医院。区卫生局领导介绍了普陀区卫生工作基本情况，院领导向专家团汇报医院基本情况和医疗质量监测执行情况。专家团一行实地考察中风专科病区、病史室医疗信息录入和医疗质量监测工作执行情况，参观针灸、推拿、中药熏蒸等中医传统治疗项目，并就医疗质量监测和传统医学传承与发展进行深入交流。自2000年起，区中医医院作为首批国家中医药管理局中医医院医疗质量监测单位之一，承担中医基础数据的监测和上报任务，为我国中医医疗事业发展提供有力的支持和长效的保障。 （吴妙麟）

【“国际合作（中美）肿瘤细胞生物学与信号转导实验室”签约挂牌】 8月12日，区中心医院与美国康奈尔大学医学院共建“国际合作（中美）肿瘤细胞生物学与信号转导实验室”签约挂牌仪式暨学术交流活动在区中心医院举行。国际著名肿瘤学家、美国康奈尔大学医学院终身教授王悦及肿瘤免疫学专家、高级研究员吕品为国际合作实验室揭牌。区中心医院院长范忠泽向两位教授颁发客座教授证书，并与教授王悦签署合作意向书。上海中医药大学、区科委、卫生局的领导，实验室工作人员、研究生共200余人参加活动。近年来，区中心医院在科研工作和学科建设方面取得长足发展，尤其中医肿瘤学科被评为国家重点专科、上海市医学重点专科，肿瘤分子生物实验室成为国家中医药管理局三级实验室，成立了上海中医药大学、上海市中医药研究院中西医结合肿瘤介入研究所，承担国家自然科学基金6项、上海市课题30多项，获得多项科技奖和专利。合作实验室的建立，搭建了一个更高级别的科研合作平台，进一步促进区中心医院肿瘤学科科研水平提升，聚焦国际前沿，吸收和引进国际先进科技，完善实验室的软硬件建设，推动整体科研水平和临床技术提高。 （吴妙麟）

【中心医院外科医技综合楼开工】 1月9日，区中心医院外科医技综合楼奠基仪式隆重举行。上海申康医院发展中心主任陈建平，上海市卫生局副局长李卫平，区委副书记顾顺祥，区委常委、副区长诸葛宇杰，区人大副主任陆永新，区政协副主席柴晓苗，上海中医药大学副校长黄文龙，上海市第六人民医院党委书记方秉华，区卫生党工委书记吕炳祥，区卫生局局长花根才以及区属各医疗卫生单位党政领导出席奠基仪式。区中心医院外科医技综合楼工程总建筑面积约40280平方米，项目总投资约2.4亿元。建筑基底面积2052平方米，地上22层，地下2层，总建筑高度近94.95米，计划设置床位522张。新大楼的设计坚持以人为本的理念，在流程设计、通风采光、垂直交通、公共卫生设施等环节设计上，充分考虑病人的需求，做到流程合理、标识明确、等候舒适、保护私密

性。建成后将有效优化区中心医院的诊疗流程和就医环境，为加速学科发展，促进人才培养和引进提供较好的平台。　（刘晔翔）

【利群医院开设老干部病房】　9月8日，利群医院举行老干部病房揭牌仪式。区委常委、组织部长钱城乡，市老干部局生活待遇处处长曲军，区委组织部副部长、老干部局局长万永保，区卫生局局长花根才等市、区领导，利群医院干部职工及真如、长征、桃浦的离休干部代表等60余人参加仪式。利群医院老干部病房是区委、区政府为解决普陀西北地区老干部就医问题，保障老干部老有所医的一项重要工作。新开设的老干部病房以专科形式在4个科室设置21张床位，并成立“离休干部诊疗管理小组”，健全方便老干部就医相关制度，配备老干部就医专管员，切实为老干部提供优质服务，满足老干部就诊、医疗及康复需求。　（刘晔翔）

【开通无偿献血网站】　6月14日，普陀区庆祝第七个“世界献血者日”活动暨区无偿献血网站开通仪式在兰溪路商业街举行。市血液管理办公室主任朱跃国、副主任陈强等领导参加活动。“普陀区无偿献血网站”（www.ptblood.org）设有“新闻中心”、“政策法规”、“预约登记”、“志愿者家园”和“资料中心”等多个版块。年内，有80余名爱心公民通过网络报名参加无偿献血或宣传招募服务。网站的建立更好地推动全区无偿献血工作，更广泛有效地向市民、企事业单位职工宣传无偿献血理念，弘扬奉献社会精神，为构建和谐社会作贡献。　（吴妙麟）

【争创门诊特色品牌】　2010年，为了给患者提供更优质、便捷的医疗服务，体现“细节，让世博更温馨”的服务理念，1月，区各家医院开展争创特色品牌，服务广大病员活动。区人民医院推出“健康驿站——专家周周讲”活动，邀请各科专家定期在门诊二楼候诊厅内开设讲堂，为病员讲解日常保健、专病防治等医疗常识；区中医医院采用传统中医方法，提高常见病、多发病的治疗效果；区妇婴保健院推出产科特需门诊，由资深护师为孕妇提供全程优质服务，方便孕妇就诊，并给予健康指导，减轻孕妇心理负担。　（聂恩珍）

【“于井子护理小组八心护理法”获全国优秀成果奖】　5月8日，全国医院（卫生）文化建设经验交流大会暨第三届医院（卫生）文化建设先进表彰会在北京召开，卫生部、中国医院协会领导出席大会。大会对获得全国医院文化建设的先进集体和个人进行表彰。普陀区人民医院“于井子护理小组八心护理法”荣获第三届“全国医院（卫生）文化建设优秀成果奖”。区人民医院党委副书记李文秀在大会上作“于井子护理小组八心护理法的实践及体会”的主题发言。　（陈　愉）

【于丹做客区人民医院《名家课堂》】　8月9日下午，著名文化学者、北京师范大学艺术与传媒学院副院长于丹教授做客区人民医院“贴近大师、感受文化、开拓思路，促进发展”《名家课堂》的特别专场，在区图书馆作《儒道兼济——构筑中国人格两岸》的演讲。周国雄、孙荣乾、叶维华、顾顺祥、钱城乡、夏斯德、祝学军等区四套班子领导，全区处级干部，区卫生、文化系统代表以及金晶等部分青年代表近1500人聆听了于丹的精彩演讲。于丹从儒道两家思想入手，深入浅出地阐述了中国人格的基本特征和重塑中国人格丰盈的历史文化积淀，唤起人们重新审视并传承祖国文化瑰宝的巨大热情。　（陈　愉）

疾病预防控制与妇幼保健

【概况】　2010年，确立以世博保障为重点的传染病防控策略，组织专家对世博会公共卫生安全进行风险评估，不断强化防病责任意识，加强对非典、人感染高致病性禽流感、甲型H1N1流感、麻疹、霍乱、手足口病及夏秋季肠道传染病等重点传染病的防控管理。年内，完成市卫生局下达的90243人接种甲流疫苗，49167人接种季流疫苗的工作任务，全区甲型H1N1流感发病数呈明显下降趋势。区疾控中心组建56人的区级世博公共卫生应急处置队伍，各社区卫生服务中心分别组建10人以上的社区传染病应急处置队伍。区内各医疗机构和社区卫生服务机构共开展世博传染病防治相关培训64次，培训人员3629人次。世博会开幕前，全区开展性传染病防控应急演练3次，以及危险化学品、生活饮用水、公共场所、职业卫生、病媒生物和实验室生物安全等应急演练21次，参加人员319人次。加强传染病及健康相关危险因素监测和分析，做到及时、准确、科学预警。每月采集苏州河水30份，公厕样本10份，海水产品20

8月9日，区人民医院名家课堂于丹特别专场　（区卫生局供稿）

份，开展外环境霍乱弧菌的监测工作；每季度对全区二次供水、管网末梢水等49个监测点进行定点检测；5月开始对各大卖场食品进行监测。区疾控中心对区内各级各类医疗卫生机构开展世博公共卫生保障传染病防控工作专项督导检查109次。传染病发病率继续处于历史最低水平，全区无甲类传染病报告，常住人口报告乙类传染病11种986例，发病数较2009年下降24.96%，外来人口报告乙类传染病9种505例，发病数较去年下降0.39%，手足口病、甲型H1N1流感以及其他季节性传染病处于散发可控状态。

聚焦"一高一低"，全面开展孕情监测，落实孕情报告、风险评估和随访制度，规范危重孕产妇和新生儿的组织抢救、转运网络和工作流程，全年抢救危重孕产妇16例；关注外来孕产妇保健管理，区外来流动人口孕产妇特约分娩点完成软硬件建设，通过市区两级专业机构专家评审；不断提高婚前保健咨询率和医学检查率，2010年，全区婚检率15.43%，咨询率79.66%，户籍人口孕产妇系统保健管理率96.78%，外来孕产妇管理率49.83%；为18565名退休、贫困妇女提供妇科免费普查普治。继续开展脊髓灰质炎疫苗和麻疹疫苗的强化免疫和乙肝疫苗补种工作；推进第五轮全球基金结核病项目流动人口子项目工作，减免结核病人371人，提供专项费用约53.3万元。为全区491名符合条件的精神病患者免费提供基本治疗药物，覆盖率100%。开展学龄前儿童眼保健和学生近视综合防控，在试点学校建立儿童青少年视力健康档案。开展学生龋齿充填减免费用项目，2009学年（2009年9月—2010年8月）完成81所中小学、幼儿园34096人普查普治任务，充填龋齿11377只。（仲豪杰）

4月22日，区卫生系统召开"奉献世博"誓师大会　（区卫生局供稿）

【完成适龄儿童麻疹疫苗强化免疫工作】 根据卫生部的统一部署，开展对8月龄至14岁儿童的麻疹疫苗强化免疫工作。召开"普陀区消除麻疹和消除疟疾工作暨开展2010年麻疹疫苗强化免疫活动动员大会"，联合区教育局对全区中小学校、托幼机构的卫生老师进行麻疹疫苗强化免疫工作培训，发放海报2771份，宣传手册97800份，制作横幅100条，广泛宣传麻疹疫苗强化免疫活动的重要意义。9月11—20日，全区组织223名医务人员进行麻疹疫苗强化免疫接种，累计接种76879人，顺利完成市卫生局下达的接种任务。（仲豪杰）

【加强重性精神病人管理】 为确保世博期间全区不发生严重精神病人肇事肇祸事件，成立以卫生、公安、民政、残联和综治办为成员单位的"普陀区重性精神病人治疗管理工作联席会议"，副区长景莹任组长，制订世博会期间区重性精神病人治疗管理方案和实施意见，与610办公室、公安分局共同制定世博期间精神病人的管理办法。9个街道（镇）建成"心灵家园"（精神病人日间照料站），落实精神病患者的健康教育、药物指导、心理干预和康复训练。区精神卫生中心向南京市借调3名医生、6名护士，增设世博精神科应急病床64张，努力提高区重性精神病人治疗管理能力。对辖区内的精神病人进行反复比对，做到"三清、三落实"（底数清、病情清、去向清，治疗落实、监护落实、康复落实），经排查，全区在册精神病人6695人，完成风险评估6362人，新增在册精神病人399人、排摸核实暂管病人218人、接受托管467人。建立外省市来沪精神病人收治和送回机制，开启绿色通道，简化收治流程，收治外省市精神病人120人，送回11人。采取人性化的管理措施，对辖区内精神病人采用柔性访视新方法，组织80余名精神病人参观世博会。（仲豪杰）

【创建"国家艾滋病综合防治示范区"】 结合中盖艾滋病防治项目、全球基金艾滋病项目，全面推进示范区创建工作。年内，制定年度区防治艾滋病工作委员会和示范区创建工作计划，召开成员单位会议，明确任务目标，广泛深入开展宣传教育与政策倡导，加强检测和监测网络，落实艾滋病综合预防干预工作。全年累计对高危场所内服务人员干预11892人次，高危场所月均覆盖率99%，人群覆盖率95%；为637名高危场所服务人员和473名社区吸毒者免费提供艾滋病和梅毒检测；年内，区美沙酮门诊累计收治吸毒人员622人次，实际服药人数386人；继续落实预防艾滋病母婴传播工作，完成孕产妇艾滋病筛查5948例。（仲豪杰）

【疾控中心接受国家实验室认可和资质认定】 10月23—24日，中国合格评定国家认可委专家对区疾控中心进行国家实验室认可和实验室资质认定现场评审。按照《实验室资质认定评审准则》和CNAS相关认可准则的要求，对区疾控中心质量管理体系的运行情况进行审查。审查涉及食品及食品包装材料、水、化妆品、公共场所、公共场所集中空调通风系统、工作场所、放射防护、消毒卫生监测和疾病控制9大类304项检测参数。专家评审确认后认为，区疾控中心的质量控制体系要素齐全、内容完整，质量文件能够满足《实验室资质认定评审准则》、CNAS－CL 01、CNAS－CL 09、CNAS－CL 10的要求，实验室质量管理体系运行有效，具备申请所有参数的检测能力。（仲豪杰）

【"12320，健康伴成长"校园公益活动】 11月17日，"12320，健康伴成长"校园公益活动暨亲青校园合作备忘录签署仪式在上海市药剂学校举行。该活动是由12320上海市公共卫生公益电话咨询中心、区疾病预防控制中心与上海市药剂学校联合举办，以探索多方合作的学校健康教育新模式。三方领导和上海市药剂学校师生代表100余人参加仪式。区疾病预防控制中心将通过对学生健康知识知晓率和需求的监测，逐步将此教育模式拓展到区内其他学校，让更多的青少年学生受益。（仲豪杰）

社区卫生

【概况】 深化社区卫生服务综合改革，完善收支两条线运行机制和财务管理办法，不断规范操作流程；落实与收支两条线管理相适应的社区卫生服务机构绩效考核机制，完成年度各阶段社区卫生服务机构绩效考核工作，加强社区卫生服务中心内部管理，提升人员绩效。截至年底，区有社区卫生服务中心11个，标准化社区卫生服务站36个，社区卫生服务网络基本健全。年社区门诊总量454.87万人次，比上年增加3.9%，占全区各级各类医疗机构门诊总量的44.73%。全科团队37个，建立家庭病床6770张，社区出诊7.96万人次。2010年，社区公共卫生服务经费提高至50万元/万全人口，外来人口首次与户籍人口享有同等的公共卫生服务待遇。认真执行上海市基本药品零差率政策，全年总计让利842万元。开展社区签约减免工作，全区累计签约164589人，全年减免总数435.8万人次，减免总金额3050.9万元，社区卫生服务中心转诊总数13864万人次，其中转往二级医院6629人次，转往三级医院7235人次。大力开展中医药进社区工作，区内10家社区卫生服务中心全部完成示范点和达标单位建设工作，社区中医药服务人员、服务内容和服务水平明显提升；组织社区卫生服务中心医务人员中医药业务培训200人次，更新健康教育处方34种；开展"中医药知识宣传普及项目"，以社区为平台举办中医健康教育活动8次、大型咨询活动3次，中医药知识讲座6场。赴南昌大学和蚌埠医学院为社区卫生服务中心招录公共卫生等紧缺专业毕业生8名；与南昌大学公共卫生学院合作开展学生实习带教工作试点，建立社区实习基地，探索人才培养新模式，真如、长寿、长征、长风4所社区卫生服务中心接受15名实习生进行实习锻炼。（仲豪杰）

2月28日，市六医院与桃浦社区卫生服务中心合作开展的糖尿病管理模式项目启动（区卫生局供稿）

【糖尿病管理模式推广项目签约】 2月28日，"卫生部中国糖尿病管理模式推广项目"合作协议签约暨"社区健康小屋"启动仪式在桃浦镇社区卫生服务中心举行。上海市第六人民医院副院长贾伟平，区卫生局局长花根才，桃浦镇副镇长宋海民等领导及课题组相关成员出席会议。通过签约合作，开展"慢性病医院——社区体化防治模式"，形成医院和社区一体化防治网络。按照"分级医疗，双向转诊，大病在医院，慢病进社区"的指导思想，双方紧密合作，分工负责，为社区居民提供全面的慢性病管理方案，使居民享受到系统化、规范化的卫生保健服务。市六医院协助区系统培训社区医生，提高医生的理论知识和诊断水平，并帮助社区建立专职管理团队，患者就近即可得到专业人员的复诊、监测和随访服务，使地区的慢性病人在早发现、早治疗以及跟踪随访、减少并发症发生等方面得到全面有效的管理。年内，共培训社区医护人员5人，管理糖尿病人1000人，转院148人。（仲豪杰）

【中医药服务进社区义诊活动】 10月16日，以"服务世博、弘扬国粹、走进生活、惠及民生"为主题的"普陀区中医药服务进社区暨迎接第23个敬老日大型宣传义诊咨询活动"分别在中环百联广场、乐购真北店广场、长寿绿地同时举行。区中心医院、人民医院、利群医院、中医医院以及10家社区卫生服务中心近50名医务人员参加活动。区属二级医院选派中医科、呼吸内科、心血管内科等专业的临床科室主任参加义诊；区社区卫生管理中心为社区居民搭建社区卫生服务平台，开展各类健康教育和咨询活动，普及良好的生活行为方式,宣传中医药适宜技术和养生方法。当日,接受义诊287人次,健康咨询512人次,测量血压1040人次,发放各类宣传资料4000余份。 (吴妙麟)

【社区卫生服务中心开展为侨服务】 12月9日,真如镇社区卫生服务中心与真如镇统战科开展"为侨服务签约仪式"。为落实"为侨服务"工作,该中心为早期归侨人员提供"三个一"服务,即:为早期归侨建立"一支"医疗保健团队;为每位老归侨建立"一份"健康档案;为归侨保健服务设立"一个"专门门诊。从2011年起,镇老归侨可凭统战科发放的爱心服务卡享受真如镇社区卫生服务中心门诊就医"三优先"、健康咨询等基本社区卫生服务。 (吴妙麟)

卫生监督

【概况】 2010年,围绕上海世博会举办创造良好的公共卫生环境,区卫生监督工作加大执法监督力度,定期对辖区内宾馆、大型商场、浴室等公共场所进行监督检查,对沐浴、游泳、住宿场所实行量化分级管理,加强对集中供水、二次供水、管道分质供水单位和自动售水机的饮用水安全监管,加大学校卫生、职业卫生和健康产品卫生的监督,确保全区公共卫生安全。年内,共监督5634户次,监测样品3921件,行政处罚509件,罚款金额21.3万元,未发生行政复议及诉讼案件。加强放射源及放射装置监管,会同区环保局对全区13家重点医疗单位及企业进行定期放射卫生监督检查。加强实验室生物安全管理,出动监督员549人次,对原微生物实验室进行安全监督执法检查共183户次,覆盖率100%。规范医疗执业行为,加强对医疗机构院内感染监管、季节性传染病防控等工作进行监督执法。加大打击非法行医力度,出动执法人员537人次,检查无证行医105户次,取缔无证行医36户,罚款金额6.89万元。受理各类投诉举报76件,涉及公共卫生30件,医疗执业46件,受理各类咨询360件,案件查实率较去年同期上升5个百分点。依法开展卫生行政许可工作,全年受理公共场所许可1646件,二次供水备案1件、预防性设计审核60件、医疗机构许可165件、放射诊疗许可51件。接受并联审批事项16件,进一步提高了工作效率和服务质量。 (吴妙麟)

【医患纠纷调解履行率100%】 2006年,区卫生局与区司法局联合组建了全国首家医患纠纷人民调解委员会。医调委由退休司法工作者、律师和医务人员组成,形成区、街(镇)、医疗机构三级调解网络。截至2010年底,共接待各类医患纠纷1420起,受理216件,调解结案216件,结案率100%,调解履行率100%,在全市树立了"零反悔"品牌,先后荣获市优秀人民调解委员会和全国模范人民调解委员会称号。2010年1月22日,中央综治委副主任、中央政法委副秘书长、中央综治办主任陈冀平,市政法委副书记林化宾,市综治办副主任乐伟中专程到区调研医患纠纷专业调解工作。区委副书记、区政法委书记顾顺祥,副区长符祖鸣,区政法委副书记、综治办主任居长鸿、区司法局局长夏宝元、区卫生局局长花根才等领导陪同调研。陈冀平肯定了区人民调解化解医患纠纷工作取得的成绩,并希望区医调委进一步完善医患纠纷大调解机制,不断推进医患纠纷调解专业化进程,提高纠纷解决的公平性和公信力,将矛盾解决在萌芽状态,维护社会和谐稳定。

(朱震东)

【举办《侵权责任法》培训班】 《中华人民共和国侵权责任法》于2010年7月1日正式实施,该法对医疗损害有了新的界定,进一步明确了医患双方的责任、权利和义务。6月4日,区卫生系统召开《侵权责任法》宣贯会暨世博期间医疗安全工作会议。区卫生局副局长于为国、医疗事故处理办主任李守全、区各医疗机构分管院长、医务科长、医疗纠纷处理办负责人、护理部主任等70余人参加会议。上海康正律师事务所律师沈成良深入剖析侵权责任法中涉及到的医疗损害问题,并结合医疗纠纷案例进行了培训。会后,各医疗卫生机构认真对照《侵权责任法》将相关制度进行适当调整,维护医疗正常秩序,确保医疗安全工作。 (朱震东)

爱国卫生

【概况】 2010年,区爱国卫生工作以"迎博办博"为契机,以"清洁普陀、美化家园"为重点,开展一系列清洁环境整治行动和全民健康促进活动,全面完成了爱国卫生、世博病媒生物控制保障和等级卫生街道镇巩固提高任务。年内,获得各类荣誉称号4项。区爱卫办每季度1次对等级卫生街道镇的工作进行复查复评,针对社区卫生薄弱环节,及时制订环境整治方案,按时间节点抓落实。同时,加强对重点单位、重点场所的卫生监督管理,加大市容环境卫生整治力度,结合居住区卫生"四旗"和"爱国卫生合格单位"评比活动,发动组织街道镇相关人员查找居民区、集贸市场、"三小行业"、建筑工地等场所的环境脏、乱、差和卫生薄弱点,动员社区干部群众、单位职工参与环境卫生大清理活动,全年,开展环境卫生综合整治活15次,对506处环境脏、乱、差的卫生死角,组织人员进行集中整治,整改率达84.38%。对社区道路、公共绿地等卫生保洁易于反复的场所,组织爱国卫生大巡查,采取专业队伍督查与市民群众监督相结合,及时将巡查中发现的重点问题、卫生死角,用照片反馈各相关单位,责令限期整改。爱国卫生志愿者队伍发展壮大,年内,全区共组织爱国卫生志愿者15400余名,以宣讲、劝阻、捡拾、监督等方式,参与"社区清洁我先行"、"我的门前我清洁"等系列活动,为提高市民卫生意识、创造清洁有序的城市环境,起到引领示范作用。以病媒生物控制为重点,举办区迎世博病媒生物应急处置演练暨技术比武,10支队伍参加演练。深入开展季节灭害与突击周活动,组建季节性除害队伍,加强除害执法监督管理,有效控制和降低成蚊成蝇密度。卫生单位创建持续稳步发展,进一步提升了2个国家卫生镇和6个上海市一级卫生街道镇创建质量。

按照区第三轮建设健康城区三年行动计划,从提高市民健康素质出发,以建设健康社区和健康单位为抓手,通过建好健康自我管理小组、推行全民健康生活方式、公共场所控制吸烟、开展各类健康促进活动等推进区健康城区建设。充分利用各级宣传阵地和新闻媒体,将健康城区建设信息与健康保健知识及时传播到各社区、居民小区及单位,提高广大市民知晓率,市、区各报刊登载普陀健康建设信息18篇。携手推进健康城区建设,在3个街道镇,试行开展健康跟踪体质测试干预活动。年内,创建健康型(老年)小区27个,组建离退休干部健康自我管理小组10个,培训在职中青年健康自管小组27个,培育区级健康单位90个。持续开展全民健康生活方式行动,广泛宣传"日行一万步,吃动两平衡,健康一辈子"的生活理念。至年底,全区有居民健康自我管理小组360个、单位健康自我管理小组24个,创建市健康社区先进3个、市健康单位先进4个、区重点健康单位90个。认真贯彻落实《上海市公共场所控制吸烟条例》,制定《普陀区关于开展机关公共场所控烟工作的实施方案》,成立1300余人的控烟志愿者队伍。做好《上海市民健康自我管理知识手册》和腰围尺发放工作,全区发放537818份,发放到位率98%。 (丁小萍)

【爱国卫生志愿者集中清洁日活动】 5月15日是世博会运行期间的第一个"环境清洁日",区爱卫办组织各街道镇开展爱国卫生志愿者集中清洁日活动。动员广大社区居民利用节假日,从家庭做起,积极参与身边环境的清洁活动,清理楼道内堆物、房屋夹弄杂物、阳台雨棚等卫生死角,清除垃圾和积水。441家社区单位自觉履行门责管理,发动职工参加清脏治乱为重点的爱国卫生义务劳动,清洁店内外环境卫生。组织爱国卫生志愿者在重点公共场所,开展卫生行为宣讲、清除散在垃圾、劝阻陋习顽症,共同维护公共场所的环境清洁。各社区公益卫生保洁服务社、除害消毒服务站集中力量,对三不管地带、农贸集市以及周边的"三小"行业的缸罐积水、散在性孳生物、窨井下水道、垃圾箱(房)等蚊蝇孳生场所进行药物喷洒;对行政办公区域、厂区的公共绿地(苗圃),小区明沟、阴井、废弃容器(轮胎)堆放点、食堂泔脚缸等蚊蝇孳生场所进行药物喷洒。共有1.7万人次参与爱国卫生志愿者集中清洁活动,重点场所巡查128次,劝阻不文明行为2214次,整治居住区447个,清理蚊蝇孳生场所1607处,投入除害药物562公斤,增设除害防制设施2410个。 (丁小萍)

5月15日,爱国卫生志愿者集中清洁日活动 (区爱卫办供稿)

【"环境清洁日"活动】 有序推进每月15日"环境清洁日"集中行动的深入开展,组织发动广大市民群众行动起来,共同创造清洁、有序、优美的城区环境,6月15日,组织各街道镇开展"环境清洁日"集中行动。各居委会发动楼组长、党员与居民,清理屋顶、平台、雨棚、天井垃圾;清除明沟、盆景等各类小量积水。各单位组织员工积极配合社区开展爱国卫生义务劳动,清扫室内外环境、清理卫生死角。组织病媒生物防制员、社区公益卫生保洁服务社等专业人员以垃圾压缩站、化粪池(三合一)等公共场所环卫设施为重点,针对虫害密度较高的场所和多蚊蝇场所利用大型喷雾器械开展快速杀灭和滞留性药物喷洒,降低成蚊成蝇密度。该次活动共有1.6万人参加,整治居民小区371个、景观道路48条,清除屋顶垃圾59.1吨,增设除害设施578个。年内,共组织大型"环境清洁日"活动15次,参加爱国卫生生义务劳动16.9万人次,巡查重点公共场所2886处,发放各类宣传资料6.5万份。 (丁小萍)

【组织爱国卫生大巡查】 世博会期间,全区开展爱国卫生大巡查活动4次,制订"发现问题—反馈建议—整治督查—常态管理"为巡查流程,采取专业队伍督查与市民群众监督相结合,对巡查中暴露的问题,用照片通报相关单位,并限期整改,同时组织专业人员定期回访整改落实情况。4月中旬,副区长景莹会同区人大、政协、爱卫办、绿化市容局、房管局等有关部门的分管领导,实地巡查真北路铜川路、武宁路光复西路、岚皋西路蓝田路等路段的环境卫生整治情况,对铜川路真北路上存在的脏、乱、差问题进行现场协调,使区卫生顽症得以解决。爱国卫生大巡查活动,改善了城区环境面貌。 (丁小萍)

【卫生单位创建质量稳步提高】 2010年,区以巩固和提高国家卫生镇和上海市一级卫生街道镇创建质量为工作重点,采取各街道镇每月自查自纠,区每季度组织考核评比、公布排行榜,并以简报形式通报各卫生创建单位,促使卫生创建质量不断提高。同时,组织一支卫生督查员队伍,每天深入医院、学校、机关、超市、农贸集市等社区单位，督查各街道镇和各基层单位在常态管理中存在的环境卫生簿弱环节，督促及时整改。开展居住区卫生“四旗”评比和“爱国卫生合格单位”挂牌活动，年内，评出居住区卫生“红绿”旗居委会183家、“爱国卫生合格单位”401家。全区巩固提升国家卫生镇2个，巩固提升上海市一级卫生街道镇6个。（丁小萍）

【制订病媒生物控制保障措施】 年初，区制订世博病媒生物控制保障实施方案、技术方案、应急处置预案、监测实施方案和防制药物推荐方案等一系列病媒生物控制保障措施，并组织落实。世博运行期间，各街道镇组织季节性除害员66名，通过除害业务基础知识培训后统一上岗；开展病媒生物应急队伍实战应急演练、技能竞赛，使各街道镇的病媒生物应急队伍成为世博病媒生物控制保障的生力军。为减轻病媒生物防制人员的劳动强度，爱卫办与区绿化市容局（普环实业公司）联手将原电瓶扫路机改装成电瓶药物喷洒车。年内，区统一购置电瓶喷洒车15辆，为全区每个街道镇免费配置改装型电瓶药物喷洒车1—2辆。（丁小萍）

【控制季节性虫害密度】 为有效控制各类季节性虫害密度，区爱卫办结合周四爱国卫生义务劳动日，组织开展季节性除害灭病整治活动。1－2月，组织开展消灭越冬蚊突击活动，与民防办联手，发动各街道镇的有害生物防制人员对全区1900间地下室进行越冬蚊检查，其中390间有越冬蚊，采用吸、顶、熏、喷等方式杀灭。3月、10月，全区统一开展大规模春秋季灭鼠突击活动，共投放灭鼠毒饵5610千克、设置毒鼠盒30600只、张贴警示标识31992万张、粘鼠板7257张，消灭老鼠5383只。4－10月，开展灭蚊蝇突击周活动，组织有害生物防制专业队伍重点对城乡结合部、铁路河道沿线、动拆迁工地、农贸集市及周边“三小行业”、地下车库等各类蚊蝇孳生源头和成蚊成蝇密度较高的场所进行大面积药物喷洒，快速杀灭；同时，购置灭蚊蝇杀虫药剂免费发放各居委会，帮助

4月，开展病媒生物应急队伍技术演练（区爱卫办供稿）

社区、居住小区消灭蚊蝇；组织街道镇的有害生物控制专业队伍，对全区91只垃圾压缩站和各街道、镇的化粪池、倒粪站、垃圾箱（房）等环卫设施进行滞留性药物喷洒。加大除害专项检查力度，对食品生产经营单位、学校机关、宾馆（连锁酒店）、大卖场、医院、旅游景点（涉及世博食品供应单位）、大型公共绿地等重点场所进行专项检查，采取边检查、边处理。加大除害执法监督管理力度，每季度组织一次除害监督执法活动，对虫害严重超标单位、防制措施不落实单位，采取行政处罚、限期整改并通报；会同区疾控中心除害专业人员，对涉及世博会食品供应与世博会旅游景点单位，进行现场指导督查，定期监测虫害密度，确保世博保障任务完成。（丁小萍）

【携手共建健康城区】 年内，区健康办与区体育局联手，试点开展健康跟踪体测干预活动，在3个街道镇（长风、曹杨、长征）10个健康自我管理小组中开展阶段性运动干预活动，参与成员181名；与区民政局老龄委联手开展健康型（老年）小区创建工作，对新申报的27个健康型（老年）小区共同进行评估；与区老干部局联合，在曹杨、甘泉、长寿3个街道，组建离退休干部健康自我管理小组10个，区健康办为其发送健康大礼包80份、血压计80个、经络操盘片80张；开设“健康世博、健康上海”老年人心理健康专题讲座，累计培训150余人；9月1日，联合曹杨街道举办“普陀区开展第三个全民健康生活方式行动日暨健康大礼包发放启动仪式”，对辖区内的建筑工地、农贸集市、工业园区、家政服务、商业楼宇等不同行业的外来人员中，开展“日行一万步，吃动两平衡，健康一辈子”主题宣传活动，把健康自我管理的知识、方法、技能渗透到各个层面，拓展全民健康生活方式的参与人群；10月15日，围绕“五大行动，全家携手，服务世博”为主题，与区文明办、妇联等部门联合举办“普陀区第十一届家庭文化节暨第十二届家庭教育宣传周活动”。全年开展大型全民健康促进活动2次，新建健康自我管理小组124个，建成健康知识宣传栏236个，举办健康知识讲座56次，培训9242人，发放宣传资料18万份。（丁小萍）

【拓展健康自我管理小组建设内涵】 积极开展健康自我管理小组工作，以突出创新、注重培训、丰富健康自我管理小组活动内涵为重点，相继组建9个各具特色的在职中青年健康自管小组，131人参加。年内，组织各街道镇卫生干部、健康城区工作人员、社区医生及353个社区居民健康自我管理小组组长、志愿者等600余人，以现场查看、点评各小组资料，教学经络操、老

10 月 27 日，区中心医院在上海市卫生系统控制吸烟推进会上作交流
（区爱卫办供稿）

年平衡操及举办社区老人防跌倒知识互动培训会等形式多样的小组活动，有效推动了健康自我管理小组向家庭扩展，扩大健康知识受益面。同时，为满足单位职工健康需求，在市、区两级健康单位，建立工作例会制度，完善评估考核机制，丰富单位健康自我管理小组活动内涵，提高了健康单位的建设力度与质量。至年底，区建成单位健康自我管理小组 24 个、市健康单位先进 14 家、区重点健康单位 90 家，其中市级健康单位示范 2 家、健康自我管理小组示范 2 个。（丁小萍）

【发放《上海市民健康自我管理知识手册》】 认真完成《上海市民健康自我管理知识手册》和腰围尺的发放工作，共向社区居民、单位员工、来沪人员等对象发放《上海市民健康自我管理知识手册》和腰围尺 537818 份，发放到位率 98%。组织 120 名市级健康自我管理小组成员、300 名社区成员参与发放《健康知识手册》前后市爱卫办组织的问卷调查，组织 1080 名健康自我管理小组成员、360 名社区居民、540 名单位员工参与区级发放前后的问卷调查。数据分析显示，小组和社区问卷中，健康大礼包发放前后，每日最适用盐量知晓率分别提高 6.4%、3.79%；每日最适用油量知晓率分别提高 9.65%、10.69。（丁小萍）

【贯彻《上海市公共场所控制吸烟条例》】 5 月 31 日是世界无烟日，区健康办联手区文化执法大队、区食药监分局、区卫监所和控烟志愿者对辖区内禁烟场所实施控烟专项检查，会同区机关事务管理局、区机关党工委对区政府机关各重点控烟场所进行控烟检查。10 月 27 日，制定《普陀区关于开展机关公共场所控烟工作的实施方案》。区中心医院作为卫生系统开展控制吸烟工作典型，在上海市卫生系统控制吸烟推进会上交流汇报《创建无烟医院为目标，全方位推进控烟工作》，得到市、区领导的肯定和表杨。为营造控烟氛围，区健康办加大控烟宣传，与区商务委、卫生局、公安分局、文化局、教育局、等部门联合举行“普陀区实施《上海市公共场所控制吸烟条例》宣传周”启动仪式，掀起控制吸烟活动高潮；制作各类禁烟标识 24 万余份、宣传资料 13 万余份，张贴单位 10072 家，涉及 299 个小区的 4579 部电梯及等候区；成立 1300 余人的控烟志愿者（控烟卫士）队伍，推动控烟工作开展；区健康办会同 6 个控烟执法部门，对区域内重点控烟场所进行控烟督查。（丁小萍）

二十三、体 育

综 述

2010年，区体育系统积极应战上海市第十四届运动会，加快重点体育设施建设，不断完善全民健身服务保障体系，以“体育生活化”为核心，开展科学、健康、文明的群众体育活动，形成区域特色。

年内，圆满完成市第三次国民体质监测工作。“全民健身与世博同行”主题活动有序开展。成功举办2010年端午节城市龙舟国际邀请赛。组队参加市第十四届运动会，青少年组夺得金牌100枚、银牌62枚、铜牌50枚的好成绩，区体育代表团荣获此届市运会“体育道德风尚奖”等3个奖项。

2010年，区举办各类体育比赛活动22次，参赛人数4500人次。全年，普陀区共向一线训练单位输送运动员3名，向二线训练单位输送运动员52名。区输送的包括优秀田径运动员刘翔在内的7名运动员在广州亚运会上共获得5金1银、1个第四、1个第五的好成绩。

加快公共体育设施建设。全年新建社区公共运动场3个，更新整新健身苑（点）99个，至年底，全区有健身点223个，健身苑8个。重视训练场地设施建设。长风公园船库和宜川中学射箭馆改造工程基本完成，真如体育场的综合改造工程，进入深化设计阶段。继续推进学校体育场地向社会开放，加强社区体育指导员管理工作，改善市民安全健身服务环境，全年健身苑（点）事故为零。

做好体育特长生招生升学工作，完善体教结合运行机制，加大区域竞技体育项目布局力度，探索青少年体育俱乐部发展模式，年内，新增青少年体育俱乐部2家。2010年，共销售各类体育彩票1.14亿元。全年，区体育系统共获得市级以上荣誉称号19项（市体育系统世博服务保障工作先进集体、市体育系统世博服务保障工作贡献奖、上海市第十四届运动会体育道德风尚奖、上海市第十四届运动会青少年组最快进步奖、上海市第十四届运动会青少年组竞赛优秀组织奖、市群众体育先进单位、市业余训练先进单位2个、市业余训练先进运动队5支、“一区一品”赛事优秀组织奖、体育彩票销售贡献奖、“十一五”上海市社区公共运动场建设先进单位、广州亚运会贡献奖、体育后备人才输送奖。区县体育工作综合评估优秀奖）。

（钱晓玲）

群众体育

【概况】 年内，广泛开展“全民健身与世博同行”主题活动。组织律动苏州河2010年普陀区元旦长跑比赛、贺新春社会体育指导员大比武；成功举办端午节城市龙舟国际邀请赛、“全民健身志愿服务大行动暨市民健步行”及2010年“长风杯”上海市手杖

2月16日，社会体育指导员大比武 （区体育局供稿）

健身操比赛”;组队参加上海市第十四届运动会(大众组),取得好成绩;在十四届市运会中,区承办青少年组举重、女子足球竞赛,与卢湾区合办大众组体育舞蹈竞赛。区政府召开上海市第十四届运动会普陀区体育代表团表彰会,表彰在市运会中做出贡献的单位和个人。全区各游泳场夏季安全开放。 (钱晓玲)

【组队参加上海市第十四届运动会】 10月9日—11月13日,普陀区体育代表团参加市第十四届运动会,发挥出较好水平,实现了“保六争五”的目标。区代表团大众组由349名运动员和73名工作人员组成,获得22金、24银、28铜,团体总分1158分、大众组团体总分第四的成绩。区代表团大众组在该届市运会中参加了游泳、田径、羽毛球、网球、排球、武术、中国式摔跤、技巧、健美操、高尔夫球、台球、保龄球、围棋、国际象棋、中国象棋、桥牌、健身健美、门球、滑轮、体育舞蹈、龙舟、信鸽、钓鱼、风筝、秧歌、健身球、柔力球、八十分和排舞等共计29个大项的比赛。各支参赛队以“团结合作、顽强拼搏、奋勇争先、力创佳绩”的精神,在市运赛场上争金夺银,充分展现普陀体育人的形象与风采,完成了代表团预定的参赛目标,并荣获“体育道德风尚奖”。 (钱晓玲)

【端午节城市龙舟国际邀请赛】 6月16日,普陀区端午节城市龙舟国际邀请赛暨城市龙舟残健融合赛和普陀区中学生城市龙舟锦标赛在长风公园银锄湖举行,市侨办、区委、区政府、市体育局、市残联等领导出席开幕式并赠送端午节民俗礼品。龙舟国际邀请赛以“城市,让生活更美好”、“祥瑞端午,和谐普陀”为主题,由区世博会工作宣传及社会动员指导部主办,区体育局、教育局、绿化和市容管理局、残疾人联合会承办。26支龙舟队参加比赛,设公开组(6支)、残健融合组(残疾人和健全人联合组队11支)、中学生组(9支)。经过2轮比赛,最终莲花高级工业职业学院、长寿路街道、华师大四附中一队、曹杨职业技术学校4支龙舟队分获公开组、残健融合组、中学生组(初中组、高中组)冠军。 (钱晓玲)

【手杖操队获全国健身展示2个奖项】 5月25日,由国家体育总局、全国老龄委办公室、中国老年人体育协会主办的2010年全国老年人健身活动展示大会在山东省滕州体育中心体育馆举行。普陀区长风新村街道手杖操队代表上海市队,与来自全国各省、自治区、直辖市的代表队进行角逐,取得好成绩,获得“最佳特色奖”和“体育道德风尚奖”2个奖项。 (钱晓玲)

5月25日,长风新村街道手杖操队代表上海市参加全国健身展示大会
(区体育局供稿)

【“棋协杯”国际跳棋冠军赛】 12月26日,由上海棋院、上海市国际跳棋协会(筹)主办,普陀区社区学院承办的2010年上海“棋协杯”国际跳棋冠军赛在区社区学院举行。国际棋联裁判、国际象棋大师、上海国际跳棋协会(筹)领导和国际象棋高级教练主持赛事。上海铁路局、上海海洋大学、武宁路小学、奉贤区解放路幼儿园等17支俱乐部参赛队,140多位选手参加比赛。奉贤区解放路幼儿园、武宁路小学的选手分别摘得公开组、小学组、幼儿园组冠军。 (钱晓玲)

【完成第三次国民体质监测】 年内,普陀区第三次国民体质监测工作从6月9日开始,至7月1日结束。采用2套测试器材,2组测试队同时进行监测,实际测试时间14天。海贝幼儿园、曹杨八幼、普陀幼儿圆共受测幼儿400人,石泉街道400名老年人受测,教育局和长寿社区组织教师400人、白领400人及桃浦工业区800名体力劳动者参加对应人群的体质测试。区体育局严格按照科学、规范、安全、便民的体质监测程序与要求对市民实施监测,确保监测结果的真实有效性。计划测试2400人,实际测试2490人。同时,以国民体质监测为契机,继续对全区高血压、糖尿病患者的运动实施干预,进行跟踪对照,普及推广健身知识、健身项目,倡导科学健身的方法与理念。 (钱晓玲)

【游泳场所夏季安全开放】 6—8月,区夏季游泳场所开放服务工作联席会议办公室会同区公安、卫生、文化执法大队,对区域内25个游泳场所进行开放前的检查、指导和验收,狠抓游泳场环境卫生,并定期检测游泳池水质,将“安全第一、精心服务、严格管理、狠抓落实”的管理理念落到实处。夏季,25个游泳场所对市民开放,平均开放65天,开放7873场次,接待游客39.05万人次。培训中小学生1201班次,4408人参加;培训其他人员225班次,参加培训1242人,学成率98%。上岗前,参加复卡的救生员68人,其中高级5人、中级38人、初级26人;参加市社体中心组织的上岗前培训池主任

28 人,水质工 27 人、救生组长 28 人、健康检查员 25 人。开放期间,体育局领导、开放小组成员到各游泳场所慰问、巡视 63 次,检查场所量 250 人次,事故率为零。实现了全区游泳场所服务环境进一步提升的目标。

(钱晓玲)

竞技体育

【概况】 2010 年,区竞技体育的重点是全力奋战上海市第十四届运动会。普陀区积极组队参赛,认真做好迎战市运会各种预案,充分调动参赛人员积极性,激发运动员树立“团结合作,顽强拼搏,奋勇争先,力创佳绩”的精神,区体育代表团在市运会赛场上争金夺银,展示了普陀人的新形象,取得运动成绩和精神文明双丰收。 (钱晓玲)

12 月 12 日,区党政领导接见优秀教练员 (区体育局供稿)

【青少年组在市运会上获金牌 100 枚】 区体育代表团青少年组参加市第十四届运动会,共有运动员 837 人、教练员及工作人员 139 人,参赛项目有游泳、跳水、射箭、田径、羽毛球、棒球、篮球、皮划艇、帆船、自行车、击剑、足球、体操、手球、曲棍球、柔道、赛艇、垒球、乒乓球、射击、跆拳道、排球、沙滩排球、举重、国际式摔跤和武术等 26 个大项 67 个组别。区体育健儿在市运会上顽强拼搏、奋勇争先,共获得金牌 100 枚、银牌 62 枚、铜牌 50 枚,团体总分 2801.625 分,名列第五;同时,获得必报 8 项团体总分 1390.5 分,名列第五。区青少年组被市第十四届运动会组委会授予“体育道德风尚奖”、“优秀竞赛组织奖”和“青少年组最快进步奖”,获得区县组所有奖项。在市运会闭幕式上,区少体校、游泳学校被市体育局授予“2007—2010 年度上海市业余训练先进集体;区足球学校女子足球队、重竞技运动训练中心跆拳道队、少体校射箭队、少体校击剑队、少体校举重队被市体育局授予“2007—2010 年度上海市业余训练先进运动队”;女足教练张翔、射箭教练刘日东、田径教练冯焕义、举重教练周美红、游泳教练马红妹被授予“2007—2010 年度上海市业余训练先进个人”;击剑教练贺新莉、女足教练钱惠被市体育局评为 2006—2009 年度上海市业余训练十佳教练员;游泳教练员李剑华被市体育局评为 2006—2009 年度上海市业余训练优秀教练员。(钱晓玲)

【输送运动员 55 人】 2010 年,区业余训练学校向一线训练单位输送运动员 3 人,向重点二线训练单位输送运动员 29 人,向二线训练单位输送运动员 23 人,共输送运动员 55 人,输送计算率 90 人(其中少体校 29 人,输送计算率 45 人;足校 19 人,输送计算率 35 人;游泳校 4 人,输送计算率 7 人;重竞技中心 3 人,输送计算率 3 人)。

(钱晓玲)

2010 年普陀区运动学校输送运动员情况表

序号	运动员姓名	性别	主教练	副教练	吸收项目	吸 收 单 位	输 送 类 型
1	杨莉娜	女	张 翔	钱 惠	足球	一线	三线送一线
2	何盛园	女	钱 惠	张 翔	足球	一线	三线送一线
3	朱蓓燕	女	钱 惠	张 翔	足球	一线	三线送一线
4	戴恩溢	男	薛伟明		羽毛球	市属重点二线,市体校	三线送重点二线
5	姜梦雨	女	杨明媛		田径	市属重点二线,市体校	三线送重点二线
6	严诗韵	女	周美红		举重	市属二线,体育宫	三线送二线
7	杨佳祺	男	李爱花		羽毛球	市属二线,体育宫	三线送二线
8	印 明	男	冯焕义		田径	市属重点二线,市二体校	三线送重点二线
9	费 莹	女	刘日东		射箭	市属重点二线,射击射箭中心	三线送重点二线
10	马 静	女	刘日东		射箭	市属重点二线,射击射箭中心	三线送重点二线

（续表）

序号	运动员姓名	性别	主教练	副教练	吸收项目	吸 收 单 位	输 送 类 型
11	单成功	男	刘日东		射箭	市属重点二线，射击射箭中心	三线送重点二线
12	韩惟瑜	女	周美红		举重	市属二线，体育宫	三线送二线
13	陈嘉仕	男	周美红		举重	市属二线，体育宫	三线送二线
14	邵 俊	男	周美红		举重	市属二线，体育宫	三线送二线
15	郑 玮	男	周美红		举重	市属二线，体育宫	三线送二线
16	邱丽娟	女	周美红		举重	市属二线，体育宫	三线送二线
17	董盈暄	女	龚 健		乒乓球	市属二线，体育宫	三线送二线
18	李 韵	女	龚 健		乒乓球	市属二线，体育宫	三线送二线
19	贺英杰	男	马红妹		现代五项	市属重点二线，市体校	三线送重点二线
20	查韵沁	女	李爱花		羽毛球	市属重点二线，市体校	三线送重点二线
21	刘 承	女	王文俊	奚明瀚	垒球	市属重点二线，市体校	三线送重点二线
22	陈丽文	女	王荣旗		田径	市属重点二线，市体校	三线送重点二线
23	路梦柯	女	张 翔	钱 惠	足球	市属重点二线，市体校	三线送重点二线
24	王 彤	女	张 翔	钱 惠	足球	市属重点二线，市体校	三线送重点二线
25	杨 慧	女	张 翔	钱 惠	足球	市属重点二线，市体校	三线送重点二线
26	赵瑜洁	女	张 翔	钱 惠	足球	市属重点二线，市体校	三线送重点二线
27	汪琳琳	女	钱 惠	张 翔	足球	市属重点二线，市体校	三线送重点二线
28	周一诺	女	钱 惠	张 翔	足球	市属重点二线，市体校	三线送重点二线
29	方 洁	女	钱 惠	张 翔	足球	市属重点二线，市体校	三线送重点二线
30	蔚秀春	女	钱 惠	张 翔	足球	市属重点二线，市体校	三线送重点二线
31	柏一凡	女	钱 惠	张 翔	足球	市属重点二线，市体校	三线送重点二线
32	顾佳敏	女	钱 惠	张 翔	足球	市属重点二线，市体校	三线送重点二线
33	须家齐	女	方晨琦		羽毛球	市属重点二线，市体校	三线送重点二线
34	张家淇	男	李爱花		羽毛球	市属重点二线，市体校	三线送重点二线
35	范玉闽	女	程晓蓉		游泳	市属重点二线，体育俱乐部	三线送重点二线
36	刘 昕	女	冯焕义		田径	市属重点二线，市体校	三线送重点二线
37	陈 慧	女	杨明媛		田径	市属重点二线，市体校	三线送重点二线
38	童晶晶	女	王荣旗		垒球	市属重点二线，市体校	三线送重点二线
39	杜姝懋	女	冯焕义		垒球	市属重点二线，市体校	三线送重点二线
40	顾晨菲	女	程晓蓉		游泳	市属重点二线，体育俱乐部	三线送重点二线
41	刘宇璐	女	殷雪瑾		游泳	学校二线，敬业中学	三线送二线
42	吴昊一	男	杜晓峰		跆拳道	区办二线，普陀区少体校	三线送二线
43	宋一鸣	男	周 寅		跆拳道	区办二线，普陀区少体校	三线送二线
44	李笑微	女	张 翔	钱 惠	足球	学校二线，曹杨第二中学	三线送二线
45	夏 玲	女	张 翔	钱 惠	足球	学校二线，曹杨第二中学	三线送二线
46	朱 颖	女	张 翔	钱 惠	足球	学校二线，曹杨第二中学	三线送二线
47	吴秋琴	女	张 翔	钱 惠	足球	学校二线，曹杨第二中学	三线送二线
48	陈佳慧	女	张 翔	钱 惠	足球	学校二线，曹杨第二中学	三线送二线
49	任晓彤	女	张 翔	钱 惠	足球	学校二线，曹杨第二中学	三线送二线

（续表）

序号	运动员姓名	性别	主教练	副教练	吸收项目	吸收单位	输送类型
50	康斯炯	男	杜晓峰		跆拳道	区办二线，普陀区少体校	三线送二线
51	张达明	男	冯焕义		田径	市属重点二线，市体校	三线送重点二线
52	柴梦佳	女	刘日东		射箭	学校二线，奉贤中学	三线送二线
53	许周政	男	冯焕义		田径	学校二线，七宝中学	三线送二线
54	翟荣荣	男	冯焕义		田径	学校二线，七宝中学	三线送二线
55	许邵凯	男	冯焕义		田径	学校二线，七宝中学	三线送二线

【输送后运动员夺得冠军23个】 2010年，区输送后运动员在广州亚运会上不畏强手，勇于拼搏，取得优异成绩。优秀田径运动员刘翔以13"09的成绩打破亚运会田径男子110米栏纪录，并实现亚运会三连冠；击剑运动员陈晓东获得亚运会女子佩剑团体冠军；游泳运动员蒋海琦、蒋宇辉在亚运会上获得3枚金牌。区输送的7名运动员参加亚运会比赛共获得金牌5枚、银牌1枚、第四名1个和第五名1个。年内，区输送的运动员30人次参加亚锦赛和全国最高级别比赛获得前三名，其中夺得冠军23个。（钱晓玲）

【做好运动员注册】 为备战上海市第十四届运动会，按照《上海市竞赛运动员注册管理办法》，根据各个参赛项目报名要求，对全区千余名竞赛运动员队伍进行补充和调整并做好注册。至年底，全区在训人员1193名，其中在市青训中心完成运动员注册1003名，在市足协完成运动员注册190名。（钱晓玲）

【输送后运动员入选国家队】 2010年，在区历年输送的运动员中，共有12名运动员被输送到上一级运动队，其中送一线运动队3人，入选国家队9人。（钱晓玲）

2010年普陀区输送后运动员跟踪表

序号	运动员姓名	性别	原带训主教练	原带训副教练	项目	输送后情况
1	何　伟	男	贺新莉		击剑	区送一送国家队
2	李筱芸	女	贺新莉		击剑	区送一送国家队
3	肖烨巍	男	贺新莉		击剑	区送一送国家队
4	朱珏蔓	女	刘日东		射箭	区送二送一
5	顾雪宋	男	刘日东		射箭	区送二送一
6	周丽莉	女	徐丽勤		游泳	区送一送国家队
7	陈　程	男	李剑华		游泳	区送一送国家队
8	蒋宇辉	男	李剑华		游泳	区二送一送国家队
9	蒋海琦	男	李剑华		游泳	区送一送国家队
10	王盈盈	女	张　翔	钱　惠	足球	区送二送一
11	张劼丽	女	张　翔	钱　惠	足球	区二送一送国家队
12	徐雯佳	女	张　翔	钱　惠	足球	区二送一送国家队

（钱晓玲）

【招收体育特长生】 2010年，根据体育特长生的运动水平、市统考文化学习成绩、区青少年竞技体育项目布局及市第十四届运动会参赛的需要招收体育特长生。经区体育特长招生办综合衡量，全区35名初中毕业运动员升入高中阶段；68名小学毕业运动员升入初中预备班；68名幼儿园毕业运动员升入小学阶段。普陀区坚持数年招收体育特长生，巩固了区体育项目的梯队建设，也为运动员提供了优质教育资源和升学渠道，促使体育特长生德智体全面发展。（钱晓玲）

【评选优秀体育论文】 为了提高教练员的体育理论及训练水平，区体育局在年内组织体育系统教练员撰写论文56篇，经过区体育局教练员论文评定小组评审，有5篇论文为优秀体育论文：少体校周美红的《对上海市桃浦中学举重体教结合现状的研究》；游泳学校徐丽勤的《对少儿游泳运动员徒手打腿教学的探讨》；游泳学校陈秋龙的《浅谈技术录像在6—7岁儿童自由泳和仰泳教学中的应用》；少体校姚彦的《父母教养方式对青少年排球训练效果的影响》；少体校王翠娥的《对400米运动员梁胜鹏的技术诊断和分析》。（钱晓玲）

新建的长风公园公共健身苑　　　　　　　　　　（区体育局供稿）

【申报青少年体育俱乐部2家】 2010年，在原有12家国家级青少年体育俱乐部基础上，新申报真如阳光和新普陀2家青少年国家级体育俱乐部。年内，14家国家级青少年体育俱乐部运作规范，区晋元青少年俱乐部荣获“2007—2010年上海市业余训练体教结合先进单位”称号。5月，组织26名区青少年体育俱乐部管理人员参加市青少年训练管理中心组织的体育俱乐部管理人员培训班。年内，全区青少年体育俱乐部通过组织培训班、夏令营、竞赛和课余训练等形式开出田径、游泳、足球、篮球、羽毛球、棋类、体育舞蹈、手球、射击、举重、赛艇、跆拳道、武术等13余个体育项目供青少年选择，全年，参加体育活动的青少年学生达万余人次。（钱晓玲）

【学生体育竞赛系列活动】 由区体教（体育局、教育局）两家联手创办的“普陀区学生体育竞赛系列活动”是一项锻炼青少年学生体质，培养体育苗子的传统系列赛事。年内，利用竞赛杠杆作用，不断扩大青少年课余训练人数，为广大青少年学生提供参与更多体育活动及比赛的机会，为不同层面学生提供展示自我的体育舞台，为发现和选拔体育后备人才，组队参加市第十四届运动会打下基础。区成功承办上海市第十四届运动会青少年组女子足球比赛、青少年组举重比赛及2010年肯德基全国青少年三对三篮球冠军挑战赛（普陀赛区）、第二十五届新民晚报杯足球赛（普陀赛区），并获得优秀竞赛组织奖。（钱晓玲）

【加大竞技体育项目布局】 2010年，普陀区在原有基础上不断优化与调整体育训练项目，加大区域竞技体育项目布局力度，推进体教结合向纵深发展，提高区竞技体育水平。至年底，形成国家高水平体育后备人才基地（区体校）1所、国家级体育传统项目学校（曹杨二中女足）1所、二线运动队示范校（区体校跆拳道、曹杨二中女足、宜川中学田径、晋元中学游泳项目）4所、市体育传统项目学校和区体教结合训练基地10所，及以体育传统项目学校为基础的区中小幼课余训练网络。完成足球、射箭、田径、游泳、手球、射击、举重、赛艇、跆拳道、武术等10个项目的“一条龙”衔接。年内，加大对竞技体育科研选材、体教结合、训练器材和竞赛训练方面的资金投入，全年投入641万元。年内，完成曹杨中学射击馆50米靶场、宜川中学射箭馆（一期）和射箭靶场、长风公园皮划艇训练基地的建设。（钱晓玲）

体育设施建设与管理

【概况】 2010年，全区投资104.74万元，用于社区健身苑（点）建设，建成石泉东路篮球场、丹巴路篮球场及排球场、长风公园与兰溪公园健身苑等公共运动场4个，全民健身实事工程按计划完成。开展世博体育窗口优质服务，设立世博党员服务窗口，为市民健身服务。学校体育场地继续向社区开放，加强社会体育指导员管理工作，全年培训三级指导员262名，发挥体育指导员在社区健身活动中的指导作用。（钱晓玲）

【加强公共体育设施建设】 年内，积极争取各职能部门的支持与配合，突破公共体育设施建设的瓶颈，加快建设步伐，增强公共体育设施的服务功能，规范社区健身苑（点）的管理和维护。全年建成公共运动场4个，更新整新社区健身苑（点）99个、健身器材470件，区投入资金103.87万元。（钱晓玲）

2010年普陀区社区健身苑（点）器材更新情况表

序号	街道（镇）	更新器材					整新器材			
		健身苑、点（个）	件数（件）	总价（万元）	区体育局承担70%（万元）	街道（镇）承担30%（万元）	件数（件）	总价（万元）	区体育局承担70%（万元）	街道（镇）承担30%（万元）
1	长寿街道	8	69	16.46	11.52	4.94				
2	曹杨街道	16	110	24.75	17.32	7.42	29	0.87	0.61	0.26

（续表）

序号	街道（镇）	更新器材					整新器材			
		健身苑、点（个）	件数（件）	总价（万元）	区体育局承担70%（万元）	街道（镇）承担30%（万元）	件数（件）	总价（万元）	区体育局承担70%（万元）	街道（镇）承担30%（万元）
3	宜川街道	7	9	2.10	1.47	0.63				
4	甘泉街道	20	59	14.53	10.17	4.36				
5	石泉街道	8	16	3.58	2.50	1.07				
6	真如镇	14	58	13.66	9.56	4.10				
7	长征镇	18	54	12.77	8.94	3.83				
8	桃浦镇	8	66	16.04	11.23	4.81				
小计		99	441	103.89	72.71	31.16	29	0.87	0.61	0.26

（钱晓玲）

【开展世博体育窗口优质服务】 在迎博办博期间，全区公共体育场馆对照《普陀区体育系统迎世博600天行动责任书》，细化和完善每一项任务，开展世博体育窗口优质服务活动。组织员工培训，狠抓服务质量和管理制度，建立体育场馆自身发展的长效管理机制，提升公共体育场所的服务功能与水准，广泛开展"创优争先"示范达标活动，确保迎博办博期间体育开放场所环境整洁、氛围浓厚、设施完好。（钱晓玲）

【学校体育场地持续开放】 2010年，坚持"政府主导、体教共抓、部门协同、积极稳妥、因地制宜"的原则，继续向社区开放学校体育场地。发挥区中小学校体育运动场地的多元化功能，规范开放制度，努力达到效益最大化，不断满足居民群众日益增长的体育健身需求，缓解区体育场地、体育设施供给不足的矛盾。年内，向社区开放的学校体育运动场地70余个，区内学校体育场馆向社区开放率100%。（钱晓玲）

体育产业

【概况】 2010年，区体育彩票管理办公室，进一步解放思想、明确工作目标，强化管理、开拓创新，在彩票销售中，以安全稳定为前提，以网点建设为中心，以培训营销员为抓手，建好营销队伍，维护营销秩序，全区体育彩票销售健稳发展。全年，区体育彩票销售总金额11569万元，比上年增长13%。（钱晓玲）

2010年普陀区体育彩票销售图

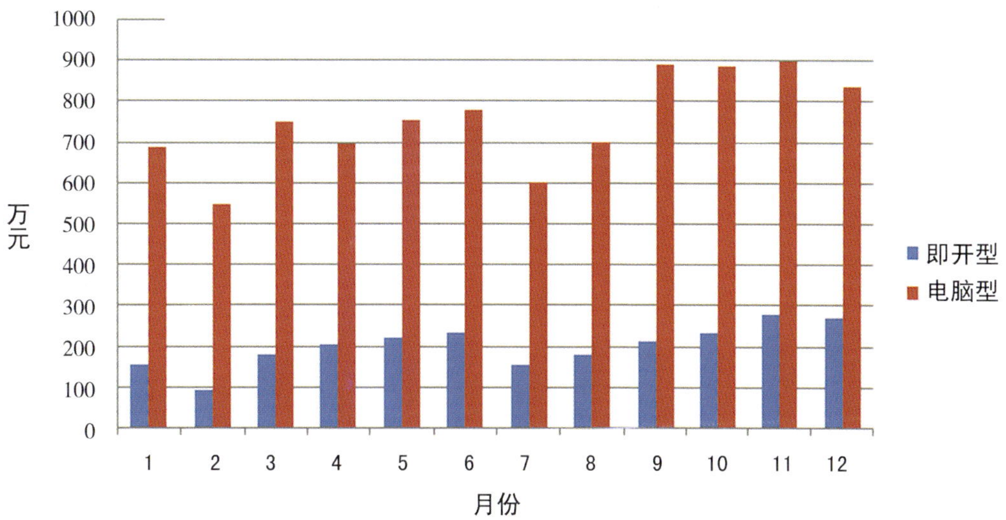

二十四、武装·民防

人民武装

【概况】 2010年，区人民武装工作以提高遂行多样化军事任务能力为主线，以聚焦中心、全面建设为基本思路，围绕世博安保任务，狠抓工作落实。强化思想政治建设。开展“当代军人核心价值观引领我成长”和“学习何祥美、践行当代军人核心价值观”活动；利用专职武装干部集训、世博安保备执勤和战备拉动等时机，把培养教育工作渗透到武装系统建设中；开展民兵备执勤分队动员教育，增强民兵政治意识、使命意识及奉献意识。完成世博安保任务。举行紧急出动拉动、指挥所演练；组织民兵参加站点守护、重要目标警戒、应急防化备勤训练、进驻园区维护场馆秩序等，参加维护社会治安、执勤巡逻有8600余人次。推进军事斗争准备。落实战备教育、制度、方案及设施，完善战备常态化机制；推广真如镇战备规范化建设做法，开展街镇战备规范化建设量化评比，促进基层武装部战备建设；完成上级下达的国防后备力量整组任务，开展人武部干部、民兵应急分队的应急救援等基本技能及应用课目的训练，组织指挥所进行反恐维稳、应急救援及协助维护社会秩序3个基本课题训练；举行武装干部业务培训，对民兵志愿者参与社会面防控行动、群防群治工作及有关方案进行筹划部署，交流研讨国防后备力量建设的重点难点问题；召开武装工作例会，观摩石泉路街道武装部规范化建设和民兵训练，听取基层武装部关于兵役登记、防台防汛及世博安保三方面工作情况汇报。参与和谐社会建设。开展“军徽映夕阳”军民共建活动，13家驻区部队与养老机构结对，每月一次上门服务活动，救助困难、独居老人64人。加强干部队伍建设。开展“增强党性观念、弘扬优良作风”教育，组织观看《蜕变》录像片，举行“讲党性、重品行，本职岗位建功立业”大讨论；探索公开选拔基层武装部长，引进激励竞争机制；完善车辆、安全、保密等管理制度。全军军志办在区召开军事志工作观摩研讨会，军委和总部有关领导以及各大军区军志办主任参加会议，与会代表观摩《普陀区军事志》书稿编研成果，并给予好评。年内，警备区组织考核领导班子成员，4人优秀、1人良好；2人被警备区评为优秀人武、专武干部；安全工作和新闻宣传工作被警备区评为先进单位。（罗永传）

【完成世博安保任务】 2月底，区人武部勘察区内道路交通、重要区域，制定完善各类安保行动方案计划，编实编强800余人的安保任务分队，配齐各类指挥、防暴及救援器材，组织安保骨干培训，开展紧急出动拉动和本级指挥所演练等，为完成任务奠定基础。3月起，组织民兵以人民武装平安志愿者服务队形式，全程参与站点守护、重要目标警戒等行动，保证社会治安平稳有序；组织民兵参加维护社会治安、执勤巡逻8600余人次；组织民兵参加安保分队，协助区内3个重点目标单位的警戒守护。4月底，快速动员300名民兵，进驻世博园区，维护场馆秩序189天。期间，民兵经受大客流、高温等考验，圆满完成园区执勤任务；团队被评为“上海市世博会世博园区服务保障先进集体”，60余人被市、区记功和嘉奖。7月18日，组织应急防化连民兵248人，进行为期一个月的集中备勤训练，受到警备区和区委领导的好评。备勤期间，编制简报4期、板报15块。8月3日，区委书记周国雄在备勤简报上批示，充分肯定备勤分队的做法和经验。9月16日，《中国国防报》头版报道区民兵参与世博、奉献世博、服务世博的先进事迹和工作经验。（罗永传）

【组织针对性训练】 3—4月，区人武部先后组织专职武装干部、民兵安保分队骨干、民兵信息员进行业务技能、信息搜集与上报等内容的培训，60余人参加。3—8月，组织区世博安保指挥所进行应急行动训练，包括组织指挥程序、方法及行动要点等项目。4月上中旬，结合战备点验，对真如镇、长征镇、宜川路街道等9个单位逐一进行紧急出动拉练，并组织民兵应急分队参加区化学危险品应急救援演练。7—8月，分反恐维稳、应急处突、防暴队形等课题，组织2个民兵应急防化连进行战备演练3次，提高世博

安保分队的行动能力。（罗永传）

【军民“三同”活动】 年初，根据区关于贯彻落实市委、市政府、警备区在全市开展军民“同学创新理论、同树文明新风、同建和谐平安”（简称“三同”）活动意见的要求，组织驻区部队和民兵预备役人员开展“三同”和双拥共建活动。6月10日，组织驻区部队领导分别看望区社会福利院老人和区干休所军队老干部，并与福利院老人一起开展“军徽映夕阳——军民共建端午敬老话世博”主题活动。年内，围绕平安世博，组织民兵预备役人员6500余人次参加社区执勤巡逻和环境整治、交通秩序维护，取得明显成效。（罗永传）

【党管武装工作现场会】 2月24日，区党管武装工作现场会召开，区领导周国雄、祝学军、胡佩艳、林楠、符祖鸣及区有关委办局的负责人参加。区委书记周国雄讲话要求，抓住党管武装工作的总原则，围绕世博安保中心大局，推进武装工作再上台阶。区人武部部长朱生存汇报区人武部工作。区相关部门围绕利用社区资源、开展医疗拥军、军转干部专业安置和家属就业、解决驻区部队实际问题等进行现场研讨。会前，与会领导到真如镇视察镇人民武装标准化建设工作，并检阅民兵应急分队战备拉动。（罗永传）

【公开选拔街镇武装部长】 9月，区委组织部和人武部在全区范围公开选拔街镇专职武装部长，充实街镇专职武装干部队伍。按照公开选拔的标准、要求和程序，14名应聘竞争人员经过报名、资格审核、书面考试，进入体能测试。10月13日，由区委组织部、纪检委、人武部组成工作小组在真如中学举行报考人员体能测试，分为3000米跑、俯卧撑。嗣后，进行竞岗演讲、面试和组织考察、审核等程序。最终竞得岗位2人，分别到甘泉、石泉两街道任专职武装部部长。（罗永传）

组织民兵开展世博安保备勤训练（罗永传/摄）

民防工作

【概况】 2010年，区人民防空工作以实现“守土有责，不辱使命”为目标，以开展早期公用民防工程专项治理、地下空间综合管理等工作为重点，着力改善民防工程口部环境和周边卫生状况，保证地下空间和人员密集场所安全有序，民防安全防范和应急处置能力，人防战备、防震减灾、社区民防建设等工作等得到进一步加强。组织各街道镇，居委会民防干部247人，参观市民防科普教育馆，在上海伟成民防教育训练基地进行灾害模拟与应急防护技能训练，提高世博安保和民众防护工作能力。在曹杨二中和金鼎学校进行“防震减灾科普特色学校”调研，通过问卷调查、座谈交流、情况摸排，了解学校开展防震减灾教育的思路、形式、发展等情况，促进特色学校防震减灾科普教育的规范化、科学化。年内，整治早期公用民防工程191个，其中报废封闭57个、修缮128个、改造6个；装修公用民防工程口部222个，树立民防工程指示牌250块、标识牌361块，签订《民防工程口部装饰保养协议》110家；调整民防工程使用业态47个。开展安全生产执法和民防工程安全使用大检查，检查地下空间4994个工程，编制地下空间突发公共事件应急处置操作规程214个，实现民防系统安全生产零事故。组织防空防灾宣传，新增民防应急指挥车1辆，开展防灾减灾和人员易地疏散演练2次，配发家庭应急包2万只，配合处置灾害事故11起。加强民防工程建设和维修养护，审批民防结建工程14个，落实配建工程建筑面积9.88万平方米；竣工验收工程15个，建筑面积7.12万平方米；维修养护民防公用工程5.57万平方米。编制《区民防指挥所应急开设预案》、《区民防应急通信和信息保障方案》、《应急疏散防护行动预案》，完成《防震减灾“十二五”规划》编制工作。（顾慧琴）

【编制突发公共事件人员疏散应急防护预案】 4月，区民防办以《上海市社区和基层单位突发事件人员疏散撤离和应急防护预案编制指南》为内容，成立由朱永平为组长的区预案编制工作领导小组，各街道、镇武装部部长负责所辖社区预案编制，区应急办、国资委、商务委等11个相关委办局设立联络员，各居委会设专职编写人员。3月，对预案编制人员进行专题培训，包括预案编写框架、预案编制指南等内容。收集备案各类防护预案280个，其中街道镇9个，居（村）委会246个，工业园区、楼宇等25个。（顾慧琴）

【地下空间管理工作通过市复查】 4月27日，由市民防办副主任孙晓波带领检查组一行对区地下空间管理工作进行复查，听取区民防办开展民防工程使用业态专项整治、地下空间联合检查的工作汇报，查阅区地下空间的安保计划、方案、检查记录、相关台账等资料，实地查看2个重点整治的无证无照经营旅馆的民防工程。检查组肯定区民防办的工作，提出加强管理、规范安全使用、建立长效机制要求。

（顾慧琴）

【开展防灾减灾集中宣传】 4—5月，开展"迎世博、保安全"民防防灾减灾集中宣传活动。全区246个居(村)委会以社区宣传板报、橱窗、横幅、LED屏等形式进行世博安保与民众防护工作重要性、地下空间的安全使用、应急疏散及急救技能等内容的宣传。78所中小学组织学生观看防灾减灾知识教育片，召开防灾减灾主题班会，开展防灾减灾课外活动、技能竞赛等主题宣传活动。期间，区民防办向街道镇、居委会、学校等发放防灾减灾宣传海报1200张、宣传卡片15000份，学校民防知识教育片50张，地下空间灾害事故案例200本、简明知识教程150本。 (顾慧琴)

【民防教育基地揭牌】 5月12日，市民防办副主任周鸣放，副区长景莹为民防教育基地上海市金鼎学校揭牌。该基地将400余平方米的学校民防教育馆划分为民防、三防、地震、防火及自救互救5个专题教育区，各教育区根据主题配置不同设施器材，以"教育一个孩子，带动一个家庭，影响整个社会，确保一方平安"的方式，作为面向全区学生和社区居民宣传民防知识的窗口，科学、有效地开展防灾科普宣传教育。基地由区教育局、民防办、金鼎学校联合建设。 (顾慧琴)

【探索社区民防建设途径】 8月，区民防办组织开展"社区民防知识认知度调查"，以问卷形式对曹杨、真如、甘泉、石泉、长征5个街道镇的500余名居民进行防灾减灾、人民防空、急救互救等民防知识掌握程度的调查。经分析受调查居民的民防知识知晓率达90%以上。10月，组织开展社区民防建设验收，从组织建设、预案体系、防护设施、宣传教育、应急演练等方面入手，在各街道镇及居委会自评的基础上，各街道镇抽查1个居委会，抽查结果全部达标，按期完成全区社区民防建设的验收工作。开展社区民众防护调研，探索人防向民防体制转变后，民众防护工作的途径。 (顾慧琴)

【国防教育宣传周活动】 9月18日，区民防办会同真如镇政府在铜川路乐购超市广场举办"增强国防观念，强化民防意识，共建平安和谐社会"集中宣传活动周启动仪式。18—23日，全区240余个居委会以悬挂宣传标语、制作知识板报、举办知识讲座等形式开展民防知识宣传，80余所中小学举行民防主题班会、民防知识讲座及参观金鼎学校民防教育基地等宣传活动。学校、社区以《突发事件人员疏散撤离和应急防护预案》为依据，演练突发情况下人员应急疏散程序和方法。活动周期间，开展民防宣传展版社区巡展活动，区有线台播放民防宣传报道和宣传口号。全区集中设点宣传10场次，应急疏散演练30余次，悬挂横幅标语200余条，制作主题板报240余块，参与宣传活动3万余人次。 (顾慧琴)

【配发家庭应急包】 11月，根据市政府和市民防办要求，区民防办会同区妇联、红十字会向全区2万户家庭配发2万只家庭应急包。各街道镇结合实际统筹确定发放对象，优先考虑世博园区工作者家庭、世博人家和世博农家。家庭应急包备有逃生绳、止血带、报警应急灯等18件医疗急救和逃生器材，附有使用手册和介绍光盘。同时开展应急逃生培训9期，增强市民群众的安全防范意识，提高应急防护技能，引导市民开展家庭应急防护器材的配备，有效促进全区城市安全防范水平的提升。 (顾慧琴)

5月12日，区民防教育基地在金鼎学校揭牌 (区民防办供稿)

【民防工程安全检查】 年内，区民防办对全区地下空间进行安全检查和专项整治，重点检查经营性仓库和车库使用的地下空间的安全管理情况，检查内容涉及防火安全、易燃易爆物品、电器电路、人员住宿等方面。共检查地下空间4994个，发出整改通知书、告知单389份。检查中，新增安全消防制度18份、安全平面图7份、公用工程安全检查登记薄1本、消防灭火机718只、应急照明灯132只、安全出口指示38只、签订民防工程安全使用责任书425份。11月25日，市民防办主任刘南山带队检查区地下空间安全管理工作，区长孙荣乾、副区长高德彪陪同检查。 (顾慧琴)

【人口疏散与接收安置演练】 12月25日，区民防办、长寿路街道、青浦区华新镇联合开展人口疏散与接收安置演练。演练居民应急疏散、集结、异地疏散、通信中断与恢复、人员交接、安置入户、返程等科目。该演练检验人防系统应急行动人员疏散接收安置方案的可操作性、应急组织指挥能力，居民群众战备观念和国防意识，对增强区域人防应急行动能力和应对突发事件处置水平起到积极的作用。长寿路街道40余名社区居民、街道及居委干部参加演练，青浦区民防办、华新镇政府组织开展对应的人员接收与安置演练。 (顾慧琴)

【调整民防工程使用业态】 年内，区民防办对早期公用民防工程中用于旅馆、餐饮、娱乐、休闲的工程进行关闭或调整使用业态，发出关闭或调整使用业态通知书125份，关闭或调整43个无证、无照经营旅馆使用的民防工程和4个有证有照使用的民防工程，联合公安等部门对剩余工程进行督促整改，使民防工程使用业态趋向规范合理。 (顾慧琴)

二十五、治安·司法

综　述

2010年,区政法综治工作贯彻落实中央和市委的要求,将保障平安世博作为头等大事,推进社会矛盾化解、社会管理创新、公正廉洁执法三项重点工作,健全世博安保组织体系,构建社会面防控工作网络,确保世博园第五责任区的安全,维护全区社会面大局稳定,平安创建取得新突破。全区没有发生重大刑事案件,没有发生到世博园信访滋扰事件,没有发生重大安全事故,没有发生影响社会稳定的群体性事件。

圆满完成世博安保各项任务。精心谋划,提早准备。成立以区委主要领导为总指挥的世博安保指挥部,研究确定区世博安保工作的总体思路和工作重点;开展化解矛盾纠纷,治安突出问题、重点高危人群的排查工作,建立动态数据库;制定安保工作方案等相关文件17个,建立重要目标保卫、社区巡逻防范等社会面管控工作预案28项,组织开展各种演练。建立健全安保工作组织指挥体系。调整健全区、街镇、有关部门及249个居(村)委的世博安保组织体系,单位党组织主要领导担任总指挥,并层层签订责任书;成立由46个职能部门、9个街道镇为主体的社会面防控指挥部,下设12个专项工作小组。落实人、地、物、事管控措施。按照不同安保级别实行"一日一报"、"两天一访"、"一周一表"等;新建区收容救助站,实行24小时巡查救助流浪乞讨人员;巡逻值守重要目标、重点单位;"双人双锁"管理住宅小区水箱和蓄水池;宾旅馆(留宿场所)实行实名制登记;建立世博食品安全监管综合平台,定期对9家供博中心厨房按不同类别开展督导检查。完善工作机制,加强督查督办。建立领导带班和值班制度,建立重要刑事案件、暴力恐怖活动线索的举报奖励制度和平安志愿者表彰制度;建立区、街镇两级督查制度,严格督查督办制度,促进工作落实。深入宣传发动,开展群防群治。组织"和谐上海、平安世博"系列宣传活动,编发《平安世博知识手册》等13000余份,向34万户家庭发放《平安家书》;组建33500人参加的平安志愿者队伍,参与治安巡防、巡查、守护和重点人员稳控、帮教、监护等工作;招募213名轨道交通辅助安检员,参与17个轨交站点安检工作;组织680名民兵参与街面巡逻、社区安保工作。完成世博园第五责任区保卫任务。区公安分局抽调385名民警,负责园区第五责任区的安保工作;抽调机关、企事业单位580名志愿者,进驻园区协助公安担负维护秩序工作;责任区完成安检入园人员3566万余人次,车辆11万余辆,稳妥处置各类扰序事件79起,执行重要警卫任务602批次、大型活动保卫2000余场,多次得到中央、市委领导表扬和肯定。

成功创建上海市平安城区。经上级部门的考核和零点公司调查,公众安全感指数达到84.68,比上年上升12.21个百分点,人民群众对社会治安满意度创历史新高。开展专项打击行动。组织开展侦破命案、打黑除恶、治爆缉枪、打击"两抢一盗"等打击整治专项行动21次,整治"黄赌毒"、"三小"场所等治安专项行动93次。加强整治社会治安突出问题。区综治委制定下发《关于进一步加强社会治安重点地区排查整治工作的若干意见》,开展轨交站点、"城中村"、"黑车"运营等专项整治工作,开展对外国人非法就业、非法居留、非法入境等专项打击行动;建立校园周边安全工作联席会议,落实中小学、幼儿园"一校一警",建立巡逻民警"必到点"制度。加强社区治安综合防控工作。推进社区警务建设,开展"治安防范进社区"等系列主题活动;理顺实有人口管理的工作机制,实行"以房找人"和"以人找房"的双向互联服务管理;加强技防设施建设,老旧居民区住宅楼安装电子防盗门达100%,封闭式小区安装视频监控系统达80%,区主要道路监控摄像头实现全覆盖。开展基层平安创建活动。组织实施平安建设实事项目10个,成功创建市级平安家庭达97%、平安小区99.2%、平安社区88.9%,评为市平安单位141个,入选市第三届平安英雄候选人名单4人。

有效推进矛盾预防、化解及稳控工作。各类信访突出矛盾化解率均在全市名列前茅,全区信访总量出现两位数下降。开展矛盾排查和源头预防工作,制定下发《普陀区重大社会事项社会稳定风险评估办法》,多次召开重大事项社会稳定风险评估推进会。推行领导包案、引入律师参与等办法,加大对动拆迁等矛盾的化解力度;开展清理涉法涉诉信访积案活动,成功化解长征镇朝新村等一大批群体性矛盾。积极开展人民调解工作。狠抓"大调解"网络建设,进一步健全区、街镇、居(村)委三级调解组织。

全面加强基层综治工作基础建设。不断创新社会管理,夯实基层基础,进一步提高综治工作覆盖率。建立健全综治工作责任制。区综治委与成员单位签订综合治理责任书;综治、平安建设工作纳入各部门综合考核评价体系;定期召开成员单位工作例会和实事项目推进会。建成街镇综治工作中心。9个街道镇成立综治工作中心,整合综治、公安、司法、信访、安全、工青妇等部门力量,按照"五个中心"的建设目标,形成大综治、大调解的新格局;中心工作网络向居(村)委和企事业单位延伸,建立社会治安联合防控、矛盾纠纷联合调解、重点工作联勤联动、突出问题联合治理、基层平安联合创建的工作机制。召开平安创建工作现场会,推广紫藤苑综治管理方法;全区247个居村委获上海市"平安小区"称号。

加强综治干部队伍建设。以建立一支政治坚定、作风过硬、业务精通的队伍为目标,推进政法干部思想、作风及业务建设,提高干警依法履职的能力。深化社会主义法制理念教育,开展"严守纪律、端正作风"和"恪守职业道德、促进公正廉洁执法"等各种主题教育活动;落实党风廉政建设责任制,认真查处违纪违法案件。加强作风能力建设。开展世博安保各项业务培训、立功竞赛活动,激发参与世博、服务世博、奉献世博的积极性、创造性。

2010年,区委政法委办、区公安分局刑侦支队一队被党中央、国务院授予"中国2010年上海世博会先进集体";区法院被最高人民法院授予"2010年度全国先进法院"并荣立集体一等功;区国家安全分局被国家安全部授予集体二等功;区医患纠纷调解委员会被国家司法部授予"全国模范人民调解委员会";区信访办获"上海市信访系统先进集体";区610办获"上海市防范和打击邪教工作先进集体"。区检察院的"类案专办模式"受到市院充分肯定,在全市检察系统推广。 (廖春燕)

公 安

【概况】 2010年,公安普陀分局以平安世博为目标、以严打整治为抓手、以基层基础为重点、以队伍建设为根本,持续保持有魂、有力、有激情,争当公安排头兵的工作状态,完成世博安保任务,基本实现主要业务工作"三降一升"(报警类"110"数下降、刑事案件立案数下降、投诉类信访总数下降、打击破案总数上升),确保世博园区第五安保责任区和全区社会治安的持续稳定可控。

确保社会面稳定有序。全年共上报各类情报信息772份,其中被公安部录用73份,被市局录用66份。开展平安世博信访专项工作,共处理信访件3860件,受到中央、市委、公安部、市局领导肯定,并荣获"世博安保先锋"称号。完成援疆维稳任务,特警支队受到市局记功嘉奖。清理整顿校园周边治安交通环境,实行"一校一警",维护166所中、小学校及幼儿园的校园安全。完成"两会"、"两节"、春运等节点以及玉佛禅寺、真如寺、沪西清真寺等大型活动安保任务。

开展打击整治攻坚战役。先后开展"集中打击街面扒窃"、"迎国庆、抓推进,确保平安世博"、"抓冲刺、扩成效、保平安"等专项行动。全年,侦破各类刑事案件3339起,比上年减少11.2%;侦破经济犯罪案件341起,比上年增加26.3%;追缴金额2055万元,比上年减少53.5%;收缴各类假币55万余元、假发票22万余份;抓获犯罪嫌疑人员2016人,抓获逃犯453人。

推进基层基础建设。新建视频监控点1148个,搭建由1822个视频监控点组成的监控网络。完成高清车牌识别系统和网络交换设备改造项目建设。建成GIS平台和基层所、队"窗口评价"、"触摸屏查询"系统。配套完成相关基建工程的弱电改造项目。更新99辆警用车辆、80辆警用摩托车和辅警队伍装备。探索后勤保障管理四项机制,形成日常维护、定期自查、滚动落实、绩效考核工作模式。

强化公安行政管理职能。开展"黄、赌、毒"专项整治、"扫黄打非"、"三小"场所集中整治行动等93项治安类专项行动。全年受理治安案件39068起,查处34350起,分别比上年增加77.2%和74.2%。狠抓交通秩序管理。每周开展交通违法行为集中整治。落实交通安全隐患排摸治理和安全防范监督管理各项措施。实现指令发布、动态反馈、远程监控一体化的"点对点"式指挥模式,不断优化排堵保畅工作机制。建立"四类车"查处联席会议制度。全年发生交通事故(上报)28起,死亡29人,分别比上年减少6.7%和3.3%。普陀分局交警支队被公安部命名为"全国公安机关执法示范单位"。狠抓消防监督检查。全面推进消防三级管理和构筑社会消防安全"防火墙"工程。强化高层建筑、"三合一"场所、地下空间、闲置厂房、人员密集场所等重要场所和部位的消防安全隐患专项治理。落实消防安全"五大活动"(大排查、大整治、大宣传、大培训、大练兵)各项措施,发现各类消防隐患3397处。全年发生火灾事故199起,比上年减少21.3%;死亡6人,比上年增加50%;物损44万元,比上年减少58.1%。狠抓监所规范管理。改善监管工作条件,启动看守所改扩建工程。健全规章制度和应急预案,开展安全管理大检查等专项活动。发挥监所"第二战场"作用,深挖各类违法犯罪线索865条,协破各类案件308起,查获"网上逃犯"4人。

推动队伍正规化建设。开展领导干部履行党风廉政建设和政风建设签约活动。继续开展"讲党性、重品行、做表率"主题教育活动。开展队伍纪律作风教育、专项教育和警示教育活动。通过召开誓师大会、举行授旗仪式、发放家属慰问信、干警讨论等形式,进行世博安保动员。开展问卷调查、全警走访、双月互动等活动，持续做好队伍思想引导工作。开展创先争优活动、成立临时党(团)支部、设置党(团)员服务窗口、建立青年突击队战时互助增援机制等，强化党(团)组织带动作用。第五安保责任区临时党支部先后被世博局C片区部、安保部授予“优秀党支部”荣誉称号，园区青年突击队被评为首批“世博安保优秀青年突击队”。结合领导干部作风建设年活动，推进公安审计监督、督察检查、政风测评、窗口服务等工作。形成民警家属是队伍建设推动者等理念和警属联动机制。开展“十四大课题”、社会管理创新等调研。建立科学用警四大机制。做好考核引导，设置网上“考核进度公布”栏目，推出“案件高发督办单”。公开、公平、公正开展非领导职务晋升工作。强化典型引路，开展“岗位排头兵”评选、争创“平安世博·平安卫士”等一系列先进评选活动。全年有7个集体荣获二等功，7个集体荣获三等功，30个集体荣获嘉奖；8人次荣立一等功，9人次荣立二等功，404人次荣立三等功，1448人次荣获嘉奖。分局刑侦支队一队获“上海世博会先进集体”荣誉称号；王琦、徐志刚获“中国上海世博会先进个人”荣誉称号，汪建中获“上海世博会创先争优优秀共产党员”荣誉称号。

（袁立峰）

【完成世博园区第五安保责任区安保工作】 世博安保工作期间，公安普陀分局全体民警全情投入，按照市委书记俞正声提出的“办一天世博改进一天工作”的重要指示，不断查缺补漏，经受住敏感节点、高温天气、超大客流、要员警卫及大型活动安保等诸多考验，确保世博园区第五安保责任区安全有序。涌现出世博园区文明出入口——后滩出入口、样板停车场——17号停车场、警花送水服务队等示范集体和三方三联、警力复用、大客流四通工作法等经验。安保期间，责任区安检入园3566万人次、车辆11万余辆，接处“110”报警4208起，稳妥处置各类扰序事件79起，完成警卫任务602批次、大型活动保卫工作2000余场，抓获“三贩”人员3220人，查获各类违禁物品7万余件。（袁立峰）

【社会管控平稳有序】 公安普陀分局从“人、事、地、物”四方面入手，构建全方位的社会管控新格局。对7类重点人员建立每月滚动排摸制度，并建立刑释解教人员三级管控机制和预警工作机制，确保重点人员不出现脱管漏管情况。大力推进情报收集、专案侦查工作，收集各类情报信息700余份，处置多起涉博案(事)件。开展平安世博信访专项工作，处理信访件3642件，投诉类信访件比上年减少8.9%。注重不安定因素预防处置工作。参与处置812起群体性矛盾和纠纷。对全区104家重要目标、重点单位逐一制定“一点一方案”。对1461幢高层建筑、1328处地下空间、400余处人员密集场所开展安全检查和督导。实行“一校一警”，清理整顿校园周边治安交通环境，维护166所中、小学校及幼儿园的校园安全。其间，清理校园及其周边娱乐场所和网吧106家，整改不安全隐患8处，取缔违规摊点73个，收缴非法出版光碟558盘，清查校园周边出租房屋165户、流动人口300余人。对8类危险品，明确管控责任。对8家危险性刀具销售商家落实下架、撤柜措施。对47家从事化学剧毒物品、同位素、放射性源素(生产、使用、销售)单位逐一开展检查，进一步健全危险物品实名登记购买、烟花爆竹限售制度。（袁立峰）

7月6日，举行外国人证件普陀受理窗口启动仪式

（公安普陀分局供稿）

【启动外国人证件普陀受理窗口】 7月6日，市公安局出入境管理局外国人证件普陀受理窗口启动仪式在区公安分局举行。区委书记周国雄和市公安局副局长吴延安共同为受理窗口揭牌。6月1日，市公安局批准在普陀公安分局出入境接待大厅增设外国人证件受理窗口。试运行1个多月来，已为一批外国人提供优质高效便捷的证件办理服务，并取得良好的社会反响。受理窗口开设的业务包括外国人L签证、F签证和居留许可(2—5年)等，外国人和企业可就近办理。工作时间为周一至周六8:30—17:00。区领导孙荣乾、祝学军、韩力鸣、裴崎，市公安局出入境管理局局长郭新建，区外资企业代表等出席启动仪式。

（袁立峰）

【创建出入境管理“三三抓”工作法】 公安普陀分局为有效净化涉外治安环境，探索“三三抓”工作法，推进外国人管理工作。主要做法是：抓涉外基础工作，一抓信息核查、二抓组织合作、三抓警民沟通；抓涉外清查整治，一抓住宿检查、二抓社区整治、三抓系统应用；抓涉外警务培训，一抓集中培训、二抓案例引导、三抓业务支撑。该工作法被公安部、市局等上级部门推广。（袁立峰）

【搭建五大宣传平台】 公安普陀分局先后搭建世博专网、园区专报、《创优》专刊、“平安世博、有你有我”专辑、《普陀公安·世博风采》专栏等五个大宣传平台。发布园区专报247期、《创优》专刊4期、“平安世博、有你有我”专辑10期、《普陀公安·世博风采》专栏12期。注重从民警平凡工作中寻找闪光点,先后挖掘并报道“社区达人”徐志刚、“警花送水服务队”等典型形象,邀请金晶、徐虎等社会各界先进人物代表,组成劳模巡访团,深入园区一线慰问。中央电视台、上海电视台、人民公安报、解放日报、文汇报、东方网等媒体报道普陀分局典型事迹700余次。 (袁立峰)

【创建公民警校】 为增进社会对公安工作的了解,营造“警民携手、共铸平安”良性氛围,9月28日成立“普陀区公民警校”。通过个人自愿和单位推荐相结合的方式招收学员,开展形式多样、寓教于乐的各类办学活动,包括安全防范教育、警务常识介绍、理念情感交流、装备器材展示、安保技能培训、体验实战岗位、参与社区服务等。培训结束后颁发证书,以激发学员参与社会治安的热情,推进安全、文明的和谐新普陀建设。 (袁立峰)

第一期公民警校学员在分局指挥中心参观 (公安普陀分局供稿)

【侦破“7·1”系列飞车抢夺案】 4—6月,普陀区连续发生夜间一男子驾驶大功率助动车飞车抢夺路人背(拎)包的系列性案件。案发后,公安普陀分局即成立专案组开展侦查。先后抓获杨某(男,32岁,江苏省宝应县人)、夷某(男,38岁,江苏省宝应县人)、夷某某(男,28岁,上海市人)及孙某(男,25岁,江苏省宝应县人)4名犯罪嫌疑人,侦破“7·1”市局挂牌督办系列飞车抢夺案件30余起,案值5万余元。该案的侦破工作在2010年度“刑警803破案奖”评比中获金奖。 (朱金梁)

【侦破“1·18”故意伤害致死案】 1月17日晚,杨柳青路时代超市门口蒋某(男,51岁,上海市人)被人用刀捅伤,次日经抢救无效死亡。案发后,公安普陀分局即成立专案组开展侦查。将犯罪嫌疑人买某(男,22岁,新疆叶城人)、努某(男,20岁,新疆叶城人)和库某(男,26岁,新疆叶城人)3人抓获。经查,案发当日,努某在时代超市门口对1名骑自行车女子实施扒窃时,遭“摩的”司机蒋某提醒致扒窃失败。努某使用汉语骂蒋某,并与蒋扭打,买某与库某一起参与殴打。买某并用匕首捅蒋某背部一刀。该案的侦破工作在2010年度“刑警803破案奖”评比中获银奖。 (朱金梁)

公安普陀分局对外公开处、室、支队一览表

部门名称	地址	电话	邮编
分局接待大厅	大渡河路1895号		200333
信访接待		52809966×49194	
出入境管理		52809966×49524	
治安管理		52809966×49526	
户政管理		52809966×49520	
警务督察队	大渡河路1895号	18939770221	200333
刑事案件受理室	怒江北路239弄85号	52809966×48972	200333
经济犯罪案件受理室	怒江北路239弄85号	52809966×48857	200333
消防接待窗口	府村路125号	52809966×49642	200333
交通违章受理、事故审理窗口		52809966×49781	
机动车管理、驾驶员审证窗口		52809966×49801	200333
非机动车接待窗口	泸定路325号	52800918	200062
区看守所治安拘留所	柳园路555弄55号	52809966×49932	200331

(袁立峰)

公安普陀分局派出所一览表

机构名称	地址	电话	邮编
长寿路派出所	常德路1399号	22048050	200060
东新路派出所	东新支路110弄2号	22048100	200063
中山北路派出所	中山北路1660号	22048150	200061
宜川新村派出所	宜川六村112号	22048200	200065
白玉路派出所	白玉路526号	22048350	200063
长风新村派出所	怒江路131弄100号	22048450	200062
曹杨新村派出所	梅岭支路85弄30号	22048650	200062
石泉路派出所	岚皋路40弄8号	22048300	200061
甘泉路派出所	宜川路351弄31号	22048250	200065
长征派出所	梅岭北路1238号	22048550	200333
真如派出所	兰溪路990号	22048500	200333
真光路派出所	真光路1798号	22048600	200333
万里派出所	新村路1299号	22048400	200333
桃浦派出所	真南路1999号	22048700	200331
白丽路派出所	红棉路301弄1号	22048774	220331

（袁立峰）

检　察

【概况】 2010年，区检察院深入贯彻落实科学发展观，认真落实市人大常委会关于加强人民检察院法律监督工作的决议，以服务保障世博会为首要任务，着力推进社会矛盾化解、社会管理创新、公正廉洁执法三项重点工作，不断加大法律监督力度，完善和创新工作机制，加强检察队伍职业道德和能力建设，为世博会的顺利举办和和谐新普陀建设提供有力的司法保障。受理公安机关提请批准逮捕犯罪嫌疑人968人，受理移送审查起诉1068件1462人；经审查，批准逮捕犯罪嫌疑人862人，提起公诉952件1278人。配合公安机关开展迎博办博期间的专项打击行动，提前介入并依法办理以开设医疗咨询公司为名通过“医托”骗取60余人钱款案、利用互联网窃取某超市集团110万元购物卡积点案等新类型案件，精心办理合同诈骗、伪造国家机关证件等与世博相关的案件。通过开展监督，督促公安机关立案1件，对发现遗漏提请逮捕或遗漏移送审查起诉的犯罪嫌疑人，建议公安机关追捕到案6人，追诉到案8家单位；对不构成犯罪或不需要逮捕的75人依法作出不批准逮捕决定，对不符合起诉条件的6人作出不起诉决定。加大查办和预防职务犯罪力度。立案侦查贪污贿赂等职务犯罪案件12件14人，依法查办国家物资储备局上海七处物流业务科主管张丽萍受贿案，上海普环实业有限公司副总经理陈亮等人受贿案，上海银欣实业发展有限公司会计吴畅本挪用公款职务侵占案等；与区卫生局建立重大工程项目创“双优”工作联动机制；参与市儿童医院普陀新院、市地震局等工程建设项目廉洁保障工作，开展为医疗专家型人才提供法律服务活动。强化民事诉讼和行政审判监督。立案审查24件，建议上级院提起抗诉4件，建议法院

3月17日，普陀区未成年人社会观护站成立　（区检察院供稿）

对1件调解不当案件进行再审,向区人大常委会专题汇报民事行政检察工作,并落实审议意见。与相关部门联合开展看守所安全管理大检查专项活动,开展监外执行、保外就医等专项检查活动;纠正2名监外执行罪犯脱管漏管问题,对5名缓刑期间违反相关法律规定的监外执行罪犯,同意公安机关依法向法院提出收监执行的意见。设立案件管理中心,建立案件集中管理和流程监督机制。在桃浦镇设立社区检察室,探索开展对公安派出所刑事执法活动的监督。选派检察人员参与世博志愿者服务活动,500余人次参加“世博先锋行动”党员志愿者路口保畅通活动,2个部门、27人立功受奖。（林　帆）

【建立未成年人社会观护体系】 年内,区检察院启动未成年犯罪嫌疑人社会观护体系建设,一是部门联合推进观护体系建设。建立以区青少年社工站为观护站、下辖9个街道镇社工点为观护点,形成由区综治办统筹协调,公安、司法、民政、教育等部门共同参与的观护体系。二是完善观护工作机制。明确观护对象范围、工作流程和具体内容,探索从学习、教育、劳动、思想四方面统一评估标准、分值和等次,建立观护档案资料的管理制度。三是加大教育挽救力度。联手专业心理咨询师开展有针对性的心理辅导,加强与青少年社工的联系,对观护对象进行回归社会的技能培训。全年对3个案件中的6名未成年犯罪嫌疑人进行观护考察,对其中表现良好、犯罪情节轻微的2人依法作出不起诉决定。（林　帆）

【第七届检察工作协作会议】 9月13日,由区检察院主办的苏、浙、沪、鄂五区院第七届检察工作协作会议举行。区委副书记、政法委书记顾顺祥,市检察院党组成员、政治部主任周越强,区人大常委会副主任曹玉茂等领导,湖北省宜昌市、武汉市汉阳区、南京市鼓楼区和建邺区、杭州市拱墅区、嘉定区的检察院领导40余人参加会议。会议以“检察职业道德建设”为主题开展研讨交流。（林　帆）

【社区检察室挂牌成立】 11月底,桃浦社区检察室正式挂牌开展工作。该检察室接受群众举报、控告、申诉,发现、受理职务犯罪案件线索,排查化解涉检信访矛盾、职务犯罪预防以及法制宣传等工作;加强与公安派出所的沟通联系,探索开展刑事执法活动监督和社区矫正监督;参与社会管理创新、维护地区治安稳定、促进社会和谐。（林　帆）

【建立检调对接工作机制】 11月,区检察院与司法局会签《关于实施检调对接工作的暂行规定》,并召开检调对接工作领导小组第一次全体会议。双方共同探索推进检调对接工作,化解社会矛盾。明确检调对接工作的适用范围,包括刑事和解、民事申诉和解、涉法民生诉求和解等内容。规范检调对接的程序,明确对调解协议履行完毕的犯罪嫌疑人依法落实轻缓刑事政策。明确领导小组下设办公室,由检司双方派出专职干部,开展检调对接工作。（林　帆）

【检察开放日活动】 11月26日,区检察院举行首次“检察开放日”活动。邀请企事业单位领导、社区群众代表、华东政法大学学生代表及区新闻媒体等40人参加活动。参加活动人员听取检察院党组书记、检察长周骏如关于检察机关的职能、检察业务和队伍建设情况的介绍,参观办案工作区域和设施,并参加检察院2010年度优秀案(事)例评选演讲会。通过活动,使受邀人员全面、直观地了解检察工作。（林　帆）

【试点量刑纳入法庭审理程序】 6月以来,区检察院贯彻落实市检察院关于探索量刑纳入法庭审理程序工作实施方案,配合区法院开展量刑庭审程序试点工作。截至年底,共对125件案件采用量刑纳入法庭审理程序,在庭审中针对量刑事实进行法庭调查,并在法庭辩论阶段提出量刑建议,量刑建议得到法院判决的采纳率达100%。在试点工作基础上制定《量刑建议工作实施细则(试行)》和《量刑纳入法庭审理出庭指南》。（徐少芬）

【查处崔世昌受贿案】 被告人崔世昌自1997—2005年3月间,担任区财政局局长,负责局的管理工作及主管全区招商引资优惠政策的审定、兑现工作。期间,崔世昌利用职务便利,在办理上海科昌房地产经营公司招商引资优惠政策的审定、兑现业务活动中,于2005年10月收受该公司总经理周某赠送的位于本溪路房产一套,经评估价值人民币73.52万元,并由周某以崔世昌之子的名义办理产权证及入户手续。2006年7月底,其子以人民币80万元将该房出售给他人。区检察院经立案侦查并以涉嫌受贿罪提起公诉。10月11日,区法院对被告人

11月26日,举行首次“检察开放日”活动　　（区检察院供稿）

崔世昌以受贿罪判处有期徒刑11年，剥夺政治权利1年，并处没收财产人民币5万元。（徐少芬）

【查处陈亮受贿案】 2004年8月以来，被告人陈亮担任国有企业普环公司副总经理。2008—2010年春节期间，被告人陈亮利用其分管设施设备和土方营运工作的职务便利，收受业务单位和个人贿赂，共计人民币108万元和价值人民币3000元的购物卡。区检察院经立案侦查并以涉嫌受贿罪提起公诉。12月20日，区法院对被告人陈亮以受贿罪判处有期徒刑10年6个月，剥夺政治权利1年，并处没收财产人民币5万元。（徐少芬）

审　判

【概况】 2010年，区人民法院围绕社会矛盾化解、社会管理创新、公正廉洁执法三项重点工作，依法履行审判职能，坚持能动司法，加强审判管理，深化为民举措，提升司法能力，全力保障世博，维护社会稳定。倾力服务保障世博，与公安、劳动等相关单位建立协作联动机制，稳妥处置与世博相关的矛盾纠纷。推进司法服务创新，提前介入重大建设项目，参与“建民村”旧区改造、轨道交通建设等重点项目的保障工作。全面落实审判公开。邀请廉政监督员旁听庭审，邀请人大代表、政协委员评查案件、征求意见，向人大常委会专项报告未成年人刑事审判工作；依法遴选并提请区人大常委会任命新一届人民陪审员共70人；推进裁判文书和附录法律条文的上网工作，实现公众查阅诉讼档案网络化；全年网络直播庭审23次，重大、典型案件报道720篇。强化诉调对接中心管理。通过建章立制、规范流程、加强培训等措施，提高纠纷调处的综合能力；发挥基层组织、人民调解员、行业调解组织的优势，把各类民事纠纷解决在基层。探索法院文化建设，开展“人民法官为人民”主题实践、岗位练兵等活动，弘扬公正、廉洁、为民的司法核心价值观。加强党风廉政建设，签订党风廉政责任书，规范司法行为和工作作风。全年共受理案件18845件，审结案件18870件，比上年分别下降1.19%和1.30%，存案1598件，同比下降1.54%。其中刑事收案1091件，审结1092件；民事收案10912件，审结10885件；民商事收案1278件，审结1311件；行政收案73件，审结75件；执行收案5340件，执结5355件；提供急需性司法救助58.1万元。区法院获“2010年度全国优秀法院”、上海法院系统集体一等功、“上海法院人民陪审员工作先进集体”等称号，立案庭被评为“上海政法系统化解信访矛盾工作先进集体”，受到上级奖励集体16次、个人78人次。（龚　婕）

【公正廉洁司法主题活动】 3月始，区法院开展“服务保障世博、公正廉洁司法”主题实践活动，以提升队伍素质和司法服务水平。开展学习交流活动，组织干警参加市高院举办的世博知识介绍、公正廉洁司法及法官职业精神的报告、讲座、座谈会等，在院局域网开展“我为世博作贡献”专题讨论。开展岗位练兵活动，根据市高院制定的全市法院岗位建功“八个一”（精心开好每一个庭、规范制作好每一份判决书、尽力做好每一次调解、最大限度执行好每一起生效裁判、热情接待好每一位当事人、有序装订好每一份卷宗、精心撰写好每一篇调研文章、自觉执行好每一项廉政纪律）系列活动的总体要求，制订具体的活动计划，各干警结合本职工作，确定工作目标；开展“四个一百”（100个精品案例、100篇优秀裁判文书、100个示范庭审、100位办案标兵）评选活动，展现服务世博优质审判能力。稳妥处置与世博相关的各类矛盾纠纷，实行专项审判、来案预判，组成专项合议庭，建立与公安、劳动保障部门等相关单位协作联动机制。组织8名干警进入世博会园区担任志愿者，党、团员参加交通保畅工作2376人次。1人获世博志愿者“上海市青年岗位能手”称号，29人获市、区世博先进称号。（龚　婕）

【服务区域重大工程建设】 年内，区法院探索能动司法实践，发挥参与社会管理创新的职能作用。提前介入重大建设项目，与相关部门沟通协调，提供政策、法律咨询，防止群体性案件和矛盾激化，参与“建民村”旧区改造、轨道交通建设等重点项目的保障工作。立案阶段，为涉诉企业提供诉讼指导、法律释明、诉前调解等一站式服务。审判环节，采取“重大案件专项审判”、“跨庭室约请联动”等举措。执行过程，依托协助执行网络，加大执行力度，注重办案的质量和效果。建立联系企业制度，搭建法律咨询服务平台，帮助企业缓解经营风险。年内，妥善处置涉旧区改造、市政工程建设的动拆迁、房屋租赁合同等纠纷60余件。（龚　婕）

【成立审判管理办公室】 3月，区法院审判管理办公室（简称“审管办”）成立，作为院审判管理领导小组的办事机构，与审监庭合署办公，全面落实审判管理各项措施，力求实现审判质效的进一步提升。明确机构职能。为使审判管理工作制度化、规范化，制定《审判管理办公室工作细则（试行）》，理顺审委办、审管办和审监庭的相互关系，明确审管办的权、职、责。强调审管办以服务审判为中心，以流程管理、质量评查、动态研判及立、审、执兼顾协调为手段，侧重于综合管理和程序管理，全面提升审判质效。加强动态研判。建立《流程管理》、《数据动态分析》、《各庭综合审判质效动态》等载体，每月及时收集并公布审判质效评估和调研数据，对案件审理进行动态跟踪、实时监控，加强与承办法官的沟通互动，共同改进工作。主攻薄弱环节。重点研判审判瓶颈问题，集中力量加以解决，收到较好效果。强化审限管理，制定《关于加强案件审限管理工作的若干规定（试行）》，通过网上预警、催办、督办及公示的制度，做到审限提前预警、着力催办老案、跟踪审理进度。年内，18个月以上未结案件下降至1件，30个月以上未结案件为零，民商事案件调撤率、民商事案件调解申请执行率、人民陪审员陪审率、实际执行率、平均执行天数等均列全市法院前茅。（龚　婕）

【创新诉调对接工作模式】 年内,区法院创新诉调对接"三种模式",达到减少民事纠纷对抗、增进社会和谐、降低诉讼成本、促进办案质效及便民利民的效果。只"调"不"诉"的诉前调解模式。对符合立案条件的案件,在征得当事人同意或当事人要求诉前调解的,由诉调对接中心先行调解。调解成功,当事人不要求法院出具法律文书确保调解效果,不再立案和缴纳诉讼费。从"调"到"诉"的诉前调解模式。立案前经诉调对接中心调解成功,且当事人要求法院出具法律文书的,则依法办理立案手续,并减半收取诉讼费。从"诉"到"调"的审前调解模式。立案后,经法官释明引导,当事人愿意接受调解的,由诉调对接中心调解员展开审前调解,程序一般控制在30日内;调解成功,法院依法出具调解书;不能达成调解协议或当事人不愿继续调解的,则在法定审限内依法判决。年内,诉调对接中心调处各类民事纠纷5843件,调解成功2728件,成功率46.7%。其中只"调"不"诉"化解纠纷案件385件;从"调"到"诉"的诉前调解模式收案1320件,调解成功1041件,出具法律文书1041份,调解成功率78.9%;从"诉"到"调"的审前调解案件2580件,调解成功1302件,调解成功率50.5%。4月14日,最高法院院长王胜俊率队来院视察指导,给予充分肯定。湖南省委政法委等省市同行亦来院参观交流。

(龚　婕)

4月14日,最高法院院长王胜俊视察区法院诉调对接中心(区法院供稿)

【加大涉民生案件执行力度】 年内,区法院加大涉民生案件能动执行力度,执结涉民生案件1016件,平均结案14天,执行标的到位率97.47%,执结率100%。开通"绿色通道"执行机制,由专门的执行小组限期执行,打破传统立、审、执三阶段分离的模式,立案阶段引导当事人申请财产保全,审判阶段关注案件审理进程,及时掌握被执行人财产状况。采取刚柔并济执行方式,扩大查询范围,全面调查被执行人各项财产,发挥罚款、拘留、限制出境、追究刑事责任等刚性措施的威慑作用;运用《告家属书》、周末谈心等人性化执行措施,取得被执行人家属配合,促使当事人自动履行。注重落到实处执行效果,运用协助执行网络的资源优势,对双方皆为经济困难的当事人,依靠街道、居委配合,促使双方让步和解;对劳动报酬案件,主动为劳动者申请垫付欠薪保障金;为年纪较大或行动不便的申请人,做到上门接待、上门发放执行款。(龚　婕)

【清理执行积案】 年内,区法院按照最高法院"关于开展'委托执行案件专项清理'和'创建无执行积案先进法院'两项活动的工作方案和要求,开展清理执行积案工作,争创"无执行积案先进法院"。清理工作以有财产可供执行而在法定期限内未执结、重复信访、上级机关挂牌督办等案件为重点,根据案件不同情况确定执行要求。有财产案件落实"四个必须",即对被执行人的财产情况必须进行全面调查,每个案件的清理方案必须经合议庭及执行长联席会议集体讨论,对具备执行条件的案件必须限期执结,对案件清理的进展情况必须及时告知申请执行人,并按要求建立"一案一卷一表"。无财产案件贯彻"三阶段,五步骤",即调查、执行、评议审批三个阶段,稳步推进调卷、分类登记、集中调查、评议填表、审批归档五个步骤。至11月上旬,举行以"三费"、道路交通、劳动报酬、相邻纠纷为主要对象的集中执行活动4次,执结案件170件,执行到位金额830余万元;清理交办案件100件,提前完成"委托执行案件专项清理"工作,实际执结数在全市法院中位居前列,努力争创第一批"无执行积案先进法院"。

(龚　婕)

【化解行政申诉案件15件】 年初,区法院按照最高法院、市高院关于行政案件申诉上访专项治理活动的指示和要求,将化解(终结)向最高法院、市高院申诉上访的4件、11件案件纳入专项治理活动的重要任务,全力抓好。从申诉人实质性诉求出发,运用释明、协调、疏导等手段,争取化解工作的主动。对15件案件进行全面排摸筛选,依据化解、移交、终结三种可能,分别制定针对性方案。走访涉案行政机关,了解申诉人的基本情况及情绪反应,听取被申诉人的化解意见;实行一案一表及评查报告制度。争取多方合力,向区政法委进行书面汇报,争取政法委的统一协调和部署;通过行政机关良性互动平台,将涉及拆迁安置补偿争议案件,以公函形式移交区联席办协调化解;特殊案件,邀请区人大内司委、人大代表、政协委员、律师代表等社会各界代表进行评查,听取意见,探索和形成治理经验。截至年底,15件行政申诉案件全部化解(终结)完毕,达到化解(终结)率双百,位居全市法院前列。 (龚　婕)

【把好行政立案四关】 年内，区法院针对行政案件类型新、疑难复杂案件多、行政立案难度大的特点，行政立案把好"四关"，完善会商机制，提高行政立案的准确性。把好审查关。选派行政案件资深法官专门审核行政案件的立案工作，做好甄别、释明工作；立案庭、行政庭定期召开例会，进行案件专业剖析，确保立、审、执兼顾。把好指导关。派遣立案法官参加高院、中院行政审判业务培训，把握行政审判动态，提高立案的准确性；对于疑难复杂、新类型案件，行政庭与立案庭联合做好当事人的释明工作。把好引导关。对于尚不宜纳入司法解决范畴的起诉，行政庭适时加入，与起诉人所在的街道镇沟通，寻求解决纠纷的途径。把好疏导关。每周四院长接待日，行政、立案部门一同参与，对无法立案而信访的人员进行教育疏导。年内，行政案件申诉率0.93%，在全市处于较低水平。（龚　婕）

【"四个前移"化解劳动争议】 年初，区法院帮助用工单位和劳动者提高规范用工和理性维权意识，推行"四个前移"，使劳动争议纠纷得到源头控制和疏导化解。诉调前移，发挥诉调对接中心作用，强化诉前引导、调解，使矛盾纠纷化解在诉前。释法前移，推广"庭前多问一句、庭上多讲一句，庭后多劝一句"的"三句"工作法，要求法官注重庭前沟通、庭中析理、庭后释法，使潜在的劳动纠纷止于萌芽。协调前移，加强与仲裁委的沟通协调，不定期邀请辖区仲裁员旁听案件庭审，以期统一审裁标准。宣传前移，注重纠纷源头控制，组织"法官宣讲团"深入中小企业，进行法制宣讲、法律咨询；组织资深法官参与开业指导专家服务团，为创业者提供法律咨询服务，赴社区开展"法律夜门诊"，就居民劳动争议纠纷对症下药。截至12月底，受理劳动争议案件957件，比上年同期下降11%，化解劳动争议纠纷近百起。（龚　婕）

【行为文化建设研讨会】 11月4日，区法院召开法院行为文化建设研讨会，对开展的行为文化建设作出总结。

区法院执行庭为69名劳动者集体发放劳动报酬　（区法院供稿）

年初，区法院以行为文化建设为切入点，倡导态度亲和、办事规范、作风严谨、举止文明、仪表端庄的行为文化。成立专项工作组并制定具体实施方案。通过前期策划，设定问卷调查、主题月、主题培训、主题演讲及主题调研五项活动，以主题月活动为主线，循序渐进，确保活动有重点、有亮点、出成效。期间，完成200余份问卷的调查统计；每月创作一首规范法院着装、用语、庭审、接访、办公和行为方面的诗歌；组织分层培训，制作"一个党员一面旗"宣传版面，设立"法官风采"专栏；发动全院参与主题演讲比赛；通过对行为文化的深入研究，形成一批高质量的调研报告；在法院审判大楼内设置宣传和谐相处内容的漫画长廊，在院内网和《普陀法院报》开设干警交流平台。行为文化建设活动激发全院干警团结拼搏、忠诚履职、敬业奉献的精神。全年收到各类表扬信、锦旗100余人次，投诉率比上年下降12%，连续14年未发现一起违法违纪情况。（龚　婕）

【拓展青少年法制教育渠道】 年内，区法院参与社会管理创新和社会治安综合治理，多渠道拓展青少年法制教育。开展网络宣传，与区青保办合作，在曹杨等8所职校开展"两法一条例"（《未成年人保护法》、《预防未成年人犯罪法》和《上海市未成年人保护条例》）网络法律知识竞赛，并开辟网络答题系统，数千名学生登录网站参与活动；设置QQ、邮箱等网络工具，增进与青少年间的互动交流。创办普法宣传季刊《少年法庭》，在全区中学、职校发放。与曹杨二中签订《法制教育共建协议》，选派法官担任法制教育辅导员，开设法制讲座，组织学生参观法院，开展模拟法庭等活动；指导学生成立普法志愿者学生社团进行校内法制宣传活动，同时成立法制宣讲团到其他学校和社区进行法制宣传。开展青少年犯罪方面课题调研，增强青少年法律意识及自我保护能力，引导家庭、学校、社会共同形成未成年人的"法律保护网"。（龚　婕）

司法行政

【概况】 2010年，区司法行政工作以服务保障平安世博为首要任务和核心目标，贯彻中央政法委关于深入推进社会矛盾化解、社会管理创新、公正廉洁执法的三项重点工作要求，全力履行司法行政职能，为促进区域经济社会又好又快发展作贡献。服务保障平安世博。成立司法局世博工作领导小组，编发《世博工作手册》，与9个司法所签订安保责任书，招募人民调解平安志愿者1100余人，做好矛盾纠纷排摸化解工作，保障法律服务窗口平稳畅通，司法行政系统内获市、区世博相关先进集体13个、先进个人34人。加强司法所建设和人民调解工作。以

开展《法律援助条例》宣传活动　　（区司法局供稿）

街镇综治中心建设为契机，推进司法所规范化建设，充实司法所干部和文职人员配备，甘泉路司法所创建成市级示范司法所；学习宣传《人民调解法》，深化专业调解工作，与区检察院开展检调对接，建立区交通事故争议调解委员会，推广真如模式，在甘泉、长征等地区派出所建立治安案件委托人民调解工作站，区医患纠纷调委会被司法部评为"全国模范人民调解委员会"。中央综治委调研区医患纠纷人民调解工作，听取区司法局、卫生局和医患纠纷调委会的工作情况汇报，实地查看工作场所和台账，对区人民调解工作给予充分肯定，并对深化"大调解"工作格局提出要求。提高社区矫正和安置帮教工作实效，指导曹杨、长风司法所创建成为市社区矫正目标管理百分考核达标街镇。全区9个街镇全部达标。开展以"认罪、悔罪、赎罪"为核心的社区矫正评估体系研究，探索未成年人诉前人格调查工作，与区检察院、桃浦镇共同建立桃浦镇检察官工作室，加强社区矫正法律监督；成立区"过渡性安置就业基地"，化解涉及特殊对象民生需求的疑难个案，开展特殊对象未成年子女关爱行动。提升法律服务保障水平。加强公证质量管理；以律师队伍警示教育为抓手，促进律师规范执业，推进律师行业发展，搭建"律师主任午茶会"、"女律师联谊会"及"青年律师沙龙"等交流平台，深化律师事务所与委办局、司法所"双结对"活动，组织律师参与区突出信访矛盾核查、评估和化解工作；全面启用司法部"法律援助信息管理系统"，继续开展"法律援助便民服务"主题活动，落实律师接听"12348"法律专线。推进法制宣传教育和依法治理工作。开展"五五"普法总结验收和"六五"普法规划调研，深化"法律六进"，新建区青少年法制教育基地和学法基地，全年开展法制讲座、咨询等活动1050余场，发放法制宣传资料32万余份，宜川一村、西部俊园、兰岭园等18个居民小区创建成为市级"民主法治小区"；成立区依法治区领导小组，启动"法治普陀"创建工作。加强干部队伍建设。推进学习型机关建设，坚持每日20分钟学习政策理论，组织党委中心组成员参观嘉兴南湖中共"一大"会址和世博园城市最佳实践区；完善普通党员列席党委会制度，开展局党委和18个基层党支部向党员报告并接受评议工作；加强科级干部轮岗交流，建立科级干部人才库；深化"情况掌握在一线、研究创新在一线、工作落实在一线、问题解决在一线、业绩创造在一线"的"五个一线工作法"，进一步转变机关作风，2010年局政风行风测评排位有所提升；编制《普陀区司法行政工作"十二五"规划纲要》及《律师服务业发展"十二五"规划纲要》。年内，各人民调解委员会调处纠纷12683件，处理"110"公安司法联动接处警6743起；区公证处办理各类公证业务17715件；律师事务所55家，办理诉讼和非诉讼业务10018件，创收1.54亿元，税收2076.01万元；区法律援助中心办理法律援助案件250件，接待来访咨询5118件，接答"12348"法律咨询电话4026个。　（钱人立）

【招录司法所文职人员】 2月，根据《上海市司法所规范化建设标准指标体系》要求，区司法局、人社局、财政局联合印发《关于司法所文职人员管理的暂行办法》，对司法所文职人员的招聘办法、队伍管理、经费保障等作出明确规定。经过招聘岗位公告、笔试、面试等程序，招录文职人员19人，于5月派往9个司法所，主要承担联络协调、文秘等辅助性工作，较好地缓解司法所人员紧缺压力。　（钱人立）

【总结验收"五五"普法工作】 3—7月，全区开展"五五"普法总结验收工作。验收分三个阶段：自查阶段，44家法宣成员单位对照《普陀区"五五"普法检查验收指导标准》，梳理普法制度与措施，形成书面总结和工作台帐报区法宣办；抽查阶段，7月13—16日，区委宣传部、人大内司委、司法局及法宣办组成普法检查组，抽查验收区法院、检察院、长寿路街道等9个单位，通过听取工作汇报、查阅普法台帐、征询"六五"普法建议等形式，以检促改，提高普法水平；总结阶段，对全区"五五"普法工作进行全面总结，报区委、区政府和市法宣办。

（钱人立）

【做好世博安保工作】 3月22日，区司法局召开司法行政系统世博工作动员大会，成立局世博工作领导小组，编发《世博工作手册》，设立安保稳控、矛盾纠纷化解、窗口服务、宣传、志愿者服务和办公室等五组一室，分别制定工作方案及开展专题培训。建立检查指导制度，深入基层进行经常性、不间断巡查，及时发现问题、解决问题；

建立滚动排摸和值班报告制度，定期开展基层不稳定因素排查，重要节点实行24小时不脱岗值班，落实每日零报告和突发事件一事一报工作；建立信访接待制度，设立局世博信访办公室和信访接待点，安排律师170余人次陪同区领导信访接待；建立应急处置制度，制定应急预案，开展特殊对象突发事件应急演练2次。12月8日，召开区司法行政系统服务保障世博工作总结表彰大会。（钱人立）

【律师队伍警示教育活动】 4—12月，为认真汲取李庄案件的教训，根据市司法局统一部署，区司法局在律师队伍中开展警示教育活动，全区55家律师事务所、486名律师参加。4月23日，召开动员大会，部署活动内容，向全体律师发出"服务世博当先锋、立足岗位作贡献"的倡议。通过制定警示教育计划、组织理论学习、开展讨论交流、深刻查摆问题、制定整改方案、落实整改措施、巩固整改成果、总结评先创优等8个环节，增强律师对执业理念、执业纪律、执业风险防范等方面的思想认识。全年，无一起律师违纪违法案件，投诉数量较2009年下降29.4%，有责投诉为零，法律服务行业行风测评在全区14个公共服务行业中列第5位。（钱人立）

【区医调委获"全国模范人民调解委员会"称号】 8月，区医患纠纷人民调解委员会被国家司法部授予"全国模范人民调解委员会"称号。医调委成立于2006年4月28日，主要调解辖区内医疗机构与患者在就医过程中发生的医患纠纷，其间人民调解协议书认定、调解与理赔联动机制等做法受到中央和市领导的肯定。世博期间，医调委进一步建立应急处置机制，切实做好医患纠纷预防和化解工作，为维护社会稳定发挥积极作用。医调委自成立至2010年底，共调处纠纷284件，成功率98.2%，理赔金额728.2万元，反悔率为"零"。（钱人立）

【专业调解工作推进会】 9月13日，区综治办、司法局在区检察院会议室联合召开区专业调解工作推进会，区委副书记、政法委书记顾顺祥出席会议，副区长符祖鸣主持会议。区司法局党委书记、局长夏宝元作题为《发挥人民调解优势、服务社会和谐稳定》的专题报告，区卫生局、妇联、联合调委会、劳动争议调委会及真如镇治安案件委托人民调解工作站等5个单位进行会议交流。会议指出，要充分认识专业调解工作的重要意义，发挥调解的独特优势；要一手抓巩固、一手抓发展，深入推进专业调解工作；要加强对专业调解工作的支持、指导和保障。区公、检、法、信访办等相关单位和各街道镇分管领导，以及司法所所长、人民调解委员会主任、律师等120余人参加会议。（钱人立）

【成立"过渡性安置就业基地"】 9月17日，首个区级特殊对象"过渡性安置就业基地"在上海华敏储运有限公司成立，副区长符祖鸣出席。该基地集就业、住宿、帮教功能于一体，旨在更好地借助社会力量做好特殊对象帮教工作。基地企业分别与区司法局签订"过渡性安置就业基地"协议书、与区就业促进中心签订"就业援助基地"协议书、与上海国创律师事务所签订法律服务结对协议。区政法委、司法局、人社局等部门和街镇有关领导参加揭牌仪式。（钱人立）

【搭建律师交流三项平台】 年内，区司法局为增强律师队伍凝聚力，引导其更好地服务区域经济社会发展，与相关部门携手搭建三项律师交流平台。7月24日，举行"律师午茶会"，各律师事务所主任参加，研究律师事务所规范化管理和律师行业发展，该活动每月一次。10月21日，与区妇联共同成立女律师联谊会，选举上海市君莅律师事务所主任时军莉为首届会长，至年底，有会员114人，开展"巾帼律苑"法律服务项目，通过法宣讲座、坐班咨询、参与矛盾化解等方式，维护保障妇女儿童合法权益。11月26日，与区青联在新长征中环大厦联合召开"青年律师沙龙"成立大会，会议通过《青年律师沙龙章程》，倡议建立"阳光律舟"青年律师志愿团，关爱社区青少年成长。（钱人立）

【宪法宣传周活动】 12月4日上午，由普陀、闸北二区法宣办主办、长征镇承办的"弘扬法治精神，营造法治氛围，促进稳定和谐"——"12·4"全国法制宣传日暨上海市第二十二届宪法宣传周大型法律咨询活动在中环百联广场举行。区公、检、法、司，人社、工商、安监等职能部门工作人员，捷阳、国创等律师事务所律师为居民提供婚姻家庭、劳动保障、民事合同、物业管理、教育等方面法律咨询和政策解答。活动现场展出消防、道路交通安全，艾

市第二十二届宪法宣传周法律咨询活动在中环百联广场举行

（区司法局供稿）

滋病防治及2011年1月1日起实施的《人民调解法》等版面50块，发放宣传资料3000余份。宪法宣传周期间，召开回顾“五五”普法成果，展望“六五”普法前景工作研讨会，举行社区《人民调解法》网上知识竞赛等活动。（钱人立）

【依法治区暨创建“法治普陀”工作动员大会】 12月14日，区依法治区暨创建“法治普陀”工作动员大会在区政府中心会场召开，区委书记周国雄出席会议并讲话，区委副书记、区长孙荣乾主持会议，区委副书记顾顺祥就深入推进依法治区、创建“法治普陀”工作进行动员部署。区纪委、法院、检察院、法制办分别就行政权力运行监控机制建设、区属单位职务犯罪案件、行政诉讼、行政执法及行政复议等情况进行通报。会议下发《区委、区政府关于深入开展依法治区创建“法治普陀”工作的实施意见》，明确依法治区工作目标和任务，提出以“法治普陀”创建为载体，全面推进依法治区各项工作，通过各部门的不懈努力和广大群众的共同参与，提升普陀区法治化建设水平。区领导夏斯德、曹玉茂、符祖鸣，法检两长，依法治区领导小组及成员单位、各街道镇主要领导等150余人参加会议。（钱人立）

【窗口先锋岗位行动】 年内，区司法局组织普陀公证处、区法律援助中心、各司法所、律师事务所等窗口单位，开展“亮身份、践承诺”和“我是党员我带头，我是党员我奉献”世博先锋岗位行动。设置“党员服务窗口”铭牌，党员佩戴党徽，主动亮明身份，接受社会监督。改进窗口硬件设施，优化接待环境，新增外语服务、特殊人群绿色通道、上门服务等便民措施。建立窗口突发事件应急处置机制，有序应对当事人等候时间过长、来访人员客流激增等突发事件。普陀公证处、区法律援助中心、上海市万联律师事务所获“区迎世博窗口服务文明示范点”称号，10人获“区窗口服务行业迎世博服务能手”称号。（钱人立）

人口管理

【概况】 2010年，区人口管理工作围绕世博安保中心工作，在“两个实有”（即实有人口、实有房屋）全覆盖管理工作的基础上，完善人口基础信息标准化、常态化、动态化管理机制。制定《公安普陀分局实有人口管理工作办法（试行）》、《公安普陀分局关于对实有人口信息质量问题试行“告知书、整改建议书”制度（试行）的通知》，建立“监管场所在押对象案前管控工作倒查机制”、“重大案（事）件涉及人员信息核查机制”等管理制度。推进户籍行政日常管理工作，贯彻市委、市府提出“少扰民，多惠民”的工作要求，新增设15个居住证预采集点，全面完成系统安装和调试工作。截至年底，全区共有25个居住证预采集点，方便来沪人员就近办理居住证。开展身份证重号纠错工作，落实跟踪督办、登门解释、联系外省市公安机关等工作举措，纠正跨省市公民身份证号码重号179人。年内，受理户口申报材料8908份，审批户口申报材料8062份；制作第二代居民身份证34411张、临时身份证11487张；开具《准迁证》7106张、《农转非通知单》1348张、《迁沪落户确认单》7664张；新增临时居住证83962张，变更临时居住证地址信息178112张，注销临时居住证89560张；为行动不便人员上门拍摄“二代证”照片109人（次）。年内，区人口管理工作综合评定列全市第二名；市人口办对区“两个实有”全覆盖检查验收，得95.2分，名列全市优秀等次。（吴晴宇）

【查访实有人口、实有房屋】 3月，区人口综合服务和管理领导小组办公室（简称区人口办）为推进实有人口、实有房屋全覆盖管理工作成效，组织全区公安派出所开展为期一个月的实有人口、实有房屋大查访专项整治工作。制定下发《关于组织开展实有人口、实有房屋大查访工作实施方案》，明确工作目标、组织领导、工作重点、工作职责、实施步骤和工作要求；协调区人口综合服务和管理领导小组各成员单位，加大对违章搭建、“群租房”整治及房产中介机构联合管理的力度；指导各公安派出所对实有人口、实有房屋信息采集工作中的薄弱环节进行补漏完善。通过专项整治，全区补充采集一批人口信息，新增来沪人员55588人；消除一批实有人口信息采集“盲点”，新增有人居住房16907间，新增出租房12256间。（吴晴宇）

【启动“两个实有”信息收集比对活动】 为进一步推进“两个实有”全覆盖管理工作，区人口办会同公安分局团委在团员青年民警中开展“两个实有”信息收集比对竞赛活动，组织、动员青年民警在日常工作和生活中，每人每日收集5条人员信息，并通过“上

公安民警上门核查“两个实有”信息（区人口办供稿）

海市实有人口信息系统”(简称“系统”)比对,发现系统中尚未掌握或与之不符的信息数据。4月25—27日为启动阶段,区人口办领导为分局各部门团干部30余人进行信息采集及系统应用培训。5月底前为竞赛阶段,组织集中开展信息收集比对竞赛活动。6月起为深化阶段,在前期竞赛活动的基础上探索长效工作机制,以强化世博安保基础工作。其间,对全区重点区域、重点房屋开展集中清查,走访空置房302间,核查人员信息124人(次),检查闲置厂房4处,“六小”场所84处,采集居住人员信息1303条,通过实地集中清查,有力推动治安复杂场所内居住人员信息采集工作。7—11月,评选出优秀团组织18个,优秀信息员48人。 (吴晴宇)

【夏季专项整治工作】 7—9月,区人口办组织开展“落脚点”夏季专项整治工作,整治范围包括散居社区(新村)内的居民出租房屋、农民出租的住宅房屋,高级公寓、别墅等出租房屋,用于出租的违章搭建,危棚简屋,田间窝棚,用于务工人员居住的建筑工地工棚、规模租赁房等。检查重点为工地工棚、闲置厂房改建宿舍和“六小”场所。6月29日、7月12日,区公安分局相继召开专项整治工作部署会、推进会,副局长曹福东主持会议并讲话。制定下发《关于组织开展“落脚点”夏季专项整治行动工作方案的通知》、《关于结合“落脚点”夏季专项整治行动开展人口综合服务和管理宣传工作的方案》;召开街道镇人口办主任例会、公安派出所分管所长专题部署会议,传达布置“落脚点”夏季专项整治相关工作,要求各单位通过集中宣传活动、制作宣传海报、新闻媒体报道等方式确保宣传全覆盖、告知全覆盖;对公安派出所开展督导检查,指导公安派出所利用现有的法律资源,查处一批违法违规租赁行为,发现打击一批隐匿其中的违法犯罪分子。“落脚点”夏季专项整治,处罚违反人口、房屋管理规定的用人单位191家、个人323人。

(吴晴宇)

【重点区域、重点房屋“挂牌、摘牌”工作】 6—9月,区人口办在实有人口、实有房屋大查访的基础上,对排出但尚未完成整治的实有人口管理薄弱的重点房屋、重点区域予以“挂牌”整治,并会同派出所共同研商整治措施,制定整治工作方案,确定整治时限,实行“专人结对跟进,定人定点跟踪”的措施,强化指导,督促推进,确保整治措施落实、责任到位。经全面整治,“挂牌”的11处重点区域、1195间重点房屋全部“摘牌”,整治率100%,并通过市人口办的检查验收。

(吴晴宇)

【配合做好世博会赠票赠卡发放工作】 5—7月,区人口办根据《普陀区关于上海世博会期间向市民赠票赠卡工作方案》的相关要求,组织社区综合协管队员对现有实有人口基础信息进行再次核对、采集、更新,掌握人口变动情况;指导各派出所结合“两个实有”全覆盖工作成果,对符合发放条件的家庭信息打印造册。提供街道镇和居(村)委及时发放到位。

(吴晴宇)

【信息集中采集登记专项行动】 9月27—28日,区人口办组织开展行业单位、从业人员、居住人员信息集中采集登记专项行动。该行动以实有人口管理薄弱、人员变动量大、治安状况复杂的娱乐休闲服务场所、“六小”场所、特种行业以及沿街面店铺等场所为重点,以实有人口登记情况、行业单位内从业人员和居住人员信息登记备案制度的落实情况为主要内容。通过专项整治,全区采集人员信息7557条,核对人员信息7557条。嗣后,区人口办和公安分局相关职能部门组成联合督导检查组,对各公安派出所专项行动开展情况进行实地督导检查,检查“六小”场所468家,核对居住人员信息682条。 (吴晴宇)

【社区综合协管队伍建设】 年内,区人口办以“队伍运作组织化、日常管理规范化、岗位作业标准化”的工作要求为抓手,促进社区综合协管队伍工作效能提升。开展“普陀区平安世博争创活动”,评选出市级综合协管队员先进个人14人,区级综合协管队员先进个人18人,该活动获市人口办优秀组织奖。坚持思想、业务、技能培训制度,组织开展协管队员业务系列培训5次,420人次参加。邀请市社保卡服务中心领导和市人口办业务部门领导进行专项业务辅导,对公安派出所居住证管理系统信息录入员和新招聘队员进行重点培训。关心综合协管队员生活,走访慰问工作受伤、亲属患疾病住院的9户,安排全体队员到区人民医院进行体检,组织获市、区级世博岗位建功争创活动先进个人参加疗休养活动。扩展队伍力量,区政府批准增招社区综合协管队员200人。 (吴晴宇)

【开展户口整顿】 6—9月,区人口办根据市人口办关于第六次全国人口普查户口整顿工作的相关要求,开展第六次人口普查户口整顿工作。制定《普陀分局贯彻执行第六次全国人口普查户口整顿工作实施方案》,明确户口整顿的指导思想、组织领导、工作目标、职责分工、工作步骤、政策原则及工作要求;成立人口普查户口整顿工作领导小组,召开各层面户口整顿推进部署会议2次,组织各类业务培训7次,开展专项检查6次,解决户口待定4人。通过户口整顿,提供破案线索15条,查处各类案件10起,抓获逃犯3人,发现“三非”(非法入境、非法居留、非法就业)人员12人。9月4日,通过市人口办第六次人口普查户口整顿工作的检查验收,得98.5分,名列市前茅。 (吴晴宇)

【化解户口信访矛盾】 年内,区人口办为有效减少户口类重信重访和投诉类信访件数量,建立月户政点评制度、月户政信访工作例会制度、分管主任周四下基层接待居民制度。会同市人口办在调查排底的基础上,分析研判户口信访突出问题,商研措施,受理疑难户口材料47份,其中上报市局14份;解决疑难户口材料43份、44人,有力化解户口信访突出矛盾。

(吴晴宇)

二十六、台湾事务·侨务·民族宗教

综　述

2010年，区台湾事务、侨务、民族、宗教工作以服务经济建设，实现区域经济可持续增长为中心，以宣传、参与、服务世博为重点，凝聚台胞台属、海外归侨侨眷、各少数民族群众、各宗教界人士为和谐新普陀建设作出贡献。组织台胞、侨眷、少数民族、宗教人士参加城市文明志愿者，参与交通文明执勤和社区环境整治等活动。开展“服务世博、同建和谐”为主题的对台政策、侨法、民族和宗教法制宣传月（周）活动。做好世博服务工作，先后接待印度总统、列支敦士登公国副首相、法国贝桑松市市长、越南总理等国领导人，接待中国国民党荣誉主席吴伯雄等地区领导人及印尼、日本、韩国等佛教界人士百余人参观玉佛禅寺、游览苏州河十八湾等。圆满完成上海世博会中外穆斯林的清真餐饮供应保障工作。在世博生命阳光馆举行“献爱心——100幅《世博上海图》捐赠仪式”，馆长曹子平接受捐献，所赠作品由市残联会分赠给全国各省市残疾人士。年内，与台湾交流合作有新发展。国民党台北市大安区党部与中共普陀区委互访，促进两区基层党际交流的延伸和合作；莱索托两岸华商会到访，就区的投资环境、企业发展等方面进行交流；台湾花莲高级工业职业学校龙舟队参加区2010年端午节城市龙舟国际邀请赛，参观曹杨职校，建立两校友好联系，并达成交流合作的意向。侨务工作有新提升。推广长风社区“三区”（长风社区、华师大校区、华大科技园区）联动、“双向服务”（社区为侨服务好，侨为社区贡献多”）的工作经验；由市政府侨办和市教委联合授牌，新增华文教育基地学校2所；邀请澳大利亚“雪梨澳华儿童艺术剧院”，为曹杨社区居民表演；接待美国、加拿大、英国、法国、奥地利、泰国、新加坡、印尼等国家的华裔学生，开展寻根、文化之旅等活动，增强对中国社会、经济、文化的了解；加强与海内外侨界著名人士的联系，涵养侨务资源，为促进区的经济发展打基础。民族宗教工作有新推进。市委书记俞正声视察沪西清真寺，听取世博期间宗教服务和安保工作情况介绍，对沪西清真寺在世博期间的接待服务工作给予肯定，并对做好沪西清真寺“斋月”安全稳定工作寄予厚望；市委常委、统战部部长杨晓渡，区委、区政府领导先后视察沪西清真寺，参加沪西清真寺斋月活动。召开西部地区驻沪办民族工作联席会议，就共同加强外来少数民族管理提出对策建议；健全民族联动机制，推进工作发展；举办少数民族迎世博知识竞赛，向全区少数民族群众发出“参与世博，服务世博”倡议书；加强对清真食品供应工作的监督检查，全年出动116人次，对21个清真网点检查86次。开展创建“新一轮市级文明宗教场所”活动，真如寺等6个宗教场所均获“2008—2009年度市级文明宗教场所”称号，玉佛禅寺被评为“全国创建和谐寺观教堂先进集体；各宗教场所捐赠公益慈善事业1063.94万元。年内，区民宗办被国家民委评为全国“五五”普法工作先进集体。区侨办被评为市侨务系统服务世博、奉献世博优秀集体、市侨务信访先进单位；区属清真网点被评为市清真供应工作服务世博先进集体。　　　　（单　伴）

台湾事务

【概况】　2010年，区台湾事务工作以坚持维护台海和平、促进两岸发展为指导，以促进区域发展为中心，认真履行职能，扎实开展世博涉台维稳、涉台教育、对台交流、为台服务四项工作，全面完成年度各项任务。召开涉台教育工作座谈会，推动“四进”（进机关、企业、社区、学校）全覆盖。完成台资企业摸底工作，组织台胞、台属、台商参加世博会城市文明志愿者梅川路执勤活动。邀请台湾花莲高级工业职业学校龙舟队参加区2010年端午节城市龙舟国际邀请赛。接待中国国民党荣誉主席吴伯雄等台湾领导人，参加世博会开幕式、台湾馆开馆仪式的台湾各界参访团游览世博园区和参观玉佛禅寺。举办台商新春联谊、元宵节、中秋节等活动，增强台胞、台属、台商社会凝聚力。年内，接待台湾团组12个，240人次来区考察；组织17个团组，150人次赴台交流；为33名赴台人员办理11项赴台手续，为随市组团或自行组团赴台人员办理相关手续31件。出具台湾同胞随行子女入学就读证明40件、加分证明8件。接待和处理来信来访255人次。

（周　炯）

【对台工作领导小组会议】 3月23日，区委召开对台工作领导小组会议。区委常委、统战部部长夏斯德主持会议，区委书记周国雄肯定2009年区对台工作成绩，提出做好2010年对台工作要求：着力增强做好对台工作的责任感和使命感，以更高的标准，创造性地开展工作；着力做好对台各项工作，抓好发展"第一要务"，抓好服务"第一公务"，抓好交流"第一事务"；着力提高对台工作的能力和水平。夏斯德介绍区委对台工作领导小组成员单位调整充实情况，区台办总结2009年区对台工作、部署2010年主要任务，讨论通过《关于普陀区应邀赴台组团审批的实施细则》。区委办、经委、人社局、财政局、教育局、卫生局、绿化市容局、安全局、工商局、质监局、公安分局等13个成员单位的主要领导参加会议。（周　炯）

【对台政策宣传月（周）启动仪式】 3月3日，区台办在长风社区活动中心举办以"服务世博、同建和谐"为主题的2010年区对台政策宣传月（周）启动仪式，区委常委、统战部部长夏斯德宣布宣传月（周）活动开始。长风社区群众文艺队献上精彩表演。仪式后，召开"上海世博年涉台工作座谈会"。中心大厅发放涉台法规政策和世博会宣传资料，公安、工商等涉台部门开设涉台政策、赴台旅游等咨询服务。区人大副主任曹玉茂，市台办、侨办、民宗委等有关领导，区台胞、台属、台商共200余人参加活动。宣传月活动期间，全区各街道镇开展知识竞赛、板报宣传、演讲比赛、讲座等形式的宣传活动，台胞台属500余人次参加。

（周　炯）

【涉台教育工作座谈会】 11月5日，区台办与区委统战部、区"五侨三台"在洋洋显达酒店联合举行2010年区涉台教育工作座谈会。区台办主任张桂文汇报以世博平台为契机促进两岸交流，推进和深化涉台教育宣传工作的情况。区委常委、统战部部长夏斯德对做好涉台教育工作提出要求。市台办副主任赵雅君讲话，肯定区涉台教育工作领导重视，工作内容好、形式新、参与广的特点，并希望区涉台教育工作始终成为全市的领头羊。5名台胞代表交流发言。市台办有关处室的领导，区有关部门、党派、团体，各街道镇及中小学的分管领导，统战系统有关人员等50余人参加会议。期间，展出区涉台教育宣传版面。（周　炯）

【台北市大安区民众服务社世博参访团到访】 7月3—10日，由中国国民党台北市大安区党部主委周其新为团长的台北市大安区民众服务社世博参访团一行51人来区参访。区委书记周国雄，区委副书记、区长孙荣乾对参访团来访表示欢迎，并就普陀区的经济发展情况作简要介绍。双方就两岸共同关心的问题交换各自的看法，并取得共识。参访期间，周其新一行在区委常委、统战部部长夏斯德，副区长符祖鸣等陪同下，游览考察苏州河；区妇联主席姚军、团区委副书记钱晓莉等分别陪同来宾参观世博园区中国馆和台湾馆。台北市大安区民众服务社世博参访团的到访，是普陀—大安两区基层党际交流的延伸、合作的体现。

（周　炯）

【台湾花莲学校参加龙舟赛】 6月14—18日，区台办、体育局邀请台湾花莲高级工业职业学校师生参加端午节城市龙舟国际邀请赛，该校获得龙舟赛公开组第一名。龙舟赛期间，组织该校师生参观曹杨职校，双方师生就办学理念、教学方法、学生特长等进行专业交流和互动。参访活动促进两校建立友好联系，并达成进一步交流合作的意向。（周　炯）

【莱索托两岸华商会到访】 9月9日，以中国侨联海外委员、莱索托中国和平统一促进会会长、莱索托中华工商联合会会长陈克辉为团长，国民党第六届立法委员、第十七届中央委员、世界台湾商会联合总会第四届总会长吴松柏，莱索托台湾商会会长、非洲台湾商会联合总会副会长张铭期，莱索托福清同乡会会长、莱索托中国和平统一促进会副会长陈遵雄等18人组成的莱索托两岸华商会世博参访团到访。区委书记周国雄、区委常委、统战部部长夏斯德、区人大副主任曹玉茂会见参访团全体人员，并介绍普陀区经济和社会发展等情况。区有关职能部门、民营企业家代表与参访团就区投资环境、企业发展等方面进行交流。

（周　炯）

【区党政代表团赴台参访】 12月11—18日，由区委常委、纪委书记左

6月16日，台湾花莲职业学校参加普陀区城市龙舟国际邀请赛

（区台办供稿）

燕为团长、副区长高德彪为副团长的区党政代表团一行16人，应中国国民党台北市大安区党部主委周其新的邀请，对台湾进行为期8天的交流访问。期间，周其新率党部工作人员接待代表团，双方对两区交流所取得的成效给予肯定，并就加强沟通联系、扩大交流范围、拓展交流渠道等方面进行探讨。代表团参观台北市政府探索馆、台北花博会、大安区公所和综合服务中心，与大安区公所副区长王先黎及有关部门负责人，就城市规划、城市管理、城市绿化、为民服务、低碳环保等进行交流，双方对两区政府就进一步开展多层面的交流与合作形成初步意向，并表示将在条件成熟时，选择适当时机签署两区区政交流备忘录。参访台北市大安区复兴中小学，并就复兴中小学与上海市晋元高级学校进行校际交流达成初步意向，双方愿意在师生、教学等方面进行交流合作。

（周　炯）

【区台商参加城市文明志愿者执勤活动】 7月25日—8月3日，区台办组织动员台商、台胞、台属参加区统战人士世博会城市文明志愿者梅川路执勤活动。203人参加活动，分散到梅川路步行街的各个路段，进行维持人行秩序，提醒路人注意维护道路清洁等志愿服务任务。为表达社会对台商经营事业支持和关心的感激之情，台商们出资3.6万元人民币，帮助宜川路街道10户特困家庭。（周　炯）

【两岸女作家三八联谊活动】 3月5日，普陀台湾姐妹会、工商联女企业家联谊会、妇女工作促进会联合举办“上海普陀—浙江德清”的台湾、大陆女作家三八联谊活动，旨在加强居住在普陀和德清的两岸姐妹交流与合作，恋情联谊。活动在“融入世博会、体验下渚胡”——普陀、德清两地巾帼欢乐行启动仪式中拉开序幕，普陀区妇联主席姚军在仪式上讲话。该活动是继2007年两地姐妹初次交流互往以来的第三个年头，普陀区女企业家、普陀台湾姐妹会成员、区志愿者老师近50人参加。（周　炯）

侨　务

【概况】 2010年，区侨务工作在应对新挑战、思考新思路、优化新举措上下功夫，不断深化工作品牌；围绕世博主题，切实做好服务世博、服务侨界的各项工作。举办2010年“侨之春”迎新联欢活动，市侨商会向50名侨界人士赠送“中国2010年上海世博会华侨华人定制纪念票”。开展“为侨办实事，真情送温暖——侨界春节帮困送温暖活动”，上门慰问25位老归侨代表，向侨界困难家庭发放慰问补助金6000元；全区各街道镇、委办局开展慰问侨界困难家庭，合计慰问386人，其中归侨96人，发放慰问金3万余元，各种慰问物品折合慰问金为4.8万余元；向归侨、侨眷、留学生家长和海外华侨、华人寄送新年贺卡200封。举办“迎中秋、庆国庆”电影招待会，邀请归侨侨眷观看《唐山大地震》。组织新侨人士开设咨询点，免费为早期归侨进行医疗和法律咨询。区侨商分会召开年度工作例会，通报2009年分会的运行和工作情况，提出建立区侨商分会运作长效机制、强化侨商分会的信息交流平台、凝聚侨商的建议。组织动员归侨侨眷参加城市文明志愿者梅川路执勤活动，14批140人次参加。加强世博信访稳定工作，成立侨界世博维稳工作领导小组，建立应对突发事件的处理流程及上报机制，开展各街道镇侨界信访突出矛盾集中排查。全年，受理要求确认归侨身份13人，出具华侨在国内的子女升学加分证明18人，办理华侨子女来区就读32人。接待来访来电486人次，来信9件，结案率98%。区侨务办公室（简称区侨办）被市政府侨办评为上海市侨务系统服务世博奉献世博优秀集体，长风新村街道被评为上海市侨务信访示范单位；区侨办、宜川路街道被评为上海市侨务信访先进单位。

（金晨辉）

【侨法宣传月活动】 区侨办采取多种形式在全区开展《中华人民共和国归侨侨眷保护法》颁布20周年宣传活动。2月24日，在区政府1138会议室举办“侨之心”形势报告会，由区委统战部副部长、区侨办主任荆昌德主持，特邀区委党校原副校长、教授沈移元对中国目前的发展形势和全国、市、区两会召开的背景做深入分析，特别是对已经召开的市区两级两会精神进行传达。3月3日，在长风社区文化活动中心举办以“依法护侨、同建和谐、服务世博”为主题的侨法宣传月活动启动仪式，市政府侨办副主任陈文佳，区委常委、政协副主席、统战部部长夏斯德，人大副主任曹玉茂等有关领导及侨界群众200余人参加。夏斯德讲话，希望区侨界和港澳台同胞共同努力，为上海世博增光添彩，为构建和谐社会作出新的努力。陈文佳致辞，感谢区委、人大、政府和政协对侨务工作的关心、支持和帮助，希望广大侨界人士为世博会举办作出贡献。侨界人士进行迎世博文艺汇演。同日，在长风街道社区文化活动中心召开纪念“侨法”颁布20周年座谈会，30名归侨侨眷代表参加。3月18日，在区政府会议室举办东方讲坛上海侨务讲坛——普陀区侨法宣传讲座，区侨办副主任陈建龙主持，邀请市侨办国内处副处长王玲主讲，介绍上海侨务情况，并从华侨子女考试加分、接受义务教育、华侨回国定居政策，归侨侨眷生活就业、私房落实政策及公房租赁、境外权益保护事项等方面解读归侨侨眷权益保护法。各街道镇统战干部、归侨侨眷代表80余人参加。宣传月活动期间，全区举办讲座、咨询、报告会等220场，发放宣传资料3450份，举行侨界志愿者活动67次1300人次参加，出黑板报380块、专板62块、电子屏幕45块，拉横幅156条，张贴宣传资料1050张，电视台、报纸、广播宣传195次。

（金晨辉）

【完成世博接待工作】 世博期间，区侨办组织接待由国侨办和市侨办联合主办的“海外华文媒体看世博”活动的14个国家20家海外华人媒体团一行近30人，游览苏州河普陀段，领略苏州河十八湾自然风光和人文景观。区委书记周国雄等四套班子领导先后会见香港中华总商会副会长林铭森、袁武先生率领的参访团一行25人；以陈克辉为团长莱索托两岸华商会世博参访团一行18人;以台湾大学美国同学会会长、博士胡芷民为团长的台湾大学美国同学会代表团一行36人;以香港中小型企业商会会长刘健华为团长、香港中小型企业商会副会长吴家荣为副团长的香港中小型企业商会、香港珠宝制造业厂商会世博参访团41人。接待香港中小型企业商会常务副会长吴家荣先生、北京大学中国研修班香港同学会会长黄励腾先生为团长的北大中国研修班香港同学会36人,考察长风生态商务区,参观世博园区。接待美国安良工商会回国参访团胡英僚总理一行25人,游览苏州河和参观红星美凯龙2050体验馆;接待海外侨领胡介国先生等世博参访团14批582人次。　(金晨辉)

【推进社区侨务工作】　年内,区侨办以夯实社区侨务工作基础,推进社区侨界工作发展。开展社区走访和调研,结合市政府侨办主任工作会议精神,对各街道镇的特色社区侨务工作实施分类指导,凸显"一街一镇一品"。长风新村街道以"三区"联动为抓手,为侨资企业打造经济发展服务平台,为社区打造智力服务平台。开展双向服务活动,引导归侨侨眷和在海外的新华侨华人在奉献中体现自身价值,反哺社会,回馈社区,在全区起到率先示范,促进社区侨务工作上新台阶。　(金晨辉)

【社区侨务文化工作现场会】　9月29日,区委统战部在长风社区文化活动中心召开"长风社区侨务文化工作现场会",市委统战部副部长丁志坚,市政府侨办主任崔明华,区委常委、统战部部长夏斯德分别讲话。长风社区(街道)党工委书记韦升东作题为"构建和谐侨务文化、深化社区侨务工作"的汇报,华东师范大学侨联、华大科技园、长风街道居民区党总支及长风社区归侨侨眷代表进行交流发言。夏斯德为"侨妈妈"冯毓华颁发区社区侨务文化工作突出贡献奖。观看"侨妈妈"艺术团表演。展出"侨妈妈"艺术团成立10周年发展历程的"春华秋实谱华章"版面。市归侨联合会副主席张癸等市有关方面领导和区委统战部及各街道镇有关领导200余人参加会议。　(王　锐　金晨辉)

9月29日,区委统战部召开社区侨务文化工作现场会　(区侨办供稿)

【推进华文教育工作】　年内,全区华文教育工作得到新的提升。曹杨中学、曹杨社区学校由市政府侨办和市教委联合授牌,成为第二批华文教育基地学校,至此全区拥有市级华文教育基地学校6所。年初,区侨办召开华文教育联席会议,确定2010年华文教育工作的目标与任务,区教育局,市级华文教育基地6所学校校长和工作负责人参加。新年假日,邀请澳大利亚"雪梨澳华儿童艺术剧院",在曹杨社区学校为居民群众表演儿童喜剧"快乐小镇"。3月26日—4月8日,在东方曹杨外国语高级中学举行2010"寻根中国、相约上海"泰国华裔青少年夏令营活动,29名泰国华裔师生完成寻根、文化之旅任务。新晋基地学校曹杨中学参与接待工作。5月2—12日,由中国华文教育基金会和上海市海外交流协会共同举办的"上海世博行"华裔青少年夏令营在曹杨中学举行,新加坡、印尼华裔师生79人参加。7月15日下午,由市政府侨办带队的"中外优秀青年论坛暨青年文化参访团",来自美国、加拿大、英国、法国、奥地利等国家的著名大学的优秀华裔青年与复旦、交大、同济等高校的学生共62人,到曹杨社区参观社区文化中心、农贸市场、童的梦幼儿园,与社区居民玩弄堂游戏、学打太极拳,并到世博家庭做客用餐。通过活动,使华裔青年了解上海市民的生活情况,增强对中国社会、文化的了解。7月20—24日,接待来沪参加"相约上海、欢聚世博"2010年海外华裔青少年夏令营活动的美国5所华文学校师生116人,在为期5天的"中国文化寻根之旅"中,营员相继参观世博园、东方明珠电视塔、豫园、上海老街、南京路、外滩、上海科技馆等,感受上海这座城市的美好与活力。8月3日上午,在东方曹杨外国语高级中学举办2010"七彩世博、舞动中华"张利芭蕾舞夏令营开营式,市政府侨办主任崔明华,区委常委、统战部部长夏斯德,中国华文教育基金会黄毅先生等领导参加活动。　(金晨辉)

【涵养侨务资源】　年内,区侨办以迎世博为契机,加强与海内外侨界著名人士的联系,积极涵养侨务资源,为促进区的经济发展打基础。春节期间,区委常委、统战部部长夏斯德先后会见巴西华侨领袖林训明的长子林蔚堂先生,旅日华侨、上海好世置业副董事长雪晓通先生。世博期间,先后接待尼日利亚总统顾问、华人酋长胡介国先生,香港杨谭顾问有限公司董事长杨振汉先生、总经理谭茀芸女士,斐然顾问有限公司执行董事费斐女士,香港合孚行有限公司董事长杨詠曼女士和香港中港车身制造有限公司董事长吴家荣先生一行5人等。　(金晨辉)

【《世博上海图》捐赠仪式】　10月6日上午,区侨办、侨商会在世博生命阳光馆举行"献爱心——100幅《世博上海图》捐赠仪式"。《世博上海图》由中奥文化交流中心主席、画家陆志德先生所绘，并由区侨商会的3位企业家出资。世博生命阳光馆馆长曹子平接受捐献，感谢邓志忠、杨俊先生和张蓓女士的善举和爱心行动。全国残联副主席吕世民在仪式上对区侨办关爱残疾献爱心慈善义举表示感谢、对三位企业家大力支持慈善公共事业表示谢意。中国残联副理事长王智均向区侨商会颁发捐赠证书。作品将由市残联会分赠给全国各省市残疾人士。

（金晨辉）

民族工作

【概况】 2010年，区民族工作采用和谐统战文化的方法和手段，动员和组织全区各族群众积极参与世博、服务世博、奉献世博，营造良好的世博氛围，维护和谐的民族关系。举办"民族团结、宗教和睦、共迎世博"为主题的大型活动，宣传党的民族政策。举行穆斯林"古尔邦"节庆活动，呈现欢庆、祥和的民族团结氛围。举办民族政策法规培训班，邀请市民宗委领导为街道镇统战干部、社区少数民族联络员讲授民族政策法规和世博接待礼仪等。重视民族工作领导。市委书记俞正声视察沪西清真寺，听取沪西清真寺教长金宏伟关于世博期间宗教服务和安保工作情况介绍，对沪西清真寺在世博期间的接待服务工作给予肯定，并对做好沪西清真寺"斋月"安全稳定工作寄予厚望。市委常委、统战部部长杨晓渡，市民宗委领导，区委常委、统战部部长夏斯德陪同视察；区委、区政府领导先后视察沪西清真寺，关心清真寺斋月活动，了解斋月准备情况，就做好斋月服务保障和安全保卫工作提出要求，并参加沪西清真寺斋月活动，向封斋的乡老们表示节日问候。举办少数民族迎世博知识竞赛，向全区少数民族群众发出"参与世博，服务世博"倡议书；加强对清真食品供应工作的监督检查，全年出动116人次，对21个清真网点检查86次。截至年底，区常住人口中少数民族有43个，人口11578人，其中回族8897人，占少数民族总人口的76.84%，主要分布在长寿、石泉、甘泉地区。年内，助学15人次，发放助学款3万余元；助医18人次，发放医疗帮困金20万余元；帮助少数民族下岗人员重新找到工作27人；出具少数民族学生加分证明400余人；更改民族身份32人；办理少数民族媳妇落户手续15人；化解涉及少数民族的矛盾和纠纷11起。区民宗办被国家民委系统评为"五五"普法工作先进集体。

（闫忠武）

【民族政策法规宣传周活动】 3月1日，民族办在长风社区举办以"民族团结、宗教和睦、共迎世博"为主题的大型宣传活动，采用文艺演出、知识问答、板报展示、设摊咨询等方式，宣传党的民族政策、民族理论、民族基本常识等，使群众了解和掌握民族政策。市、区有关领导，区民族宗教代表等6000余人参加活动。（闫忠武）

8月26日，市委书记俞正声视察沪西清真寺　（区民族办供稿）

【清真供应优质服务周活动】 春节、五一、国庆等重大节日期间，区民宗办先后组织全区19家清真食品基本供应单位开展以"文明窗口、微笑服务"为主题的优质服务周活动。各清真食品供应网点按照"无清真不清、无卫生隐患、无短斤缺两、完成任务好"的"三无一好"主题实践活动要求，严格把好清真、卫生关口，并通过统一清真标识，统一从业人员服饰等手段，进一步弘扬清真饮食文化，满足节日期间少数民族群众的生活需求。

（闫忠武）

【完成世博会接待任务】 世博期间，区民宗办向全区近2万名少数民族群众发出"参与世博、服务世博、奉献世博"的倡议书；组建和培训156人的少数民族志愿者队伍。接待来自马来西亚、新加坡、印度尼西亚等国外穆斯林宾客123批3000余人次，承担参访上海世博会的中外穆斯林的清真餐饮供应保障工作。区属清真供应网点被市民宗委评为"上海市清真供应工作服务世博先进集体"2个，"上海市清真供应工作服务世博先进个人"5人。

（闫忠武）

【沪西清真寺欢庆"古尔邦"节】 11月17日，5000余名中外穆斯林群众身穿节日盛装在沪西清真寺聚礼，欢庆穆斯林"古尔邦"节。期间，中外穆斯林相互致以节日问候，举行节日"宰牲"仪式。节日会礼前，区委常委、政协副主席、统战部部长夏斯德，副区长符祖鸣等领导向穆斯林群众表示节日的祝贺，勉励伊斯兰教代表人士和广大信教群众要充分发挥宗教在经济社会建设中的积极作用，为构建和谐社会而努力。会礼结束后，区领导看望慰问参与节日安保工作的公安干警和少数民族志愿者。（闫忠武）

【市人大调研沪西清真寺易地重建工作】 12月9日下午，市人大侨民宗委主任应蓓仪率市人大侨民宗委有关人员6人到区调研沪西清真寺易地重建工作。调研组听取区委统战部副部长、民宗办主任张桂文就沪西清真寺的基本情况、存在的主要问题、异地重建工作前期推进情况、面临主要困难等四个方面的汇报。应蓓仪在肯定区做法的同时，就做好沪西清真寺易地重建工作提出要求，并表示同意新建清真寺的未来布局方案。区人大副主任曹玉茂参加调研。（闫忠武）

【清真工作会议】 12月29日，区民宗办召开清真工作会议，区民宗办主任张桂文讲话，就做好新形势下的清真供应工作提出要求；区民宗办副主任伍贤民总结以保障世博为重点的清真供应工作情况；4名从业人员交流发言。表彰奖励为清真供应工作作出突出贡献的上海碧真清真食品有限公司、豫海清真食品有限公司2个集体和孙跃忠、海岗等5名先进个人，为长风清真馆、豫海清真食品有限公司2家新增网点颁发上海市民族宗教事务委员会核发的清真标志牌。向15家清真副食品基本网点发放5000元的租金补贴。区财政、民族联及区清真“三食”（清真食品、清真副食品、清真饮食）从业人员参加会议。（闫忠武）

【西部地区驻沪办民族工作联席会议】 11月25日下午，区民宗办、协作办联合召开西部地区部分省（市）驻沪办事处负责人座谈会。新疆、云南、四川、重庆、宁夏、青海、西藏、甘肃、广西、内蒙古、贵州等11个省（市）驻沪办负责人参加会议。会上，与会者介绍各自省市少数民族在上海工作、生活的基本情况，围绕存在的共性问题，就共同加强外来少数民族管理提出建议对策。区协作办副主任管永平、区民宗办调研员荆昌德分别介绍区域交流合作、民族工作情况；区委统战部副部长、民宗办主任张桂文发出珍惜情缘、加强合作、加深友谊的倡议。会议通过讨论达成5点共识：由普陀区民宗办牵头，定期召开驻沪办负责人座谈会，建立外来少数民族流出地有关部门间的信息沟通联系制度；加强有效管理外来少数民族流动人口经营活动的对策研究；处理少数民族突发事件前，加强与驻沪办沟通联系，争取工作主动权；由相关驻沪办负责，在外来少数民族中组建骨干队伍，协助政府部门做好民族工作；输出地建立外出人员登记和行前教育制度，发放外出务工须知，重视源头管理工作。（闫忠武）

【健全民族联动机制】 年内，区民族办与民族联健全完善民族工作联动机制，以推进工作发展。信息互通机制，坚持信息畅通与共享，形成信赖、谋事关系，第一时间掌握民族工作动态。共商共研机制，在矛盾纠纷处置、政策法规解读、突发事件应对等方面进行情况研判，使双方在处理突发事件、维护民族团结稳定等方面达成共识。分工合作机制，做到明确分工，主动合作，民宗办尊重民族联职责工作的自主权，民族联协助配合民宗办工作。考核激励机制，共同推进的工作，双方共同进行小结评估；部门工作，互相邀请进行小结评估；班子、干部的考核考察，注意听取对方的意见建议，邀请参与监督。（闫忠武）

宗教工作

【概况】 截至年底，普陀区有天主教、基督教、佛教、伊斯兰教的宗教活动场所6处，基督教附属活动点3处；宗教教职人员162人，其中天主教神甫3人，基督教牧师4人，长老3人，传道2人，佛教法师147人，伊斯兰教阿訇3人；信教人数3万余人。年内，到各宗教场所参加宗教活动有93.86万余人次；其中除夕夜至年初五，玉佛禅寺和真如寺接待香客、游客16.3万人次。全年，各宗教场所捐赠公益慈善款1063.94万元。2010年，区宗教工作围绕“参与世博、服务世博、奉献世博”的主题，开展各项活动，维护区宗教界的和睦与稳定。召开民族宗教界学习中共十七届五中全会精神座谈会，传达全会精神，通报民族宗教事务工作，围绕全会精神及建设和谐的民族文化、和睦的宗教文化等问题建言献策。举办以“民族团结、宗教和睦、服务世博”为主题的民族宗教法制宣传周启动仪式。开展创建“新一轮市级文明宗教场所”活动，真如寺等6个宗教场所获“2008—2009年度市级文明宗教场所”称号；玉佛禅寺被评为“全国创建和谐寺观教堂先进集体”，方丈觉醒法师被评为“全国创建和谐寺观教堂先进个人”。上海玉佛禅寺参与承办的大型多媒体音乐剧《弘一》在上海东方艺术中心首演获得成功；上海佛教界迎世博环保论坛在玉佛禅寺举行；玉佛禅寺第九届觉群文化周开幕，并举行上海中心图书馆与玉佛禅寺弘一图书馆网络资源链接启动仪式；成立玉佛禅寺觉群学院校友

4月30日，越南总理夫人陈清俭一行10人参观上海玉佛禅寺

（区宗教办供稿）

会。组织开展基督教专项调研、宗教工作调研,形成宗教文化探索、宗教创新工作等调研报告3篇。世博期间,先后接待印度总统、列支敦士登公国副首相、法国贝桑松市市长、越南总理等国家的领导人及印尼、日本、韩国等佛教界人士百余人参观玉佛禅寺。

(赵琳莹)

【觉醒法师连任中国佛教协会副会长】 2月5日上午,区委书记周国雄,区委常委、统战部部长夏斯德到玉佛禅寺,对上海市佛教协会会长、玉佛禅寺方丈觉醒法师在北京举行的中国佛教协会第八次全国代表会议上连任中国佛教协会副会长表示祝贺,并送上贺礼,合影留念。周国雄希望玉佛禅寺在觉醒法师的带领下,进一步加强自身建设,发挥佛教界优势和作用,为构建和谐普陀作出新的更大的贡献。 (赵琳莹)

【宗教教职人员大专文化班(普陀)毕业典礼】 2月8日上午,区民族宗教办公室(简称民宗办)与玉佛禅寺联合举行宗教教职人员大专文化班(普陀)毕业典礼。中国佛教协会副会长、上海市佛教协会会长、玉佛禅寺方丈觉醒法师、区民宗办副主任伍贤民、华东师范大学哲学系主任潘德荣等参加毕业典礼。该大专班自2007年9月开班,2010年2月结业,中国哲学专业,学员们珍惜学习机会,均以优异成绩获得华东师范大学颁发的毕业证书。典礼上宣读优秀学员名单,与会领导为优秀学员颁发荣誉证书。伍贤民讲话,希望学员树立终身学习的理念,做到学以致用,为社会发展发挥更大的作用。 (赵琳莹)

【检查世博重点宗教接待场所】 4月13日,区民宗办按照市民宗委下发的《关于对本市宗教活动场所迎世博工作进行检查指导的通知》要求,与区公安国保、部分街道镇、相关职能部门及宗教团体组成联合检查小组,对玉佛禅寺、真如寺、基督教普安堂、伊斯兰教沪西清真寺等世博重点宗教接待场所进行检查指导。听取各宗教场所迎世博工作及预案落实情况的汇报,检查各场所的消防安全、治安维稳、外事接待、信息处理、宣传服务等方面工作。经查,4个世博宗教接待场所均达到接待工作要求。 (赵琳莹)

【民族宗教界迎世博培训动员会暨世博安保签约仪式】 4月27日下午,区民族宗教界迎世博培训动员会暨世博安保签约仪式在区政府1521会议室举行。区民宗办与各宗教活动场所签订《普陀区宗教活动场所世博安保工作任务书》,与清真三食负责人签订《世博清真食品生产经营承诺书》,明确任务、分解责任、层层落实。市民宗委朱一中处长从操作层面就宗教场所世博安保工作、世博清真食品安全规范及突发事件处置方法等方面进行指导。市民族宗教委张元祥处长就做好世博安保工作提出工作要求。区民宗办、民族联、各宗教活动场所及清真三食负责人50余人参加培训。

(赵琳莹)

【区宗教界世博志愿者行动】 6月15—24日,区民宗办组织百余名宗教界世博志愿者参与城市文明志愿者行动。期间,宗教志愿者以"世界在你眼前,我们在你身边"为宗旨,坚持每天下午4:30—6:30在梅川路时尚文化街倡导文明经营,文明出行,做到扶老携幼、答疑解难,营造温馨、祥和的氛围。 (赵琳莹)

【第二届"觉群慈善公益周"系列活动】 6月21日上午,由上海市慈善基金会和上海玉佛禅寺共同主办的第二届"觉群慈善公益周"开幕式暨慈善工作座谈会在玉佛禅寺多功能厅举行。该届慈善周的主题为"慈善,让社会更和谐"。上海市慈善基金会副理事长兼秘书长金闽珠,市民宗委三处处长何建,中共普陀区委常委、统战部部长夏斯德,中国佛教协会副会长、上海市佛教协会会长、上海玉佛禅寺方丈觉醒法师和来自市、区有关部门的领导及社会各界人士300余人出席活动。开幕式上,觉群慈爱功德会的理事长觉醒法师致辞,阐述举办慈善公益周的初衷和意义,并向第二届受聘的理事会成员颁发聘书,勉励大家同心协力,为构建和谐社会、实现无缘大慈、同体大悲的愿景而共同努力。来自上海市儿童福利院的师生在开幕式上接受玉佛禅寺的爱心帮助,参加首批"一加一看世博"(1位爱心人士出资带领、陪伴1位受助学生共圆看世博之梦)活动。 (赵琳莹)

【玉佛禅寺举办"一加一看世博"慈善活动】 为让更多弱势群体能共享世博的精彩,玉佛禅寺的觉群慈爱功德会(简称功德会)动员社会力量,举行"一加一看世博"活动。7月2日,上海儿童福利院的50名孤儿,在玉佛禅寺的法师、志愿者组成的爱心团的陪伴下,走进世博园区,参观上汽集团—

7月2日,玉佛禅寺组织市儿童福利院孩子看世博 (区宗教办供稿)

通用汽车馆，感受未来城市的美好与和谐，体验尖端的技术与人性化的设计带来的震撼。参观香港馆、澳门馆和充满童趣的俄罗斯馆，并在中国国家馆的“东方之冠”前合影留念。活动得到场馆方的支持与关照，不仅开通绿色通道，还为这批特殊群体详细讲解，诠释“城市，让生活更美好；慈善，让社会更和谐”的主题。8月8—11日，功德会法师们走进云南，在寻甸、镇沅等边远山区走访了解学生们的学习生活情况，并在当地有关部门的配合下，选择28名品学兼优的贫困学生到上海参加“一加一看世博”活动，让边远少数民族学生走出大山到上海，感受和分享国家的发展、世博会的精彩。（赵琳莹）

【“世博雅歌”音乐会举行】 7月10日，区基督教界在上海宏泉丽笙酒店举办“世博雅歌”美籍华人音乐家董荣璨作品音乐会。董荣璨弹奏专为音乐会作的钢琴音诗“苏河畅想——爱是永不止息”，表达海外华人音乐家庆祝世博成功举办，祈愿祖国和谐、平安、富强的美好心愿。区少数民族、宗教界代表人士、政协民族宗教界别委员100余人出席音乐会。（赵琳莹）

【沪西清真寺斋月安保工作联席会议】 8月13日上午，召开由区民宗办、政法办、卫生局、食药监分局、公安分局、长寿路街道、长寿路派出所、沪西清真寺等单位参加的联席会议。会上清真寺介绍斋月筹备工作情况，区民宗办通报《上海世博会期间普陀区伊斯兰教斋月安全保卫工作方案》，并就做好斋月安保工作、完善安保工作方案等进行讨论，区民宗办主任张桂文提出工作要求。（赵琳莹）

【宗教活动场所“迎国庆、保世博”专项大检查】 9月25日，区民宗办会同区公安分局和相关街镇等部门，按照区社控部《关于普陀区开展“迎国庆、保世博社会面防控工作大检查”专项行动的通知》要求，通过实地勘察，看录像、查台账、察设施等方式，对6个宗教活动场所的人防、物防、技防、制防四个方面安全防范工作进行督导检查。经检查，全区宗教场所均建立防控工作责任、保安培训、24小时值班守护、重要物品保管等制度；制定应急处置预案，并组织实施演练；安装防冲撞隔离栏；重要部位安装入侵探测器、电视监控系统、金属防护门等设备。（赵琳莹）

【资助项目签约仪式】 12月9日，市慈善基金会“觉群大学生创业基金”第二批资助项目签约仪式在上海师范大学举行，玉佛禅寺与市慈善基金会签约出资107万元资助11个创业项目，涵盖10所高校，涉及教育培训、服装设计、服务业、电子商务、零售业和广告业等行业。市慈善基金会“觉群大学生创业基金”是2009年除夕夜，由玉佛禅寺投资1000万元，与市教委、市慈善基金会及团市委等4家单位共同成立的，定向用于资助在沪创业的高校毕业生非科技类项目的自主创业，以缓解就业压力。成立当年，该基金出资81万元贴息贷款，资助10个项目。中国佛教协会副会长、市佛教协会会长、市慈善基金会副理事长、玉佛禅寺方丈觉醒法师在签约仪式上讲话并为“创业者之家”揭牌。

（赵琳莹）

二十七、民　政

综　述

2010年，区民政工作深入贯彻落实科学发展观，围绕服务世博大局，着力加强社会救助、为老服务、社区建设和管理等方面工作，进一步关注民生、服务社会、促进和谐，努力保障民生得到持续改善。

年内，社会救助保障工作全面落实。全区享受城镇最低生活保障人数24.69万人次，比上年增长3.2%，最低生活保障金7893万元，增长15.2%。其中传统救济人员1557人次，救济金额55.7万元；重残无业人员2.46万人次，救助金额1434.7万元；低保职工家庭9.38万人次，救助金额1886万元；低保失业人员家庭12.69万人次，救助金额4517万元。年内，成立居民经济状况核对中心。区救助管理站新址正式启用。举办2010年“蓝天下的至爱”大型慈善募捐活动。承办“世博　普陀献爱心”慈善演唱会。养老设施建设和养老服务不断健全，新增养老床位612张，新建老年活动室14个，18423位老人享受居家养老服务。中远两湾城和恒盛鼎养老院奠基。区荣获“全国养老服务示范活动单位”称号。甘泉街道获“全国老龄工作先进单位”称号。至年底，全区有养老机构47家，其中托老所13家。全年销售福利彩票1.81亿元，比上年增长9.5%，名列中心城区前茅。

召开社会建设工作会议，出台普陀区加强社会建设工作实施意见。社区公共服务设施建设不断加强，布局不断优化，石泉社区事务受理服务中心对外开放，曹杨社区事务受理服务中心基本建成。社区“三个中心”管理体制进一步理顺，社区事务受理服务中心的标准化、规范化建设积极推进。编制民政事业“十二五”规划。年内，根据区域经济和社会发展的要求，认真谋划今后五年的发展蓝图，组织开展“十二五”规划大讨论，广泛听取意见和建议，经反复修改完善，形成了民政事业发展“十二五”规划。（朱　芹）

1月16日，区举办“蓝天下的至爱”大型慈善募捐活动　（区民政局供稿）

社会救助和慈善事业

【概况】 2010年，区民政局加大社会救助力度。截至年底，全区低保覆盖人数20417人，医疗救助1255人，支内回沪帮困补助对象31171人，综合帮扶7700人，全年累计发放救助帮困资金1.62亿元。建立社会救助维稳工作预案，加强对困难群体的情况排查和安徽下放户稳控工作，有效确保世博会期间社会稳定。　（朱　芹）

【开展慈善帮困活动】 1月16日，区民政局会同石泉街道举办2010年“蓝天下的至爱”大型慈善募捐活动，活动现场区四套班子领导带头捐款，机关干部、社区群众和爱心企业纷纷举牌奉献爱心，区慈善基金分会和各街道镇共募集善款806万元，创历年新高。会上，全市首家“晨路慈善服务社”揭牌。年内，开展慈善帮困活动，中秋节组织社区慈善超市开展以“月星中秋送月饼，月圆人圆谱和谐”为主题的中秋送月饼活动；组织家庭困难老人去上海爱尔眼科医院，为24名老人实施白内障患者免费复明手术。（朱　芹）

【元旦春节帮困送温暖工作】　牵头组织实施全区元旦春节期间帮困送温暖工作，具体落实市委书记俞正声来普陀区慰问困难群众以及视察节日帮困工作。加大社区市民综合帮扶力度，区“至爱帮困服务社”会同各街道镇综合帮扶组织，积极开展个案帮扶和项目帮扶，全年帮扶7700人次，金额386.92万元。（朱　芹）

【建立居民经济状况核对中心】　6月22日，普陀区居民经济状况核对中心成立。招聘工作人员5名，制订工作职责与制度，逐步完善运行管理机制。组织各街道（镇）经济收入核对业务员开展经济适用房收入核对网上演练，全区21名收入核对业务员参加市召开的经济适用住房培训工作，提高业务技能。（朱　芹）

社会福利

【概况】　2010年，认真落实市（区）政府实事项目，截至年底，全年新增养老床位612张，其中建成112张，在建床位500张。由国家发改委和民政部联合立项的中远两湾城养老院，集养老、医疗、护理于一体的恒盛鼎城养老院相继奠基。全区居家养老服务老人18423人。建成标准化老年活动室14个。继续推进关爱独居老人的“守望工程”，针对独居老人变动情况，建立、完善独居老人档案与突发事件处理制度。贯彻落实《老年法》实施情况的汇报。。（朱　芹）

【养老机构窗口建设】　组织全区养老机构护理员1082名参加业务培训和演练比赛，开展养老服务能手、服务明星评选表彰，评出服务明星13名。制定应急预案，做好世博运营期间养老机构安保、信息报送、综治维稳工作，签订养老机构安全责任承诺书32份，提升养老机构安全保障和服务管理能力。配合区人大进行《老年法》贯彻情况的执法检查，走访养老机构、老年人日间服务中心、社区老年人助餐服务点，并落实60余位区人大代表视察养老机构。（朱　芹）

10月16日，普陀区举行敬老日庆祝大会　　（林宏宏/摄）

【老年健康促进行动】　与区健康办联手开展健康型（老年）小区的检查评估工作，联合上海佰瑞福为老健康服务中心，在各街道（镇）开展为老健康服务志愿者培训，定期组织健康讲座、医疗咨询、安全检查、健康服务，推广和普及五脏养生操。敬老月期间开展走访慰问送温暖活动，召开敬老日庆祝表彰会，开展为老法律咨询和健康服务活动，组织“看世博、看发展”活动，让老年人体验世博，感受上海的发展。（朱　芹）

【扶持民政福利企业】　举办2010年就业援助月专场咨询指导活动，搭建福利企业与残疾人沟通桥梁。多方协调，落实福利企业贷款300万元。至年底，区福利企业有残疾职工712人，完成销售收入6.48亿元，实现利税1.17亿元。（朱　芹）

基层政权和社区建设

【概况】　2010年，区基层政权和社区建设工作，围绕全面建设新普陀目标和改革发展稳定大局，以社区事务受理服务中心标准化建设为契机，提高政府服务便民度。以推动基层民主建设为主线，夯实基层基础。以和谐社区示范创建活动为抓手，深化社区建设内涵。在“迎博办博”过程中，区民政系统做到思想、组织、措施落实，加上扎实、有效、创新的工作，获得市级荣誉44项、区级荣誉82项、系统荣誉38项。（朱　芹）

【探索基层民主自治新方式】　年内，制定《关于加强普陀区居委会建设的若干意见（试行）》，进一步明确了居委会的管理规模、办公用房、工作经费、工作减负、人员待遇等方面的规定。探索基层民主自治新方式，在曹杨街道杏梅园居委会、长寿路街道普雄居委会和宜川路街道赵家花园居委会试点，建立百姓事务协商机制，运用民主自治化解矛盾。（朱　芹）

【赠送世博大礼包】　组织开展世博大礼包发放工作，会同各街道镇全面发动居委会干部，认真登记排查发放对象，加强政策口径培训，及时处理问题矛盾和来信来访，全区共发放世博大礼包35.48万份，发放工作稳妥有序，圆满完成市政府部署的任务。（朱　芹）

【签订异地社区守望相助协议】　2010年，普陀区与对口支援的都江堰市玉堂镇签订社区守望相助协议，全区20个居委会、88户家庭与玉堂镇社区和家庭结对，开展户对户、社区对社区的互助关爱活动。（朱　芹）

双拥工作和退役士兵安置

【概况】 2010年,区双拥优抚安置工作以构建社会主义和谐社会为目标,以夯实创建双拥模范城区基础为重点,按照"解难题、突领域、创特色、抓载体、常推进、促和谐"要求,坚持依法拥军、以情服务,推进双拥优抚工作法制化、规范化、社会化建设,提升区双拥优抚安置工作的总体水平。完成退役士兵安置工作,全年,接收退役士兵272人,安置率100%。其中自谋职业率达到88.5%。 (朱　芹)

【世博安保系列服务】 年内,开展世博安保系列服务活动,制定《普陀区关于做好世博期间双拥工作的意见》,春节、五一、八一、国庆期间,组织区领导走访慰问驻区部队、世博第五责任区安保部队,赠送慰问品和慰问金,并上门慰问世博安保部队官兵普陀籍家属代表。举办"世博第五责任区安保部队官兵庆功慰问会",举行"普陀区为世博安保部队捐款企业答谢会",向10家企业颁发捐赠纪念牌。 (朱　芹)

【开展双拥工作】 元旦春节期间,区党政领导走访慰问部分驻区部队官兵,送去慰问金,向子弟兵致以节日的问候。举办2010年党政军迎春团拜会,进一步密切了军政军民关系。认真落实各项优抚政策,全年发放各类优待抚恤经费2000余万元。 (朱　芹)

【实施2项公益创投项目】 年内,区民政局组织实施"情系工臣"和"军徽映夕阳"2个公益创投项目。为此,分别制定《目标管理办法》等7项工作制度,通过调查排摸,确认优抚对象和受助老人共计6000余名,招募志愿者近3000人,分别落实服务内容,引领志愿者开展探访活动,举办健康、安全等知识讲座,召开座谈会,组织主题联谊活动及祝寿活动,并做好项目的终期评估工作。(朱　芹)

民间组织管理

【概况】 2010年,区社会组织管理工作按照年初制定的工作思路,结合世博年的工作特点,认真落实市、区社会建设大会精神,巩固学习实践科学发展观成果,开展创先争优活动,强化管理服务力度,提高自身能力建设,创新社会组织发展模式,探索社会组织建设和管理工作的新思路,更好地发挥社会组织在和谐社会建设中的作用。做好各类社会组织登记管理工作,至年底,全区共有社会团体117家,民办非企业单位312家,在各街道镇民间组织服务中心登记备案的群众团队1213家。。 (朱　芹)

【社会组织年检完成率100%】 2010年,完成业务主管部门的变更换证工作,对新成立的社会组织电子签章的使用进行培训。同时,组织新成立的社会组织法定代表人和相关工作人员开展集中业务培训,为年检工作打下基础。社会团体、民办非企业单位年检完成率均为100%,合格率分别达到99%、95%。 (朱　芹)

【完善社会组织预警网络】 为充分发挥社会组织预警网络在世博平安工作中的作用,年初,举行预警网络工作交流总结会,调整落实世博期间社会组织预警网络工作方案,下发《关于切实加强上海世博会期间社会组织预警网络工作的通知》,对社会组织三级预警网络进行梳理,配合相关部门做好世博期间的安全保卫工作。 (朱　芹)

【企业协会政社分开】 根据市委、市政府办公厅文件精神,年内,区对企业协会政社分开情况进行调研,拟定推进政社分开的实施方案,建立了联席会议制度及办事机构;分析了全区企业协会政社不分的基本状况,在确定的17家单位中,完成政社分开的企业协会有13家。。 (朱　芹)

专项社会事务管理

【概况】 规范婚姻收养登记工作,依法为婚姻收养登记当事人提供优质高效的服务。2010年,全区共办理结婚登记7672对,办理协议离婚登记2318对,出具《无婚姻登记记录证明》6607份,补发婚姻证书626份,在办事实抚养8户,办理解除收养登记1例,办理合格率100%。年内,殡葬服务、流浪乞讨人员救助管理水平不断提升。 (朱　芹)

【婚姻家庭健康免费咨询服务】 2010年,全区共为6275对新人提供婚姻家庭指导等免费咨询服务。进一步完善离婚劝和工作服务机制,为37对离婚当事人免费提供离婚劝和、疏导服务,劝和成功26对,劝和率70%。 (朱　芹)

【特色主题颁证活动】 年内,分别开展"元旦佳节结良缘,世博之年展宏图"主题活动,举行纪念《婚姻法》颁布60周年结婚登记集体颁证仪式。通过特色主题颁证活动,向全社会倡导新时代的文明婚俗,大力推动和谐社会与和谐家庭建设,同时,让全区广大群众进一步了解世博、宣传世博、树立"积极从我做起",共同演绎"城市让生活更美好"世博主题。(朱　芹)

【婚姻登记高峰日"十全十美"】 2010年10月10日,人称"十全十美",是结婚登记高峰日。为此制定工作应急预案,开通现场预约登记工作,完善登记工作的后勤保障,提前对所有电脑、打印硬件设备实施维护检修,并增设备用设备,确保结婚登记当事人能顺利、快捷地办理结婚登记。10月10日,共登记结婚623对,接待人数达1500余人。。 (朱　芹)

【殡葬服务、殡葬文化进社区】 年内,举行"迎世博——殡仪服务进社区"2010年清明大型宣传活动,为居民群众提供包括殡仪服务、购买墓地咨询、平安殡葬咨询等服务项目,发放宣传资料100多套,接待咨询百余人次。 (朱　芹)

【救助城市流浪乞讨人员】 2010年,区民政局会同区公安分局、区城管等执法部门,形成"三合一"救助联动工作机制,加大对流浪乞讨人员的救助管理力度,在世博会召开前后,连续开展集中救助行动,全年共救助流浪乞讨人员628人次。7月14日,区救助管理站新址揭牌并正式启用,该站为维护世博会安全、提升城市形象和社会稳定发挥了作用,作出了贡献。

(朱　芹)

二十八、社会生活

人口与计划生育

【概况】 2010年，区人口计生工作围绕“统筹”主题、把握“世博”大局，回顾“十一五”、谋划“十二五”，以转型求突破、以升级促发展，切实为区域经济社会长期平稳较快发展创造了良好的人口环境。年内，荣获“全国婚育新风进万家活动第四阶段示范区”、“幸福工程救助贫困母亲行动爱心奉献单位”、“全国计划生育协会先进单位”等荣誉称号。截至2010年底，全区常住人口112.60万人，出生人口8767人，出生率7.70‰，自然增长率1.19‰，计划生育率98.87%，独生子女父母光荣证领证率27.93%，晚婚率91.3%，常住出生人口性别比105:100。其中：区户籍人口87.89万人，出生人口5883人，出生率6.72‰，自然增长率-1.75‰，总和生育率0.92。计划生育率99%，一孩率94.63%，两孩率5.30%，多孩率0.07%，独生子女父母光荣证证领证率34.63%，晚婚率为92.77%，户籍出生人口性别比104:100。区流动人口25.59万人，育龄妇女7.02万人，其中已婚育龄妇女3.96万人；出生2884人，计划生育率97.02%。流动人口出生性别比105:100。全年人口与计划生育事业经费投入3560.04万元，比上年增加219.66万元，增幅6.58%，完成市政府下达的指标。 （李倍勤 周雅玲）

【完成国家人口发展“十一五”规划评估】 12月1日，中国人口基金会理事长赵炳礼携国家人口计生委、教育部、工业和信息化部等10人组成的国家人口发展“十一五”规划督评组莅临区督查指导“十一五”人口工作。市人口计生委主任谢玲丽、副区长景莹陪同视察、座谈。督察组现场考察桃浦镇社区人口计生指导中心，查阅区5年人口发展资料，召开专题座谈会，听取景莹专题汇报。区教育局、卫生局、公安分局、妇联等4个部门和长寿、石泉、宜川、真如等4个街道镇作交流发言。督评组对普陀区基层扎实的基础工作、统筹解决人口问题资源整合、优势互补的工作力度给予高度评价。 （李倍勤 周雅玲）

【加大人口计生依法行政工作力度】 依法履行行政许可、行政征收等职责，按照法定程序办事，做到严格执法、规范执法、文明执法。全年，依法办理再生育审批431例；办理《独生子女父母光荣证》4319人；受理独生子女病残儿鉴定11人；对142件违法生育行为发出《征收社会抚养费决定书》，收到金额300余万元。全区发放独生子女意外伤残扶助33人，金额9.9万元；发放独生子女意外死亡扶助人员5人，金额2.5万元；办理无业人员年老时计划生育一次性奖励人员27例，金额6.44万元；发放计划生育家庭特别扶助人员2916人，金额439万元。

（李倍勤 周雅玲）

【全面推进优生促进工程】 联合区民政局，在婚姻家庭健康咨询室为新婚夫妇提供一对一服务，提高科学婚检、孕检意识。制作《预防出生缺陷，生育健康宝宝》知识读本1.5万本，全年累计开展出生缺陷一级预防宣传28193人次。10月19日，召开“普陀区优生促进工作推进会”，联合区卫生局下发《普陀区开展免费孕前优生健康检查工作实施方案》；依托区妇婴保健医院专业优势，设立“普陀区孕前优生健康检查指导服务中心”，每周二、四开设门诊，全面开展免费孕前优生健康检查。为检查对象填写《普陀区免费孕前优生健康检查项目人群信息表》，建立“孕前人群自我评估数据库”、“孕前优生健康检查数据库”和《家庭档案》，由社区人口计生综合服务站医生定期回访，跟踪服务。全年重点对象建档297册，填写孕前自评手册2506人。。

（李倍勤 周雅玲）

【推进婴幼儿早期发展工作】 利用美国易乐宝(ELAP)测评系统，继续扩大婴幼综合能力发育普测项目试点范围，全年共完成200余例。宜川、长寿2街道荣获全市首批“科学育儿国际合作项目基地实验点”。由区科委立项，编制《社区0—3岁婴幼儿科学育儿指导服务教案》，为养护人提供更具实用性的养育指导。启动社区科学育儿指导服务师资培训。根据中共中央加强校园安全工作电视电话会议精神，区财政追加专项投入80万元在全市率先启动科学育儿基地安保工程，全区9个基地均专门配备安保人员、摄像头、电子报警器、电动控制门禁系统，并对基地人员进行"应对危机、做好应急"专项培训。7月7日，在石泉社区0—3岁婴幼儿科学育儿指导服务基地开展防爆桌面推演。

（李倍勤　周雅玲）

【"人口计生与世博同行"活动】 全年，开展以"人口计生与世博同行"为主题的专场宣传、版面巡展、各类论坛演讲20余次，大力营造世博和谐人口氛围。出台《普陀区人口计生系统世博工作推进方案》，成立区、街道镇两级工作推进领导小组，逐一细化单项工作目标及任务。设立宜川、桃浦、长寿3个街道镇世博对外接待点，分别定位"人口计生公共服务有效融入社区服务"、"人口计生公共服务实现一体化"、"人口计生公共服务与海派文化结合"三大主题板块，先后接待大连人口计生系统、贵州省计划生育协会、太仓市人口计生委等考察团。5月10日，举办全系统世博期间媒体接待技能专题培训，围绕"媒体沟通技巧"、"中国人权热点"、"独生子女政策"等敏感问题的应答与处理，由市计生委新闻发言人对全区人口计生干部进行培训，提高应急处置能力。7月8日，邀请华师大应用心理学系主任、中国心理学会社会心理学专业委员会理事崔丽娟教授为各级人口计生干部举办"人际关系与有效沟通能力"的专题心理疏导讲座，切实提高人口计生工作者与群众沟通能力，缓解世博信访压力。

（李倍勤　周雅玲）

7月22日，市、区领导为"桃浦镇人口计生指导服务中心"揭牌

（区人口计生委供稿）

【构建流动人口综合治理新体系】 建立健全泛长三角地区双向互动机制，联动全国20多个省、186个县市、650多个乡镇。11月11日，区人口计生委主任蒋莺带领各街道镇人口计生办主任前往安徽巢湖市人口计生委进行双向交流，对原籍地反映的流出人口去向难掌握问题，提出由居住地进行反向信息通报的解决方法。与区人口办联合下发《普陀区加强社区综合协管队员协助开展计划生育工作的意见》，明确协管员在流动人口居住信息采集、孕情信息掌握等方面的职责。加大打击"两非"力度，全年联合执法11次，捣毁"两非"窝点9个，收缴B超机9台，药品4卡车。

（李倍勤　周雅玲）

【探索计划生育群体养老模式】 由市科委立项，区人口计生委联合市人发中心，对1950户第一代独生子女家庭进行问卷调查，完成《上海市第一代独生子女父母及养老问题研究——以普陀区为例》报告。成立"陪护使者志愿者服务队"，与独生子女父母进行"一对一"结对，从守望相助、特殊助急等方面提供亲情化、个性化的服务。全年志愿者网上注册2900人。

（李倍勤　周雅玲）

【人口计生社区服务机构实体升级】 年内，区人口和计划生育指导中心完成新地选址、方案设计，进入开工、开业阶段。桃浦镇社区人口计生指导服务中心落成，7月22日，市人口计生委主任谢玲丽和区长孙荣乾为中心揭牌。该中心设有流动人口"美丽新家园"工作室、0—3岁"阳光BaBy天地"、独生子女父母"七彩夕阳"工作室等6个区域。在居（村）委层面推广建设"人口和计划生育服务管理工作室"，综合人口计生、民警、物业、业委、房屋协管员、小区医生等"六位一体"框架，使工作室成为育龄群众排忧解难的"服务点"，人口计生政策知识的"宣传点"，掌握人口动态变动的"信息点"，解决突发矛盾的"化解点"。

（李倍勤　周雅玲）

【人口计生队伍职业化建设】 12月15日、22日，区政府分别召开人口计生工作队伍建设专题会议和常务会议，根据市人口计生委、市民政局、财政局、人保局联合下发的《关于加强上海市人口和计划生育队伍建设的意见》，进一步推进全区人口计生队伍职业化建设步伐。拟采取两步走方法解决区队伍建设问题。第一步，2010年底主要解决区和街道、镇的队伍问题，第二步，2011年全面解决居（村）委专职人口计生干部和家庭计划指导员的配备问题。

（李倍勤　周雅玲）

【人口计生信息化工作】 认真做好人口计生综合管理信息系统的人口数据采集、维护、使用和交换，与外省市实现网上信息交流。全年共录入生育信息2559条，实现居住信息、婚姻信息、孕情信息、生育信息等网上通报1.2万人次，完成个案信息省际协查6604条，协助外省市上门处理105起。开展0—9岁人口计生基础信息核查工作，核查信息5.6万条，为第六次全国人口普查奠定基础。

（李倍勤　周雅玲）

【加大人口计生宣传教育力度】 与区委宣传部合作，在区有线台开设《人口与生育》专栏24期，组织新闻报道26次。街道、镇社区人口学校全年开课224次，听课2.07万人次。区“婚姻家庭健康咨询室”为5551对新婚夫妇提供专业教育指导服务。全区250个家庭计划指导室建立家庭计划指导个案册8143本，为4819对新婚夫妇、5778名孕妇开展面对面及上门入户指导服务，家庭计划指导覆盖率均达到98%以上。全年完成免费基本项目计划生育技术服务460例。

（李倍勤 周雅玲）

【计划生育协会建设】 至年底，全区有基层计划生育协会374个，其中区级1个，街道镇9个，居（村）委267个，国有企业24个，三资企业15个，私营企业26个，事业单位4个，流动人口计划生育协会82个；协会会员3.3万人，其中流动人口会员8657人；会员联系户11.51万户，志愿者4520人。全年，各级计划生育协会共募集“幸福工程——救助贫困母亲”捐款10.2万元；销售独生子女困难家庭专题福利彩票24万元，完成彩票兑奖16.6万元。销售独生子女保险1.6万份，其中政府出资为低保困难家庭购买2600份。

（李倍勤 周雅玲）

【避孕药具社会营销网络全覆盖】 年内，将避孕药具社会营销纳入“维络城”信息服务平台中，挑选一批地段好、位置优、人流大、影响广的“维络城”终端，作为第一批进行药具社会营销宣传服务活动网点，涵盖中环百联购物广场、农工商超市118店、乐购超市、亚新生活广场、地铁3号线及4号线3个车站以及罗森超市10余个门店，共计20余个。

（李倍勤 周雅玲）

【“母婴健康社区行”活动】 3月27日，“美好世博让生活更精彩，母婴健康让家庭更幸福——2010年上海市母婴健康社区行”启动仪式在普陀区宜川社区文化中心隆重举行，市人口计生委主任谢玲丽、副主任孙常敏，区委副书记、区长孙荣乾，区政协副主席柴晓苗出席。启动仪式上，普陀区成立了区级家庭养育指导站及宜川、长寿社区家庭养育指导室，并组建一支“家庭养育指导志愿者服务队”，将科学育儿的工作触角延伸至社区每一户家庭。

（李倍勤 周雅玲）

【计划生育基层协会评估认定】 5月13日，由市计划生育协会副会长周剑萍、秘书长段锦宏及部分区县计生协会秘书长组成的评估组到桃浦镇槎浦村视察区基层计划生育协会工作。评估组现场听取区计划生育协会常务副会长蒋莺关于《创新理念 强化服务 长效发展 全面提升新时期计划生育协会工作水平》的报告，观看区生育关怀三年行动电视片，召开基层协会评估认定座谈会。评估组一致认为普陀区基层计生协会工作敢为人先、敢于创新，会抓机遇、会用特长，寓管理于关怀之中，希望能进一步总结成功经验，挖掘典型案例，将经验及个案推广到全市。。

（李倍勤 周雅玲）

【人口计生生育关怀行动】 2月25日，区人口计生委、计生协会与长征镇联合举办“生育关怀伴和谐，情满普陀庆元宵——普陀区2010年新春团圆饭”活动，28名计划生育家庭孤儿、孤老连续3年欢聚一堂。6月7日，组织36位独生子女死亡家庭父母、独生子女孤儿，组成6个“亲子家庭”，走进世博园。6月13日，计生委机关支部与结对共建单位真如曹杨八村二委党总支共同举行“粽叶飘香迎端午，生育关怀促和谐”——“幸福工程”主题实践活动，共建支部28名党员为小区10户独生子女伤残死亡家庭捐款4200元。

（李倍勤 周雅玲）

【新上海人纪念世界人口日主题活动】 7月22日，区人口计生委、区文明办联手举办“文明观博 我们是主角 和谐人口 我们做贡献”——新上海人纪念2010年世界人口日主题活动”。市人口计生委主任谢玲丽、区长孙荣乾等领导出席。活动现场，向新上海人代表赠送世博会门票和世博文明宣传对帕，表彰新上海人世博优秀志愿者。全国人大代表、新上海人朱雪芹接受采访，并向现场近200名新上海人发出倡议，呼吁不断转变婚育观念，提高文明素质，为上海加油、为世博添彩。

（李倍勤 周雅玲）

【纪念9.25《公开信》发表30周年】 9月26日，区举行“情系计生，感动普陀，我们共同走过的三十年”主题活动，现场对长期从事人口计生工作的182名人口计生工作者进行表彰。各街道镇、相关委办局也集中举行纪念活动。长风街道举办“牵手苏州河、

6月7日，36位独生子女孤儿、孤老参观世博园 （区人口计生委供稿）

9 月 26 日，举办《公开信》发表 30 周年纪念活动（区人口计生委供稿）

感受新普陀、情系三十年”主题活动，组织人口计生系统代表在苏州河畔共话 30 年人口变化；曹杨街道举办“温馨计生，和谐曹杨”书画摄影展，以计划生育家庭为掠影，演绎全新人口婚育观念；长征镇举办新、老计生干部《走过三十年》座谈；石泉街道举办“我与国策”征文演讲比赛；区建设交通委举办“纪念公开信——人口计生政策宣讲会”。（李倍勤　周雅玲）

【制定独生子女特殊家庭扶助方案】 10 月 20 日，区人口计生领导小组印发《普陀区开展独生子女空巢老人家庭及独生子女死亡家庭关怀扶助工作实施方案》，对具有普陀区户籍的独生子女 16 周岁以上死亡的家庭给予一次性补助 1000 元；对患大病或低保的独生子女空巢或死亡家庭给予每户每年 500 元的定期补助金；为子女死亡的独生子女空巢老人家庭购买“银发无忧”综合保险和每 2 年组织一次常规体检。《实施方案》全面惠及当前奖扶政策没有涉及的对象，完善区级计划生育奖励扶助政策。

（李倍勤　周雅玲）

老龄工作

【概况】 截至 2010 年底，普陀区 60 周岁及以上的户籍老年人口总数 21.89 万，占区总人口数 24.91%。其中 80 周岁及以上户籍老年人数 4.37 万，占区总人口数 4.97%。百岁老人数达到 90 人，高龄老人呈现较快上升势头。面对不断加剧的人口老龄化和高龄化趋势，区老龄办围绕“六个老有”目标开展老龄工作，落实养老保障，形成助老帮困、紧急救援、生活照料、医疗保健、精神慰籍为一体的保障体系；推进老年实事项目，形成布局合理、功能完善、普及面广的为老服务设施网络；深化养老服务，形成独居老人结对关爱、居家养老服务和为老健康服务等多种模式；加强老年人维权工作，开设老年维权法律夜门诊服务平台和区老年人法律援助中心、街道镇司法信访综合服务窗口、居委会涉老纠纷调处小组三级老年维权机制；推进老年人文化建设，形成区、街道镇、居委会三级老年教育网络和老年教育进文化馆、进公园、进敬老院等模式，丰富老年人精神文化生活，有效提升老年人生活质量。年初，制定普陀区老龄事业发展“十二五”规划，提出“十二五”期间老龄事业发展的指导方针、发展目标、重点任务、主要指标、重要措施。（林宏宏）

【动态管理纯老家庭数据库】 2010 年，开展独居老人调查工作，定期组织街道镇老龄干部参加纯老家庭数据库信息管理业务培训，完善独居老人数据库，充实区、街道镇、居（村）委三级管理网络。为及时掌握需要重点关心的独居老人信息，了解老人实际需求，要求各街道镇定期、及时更新纯老家庭数据库信息，实行数据库动态管理。至年底，全区有纯老年人家庭 22931 户，36987 人，占老年人总数 16.9%，其中单身独居老人 9357 人，占纯老年人总数 25.3%，长期生活不能自理的纯老年人家庭有 600 户，625 人。列入每天问候服务的老人数 11901 人，已落实每天生活照料服务的老人 19832 人。（林宏宏）

【创建标准化老年活动室】 年内，整合社区各方服务资源，建成标准化老年活动室 14 个，社区标准化老年活动室覆盖率 73%。年初，制定《普陀区老年活动室建设三年行动计划》，确定全年老年活动室建设项目。召开老年活动室建设总结会议，提出标准化老年活动室建设和管理要求；下拨 25 万元，补贴各街道镇用于添置老年活动室防寒保暖设施及空调电费，确保老年活动室冬季正常开放。结合养老机构十分钟为老服务圈，拓展老年活动室服务功能，开展文体娱乐、谈心咨询、医疗保健、老年教育、科普讲座、日间托老等服务活动，满足老年人学习、娱乐和生活的需求，实现使用效益最大化。开展“十二五”期间标准化老年活动室建设意向的调研，基本确立“十二五”期间老年活动室的创建目标。（林宏宏）

【“敬老爱老助老”评选表彰】 年内，开展敬老爱老助老先进评选活动。各街道镇根据评选活动要求，广泛宣传，积极发动社区居民群众参与，通过自荐、座谈、联合提名等方式，进行层层推荐，深入发掘敬老爱老助老先进典型。推选出全国“中华孝亲敬老楷模”、“全国孝亲敬老楷模”，上海市“孝亲敬老模范单位”、“孝亲敬老之星”、“孝亲敬老楷模”以及普陀区“孝亲敬老模范单位”、“孝亲敬老之星”。全区共评选出市孝亲敬老模范单位 4 个、市孝亲敬老之星 8 个。其中桃浦镇的陈德骅荣获“中华孝亲敬老楷模”，宜川路街道汪会群荣获“全国孝亲敬老楷模”，上海瑞华置业（集团）有限公司、上海新曹杨福利院、石泉开业园区、上海佰瑞福为老健康服务中

心荣获市孝亲敬老模范单位，长征镇的黄汉良等8人荣获市孝亲敬老之星。（林宏宏）

【老年健康服务"十进"社区】 开展以"银龄健康关爱社区行"为主题的为老健康服务"十进"社区活动，在各街镇老龄协会建立9个银龄健康管理服务站，组织落实健康服务进社区活动。充分发挥社会为老服务组织的作用，积极参与老年健康促进行动，为社区老年人免费开展医疗保健服务、控油控盐控烟、家庭保健药箱、健康知识讲座、白内障检查、健康咨询服务、五官科健康检查、养生操培训、中医养生技能、健康检测管理等社区健康服务活动10项。8月，9个街道镇开展银龄健康促进工作的检查与评估，发现问题及时梳理和整改，完善工作举措，为创建老年人健康园区奠定基础。（林宏宏）

10月29日，医务人员为社区老人健康检测（林宏宏/摄）

【3200名高龄老人免费体检】 与区卫生局联合组织社区卫生服务中心医生为90周岁以上老人、70周岁以上低保老人提供上门医疗体检服务。年内，为3200名高龄和低保老人进行免费体检，对行动不便的老人派医生上门进行心肺、血压、肝脾等常规检查。组织社区卫生中心医务人员为老年人讲解保健、护理、健康生活方式等常识。区宏康医院在各街道、镇开展口腔健康和白内障检查，把专业医疗服务引入社区。4月，该院设立"白内障公益基金"和"为老绿色通道"，对社区有手术需求的困难老人减免1000元手术费，使760名老人得到及时医治。至年底，全区接受五官科检查的受益老人达万人。（林宏宏）

【设立老人人身意外保障受理点】 完善"银发无忧"老年人人身意外伤害综合保险。年内，每个街道、镇设立一个老年人人身意外保障计划受理点，方便老年人咨询和投保。保险公司派专人上门开展培训，详细介绍老年人意外伤害保险活动的细则、意义和实施办法，引导老人自愿参与意外伤害保险。全年共组织动员14757名老年人参加"银发无忧"意外保险活动，共购买老年人意外保险20528份。区老龄办和老年基金分会出资为1630名困难老人和老年志愿者购买人身意外保险，为老年人送上一份关爱和保障。（林宏宏）

【营造老年维权良好氛围】 年内，联合政法学院大学生义工，每星期2次为社区老人提供法律、法规专业知识及咨询服务。以第二十三个敬老节为契机，在社区深入开展老年人学法、维权活动，建设维护老年人合法权益的法制与道德环境。加强与区法院的联系，发挥区老年合议庭和老年维权工作小组的牵头作用，督促专业小组和各职能部门履行工作职责，为老年人诉讼提供便利服务。全年，会同法院、公安、房产、司法、妇联、民政、律师等有关职能部门到街道镇、居(村)委会进行现场办公，联合接待老人1400人次。做好老年人来信、来电、来访工作，全年共接待涉老纠纷1650人次，调解涉老纠纷1584人次，调处率96%。（林宏宏）

【健全独居老人结对关爱机制】 推进关爱独居老人"守望工程"，依托社区老年学校，组建学生志愿者队伍，为不同类型的老人开展各种形式的结对关爱服务，组织社区义工与独居老人结对，开展个性化精神慰籍服务。年内，各街道镇老年协会承接辖区内独居老人结对关爱工作，全面实施关爱机制，深化关爱措施。针对独居老人变动情况、关爱制度、结对工作、关爱服务、子女履行义务等事项，开展独居老人结对关爱活动的检查工作，建立健全独居老人档案制度、相关人员责任制度、问候记录制度、突发事件处理制度及教育宣传和检查督促制度，理顺关爱流程、完善关爱举措、丰富关爱内涵，使全区独居老人结对关爱工作落到实处。（林宏宏）

【创建示范性老年学校及收视点】 2010年，根据市教委、市老龄办《关于在本市开展创建示范性老年大学(学校)评估的通知》精神，在开展自查的基础上，健全办学制度，强化学校管理，择优推荐曹杨社区老年学校参加上海市创建示范性老年大学的评选，12月，曹杨社区老年学校荣获市特色老年学校称号。同时，大力推进居(村)委及养老机构远程老年大学收视点规范化建设，开展争创远程老年大学示范收视点活动，充分发挥示范收视点的引领作用，提升各收视点的组织管理和收视效率。年内，全区共评选出市级示范收视点1个、市级合格收视点18个，区级示范收视点9个。（林宏宏）

【老年教育工作】 2010年，利用区、街道镇、居村委三级老年教育网络，开展形式多样的老年教育活动。全年共举办老年教育报告员培训班4期，街道镇报告员及教工退管支部的离退休干部300余人参加。同时,各街道镇老年学校也对居委会办学点开展师资培训,使全区老年教育三级网络向纵深发展。开展老年教育和远程老年教育统计工作培训,为准确提供全区各类老年教育统计数据打下了基础。做好优秀老年教育教材的整理、编写和推广工作,年初,对各老年学校开设的课程进行全面普查,结合老年人需求和办学条件确定主干课程,探索试点课程,优化课程结构。年内,全区每所老年学校和老年大学均分别设置1门或2门以上的特色课程,满足老年人的多元化学习需求。全年,参加各类社会教育的老年人数54434人,占区老年人口数25%;参加老年学校学习的老年人数22237人,占区老年人口总数10%;参加远程老年教育学习的老年人数11859人,占区老年人口数5%。(林宏宏)

【举办老年教育艺术节系列活动】根据市老年教育艺术节的总体要求,在全区范围内开展“为世博添光彩,让生活更美好”——2010年普陀区老年教育艺术节展演活动,各街道镇积极组织艺术节系列活动,全区1000余名老年人参与活动。依托为老服务社会组织,组织部分困难独居老人和老年协会志愿者参加“万名老人看世博、看发展”活动,1000余名独居老人参观了世博园。5月28日,举办“庆世博、与世博同行”书画扇面展,共征集30余位画家及中老年书画爱好者的扇面书画作品70余幅。展出的作品,门类繁多、流派纷呈,吸引了众多社区老年书法爱好者。开展各类世博知识讲座、文明观博讲座及世博知识竞赛等世博系列活动,组织老年学员参加“拥抱世博、情系上海”老年摄影作品网上展示活动,引导老年人增强世博理念,践行世博文明,共享世博盛会。区老龄办荣获上海市老年教育艺术节优秀组织奖。(林宏宏)

【佰瑞福杯健身操展演比赛】10月24日,由区老龄办主办,老年基金分会、老年体育协会协办,上海佰瑞福为老健康服务中心承办的“脉动世博 健康普陀”——佰瑞福杯养生(健身)操展演比赛,在晋元高级中学体育馆举行。市老龄工作处、区民政局、卫生局、体育局、老年基金会普陀区分会、上海佰瑞福为老健康服务中心等领导出席。由街道镇千名老人组成的9个方队,踏着中国古代五行音乐旋律依次进场展演。该套养生操率先从普陀区推广,共有6节10分钟,具有畅通经脉、调和气血、平衡阴阳、养护五脏的作用。此次展演比赛,旨在让老年人能够规范操练这套有益于身心健康的养生操,正确掌握运动养生方法,提高健康水平。区老体协选送的4支老年健身操队也参与展演。真如镇养生操队获得第一名。(林宏宏)

10月,举办普陀区老年教育艺术节作品展示 (林宏宏/摄)

退休职工管理

【概况】2010年,区退休职工管理委员会围绕“迎博办博”大局、践行“城市,让生活更美好”的世博理念,认真做好全区退休职工管理和服务工作。提高窗口服务质量,为参保退休职工提供便捷服务;开展双月为老服务活动;深化《上海市退休职工住院补充医疗互助保障计划》的参保、续保和理赔工作;加大困难退休职工慰问帮扶工作力度,认真接待和处理退休职工的来信、来访,为退休职工提供免费法律咨询服务,年内,共受理来人、来电信访案件47例,48人次,解决率100%;借助区总工会职工文体工作资源,改善退休职工大学办学条件,加强退休职工文体活动阵地建设。

世博会期间,退管会干部职工全心付出、倾情奉献。发动和鼓励各级退休职工管理工作者投身文明服务窗口建设和交通文明、世博安保志愿服务等各项服务活动。年内,退管会职工参与各类志愿服务活动200人次。(王世靖)

【组织困难退休职工参观世博会】为了让困难退休职工参与世博盛会、感受世博理念、体验世博精神,在区总工会的支持下,上海世博会试运行期间,区退管会组织30余名困难退休职工代表与区劳模先进代表、优秀职工代表一起参观世博园区,并于4月26日,参加在沪西工人文化宫举行的发车仪式。参观活动中,退管会认真做好退休职工的后勤保障工作,配备随队医护人员、赠送世博纪念品、发放世博宣传资料和《参观指南》。(王世靖)

【创建退休职工文明服务窗口】区退休职工管理办公室承担着全区退休职工的参保受理工作。年内,加强窗口服务文明建设,努力为参保对象提供优质、便捷服务。增加窗口接待人员,保证服务窗口始终有人接待,随时接听来电、来访咨询及业务办理;组织窗口工作人员参加相关部门举办的窗口服务文明培训,提高窗口服务质量;加强窗口内部人员的学习教育,落实窗口文明服务公约，提高工作人员综合素质；推出便民措施，树立主动服务理念，提高事务办结效率。全年，窗口接待工作服务对象满意率100%，获得市退管会和区总工会好评。（王世靖）

【树立退管工作先进典型】 2010年，全区各级退管工作者及退休职工志愿者立足本职、无私奉献，践行世博精神，涌现出许多感人事迹。发掘退休职工中的先进典型，并加大宣传力度，号召全区退管工作者以先进为榜样，以更大的热情投身退管工作。区退管办工作人员王红英荣获"2010年上海市优秀退管工作者"称号；区退休职工志愿服务队成员管文童荣获"2010年上海市优秀退休职工志愿者"称号。（王世靖）

【退休职工医疗保障工作】 认真贯彻、实施《上海市退休职工住院补充医疗保障计划》。全年，退休职工参保、续保93842人，比上年增加1023人，参保金额1258万元；理赔人数50158人次，比上年减少2361人次；理赔金额3361万元，比上年增加72万元。落实便民措施，提高服务质量，做好参保、续保工作。退管工作人员主动深入企业调查研究，了解退休职工状况，加大保障计划的宣传力度，尽力做好退休职工住院理赔工作，努力帮助退休患病人员应保尽保，确保不让一个困难退休职工漏保。（王世靖）

【帮扶困难退休职工】 2010年，认真做好困难退休职工的帮扶工作。全区各级领导干部参加"冬送温暖"活动407人次，走访慰问困难退休职工4016人次，发放慰问金和慰问品91万元；各级领导干部参加"夏送清凉"活动349人次，走访慰问困难退休职工3531人次，发放慰问金和慰问品52万元。区退管会用于困难退休职工帮扶工作的各类资金投入比上年度增加9万元。帮扶工作的开展，使困难退休职工及时、充分感受到党和政府的关爱和温暖。（王世靖）

市总工会副主席杜仁伟慰问市优秀退休职工志愿者　（区退管会供稿）

【开展双月为老服务活动】 2010年，做好尊老社会服务，为区属企业的150余名70岁以上退休职工发放老年优待证，使他们及时享受到社会的关爱。深化"双月为老服务"活动内涵，拓展"双月为老服务"活动覆盖面，为社区退休职工提供免费、便捷、优质的服务。先后在真如、长征、曹杨、长寿等街道镇组织开展医疗咨询、按摩、理发、修理小家电、平整锅盖、磨刀剪、修伞、修鞋、量血压等便民服务活动，受到社区退休职工的称赞。年内，区退管会组织"双月为老服务"活动6次，参加服务活动的志愿者146人次，服务项目58个，2160人次退休职工获免费服务。（王世靖）

长寿社区举行退休职工双月为老服务活动　（区退管会供稿）

【办好退休职工大学】 上海市退休职工大学沪西分校贯彻"老有所教、老有所学"的老龄工作方针，认真做好沪西分校的退休职工教育培训工作，充分利用和发挥区总工会的职工文体工作资源和区培训学校的优势，进一步提高沪西分校办学质量。年内，利用区总工会职工演艺中心和沪西工人文化宫艺术学校的教学场地，引进优秀师资，先后开办舞蹈、声乐等培训班，参与培训的退休职工百余人。为吸引更多退休职工到老年大学学习，加大了学费报销标准和相关政策的宣传。（王世靖）

【退休职工文体活动阵地建设】 年内，加大退休职工文体活动阵地建设。为丰富职工文体生活，退管会组织部分退休职工免费观看杂技等文艺节目，深受广大退休职工的欢迎。注重退休职工活动主阵地——夕阳红退休职工戏曲沙龙建设，组织退休职工自编自演京剧、淮剧、沪剧等曲艺节目。全年，共举行戏曲票友演出活动近千场，参加戏曲沙龙活动的退休职工近万人。（王世靖）

二十九、街道·镇

综　述

2010 年，全区有 6 个街道、3 个镇，243 个居民委员会、3 个居民筹备委员会。推进文明行业、文明单位、文明村等基础文明的创建工作，争创“全国文明城区创建工作先进城区”。深化“抓发展、促和谐”建功立业主题实践活动，做好先进典型的培育、宣传工作。完成文明社区、文明镇检查验收。加强社区公共服务设施建设，不断完善社区生活综合服务圈。理顺社区“三个中心”管理体制，推进社区事务受理服务中心规范化建设。制订《关于加强本区居委会建设的若干意见（试行）》，加强居委会规范化建设。试点建立居委会百姓议事室，探索建立百姓事务协商机制。完成十二五规划编制和全国第六次人口普查工作。加强各类社会组织管理和预警。社区经济完成地方财政收入 21.11 亿元、税收 57.92 亿元。

2010 年普陀区街道、镇主要经济指标完成情况表

街道、镇	完成地方财政收入		完成税收总量	
	数额（万元）	增长率（%）	数额（万元）	增长率（%）
曹杨新村街道	4718	2.4	7443	-8.00
长风新村街道	9929	21.29	28720	13.45
石泉路街道	7627	9.51	22287	8.34
宜川路街道	2827	35	6940	26
甘泉路街道	5109	-6.12	14181	-2.4
长寿路街道	25344	13.01	54381	4.98
真如镇	8250	14.33	2117	14.28
长征镇	81045	15.56	245021	21.23
桃浦镇	66270	26.13	198132	15.30

摘自《普陀统计月报》2010 年第 12 期

长寿路街道

【概况】 位于区东南部。东起苏州河，与闸北区隔河相望，南始安远路，与静安区相邻，西至曹杨路，北抵中山北路。区域面积 4.02 平方公里，所辖 31 个居民委员会，户籍人口 9.9 万人，常住人口 129405 人。辖区历史底蕴丰厚：闻名中外的玉佛禅寺、沪西清真寺坐落于此；生态环境优美：拥有沪西工人文化宫、长寿公园、普陀公园和梦清园等大型公园或公共绿地 4 个，苏州河亲水岸线成为人居环境建设新亮点；商业气息浓郁：亚新生活广场、家乐福、世纪联华、华联吉买盛、中国移动通信等一大批知名商业、企业集聚于此；随着城区建设和功能开发的不断推进，长寿社区将重点发展长寿现代服务轴、滨河文化创意轴、武宁商贸发展轴三大经济轴，重点建设大自鸣钟、曹家渡、新武宁三个特色商圈，逐步形成以楼宇经济、现代商贸服务、文化娱乐旅游休闲、创意设计、科技与专业服务五大产业为重要抓手的长寿文化商贸服务带；推进旧区改造，改善居住民生和城市形态，力求实现市容环境与经济、社会同步发展，打造符合“生产、生活、生态”融合发展趋势的“繁荣、和谐、人文、宜居”社区。街道办事处地址：胶州路1095号。

经济工作。2010年，完成全额税收5.4亿元，比上年增长4.98%；完成区级税收2.46亿元，比上年增长10%；完成协税征收2318万元，比上年增长7.25%。引进企业104家，其中外资企业8家，吸引内资注册资金8.79亿，外资注册资金329万美元。

世博工作。成立迎世博工作领导小组，建立党政领导、职能科室分块包干的工作机制，与32个居民区、40余幢商务楼宇、500家社区单位签订世博工作目标责任书，将社会动员、窗口服务、城市管理、社区维稳等四方面的工作目标层层细化分解、落实责任到人。宣传及社会动员指挥部以一线行动、岗位行动、志愿行动、家园行动、整治环境等“五个行动”为抓手，推进“世博先锋行动”实效化。组织世博知识和文明观博讲座70余场，培训居民5万余人次，举办系列世博主题活动50余场，组织社区老年文艺团队为全区30个养老机构的入住老人开展100余场巡回演出。成立世博城市文明志愿者“八大行动队”，为市民和中外游客提供服务。运行保障指挥部建立符合长寿特点“执法、作业、管理、自律”和社会参与“四加一”市容环境长效管理运行机制，落实“定人、定岗、定责、定效”的固守工作机制，对重点难点节点路段开展联合执法整治，市容环境建设和管理成效显著；建立多层次窗口服务行业联络员队伍，吸纳窗口单位、居委会、党建、工会、民间组织、行业协会共同参与，建立包括200多家窗口单位在内的短信网络联系平台，组织200多家窗口从业人员参加区窗口行业迎世博服务能手、服务明星、服务标兵的评比活动；认真做好世博大礼包的登记与发放，共登记居民36782户，实际发放35799户，做到“应发尽发，不错不漏”。世博城市文化体验日获上海“世博城市文化体验日”策划评选活动最佳活动方案奖。

城市建设。对叶家宅路、常德路、澳门路、东新路、合利坊动迁基地、曹杨路、镇坪路轻轨等重点区域实现全面监管，道路总体环境明显改善。全年累计拆除各类违章4062平方米。完成多、高层旧住房综合整治约49万平方米；完成二次供水设施改造53万平方米，受惠居民近12000多户；开展武宁路、苏州河、轻轨沿线“四统一”工程项目，完成130万平方米建筑立面清洁任务，拆除雨棚1280多个，拆除球门式衣架1328个，增设伸缩晒衣架1300多个，实施空调移机加罩3600多个；完成61个小区的“六小工程”项目。完成红十字救护员培训237人，群众普及培训1922人；完成476名无偿献血指标。成功创建常德名园为环保绿色小区。实现小区物业全方位、全覆盖管理。

民生工作。落实政策就业的同时，通过开发“世博”配套岗位、开展个性化择业辅导、推行就业网格化管理等社会化就业途径，帮助失业人群实现就业。全年新增就业岗位2055个，完成指标的130.9%；城镇登记失业人数2185人，低于指标数10人；成功创业指标64个，完成指标的106.7%；外来从业人员月均参加综合保险人数22422人，完成指标的138.4%。落实“托底”保障政策与社会化救助“双管齐下”，全年定期救助558人次，重残无业补助2828人次，低保救助20529人次，临时补助115人次，民政医疗救助160人次。春节帮困活动募集社会帮困金53.8万元，帮助低保家庭、大病重病人员、军烈属、困难老人、残障人士等弱势群体1125人；秋季助学活动募集28家企业助学款65.7万元，帮助贫困家庭学生406人。优化社区事务受理服务中心功能设置与布局，增设周六对外服务时间，逐步实现从“一门式受理”向“大口式受理”服务工作机制的转变；建成芙蓉花苑、九茂、秋水云庐3所老年活动室；依托民间组织服务中心、百姓之家关爱服务中心以及建设中的长寿邻里生活服务中心等载体，引导社会组织参与社区服务；成立上海长寿敬老志愿者指导中心，为敬老院、托老所老人们提供精神慰藉和医疗保健服务，受益老人300多人次；发挥文申婚介所作为全市第一个公益性婚介机构的引领、规范作用，共举行80多次交友活动，服务2000余人次，社区服务逐步实现由“政府单一管理”向“社会组织共同参与”的模式转变。

社会稳定。强化社区矛盾化解、人员管控、问题联治等方面的资源整合，拓展治安综合管理的覆盖面；完善小区人防、技防、物防等设施建设，加大群租房整治力度，配合公安部门开展外来人员住宿管理。以街道党政领导包案、信访“三个一定”等工作为抓手，化解一批历史遗留矛盾，40件市、区领导包案化解信访矛盾化解13件；15件群体矛盾化解12件，稳控3件；8件重信重访矛盾化解4件。发挥人民调解以及“双结对”工作在基层大调解格局中的基础性作用，探索以柔性化解方式解决基层矛盾的新机制，全年受理治安案件人民调解纠纷10件，成功10件；受理群体纠纷6起。信访代理人民调解303起（包含诉前纠纷），成功303起；诉前调解共有283起，成功283起，协助法院执行5次。

社会事业。在全面巩固上海市文明社区换牌成果的基础上，创建市级文明小区29家，区级文明小区25家；市级文明单位4家，区级文明单位6家；区级文明楼宇9幢（其中新申报5个市级文明小区，4个区级文明小区，1个市级文明单位）。依托“长寿绿地共舞台”品牌，开展一系列紧扣世博主题的群文活动，累计演出54场，被选为“上海世博会城市文化广场”；发挥老年团队共舞台、街道合唱队等群众团队的积极性，举办一系列群众演出，增强社区居民的凝聚力和向心力。立足社区学校和9所分校，健全社区教育长效制度建设、整合社区教育资源，打造“全龄段、全成员、全天候、全方位、全系统”的社区居民十分钟学习圈，全年开设120多个教学班，招收学员4000余名。

年度亮点。成功创建为全国和谐社区建设示范社区，荣获全国社会组织深入学习实践科学发展观活动先进单位、第二次全国经济普查先进集体、“上海世博工作优秀集体(第一类)”等国家荣誉4项、市级荣誉26项。依托街道民间组织服务中心,引导社会组织,整合社会资源参与社区服务,民间组织服务中心被评为社会组织深入学习实践科学发展观活动先进单位;坚持把创建学习型楼组、学习型小区、学习型企业作为重点来抓,以点带面、全面推进,形成多元开放的教育新格局,年内,街道成功创建为上海市学习型社区;发挥“沪西共舞台”品牌优势,世博期间举行54场城市文化广场“周周演”活动,吸引2.2万余名观众观看,“沪西共舞台”荣获上海世博会城市文化广场之一;依托长寿社区蓓蕾科学育儿指导服务中心,整合社区教育、文化、体育等资源,为社区不同层次居民提供人口计生服务,中心被评为上海市科学育儿国际合作项目基地实验点。 (陈悦乐)

【建立社会救助长效机制】 2月19日,市委书记俞正声和市领导郑惠强、唐登杰在市民政局局长马伊里、区委书记周国雄等领导的陪同下视察长寿社区帮困送温暖工作,对长寿社区“社会救助社会化”长效帮扶机制予以充分肯定。街道以慈善超市为平台,按照“政府搭台、社会参与、民间运作、社工管理、义工服务、百姓收益”的运作方式,通过与家乐福超市、中船九院等20余家社区单位签订共建和谐协议,整合社会救助力量。6年多来,慈善超市共接受社会捐款620余万元,衣物、家电和日用品25万余件(价值255万余元),义卖变现50余万元。共救助困难群众5万余人次,救助金额570余万元。

(陈悦乐)

【世博城市文化体验日获最佳活动方案奖】 8月17日,“上海世博城市文化体验日”暨世博会国际参展方进普陀活动在长寿社区文化活动中心举行,81位来自德国、斯洛文尼亚、世界自然基金会等30个国家和国际组织的参展方总代表、馆长、副馆长等参加体验活动,活动荣获2010年上海世博城市文化体验日策划评选活动最佳活动方案奖。 (陈悦乐)

【成立百姓之家关爱中心】 年初,成立上海百姓之家关爱服务中心。按照“依法办理、依理疏导、依情关爱”的工作思路,探索培育社会组织第三方力量和志愿者参与社区建设和管理的新途径。中心根据关爱对象不同的情况,通过日常咨询、心理疏导、百姓知音(专家咨询)、百姓讲坛、结对关爱、上门关爱等不同形式化解矛盾,从心理、生理、生活多方面综合解决关爱对象的实际困难问题。以“助人自助”的工作理念,运用专业社会工作方法和技巧,帮助困难群众增强其社会适应能力。 (陈悦乐)

【精神慰藉菜单式敬老活动】 5月,成立上海长寿敬老志愿者指导中心,按照“政府推动、民间运作、社会参与、老人受益”的模式,采用规范化、流程化、信息化、制度化的志愿者管理方法,实现社会组织来自社会、服务社会,推动养老社会化参与度,为老年人解愁。整合社区、高校青年志愿者力量,开展“小手牵大手、夕阳育朝阳”菜单式服务,满足社区老人的精神慰藉。全年开展10类主题敬老活动,涵盖旅游、休闲、健康、文化各领域,为3家养老机构提供22次主题敬老活动服务,老年人受益708人次。

(陈悦乐)

【开展个性化择业辅导】 2010年,街道与彩翼工作社合作,打破常规授课形式,实行一对一、面对面交流式教学,为每一位求职者量身定制出适合其个性发展的就业方向。通过辅导,使他们的心态得到调整,观念得到转变,由“我选择市场”转变为“市场选择我”。全年针对不同的求职人群,开设大学生专场、4050人员专场、就业困难人员专场等6场个性化择业辅导,57名学员中已有27人正式上岗。

(陈悦乐)

【成立社区就业工作联席会】 6月,成立长寿社区就业工作联席会,首批会员由27家企事业单位组成。联席会以宣传就业政策、提供人才信息、开发社会岗位为目标,以规范化、常态化的机制为保障,做到一年两次活动,一季度一次培训,一月一次走访,充分发挥其独特优势和桥梁作用,形成“社区得岗位、企业得人才”的双赢局面。在新增岗位中,10%来自于联席会的会员单位,已有百余名求职者成功上岗。 (陈悦乐)

【“3+1”长效管理工作机制】 2010年,针对“乱招贴、乱涂写、乱刻画”久治不愈的问题,街道以长寿三维公共环境卫生服务社为主要力量,形成“打击取缔窝点、道路设卡堵截、动态点线清除+专业特制工具”综合治理“三乱”的“3+1”工作法。世博期间共取缔制作黑色广告窝点30多处,收缴各类印刷制品8吨及制作工具60余件(套),堵截张贴人员500余人次,铲除黑色广告10万余张,粉刷电线杆1650根,粉刷围墙墙面6万平方米。自制10余种特制工具,提高“三乱”清除效能;使用环保型清洁药水,清洗黑色广告3000余处。

(陈悦乐)

宜川路街道

【概况】 位于区东北部。东起沪太路、彭越浦河,西至光新路,南始苏州河,北至交通路、泾惠路、延长西路,毗邻上海火车站北广场,京沪铁路和内环线经过境内。面积2.22平方公里。所辖23个居委会,户籍人口8.91万人,常住人口11.12万人,外来人口5.31万人。辖区内有全国著名企业——上海造币厂、上海市实验性示范型高级中学——宜川中学、上海市第一个被列入市“重大工程”的住宅项目——中远两湾城。街道办事处地址:华阴路298号。

经济工作。全年完成注册资金5.5亿元,超额完成全年指标90.4%,完成全额税收6940万元,比上年增长26%,完成区级财政2827万元,比上年增长35%。引进欧擎溢洲、中发集团和中都银业等注册资金千万以上的企业,完善经济发展结构调整。基本解决宜川仪表厂历史遗留问题。以“安商、扶商、留商”为重点,提升服务标准，配强服务队伍，提高服务水平，实现经济服务环境的改善和提升。做好政策宣传、跟踪和协调服务工作，通过跟踪企业发展走势与需求，定期召开企业发展征询会议，邀请相关职能部门会诊服务等方式，为企业排忧解难，切实做到“扶商”。做优政策环境，加强企业的政策咨询服务，做优政务环境，实施“一站式”办公，提升街道服务经济工作效率，切实做到“安商”。完善街道服务经济工作体制，建立领导干部联系骨干企业、相关部门分片包块服务制度，形成全街道共同参与、服务经济发展的氛围，切实做到“留商”。

世博工作。开展一系列宣传活动，发挥新闻网络站的功能和作用，发动近3万居民参与网上世博问答。《和谐宜川报》设迎世博专刊，每月1.5万份宣传世博知识和社区动态。先后成立市民劝导、红领巾啄木鸟、交通志愿者等18支2000余名群众参与的志愿者队伍，使群众成为迎博办博行动的主人。创建“四方联动”工作机制，街道、执法部门、居委会、社区志愿者形成合力，积极联动，搭建同创共建良好平台。完成53.7万平方米“四线”(内环沿线、铁路沿线、轻轨沿线及苏州河沿线)立面整治任务。完成华阴路东段、骊山路中段、北段和泾惠路等总计221间商铺的店招店牌改造工程(迎世博600天期间，累计完成689间商铺的店招店牌改造，基本实现店招店牌改造全覆盖)。在8次文明指数测评迎检行动中，社区上下通力合作，同心协力，为普陀区连续保持中心城区的中等水平贡献力量。以华阴路公共服务一条街为重点，开展“提倡优质服务，维护优良秩序，创造优美环境，提高居民满意度”系列活动，落实窗口从业人员培训，开展世博知识竞赛，组织窗口服务下社区，开展窗口单位安全大检查。成立由市民巡访员组成的窗口服务督查小组，对街道范围内的窗口服务单位定期开展督查，累计开展督查工作34次。

城市建设。“六小工程”全覆盖。根据居民的需求和小区的实际情况，在原定33个小区建设目标的基础上，又增加城公大厦、华经大厦2个点，使全年完成“六小工程”的小区达到35个，并对泰山一村等小区在原有工程基础上进一步深化完善，完成“六小工程”二期工程。在“六小工程”推进过程中，通过召开协调会、现场会等多种方式听取各方建议，确保“六小工程”更加富有特色，更加贴近居民需求。推进宜川六村、宜川二村成套化改造进程，完成宜川二村4幢楼改造工作和11幢楼相关签约、审批程序，完成宜川六村2幢楼改造工作。完成17.8万平方米二次供水设施改造工程，其中泰山新村小区15.5万平方米，华阴小区2.3万平方米。发挥城管联席会议平台作用，联合工商、公安、物业等力量，着力解决城市管理过程中存在的问题。针对夜排档、乱设摊回潮等现象，组织开展集中整治行动，先后组织实施非机动车集中整治行动、洛川路马路集市整治行动、中潭路夜排档整治行动等。探索实施门责管理制度，加强对沿街商铺的监管，推动商铺自我管理。

社会事业。文化活动中心活动达34万人次。社区学校开设8大类33门课程，培训15800人次。开展“虎跃世博社区情”大型民族民俗民间文化活动展演活动。依托“我说宜川”论坛平台，开展社区居民花卉艺术展、科普文艺表演、科普讲坛等系列活动，在全社区范围内掀起“低碳”热潮。开展百名老人游世博园、千名老人学养身操等活动。举办普陀区第九届宜川戏曲节活动，上海电视台“百姓戏台”栏目全程转播戏曲节闭幕式。皮影戏舞《俏夕阳》、越剧《碧玉簪》、女声小组唱《江南古镇》3组节目两次进入世博园演出。“海派瓷刻”艺术入选上海世博会公众参与馆，“秀·空间”项目展演取得成功。0—3岁科学育儿指导服务基地成为上海市与加拿大哥伦比亚大学0—3岁科学育儿国际合作项目基地。发挥教育合力，切实保障未成年人身心健康成长。“七彩两湾”网站入围上海市第五届优秀网站评选。探索志愿者长效管理，初步形成志愿者工作机制，完善宜川路街道志愿者管理办法和志愿者守则，每月下拨志愿者工作经费到各居委会，扩大志愿者队伍参与面。平安志愿者、交通志愿者、精神文明志愿者等志愿者队伍参与小区环境整治、路口保畅、交通站点巡逻等各类行动中，为改善地区交通状况，美化小区面貌，提高社区文明程度发挥作用。

民生工作。以创业带就业、以培训促就业、以援助推就业，全面完成劳动四大指标，新增就业岗位1751个，完成率为134.69%；失业登记控制数2179人，控制在指标数内；帮助成功创业50家；外劳力综合保险指标完成6443个，名列区第三名。创新“一对多”，即一个单位招聘的小型互动式招聘会模式，增加招聘岗位匹配度及单位录用率。着力帮助困难群体人员就业，认真扎实做好动态跟踪工作，做到及时了解、及时引导，安置一个、稳定一个。全年累计发放帮困金2033万元，救助6.3万人次。“蓝天下的至爱”慈善募捐活动共募集捐款34.5万元。“7259”帮老助残居家养护82户。建立“阳光职业援助基地”，吸纳11名就业困难的残疾人。乞讨救助队32名志愿者劝阻流浪乞讨人员486人次。慈善超市运作更趋市场化、平稳化，义工服务160人次，两劳释放人员实习21人，超市营业利润全部进入帮困基金，为社区慈善事业提供稳定的资金来源。针对社区老龄化程度日趋严重的趋势，街道从“政策导向”转到“需求导向”，立足社区老年人的实际需求，整合社区为老资源，打造“老年俱乐部”新品牌，制定《宜川社区老年俱乐部三年建设方案》。街道率先完成宜川一村、宜川四村等7个服务点的建设，并坚持以公益性、非营利性为原则运营俱乐部，为老年人提供无偿、低偿服务。

第九届宜川戏曲节。10月26日，由区文化局、宜川社区(街道)党工委、宜川路街道办事处共同主办的区第九届宜川戏曲节在社区文化活动中心开幕。宜川戏曲节突破以往举办模式，以戏言志、用戏载情，以宜川社区迎世博600天、办世博180天以来所涌现出的生动的、感人的、鲜活的事例为题材创作一批戏曲作品，由社区戏曲爱好者、戏曲沙龙成员在开幕式活动中演出，体现宜川居民蓬勃向上、和谐友好的精神面貌，热情歌颂宜川社区建设所取得的巨大成就。戏曲节共为期两周,其间进行戏曲专场演出5次、社区戏曲沙龙活动10次,参与的社区群众达2万人。11月10日,第九届戏曲节与上海电视台百姓戏台栏目携手,在上海电视台演播厅举行闭幕式活动。普陀区戏曲文化形象大使梁伟平、戏曲表演艺术家史依泓、华怡菁等纷纷登台献艺。闭幕式活动多次在七彩戏曲频道、艺术人文频道播出。（唐伟军）

【实施"防火墙"工程】 2010年,街道结合世博安保安全工作,推进和实施构筑社会消防安全"防火墙"工程建设。一是开展关爱老年人消防安全工程,由专业人员上门为社区里的独居老人家庭用电、用气进行安全检查,及时排除隐患;二是开展"灭火器工程",加大社区消防安全设施改造力度,投入20万元,为社区内老式公房全部安装灭火器,增强居民灭火自救能力;三是加强宣传教育,组织消防知识培训,提高居民消防安全"四个能力"素养。通过实施多方位的"防火墙"工程,老式公房的防火能力得到显著提高,仅8月份就减少独居老人家庭安全隐患近百个,扑灭居民火灾隐患2起,"防火墙"工程的效果得到初步显现。（唐伟军）

【探索社区管理新模式】 中远社区开通"七彩两湾"网络论坛,搭建居民之间、居民与小区职能部门等的沟通渠道,突破传统社区管理模式,探索形成构建社区认同的新模式。一是构建宣传引导平台,在网络论坛上开展多项活动,做好宣传和舆论引导;二是构建联络沟通平台,突破时间和空间的限制,打破钢筋水泥的封闭,成为联络沟通社区居民与社区管理者的桥梁与纽带;三是构建风采展示平台,组织网友开展各类活动,凝聚人心,团结居民;四是构建服务居民的平台,完善网上办事机制和加强网络服务,实现管理社区,服务居民的最终目标。（唐伟军）

【完善各项为老服务】 以"老年为本,为老服务"为原则,全面落实"六助"工作,即助餐、助医、助困、助行、助浴、助洁。年内,老年食堂为250名老年人提供中餐。分批组织400多名中老年人进行"五官科"免费检查,开展家庭小药箱赠送活动,宣传药品分类的知识。对部分高龄独居老人进行"健康体能测试"。联系中医教授分头深入各居委会先后组织千余名中老年朋友,开展健康关爱讲座活动。对符合居家养老条件的老人上门评估、审批。享受居家养老服务老人共计1032人,安装安康通668个。举办宜川社区首届敬老月活动,开展游世博感受城市变化、学养身操锻炼体魄、走访慰问送温暖等一系列活动。10月12日下午,在文化中心影视厅举办"庆世博、迎重阳、庆祝第二十三个敬老节"的文艺展示活动,参与老人300人。（唐伟军）

【百日竞赛活动】 7月,开展"保世博安全、创平安社区、让百姓满意"百日竞赛活动,社区各单位、居委会成立活动领导小组,根据"平安建设"台账内容和要求,通过街道机关、区派出机构、居委会、小区物业以及社区单位的多方联动,落实"平安建设"的工作责任。同时成立5个指导和考核小组,每月定期到、居委会和社区单位进行工作考评和指导,开展百日竞赛活动:一是社区单位和居委会采取滚动式排摸方式,杜绝安全隐患,减少案件的发生;对于辖区纠纷及时介入,积极调解,争取将矛盾稳控、化解于萌芽阶段。二是通过横幅、广播、板报、宣传画等宣传形式,开展"平安建设"措施和成果的宣传,动员居民参与群防群治和邻里守望等活动。三是加大生产安全检查力度,督促整改进度,对存在安全隐患又不整改的单位和个人及时向有关执法部门书面报告并提出处罚意见。四是推行社区民警信息进楼道,居委会每月组织居民参与警情通报会及安全防范知识讲座,加强警民间联系互动。23个居委会、30余家单位参加。（唐伟军）

甘泉路街道

【概况】 位于区东北部。东起沪太路,与闸北区相邻,南始延长西路、泾惠路、交通路,西至岚皋路,北抵灵石路,与宝山区、闸北区相接。区域面积2.34平方公里,户籍人口9.18万人,常住人口112901人,共划分为20个居委会,1961个居民小组。街区内有19条沥青的道路,人行道彩色砖铺建,有光新路、岚皋路立交桥,横跨沪宁铁路通往市中心,轨道交通7号线连接浦东和宝山,交通便利,方便居民出行。街道辖区内教育、文化、卫生、商场、体育等设施齐全,商业网点分布均衡,有高等院校1所、区卫生学校1所、大中专业技术学校2所、外语中学2所;有志丹苑元代水工遗址博物馆、普陀区少儿图书、甘泉文化馆、甘泉路街道图书、甘泉社区学校综合活动中心、新上海影都;有同济大学附属同济医院、普陀区精神病卫生防治中心、普陀区中医医院门诊部等医疗设施;有华联吉买盛、好又多等超市;有3所设施齐全的敬老院。街道办事处地址:志丹路125号。

经济工作。全年完成全额税收1.33亿元,完成区级收入5108万元,剔除一次性房产税收入后实体经济总量为3350万元,比上年增长41.95%。完成招商引资注册资金3亿元。探索运用中介招商、与吉林省驻沪办合作招商等模式,拓宽招商渠道,提升引进企业的规模和质量,引进绿地威科商务楼宇项目、高力国际物业公司总部迁移项目,协助澳德巴克斯汽车有限公司完成设立上海分公司。部分新引进企业的发展势头良好,逐渐加入"重点骨干"企业队伍,成为街道经济发展的新支柱。甘泉招商分中心荣获市模范集体称号,街道被市商委推荐参评全国商业示范社区。加大协税工作投入,对现有的工作网格进行重新分配,对内部管理人员进行精简,充实一线税收工作人员。引进责任目标考核,将目标层层分解,落实到人,通过这一系列的工作,调动工作人员的积极性,消除社区范围内的个税征收盲点。

世博工作。利用各类媒体全方位强化世博宣传报道,多层次宣传文明观博礼仪,推进"知荣辱、讲文明、迎世博"主题教育实践活动。在区迎世博第五个百日测评中获得宣传教育贡献奖。开展"社区文化进世博"、"世博文化进社区"活动,精心策划"世博城市文化体验日"方案,被评为全市30家最佳方案之一。完成发放"世博大礼包"38385套。发放世博健康礼包55513份。组织100名社区独居、困难老人参加上海市"万名老人游世博"活动。做好历次文明指数测评迎检工作。完善捆绑式联动机制和项目化管理机制,加大联合执法力度,针对市容环境难点持续开展世博环境整治行动。落实世博会期间城市运行服务和应急保障工作方案,每月组织市民巡访团开展环境秩序检查监督。在区迎世博第六个百日测评中获环境整治贡献奖。开展"迎世博绿色出行"宣传活动,子长小区获上海市2010年度世博绿色出行·低碳社区奖和世博绿色出行示范小区称号。开展"三五"集中行动和"世博先锋行动"党员志愿者路口保畅活动。设立世博城市志愿者站点,为市民和游客提供服务。制定工作预案,做好世博会期间窗口服务和各类组织参观和接待服务工作。抓好世博安保社会面防控,制定和落实世博会期间街道总体应急预案及各项分预案,并与相关部门、单位和各居民区签订世博安保责任书。健全突发事件应急处置机制,加强对社区反恐重点单位的安保业务指导。依托"红警工程"和近3000名平安世博志愿者,加强对站点、小区、街面的巡防守护。做好世博会等重要时间节点的社会稳控工作。深化共青团"号、手"优质服务示范行动,社区世博城市志愿者站点被评为"团队之星"。

城市建设。完成元代水工博物馆周边环境整治项目。全年完成平改坡综合整治100万平方米,二次供水设施改造76万平方米,完成铁路、轨交沿线"四统一"改造及立面整治26万平方米。街道荣获市迎世博二次供水设施改造工作先进集体称号。全面完成20个居民区共33个物业小区"六小工程"建设。完成双山路门面和新村路570弄改造工程。街道荣获普陀区实事工程立功竞赛先进集体。配合区建交委完成白水路市政道路配套建设。全年拆除违章建筑3000平方米。调整、改造绿地9000多平方米,新建公共绿地1633平方米。开展爱国卫生月环境卫生整治活动。组织无偿献血334人次,荣获市红十字会服务世博先进集体组织奖。

社会事业。参与上海市第二轮社区教育示范街道评比。开展全国科普日、上海科技周等主题科普活动。推进甘泉社区文化活动中心改扩建项目的相关准备工作。成功举办2010年甘泉社区节。利用小区文体休闲广场开展群众文艺月月演和全民健身运动,举办"百场电影进社区"活动。组队参加市、区各类文体活动项目,荣获市群众体育先进单位称号。开展多种形式的图书漂流和青少年暑期活动。完成4.2万户居民有线电视数字化整体转换工作。创建流动人口计划生育管理服务示范点。加强对社区特殊对象和困难家庭未成年子女关爱,开展未成年人犯罪预防预控工作。成立社会治安综合治理工作中心。推进上海市平安社区创建,落实"十项措施",实施警民联动。组建居民区"小喇叭巡防队"。加大矛盾化解力度,轨道交通7号线新村路站等突出矛盾基本得到化解和稳控。在居民小区安装减速带230米,配备灭火器1076只。对地区烟花爆竹、高层建筑、地下空间、旅店宾馆、特种设备、危险化学品企业等进行专项检查。开展安全宣传,组织居民区干部和1000余名农民工参加安全知识培训。荣获市燃气安全示范社区称号。建设治安案件人民调解工作室,推进律师"双结对"活动。以"法律夜门诊"为重点,规范志愿服务平台。加强对刑释解教对象的排摸、帮扶工作。成功创建上海市示范司法所。以"谋'十二五'规划,建设和谐家园"为主题,开展"五个一"系列活动,推进街道"十二五"规划的研究和编制。开展统战人士精神文化活动,商会企业为"蓝天下的至爱"和区光彩事业慈善捐款20万元。关注妇女儿童需求,推进家庭文明建设,街道妇联被授予全国妇女健身示范站点。推进甘泉"零距离工作法",完善"零距离工作法"的运行考核机制。加强反腐倡廉警示教育,严格执行"三重一大"各项制度。完成街道信息系统标准化改建项目。加强对门户网站、政务平台的管理和应用,深化政务公开。

民生工作。全年新增就业岗位1584个;登记失业人数2283人;发展非正规就业劳动组织19家,成功创业50人;来沪从业人员参加综合保险月均7234人,超额完成年度指标(指标数4150人)。排摸就业困难人员,与其签订就业帮扶协议,提供公益性就业岗位,开展就业援助主题日活动,促进就业困难人员再就业。加大职业培训力度,成功推荐社区应届大学毕业生就业306人。全年各类救助累计覆盖61353人次,总金额1808万元。发放世博期间一次性补助,累计救助4532人次,总金额93.2万元。新建1所老年人日间照料中心(老年俱乐部),并与上海颐和爱心敬老院共同探索资源互补共享的为老服务新模式。完成新宜合阳、名都等8个居委会标准化建设。建成新宜综合服务点。新建安塞老年活动室,实现20个居民区老年活动室全覆盖。完成15个小区文体休闲小广场。实施社区综合保险,共投保192284元。构建社区为老服务"四大网络"(老年生活照料网、老年紧急援助网、老年医疗保健网、老年社区服务网)。街道荣获全国老龄工作先进单位。启动"夕阳家园"关爱老人服务项目。月均为550余名社区老人提供助餐服务。完成居家养老服务1258人。为社区困难独居老人购买"银发无忧"保险1639份。开展助残月服务活动,完成残疾人劳动就业17人、就业培训103人。开办阳光职业康复援助基地。街道成功创建上海市社区特奥工作先进单位。"阳光心园"成功创建上海市养护机构先进单位。推进"情系功臣"优抚对象关爱行动和"军徽映夕阳"军民共建助老服务公益项目。安置退役士兵36名。合阳、甘泉苑居委会成功创建2010年度上海市和谐示范居委会。合阳市场达到"一星级"菜场标准。

(吴臻欣)

【获全国老龄工作先进单位】 街道以建立健全为老服务体系为核心,不断深化为老服务内涵,不断丰富老年人精神文化生活,切实维护和保障老年人合法权益,逐步建立一系列具有自身特色的老年服务网,包括老年生活照料网、老年紧急援助网、老年医疗保健网、老年社区服务网,为老年人提供优质、便捷的社区关爱服务。街道自2007年开始,依托社区敬老院等机构开展上门送餐服务试点工作,解决社区部分高龄、病残、孤寡老人的就餐问题。2008年5月,街道开办章家巷老年食堂,进一步扩大助餐受益面,坚持公益原则,满足老人就近用餐需求,解决部分老人"买汰烧"的烦恼,了却子女们的牵挂。章家巷老年食堂还坚持365天为老人送餐上门,是全市少数、普陀区唯一一家做到全年无休送餐上门的单位。年内,月均为550余名老年人提供助餐服务,并将为老助餐服务延伸到临近社区。12月,街道荣获"全国老龄工作先进单位"。

(吴臻欣)

【毕业月系列活动】 7—9月,创新建立"指导——推荐——录用——跟踪——再推荐"的工作机制。邀请区职介所导师对毕业生进行专题系列讲座,充分运作社区服务中心窗口和启航职业心理指导室,联手区职业指导师进行职业技能培训。年内,共调查排摸社区应届大学毕业生475人,成功推荐就业306人,就业率达到64.5%。(吴臻欣)

【创市世博绿色出行示范小区】 6月,子长小区荣获"世博绿色出行示范小区"称号。子长小区作为试点小区,通过开展绿色出行承诺、观世博绿色出行指南、有车族认养树木、免费借骑自行车、组织合乘驾车等活动,践行低碳环保理念,将绿色世博理念与社区活动进行结合,为全市开展"绿色出行"社区活动起到标杆和模范作用。市环保局与美国环保协会组织全市各社区代表对子长小区绿色出行活动进行观摩。中秋节,在世博中心内举行的绿色出行盛典上,也将子长小区作为该活动典型事例进行宣传。《新闻晨报》、《劳动报》和《新闻坊》等媒体先后对子长小区进行采访和报道。(吴臻欣)

【获市群众体育先进单位】 2010年,社区体育健身团队参加各类比赛获国家、市和区级奖项21项;体育健身俱乐部通过市级二次评审。主办"迎世博·扬国球"——2010年甘泉社区首届乒乓球比赛、"全民健身庆世博·群众体育续新篇"甘泉社区体育健身团队展示等社区体育赛事6项。定期举办培训和讲座,新建扯铃、象棋、毽子等协会。新增健身俱乐部会员240名,培训社会三级指导员48人。投入专项经费更新健身苑(点)器材64件,器材的完好率保持100%,实现学校体育场地资源向社会开放,开放率达100%。11月,获市体育局颁发的"上海市群众体育先进单位"称号。

(吴臻欣)

【"同在蓝天下、读书共成长"读书系列活动】 11月,图书馆与"阳光之家"残障和智障的孩子们开展"同在蓝天下、读书共成长"读书系列活动,以主题"大眼睛看世界"、"感恩与你同行"等读书互动形式,让"阳光之家"的孩子们了解世博和祖国的变化,进一步加深对社会的认识,提高自己的动手能力。并在街道图书馆设立残疾人"励志人生"专架,设立无障碍设施、残疾人卫生设备有专人负责接待残疾人读者,使读者在享受公益文化服务时更加便捷、舒适。(吴臻欣)

【打造"红警工程"红色防线】 2010年,围绕四个"起来",打造"红警工程"的红色防线。"红袖章戴起来"——志愿者、居委会干部、小区居民骨干以及保安、保洁员每天佩戴红袖章,形成小区里一道流动的红色预警线,发挥标示、提醒和震慑的作用;"板报、橱窗挂起来"——组织居委会在小区主要出入口和主干道,利用黑板报和宣传橱窗等载体,向居民宣传安全防范知识,进行温馨提醒;"广播、喇叭响起来"——成立"小喇叭巡逻队",小区夜巡人员一边巡防,一边播放安全提示,让居民感受到一种亲切和贴心;同时,街道还专门编制涉及防火、防盗、防煤气泄漏、防台防汛等不同主题的广播稿,在小区进行滚动播报;"小区巡防动起来"——街道以每500户居民划分为一个治安片区,并根据每个小区的实际情况,划定一条涵盖水泵房、配电房等重要设施的巡防路线,设置两人一区进行治安巡查;自3月份平安志愿者行动启动以来,社区入室盗窃案件同比下降12.3%。(吴臻欣)

石泉路街道

【概况】 位于区中部。东起光新路,与宜川街道毗连;南至中山北路,与长寿街道相接;西分别以原西站货场铁路线、曹杨路和武宁路与真如镇和曹杨街道为界;北至沪杭铁路线,与甘泉街道为邻。地域面积3.48平方公里,所辖24个居民委员会,户籍人口10.06万人,常住人口129582人。社区居民住宅主要以70年代末、80年代初建造的老式公房为主,还有部分50、60年代建造的二级旧里,属于一个居住密集型的居住区。辖区内品尊国际等小区逐步成型,原西站货场的铁路职工安居房项目已经启动。随着城区建设和功能开发的不断推进,石泉社区将充分承接真如城市副中心建设的辐射效应,把握旧城改造契机,努力建设石泉平安、宜居的和谐家园。街道办事处地址:管弄路268号。

社区经济。全年完成税收2.23亿元,区级财政收入7627.43万元。全年共引进上海普陀延华小额贷款股份有限公司、上海新东湖环境清洁技术有限公司等38个项目,注册资金达1.78亿元。同时,按照区"调结构促转型"和区商贸物流产业功能定位的要求,做好产业结构调整,商贸业占街道的税收比重进一步提升,达60%。

世博工作。成立《石泉社区迎世博600天行动计划》领导小组、石泉社区世博会工作领导小组,构建全社区层面的世博工作组织网络,落实各项工作。组织并完成世博会试运行、世博馆日等大型观展活动,为社区居民发放世博大礼包36152份。通过宣传长廊、小区广播等载体,介绍世博相关信息、宣传世博口号。通过社区学校、图书馆、东方信息苑等平台,开展文明观博、世博与环保等知识培训,开展"世博体验"活动;组织广大干部群众积极参与文明观博网上测试。完成13个行业窗口服务人员的培训1万余人次，成功创建中山北路迎世博窗口服务文明示范街。整合社区各方资源，建立近4000人组成的园区、公交地铁站点、交通文明、城市志愿服务站点和平安等各类志愿者队伍，确保各项世博运营和社会稳控工作。开展城市文明指数测评迎检工作，发动社区干部、社区单位、社区居民等各方力量，通过定岗、定时、定责，形成社区环境整治的网络化管理，开展社区层面大联勤、大联动的执法，提升社区环境面貌。

城市建设。年内，分别对中山北路兰田路口、武宁路沿线、岚皋路284号、秋月枫舍二期门前共7400平方米的绿地进行调整。重新部署景点，增加岚皋路中山北路路口等3个绿化景点，并在石泉路、岚皋路口绿地内增加具有中国特色的中国红花色屏风。对石泉路、镇坪路、曹杨路等路段295间店招店牌进行整治。全年拆除违章建筑8300平方米。对辖区内公共绿地补苗4万平方米，补种和调整小区绿化3700平方米。对石泉路等18条道路的行道树进行修剪、岚皋路等9条道路沿街垂直绿化进行归口管理。新增道路废物箱154只，对铜川路等19条路段进行路面粉刷，面积4.5万平方米。开展常态化的城区管理。以市容环境责任区达标创建为抓手，落实文明指数测评的各项举措，分片包干，责任到岗，责任到位，加大全社区常态化城市管理的力度。针对社区内乱设摊、跨门营业现象严重等状况，采用市场化、多元化的管理模式，整合社区各方力量，对宁强路、铁路新村、洵阳新村及兰田地区等难点路段加强市容环境整治。

社会事业。组织新版文明小区、文明单位创建培训和街道文明机关创建工作。创建市级文明小区14个、区级文明小区18个、市级文明单位2家、区级文明单位5家。加强精神文明好人好事的宣传，注重市民巡访员队伍的培训、管理。以社团为纽带，以各界统战人士联谊会为载体，召开"一街一特"现场会。弘扬社区先进，涌现出上海世博会优秀志愿者3人、上海市"创先争优、世博先锋行动""五好"共产党员4人、上海市优秀平安志愿者6人、市世博知识优秀宣讲员1人、市百万市民学环保先进教师1人等一批先进典型。成功创建上海市科普示范社区（街道）六连冠。围绕"低碳"热点话题，开展产学研课题实验活动；管弄新村第二居委、石泉六村居委2个小区分别以低碳生活、科学健身为各自的创建特色，推进科普小区创建工作。举办"韵致石泉"2010年社区文化艺术节。图书馆实现上海中心图书馆书籍流通一卡通借阅。运用社区学校的学习培训功能，营造社区终身学习氛围。结合"12·4"法制宣传日、"3·15"消费者权益日、"3·8"妇女节、法律援助宣传月等节点，全年共举办各类法制宣传活动35次，受益居民近2万人次。完成社区9个健身苑（点）器材更新任务，更新健身器材10件，新建健身苑点2个。完成社区中小学校体育场地开放规范管理创优达标工作。全年开展各类科普、文化、健身活动共16567场，社区参与总人数达52万人次。完成有线电视数字化整转36658户。

民生工作。完成63个小区的"六小工程"项目。推进"万户乐居"工程。完成太浜巷小区平改坡8.5万平方米，管弄路121弄3.9万平方米平改坡工程；完成石岚三村、宁强路、铁路新村、旬阳新村等地区18幢4.29万平方米二次供水改造。完成太浜巷小区，信仪新村，光新路129弄、191弄全物业管理改造工程，启动石岚三村、石泉一村、石泉五村小区全物业管理改造工作。针对太浜巷小区4条小市政道路路况差、居民出行不便且处于物业和市政"两不管"的情况，在区建委的支持下，对4条道路进行逐一整治，并拆除违法建筑28间。增加小区内晾衣架、休闲椅、补种绿化等便民设施，提升小区居住环境质量。配合开展棉纺新村、居家宅地区旧城改造的前期准备工作，组建街道动迁分指挥部工作班子，并开展居民情况调查摸底。做好各类社区困难人群的帮困工作。通过市、区、街道帮困基金、红十字帮困体系，全年对低保、重残无业、孤老孤儿等各类困难对象进行帮困，全年支出帮困款2200万元，受益人达7万人次。为社区内退休职工办理职工互助医药费给付6600人次，金额达420万元。完成社区内2500名低保对象最低生活保障标准调整工作；对3200名支内回沪帮困人员进行帮困补助复审工作。开展社区帮困探索。推进"播爱"综合服务社工作，建立综合帮扶数据库，规范服务社运行。开展"楼组互助基金"工作，成立28个楼组基金。为社区内1746名困难和退休妇女提供免费的妇科检查。由办事处出资，为社区内1042名独居老人购买"银发无忧"综合保险，为老年人的意外事件提供一定的帮困托底。推进劳动就业工作。发挥开业园区载体作用，整合各方资源，广开就业门路，发掘就业岗位，拓宽就业渠道，鼓励社区企事业单位、社会团体、民办非企业等用人单位吸纳社区失业人员，并及时将最新的用人优惠等政策送到企业，推进就业。与工商、税务等部门协商，筹备政策咨询会议，推进非正规转制工作。探索社保、工商、税务等九方联动机制，引导和帮助大学生树立正确择业观、就业观、创业观，推动青年创业就业工作。完成新增就业岗位1584个，为全年指标的103%；失业人口控制数2348人，在指标数内27人；成功创业组织（人数）50个；至年底外劳力综合保险当月参保数6800人，为指标数的141.67%。

社会管理。推进区首家社区事务受理服务中心"一口受理"模式。加强硬件建设，调整、完善卡办等项目设施，完善场地设施，提高为居民办事的效率。对中心的工作人员进行系统化培训，编制教材，从接待礼仪、业务指导、"一口受理"操作等多方面进行培训，并加强前台受理与后台操作的工作衔接，有效提高工作水平。从11月起，将中心的开放时间从工作日延伸至每周一至周六，方便更多的上班族居民周末办事，进一步服务好地区百姓。加强基础设施建设，改善居委会办公条件，完成陆一居委会标准化老年活动室的改扩建工作。吸取"11·15"特大火灾的教训，针对石泉地区老小区多、危房简屋多、小场所多、小商贩多等不利因素，对社区内所有的工地项目进行重点检查，签订责任书，进一步明确安全责任；做好居民小区的家庭安全防范工作，为社区内独居老人、残疾人员等困难家庭更换煤气灶具，为社区居民家庭配发1800份民防家庭应急包。加强防火及安全生产法规、常识的宣传工作，结合“11·9”消防日，在金汇广场、秋月枫舍小区开展防火演练活动，增强居民的消防意识。加强部门沟通协作，对铁路沿线、长途汽车站、重点建筑工地、大型商场、敬老院等场所开展防火及安全生产大检查，对大型酒店、餐饮单位、学校食堂等开展食品安全检查，确保地区安全稳定。向每家每户发放《石泉社区平安创建倡议书》，引导居民共同参与到平安创建工作中来；加强社区联动，与派出所等部门保持密切联系，加强校园周边、铁路沿线等重点地区的巡查。依托“石泉法制特色公园”等资源，组织平安志愿者每周四上午开展法律服务工作，共接待居民群众法律咨询250余人次，深受居民群众的欢迎。推进综治中心建设，针对街道硬件条件不足的情况，增强软实力，整合综治、公安、司法、信访、安全等管理力量，实行联动办公，及时化解社区内的不稳定因素，“刚柔并济”做好特殊人群帮教管控工作，加强平安社区创建，营造平安和谐的社区环境。成功创建上海市平安社区。（吴慧芳）

【全国科技活动周系列活动】 5月，以“城市、创新、世博——让生活更美好”为主题，在社区文化活动中心组织开展全国科技活动周石泉社区系列活动，参加人数累计达1000人次。围绕国家“十二五”规划中“低碳经济”的发展目标，紧扣“低碳”热点话题，在街道科普馆开展“低碳生活”版面展示、世博知识竞赛、文明观博视频展播等互动活动，参与人数逾300人次；申请“低碳小区”科普实事项目，获市科协认可。开展科普示范小区创建工作，管弄新村第二居委、石泉六村居委2个小区分别以低碳生活、科学健身为各自的创建特色，推进创建工作。年内，共开展科普活动近120余场，活动项目65项，参与人次达5.5万左右。5月，成功创建上海市科普示范街道六连冠。（吴慧芳）

【完善社区综合服务圈】 2010年，新增养老床位60张，完成居家养老服务1180人；完善4个老年助餐点，为社区415名老人提供送餐服务；针对社区内老小区多，基础设施薄弱的情况，为75岁以上生活不能自理的孤寡老人提供倒马桶服务。社区大篷车便民服务队深入小区，为2197人次社区居民提供家电维修、家政服务等各类服务。开展科学育儿指导服务，为社区内准备怀孕对象开展免费优生健康检查，为常住人口0—3岁婴幼儿提供免费早期启蒙教育，科学育儿指导服务覆盖率达98.5%以上。（吴慧芳）

【老小区“六小工程”全覆盖】 完成社区范围内63个小区的“六小工程”项目。针对部分小区居民反映晾衣架设置不合理，绿化减少，小区亮点工程不明显等情况，街道落实相关人员到现场踏勘，实地调研，并召开现场会、推进会，对部分“六小工程”项目进行调整，确保这项实事能做实做细。完成路面修复3.2万平方米，绿化调整和补种2万平方米，安装不锈钢衣架2500组，新增非机动车停车栏杆1300米、停车位200个、椅子600个，更新或粉刷小区铁门1200余扇。（吴慧芳）

【搭建法治文化平台】 结合“五五”普法教育，充分利用社区资源，继续打造具有地区品牌的“石泉法制特色公园”，引导广大群众崇尚法制、遵规守法、追求和谐。结合“12·4”法制宣传日、“3·15消费者权益日”、“3·8”妇女节、法律援助宣传月等节点，全年举办各类法制宣传活动35次，受益居民近2万人次。法治文化平台宣传最新出台的法律法规及政策，对需要信访的当事人进行解答，提前介入矛盾的化解，事先预防信访矛盾，不但减少街道信访数量，而且也免去信访当事人来回奔波的麻烦，降低社区矛盾激化率，把纠纷苗头化解在最基层。（吴慧芳）

【推进楼组互助基金项目】 发挥大楼居民自我组织、自愿参与、自我管理、自我服务的精神，倡导“取之于民、用之于民”的帮困救助活动。居民以楼组为单位进行募捐，并产生楼组互助基金，用于楼组内困难家庭，尤其是升学、重病家庭的帮困。至年底，社区内共成立楼组互助基金项目28个。（吴慧芳）

【完善统战联谊会平台】 3月和12月，先后开展“民族宗教政策法规宣传周”和“宪法宣传周”活动，宣传民族团结文化，促进民族团结融洽。在少数民族代表人士分会中开展走访联谊、关心慰问等主题活动。分会联络员每月走访2户少数民族同胞家庭，先后为14名下岗人员安排就业，帮助6名来沪少数民族同胞子女解决就学入园问题，为6名少数民族困难家庭学生提供帮困助学。（吴慧芳）

长风新村街道

【概况】 位于区西南部。东起曹杨路，与长寿路街道毗连；南以苏州河与长宁区为界；西至真北路，与长征镇为邻；北至虬江、枣阳路、金沙江路、中山北路，与长征镇、曹杨新村街道相接。地域面积5.94平方公里，所辖26个居民委员会，1419个居民小组，户籍人口9.85万人，常住人口116464人。辖区内有教育部直属的重点高校——华东师范大学；有市区唯一的山水合一公园——长风公园；以接待国内外旅游者为主的三星级宾馆——金沙江大酒店；有高档的综合性商场——华联商厦普陀店。街道办事处地址：枣阳路251弄99号。

经济工作。2010年，完成区级财政收入9929万元，同比增长21.29%；完成招商引资新办企业131家，注册资金132518万元。高星置业、宝名国际集团等知名企业落户长风。完成对794户企业的在地统计工作及区政府下达的节能减排指标。开展同创大厦楼宇信息调查摸底工作，完成137户入驻企业的基本信息采集及对注册资金100万元以上的39户入住企业的上门走访任务。强化对重点企业的服务，构建留商、安商的环境，加强与中国建材等重点企业的联系、走访，了解企业情况，帮助解决困难，为企业创造良好的投资经营环境。

世博工作。社会动员指挥部发挥长风门户网站和《新闻晨报·长风社区报》等载体作用，利用社区学校、社区党员教育基地等宣传阵地，采取丰富多彩的形式，开展“世博文化进社区，社区文化进世博”等一系列世博宣传活动，动员社区广大党员、干部、群众积极参与世博、服务世博、奉献世博。长风社区志愿者活跃在治安巡逻、路口执勤、法律维权、矛盾化解、环境整治、健康咨询、助老助学、文体活动等各项活动中。安全保卫指挥部严格执行《长风街道世博安保工作方案》等22个工作方案、预案，明确重点、明确目标、明确责任，不断调整、完善世博安保预警机制和快速反应机制，发挥平安世博志愿者队伍作用，形成立体化、全覆盖的综合防控网络，社会治安始终处于可控状态，长风社区没有发生影响全局的重大事件。运行保障和接待服务指挥部完成32053户世博大礼包的登记、发放工作。社区1200余名居民参加世博试运行和越南国家馆日活动。加强对区域内9个窗口行业共48家窗口单位的督促检查，对社区内世博接待酒店、餐饮以及学校、企事业单位、工地等开展定期或不定期检查，世博期间没有发生食品安全事故。加大对中山北路、枣阳路、金沙江路、怒江路等辖区内23条中小道路和公交、轨道站点的市容环境的整治力度，社区的市容环境和主要道路的交通秩序有所改善。

城市建设。配合轨道交通13号线、苏州河三期综合改造、枣阳路拓宽辟通和新师大排水系统等市、区重大实事工程项目建设，推动127、128（中山桥）和130（月星家居）等旧城改造地块的开发建设。完成大渡河路67间临时商业网点拆除任务，全年累计拆除违法建筑8210平方米。组织实施师大一村综合改造工程。完成30个小区的“六小工程”建设。实施怒江路沿线109家店牌店招改造。完成11个垃圾箱房的改造。完成市府实事项目——群众性现场救护员培训237名、普及培训1911人。为2300名居民提供中老年慢性代谢性疾病检查服务。加大长效管理力度，中小道路门责签约率为100%，门责的履约率达87.92%。全年处置市容环境投诉10937件。通过市容环境责任区复评。完成清水湾、金沙江等小区业委会的组建和换届工作，居民区党组织领导下“三位一体”综合管理模式有序推进。

社会事业。发挥东方讲坛、社区文化活动中心、社区学校等阵地作用，推进学习型机关、学习型社区、学习型企业、学习型家庭创建活动。完成上海市社区教育实验招标项目——《社区市民自主学习模式的实验》，成功创建为上海市社区教育示范街道。以统战文化为引领，以“侨妈妈”艺术团成立十周年为契机，推进社区侨务文化建设，争创全国侨务工作先进单位。街道承办的第十二届中国上海国际艺术节“长风杯”新上海人歌手大赛，获群文活动优秀项目奖，街道荣获特别贡献奖。圆满完成世博园市民广场和世博会城市文化广场的长风专场演出。长风手杖健身操队参加2010年全国老年人健身活动展示大会，荣获最佳特色奖。街道承办2010年“长风杯”上海市手杖健身操比赛，举办2010年上海市社区体育大联赛“长风杯”家庭登高划船比赛。参加上海市第十四届运动会大众组比赛取得1金3银1铜的成绩。街道被评为上海市群众体育先进单位。全面完成户籍人口和流动人口计划生育刚性指标，完成“免费为长风社区0—3岁婴幼儿家庭提供四次科学育儿指导服务”实事项目。2202名退休妇女和生活困难妇女享受免费妇科筛查。中江、普陀二村成功创建为区科普示范小区。街道还荣获上海市未成年人保护工作先进集体。

民生工作。发挥区域优势，构建就业援助、岗位招聘、政策推介、创业指导及网上应聘等形式的就业服务平台。全年实现新增就业岗位1648个，完成率为102.4%；失业登记数控制在区政府下达的指标范围内；外劳力参加综合保险人数稳定在每月8800人左右，单位参保率为100%，缴费率达93%。全年自主创业成功人数达到57人。普陀长风开业园区二期工程竣工，园区总面积达到3500平方米，安置社区失业人员960人，有131人进驻园区自主创业。采取政府救助和慈善帮困相结合的方式，全年累计帮困救助36189人次，发放各类帮困救助金达1436.8万元。49家社区单位与社区124户困难家庭结对助学，助学帮困资金达16万余元。推进社区生活服务站建设，社区志愿者注册登记数达到4000人。全年享受居家养老服务的人数达1215人。为53户老年人家庭免费安装“安康通”呼叫器。为55名老人提供助餐服务。“快乐生活单身中老年人关爱项目”通过市、区的评估。落实《城市居委会组织法》，居委会干部培训790余人次。3个居委会申报创建上海市和谐示范居委会。新增1个、改建8个老年活动室，改善活动条件。完成42名退伍士兵的安置工作。新建精神病人日间照料站和残疾人阳光就业援助基地。社区事务受理服务中心被上海市人力资源和社会保障局评为规范服务达标单位。

社会稳定。以创建上海市平安社区为目标，以开展“迎世博控案竞赛”活动为抓手，推进各项平安创建活动。发挥居民区综治工作站、企事业单位综治工作室和综治信息员的作用，对社会治安情况进行认真的排摸。以“两个实有”全覆盖为契机，加强对外来人员及其出租房屋管理。通过采取与监护人签订责任书、与帮教人员结对等方式加强对矫正、刑释解教、易肇事肇祸精神病人等重点人员的监管。对辖区内反恐市级重点单位（泸定路变电站、金沙江路煤气储配站、区级重点单位华联商厦）开展反恐检查。人防、物防和技防三结合，进一步增强居民的公共安全感，成功创建为上海市平安社区和上海市社区矫正达标街道。认真做好群众来信来访工作，全年共收到人民来信307件，受理来电来访142人次，人民来信、来访、来电的办结率100%，群众满意率90%以上。为加强消防安全、交通安全、生产安全和特种设备安全，街道与辖区内的269家重点单位签订《安全工作责任书》。消防安全检查单位1874家，查出隐患851条,整改率100%;安全生产检查单位1262家,查出隐患321条,整改率100%;特种设备检查3193家/次,查出隐患13条,已经整改12条,另1条正在整改之中。

“长风杯”新上海人歌手大赛。9月27日至10月26日,举办由上海世博会事务协调局、中国上海国际艺术节组委会群文活动部、上海广播电视台、上海东方传媒集团有限公司、普陀区人民政府、上海音乐家协会联合主办,由上海市群众艺术馆、SMG新娱乐、普陀区文化局、长风新村街道共同承办的以“世博欢歌,唱响未来”为主题的第十二届中国上海国际艺术节·“长风杯”新上海人歌手大赛。决赛盛典暨第十二届中国上海国际艺术节群文活动、2010苏州河文化艺术节闭幕式在广电大厦多功能演播厅举行。此次大赛共有180名选手参加,进入决赛的有10名,共评选出各类奖项66个,其中金奖1名、银奖3名、铜奖6名以及优秀奖10名、演唱奖10名、风采奖4名,大赛还评选出特别贡献奖3名、活动创意奖1名、优秀组织奖14名、组织奖14名。长风新村街道获第十二届中国上海国际艺术节优秀项目奖、大赛特别贡献奖。（陈　敏）

【帮困助学工作】 年内,有48个社区单位及个人与122名困难家庭学生结对,发放金额16.36万元,受助244人次;慈善基金会助学61人,金额11.9万年元,总计28.26万元。全年共有25名帮困学生考上大学,有15名大专、中专、职校学生完成学业,走上工作岗位。（陈　敏）

【拆除临时商业建筑】 经过前期大量摸底调查,街道制定《大渡河路63间临时商业网点拆除工作方案》,进一步明确拆违主体、执法权限、执法程序,并根据实际情况,对辖区居民、生活困难的自主经营者提高贴补额度。整个拆违工程分三步实施,首先在7月中旬拆除尚未出租的20间房屋,其次于9月中旬拆除市场化经营管理的23间网点,并最终在11月6日,完成大渡河路(怒江路至金沙江路段)共计60间、1100多平方米的临时商业网点和3间违章建筑的拆除任务。（陈　敏）

【手杖操获多项奖】 依托“国家级社区体育健身俱乐部”长风体育健身俱乐部,在居民区设立26个免费教学点,通过以点带面、互帮互学、以演促练、以赛促练等教学方式,精心培育出有200多人参与的手杖健身操大型团队,街道还面向全市每年举办上海市手杖健身操培训班。长风手杖健身操队在2010年全国老年人健身活动展示大会上荣获“最佳特色奖”;在街道承办的2010年“长风杯”上海市手杖健身操比赛中,分别获第一、三套组别的一等奖;在上海市第十四届运动会大众组比赛中取得1金3银1铜的成绩。街道被评为上海市群众体育先进单位。（陈　敏）

【“老娘舅”调解纠纷235件】 2010年,街道完善纠纷多元解决机制,发挥“老娘舅”队伍的作用,做到矛盾纠纷早发现、早控制、早解决,共调解纠纷235件、达成协议书198件、咨询事项1302件、咨询人数1697人次。上海东方电视台《新老娘舅》栏目在4月23日到长风新村街道拍摄一例纠纷调解成功的案例,并在《柏万青和谐热线》中予以报道。（陈　敏）

曹杨新村街道

【概况】 位于区中部。东起中山北路武宁路,南始金沙江路,西至杨柳青路,北至武宁路,面积2.08平方公里,户籍人口89.14万人,常住人口97325人,居民委员会20个。作为全国第一个工人新村,辖区内各项配套设施齐全,拥有优质的教育、医疗、文化和科技资源,绿化覆盖率高达37%,环境质量位居全市前列,是市区内人居环境最优越的区域之一。辖有上海市优秀历史建筑——曹杨一村;市重点中学——曹杨二中;市示范性幼儿园——上海市实验幼儿园;大型科研院所6家——上海市测绘院、中国电力工程顾问集团华东电力设计院、上海电器科学研究所(集团)有限公司、中国电子科技集团公司第五十研究所、中国邮政集团公司上海研究院、上海市地震局;上海市标志性社区文化中心——曹杨社区文化中心。地铁11号线贯穿社区。2010年,共获得全国荣誉3项、市级荣誉15项、区级荣誉18项。街道办事处地址:花溪路199号。

经济工作。2010年,共引进各类企业34家,引进注册资金1.44亿元,比上年增长67%;完成区级税收7443万元,比上年下降8%。将辖区内的12幢商务楼宇作为经济增长点,通过不断提升服务质量,优化投资环境,成功引进以建筑行业的龙头企业——中国地质工程公司上海公司为代表的多家优质企业。加强重点企业节能减排的监管和技改支持,推进合同能源管理项目。

世博工作。围绕“六个不发生”和“四个确保”的总体要求,以“管好五个口”为抓手,通过加强信息研判、强化群防群治、重视矛盾化解,全面落实各项治安防控措施,维护社区稳定。辖区内的“110”报警数、刑事案件发案数、治安案件受理数等指标同比均有大幅度下降。建立、落实办博责任制、督查制和网格化管理机制,坚持将迎检工作与长效管理相结合、坚持将应急管理和保障机制相结合、坚持将工作任务与群众利益相结合,以社区环境治理、应急工作预案、惠民项目等为抓手,保障世博工作稳步推进。组织社区居民参加世博试运行和国家馆日观展活动,完成3.23万套世博“大礼包”发放工作。通过文明创建活动和志愿者服务活动,引导社区居民“参与世博、奉献世博”。以“世博先锋行动”为载体,组织居民区及社区单位数千名党员,参加社区文明路口党员先锋岗执勤活动以及地铁11号线、社区公交站点的保畅通活动。先后组织90余名志愿者赴世博园区执行相关场馆的秩序维护和客流疏导任务。

城市建设。以市容环境综合管理和建立联席会议为平台,完成辖区内杨柳青路、杏山路等18条道路的店招、店牌、店容改造,共计改造店招店牌491个,卷帘门452个,玻璃门117个,整治门面229间,拆除中小型灯箱广告175个。对40个老小区实施“六小工程”，完成计划改造量的133%，与上海大学美术学院建筑系联手打造9个精品小区和31个示范小区。全年共计补种公共绿地2100平方米，补种小区绿化5000平方米，新增绿地100平方米，基本消除黄土裸露现象。推进扶手工程，安装楼道扶手411个，门洞外扶手440个，无障碍通道229个，完成年初计划量的200%。安装电子防盗门拉手229个，门洞顶灯259盏，对40扇存在安全隐患的防盗门实施移位。改造曹杨一村三个小区淤塞的下水管道和破损严重的路面，对曹杨六村煤卫合用户公房实施成套改造，改造面积3662平方米，惠及110户居民。社区事务受理中心完成主体施工、外观装饰等工作。

社会事业。创建市级文明小区31个(2010年新创3个)，区级文明小区20个，文明小区覆盖率达100%。新创市级文明单位1家，市级文明餐厅1家，区级文明餐厅1家。加强精神文明宣传阵地建设，对57个小区内的宣传栏进行拆、并、改、建，并落实专人维护保养。发挥社区学校、东方讲坛、东方信息苑等社区教育阵地的作用，组织各类科普讲座164次，参加人数近1万人次；举办各类教育培训，参加人数近5.5万人次；举办各类艺术培训，参加人数近5.2万人次。街道荣获全国学习型街道示范单位、上海市社区教育示范街镇和上海市学习型社区创建单位等荣誉。组织社区团队参与世博园区内以“风采苏州河·魅力新普陀”为主题的4场专场演出；邀请加拿大好风来艺术团进行交流演出。举办“世博盛会·曹杨风采”第二十一届曹杨之春社区文化艺术节。在“月月演”活动的基础上推陈出新，举办“众秀汇”舞蹈比赛。在全市率先举办上海世博城市文化体验日系列活动，入围30家最佳方案，并获得优秀奖。社区群文团队先后获得第二届上海市“舞动精彩”社区舞蹈大赛金奖、“新上海人”歌手大赛组织奖、第十二届中国上海国际艺术节“天天演”纪念奖等多项荣誉。完成社区健身器材更新工作。对18个全民健身点(苑)的健身器材进行更新，更换器材133件，整修31件。按照“工作零失误、数据零误差”的目标，完成第六次人口普查工作。

民生工作。实施促进就业“3+1”工作计划，通过岗位稳定计划、就业援助计划、创业带动就业计划、失业预警机制，完成区政府下达的工作指标：全年新增就业岗位1350个，扶持创业60家，月均外劳力综合保险参保人数6772人，登记失业人数控制在2185人以下。举办曹杨街道第十三届“爱满人间、情洒曹杨”一日捐活动和“蓝天下的至爱”慈善募捐活动，动员社区单位、社会团体参与献爱心活动，共募集善款43.28万元。2010年累计发放各类民政、抚恤、社会救济金1367.89万元，覆盖3.76万人次。发挥社会组织在社区慈善事业中的作用，社区慈善爱心物流站发放有价票券1400张，价值1.72万元，向社区困难群体发放实物2025份，价值4.33万元。与都江堰玉堂镇15户家庭结对帮困。探索社区服务新模式，为1147名老人提供居家养老，为64名社区老人提供送餐服务，为老年人免费健康检测1078人次。新增居家养护服务44人，组织健康体检560人，配发用品用具550余件，探索多元化的残疾人康复服务，建立并开放曹杨精神残疾人日间照料站——“阳光心园”。

社会稳定。开展社会矛盾纠纷的排查和治安混乱地区的排查，及时消除矛盾隐患。充实信访部门的人员配备，建立完善信访工作八项制度，全年受理各类信访743件，全部按时、保质保量办结。做好矛盾纠纷的调处和化解工作，通过人民调解，圆满解决纠纷815起，调解成功率达100%。发挥各居民区综治工作站在社区矫正、刑释解教、两劳帮教、“610”、禁毒等工作中的作用，切实维护社区稳定。完成综治工作中心的改扩建，整合综治、信访、司法、安全等职能部门的力量，形成齐抓共管、统一协调的新格局。发挥安全防范“六大网络”作用，完善人防、物防、技防相结合的防控体系。年内，曹杨社区内共发生各类刑事案件524起，同比下降7.4%；入民宅盗窃86起，同比下降21.1%；“两抢”案件立案11起，同比下降26.6%。

年度亮点。街道树立“一切围着百姓转，民生无小事”的理念，以看家护院、管好“五个口”为抓手，即“技防监控，管好道路口；社区巡防，把好弄堂口；信息预警，守好楼梯口；人人参与，看好家门口；安全防范，锁好水箱口”，为全市“平安世博”的大局添砖加瓦。《普陀政法情况》第15期“世博安保、平安创建经验交流”专栏上作为曹杨特色工作刊登。曹杨社区事务受理中心建成，完成外观装饰，并初步进行功能定位、格局划分。制订并实施《2010年百灵鸟志愿者迎博办博工作计划》，着力推进观博礼仪、环境卫生、安全防范等工作，曹杨市民巡访团荣获上海市志愿服务先进集体称号。沙田新苑小区积极争创国家级绿色社区工作，与上海绿洲生态保护交流中心合作，开展沙田新苑老年人环保与健康工作坊项目。推进网格化管理模式，以“市容环境综合管理和建设联席会议”为平台，市容环境责任区建设和管理创建工作在完成“先行先试”工作的基础上，通过第二次复查。打造“做一天曹杨人”品牌，通过世博家庭旅馆接待外宾439批，6925人次。在全市率先完成有线电视整转工作，整转率、满意率居全市第一，获特色工作奖。在全市率先成立两新组织青年白领党员健康自管小组，并被拍摄成专题片。 (张　磊)

【促进就业“3+1”工作计划】 年初，街道实施促进就业“3+1”工作计划，即：实施“岗位稳定计划”，做好原有用工单位的服务工作，得到用工单位的继续支持；积极拓展用工资源，联络优质企业到社区招工并主动向区职介所推荐用工。实施“就业援助计划”，发挥青年职业见习、政府培训补贴政策的作用，通过岗位见习，帮助失业青年转变观念、提高技能；开展就业摸底调查，有针对性地提供就业援助，确保“双困”人员100%托底安置，“零就业”家庭常态为零，联合区职介所举办6场专业类招聘会，为居民增加就业机会。实施“创业带动就业计划”，发挥社会组织的资源优势，与创业者协会一起建立“创业帮扶小组”，针对“三失青年”，开展“手拉手一起向前走，开心E点点”等创业帮扶项目，帮助有创业意愿的青年尝试创业。实施“失业预警机制”，与劳动力资源管理、失业保险、职业介绍部门通力合作，多管齐下，为社区居民提供劳动力资源和劳动力市场的供求信息和最新动态，尽可能增加就业岗位。

（张　磊）

【世博城市文化体验日系列活动】 5月19日，全市首个世博城市文化体验日启动仪式举行。系列活动以“众秀汇”和外事接待为载体，包含“我的世博，我精彩”群文团队展演、“2010众秀汇”小区群众文艺展演、“世博与科技”曹杨社区科普展、“世博人生——人口与计生文化专场演出”、“疾风歌舞——加拿大民间歌舞演出”、“城市与低碳——大型环保文化活动”、“世博体验——曹杨人家行”、“百场电影进社区——曹杨专场”、“社区文化进世博——世博园区市民广场”、世博合唱节、世博城市文化广场、世博文化进社区专场演出、世博中外艺术家进社区等活动，相关系列活动的方案获东方社区文化艺术指导中心及上海市群艺馆的好评，街道在参赛的167家街道镇中获最佳方案奖。（张　磊）

【坚持网格化市容环境长效管理机制】 2010年，街道以“社区主要道路优良、中小道路规范、背街小巷有序”为工作目标，以“多位一体、边界统一、协同巡查、分类执法”为工作机制，建立和完善网格化综合执法管理八项工作机制，包括“例会机制、参与机制、联动机制、保障机制、督察机制、培训机制、沟通机制、无缝管理机制”，实现城市管理和市容环境的长效常态管理。在市容环境责任区管理创建先行先试和“迎世博600天行动”中，街道以网格化综合执法管理为平台，发动社区力量，推行目标管理责任制，形成街道党政领导每人负责2个居民区、机关各科室对应承包辖区19条马路、机关干部定点联络指导居民区、居民区书记作为20个居民区市容环境责任人、相关社区单位和部门主动联络的工作制度。以文明指数测评、爱国卫生红绿黄灰四旗评比、区市容局委托社会第三方每月对市容环境建设与管理综合测评为标准，以发现机制、转送机制、整改机制、督察机制、通报机制、反馈机制等六个工作机制为保障。实现社区内19条马路、57个居民小区市容环境责任包干全覆盖，迎检全方位的目标。（张　磊）

【率先成立“两新”组织青年白领健康自管小组】 6月，街道在全市率先成立“两新”组织青年白领党员健康自管小组，旨在通过自我学习、自我提升、自我管理和互相交流的方式，帮助青年白领建立正确的健康观念，实现身体和心理的双重健康。一是广泛发动。充分整合社区资源，在社区新经济组织和新社会组织中积极动员，首批共吸纳平均年龄30岁以下的56名白领党员加入自管小组。举行启动仪式，为所有小组成员填写调查问卷和个人档案，实行信息的动态管理。二是专家指点。邀请华师大心理健康咨询师进行互动活动，为健康自管小组成员讲解心理解压技巧。通过提问、回答、演示等多种形式，让青年白领党员能够自然、主动地融入活动，并敢于真实、准确地表达自己的情绪和感受。三是拓展载体。除定期组织活动外，充分发挥青年白领党员的优势，利用电脑网络建立曹杨社区两新组织青年白领党员健康自管小组论坛、微博、MSN群等作为活动平台，做到随时随地、多渠道地接受和传播健康知识，帮助小组成员树立健康生活方式的理念，促进健康素质的全面发展。6月11日，上海市健康促进委员会到曹杨实地拍摄自管小组活动纪录片。

（张　磊）

【三大举措提升“做一天曹杨人”品牌】 2010年，街道以“更高标准、更优服务、更深情谊”为目标，着力从活动项目和接待家庭上下功夫，努力在服务好世博的同时做大、做好、做强“做一天曹杨人”项目。通过三大举措提升活动项目的品牌效应：一是紧贴需求，推陈出新活动项目。街道整合多年活动项目，并结合时代特色和外宾兴趣，推出四大项目：反映中国民风、民俗的“家庭聚餐”、集贸市场买菜活动；以民间交流为主的“老妈妈合唱团”联谊、“做一天荣誉村民”活动；以旅游观光为主的“参观新村新貌”活动；以兴趣实践为主的“外宾剪纸游”活动。二是严格要求，精挑细选接待家庭。在世博期间，专门对外宾接待家庭进行甄选，在原有的250户外事接待家庭中，根据成员情况、住房条件、烹饪水平等方面精心挑选25户家庭作为世博期间的外事接待家庭。三是加强培训，全面提升接待水平。邀请市、区外办的相关领导、老师讲授外国习俗、接待礼仪等内容。制作中英、中日会话对照学习小册子；社区学校的《世博英语一百句》培训班也为外事家庭成员免费开放，多种途径提升外事接待家庭的语言沟通能力。不定期开展外事接待家庭烹饪大赛，各个家庭在交流中了解不同国家的饮食习惯，提升自己的烹饪水平。年内共接待外宾439批，共计6925人次。

（张　磊）

真如镇

【概况】 位于区境中西部，南至武宁路、曹安路，与长征镇、曹杨新村相接，东至曹杨路、上海西站，与石泉街道接壤，北至交通路、沪宁铁路，与长征镇、桃浦镇相连，西至万镇路，与嘉定区真新街道为邻。镇域面积6.09平方公里，所辖36个居委会，全镇现有户籍人口11.93万人，常住人口17.24万人。辖区内有区内唯一获国务院批准的全国文物保护单位——真如寺；有上海市市级非物质文化遗产——真如羊肉；完全按照五星级标准建造的品牌酒店——上海宏泉丽笙酒店。结合新形势、新任务、新特点，真如镇确定五大版块战略格局：东面，配合做好真如副中心建设工作；南面，打造兰溪路酒文化一条街，凸显餐饮业的特色和品位；西面，推进真如铁三角科技产业园区科技转型，加强园区软硬件建设；北面，以建成西站现代化社区商业服务中心为目标，促成该地区服务功能与商业功能的有机融合；中环沿线，真北路商贸轴的发展进入实质性阶段，做好项目推进、产业培育、服务楼宇。镇政府地址：芝川路205号。

经济工作。全年实现全额税收2.58亿元，比上年增长18%；完成区级财政8600万元，比上年增长18%。依据区政府科技企业总体政策要求，出台《真如科技产业园企业扶持奖励暂行办法》等一批政策文件，推动真如铁三角科技产业园的能级提升。园区内科技企业达36户，占入驻企业的64%。通过项目引进推动产业转型，引进大型商贸与物流企业——第一酒市市场有限公司，浙江联通总部大楼完成规划审批与工程项目招标工作，开隆集团公司和圣安达国际广场商务楼项目重新启动。全年引进企业84户，引进资金7亿元，完成指标138%，比上年增长21%。注册资金1000万元以上企业8户、500万元以上3户。新时代通成、万象眼镜饰品等一批行业龙头企业落户真如。国际知名企业宝岛眼镜大陆总部和卡尔·蔡司集团培训中心分别入驻中环光学园。初步建立"责、权、利"统一，管资产和管人、管事相结合的镇属国有集体资产管理格局，拟定20家企业改革改制工作计划。国有集体经营性资产收益同比增长10%。

世博工作。完成10场"社区文化进世博"和"世博文化进社区"的文艺专场演出。组织750名居民参加观博试运行和莱索托王国馆日活动。建成7个城市志愿者服务站，招募各类志愿者近万人，发放宣传资料3.3万份、世博大礼包5.3万份。抽调50余名志愿者参与世博会欧洲场馆安保工作。实行世博安保网格责任制，构建社区安保立体工作机制。加强重点人员、重点目标的管控，开展镇域重点单位的安全检查和工作监督，实行居民水箱"双人双锁"管理，依靠遍布全镇的平安志愿者队伍，加强群防群治工作，世博会期间没有发生影响大局的重大事件和事故。在历次世博文明指数测评中保持优良水平。公共卫生和食品安全保障有序可控。特种设备安全和安全生产形势总体良好。开展"百店技术练兵、万人教育培训"活动，窗口服务行业水平不断提升。评选出4个示范集体、48名服务标兵。大渡河路被评为区级"文明示范街"。坚持"热情友好、勤俭节约"原则，接待4批外省市观博代表团，加强与友好区镇的交流与合作。

城市建设。完成市、区下达的旧住宅综合整治和"平改坡"工程，竣工面积151.42万平方米，占全区总量25%，市、区、镇三级政府投资总额1.49亿元。开展"六小工程"建设，配置晾衣架4200个、休息椅1100张，改建门卫室20间、宣传栏110个，工程量280.25万平方米，居全区第一，投资总额1200万元，全镇49个小区4.8万户社区居民受益。完成旧住宅二次供水设施改造工程，竣工面积91.25万平方米，投资总额2300万元。加大住宅小区房屋整修力度，完善老居民区环卫设施等公共配套建设，投资总额300万元。坚持"破立结合、拆建衔接"，加强市容环境整治和美化工作。全年拆除各类违法建筑8900平方米。大力治理乱招贴、乱设摊、夜排档、跨门营业等市容顽症，累计整治3500处。新增清涧林带"春景秋色"景观，新辟花卉景点3800平方米，调整公共绿地2.15万平方米，粉刷围墙1.25万平方米。长效管理机制初步建立，形成"行政部门依法管理，社会组织辅助管理，居民小区自主管理"的综合管理体系。组建3支道路、小区和市政设施应急服务队。加强救灾减灾教育培训和防台防汛工作，获区"民防建设工作先进单位"称号。

民生工作。健全就业保障机制，开展扶持创业、就业招聘、就业援助、创业指导和漂流援助的劳动就业"五大行动"。全年新增岗位2252个，完成指标136%。扶持微型企业55家，完成指标100%。帮助130个微型企业创业，并以此带动就业1000余人。全镇失业人员登记数控制在2580人指标之内。按照"应保尽保、应帮尽帮"的要求，通过政府救助和社会帮扶相结合，全面落实惠民政策，完善分类帮扶机制。全年政府主渠道帮困1190人、金额35万元，救助3.97万人次、金额1200万元。解决廉租住房490户，金额90万元。开展慈善帮困活动，市民综合帮扶680人、金额60万元，帮困助学结对300人、助学金额30万元。居委会募集自治帮困金21万元，帮困850人次。不断优化社区事务受理中心工作程序，推行首问负责制，设立36个小区受理服务延伸点，受惠居民1.82万人次。构建社区生活综合服务圈，增强社区公共服务能力。新建2个标准化老年活动室、2个老年人日间照料服务中心，完成2家敬老院、8个标准化老年活动室的重新装修和设施添置。实现居家养老1700人，开展义工服务1.32万人次。建成芝川路标准化农贸市场，解决真北地区居民"买菜难"问题。

社会事业。成功创建市学习型社区、社区教育示范镇，社区实验课题获全国社区教育实验项目。举办第十届社区终身学习节，获市学习型城市的标志项目，群众性文化的经典品牌称号。创建科普示范小区，倡导"绿色环保"、"低碳生活"理念，开展宣传咨询、网上竞赛、才艺展示等活动。发挥离休老干部作用，开展老少结对读好书活动，获得市关心下一代工作先进集体称号。加强疾病预防和控制工作，完成甲流流感疫苗接种9000人次，麻疹强化免疫接种1.2万人次，接种率全区第一。超额完成日常献血和世博保障献血工作，获市优秀集体称号。开展检测咨询、救护培训、养生操教学和健康自我管理等活动，受益者6800人。发放控油瓶5.3万个，健康礼包9万份。组织开展"品茗话世博"小区樱花节、"与世博同行"学生艺术节等系列活动，获市、区级迎世博百日活动2项贡献奖。举办首届青少年学生艺术节、"情系功臣"双拥文艺晚会等活动，丰富居民生活。组队参加市、区级多项体育大赛，获市第十四届运动会羽毛球女子团体铜牌、社区体育大联赛家庭划船第一名、区千人养生操比赛第一名。依法开展人口与计生工作，户籍人口计划生育率100%，流动人口计划生育率93.81%，获国家人口早期教育暨独生子女培养示范基地荣誉。

社会管理。社区公共服务设施建设不断完善，布局更加合理优化。推进社区事务受理中心、文化活动中心、综合服务中心的标准化、规范化建设，理顺管理体制，提高服务能力。探索"站点化布局，网格化覆盖，菜单式选择，社会化运作，志愿者行动"的公共服务模式,取得显著成效。建成镇综合治理中心,建立综治、信访、司法、社保和公安的联动处置机制,实现综治中心与事务受理中心的对接,形成"互为前台、互为后台"的工作格局。强化党政班子周四信访接待、社情民意接待柔性调处、居民区综治站监控和维稳工作效能监察等措施,信访形势总体平稳。全年党政领导信访接待237批,受理市、区信访件264件,初信初访办结率100%。推进"五五"普法宣传,加大司法调解力度。全年调处矛盾纠纷968件、调解率99%,治安委托调解114起、办结率100%。

(周　琳)

【构建维稳工作长效机制】 2010年,真如镇探索变被动为主动的工作方式,通过建立领导责任区、维稳工作效能监察、社情民意接待室等,构建维稳工作长效机制,从源头上减少各类社会矛盾的产生。分块包干,化解难事,建立领导责任区制度。初步形成"镇领导——召集人——联络员——居民区党组织、居委会成员"一抓到底的组织架构。镇党政联席会议及时进行汇总分析镇领导下责任区过程中居民群众反映的情况,查找共性问题,及时发现和解决面上突出问题。针对一些多年解决不了的老大难问题,由镇领导牵头研究、亲自督办,发挥领导协调整合资源的优势。狠抓落实,强化督办,实行维稳工作效能监察。下发《关于对维稳工作进行效能监察的决定》,由镇纪委与各有关责任部门签订《维稳工作效能监察责任书》,并具体负责该项监察工作。对于履职不力或处置不力的部门,经镇党委同意,由镇纪委出具《效能监察告知单》。关口前移,及时调处,设立社情民意接待室。接待室坚持运作规范,接待群众做到"四定",定员、定时、定点、定程序;设在基层一线,作为一种柔性的矛盾凋处机制,一旦发现不稳定苗子,可迅速组织力量参与化解,把矛盾化解在基层、解决在萌芽状态;广泛听取民情民愿,为领导决策提供参考依据。

(周　琳)

【第十二届上海市读书节示范项目】 12月,"与世博同行,与书籍相伴"——真如镇终身学习十年巡礼获"学习型城市的标志项目,群众性文化的经典品牌",该品牌被命名为第十二届上海市读书节示范项目,市委副书记殷一璀为真如镇代表授牌。终身学习(读书)节包括世博宣传培训活动、社区学习大讲堂、社区教育专题论坛、终身学习十年巡礼主题活动和青年读书沙龙等板块活动。同时,为居民打造"一圈"、"一网"、"一库"的日常学习服务体系。"一圈"是指半小时学习圈,在抓社区学校建设的同时,组建8座社区学校分校,覆盖28个居民区的小区教学点,保证半小时之内到达学习场所。"一网"是指社区教育资源网,积极利用区域单位的资源,加强教育资源的共建共享。"一库"是指乡土特色课程库,由镇政府组织编撰出版乡土教材《真如——千年古镇　璀璨明珠》,送至居民手中。

(周　琳)

【建立社区综合服务圈】 2010年,镇在社区五大中心的基础上,布局若干个社区综合服务点,具有社区五大中心的服务内容、服务方式,形成以社区事务分中心为代表的社区综合服务圈,创出社区服务"网格化覆盖,站点式布局,菜单式选择,社会化运作,志愿者参与"的真如模式。把全镇36个居民区划分成7个网格块。每个网格块设立专业化的综合服务站点,服务站点集行政事务服务、公共服务、生活服务、文化服务功能为一体,把传统"门对门"式的服务转变为电话、窗口同时受理,让社区服务的功能辐射每一位居民的家门口。根据实际情况实行"一加一"即"综合服务+特色服务"的新模式。此外,建立社区服务信息网、社区服务热线、实体服务网络"三网联动",推出为老"六助"特色服务项目。街道已建成5个社区服务分中心,开设4个医疗卫生分中心、29个标准化老年活动室、4个敬老院。《劳动报》以《让社区服务离百姓近一点再近一点》为题,整版报道真如镇的经验。中国日报、百度网等以《以民为本,真如镇积极探索社区服务新模式》为题转载报道。

(周　琳)

长征镇

【概况】 位于区境西部。镇域分为南北两片,分别位于普陀区西南部与东北部。南片位于区境西南部,东起桃浦河,西南隔苏州河与长宁区相望,西北与嘉定区真新街道接壤,北抵曹安路、武宁路;北片位于区境东北部,西南抵桃浦西路、真南路,东北与宝山区交界。地域面积10.8平方公里,所辖30个居民委员会、3个筹备居民委员会,户籍人口10.27万人,常住人口141198人。镇域内有上海市级商业中心——中环商务区,上海市生产性服务业功能区——国际中小企业总部社区,上海市示范创意产业集聚区、国家级文化产业示范基地——天地软件园,上海市商业特色街、上海市十大休闲街——梅川路休闲街,大型购物广场——上海百联中环购物广场、农工商118广场,中高端精品礼品专卖店——上海友谊商店,大型专业市场——麦德龙、百安居、红星美凯龙,大型特色市场——曹安市场、铜川路水产市场,涉外高级精品酒店——上海中环国际酒店等。新建有金沙雅苑、祥和家园、祥和名邸、上海豪园等一批新型现代化居住小区。镇政府地址:万镇路180号。

经济工作。2010年,全镇实现总收入479.43亿元,比上年增长11.32%;实现利润总额15.77亿元,比上年增长4.31%;实现财政税收24.5亿元,比上年增长21.23%;其中,完成区级税收8.10亿元,比上年增长15.56%。世博保障工作顺利完成。产业结构不断调整优化。初步形成以商贸服务业为主体、科技产业为引领的具有长征特色的产业体系。商贸服务业主体地位扎实稳健,实现税收9.1亿元,占全镇税收比重为36.85%;现代服务业实现税收4亿元,占全镇税收比重为16.22%,比上年增长23.57%。科技产业表现出良好的成长性,实现税收1.75亿元,比上年增长32.13%。楼宇经济保持平稳增长。全年楼宇经济实现税收6.55亿元,区级税收2.77亿元,占税收比重为42.33%,高于全镇34.71%

的平均水平。其中,8栋成熟型楼宇共实现税收6.39亿元,区级税收2.72亿元,单位面积产出率为1252.64元/平方米。共产生3座亿元楼,绿洲中环中心、百联中环购物广场、新长征商务大厦分别实现税收3.61亿元、1.11亿元和1.08亿元。招商引资工作成果喜人。全镇共引进项目450个,注册资金14.55亿元人民币(包括合同外资3759.6万美元),完成年度计划的145%。引进企业中商业和服务业企业比重超过八成。新引进的企业当年产税292家,比例达到64.89%,创下历年新高,其中,产税百万元以上的企业有五芳斋上海总部、凌克裴尔、启成餐饮等14家。创新服务经济举措,长征镇企业服务中心对外服务。以"引进来"的方式,与区工商联合作举办"相聚世博会·走进金中环——中外商会普陀行"活动,向20多个国外商会推介长征。以"走出去"的方式,加强与各地方政府及商会沟通,吸引当地企业入驻长征。体制改革稳步有序推进。制订《长征镇村、队级集体资产处置实施意见》。分类推进集体资产处置工作,19家队级集体组织中,6家完成集体资产审计,3家完成清产核资,3家已正式启动集体资产处置工作程序。1家村级集体经济组织基本完成村级代表的选举。基本完成长征副业公司、长征良种试验场及长征蔬菜种子公司等单位的改制工作。集资国资监管逐步完善。梳理集资借贷款情况,规范集体资金的使用管理。维护、更新集体资产数据库。完成62家集体企业的年度审计工作。初步建立长征资产管理公司的运作框架,完成华大科技园项目的整体划转和交接,以及曹安花卉市场国有股份的划入和变更。制订国有资产监管制度,明确职能机构和管理队伍,完成镇属非经营性国有资产的调查摸底工作。中环商务区综合配套设施进一步完善,市级商业中心功能进一步凸显。百联中环购物广场的业态调整初见成效,上海友谊商店入驻梅川路,填补高档商业品牌的空白,初步形成多层次商业发展格局。中环商圈停车诱导系统投入试运行。真光路、梅川路沿街店招店牌改造工程完成。圣诺亚皇冠大酒店结构封顶。中环文化广场一期结构封顶。国际中小企业总部社区功能定位明确。推进总部社区控详规划落地,启动总部社区城市形态规划,完成中环国际汽车服务贸易中心发展战略规划的编制工作。华明电力集团总部大厦(一期)完成七层楼面的施工。企业总部基地大厦(暂名)结构封顶。国际汽车展示结算中心(暂名)基本完成动迁工作。天地科技谷创新型区域进一步体现。不断推进信息服务业、新材料、文化创意等新兴产业,天地软件园被认定为国家级文化产业示范基地和上海市示范创意产业集聚区。天地科技广场结构封顶。华大科技园核心功能区进行地下基础工程。怒江北路环境改造及业态调整基本完成。万里综合服务业集聚区产业能级进一步提升。坚持"腾笼换鸟",调整生产经营面积4万平方米,引进一批符合区域功能布局和产业定位的企业。品尊国际广场3万平方米商场和3万平方米办公楼工程建设基本完成。明捷万丽大酒店和中环新天地(含中环大酒店)建成并对外营业。推进白鹤长三角市场转型,与上海铁路局签订合作开发意向,启动现代天地市场服务中心项目规划设计。

世博工作。成立镇世博会工作领导小组,搭建"四部一室"工作体系,完善分片包干的责任区制度,全面完成各项世博工作任务。获上海市世博工作优秀集体称号,并多次获市、区级世博先进荣誉奖项。安全保卫工作全面落实。构建由机关、基层单位、居民区、驻镇单位、重点企事业单位等组成的安保工作网络,逐级签订《世博安保责任书》。积极推进世博安保工作群防群治和群体性矛盾及涉法涉诉矛盾的化解工作。一年来,共接待群众来访271批次1416人次,办理来信、来电790件,办理市区查办件105件,有效化解、缓解一批信访突出矛盾,无到世博园区及周边闹访滋事的事件发生。运行保障工作顺利开展。组织离退休干部、军烈属、社区代表共计1100人次参与世博会试运行观展。组织188名市民代表参加所罗门群岛国家馆日活动。完成纳税大户代表80人次和对口友好地区代表团2批60人次的观博接待任务。发放世博大礼包54830套。完善修订《长征镇突发公共事件总体应急预案》。全面落实公共卫生和医疗、市政市容环保、安全生产监督、资金保障等运行保障工作。窗口服务工作得到提升。推进梅川路优秀示范街创建工作。开展世博礼仪进商场、进企业、进卖场宣传教育系列活动。关注服务窗口的服务环境和服务水平,提高窗口文明程度。宣传及社会动员工作持续有效,招募5072名青少年、社区群众、机关干部等阶层的志愿者,服务于世博园区、城市站点、交通文明岗等。组织镇属文艺团队入世博园区进行专场演出5场。开展"世博先锋行动"等主题系列活动,发放世博文明礼仪大礼包5.6万份。

城市建设。旧区改造工作稳步推进。启动并稳步推进老真北地区(一期)的旧改工作。作为全区首家实施"旧改新政"的试点基地,顺利完成两轮意见征询工作。第一轮征询居民愿意改造率达到99.67%,第二轮征询房屋安置补偿方案2010年10月正式启动,至年底,签约居民232户,签约率达到77%。老真北地区(二期)动迁基地已确定初步动迁方案。基本完成402地块配套商品房基地的动迁工作。基础设施建设不断完善。丹巴路北段(怒江北路——金沙江路)辟通工程竣工通车。完成轨道交通13号线祁连山南路站点前期动迁工作。完成真光路、梅川路、中环百联地区"两线一点"灯光、景观、建筑立面改造工程。完成24个小区的环境建设"六小工程",改造面积115.8万平方米,受益居民1.87万户。完成小区无障碍设施建设121处。生态环境有效改善。推进节能减排工作,对2400余户家庭的节能空调进行核查,完成10.94万只节能灯推广任务。围绕绿色创建、扬尘污染控制等开展环保工作。完成专用绿地建设5000平方米,屋顶绿化3000平方米,调整改造绿地4000平方米。祥和名邸小区创建成为市安静居住小区,上海豪园小区创建成为区绿色小区,祥和名邸小区获世博绿色出行先进小区称号。城市管理水平全面提升。整治市容顽症,组织联合执法40余次,取缔乱设摊800余处,整治跨门营业1000余处,拆除违法建筑1033.5平方米。创建成为上海市市容环境示范镇、上海市市容环境责任区管理达标镇、上海市绿化合格单位。

社会事业。开展新一轮文明单位、文明小区、文明楼宇、文明班组、文明家庭的创建工作。巩固上海市文明镇建设成果,启动新一轮全国文明村镇工作先进村镇的创建工作。推进上海市学习型乡镇创建工作,荣获全国创建学习型家庭示范社区称号。科教资源不断优化。成立长征镇优质教育发展共同体。依托"科学商店"示范门店建设和科普志愿者协会两大服务实体,推行民生科普。安全生活体验馆被上海市科普基金会认定为特色项目。在全市首创青少年保护工作楼组信息员制度,重点打造未成年人思想道德建设工作室特色品牌,并取得初步成效。第六次被命名为上海市科普示范镇。文体工作扎实推进。开展社区群文活动,组织文艺团队展示演出活动60余场。举办第三届中环商务区梅川路梅花节。长征社区文化活动中心结构封顶。优化社区健身资源,推进学校运动场地向社区开放,完成19个居民区健身苑点的器材维护和更新工作。卫生事业稳步发展。开展"清洁长征,美化家园"等系列爱国卫生工作。营造控烟宣传氛围,提高居民健康意识。组织派发健康大礼包8.6万多份。新发展健康单位10家,健康型(老年)小区6个。保障食品安全,加大对区域内非法不洁食品的整治力度。完成市政府群众性现场初级急救培训实事项目。人口和计划生育工作扎实有效。荣获上海市健康社区建设先进单位称号。

民生工作。劳动就业工作有效推进。推进劳动保障与企业联动机制建设,完善镇劳动保障平台。全镇新增就业岗位2296个,完成区政府下达指标的203.2%;城镇登记失业人数1680人,始终控制在1685人的范围之内;外来从业人员综合保险覆盖数28279人,完成全年指标数的154.5%。先后对2300余人次失业、协保人员进行职业指导,对1500余名求职者进行职业介绍,安置就业困难人员113人。社会保障力度持续增强。全镇低保、协保、重残无业、粮油帮困、定期补助等政策性帮困覆盖16610人次,累计发放帮困金358.5万元。临时救助、综合帮扶、医疗帮困、支内帮困、爱心帮困等项目性帮困覆盖17413人次,累计发放帮困金655.6万元。全面实行救助资金发放回访机制,从源头上加强资金的监管力度。继续开展为老服务"五送"实事工程和居家养老服务,共有1654名老人享受居家养老服务,发放居家养老补贴220万元。关注残疾人,成立并运行"阳光心园"和"阳光职业康复援助服务社"。对99名征地退休人员发放重病一次性补助29.7万元。社区管理水平不断提升。完善社区事务受理服务中心运作机制,提升服务质量。加强社区干部队伍建设,先后两次面向社会公开招聘社区工作者。14名社区助理干部通过工作考核,走上居委会领导岗位。修订《长征镇关于加强社区管理体制建设的若干意见》,提高社区工作人员的待遇,加强社区财务管理和监督。开展上海市和谐社区创建工作,怒一、梅六、北巷、建德、泾泰5家居委会创建成为上海市和谐社区示范居委会。平安社区建设深入推进。开展防火和安全生产大检查,着重加强高层建筑和重点企业防火安全监督检查,消除安全隐患。加强综治工作中心建设和综治工作站基础建设。推进小区安全系统工程建设,全镇封闭式小区技防设施实现全覆盖。

(范伟华)

【镇被命名为"国际安全社区"】 6月9日,镇被命名为国际安全社区,成为全球国际安全社区网络第198个成员,是中国大陆第33个、上海市第11个、普陀区首家"国际安全社区"。短短3年时间,长征镇安全社区建设实现3次大的跨越,成为区首家获得上海市安全社区称号,唯一一家荣获国家安全社区、国际安全社区殊荣的街镇。在3年的创建工作中,逐步建立"政府主导、多方参与、全民响应、资源整合"的工作模式,以跨界合作组织联席会议形式将疾控、卫生、医疗、安监、技监、公安、消防等政府职能部门,企事业单位,社会团体以及居民群众联系在一起,共同商榷、协调社区安全相关事宜。采用社区基线调查、专业单位数据采集、居民家庭访问等方法收集社区居民伤害信息,准确把握长征社区伤害发生情况,重点关注社区高风险环境、高风险人群及弱势群体,逐步设立老年人安全、健身运动安全、学校安全、交通安全、儿童安全、工作场所安全、残疾人安全等8个项目组,采取有针对性的预防干预措施,广覆盖、深推进,逐步改善社区安全环境,有效减少伤害发生,不断满足居民群众对安全健康日益增长的需求。

(荐智慧)

【开通市首条跨区运行的镇域公交——长征2路】 12月17日,市首条跨区运行的镇域公交——"长征2路"运行开通。长征2路采取"政府补贴、社会运营"的公交运营模式,纳入上海市城市公共交通管理网络,老人免费,换乘优惠。该公交线路为双环线,单环线全长约14.3公里,往返36个站点,途径中环商圈、长征生态商务区、新曹杨工业园区、天地软件园等,与轨道交通2号线以及未来的轨道交通11号线、13号线部分站点衔接。

(荐智慧)

【"祥和之光"塔创大世界吉尼斯之最】 梅川路文化时尚休闲街中心广场的"祥和之光"塔为最高钢结构干挂石材塔,9月,获上海大世界吉尼斯总部颁发的证书。"祥和之光"塔由长征镇和宏泉集团共同投资建设,2009年9月施工,2010年4月28日竣工。塔高100米,占地约150平方米,采取ART DECO设计风格,骨架为钢结构,总用钢量约800吨,采用国际上先进的累积提升法、机器人液压同步施工工艺;塔身干挂花岗岩,总面积约3500平方米。塔顶端设有一口祥和铜挂钟,每逢节假日,清脆的钟声回荡百米高空,祈福社会和谐、国泰民安。建筑主体主要采用石材,突出醇厚、质朴的气质;顶部皇冠采用铜质材料,营造尊贵、典雅的气质。底部设有一座四面象,背负丰收果盆,"象"与

“盆”谐音“祥”与“平”，寓意“祥和平安”。整个塔身对称简洁，塔顶“皇冠”和塔身金策玻璃幕墙以及金属辐射装饰条，在阳光照耀下，光芒四射，给人以祥和、温馨之感；夜晚塔内灯光亮起，犹如一幅伸展的画卷，给人以最高贵、典雅之美景。“祥和之光”塔现已成为普陀区的地标性景观建筑之一。（荐智慧）

【市首家由民营企业参与共建的镇老年俱乐部】 为了优化传统养老模式，推行长征镇“以居家养老为基础、社区服务为衬托、机构养老为补充”的新型养老服务方式，在区政协、区民政局的指导下，在社区单位的支持配合下，长征镇开办老年俱乐部。本着资源共享的理念，俱乐部开设在百达敬老院内（真北路1101弄18号），打造一个没有围墙的养老机构。入驻长征镇新曹杨工业园区的上海灵禅信息技术有限公司在人力、财力上给予很大的帮助，并将俱乐部当成青年职工的教育基地，志愿者定期到老年俱乐部进行为老服务。俱乐部2010年10月起试运营，在全区首创3个“第一”，即第一家开设在养老院的老年俱乐部、第一家由民营企业参与共建的老年俱乐部、第一家与区政协结对的老年俱乐部。俱乐部的服务对象为60周岁以上老人，集休养、娱乐、健身、教育功能为一体，是老年朋友修身养性的温馨场所。（荐智慧）

桃浦镇

【概况】 位于区西北部，东与真如镇、长征镇北片相连，南与嘉定区真新街道、江桥镇相接，西与嘉定区南翔镇为邻，北与宝山区大场镇、宝山工业园区交界。面积18.83平方公里。所辖33个居（村）民委员会，2201个居民小组，户籍人口8.8万人，常住人口195329人。辖区内有同济大学沪西校区、上海信息技术学校；有占地100亩的桃浦全民健身活动中心（又称普陀体育公园）；有上海四大物流园区之一的西北综合物流园区，属市级开发园区的未来岛高新技术产业园、上海桃浦生产性服务业功能区；有高档的商贸楼宇群、上海机电城、李子园商务区、中鑫企业广场、康健商务广场等；轨道交通11号线有4个站点穿越境内东西。镇政府地址：武威路789号。

经济工作。2010年，全镇实现财政总收入19.81亿元，比上年增长14.85%；实现区级财政收入6.63亿元，比上年增长26.13%。全镇纳税100万元以上重点骨干企业达216家，成为全镇经济发展的中流砥柱。以年初签订的42个重点项目为抓手，加快推进重点地区和重点项目建设，西北物流园区保税物流中心实现封关运行，并与外高桥保税物流园区实现联合运营；陆上货运交易中心高端物流信息服务功能不断拓展，56135平台行业内知名度快速提升；未来岛高新技术产业园区和同济“国家大学科技园”沪西园区纳入区重点科技园区；M50西部桃浦创意园开园运营；浙江海盐示范产业园开工建设；智富名品城、永登商务广场、航天研究设计院、施耐德新物流中心、致臻商务广场等一批重点项目建设有序推进。全年共引进项目779个，注册资金17.46亿元，比上年增长62.77%，其中符合镇产业导向的项目占88%，引资结构进一步优化。以园区和楼宇为载体，引导功能集聚、产业集群，中鑫企业广场、李子园商务大厦、新杨园区高端汽车销售服务带等引进一批优质项目。加大税收落地和挂靠招商力度，共引进挂靠企业680家，对提升区域经济发展质量和持续发展能力起到良好的推动作用。全年节能降耗目标基本完成，工业产值单位能耗比上年下降10%。推广节能灯10万只。

世博工作。组织120名居民代表参加佛得角国家馆日庆典活动，25个（次）文艺团队参加“社区文化进世博”和“世博文化进社区”活动；完成41379份世博大礼包发放和30余次观展组织工作，完成友好乡镇、对口支援地区二地三批次代表的世博参观、交流的接待工作。开展窗口服务行业文明服务培训和优秀示范点评选活动，组织镇督导队督察服务窗口。完成世博工作总结和先进表彰工作。投入近2亿元实施环境综合整治工程，解决乱设摊、跨门营业、夜排档等城市顽症，打造雪松路商业街亮点；参与“两区三镇一街道”同创共建文明活动，改善区际结合部的市容环境卫生状况，通过两轮“市容环境卫生责任区管理达标镇”复查验收。组建世博志愿者队伍130支，选配68人参加世博园区安保志愿者工作，全镇服务世博人员达37000人次。桃浦镇党委荣获区“世博先锋行动”优秀组织奖。开展世博安保反恐“查盲区、找漏洞、除隐患”活动，世博期间镇域内安全生产形势始终处于可控状态。

城市建设。完成祁连山路灯光工程和众仁路路灯施工工程；完成金昌路建华隧道建设工程；完成桃浦路（区界——定边路）、金昌路区区对接道路辟通工程；推进武威东路辟通、华联路整修、城际铁路祁连山路拓宽工程。完成区域内闲置土地以及违章建筑调查，拆除违章建筑31850平方米。相继完成“三线”（铁路、中环、沪嘉沿线）的环境整治工程，莲花公寓等9个旧住宅小区70万平方米的综合改造工程及22个老式小区的“六小工程”，打造樱花苑等9个小区亮点工程。推进新杨、桃浦、春光三块老宅改造基地的建设进度，协调解决农民老宅改造的历史遗留问题。完成外环生态林带建绿腾地任务约4万平方米。完成镇域内轨道交通站点周边绿化任务，全镇共新建公共绿化58810平方米，专用绿地33784平方米。取缔乱设摊3210处（次）、无证载客三轮车452辆，劝阻跨门营业1840处（次），清除户外广告（灯箱）3139块，规范店招店牌1550块；拆除违章建筑8万平方米，粉刷外墙22万平方米，清理绿化地31万平方米；铲除黑色广告2万处；清运无主垃圾1.2万余吨，处理三无废船只15条；改建公交候车亭33处；固守巡访重点问题路段6处；联手整治嘉定、宝山两区交界处环境多次，获市、区两级政府肯定。在市市容环境社会公众满意度测评中心城区街镇排行榜上，名次从2008年底的107名垫底，到2009年下半年的85名，再上升到2010年下半年的82名，并在全区各街道中保持较好的名次。完成老河南浜、南北厅和武威河水系沟通及河道综合整治。落实污染源普查和扬尘污染控制工作，镇政府荣获“全国第一次污染源普查先进单位”。开展“低碳生活、绿色出行”宣传教育活动，争创市级绿色小区。

社会事业。部署精神文明创建工作，争创上海市文明镇五连冠。开展“迎、办世博普陀区‘门责制管理’等五个专项测评”，促进基层文明创建。开展向杨兆顺、徐志刚、陈德骅3名先进人物学习活动。开展教育特色项目评选，桃浦中学《桃浦地区基础教育协同发展的实践研究》等18个课题被列入镇2010—2012年教育特色项目。举办第二届“桃浦杯”青年教师教学大奖赛和青少年科技创新大赛。联手区教育局稳妥处置原育苗学校遗留问题。坚决查处无证幼托场所，在桃苑村开设公办幼儿园解决外来儿童就读问题。开展“精彩世博、欢乐桃浦”暑期主题实践活动。推进社区分校建设，全年到社区学校参加学习、培训、娱乐、健身的学员约19万人次。完成新杨社区卫生服务站标准化建设。完成麻疹疫苗强化接种，落实精神病防治管理工作。创新人口与计生工作，成立桃浦社区人口计生指导服务中心，创建新杨工业园区流动人口计划生育管理示范点、“七彩夕阳”工作室，举办关爱独生子女困难家庭迎春特别行动。落实周四爱国卫生劳动日制度，加强有害生物防治工作。组织无偿献血1127人次，镇政府荣获“上海市献血工作先进集体”。全民健身中心游泳馆对外开放，其他体育场馆配套设施加快建设。组织社区文化团队参加“社区文化进世博”、“畅想苏州河，魅力十八弯”、“精彩世博”区县巡演等世博文化活动；镇手杖操队荣获“长风杯”市手杖健身操比赛金奖。举办第十四届“桃浦之光”社区文艺汇演。

民生工作。加强就业援助，提供岗位信息6994个，新增劳动就业岗位1629个，其中安置“双困”人员230人次；安置低保、协保困难家庭人员41人次；安置零就业特困家庭人员62人；坚持创业带动就业，发展非正规就业劳动组织和个体工商户61家，新增从业人员241人。加强就业服务，举办各类劳动技能培训班30个，培训1320人次，其中农转居对象500人次。完成各类卡证办理工作。完成综合保险参保25377人次。处理非法中介案件52起，维护劳动力市场和谐稳定。全年受理各类社会救助71245人次，累计救助金额2875.6万元。其中，低保50488人次，支内回沪17200人次，医疗救助174人次，重残无业3132人次，传统救助38人次，临时救助170人次，市民综合帮扶43人次。举办“蓝天下的至爱”桃浦分场活动，募集善款114万元。桃浦社区扶贫济困互助中心征集善款125万元，全年帮困助学577人次56.86万元，助困助医助老65.75万元。深化居家养老服务，办理居家养老881人，落实287名老人的居家养老服务。桃浦西路社区公共服务中心奠基。

社会管理。推进居委会办公用房标准化建设，完成阳光四委、南李苑北块（高层）的老年活动室创建达标。加强居委会规范化建设，修订社区财务管理制度，强化居委干部业务培训，开展小区业委会成员知识技能培训。成立镇社会治安综合治理中心，建立工作制度，明确工作职责。及时调解矛盾纠纷，严格落实领导接访、领导下访、领导包案等工作要求，领导批阅群众来信107件/次，定期接待群众来访176批次，包案疑难信访矛盾20起、化解9起。开展安全隐患和各类重点人群排查工作，完善安保工作台账，推进矛盾风险评估和预防处置工作。加强安保队伍建设，夯实各居（村）委综治工作站，在各基层单位成立安保工作组。全面加强消防、安全生产、应急处置、减灾防灾等工作，举办安全知识培训班3期，培训安全干部446人次，农民工2992人次，在200家企事业单位开展消防“四个能力建设”活动。镇政府荣获全国普法工作先进单位五连冠，上海市平安社区五连冠。

（侯阿富）

【扶危济困爱心特别行动】 1月12日，在镇政府第一会议室举行“温暖2010、蓝天下的至爱、阳光下的真情”扶危济困爱心特别行动。镇三套班子成员，镇机关全体干部，各村（居）、园区、公司负责人、社区企业代表等200余人出席。活动中播放题名为《困境中，希望在敲门》的视频，桃浦部分困难居民不幸的家庭境遇、艰难的生活状况以及困境中对希望的坚守感染在场的每一个人。受助居民朱金亮将真心凝聚的“感谢党”大字条幅赠送给镇党委。镇领导、机关干部、企业老总、居（村）代表等纷纷募捐，当日募得善款120万元。

（侯阿富）

【学习型社区推进会】 7月5日，举行创建学习型社区推进大会。市教委、市学习办、区教育局等领导，有关高校、科研单位的专家、学者和兄弟街镇的领导百余人应邀出席会议。有关专家学者为桃浦镇创建学习型社区工作和镇工会、妇联、居委会代表的交流发言作点评；与会者通过《人人、时时、处处——全民终身教育在桃浦》的视频，直接感性了解自2005年以来桃浦镇创建学习型社区的工作及其取得的成果，并提出许多建设性的宝贵意见；会上宣布2009年桃浦镇居（村）委社区教育教学点考评结果，5个示范教学点和8个优秀教学点受到表彰；桃浦镇党委、政府印发《关于推进学习型社区建设的补充意见》，为新一轮学习型社区创建工作提供有力保障。在此基础上，积极贯彻市级招标项目《居（村）委社区教育教学点的建设》，开展优秀志愿者教师和优秀课程的首次评选，评出10名优秀志愿者教师和8个优秀课程，于9月28召开表彰大会，旨在弘扬志愿者奉献精神，推进教学点课程建设。结合实际，制定《创建学习型社区五年规划（征求意见稿）》，专题召开桃浦教育和文化管理委员会成员单位会议，认真讨论《征求意见稿》，为学习型社区建设出谋划策。

（侯阿富）

【桃浦游泳馆对外开放】 8月8日，桃浦游泳馆正式对外运行，区领导周国雄、叶维华、夏斯德、张新华、景莹，区有关部门和各街镇的领导及桃浦社区居民代表300余人出席揭牌仪式。桃浦镇历时二年，总投资4000多万元，建成8360平方米的全民健身活动中心。活动中心位于金通路380号，一层设游泳馆、攀岩等；二层设健身房、乒乓球房等；三层设壁球、台球、棋牌、体质监测站等。先期对外开放的游泳馆面积2000多平方米，设中心泳池1个（25米×16米），娃娃池1个（14米×8米），为区内规模较大的场馆之一。游泳馆的建成弥补桃浦地区长期没有游泳设施的缺憾。为方便桃浦新村居民前往健身，镇政府又出资158万元，在槎浦河上（银杏路西侧）移址改建一座长50米、宽10米"东风桥"。游泳馆开放后，坚持社会效益为主，收费体现公益性，设置免费日、每日免费时段和对特定人群的免费服务，惠及于民，首批200户困难家庭获赠游泳票。（侯阿富）

【首届敬老月活动】 以第二十三个"敬老日"为契机，首次开展主题为"敬老在你身边、共建和谐社会"的敬老月活动。该活动一是营造社会氛围。各村、居委启动电子屏幕、更新宣传栏、展示黑板报等，宣传老龄工作的方针政策和涉老方面的法律法规；通过《新桃浦报》，报导敬老活动情况，宣传尊老敬老先进集体和个人。二是组织慰问活动。10月12日镇领导看望102岁高龄老人，送上祝福蛋糕、鲜花和慰问金；10月13日镇机关5个党支部分别走访地区18位困难老人；10月16日，各村（居）委纷纷以座谈会、茶话会、联谊会、走访、集体吃长寿面等形式慰问社区老人送上慰问品。三是开展敬老节表彰活动。10月15日桃浦镇举行"牵手夕阳、情满桃浦"庆祝敬老日大会暨老年文艺团队汇演，400余名老人欢聚一堂，共度佳节，会上表彰6名"孝亲敬老之星"、6名"为老服务优秀志愿者"、6个"模范敬老家庭"。社区民警陈德骅荣获上海市"孝亲敬老楷模"后，在全国敬老主题教育活动表彰会上又荣获第四届全国十佳"中华孝亲敬老楷模"。四是落实为老服务活动。为独居老人开展水、电、煤气等安全检查和助浴、助洁等服务；500余名为老服务志愿者深入社区，开展各种内容和形式的服务，为老人解决一些急、难、愁的问题。五是愉悦老人的精神生活，开展800名老人五脏养生操展示活动，老年人自娱自乐文艺汇演，举办老年教育艺术成果展示、老年书画和盆景制作展览等。（侯阿富）

【信访维稳"六个一"工作法】 2010年，开展信访维稳"六个一"工作法，信访总量人数下降22.3%，其中集访人数下降73%；化解群体矛盾4件，个体矛盾3件；劝返越级赴京上访27人次；未发生影响社会稳定的群体性事件。市《信访动态》曾载专文予以肯定。"六个一"工作法即：一是明确第一责任。各级领导是信访维稳工作第一责任人，做到"一般事有人管，特殊事有人做，突发事有人处"；二是瞄准第一目标。对可能发生或已经发生的矛盾作为维稳目标，紧抓不放，做到小事不出村（居），大事不出镇，矛盾不上交，就地化解矛盾；三是强调第一意识。增强各级领导对维稳工作的忧患意识、大局意识和责任意识，做到面对矛盾不推诿、不扯皮、不上交。对可能影响社会稳定的问题，提前预警，积极疏导，有效处置；四是把握第一关口。把工作做在前头，把功夫用在平时，把矛盾化解在基层，把问题解决在当地，把隐患消灭在萌芽状态，牢牢把握工作主动权；五是抢抓第一时间。对突发或可能演化的矛盾，领导快速反应，抢抓情况信息，抢抓亲临现场，抢抓疏导处置，及时做好化解、缓解工作；六是筑牢第一阵地。夯实基层基础工作，整合社会资源，筑牢综治、司法、信访及公安等部门调解矛盾阵地，开展矛盾联调、问题联治、事件联处，从源头有效预防、减少矛盾纠纷的发生。（侯阿富）

三十、人物

区及部门领导名录

（2010.01.01—2010.12.31）

【中共普陀区第八届委员会】

书　　记　周国雄
副 书 记　孙荣乾　顾顺祥
常　　委　周国雄　孙荣乾　顾顺祥　钱城乡（2010.07—）
　　　　　夏斯德　祝学军　胡佩艳（女）（—2010.07）
　　　　　韩力鸣　裴　崎　左　燕（女）　诸葛宇杰
　　　　　林　楠
委　　员（按姓氏笔画为序）
　　　　　王　珏（女）　王智华　左　燕（女）
　　　　　石彩英（女）　叶维华　孙荣乾　严爱科（女）
　　　　　李章华　张月生　张雄伟　陈　敏　陈建国
　　　　　林　楠　林爱娟（女）　周国雄　周骏如
　　　　　郑　粲（女）　胡佩艳（女）（—2010.07）
　　　　　祝学军　夏斯德　顾顺祥　徐茂平（2010.01—）
　　　　　殷坤能（—2010.01）　高德彪　诸葛宇杰
　　　　　符祖鸣　章连德　韩力鸣　童建民　裴　崎
　　　　　钱城乡（2010.07—）
候补委员（按得票多少为序）
　　　　　徐茂平（—2010.01）　姚　军（女）　宋宗德
　　　　　王佑云　周倩影（女）　李忠道

【区委工作机构】

办公室　主　任　张雄伟
　　　　副主任　张建东　李　刚　唐洪涛
政策研究室主任　张雄伟
机要局　局　长　张桂文（—2010.04）
　　　　　　　　孙国强（2010.05—）
组织部　部　长　胡佩艳（女）（—2010.07）
　　　　　　　　钱城乡（2010.07—）
　　　　副部长　王观宝　万永保　施云华
编制委员会办公室
　　　　主　任　王观宝（—2010.01）
　　　　　　　　施云华（2010.01—）
　　　　副主任　施云华（—2010.01）
社会工作党委
　　　　书　记　施云华
　　　　副书记　王　元（女）（2010.11—）
党代表联络办公室
　　　　主　任　施云华（2010.07—）
宣传部　部　长　祝学军
　　　　副部长　徐志平　汤尉琳（女）　贾成芳（女）
精神文明办公室
　　　　主　任　徐志平
　　　　副主任　汤尉琳（女）　罗育平　夏爱红
统战部　部　长　夏斯德
　　　　副部长　李世荣　荆昌德（—2010.04）
　　　　　　　　张桂文（2010.04—）　刘京申
　　　　　　　　韩先锋　顾欣钰（女）
政法委员会
　　　　副书记　居长鸿　李建山（2010.05—）
政法委员会办公室
　　　　主　任　居长鸿
　　　　副主任　李建山（—2010.05）　吴金波　顾宇斌
防范和处理邪教问题领导小组办公室
　　　　主　任　许晓宁
　　　　副主任　王忆群　王霞萍（女）
老干部局
　　　　局　长　万永保
　　　　副局长　唐孜妮（女）　基一涓（女）
机关工作委员会
　　　　书　记　李　立
　　　　副书记　谢敏华　蒋　波（女）
党　校　校　长　胡佩艳（女）（兼）（—2010.07）
　　　　　　　　钱城乡（兼）（2010.07—）

常务副校长　蔡建勇
副校长　王春明　黄燕韧
党史研究室
主　任　张雄伟
副主任　吴自钧
人民武装部
党委第一书记　周国雄(兼)
党委书记、政委　林　楠
党委副书记、部长　朱生存

【区国家机关和人民团体党组织】

人大常委会　党组书记　叶维华
人民政府　党组书记　孙荣乾
人民政协　党组书记　林爱娟(女)
人民法院　党组书记　石彩英(女)
人民检察院　党组书记　周骏如
总工会　党组书记　严爱科(女)(—2010.07)
钱忠明(2010.07—)
共青团委员会
党组书记　李　锐
妇女联合会
党组书记　姚　军(女)
科学技术协会
党组书记　奚学琴(女)
工商业联合会
党组书记　李世荣
残疾人联合会
党组书记　钱忠明(—2010.07)
宋胜利(2010.07—)
归国华侨联合会
党组书记　葛惠桃
发展和改革委员会
党组书记　王智华
商务工作党委
书　记　章连德
教育工作党委
书　记　范以纲
副书记　李学红　丁向荣
科学技术党委
书　记　奚学琴(女)
副书记　刘义海
公安分局党委
书　记　韩力鸣
副书记　傅　翔
国家安全分局党委
书　记　张慧平
民政局党委　书　记　倪　辉(女)
司法局党委　书　记　夏宝元
财政局　党组书记　周倩影(女)
人力资源和社会保障局党委
书　记　杨新建
副书记　盛金海
马明辉(—2010.05)
王永俊(2010.05—)
建设交通工作党委
书　记　李章华
副书记　郑荣洲　孙建雄
环境保护局
党组书记　黄海威
规划和土地管理局
党组书记　成文彬
文化局党委　书　记　马理路(女)
卫生工作党委
书　记　吕炳祥
副书记　花根才　赵永萍(女)
食品药品监督管理分局
党组书记　吴乃义
人口和计划生育委员会
党组书记　蒋　莺(女)
审计局　党组书记　李海云(女)
国有资产监督管理委员会党委
书　记　陈　敏(—2010.11)
副书记　严志农　吴　翊(女)
税务分局　党组书记　李俊强
工商行政管理分局党委
书　记　茅家瑞(—2010.12)
赵文中(2010.12—)
副书记　陈雅君(女)
质量技术监督局
党组书记
体育局党委　书　记　姜道荣
绿化和市容管理局党委
书　记　刘会勇
副书记　李文华　杨雁平
城市管理监察大队党委
书　记　庄　华
副书记　周炳涛
住房保障和房屋管理局党委
书　记　王和平(—2010.05)
陆孜浩(2010.05—)
副书记　桂正和
安全生产监督管理局
党组书记　陆孜浩(—2010.05)
马明辉(2010.05—)
民防办公室党委
书　记　朱永平
副书记　叶欢静
投资促进办公室
党组书记　吕南停
社区建设工作办公室

党组书记　吴凌昱（女）
档案局　党组书记　王卫国

（区委组织部提供）

【普陀区第十四届人大常委会】

主　任　叶维华
副主任　曹玉茂　陆永新
张新华（女）　袁　雯（女）
委　员　（按姓氏笔画为序）
王观宝　王然凤　达良俊　朱云龙　杨　杰
李　锐（2010.01—）　李月华（女）　严爱科（女）
张　菁（女）　陆梅珍（女）　姚　军（女）
秦辉东　耿建青　黄铁昌（2010.01—）　梁根生
韩　娜（女）　童建民　虞　舟　戴作为

【区人大常委会工作机构】

办公室　主　任　童建民
副主任　姚安宁　邓根久
代表工作室　主　任　黄铁昌
内务司法工作委员会
主　任　耿建青
副主任　严爱科（女）　陈建国　梁家栋
华侨民族宗教事务工作委员会
主　任　耿建青
副主任　达良俊　梁家栋
财政经济工作委员会
主　任　王然凤
副主任　张　菁（女）　张健健　陈　吉
城市建设环境保护工作委员会
主　任　梁根生
副主任　戴作为　岑国跃
教育科学文化卫生工作委员会
主　任　虞　舟
副主任　姚　军（女）　杨　杰　陆建勤
人事工作委员会
主　任　王观宝
副主任　童建民　黄铁昌（—2010.03）
金　斌（2010.03—　）
代表资格审查委员会
主任委员　王观宝
主任委员　童建民　黄铁昌（2010.03—　）

（区人大办提供）

【普陀区人民政府】

区　长　孙荣乾
副区长　裴　崎　诸葛宇杰　景　莹（女）
符祖鸣　高德彪

【区政府工作部门】

办公室　主　任　王　珏（女）
副主任　陈伟明　刘禄海　王佑云
林金平　李松海　何丽芬（女）
政策研究室　主　任　李松海
副主任　汤汇浩（—2010.04）
朱晓鸣（2010.03—）
陈立群（女）（2010.07—）
法制办公室　主　任　陈伟明
副主任　夏　舒（女）　杨　剑
外事办公室　主　任　王　珏（女）
副主任　归桂奇
信访办公室　主　任　林金平
副主任　韩素友　茅慧琴（女）　王建中
甘其发（—2010.07）
张志刚（2010.07—）
机关事务管理局
局　长　王佑云
副局长　许为民
殷建敏（女）（2010.05—）
合作交流办公室
主　任　刘禄海
副主任　管永平　孙新建
发展和改革委员会
主　任　王智华
副主任　魏　静（女）（—2010.08）
李佳玉（女）（—2010.01）
周勤毅（2010.09—）
宁克标　边慧夏　李金勇
岳　华（女）（2010.04—）
统计局　局　长　王智华
物价局　局　长　王智华（兼）
商务委员会　主　任　陶腊仙（女）（2010.07—）
副主任　梁立群　陆文龙　周益峰
董鹏勇　李明辉（—2010.04）
陶益民（2010.05—）　李　银（女）
经济委员会　主　任　陶腊仙（女）（2010.08—）
旅游局　局　长　陶腊仙（女）（2010.08—）
教育局　局　长　李学红
副局长　方元升　郑建国　赵　平（女）
科学技术委员会
主　任　吴铁延
副主任　董正宇　宋胜利（—2010.07）
李文波　王建平　邓　岚（女）
夏军保（2010.12—）
信息化委员会
主　任　吴铁延（兼）
公安分局　局　长　韩力鸣
政　委　傅　翔
副局长　李伟军　王　琦　曹福东
杨秀成
国家安全分局

局　长　张慧平
副局长　（略）

民政局　局　长　倪　辉（女）
副局长　秦建国　陈张良
李　群　李戌渊

司法局　局　长　夏宝元
副局长　朱伟琴（女）　孙　勇
王　敏（2010.03—）

财政局　局　长　周倩影（女）
副局长　张思拯　黄继文（女）

人力资源和社会保障局
局　长　盛金海
副局长　司彦博　杨　伟（2010.07—）
章宏斌　王永俊（—2010.05）
倪显良

建设和交通委员会
主　任　郑荣洲
副主任　章建国　华伟国（2010.07—）
彭　波（女）　应明德　张俊扬

环境保护局　局　长　黄海威
副局长　陈　亮（女）　黄昌发

规划和土地管理局
局　长　成文彬
副局长　高亮全　顾建中　徐　征

文化局　局　长　刘毛伢
副局长　许龙成　范文翔

卫生局　局　长　花根才
副局长　李玲娣（女）（—2010.07）　于为国
虞万晋　马遵伟（2010.08—）

食品药品监督管理分局
局　长　吴乃义
副局长　黄　干（—2010.03）
周文伟（2010.03—）

人口和计划生育委员会
主　任　蒋　莺（女）
副主任　陈志秀（女）

审计局　局　长　李海云（女）
副局长　顾薇玲（女）　王廉之

国有资产监督管理委员会
主　任　严志农
副主任　周勤毅（—2010.09）
范小虎　冯　立　田国强
刘　宏（2010.09—）

税务分局　局　长　李俊强
副局长　陆水根　严晓琳（女）　陈业宝
姜晓峻（2010.02—）

工商行政管理分局
局　长　茅家瑞（—2010.12）
赵文中（2010.12—）
副局长　石　骏　许干恒　薛国富

质量技术监督局
局　长
副局长　刘根成　张列奇　高　斌

体育局　局　长　姜道荣
副局长　程永利　张林妹（女）　杨建新

绿化和市容管理局
局　长　李文华
副局长　张雷旗　华伟国（—2010.07）
李伟钧　蒋坚锋
张　严（2010.04—）　沈瑞毅

城市管理监察大队
大队长　庄　华
副大队长　康国强（—2010.07）
周炳涛　李　莉（女）

住房保障和房屋管理局
局　长　王和平（—2010.04）
陆孜浩（2010.05—）
副局长　张伟敏　胡月华（女）
张　军（女）

安全生产监督管理局
局　长　陆孜浩（—2010.05）
马明辉（2010.05—）
副局长　周星明　吴晨海

民防办公室　主　任　朱永平
副主任　张文强　陈　新（—2010.07）
甘其发（2010.07—）

投资促进办公室
主　任　吕南停
副主任　吴东海　王　慎　孙丽雅（女）

社区建设工作办公室
主　任　吴凌昱（女）
副主任　陈琦华（女）　蒋　龙

档案局　局　长　王卫国
副局长　姚金彪（—2010.07）
康国强（2010.07—）

台湾事务办公室
主　任　荆昌德（—2010.04）
张桂文（2010.04—）
副主任　陈建龙

侨务办公室　主　任　荆昌德（—2010.04）
张桂文（2010.04—）
副主任　伍贤民

民族宗教办公室
主　任　荆昌德（—2010.04）
张桂文（2010.04—）
副主任　伍贤民

（区委组织部提供）

【政协普陀区第十二届委员会】

主　席　林爱娟（女）

副主席　夏斯德　柴晓苗（女）　谢　筠（女）　周旭东
　　梁立群
秘书长　包昌华
常务委员（按姓氏笔画为序）
　　于为国　马和民　仇许玲（女）　王行恒
　　王绍博　王建平　王浙东　王梅芳（女）
　　宁国敏　刘毛伢　刘亦武　刘　晨　纪筱华
　　孙赓祥　许龙成　汤　亮　汪胜洋　严志农
　　吴　翊（女）　张科平　李　坚
　　李　锐（—2010.01）　李　巍　李世荣
　　李玲娣（女）　陈　敏　陈国强　邱忠民
　　周　伟　周朝华　杨　峰　林若延　范　伟
　　姚凤英（女）　姜培民（女）　胡黎明　荆昌德
　　高亮全　黄东平　章　勇　游华基　戴立益
　　戴雪荣

【区政协组织机构】

办公室　主　任　包昌华
　　副主任　黄　嘉　周成华
专门委员会办公室
　　主　任　包昌华
　　副主任　冯祝林
学习和文史委员会
　　主　任　徐志平
　　副主任　金德琅　施镇平
经济委员会　主　任　严志农
　　副主任　刘禄海　嵇启春
科技委员会　主　任　刘义海
　　副主任　胡黎明　刘以华
提案委员会　主　任　万永保
　　副主任　纪筱华　赵前进　谢敏华
　　杨　华
教育委员会　主　任　郑建国
　　副主任　陈国强　严玮懿（女）
人口和健康委员会
　　主　任　于为国
　　副主任　蒋　莺（女）杨　霞（女）
社会和法制委员会
　　主　任　李　坚
　　副主任　朱伟琴（女）
　　唐　敏（2010.02—）
　　朱云斌（—2010.02）
文化和体育委员会
　　主　任　刘毛伢
　　副主任　谭　钧　司　颖（女）
环境和城区建设委员会
　　主　任　彭　波（女）
　　副主任　蔡建勇　李祖望
民族和宗教委员会
　　主　任　荆昌德
　　副主任　金勤明　梅康钧
港澳台侨委员会
　　主　任　游华基
　　副主任　周懋彬　咸　跃

（区政协办提供）

【中共普陀区纪律检查委员会和普陀区监察局】

纪委书记　左　燕（女）
　　副书记　李　坚　董宪民
　　常　委　左　燕（女）　李　坚　董宪民
　　葛希美（女）　吴明昇　蔡忠明
　　朱恒尚
　　委　员（按姓氏笔画为序）
　　王卫国　王观宝　左　燕（女）
　　卢建强　朱云斌　朱恒尚　刘义海
　　李　立　李　坚　吴　铭　吴明昇
　　沈国法　张冠群　陈兴和
　　陈雅君（女）　范以纲　赵永萍（女）
　　赵鸿侠　姜静勇　姚安宁　梁家栋
　　葛希美（女）　董宪民　虞　舟
　　蔡建勇　蔡忠明
监察局　局　长　李　坚
　　副局长　董宪民　葛希美（女）　吴明昇
　　蔡忠明　朱恒尚（2010.12—）
　　姚凤英（女）

【普陀区人民法院】

院　长　石彩英（女）
副院长　马旭昇　王逸寒　王　飞　徐佳齐

【普陀区人民检察院】

检察长　周骏如
副检察长　陈贵荣　唐　敏　张智毅　刘舜英（女）

【普陀区人民团体和群众组织】

总工会　主　席　严爱科（女）（—2010.08）
　　张新华（女）（2010.08—）
　　副主席　钱忠明（2010.08—）　周　伟
　　张德鑫　吴　俊　沈丽萍（女）
团区委　书　记　李　锐
　　副书记　钱晓莉（女）　李　颖（女）
妇　联　主　席　姚　军（女）
　　副主席　王娟娟（女）　徐丽华（女）
　　张玉磊（女）
科　协　主　席　何积丰
　　常务副主席　吴铁延
　　副主席（按姓氏笔画为序）
　　邓　岚（女）　刘义海　朱自强
　　汤　新　吴信宝　张冠群　汪群斌
　　沈小宇　陈胜明　罗晓明　姜乃锋

徐大刚　董正宇

侨　联　主　席　游华基(—2010.01)
葛惠桃(2010.01—)

残　联　名誉主席　顾顺祥
名誉副主席　曹玉茂　谢　筠(女)
主　席　符祖鸣
副主席　林金平　曹道云　钱忠明　史伟国
尉小晋(女)　滕培明　袁根娣(女)
张为民
理事长　钱忠明(—2010.08)
宋胜利(2010.08—)
副理事长　朱向前　陶　峰(女)

工商联　主　席　汤　亮
副主席　丁佑宏　王岳祥　孙赓祥　许干恒
严健军　李世荣　肖　毅　陈中良
范　伟　周玉升　周朝华　胡明勤(女)
胡黎明　黄远成　葛超华　谢　平
方伟林

红十字会　会　长　景　莹(女)
常务副会长　马　毓(女)

【区社区(街道)、镇党组织】

长寿社区(街道)党工委
书　记　欧阳萍(女)
副书记　黄庆伟　卢建强　薛宝平

曹杨社区(街道)党工委
书　记　周社华
副书记　陶腊仙(女)(—2010.07)
魏　静(女)(2010.07—)
宋　健　陈永昌

长风社区(街道)党工委
书　记　韦升东
副书记　李德雍　张　桦　吉桂林

宜川社区(街道)党工委
书　记　金宏海
副书记　汤　平　戴德炎　施裕冲

甘泉社区(街道)党工委
书　记　张文瑶(女)
副书记　宋宗德　马秋明
王　炜(—2010.04)
王永良(2010.04—)

石泉社区(街道)党工委
书　记　徐茂平
副书记　马理路(女)(—2010.01)
李佳玉(女)(2010.01—)
赵鸿侠
刘文奎(2010.04—)

真如镇党委　书　记　刘古亮
副书记　胡礼刚　姜静勇

长征镇党委　书　记　张月生
副书记　蒋志民　沈国法

桃浦镇党委　书　记　陈建国
副书记　洪跃弟　陈兴和

【区人民政府街道办事处,镇政府、人大】

长寿路街道办事处
主　任　黄庆伟
副主任　卢建强　郑　葵　庄春松
肖　立　严锡树

曹杨新村街道办事处
主　任　陶腊仙(女)(—2010.08)
魏　静(女)(2010.08—)
副主任　沈寿权　史敢平
陈　新(2010.07—)　陈庆年
顾宏弟(女)

长风新村街道办事处
主　任　李德雍
副主任　许道森(—2010.04)
姚金彪(2010.07—)
杨宝康(—2010.05)　徐乃毅(女)
田　军　舒乐炎(2010.04—)

宜川路街道办事处
主　任　汤　平
副主任　张凯旺　谷裕冬　王建萍(女)
李庆余

甘泉路街道办事处
主　任　宋宗德
副主任　傅开国　徐造文
石斌初(2010.07—)　奚美芬(女)

石泉路街道办事处
主　任　马理路(女)(—2010.01)
李佳玉(女)(2010.01—)
副主任　陆振仪　谈立雄　肖兆明
吕　将

真如镇　镇　长　胡礼刚
副镇长　孟庆源　朱春洪(女)　徐建超

长征镇　镇　长　蒋志民
副镇长　徐建华　潘丽倩(女)　吴　超

桃浦镇　镇　长　洪跃弟
副镇长　宋海民　江　蕾(女)　林增明

真如镇　人大主席　王智华(—2010.02)
刘古亮(2010.02—)
副主席　孙学明

长征镇　人大主席　张月生
副主席　张金兰(女)(—2010.05)
杨宝琴(女)(2010.05—)

桃浦镇　人大主席　陈建国
副主席　郑韵玫(女)

(区委组织部提供)

逝世人物

【王知津】（女）（1921.02—2010.04）　1921年2月生于河北天津，广东广州人。在上海东吴附中念书时，即抗日战争前期投身革命，1939年9月加入中国共产党。1940年入读东吴大学社会系，积极开展统一战线工作。1942年入读沪江大学，担任地下党分支书记，领导文学院和商学院的地下革命工作。1945年4月起任上海基督教青年会、女青年会地下党组副书记。上海解放后至1950年4月，兼任上海市民主妇联委员、上海市劳工教学协会副理事长。1950年4月起，任青年团中央办公室秘书、青年团中央统战部科长。1952年10月起，在中共上海市委整党建党办公室工作。1953年1月起，任中共上海市委宣传部职工教育处、工厂宣传处科长、办公室副主任。1957年6月—1966年，先后任中共普陀区委教育卫生部部长、区委委员，区委常委、区委办公室主任，区委副书记。1966年"文革"期间，先后隔离、靠边劳动，到崇明"五七"干校，相继担任"五七"干校党总支副书记、书记。1973年5月—1977年10月，先后列席普陀区委常委，参加教卫组工作；赴安徽上山下乡知青慰问团参加市知青办调研工作；担任安徽上山下乡知青慰问团副政委；在上海市青浦县基本路线工作队协助市知青办做插队知青安置工作。1977年10月—1983年12月，任中共上海市普陀区委常委、副书记。

王知津一生为党的事业艰苦奋斗，为人民服务勤勤恳恳。离休后，一直参加离休干部党支部组织的各项活动。患病住院后仍然时时关注国家大事。对党对人民耿耿忠心，至死不渝。

2010年4月28日，因病逝世，享年89岁。

（区委组织部供稿）

【樊明章】（1928.01—2010.12）　1928年1月出生，上海市崇明县人。1949年10月加入中国共产主义青年团，1950年6月加入中国共产党。1943—1946年，上海双球袜厂学徒。1949—1950年，上海大中国资公司售货员。1950年6月—1952年12月，上海市老闸区新民主主义青年团工作委员会干事。1954—1956年，任中共老闸区委宣传部科长，1956—1967年，先后任中共黄浦区委宣传部科长，人委工业科科长，文化局副局长。1969—1971年，上海赴内蒙古上山下乡学习慰问团察右前旗小组长，上海赴安庆上山下乡学习慰问团芜湖分团小组长、指导员和支部书记。1974年—1987年5月，先后任黄浦区长沙街道办事处干事、民政科科长，区集体事业管理局局长，副区长，区委副书记、区长。1987年5月起，任政协普陀区委员会主席，1990年11月退休。

樊明章坚持共产主义信念，对工作认真负责、忠于职守、勤政廉洁、作风正派、诚实待人。在黄浦区区委、区政府，普陀区政协等重要领导岗位上兢兢业业，任劳任怨，作出贡献。改革开放以来，认真贯彻党的十一届三中全会以来的方针政策，为改革开放和社会主义现代化建设献计出力。樊明章关注民生、重视民意，始终把百姓利益作为一切工作的出发点和落脚点。在黄浦区工作期间，他为民服务的先进事迹以报告文学的形式，在《解放日报》上连载，并得到时任市长汪道涵称赞。樊明章政治立场坚定，忠于党，忠于人民，始终不渝地为社会主义事业贡献力量；始终保持艰苦朴素的优良传统，为人谦虚，严以律己，宽于待人，光明磊落，公正廉洁；关心青年干部的生活与工作，鼓励青年一代坚定信念，踏踏实实干事业。退休后，继续学习邓小平理论、"三个代表"重要思想和科学发展观，关心普陀区经济社会建设和人民政协事业的发展，始终以共产党员的标准严格要求自己，得到好评。

2010年12月20日，因病逝世，享年82岁。

（孟兆艳）

三十一、先进集体·先进个人

先进集体

【全国社区教育示范区】
上海市普陀区

【全国养老服务示范活动单位】
上海市普陀区

【全国中医药特色社区卫生服务示范区】
上海市普陀区

【全国三八红旗集体】
普陀区中心医院

【全国工人先锋号】
普陀区建管办安全质量监督站

【全国文化产业示范基地】
上海天地软件园

【全国巾帼文明岗】
普陀区甘泉路街道社区事务受理服务中心
上海市实验幼儿园

【国家安全集体二等功】
上海国家安全局普陀区安全分局

【2010年度全国优秀法院】
普陀区人民法院

【全国模范人民调解委员会】
区医患纠纷调解委员会

【全国计生协会先进单位】
普陀区人口和计划生育委员会

【全国婚育新风进万家示范区】
普陀区人口和计划生育委员会

【全国公安机关执法示范单位】
公安普陀分局交警支队

【全国"五五"普法工作先进集体】
普陀区民族宗教办公室。

【全国创建和谐寺观教堂先进集体】
玉佛寺

【服务世博全国巾帼文明岗】
上海盛旺雅洁环境管理有限公司
上海市普环实业有限公司第三分公司真光清道班
上海复美益星大药房连锁有限公司民康店

【全国工会千万农民工援助行动先进培训单位】
普陀区总工会

【全国工会财务工作先进单位】
普陀区总工会

【全国工会系统"五五"普法先进单位】
普陀区新曹杨工业园区工会联合会

【全国职工教育培训优秀示范点】
上海市总工会沪西职工技术交流站

【全国模范职工之家】
普陀区医务工会

【全国无烟医院】
普陀区人民医院

【全国职工书屋】
真如镇社区职工教育培训中心

【全国模范职工小家】
上海致达智利达系统控制有限责任公司工程部

【全国教育门户网站地市级五十佳网站】
普陀区教育局

【全国学校艺术教育工作先进单位】
上海市曹杨第二中学

【中国2010年上海世博会先进集体】
中共上海市普陀区委政法委员会办公室
公安普陀分局刑侦支队一队

【全国医药卫生系统先进集体】
普陀区中心医院

【全国妇女健身示范站点】
曹杨新村街道办事处

【全国老龄工作先进单位】
甘泉路街道老龄委

【全国和谐社区建设示范社区】
长寿路街道办事处

【全国第二次经济普查先进集体】
长寿路街道办事处
长征镇人民政府

【社会组织深入演习实践科学发展观活动先进单位】
长寿路街道办事处
长寿路街道民间组织服务中心

【全国学习型街道示范单位】
曹杨新村街道办事处

【全国综合减灾示范社区】
曹杨新村街道桂杨园

【国际安全社区】
长征镇

【全国创建学习型家庭示范社区】
长征镇

【全国妇联基层组织建设示范居委】
长征镇怒江路第二居民区

【上海市模范集体】
普环实业有限公司第一分公司陈扣娣班组
普陀区园林建设综合开发有限公司行道树养护队
普陀区疾病预防控制中心公共卫生应急处置队
上海新泉实业总公司招商分中心
普陀区桃浦镇李子园村民委员会发展服务部
普陀区人力资源和社会保障局就业促进中心

【上海市五一劳动奖状】
公安局普陀分局政治处
普陀区建设和交通委员会
普陀区人民医院于井子护理小组

【上海市五一巾帼奖(集体)】
普陀区医务工会
普陀区长风文化馆

【上海市五一巾帼示范岗】
普陀区中心医院干部保健病区
普陀区人民医院ICU护理组
普陀区妇婴保健院挂号收费组
长征镇社区卫生服务中心干部病区
普陀区利群医院神经内科医生组

【上海市三八红旗集体】
真如镇妇女联合会
长风街道长风社区卫生服务中心
曹杨商城有限黄金部
普陀区民政局婚姻收养登记中心
普陀区市政工程有限公司青年突击队综合班

【上海市巾帼文明示范岗】
普陀区启星学校
上海市公安局普陀分局真光路派出所窗口受理组

【2010年度上海市科技进步一等奖】
上海化工研究院
普陀区中心医院
中船第九设计研究院工程有限公司
上海力声特医学科技有限公司

【上海市群众体育先进单位】
普陀区体育局

【上海市业余训练先进单位】
普陀区体育局

【上海市志愿服务先进集体】
普陀区教育局

【2009年上海市五四特色团委】
甘泉社区(街道)团工委

【2009年度上海市优秀青年突击队】
普陀市政建设养护有限公司三分公司青年突击队

【2009年上海市青年文明号(共青团号)】
普陀区人民医院ICU护理部
上海市真光中学信息科研室
普陀区中心医院科研科、康复科
公安局普陀分局指挥处情报科
工商局普陀分局长征工商所办案组
上海市工商局普陀分局
普陀区教育局

【"十一五"上海市社区公共运动场建设先进单位】
普陀区体育局

【上海世博工作优秀集体】
共青团普陀区委员会
普陀区工商联
普陀区光彩事业促进会
普陀区委区政府信访办公室
普陀区合作交流办公室
上海市自强社会服务总社普陀工作站
普陀区司法局基层工作科
普陀区妇女儿童人民调解委员会
曹杨新村街道办事处
长征镇人民政府

【上海市"创先争优,世博先锋行动""五好"基层党组织】
普陀区河道管理所党支部
上海市地方税务局普陀区分局机关党委
公安普陀分局曹杨新村派出所党支部
上海复星高科技(集团)有限公司党委
长寿社区(街道)普雄居民区党总支
曹杨社区(街道)杏梅园居民区党总支
长风社区(街道)机关党总支
宜川社区(街道)赵家花园居民区党总支
甘泉社区(街道)事务受理服务中心党支部
石泉社区(街道)管弄新村第一居民区党总支
真如镇清涧新村第三居民区党支部
新曹杨(集团)有限公司党委
未来岛高新技术产业园区党委
普陀区世博园区安保志愿者团队

【上海市2010年涉世博外事工作先进集体】
普陀区外事工作办公室

【上海市信访系统先进集体】
普陀区委、区政府信访办公室

【上海法院系统集体一等功】
普陀区人民法院

【上海法院人民陪审员工作先进集体】
普陀区人民法院

【上海政法系统化解信访矛盾工作先进集体】
普陀区人民法院立案庭

【上海市防范和打击邪教工作先进集体】
普陀区610办公室

【上海市集中清理执行积案活动先进集体】
普陀区人民法院执行庭

【2007—2009年度上海市未成年人保护工作先进集体】
普陀区人民法院少年庭

【2008—2009年度上海市法院系统“青年文明号”】
普陀区人民法院民一庭

【2004－2009年度上海市社区矫正工作先进集体】
普陀区司法局社区矫正科
普陀区司法局宜川路司法所

【上海市优秀平安志愿者服务队】
普陀区人民调解平安志愿者服务队

【上海市刑释解教人员安置帮教工作先进集体】
普陀区刑释解教人员安置帮教工作办公室

【上海市第十四届运动会青少年组竞赛优秀组织奖】
普陀区体育局

【上海市全民国防教育先进集体】
晋元高级中学

【2009年度上海市语言文字工作先进集体】
普陀区教育局

【上海市科技教育特色示范学校】
真如文英中心小学
同济二附中

【国际生态学校】
宜川中学
金洲小学
曹杨新村幼儿园

【支援都江堰灾后重建工作突出贡献集体奖】
普陀区工商联

【上海市重点工程实事立功竞赛优秀公司】
上海西部企业(集团)有限公司
上海中环投资开发(集团)有限公司
上海市普陀区城市建设投资有限公司
上海昊川置业有限公司

【上海市重点工程实事立功竞赛优秀集体】
普陀区住房保障和房屋管理局世博会工作领导小组办公室
普陀区建筑工程管理办公室
普陀区人民政府长寿路街道办事处城市管理科
普陀区长征镇规划建设和环境保护办公室
上海普环实业有限公司第四分公司
普陀区园林建设综合开发有限公司养护部
上海普陀市政工程有限公司突击队
普陀区住房保障和房屋管理局计划配套科
上海市公安局普陀分局交警支队机动中队
上海普陀市政建设养护有限公司三分公司
上海真如城市副中心开发公司项目组

【上海市第十五届(2009—2010年度)文明单位】
(共98家、其中新创18家)

曹杨社区(街道)(2家)
中国电力工程顾问集团华东电力设计院
上海东渡房地产开发有限责任公司

长风社区(街道)(3家)
上海北盛建设工程发展有限公司
中国建材国际工程集团有限公司
上海恩远实业有限公司

长寿社区(街道)(4家)
上海市经济管理学校
中国移动通信集团上海有限公司西区分公司
上海市城市排水收费管理所
上海东方国际商品拍卖有限公司

甘泉社区(街道)(2家)
上海嘉万汽车修理有限公司
甘泉路街道社区事务受理服务中心

石泉社区(街道)(2家)
上海盛鑫建设工程有限公司
上海置辰工程建设有限公司

长征镇(5家)
上海新曹杨(集团)有限公司
上海普陀星云经济区
上海汉欣电线电缆有限公司
上海曹杨建筑粘合剂厂
上海百联中环购物广场有限公司

桃浦镇(4家)
上海市新杨工业园区管理委员会
上海金叶包装材料有限公司
上海金环工业有限公司
上海西北物流园区集团有限公司

建设系统(14家)
上海市普陀区市政工程管理署
上海普陀区园林建设综合开发有限公司
上海普环实业有限公司第四分公司
上海普陀市政工程有限公司
上海市普陀区房地产交易中心
上海长风公园经营发展有限公司
上海市普陀区城市管理监察大队
上海普环实业有限公司第三分公司
上海普环实业有限公司第一分公司
上海市普陀区建筑工程管理办公室
上海普陀市政建设养护有限公司三分公司
上海普陀市政建设养护有限公司二分公司
上海普环实业有限公司第二分公司
上海市普陀区环境监测站

教育系统(20家)
上海市曹杨第二中学
上海市晋元高级中学
上海市宜川中学
同济大学第二附属中学
上海市甘泉外国语中学
上海市长征中学
上海市兴陇中学

上海市洛川学校
上海市普陀区教育学院
上海桐柏高级中学
上海市普陀区朝春中心小学
华东师范大学附属小学
上海市普陀区真如文英中心小学
上海市普陀区桃浦中心小学
上海市普陀区启星学校
上海市实验幼儿园
上海市曹杨中学
上海市江宁学校
上海市桃浦中学
上海市普陀区武宁路小学

卫生系统(9家)
上海市普陀区中心医院
普陀区人民医院
普陀区长风社区卫生服务中心
普陀区真如社区卫生服务中心
上海市普陀区妇婴保健院
普陀区中医医院
上海市普陀区利群医院
普陀区甘泉社区卫生服务中心
普陀区曹杨社区卫生服务中心

国资系统(16家)
上海市普陀区国有资产经营有限公司
上海中环投资开发(集团)有限公司
上海威斯特物业经营有限公司
上海真如物业有限公司
上海烟草集团普陀烟草糖酒有限公司
上海武宁百货有限公司
上海人民塑料印刷厂
上海曹杨医药用品厂
上海永新塑料制品有限公司
上海市曹杨商城有限公司
上海华日服装有限公司
上海明光灯具有限公司
上海明凯照明有限公司
上海关勒铭有限公司
上海中环陆家嘴物业管理有限公司
上海明凯投资(集团)有限公司

机关系统(3家)
上海市普陀区人民法院
上海市普陀区人民检察院
中国地质工程公司上海公司

公安系统(1家)
上海市公安局普陀分局

科委系统(8家)
上海宏泉集团有限公司
复地(集团)股份有限公司
上海复星医药(集团)股份有限公司
上海高地资产经营管理有限公司
上海致达科技(集团)有限公司
上海华明电力设备制造有限公司
上海延华智能科技股份有限公司
上海奥盛投资控股(集团)有限公司

民政系统(1家)
上海市普陀区社会福利院

文化系统(1家)
上海市普陀区图书馆

司法系统(1家)
上海市普陀公证处

人社系统(1家)
上海市普陀区就业促进中心

人防系统(1家)
上海市普陀区民防车库综合管理中心

【上海市(2009—2010年度)文明小区】
(共225个、其中新创38个)

曹杨社区(街道)(30个)
曹杨新村街道梅岭园小区
曹杨新村街道金杨园小区
曹杨新村街道兰花园小区
曹杨新村街道梅花园小区
曹杨新村街道曹杨三村一委小区
曹杨新村街道杏梅园小区
曹杨新村街道沙田新苑小区
曹杨新村街道香山苑小区
曹杨新村街道中桥小区
曹杨新村街道杏李园小区
曹杨新村街道沙溪园小区
曹杨新村街道曹杨公寓小区
曹杨新村街道东元大楼小区
曹杨新村街道曹杨华庭小区
曹杨新村街道桐柏公寓小区
曹杨新村街道金杏园小区
曹杨新村街道兰花公寓小区
曹杨新村街道五星公寓小区
曹杨新村街道常高公寓小区
曹杨新村街道花溪园小区
曹杨新村街道桂巷新村小区
曹杨新村街道君悦苑小区
曹杨新村街道星港景苑小区
曹杨新村街道西部秀苑小区
曹杨新村街道枣阳园小区
曹杨新村街道兰溪园小区
曹杨新村街道中关村公寓小区
曹杨新村街道桂巷苑小区
曹杨新村街道枫桥苑小区
曹杨新村街道曹杨三村五小区

长风社区(街道)(20个)
长风新村街道长风三村南小区
长风新村街道长风三村北小区
长风新村街道师大二村小区
长风新村街道师大三村小区
长风新村街道星风花苑小区
长风新村街道康泰小区
长风新村街道曹杨汽车公寓小区
长风新村街道海鑫公寓小区
长风新村街道长发公寓小区
长风新村街道申安馨苑小区
长风新村街道白玉新村第一小区
长风新村街道锦绿新城小区
长风新村街道金阳怡景公寓小区
长风新村街道长风馨苑小区
长风新村街道白玉苑小区
长风新村绿地世纪城小区
长风新村街道世纪同乐小区
长风新村街道黎金苑小区
长风新村街道绿地世家小区
长风新村街道大华清水清花园小区

长寿社区(街道)(26个)
长寿路街道康怡苑小区
长寿路街道玉佛城小区
长寿路街道绿洲城市花园南苑小区
长寿路街道绿洲城市花园西苑小区
长寿路街道武宁小城小区
长寿路街道云都苑小区
长寿路街道梅山馨苑小区
长寿路街道半岛花园小区
长寿路街道秋水云庐小区
长寿路街道河滨围城小区
长寿路街道大上海城市花园小区
长寿路街道水岸茗苑小区
长寿路街道音乐广场小区
长寿路街道华生小区
长寿路街道沙田花园小区
长寿路街道普雄馨苑小区
长寿路街道地方天园小区
长寿路街道芙蓉花苑小区
长寿路街道常德名园小区
长寿路街道西部俊园小区

长寿路街道上青佳园小区
长寿路街道逸流公寓小区
长寿路街道同德公寓小区
长寿路街道光明城市公离小区
长寿路街道苏堤春晓名苑小区
长寿路街道上海知音苑小区

宜川社区(街道)(16个)
宜川路街道赵家花园东苑小区
宜川路街道赵家花园西苑小区
宜川路街道大洋小区
宜川路街道泰山一村小区
宜川路街道洛川公寓小区
宜川路街道宜川一村第一小区
宜川路街道泰山二村小区
宜川路街道华阴第二小区
宜川路街道宜川三村第三小区
宜川路街道中远两湾城第一小区
宜川路街道中远两湾城第三小区
宜川路街道智荟苑小区
宜川路街道宜川四村小区
宜川路街道宜川二村小区
宜川路街道中远两清城第二小区
宜川路街道泰山宅小区

甘泉社区(街道)(23个)
甘泉路街道子长小区
甘泉路街道新阳小区
甘泉路街道东泉苑小区
甘泉路街道甘泉苑小区
甘泉路街道新子小区
甘泉路街道周家巷小区
甘泉路街道悦达小区
甘泉路街道新灵小区
甘泉路街道西部小区
甘泉路街道合阳小区
甘泉路街道宜君小区
甘泉路街道志丹苑小区
甘泉路街道志丹小区
甘泉路街道新长小区
甘泉路街道新宜小区
甘泉路街道新黄小区
甘泉路街道名都花园小区
甘泉路街道灵石小区
甘泉路街道工汇苑小区
甘泉路街道新沪小区
甘泉路街道南泉苑小区
甘泉路街道甘陵小区
甘泉路街道安塞小区

石泉社区(街道)(14个)
石泉路街道管弄新村南小区
石泉路街道太洪巷小区
石泉路街道岚皋大楼小区
石泉路街道石泉苑小区
石泉路街道天赐苑小区
石泉路街道市政馨苑小区
石泉路街道秋月枫舍小区
石泉路街道管弄新村北小区
石泉路街道光新小区
石泉路街道绿叶小区
石泉路街道宁泉新苑小区
石泉路街道颐宁苑小区
石泉路街道岚皋馨苑小区
石泉路街道秋月枫舍二期小区

真如镇(30个)
真如镇樱花苑小区真如镇海棠苑小区
真如镇真光新村第八小区
真如镇竹苑小区
真如镇真光新村第一小区
真如镇真光新村第三小区
真如镇真光新村第六小区
真如镇曹杨花苑81弄小区
真如镇绿翡翠家园小区
真如镇杨家桥金鼎公寓小区
真如镇阳光西班牙小区
真如镇真北新村二街坊小区
真如镇曹杨新苑小区
真如镇绿洲公离小区
真如镇金纺苑小区
宾如镇樱树芳庭小区
真如镇玉兰苑小区
真如镇益达苑小区
真如镇真光新村第二小区
真如镇真光新村第五小区
真如镇清兰坊小区
真如镇绿洲花园小区
真如镇嘉发公寓小区
真如镇真如西村第一小区
真如镇清涧新村第四小区
真如镇杨桥一街坊小区
真如镇真情公寓小区
宾如镇恒力锦沧花园小区
真如镇星月蓝清小区
真如镇清洞新村第三小区

长征镇(40个)
长征镇新曹杨芝巷小区
长征镇梅岭北路1001弄小区
长征镇阳光世家小区
长征镇泰哀苑小区
长征镇真源美丽苑小区
长征镇怒江路小区
长征镇东旺公寓小区
长征镇梅川路800弄小区
长征镇梅川馨苑小区
长征镇真源美华苑小区
长征镇真源美琪苑小区
长征镇新长征花苑一街坊小区
长征镇上钞桂花苑小区
长征镇新曹杨北巷小区
长征镇建德海棠苑小区
长征镇真金路251弄小区
长征镇振光大厦小区
长征镇东旺家苑小区
长征镇祥和家园二苑小区
长征镇金玉一苑小区
长征镇梅川一街坊小区
长征镇香泉小区
长征镇金沙嘉年华小区
长征镇上海万景园小区
长征镇百合苑小区
长征镇梅川五街坊小区
长征镇径阳家园小区
长征镇真华路295弄小区
长征镇怒江路651弄小区
长征镇金沙雅苑小区
长征镇新村路1901弄小区
长征镇丁香苑小区
长征镇舒诗康庭小区
长征镇上钞苑小区
长征镇紫荆苑小区
长征镇交暨小区
长征镇祥和家园一苑小区
长征镇广德苑小区
长征镇上海豪园小区
长征镇牡丹苑小区

桃浦镇(26个)
桃浦镇和乐苑小区
桃浦镇海棠苑小区
桃浦镇紫藤苑第二小区
桃浦镇迎春苑小区
桃浦镇绿春苑第一小区
桃浦镇李子园花苑小区
桃浦镇山茶苑小区
桃浦镇春光家园小区
桃浦镇万盛花苑小区
桃浦镇真建花苑小区
桃浦镇紫荆苑小区
桃浦镇搓浦新家园小区
桃浦镇金光花苑小区

桃浦镇雪松苑二委小区
桃浦镇古浪苑小区
桃浦镇白丽苑小区
桃浦镇永汇新苑小区
桃浦镇昆仑花苑小区
桃浦镇新家园小区
桃浦镇合欢苑小区
桃浦镇祁连新家园小区
桃浦镇莲花公离小区
桃浦镇三千里花苑小区
桃浦镇樱花苑小区
桃浦镇杜鹃苑小区
桃浦镇石榴苑小区

【上海市2010年度社会主义精神文明十佳好人好事】

（普陀区1件好事）

师生奋不顾身　擒获行凶歹徒

——曹杨职业技术学校陈海云老师及5名学生见义勇为的事迹

【上海市2010年度社会主义精神文明十佳好人好事提名奖】

（普陀区1件提名奖）

八年如一日　敬奉两孤老

——曹杨新村街道公务员周全相多年来坚持为老人服务的事迹

先进个人

【全国劳动模范】
朱雪芹　上海华日服装有限公司
徐　虎　上海西部企业（集团）有限公司
彭　寿　中国建材国际工程有限公司

【全国三八红旗手】
夏秀芳　区中心医院党委书记

【第十四届中国青年五四奖章】
金　晶　普陀区市政管理署

【第十九届中国十大杰出青年】
金　晶　普陀区市政管理署

【第八届中国青年志愿者优秀个人】
金　晶　普陀区市政管理署

【全国工商联科技创新企业家】
严健军　致达集团董事长

【全国特奥工作先进个人】
游余芳　普陀区残疾人劳动服务所

【2008—2009年度无偿献血奉献金奖】
俞孝平　甘泉社区卫生服务中心防保科医士

【服务世博全国巾帼建功标兵】
俞杏娟　上海祥龙置业投资有限公司总经理
李　芳　上海市公安局普陀分局指挥处副处长
徐山珍　普陀区石泉路街道办事处妇联主席

【中国2010年上海世博会先进个人】
王　琦　公安普陀分局
徐志刚　公安普陀分局白丽路派出所

【第二次全国经济普查工作国家级先进个人】
肖　立　长寿路街道办事处
蒋志民　长征镇人民政府
黄松明　长征镇人民政府
张　宏　长征镇人民政府

【全国第一次污染源普查国家级先进个人】
蒋念春　长征镇人民政府规建办
陈伟强　规划建设和环境保护办公室

【中华孝亲敬老楷模】
陈德骅　普陀区公安分局桃浦派出所

【2009年度全国“扫黄打非”先进个人】
谢　燕　普陀区人民法院

【全国控烟工作贡献奖】
邵印麟　普陀区人民医院副院长
徐慧静　普陀区人民医院防保科科长

【上海市劳动模范、先进工作者】
王丽萍　上海市晋元高级中学
王张福　新曹杨工业园区管理委员会
叶　军　普陀区中心医院医务科科长
刘友霞　同济大学第二附属中学
朱爱琴　曹杨新村街道杏梅园居委会
汤　亮　上海奥盛投资控股（集团）有限公司
张建龙　上海盛鑫建设工程有限公司
杨奇勇　普陀区民防车库综合管理中心
杨顺林　普陀区桃浦镇春光村协圣信息科技有限公司
肖　毅　上海华明电力设备集团有限公司
陈从公　上海包装造纸（集团）有限公司
周玉升　上海中环投资开发（集团）有限公司
郑步勇　普陀区人民医院院长
侯冬梅　普陀区建设和交通委员会
倪惠明　普陀区市政工程管理署
徐志刚　公安普陀分局白丽路派出所
薛宝平　长寿路街道办事处

【上海市五一巾帼奖】
王伟娟　曹杨二中

【上海市农民工先进个人】
陈益山　上海嘉万汽车修理有限公司
黄　丽　上海红子鸡美食总汇有限公司

【上海市三八红旗手】
侯冬梅　普陀区建设和交通委员会党办主任
胡月华　普陀区房管局副局长
吴萍萍　普陀区商务委工会主席
董雅华　上海致达科技集团有限公司党委书记
王丽萍　上海市晋元高级中学校长
张　平　上海市培佳双语学校校长
李　晓　普陀区教育资产管理中心主任
孙　静　普陀区人民医院放射科主任
沈　贞　普陀区精神卫生中心院长
应　颖　普陀区疾病和预防控制中心副主任
王和平　真如物业有限公司党支部书记、经理
浦竹琴　公安普陀分局桃浦派出所巡警队副队长
颜美玲　长征镇综治办主任
蒋　波　普陀区区级机关党工委副书记
张葆葆　上海锦霞教育信息咨询有限公司董事长

王建萍　宜川街道办事处副主任
王莹莹　桃浦镇李子园村民委员会村党委副书记
薛华芳　曹杨新村街道妇联

【上海市百名优秀创业女性】
邓雅琴　上海祥羚实业有限公司
张　蓓　上海爽蒂生活日用品有限公司
邱　向　上海福沁卧室用品制造有限公司

【上海市巾帼建功先进个人】
张慧琴　宜川社区(街道)组织人事科科长
吴凌昱　普陀区社区办主任

【上海市青年岗位能手】
任承樑　普陀区人民法院

【2009－2010 年度上海十大青年经济人物】
汤　亮　上海奥盛集团总裁

【上海市非公有制经济人士优秀中国特色社会主义事业建设者】
胡黎明　上海延华智能科技股份有限公司董事长
孟明荣　上海瑞华置业(集团)有限公司董事长

【“服务世博、奉献世博”优秀个人】
杨宝琴　曹杨新村街道兰岭园居委会
马凤林　甘泉路街道周家巷居委会
沈惠英　石泉路街道石二居委会
王　雅　上海市新杨工业园区管理委员会
陈美仙　宜川路街道社区平安志愿者
史黎明　长寿街道史黎明社区工作实践点、普雄居委会
耿宗海　上海印钞有限公司
游有明　上海市自强社会服务总社普陀工作站
查贵根　上海医用激光仪器厂研究所副所长
朱丽婷　甘泉路街道合阳居委会书记
沈雅芳　长风街道长风四村第一居委会妇女主任
张姚珍　宜川路街道宜川三村居委会妇代主任
孙振平　长寿路街道综治中心志愿者
姚美娣　石门二路街道办事处(退休)
许杏荣　长征镇新曹杨居委会主任
徐凤兰　桃浦镇雪松苑第二居委会党总支书记
周璟芳　上海金环工业有限公司
郁　飞　上海自强禁毒社会服务社社工
郭志峻　上海市新航社区服务总站宜川社工
王　莹　普陀区妇女儿童活动指导中心主任

【“服务世博、奉献世博”立功竞赛二等功】
居长鸿　普陀区委政法委办

【上海市重点工程实事立功竞赛建设功臣】
董素铭　上海西部企业(集团)有限公司董事长
李章华　普陀区建设和交通委员会党工委书记
周玉升　上海中环投资开发(集团)有限公司董事长
蒋志华　上海昊川置业有限公司总经理
赵正宽　普陀区城市建设投资有限公司董事长
缪华荣　真如城市副中心开发公司副总经理

【上海市重点工程实事立功竞赛记功个人】
章建国　普陀区建设和交通委员会
张俊扬　普陀区建设和交通委员会
李文华　普陀区绿化和市容管理局
张伟敏　普陀区住房保障和房屋管理局
李学红　普陀区教育局
周　伟　普陀区总工会
曹福东　公安局普陀分局
朱永兴　公安局普陀分局
欧阳萍　中共普陀区长寿社区(街道)党工委
徐建华　长征镇人民政府
钱万寿　桃浦镇人民政府城市建设科
杜春文　上海普陀产业投资有限公司
刘建华　上海普环实业有限公司
陆孜浩　普陀区住房保障和房屋管理局
汤　平　宜川路街道办事处
傅开国　甘泉路街道办事处
侯冬梅　普陀区建设和交通委员会
张晓铎　普陀区建设和交通委员会
居继红　普陀区绿化和市容管理局
沈建荣　上海中盛房屋动迁有限责任公司
朱梁钧　真如城市副中心开发公司
卜　庆　真如城市副中心开发公司

【上海市重点工程实事立功竞赛优秀组织者】
陆静静　普陀区建设和交通委员
高金虎　普陀区人民政府办公室
桂正和　普陀区住房保障和房屋管理局
陈　亮　普陀区市政工程管理所
李庚书　真如城市副中心开发公司

文献

重要文献

中共上海市普陀区委常委会 2010年工作报告

2010年12月31日

2010年，区委常委会高举中国特色社会主义伟大旗帜，坚持以邓小平理论和“三个代表”重要思想为指导，深入贯彻落实科学发展观，围绕“五个确保”要求，坚持“抓发展、强功能、重民生、促和谐”的指导方针，团结带领全区广大干部群众，坚定信心、开拓进取、扎实工作，全面完成区“十一五”规划确定的各项目标任务，区域经济、政治、文化、社会建设以及生态文明建设和党的建设各项事业取得新的进展。

一、世博会工作圆满完成

1. 安保工作措施有力。建立健全社会面防控工作组织体系，实行全区9个街道、镇安保工作分片包干。完善社会管理措施，加强对重点人、事、地、物的稳控监管。深化群防群治社会动员机制，充分调动各方资源，全力参与平安世博工作。全区报警类“110”接报数、刑事案件立案数、治安案件受理数同比明显下降，没有发生重大的治安案件、群体性事件和安全生产事故，整个社会面平稳有序。按照市里要求，完成驻世博园区第五安保责任区安保工作，探索实践的“三方三联”勤务模式试点工作在园区推广。

2. 城区运行平稳有序。加强日常运行管理，做好协调对接和过程管理，确保信息畅通、上下联动、步调一致。做好居民“世博大礼包”发放、世博特许商品销售等市里下达的各项工作任务。加强城区运行保障情况监控，建立应对有效的应急保障指挥体系。切实保障水电煤等城市生命线的安全，确保生产安全、食品安全、交通安全、消防安全和水源安全。扎实推进公共医疗卫生、窗口服务等各项保障工作。

3. 接待服务规范有方。坚持“热情友好、勤俭节约”原则，对接待服务的整个过程、每个环节、各个方面优化设计、细化方案、加强培训，切实提高接待工作的针对性和有效性。做到“以礼相迎、以诚相待、以情相送”，确保四方宾客乘兴而来，满意而归。借助世博会机遇，组织“相聚世博会，走进金中环——中外商会普陀行”等活动，推介普陀投资环境，提高普陀区的知名度和美誉度。

4. 宣传动员生动有效。以迎接城市文明指数测评为契机，加大城市顽症整治力度，提升城区管理水平，提高窗口单位服务质量，文明指数测评始终保持全市中心城区中游水平，进步指数全市第一。充分运用媒体资源宣传世博的重点和亮点，开展“慧眼、凤眼、童眼看世博”、“图书漂流，牵手世博”等宣传活动，组织各类世博题材文艺演出，进世博园区专场演出连续创下多项全市之最。加强世博志愿者队伍建设，开展世博志愿者形象大使与世博志愿者服务站结对活动，将“便民、微笑”理念融入站点的服务项目中。

二、区域经济保持平稳较快发展

1. 经济运行继续平稳向好。全年，累计完成财政总收入154.76亿元。其中，区级财政收入完成51.96亿元，同比增长17.42%。加大产业结构调整政策扶持力度，制定《区产业发展规划(2010－2015)》和《关于进一步规范和完善本区财政扶持政策的意见》，出台促进股权投资企业和股权投资管理企业发展、区信息产业、楼宇经济、重点企业发展等产业扶持政策。产业结构调整取得成效，现代服务业对区级税收的贡献比重持续上升，亿元楼总数达到6幢。制定《关于推进企业上市的若干意见》及实施细则，着力打造区域企业融资互助平台，促进区域企业健康发展。

2.“十二五”规划基本完成。多次组织专题会议和调查研究，在认真回顾总结“十一五”发展的基础上，立足区域发展实际，集思广益，科学谋划“十二五”发展，充分发挥“十二五”规划《建议》的前瞻性、战略性和指导性。召开八届区委十三次会议，审议通过“十二五”规划《建议》，明确了普陀未来五年发展的定位与目标任务。关于区域“十二五”规划的《纲要》正在按照《建议》精神抓紧完善。

3. 重点地区建设有序推进。按照区域发展的功能定位和空间布局要求，积极有序推进重点地区建设。长风生态商务区继续完善区内道路、景观绿地等基础设施，规划商办用地出让基本完成。美投国际等多家国内外著名股权投资管理企业进驻，“长风金融港”品牌效应初步显现。跨国采购中心以及“一园十馆”等文化项目进入实质性启动阶段。真如城市副中心长江实业项目进展顺利，西站交通枢纽等重点工程建设积极推进，土地收储工作加紧进行。中环商贸商务区资源集聚能力进一步提高，绿洲中环中心等一批新落成商务楼宇积极推进招商工作。桃浦生产性服务业功能区规划和建设方案启动。西北综合物流园区保税物流中心正式封关运行，并与外高桥保税区建立战略合作伙伴关系，陆上货运交易中心正式投入使用。长寿综合服务带产业调整和提升工作有序推进。月星环球MALL等新项目进展顺利，区域商圈能级进一步提升。苏州河旅游正式运营。

4. 科技创新能力不断增强。积极发挥企业创新主体作用，着力增强区域科技创新能力。同济大学科技园沪西园区进入实质化运作，华大科技园核心功能区建设进展顺利。M50、天地软件园被命名为全市首批示范创意产业集聚区，天地软件园被列为上海市8家服务外包专业园区之一。实施“上海市TD建设与应用试点示范区”项目。加强与高校、科研院所的战略合作，与同济大学合作建立“同济大学中国物流研究与培训中心”。区内科技企业获批国家科技部创新基金项目10项，市创新基金项目18项。实施高新技术成果转化项目23项。共有56家科技企业实施自主研发项目191项，研发资金投入约4亿元。复星药业等12家企业被列入首批上海市技术创新型企业。全区新增5家市科技小巨人(培育)企业。

5. 招商引资水平稳步提高。进一步完善招商引资政策体系。优化企业服务中心功能，采取主动“走出去”的策略，加强与高力国际等知名中介机构以及行业协会、外国商会等专业机构的信息联系和合作交流，与香港贸发局共同举办“魅力普陀创商机 牵手港商进长风”活动，不断加大区域推介和招商引资力度。1—11月，引进内资项目2099户，注册资金66.4亿元。其中，注册资金1000万元以上的有105家。引进外资项目110户，合同外资3.73亿美元。

6. 国资国企改革继续深化。制定《关于规范普陀区国有企业改制工作的若干规定》等文件，强化对国资国企改制、管理、监管等的建章立制。完成对委办局、街道镇下属107家国有企业委托监管和84家城镇集体企业实施监管工作，基本实现国资监管的全覆盖。推进348家行政事业单位清产核资工作。充实区8家骨干国有企业董事会、监事会人员的配备，进一步完善企业法人治理结构。加快国资国企重组整合步伐，做好上海外高桥西北保税物流公司组建和英雄集团划转交接工作，完成中环集团、快乐集团和西部集团减资、职工持股会退股工作，实施区属商业资产重组整合，积极推进国资经营运作平台公司组建工作。城镇、农村集体资产管理进一步加强。

7. 城区功能环境持续改善。交通布局和路网结构不断优化。完成轨道交通7号线、11号线普陀段站点的复位工程，配合推进轨道交通13号线站点建设，开展14号线站点选址等前期工作。完成丹巴路、叶家宅路道路新建改建工程。加快推进桃浦路等区区对接道路辟通工程建设。启动建设曹杨路、大渡河路改造工程。继续加强排水系统建设，加大河道整治工作力度。新建绿地30.6万平方米，楔形绿地基本建成3万平方米。完成长风公园和兰溪公园改造。完成苏州河景观灯光二期和长风公园景观灯光建设。长风公园·长风海洋世界成功创建国家4A级景区。各街道、镇实现市容环境责任区达标创建全覆盖，成为全市首批达标创建全覆盖区(县)。积极落实节能减排各项工作，继续推进第四轮环保三年行动计划。

三、民主政治建设稳步推进

1. 坚持和完善人民代表大会制度。支持区人大及其常委会依法履行职能，充分发挥作用。召开区人大工作会议，研究制定《关于进一步加强人大工作的实施意见》。开展执法检查、跟踪监督、代表视察和调查研究，增强监督实效，推动“一府两院”依法行政、公正司法。积极探索开展干部任后监督的有效途径和方式。发挥区人大代表主体作用，支持、规范和保障代表依法行使职权。积极开展区人大代表联系选区、主题实践和专题调研等活动，认真做好人大代表议案和书面意见的督办工作。加强区人大常委会自身建设，有效提高人大代表履职水平。

2. 坚持和完善共产党领导的多党合作和政治协商制度。积极落实《中共上海市普陀区委关于加强人民政协工作的意见》。支持区政协以提案、社情民意、园区监督评议等形式参与迎博、办博相关工作。围绕老年俱乐部建设，举行区政协常委会专题协商讨论，推进区域民生事业发展。组建区政协“十二五”规划专家咨询组，为科学制定区域“十二五”发展规划提供咨询服务。支持区政协深入挖掘苏州河历史文化底蕴，成功举办“苏州河十八湾文化发展论坛”，完成“苏州河十八湾”命名工作。加强区政协常委会自身建设，促进政协工作发展。

3. 爱国统一战线不断巩固。成功召开侨务文化、网络统战和统战园地三个现场会，建立“普陀统战”网站等平台，积极建设和谐统战文化。扎实开展党派、民族、宗教、侨务、新社会阶层人士以及对台工作，进一步巩固爱国统一战线。加强党外干部队伍培养。围绕民主党派换届，有序推进其班子建设。定期召开“双月座谈会”，加强与各民主党派的沟通。《引导民营企业为上海世博会添彩》案例被评为“2009年度全国工商联(商会)十大亮点和优秀案例”。深化统一战线理论研究和工作调研，形成一批调研成果。组织广大统战人士参与世博宣传、服务活动。继续加强工、青、妇等人民团体的组织建设。

4. 城区法治化水平逐步提高。深化司法体制改革，支持和保障区法院和区检察院依法行使职权。召开依法治区领导小组会议,有序推进“依法治区”工作。完成“五五”普法总结验收工作。启动“六五”普法规划与调研活动。推进“法律六进”工作,新建区青少年法制教育基地。开展法制系列讲座进社区。积极开展人民调解工作。区医患纠纷人民调解委员会被司法部评为“全国模范人民调解委员会”。严格依法行政,不断提高依法办事的能力和水平。

四、宣传思想文化工作不断加强

1. 理论武装工作继续加强。认真开展党委(党组)学习中心组理论学习工作。组织学习《七个“怎么看”》、《划清“四个重大界限”》等中央重要理论读本和文件。围绕“群众观点与群众工作”、《廉政准则》、“十二五”规划编制、“十七届五中全会精神”等4个专题,区委中心组先后开展15次集中学习。通过邀请市有关部门领导和专家学者作辅导报告,以及实地考察、调查研究、自学交流等多种方式,理论学习水平有了进一步提高。积极发挥《普陀中心组学习》理论宣传作用。全面实施《普陀区处级单位党(工)委或党组中心组理论学习制度》。积极推进学习型社会建设,充分发挥“东方讲坛”载体作用。荣获“全国社区教育先进区”。

2. 精神文明建设不断深化。推进文明行业、文明单位、文明村等基础文明的创建工作,争创“全国文明城区创建工作先进城区”。深化“抓发展、促和谐”建功立业主题实践活动,进一步做好先进典型的培育、宣传工作。完成文明社区、文明镇检查验收。区四套班子领导带头示范,全区各基层党组织积极行动,坚持开展交通文明志愿服务。组织开展以“文明观博”为主要内容的全民培训。

3. 新闻舆论宣传继续改进。设立区政府新闻办公室,建立新闻发言人制度,制定《关于加强政府舆情处置和媒体接待工作的意见》。围绕全区中心工作,开展规范有序的政府新闻发布工作。今年以来,中央和本市媒体报道我区新闻共计1969条。加强宣传队伍培训,提升各级干部业务素质和与媒体打交道的能力。完善外宣采访点建设,继续做好媒体接待服务工作。舆论监督工作进一步加强,文明观博网上测试成绩位列全市前茅。区级媒体宣传力度进一步加大。

4. 文化事业发展有序推进。推进文化类政府实事项目建设,区图书馆新馆和少儿图书馆正式开放,筹建全市首个“青少年智能图书馆”,基本完成刘海粟美术馆展览分馆(二期)改建工程。天地软件园成为国家文化产业示范基地。有序推进区属电影院转企改制和文化机构“退租还文”。组织开展“基层群众文化团队建设与社区文化活动设施建设”和“文化创意产业发展”专题调研。以“唱响十八湾　魅力新普陀”为主题,成功举办“新上海人歌手大赛”等系列苏州河文化艺术活动。组织“百场电影进社区”活动。开展文化市场专项整治行动。全国第三次文物普查实地调查取得成果。

五、以改善民生为重点的社会建设管理水平不断提高

1. 住房保障工作切实加强。成立区旧改工作领导小组和办公室,正式启动区新一轮旧区改造工作。实行旧区改造“征询制”和“数砖头+套型保底”等新政,做实资金、房源等各项保障措施。今年以来,累计动迁完成1646户居民,拆除面积4.90万平方米。全力推进沪嘉北A、李子园A等保障性住房建设。扩大廉租住房政策受益面,1—11月,全区新落实廉租家庭872户,累计向4806户廉租家庭发放配租租金3221万余元,开展实物配租试点工作。筹备启动经济适用房供应分配工作。以居民群众实际需求为导向,全面完成以“六小工程”为重点的320个老小区环境改造工作。

2. 促进就业工作扎实开展。启动建设“青年就业启航实训基地”等项目,开展针对性的职业技能培训,提高青年求职能力,促进大学生和农民工群体就业。大力扶持创业带动就业,成立“中华印务创业孵化基地”和“创业汇”综合性创业资源市场。加强对用人单位的日常巡查和排摸,指导帮助企业规范用工行为,积极建设区域和谐劳资关系。成立劳动人事争议仲裁院。

3. 保障救助工作积极推进。按照“应保尽保、应帮尽帮、应业尽业”要求,通过政府救助和社会帮扶相结合,全面落实各项惠民政策,完善社会分类救助机制。积极开展慈善帮困活动,举办“蓝天下的至爱”大型慈善募捐活动,募集善款创历年新高。深化社会公共帮困机制,成立全市首家“晨路慈善服务社”。建立居民经济状况核对中心。完善为老服务体系,新增养老床位500张,开工建设中远两湾城和恒盛鼎城养老院。推进关爱独居老人的“守望工程”,开展老年健康促进行动。本区荣获全国养老服务示范活动单位称号。

4. 社会事业协调发展。坚持优先发展教育,抓紧建设曹杨二中改扩建等一批重点项目。继续推进素质教育,加强课程教学改革,减轻学生课业负担。加强教育对外交流工作,成立普陀中英教育交流中心。落实加强校园安全各项措施。强化公共卫生服务体系建设,稳步实施医疗卫生体制改革,有序推进市儿童医院、市妇幼保健中心迁建和区人民医院改建等一批重点项目,区中心医院申报三级综合性医院评审工作取得阶段性成果。加强建设健康城区工作。积极推进体育事业发展,成功举办端午节城市龙舟国际邀请赛。组队参加市第十四届运动会取得较好成绩。大力倡导“体育生活化”理念,开展系列全民健身主题活动。进一步加强双拥工作,组织驻区部队开展“军徽映夕阳”和“情系工程”活动,完成退役士兵接收安置工作。关心残疾人等弱势群体,成立9家残疾人“阳光基地”,荣获“创建全国残疾人工作示范城市达标城区”称号。开展第六次人口普查。继续加强国家安全、保密、档案、人口、计划生育等工作。

5. 社区建设管理水平逐步提高。加强社区公共服务设施建设,不断完善社区生活综合服务圈。理顺社区“三个中心”管理体制,推进社区事务受理服务中心规范化建设。制定《关于加强本区居委会建设的若干意见(试行)》,加强居委会规范化建设。试点建立居委会百姓议事室,探索建立百姓事务协商机制。加强各类社会组织管理和预警。

6. 社会和谐稳定局面得到巩固。重视矛盾化解工作,深入开展领导接访、包案和下访工作。探索引入第三方(律师)参与信访化解。市交办突出矛盾105件,化解48件,化解率45.7%,化解率在中心城区排名首位。全区未发生因信访矛盾引发的重大或恶性事件;未发生到世博园区及周边闹访、滋事情况;越级进京集访实现零登记。全力推进"平安世博"打击整治攻坚战。深入排查各类治安隐患和安全隐患,建立本区反恐专家队伍长效工作机制,加强反恐应急防范。积极推进"平安普陀"创建,坚持开展对治安突出地区和突出治安问题的专项整治,加强街道、镇综治工作中心建设,总结推广桃浦镇紫藤苑综治工作站管理模式。制定《普陀区重大社会事项社会稳定风险评估办法》。加强网上舆论监测和舆论引导。积极落实实有人口管理措施。加强对境外人员的动态管理和出入境服务。探索公开选拔专职人民武装干部工作。

六、党的建设取得新的进展

1. 学实活动成果得到巩固。重视第一批学实活动整改落实后续工作,组织55家单位开展"回头看",形成整改落实后续工作自查报告。区民政局接受市委巡回检查组抽查得到肯定。推进第二批学实活动整改落实阶段各项工作,集中解决突出问题,确保整改项目落到实处。召开区深入学习实践科学发展观活动总结大会,建立健全学习实践科学发展观的长效机制。结合贯彻落实俞正声同志"群众观点须臾不能忘记"讲话精神,区四套班子集中开展了"听民意、察民需、解民忧、保民生"主题活动,21名局级干部以基层联系点为平台,分头召开问计于民座谈会,共征集群众盼望解决的实际问题164项,其中现场研究解决37项。目前,143项均已办结或正办理,21项短期内难以解决的也已列入工作计划,并向居民群众作了说明解释工作。

2. 常委会自身建设继续加强。坚持和完善民主集中制,严格执行《中共上海市普陀区委会议制度》、《中共上海市普陀区委常委会报告制度(试行)》等制度,在实践中不断完善常委会各项规章制度,理顺运行机制,使区委议事规则更趋规范,重大问题决策更趋科学。聚焦区域发展和党建工作的重点、难点和热点问题,开展"进一步加强群众工作"等13个专题调研,形成了一系列工作方案、发展规划和政策意见。全年召开常委会31次,审议议题180项,常委向常委会报告工作4次,列席委员73人次。

3. 班子、干部和人才队伍建设不断推进。制定《普陀区贯彻落实〈2010—2020年深化干部人事制度改革规划纲要〉的实施意见》。扩大干部选任的民主,实施干部选拔任用"一报告、两评议"工作,坚持"3+2"集体酝酿制度,加大竞争性选拔干部力度。探索完善处级干部"五学并进"学教机制,继续深化中青年干部"五站连训"阶梯式教育培养机制。探索选派优秀机关干部赴非公企业挂职锻炼,中组部主要领导对此先后两次批示,予以高度肯定。加强国资国企领导班子干部配备。严格执行《干部选拔任用工作条例》,完成干部任免事项111人次,其中提拔处级干部48名,交流处级干部42名。制定《关于在世博会期间进一步发挥各级领导班子和干部队伍作用的若干意见》。推进干部企业兼职和部分社团兼职清理工作。加强区管领导干部(人员)经济责任审计。制定《关于进一步优化普陀区人才发展环境的若干意见》,召开2010年区人才工作协调小组(联席会议)全体会议。推进实施"人才强区"战略。继续关心离退休老干部。

4. 基层党的建设得到加强。深入开展以"世博先锋行动"为主题的创先争优活动。在世博一线成立中国民营企业联合馆运营服务临时党委、第五安保责任区临时党支部等园区临时党组织14个。开展党员志愿者路口、地铁站台保畅通活动。开展窗口服务行业"亮身份,践承诺"活动。进一步加强社区党建,做好社区(街道)党工委下属三条线党组织负责人的集中调整工作。制定《普陀区关于进一步加强党支部书记队伍建设的实施意见》,建立党支部书记初任培训制度。在各社区(街道)、镇试点推行党员代表议事会制度。扎实推进地铁社区党建联动和社区物业管理党建联建工作。严格落实基层党建工作责任制。继续开展基层党组织领导班子"公推直选"工作,加强"公推直选"的分类指导。贯彻落实"两新"组织党建工作三年行动计划,开展以"六个有"(有党的标识、有学习资料、有工作台帐、有活动场地、有工作经费、有活动制度)为内容的"两新"组织党组织标准化建设,切实加强"两新"组织党建。建立非公有制企业党组织书记联席会议制度,举办全市首期"两新"组织预备党员网上党校培训班。全面推行发展党员公示制、责任追究制。推进与青浦区城乡党组织结对帮扶工作。

5. 党风廉政建设深入开展。开展"严守纪律、端正作风"专项教育治理活动,查处纠正少数领导干部参与赌博、违反规定投资入股、退休后从业及设置小金库等问题。制定《普陀区局级领导干部履行党风廉政建设责任记录册》,进一步规范区委、区政府领导班子成员履行党风廉政建设责任制"一岗双责"的要求。出台《关于进一步加强监督的实施意见》,促进干部作风廉洁。结合学习贯彻《廉政准则》,以领导干部为重点,深化"讲党性、重品行、作表率"主题教育活动。深化"小金库"专项治理,开展区党政机关、事业单位"小金库"治理"回头看"工作,推动"小金库"专项治理向国有及国有控投企业和社会团体延伸。加大对公权力大、公益性强、公众关注度高的部门以及资金、资产、资源集中度高领域的监督力度。试行重点单位和关键领域"三重一大"报备案制度。制定《关于加强本区党政机关工作人员在公务活动中收受礼品管理监督的意见》和《关于规范普陀区公务员离职后从业行为的实施细则》。实行区公务员离职谈话承诺制度。逐步健全"两新"组织反腐倡廉工作体系。做好办信查案工作,重点加大对涉博信访件的办理力度。今年共立案查处16件(人),其中2人移送司法机关处理,7名处级领导干部受到党纪处分。加大工程建设领域突出问题专项治理工作力度,规范政府投资项目建设。加强对旧区改造工作的监督检查，确保区委、区政府有关民生工作的落实。加强"廉洁办博"、扩大内需促进经济增长等政策措施落实情况的监督检查，推进行政审批事项全面清理工作，健全网上审批和效能监察工作制度。围绕世博工作要求，积极开展政风行风建设。

在看到成绩的同时，我们也清醒地认识到工作中还存在一些问题和不足。一是区域经济结构还不尽合理，现代服务业、科技产业的支撑作用不够明显；二是因土地征迁、重点工程项目建设等引发社会矛盾的隐患依然存在；三是一些党员干部的思想观念、工作作风、能力素质与新形势、新任务的要求还有一定距离。对这些问题，我们必须高度重视，认真解决和改进。同时，也真诚地欢迎同志们提出意见和建议，帮助我们把工作做得更好。

政府工作报告

——2011年2月16日在上海市普陀区第十四届人民代表大会第七次会议上

各位代表：

现在，我代表区政府向大会作工作报告，请予审议，并请各位政协委员和其他列席人员提出意见。

一、2010年主要工作回顾

2010年是十分不平凡的一年。面对国际、国内复杂多变的发展环境，区政府在市委、市政府和区委的正确领导下，坚持以邓小平理论和"三个代表"重要思想为指导，深入贯彻落实科学发展观，紧紧围绕"五个确保"的要求，依靠和团结全区人民，扎实工作，奋力拼搏，砥砺前行，全力以赴保障上海世博会成功举办，圆满完成了区十四届人大第六次会议确定的各项任务，全面实现了区"十一五"规划确定的各项目标。

2010年，实现区属增加值219亿元，同比增长9%，第三产业增加值比重达到71%；实现财政总收入154.76亿元，同比增长22.77%；其中，区级财政收入51.96亿元，同比增长17.42%；万元增加值能耗预计下降3.58%；新增就业岗位25365个，城镇登记失业人数19617人；新建绿地30万平方米。

（一）上海世博会保障工作全面完成

保障世博会成功举办是去年工作的头等大事。在市委、市政府的统一部署下，在区世博会工作领导小组的坚强领导和精心组织下，全区上下以最大的热情和良好的状态全力投入世博各项工作，圆满完成了各项任务，用实际行动生动地诠释了"城市，让生活更美好"的主题，为上海世博会的成功、精彩、难忘作出了积极贡献。在世博会文明指数测评中，本区总体保持了中心城区的中等水平。区政法委办获世博会全国先进集体称号，董鹏勇、金晶、杨兆顺、徐志刚4名同志荣获世博会全国先进个人称号。区公安分局出入境管理办公室等11家单位，胡平、李俊等16名个人荣获世博会市级先进称号。

世博园涉区任务全面完成。严格入园服务外包单位的行业监管，本区9家中心厨房、7家食品生产企业圆满完成世博保障供应任务。组织2200人次市民代表参加了10个国家、国际组织的国家馆日、荣誉日活动。实现世博特许商品销售额5.92亿元，完成市下达指标的127%。完成世博大礼包发放工作和观展组织工作。开展上海世博会普陀百场文化活动，在园区内推出"图书漂流、牵手世博"活动。成功举办"相聚世博会，走进金中环——中外商会普陀行"活动。顺利完成友好城市、对口支援地区代表团及港、澳、台、侨团组96批次4300人次的观博接待工作。

世博安保防控目标全面实现。世博园第五责任区安保任务圆满完成，涌现出首个"世博园区文明出入口"、"样板停车场"、"警花送水服务队"等一批榜样集体，探索形成了"三方三联"[①]、"警力复用"、大客流"四通"工作法等一批典型经验。加强对重点人、地、物的管控，完成26000余人次的外省市重点人员核查任务，对本区104个重要目标、重点单位落实"一点一方案"。实行"一校一警"，强化校园周边治安交通环境治理。全面加强危险品管控。对1797处民防工程开展全覆盖安全检查。依靠33500人的平安志愿者队伍，全面加强群防群治工作。

世博运行保障工作全面落实。市容环境景观建设和管理成效显著，建成武宁路、苏州河沿线等一批景观工程，一批城市管理顽症得到有效治理，长效管理机制不断健全。旅游接待安全、规范、有序，苏州河观光的日游、夜游项目正式运营。公共卫生和食品安全保障工作全面加强，传染病发病率得到有效控制，食品安全处于有序可控状态。加大文化市场监督和执法力度。全面开展安全生产大检查和应急处置演练，特种设备安全和安全生产总体平稳。以窗口系统"十、百、千"服务明星、示范窗口评比为抓手，窗口服务行业水平不断提升。积极参与了八大城市文明志愿服务行动。

（二）经济继续保持平稳较快发展

产业结构调整取得新成效。现代服务业、商贸业、科技产业在区级税收中的比重分别为21.68%、19.41%、17.29%，年初确定的"3、2、2"产业结构优化目标基本实现。税收亿元楼累计达到6幢。加强政策引导，出台了多项促进金融服务业、信息产业、楼宇经济等发展的扶持政策。金融服务业发展取得新突破，建立"长风金融港"，一批境内外知名股权投资和管理企业形成集聚。物流业高端化发展稳步推进，西北物流园区保税物流中心封关运行；与外高桥保税物流园区合作建立上海外高桥西北保税物流有限公司，积极推动海港和陆港保税物流的联合、联动、联运；上海路威供应链公司、北芳储运集团等一批企业已入驻；合作成立了"同济大学中国物流研究和培训中心"。信息产业、创意产业发展势头增强，中国移动通信集团上海有限公司落户我区；积极推进信息化工作和无线城区建设，本区被列入首批“上海市TD建设与应用试点示范区”②。天地软件园被命名为“全国文化产业示范基地”，M50获“上海名牌”称号。商业布局不断优化、业态不断丰富、能级不断提升，消费对经济拉动作用进一步增强。我区荣获“上海购物节营销大赛最佳人气奖”。

科技创新工作得到有力加强。实施政策聚焦，着力增强科技园区发展活力，科技企业加快向园区集聚。华大科技园核心功能区建设步伐加快，同济大学科技园沪西园区已实质性运作。企业创新意识和创新能力不断增强，71家科技企业承接国家、市级各类科技专项计划150项，实施科技成果转化24项；56家企业自主研发科技项目191项，投入研发资金4.1亿元。新增市级科技小巨人企业5家、区级科技小巨人企业17家、高新技术企业15家。电科所、化工院、复星医药分别领衔的“智能电网终端设备”、“改性塑料”、“抗体药物”技术创新联盟被认定为市级首批联盟。新建市级技术创新服务平台1家，市级科技孵化器1家。实施标准化建设和名牌培育战略，创建市标准化示范试点项目5个，27家企业、30个产品获上海名牌称号。与区内九大科研院所合作共建工作扎实推进。进一步完善人才政策，加大了对高层次科技人才和领军人才的引进、培育、服务力度。

重点地区建设取得新进展。长风生态商务区：项目建设有序推进，综合配套环境不断完善，服务业发展功能进一步凸显。两家五星级酒店开业；米高梅国际娱乐中心基本建成；跨国采购中心项目加快推进；泸定路桥建成通车；完成大渡河路部分临时商业网点拆除工作；工业遗址园建设积极推进；3幅住宅地块完成出让。真如城市副中心：上海西站交通枢纽工程取得阶段性成果，沪宁城际铁上海西站投入运营；大渡河路22万伏变电站选址和建设工作积极推进；与上海铁路局正式签订货场地区土地收储协议；长江实业、绿地集团开发的项目有序推进。中环商贸商务区：加强交通组织和环境治理，停车导向系统和物联网智能停车系统投入使用；梅川路文化时尚休闲街完成改造；国际中小企业总部社区控详规划落地工作积极推进。桃浦生产性服务业功能区：与市规土局共同组织完成国际方案征集工作，控详规划修编工作抓紧开展。长寿综合服务带：楼宇经济的综合效应进一步增强。

招商引资呈现良好势头。引进内资注册资金66.14亿元，合同引进外资3.8亿美元。引资结构进一步优化，商贸物流、信息科技、金融服务等项目占引进内资企业总数近六成。总部型企业的引进取得新突破，施耐德、五芳斋、隆德芯、中国地质等一批总部型、龙头型企业落户。全区楼宇信息和招商管理信息系统框架基本完成，招商资源统筹工作得到加强。制定《普陀区关于推进企业上市的若干意见》及实施细则，积极支持帮助企业上市，目前已有2家企业获国家证监会和市证监局辅导备案，7家企业完成或正在进行股改。

国资国企改革重组工作不断加强。区国资管理新格局基本形成，国资（集资）监管实现全覆盖。国资国企对区域经济贡献度逐步提高，全年完成营业收入46.39亿元，实现净利润8.26亿元，上缴国资收益9204万元。积极推进国企重组整合，顺利完成英雄集团的整体划转和交接；启动区城投公司和区安居公司整合。国有企业法人治理结构加快完善。重大财务事项管理进一步规范，《企业会计准则》开始试点。城镇集体资产和农村集体资产管理进一步加强。对全区348家行政事业单位开展清产核资；顺利实现行政事业单位国有资产管理职能的平稳过渡。

（三）城区基础设施条件和环境质量进一步改善

城市规划编制和土地管理工作不断加强。完成区保障房地块控详规划和中环市级商业中心交通专项规划编制工作。完成本区城市空间发展战略规划研究。国有建设用地使用权出让、存量土地出让金收缴和闲置土地调查处置工作有序推进。

市政基础设施建设有序推进。完成轨道交通7号线、11号线各站点复位工程，配合推进轨道交通13号线本区站点建设。完成枣阳路、丹巴路、叶家宅路（安远路——新会路）辟通工程。完成桃浦路（区界——定边路）、金昌路区区对接道路辟通工程。新师大低标排水系统改建完成，大光复排水系统投入使用。

市容环境建设和管理持续加强。曹杨路、桃浦路、大渡河路综合改造工程前期工作积极推进。苏州河（普陀段）两岸景观灯光建设成效明显。长风公园成功创建国家4A级景区。建民村绿地启动建设，桃浦体育公园（二期）建成，桃浦楔形绿地建成3万平方米，兰溪公园等2个公园的改造完成。国家卫生区、国家卫生镇等创建工作积极推进。实现市容环境责任区达标创建全覆盖，成为全市首批达标创建全覆盖区（县）。加大对乱设摊、跨门营业、夜排档、乱倒渣土等现象的治理，强化常态化管理。

节能减排工作扎实推进。完成15家高能耗、高污染企业淘汰工作。实施18个企业及部门设备技术改造项目。企业能耗监测、预警工作进一步加强。对14幢楼宇开展能源审计和节能诊断，实施合同能源管理。区第四轮环保三年行动计划扎实推进，123个项目已完成87个。大气、水、噪声、固体废弃物等污染治理工作全面加强，扬尘污染控制情况良好；绿色小区和安静居住小区创建活动有序推进。网格化管理工作不断加强。组织开展以“实施低碳发展，建设生态文明”为主题的世界环境日暨世博环境论坛。甘泉街道子长小区荣获“上海市世博绿色出行示范小区”称号。

（四）社会事业协调稳步发展

教育事业均衡优质发展着力加强。教育公建配套项目有序推进。全区新增幼儿园学额1747个。深入推进有效教学的研究与实践。开展区素质教育先进校争创工作。高中特色化、多样化发展初现成效。探索推进地区学校组团发展模式，成立长征镇优质教育发展共同体。积极推进终身教育发展，荣获“全国社区教育示范区”称号。曹杨街道荣获“全国学习型街道示范单位”称号。推进教育国际合作,成立普陀中英教育交流中心。承办联合国教科文组织中国可持续发展教育项目第十次国家讲习班。建立专项资金,加大民办教育扶持力度。全面实施校安工程,开工22所,完成16所。教师专业发展、体教结合、医教结合及特殊教育等工作不断加强。

卫生事业改革发展稳步深化。医药卫生体制改革稳步实施,建成上海住院医师规范化培训基地。区中心医院通过上海市三级医院等级评审。卫生医疗科研能力显著提升,承接国家级、省部级科研项目27项;14项成果通过鉴定。社区卫生服务综合改革取得成效,医疗服务质量和水平持续提高。甲流疫苗、季流疫苗和麻疹强化免疫接种率在全市领先。公共卫生项目建设稳步推进,市儿童医院、市妇幼保健中心迁建项目整体开工。为19105名退休和生活困难妇女提供相关疾病免费筛查服务。健康城区创建工作扎实推进。荣获“全国人口计生系统先进集体”和“全国婚育新风进万家示范区”称号。

文化、体育事业特色发展扎实推进。区图书馆新馆正式开放,与区少儿图书馆实现资源整合。全市首个“上海当代作家手稿作品收藏展示馆”开馆。完成刘海粟美术馆展览分馆二期建设。区属电影院转企改制有序推进。成功举办苏州河文化艺术节,组织了以苏州河为主题的长三角地区美术创作活动。我区获第十二届上海国际艺术节“特别贡献奖”,“新上海人歌手大赛”等一批项目获“群文活动优秀项目奖”。“全民健身与世博同行”主题活动广泛开展。成功举办端午节城市龙舟国际邀请赛。组队参加市十四届运动会并取得较好成绩。完成第三次国民体质监测工作。建成4个公共运动场,健身苑(点)更新、整新工作基本完成。

第六次全国人口普查入户调查工作圆满完成。人民武装和双拥工作进一步加强,完成退伍士兵安置工作。民族、宗教和侨务工作取得新发展,“两岸亲情”文化有新拓展。区档案馆成功创建国家二级档案馆。科普工作进一步加强。全面完成对口支援都江堰玉堂镇灾后恢复重建任务。

(五)民生改善工作扎实有效推进

就业促进工作进一步加强。启动建设“青年大学生创业孵化基地”等三个创新性项目。开展就业援助月、民营企业招聘周、公共职介进“三区”[③]等活动,帮助青年大学生等就业和创业。坚持以创业带就业,帮助508人成功创业。加大培训力度,17305人接受了各类职业技能培训,其中,中高级技能培训9249人。制定完成农民工培训计划。劳动人事争议仲裁院正式运行。

社会救助保障工作扎实推进。累计发放救助帮困资金1.62亿元,救助45.6万人次。成立居民经济状况核对中心。区救助管理站新址正式启用。举办2010年“蓝天下的至爱”大型慈善募捐活动。举办“世博·普陀献爱心”慈善演唱会。养老设施建设和养老服务深入开展,新增养老床位612张,新建老年活动室14个,18423位老人享受居家养老服务。中远两湾城和恒盛鼎城养老院奠基。荣获全国养老服务示范单位称号。甘泉街道获“全国老龄工作先进单位”称号。圆满完成创建“全国残疾人工作示范城市”的目标任务。采取积极措施,切实保障了绿叶菜市场供应和价格基本稳定。

旧区改造工作力度加大。全面完成建民村地块动拆迁工作。强化政府在旧区改造中的主体责任,积极推进实施“两次征询”和“数砖头+套型保底”的动迁新政策、新机制。真北村等新基地和棉纺新村等结转基地动迁工作有序推进。完成居民动迁1626户,完成单位动迁23家,共拆除面积10.5万平方米。加大旧区改造资金投入和房源筹措力度,402、507地块配套商品房建设加快推进。

住房保障体系建设不断加强。沪嘉北A、李子园A、金光二期等保障性住房项目加快建设。新落实廉租住房租金配租家庭879户,累计向4877户廉租家庭发放配租租金3269万元。廉租住房实物配租试点工作积极推进。完成320个老小区环境改造“六小工程”。区校合作完成华师大一村环境综合整治。旧住房成套改造工程、售后房小区物业“一体化”达标补贴工作继续稳步推进。

(六)社会管理工作全面加强

社区公共服务设施不断优化。石泉社区事务受理服务中心对外开放,曹杨社区事务受理服务中心基本建成,长寿社区邻里服务中心开工建设。本市首条跨区运行的镇域公交线长征1路B线开通。出台本区加强社会建设工作实施意见。社区“三个中心”管理体制进一步理顺,社区事务受理服务中心的标准化、规范化建设积极推进。积极推进安全社区建设,长征镇被世界卫生组织命名为“国际安全社区”。

社会稳定工作全面加强。深入开展矛盾纠纷、治安隐患和各类重点人群排查工作,加强对矛盾的风险评估和预防处置工作。各级各类人民调解委员会调处矛盾纠纷12683件,同比增长56.64%。区医患纠纷调委会获“全国模范人民调解委员会”称号。信访形势总体平稳,一批突出信访矛盾有效化解,市交办的信访突出矛盾的化解率为45.7%。严厉打击各类犯罪活动,先后组织开展了“集中打击街面扒窃”等22次专项整治行动;各类刑事案件立案6367起,同比下降11.3%,其中,“两抢”案件同比下降48.25%。“三项建设”、“三项管理”基层基础工作取得实效。社区综治工作中心建设实现全覆盖。

消防、安全生产、食品、药品安全、应急处置、减灾防灾工作全面加强。“11·15”特大火灾事故后,立即开展全区性的防火和安全生产大检查,检查单位3711家,查出隐患1680处,对隐患即时进行整改。公共安全管理长效机制进一步完善。

(七)政府管理和服务工作不断改善

政府服务效率和工作透明度进一步提高。积极开展行政审批事项清理工作,本区涉及市第四批取消和调整的行政审批事项共224项,其中,取消63项,调整161项。深化并联审批工作,11个部门进入并联审批系统。企业服务中心服务效率不断提高。强化向区人大、区政协报告社会关注的重要民生事项工作,财政预算主动公开力度不断加大。全面加强政民互动、网上评议、信息公开和政务公开工作,“区长信箱”受理来信2330件,同比下降1104件,处理完毕2235件,公开公文类政府信息1416件。

认真办理人大代表议案、书面意见和政协委员提案、建议案。人大代表提出的关于加快养老设施建设的议案办理工作扎实推进,32件人大代表书面意见所提问题已解决,占48.5%,其余正在解决、计划解决或留作参考。采纳区政协《关于确定苏州河普陀段名称的建议案》,“苏州河十八湾”命名活动得到社会广泛认可与好评。63件政协提案所提建议被采纳,占49.2%。

政府作风建设不断加强。根据区委统一部署,以身边的人、身边的事作为警示,扎实开展“严守纪律,端正作风”专项教育治理活动。以公权力大、公益性强、公众关注度高以及资金、资产、资源集中度高的部门为重点,进一步规范权力的行使。以“小金库”专项治理工作为契机,开展银行账户清理、财政性资金利息管理和财政票据检查,继续清理行政事业性收费,实行行政收费与部门预算彻底脱钩。厉行节约,严格规范经费使用。加强对工程建设领域突出问题的自查工作。切实加强对区级财政预算执行情况、重点民生资金使用管理情况等的审计和审计调查。

各位代表:“十一五”时期是普陀区大发展、大变化的重要时期。五年来,区政府在市委、市政府和区委的领导下,始终坚持“抓发展,强功能,重民生,促和谐”的方针,攻坚克难,团结奋进,全面推进普陀科学发展、和谐发展,区域经济社会各领域发展取得了长足进步,也为普陀长远和可持续发展打下了坚实的基础。区级财政收入首次突破50亿元,年均增长8.54%。以服务经济为主的产业结构体系建设取得新成绩。万元增加值能耗预计累计下降20%。长风生态商务区、真如城市副中心、中环商贸商务区、桃浦生产性服务业功能区、长寿综合服务带等五大重点地区发展态势强劲,功能日益凸显。城区基础设施体系进一步完善,轨道交通7、11号线建成通车,新增跨苏州河桥梁4座。人均拥有公共绿地6平方米,林木绿化率达到23.5%。拆除旧里和农村老宅基30.83万平方米,8495户居民迁入新居。学前教育毛入园(托)率达到96%,义务教育毛入学率达到97%,高中阶段教育普及率达到96%。基本形成覆盖全区的医疗卫生设施体系和服务体系。累计新增就业岗位14.99万个,政府促进就业的责任体系基本建立。社会救助保障覆盖面、社区综合保险受益面、廉租住房受益面逐步扩大。

各位代表,普陀区的发展成就来之不易!我们深深感到,这是市委、市政府和区委正确领导的结果,是全区人民理解支持、共同努力、拼搏奉献的结果,是全区各企业、各单位以及社会各界关心、支持、帮助的结果。在此,我谨代表区政府,向在各条战线、各个岗位上辛勤工作的全区人民和来自全国各地的建设者,表示崇高的敬意!向给予政府工作大力支持的人大代表和政协委员,向各民主党派、工商联和社会各界人士,向给予本区工作大力支持的市级各部门、驻区部队、国内外驻区机构和区内各企业、各单位,向所有关心、支持普陀发展的同志们、朋友们,表示诚挚的感谢!

在总结成绩的同时,我们也清醒地看到,普陀区的发展还面临许多突出矛盾和困难,我们的工作也存在着一些不足。主要有:一是转变经济发展方式的工作任重道远,产业结构调整步伐亟需加快,现代服务业、科技产业、商贸业等产业发展能级和贡献水平有待进一步提高。二是市容管理、公共安全管理、社会管理的水平还难以与现代化城区的发展相适应,长效管理机制还有待进一步健全完善。特别是“11.15”特大火灾事故为城区公共安全管理敲响了警钟,本区相关方面还存在着安全责任不够到位、防范措施不够完善等问题。三是群众关心的教育、医疗、社会救助、住房改善、为老服务等领域还存在着不少亟待解决的问题,民生改善工作力度还需要进一步加大。四是政府少数部门和工作人员的行政执行力有待进一步加强,工作作风需进一步改进,行政效能需进一步提高。这些突出矛盾和问题,需要引起我们高度关注,认真研究,着力破解。

二、今年工作的目标和主要任务

“十二五”时期(2011—2015年)是我区深化改革开放,全面推进创新驱动、转型发展的关键时期。科学编制“十二五”发展规划,对于全面开创普陀科学发展的新局面,具有十分重要的意义。提请本次大会审查和批准的《上海市普陀区经济和社会发展第十二个五年规划纲要(草案)》(以下简称《纲要(草案)》),是在八届区委十三次全会通过的《中共上海市普陀区委关于制定普陀区经济和社会发展第十二个五年规划的建议》指导下编制完成的。在历时一年多的研究和编制过程中,我们得到了区人大、区政协的大力支持,广泛征求并吸纳了区各民主党派、各人民团体及专家学者、企业家、居民群众等社会各界的意见建议。《纲要(草案)》汇集了全区人民的智慧。

“十二五”发展的总体目标是:围绕上海建设国际贸易中心目标和区域“商贸物流”的功能定位,把普陀区建设成为一个服务经济主导、创新驱动有力、文化品质提升、公共服务完善、城区环境优美、社会和谐有序的国际商贸功能重要承载区,基本建成国际商贸功能重要承载区的产业发展框架,基本建成适应和谐发展要求的社会建设和管理框架,基本建成与现代化城区相匹配的基础设施和城市管理框架,力争使区域经济社会发展达到上海中心城区中等水平。

2011年是“十二五”发展规划实施的开局年。今年政府工作的总体要求是:坚持以邓小平理论和“三个代表”重要思想为指导,深入贯彻落实科学发展观,全面落实九届市委十四次全会和八届区委十四次全会精神,围绕建设“国际商贸功能重要承载区”的要求和“一心两轴三片区”[④]的功能布局,以调整结构、提升功能、优化布局、改善民生为工作重点,全力促进区域经济社会转型发展,为“十二五”普陀的发展开好局、起好步,以优异成绩向建党90周年献礼。

综合分析各方面因素,今年经济

和社会发展的主要预期目标是:区级财政收入达到56亿元,增长8%;第三产业增加值比重达到73%;城镇登记失业人数控制在19710人以内;万元增加值能耗进一步降低;新建绿地20万平方米。

主要做好七方面工作:

(一)加强经济发展方式转变,着力提升区域经济发展质量和效益

坚持把转型发展作为本区当前的重大战略任务,以转型求突破,以升级促发展,努力促进经济持续、健康、平稳发展。

聚焦发展现代服务业。现代服务业占区级税收的比重要在去年基础上增加2个百分点。以商办楼宇为载体,特别是依托一批新建成的高档商办楼宇,强化政策聚焦,实施"一楼一策",积极引进跨国公司总部机构、行业龙头企业和高品质企业。力争税收亿元楼累计达到10幢。延伸发展以长风金融港为基础的金融服务业,加快发展法律服务、会计服务等专业服务业和文化创意产业。依托保税物流中心和陆上货运交易中心功能,发挥同济大学中国物流研究与培训中心的智力和人才优势,提升现代物流业发展水平。积极推进服务外包示范园区建设,加强服务外包品牌企业培育和服务外包总部企业的引进,提高服务外包竞争力。整合旅游资源,加强高档星级宾馆建设,促进旅游业发展。

提升发展商贸业。积极对接上海国际贸易中心建设,大力引进和建设国际贸易功能性平台、功能性机构,商贸业占区级税收的比重要在去年基础上增加1个百分点。加快建设跨国采购中心等功能项目。以服务辐射长三角为导向,完善中环市级商业中心配套,优化商业业态。进一步提升长寿商圈能级。积极促进汽车贸易、电子商务等商业新行业、新业态发展。努力把有色金属交易市场建设成为该行业的电子交易中心和定价中心。举办上海购物节普陀区系列活动。

培育发展科技产业。以科技园区、科技楼宇为载体,以科研院所和高等院校为智力支撑,着力促进高新技术服务业、生物医药、新材料等发展,科技产业占区级税收的比重要在去年基础上增加2个百分点。积极对接国家和市高新技术产业化重点领域,探索建设智能电网展示区,力争国家级嵌入式软件工程技术中心落户普陀。推进华大科技园、同济科技园等科技园区建设运作。加快形成以天地软件园为核心的信息产业集聚区。深入实施科技小巨人工程,高新技术企业力争突破125家。鼓励科技企业强化自主创新能力建设,激励科技企业主动承接国家、市级各类科技专项计划和科技成果转化。继续推进院士、专家进园区和进企业活动。围绕上海建设"智慧城市"的目标,推进TD试点示范城区建设,全面提高城区信息化建设和应用水平。积极争创国家级质量兴区先进区,全面提升区域产品质量、工程质量、服务质量和人文居住环境质量。

加强招商引资和服务经济工作。积极开展重点地区招商推介、机构招商、活动招商、平台招商和以商引商。建立健全外资招商工作体系,着力提高利用外资质量。力争引进行业龙头型、总部型企业8—10家。发挥区位特点,加大对长三角民营企业总部的引进力度。加强对楼宇、园区等区内招商资源的统筹,增强招商引资和服务经济的工作合力。进一步完善招商工作体制,健全招商引资和服务经济的运行机制和激励机制,着力加强招商队伍的能力建设和作风建设。深化"三联"制度和"企业走访日"制度,扎实做好企业服务工作,推动区内企业上市发展。关注民营企业的转型发展。进一步做好引智工作,落实人才服务保障措施,优化人才发展环境,引进一批领军人才、创新人才等各类优秀人才。

深化国资国企改革发展。优化区国资国企布局,推进改革重组,把优质国有资产向重点产业领域和重点开发地区集中,增强国资国企对区域经济发展的带动作用,提高其对经济发展的贡献水平。强化国资国企监管,完善企业法人治理结构,健全和完善以财务监督为主要内容、分类分级和全覆盖的国资国企监管体系。完善区管企业经营者的激励办法和综合考核评价机制。

(二)加强重点功能区建设,着力优化区域发展空间布局

围绕"一心两轴三片区"的发展空间布局,坚持延续性、项目化、协调性相结合,聚焦重点功能区开发建设,加快培育经济社会发展亮点。

真如城市副中心要结合沪宁城际铁的运行,做好西站交通枢纽及其周边地区的综合开发,推进地下南北通道相关工程、南广场及地下空间等项目。启动大渡河路22万伏变电站建设。加强市区联手,加快推进土地收购储备。完成A1、A2地块出让。继续推进长江实业、绿地集团等企业开发的项目。做好市场搬迁和关闭的准备工作。

苏州河文化商务轴要围绕凸显"生产、生活、生态"三大功能,按照"点、线"结合原则,重点建设长风生态商务区、长寿文化商贸带、长征国际中小企业总部社区和苏州河文化长廊。长风生态商务区要充分发挥引领示范作用,着力增强总部商务、都市休闲、文化娱乐、研发设计、商贸金融等功能,努力打造成为上海西部有影响力的现代服务业集聚区。累计建成42幢84万平方米商办楼。国浩商业中心、米高梅娱乐中心项目开业运营。积极推进住宅项目开发,加快市儿童医院等公建配套设施建设。长寿文化商贸带要进一步完善商务文化休闲配套设施,帮助推进130地块商业项目建设,推进浅水湾文化艺术中心建设。促进楼宇调整发展,提升商圈品味与商务氛围。长征国际中小企业总部社区要落实控详规划,推进园区土地储备和出让,推进总部基地大厦、国际汽车展示结算中心等项目建设。苏州河文化长廊建设要以整合"苏州河十八湾"商、旅、文、体资源为切入点,推动苏州河旅游开发、文化发展取得新突破。促进"M50"、"中华印务1912"等创意园区发展,开展苏州河博物馆规划工作,推进"一园十馆"建设,举办苏州河文化艺术节、苏州河城市龙舟国际邀请赛。

中环产业集聚轴要加快中环商贸商务区、品牌商品国际贸易区、桃浦生产性服务业功能区建设。中环商贸商务区要进一步完善商业、商务发展环

境，改善交通环境，整体提升商贸商务区的美誉度、影响力和辐射力。加快推进各重点项目的建设和运营。拓宽真光路（梅川路——曹安路）、曹安路（真光路——真北路）。品牌商品国际贸易区要进一步加快基础项目建设。桃浦生产性服务业功能区要融入“产城一体化”和“低碳生态”的规划理念，加快推进控详规划修编和落地工作。按照“保留一批、发展一批、调整一批、退出一批”的开发原则，加强市区联手，积极做好土地收储和开发建设工作。推进以停车场搬迁为重点的环境建设。

（三）加强城区建设和管理，着力改善生态环境和城区形象

坚持管建并举、管理为重、安全为先，继续推进枢纽型、功能性、网络化重大基础设施建设，积极推广世博城市管理经验，努力提升城区建设和管理水平。

完善市政基础设施网络。按节点目标要求，积极配合做好轨道交通13号线本区站点建设，做好14号线本区站点前期动拆迁工作。加强重点地区基础设施建设，改善交通条件，推进交通路、规划一路（潮州路——铜川路）、礼泉路（真华路——曹杨路）、水泉路（富平路——交通路）、光复西路西段（真北路——祁连山路）、千阳路（云岭西路——金沙江路）等一批道路新建、改建工程。继续推进梅川地区雨污分流工程及中小河道整治。

进一步完善城区管理长效机制。持续加强环境综合整治，重点加强对乱设摊、跨门营业等城市管理顽症的治理，加强对灯箱广告、门面房出租的监管，严防回潮。推进市容景观建设，实施曹杨路、大渡河路、桃浦路整治和景观改造工程。启动苏州河普陀段沿岸三期、重点地区楼宇及绿地的景观灯光建设。推进桃浦工业区楔形绿地、长风工业遗址园、生态专项等工程建设。完成长寿公园整体改造。全面落实第四轮环保三年行动计划的各项目标任务。严格实施污染排放总量控制。加强环境污染事故应急处置能力建设。建立区环境管理数据中心。

深入开展节能减排工作。加快淘汰落后产能，做好“两高一低”⑤企业关、停和结构调整工作。实施推广有示范作用的清洁生产项目。推进工业、建筑、交通、公共机构等重点领域和企业的节能减排。强化对重点用能企业目标责任考核，加快推进合同能源管理，促进节能服务企业发展。开展节能减排的专项执法检查。

（四）加强社会事业发展，着力顺应人民群众的需要和期盼

坚持以人为本，进一步加强资源统筹，优化社会资源布局，深化内涵建设，不断促进社会事业协调、均衡、优质发展。

坚持教育优先发展。实施《普陀区中长期教育改革和发展规划纲要（2010—2020年）》。加快校安工程和重点项目建设。调整优化教育存量资源，积极应对入园、入学高峰。深入推进素质教育，积极争创新一轮上海市素质教育实验校。加强课程教学改革，实施学生创新素养培育行动计划，建立一批创新实验基地。推动普通教育与职业教育互相渗透，提升中小学生职业意识和基本技能。完善社区教育资源圈。加强教育国际交流。加强教师队伍建设。加强医教结合、体教结合，促进学生健康成长。支持街道镇教育联合体发展。

推动医疗卫生事业全面发展。深入推进医药卫生体制改革，坚持政府主导，加大投入，完善补偿机制。积极探索推进公立医院改革。全面实施基本药品目录制度。稳步推进卫生事业单位岗位设置和公共卫生、社区卫生服务机构绩效工资。进一步加强公共卫生体系建设，优化卫生资源配置，充实桃浦地区医疗卫生资源。推进以居民健康档案为基础的信息平台建设，提高卫生管理能级。坚持科教兴医，加大学科建设和人才培养力度。继续开展国家卫生区创建工作。组织开展健康城区推进评估工作。完成区婚姻收养登记婚检一体化服务中心和区人口计生指导中心项目建设。

促进文化、体育事业发展。启动刘海粟美术馆展览分馆三期改建工程。做好元代水工遗址博物馆建设和对外开放的服务工作。加大基层公共文化设施建设投入，推进文化设施退租还文。扩大苏州河文化艺术节、图书漂流、新上海人歌手大赛等区域特色文化品牌效应。加强文化市场管理。深入开展全民健身活动。完善区、社区、小区三级公共体育服务网络，合理配置公共体育设施资源，推进健身步道和百姓健身屋项目建设。加快体育人才培养和引进。加强国家级体育后备人才训练基地的规划工作。

加强民族团结进步事业。推动宗教界参与“全国和谐寺观教堂”创建工作。继续推进华文教育。深化对台区政交流，扩大民间交往。继续做好全国科普示范城区创建工作。深化全民国防教育，加强后备力量建设。深化双拥工作，推动军民融合式发展。继续推进对口支援、合作交流、档案、语言文字、妇女儿童权益保障等工作。

（五）加强社会救助和保障，着力提升民生改善工作的水平

坚持统筹兼顾，循序渐进，把握形势需要、群众需求和社会关切，加大社会保障和民生改善工作力度，努力改善群众生活。

努力解决群众住房困难，改善群众居住条件。坚持量力而行、尽力而为，“拆、改、留、修”并举，积极稳妥地推进旧区改造工作，完成“2+3”⑥等五个结转地块的动拆迁，稳步启动1-2块新基地的动迁改造。坚持公开规范操作，切实保障动迁居民合法权益。加大保障性住房建设力度，8.3万平方米的沪嘉北A项目竣工，15.1万平方米的李子园A项目基本实现主体结构封顶。全面推进经济适用房轮候供应。按照应保尽保的要求，进一步扩大廉租住房受益面，提高廉租住房实物配租比例。探索公租房建设、管理运营机制，支持铁路职工租赁房、上粮二库公共租赁房建设。多渠道筹措和建设人才公寓。拓展“六小工程”实施范围和内涵，继续推进旧住房综合改造。

加大就业工作力度。坚持把就业作为民生之本，实施更加积极的就业政策，千方百计扩大就业。坚持鼓励创业带动就业，积极落实和完善扶持政策，确保帮助500人成功创业。启动宜川开业园区建设。加强对青年大学生就业和创业的指导援助，继续推进“青年就业启航实训基地”项目。

加强各类职业技能培训。进一步拓展就业援助基地，集中储备一批适合不同人群的就业岗位。继续推进外来从业人员就业服务平台建设和参保工作。切实做好特殊困难群体的就业工作。

加强社会救助和社会福利工作。完善以政府托底保障与社会帮困相结合的帮困救助机制。进一步推进社会救助规范化建设，确保社会救助资金安全运行。重点探索支出型贫困家庭的帮困机制，多渠道、多层次针对不同困难对象开展综合帮扶活动。完成恒盛鼎城、中远两湾城养老院建设。新增养老床位500张，新增老年人日间服务中心1个，新建标准化老年活动室6个。居家养老服务老人达到18700人。继续推进老年俱乐部建设。进一步完善十分钟为老服务圈，推进项目化、集约化运作模式。开展关怀扶助独生子女空巢老人家庭工作。推进社区困难失智老人关怀服务项目。开展现代民政示范区实践活动。加强残疾人康复、就业、培训、医疗、帮困等工作。协调推进残疾人综合服务中心项目建设。进一步加强价格调控监管工作，切实抓好蔬菜市场供应、质量安全、价格基本稳定及困难群众基本生活保障等工作。

（六）加强社会管理工作，着力营造和谐安定的社会环境

坚持把安全放在首要位置，进一步健全社会管理和服务体系，切实维护好社会稳定，保障人民群众安居乐业。

加强城区公共安全管理。推进公共安全体制机制建设，建立健全安全责任签约、检查、考核、责任追究和激励机制，努力构建"政府领导、部门监督、单位负责、群众参与"的社会化安全管理格局。推动建立安全管理长效机制，严格落实安全管理各项制度。进一步规范和整顿建筑市场，强化建设工程质量安全管理。加强老小区消防安全隐患的排查和整治，宣传普及消防知识。加大安全生产、质量技监、食药监、消防安全和地下空间安全工作力度，健全突发公共事件应急机制，提高防范和处置能力，增强城区减灾、防灾、救灾能力。

提升社区建设和管理水平。完善社区公共服务体系建设，进一步推进社区事务受理服务中心规范化建设，提升社区生活服务中心服务功能。建立社区工作准入制度，完善社区治理结构。建成长征镇社区文化活动中心、长寿社区家庭计划指导中心，推进长风社区事务综合服务中心建设。加快社区信息化建设。举办上海第一个工人新村曹杨新村建村60周年纪念活动。提高社区自治和服务功能。加强居委会办公用房和活动用房建设，实施居委综合活动室文化惠民工程。加强社区工作队伍建设。

深化平安城区建设。进一步强化"三项建设"、"三项管理"基层基础工作，切实推进社会治安管理，加强警民联动，维护社会稳定。继续以"三降一升"⑦为工作目标，确保本区社会面持续稳定。进一步完善领导接访、下访、包案工作机制。重视初信初访办理，妥善处置群体性事件。建立重大事项社会稳定风险分析和评估机制，着力从源头上防范和应对可能产生的社会稳定风险。继续发挥居委会等基层组织作用，加强帮教志愿者队伍建设，做好社区矫正与安置帮教工作。进一步探索和完善流动人口分层分类管理工作框架。加强基层司法所规范化建设，推进人民调解工作规范化、专业化、社会化。健全基层大调解工作格局。深化公证律师与法律援助工作。加强社会稳定工作的相关设施项目建设。

（七）加强政府自身建设，着力提高政府行政效能和服务水平

坚持高效行政、依法行政、从严治政、廉洁从政，按照"两高一少"⑧的目标要求，进一步转变政府职能，推进政府管理和服务创新。

进一步提高行政效能，推进高效行政。深入推进行政审批制度改革，完成第五批审批事项清理工作。优化审批流程，加快实现标准化审批。拓展并联审批范围，提高审批效率。全面推进政府信息公开和政务公开，规范公开程序，加大政府投资项目、公共政策、公共服务信息、行政执法过程的公开力度。加强行政规范性文件的制定、审查、备案和清理。强化行政机关工作人员依法行政意识，提高依法行政能力。全面落实行政执法责任制，规范行政执法行为。提高行政复议工作的质量和效率。针对群众关注的重点领域加强执法检查，严肃追究给国家、社会和公民合法权益造成损害的不规范的行政行为。

进一步完善政府运行机制，推进科学决策。继续拓宽社情民意反映渠道，扩大基层民主，完善公共政策意见征集制度，及时回应群众提出的意见和建议，促进政府工作决策、项目安排更加符合区情、体现民意、顺应民需。坚持民主决策、科学决策，健全重大决策的调研、咨询、评估、反馈机制，着力提高科学决策的能力和水平。进一步完善公共财政体系，深入推进部门预算改革，完善公用经费定额管理模式，健全国库单一账户制度。进一步规范扶持资金管理和监督。自觉接受区人大及其常委会的法律监督和工作监督，积极支持区政协履行政治协商、民主监督职能，健全向人大报告、向政协通报工作制度。重视司法监督，主动接受社会监督和舆论监督。

进一步加强队伍建设，强化从严治政。政府工作人员要牢固树立群众观念，自觉增强宗旨意识、大局意识和责任意识，着力提升政府服务水平和效率。进一步完善调研——论证——决策——执行——督察的工作机制，加强目标管理，切实提高行政执行力和工作效率。进一步理顺条块关系，加强部门间的团结协作。全体工作人员尤其是领导干部，要带头遵纪守法，严格按照法定程序和权限行使权力、履行职责。以行政不作为、乱作为和严重损害群众利益等行为作为问责重点，落实问责制和责任追究制。逐步调整、合理配备政府工作人员中的政务类和技术类比例。加强科级和基础岗位人员的交流、培训、管理和监督。完善政府绩效评估体系。

进一步加强廉政建设，强化廉洁从政。认真落实党风廉政建设制度，严格执行"三重一大"等规章制度，抓好班子，带好队伍，政府各级领导干部特别是主要负责同志要切实履行好"一岗双责"。加强惩治和预防腐败体系建设，加大教育、监督、改革和制

度创新力度，积极探索“制度加科技”的预防腐败新机制，强化行政监察和审计监督，着力加强对重点领域、重点资金、重点部门、关键环节的监管，不断拓展从源头上防止腐败的工作领域。加强廉政文化建设和反腐倡廉宣传平台建设。从严控制行政支出，建设“节约型”政府机关，把财力更多地用于发展经济、改善民生和公共服务。干部院究，把作的质量和效率。针对群众关注的重点领域加强执法检查。

各位代表！

长寿社区家庭计划指导中心、做好市场搬迁和关闭新的一年已经开始，“十二五”的发展已经起步。普陀正处在加快转型发展的关键时期，我们深感肩负的使命重大而光荣！让我们紧密团结在以胡锦涛同志为总书记的党中央周围，在市委、市政府和区委的坚强领导下，紧紧依靠全区人民，坚定信心，奋发有为，务实开拓，为建设繁荣、美好、和谐的新普陀而不懈努力！

名词解释

①“三方三联”：是指本区承担安保任务的世博园区第五安保责任区，探索形成的“公安、武警和片区，联动、联防、联控”的安保和突发事件应急处置机制，即按照“公安牵头、武警配合、片区支援”的原则，实现联席指挥，通过同一平台，实现统一指挥调度。俞正声同志对这一机制给予了充分肯定。

②“TD建设与应用试点示范区”：TD是TD－SCDMA即英文Time Division－Synchronous Code Division Multiple Access（时分同步码分多址）的简称，是由中国提出的，以我国知识产权为主的，被国际上广泛接受和认可的第三代无线通信国际标准之一。为贯彻落实国家和上海市推进TD技术应用的战略部署，我区积极申报并被市经信委确定为首批“上海市TD建设与应用试点示范区”，主要建设内容包括TD基站建设、开展交通路况手机查询和中环无线商圈建设。

③“三区”：即指校区、园区和社区。

④“一心两轴三片区”：“十二五”期间，为进一步提高城区功能培育和主导产业集聚，我区将努力形成“一心两轴三片区”的空间布局。“一心”主要指“真如城市副中心”；“两轴”分别是指“苏州河文化商务轴”和“中环线产业集聚轴”；“三片区”是根据资源禀赋将我区大致分为南、西、东三个功能片区：南片区是商贸核心承载区，西片区是产业创新拓展片，东片区是宜居生活片。

⑤“两高一低”：是指在推进节能减排工作，加快推进对高耗能、高污染和低附加值企业或行业的关、停和结构调整工作。

⑥“2＋3”：是指我区2010年推进的5个旧改基地的简称，即2个老基地：棉纺新村、合利坊基地。3个新基地：真北村、锦绣里、居家宅基地。

⑦“三降一升”：即指刑事立案数、“110”报警数、投诉类信访数下降，打击破案率上升，作为衡量社会治安秩序和工作成效的标准。

⑧“两高一少”：是指上海在加快政府管理创新过程中提出的目标，即“使上海建设成为全国行政效率最高、行政透明度最高、行政收费最少的行政区之一”。

文件目录

2010 年中共上海市普陀区委主要文件目录

发文编号	文 件 标 题
普委[2010]2 号	关于市党风廉政建设责任制、基层党建工作责任制专项检查反馈问题的整改报告
普委[2010]5 号	关于召开中共上海市普陀区委常委会“严守纪律、端正作风”专题民主生活会的报告
普委[2010]6 号	中共上海市普陀区委印发《中共普陀区委常委会深入学习实践科学发展观活动整改落实“回头看”工作自查报告》的通知
普委[2010]8 号	中共上海市普陀区委常委会 2009 年工作报告
普委[2010]9 号	中共上海市普陀区委常委会 2010 年工作要点
普委[2010]12 号	关于中共上海市普陀区委常委会“严守纪律、端正作风”专题民主生活会的情况报告
普委[2010]14 号	关于组织全区党[工]委或党组中心组认真学习俞正声同志《群众观点须臾不能忘记》重要讲话的通知
普委[2010]15 号	中共上海市普陀区委关于印发《普陀区领导干部廉洁从政守则》的通知
普委[2010]16 号	中共上海市普陀区委关于进一步加强监督的实施意见
普委[2010]17 号	中共上海市普陀区委关于进一步从严管理干部的实施意见
普委[2010]20 号	关于中共上海市普陀区委常委会“严守纪律、端正作风”专题民主生活会的情况报告
普委[2010]25 号	关于表彰 2009 年普陀区“抓发展、促和谐”建功立业主题实践活动十佳科长、优秀项目的决定
普委[2010]33 号	普陀区开展深入学习实践科学发展观活动总结
普委[2010]36 号	关于建立上海市普陀区世博会工作领导小组及其有关工作机构的通知
普委[2010]37 号	中共上海市普陀区委员会关于进一步加强党支部书记队伍建设的实施意见
普委[2010]39 号	中共上海市普陀区委员会、上海市普陀区人民政府关于加强社会建设的实施意见
普委[2010]42 号	关于做好世博会期间区四套班子成员联系基层、巡视督查工作的通知
普委[2010]44 号	中共上海市普陀区委员会关于在世博会期间进一步发挥各级领导班子和干部队伍作用的若干意见
普委[2010]55 号	关于建立上海市普陀区新闻发布制度的通知
普委[2010]60 号	中共上海市普陀区委员会关于贯彻实施干部选拔任用工作四项监督制度的意见
普委[2010]63 号	中共上海市普陀区委员会关于进一步加强人大工作的实施意见
普委[2010]68 号	中共上海市普陀区委常委会 2010 年上半年工作报告
普委[2010]69 号	中共上海市普陀区委员会关于加强和改进新时期群众工作的若干意见
普委[2010]77 号	中共上海市普陀区委员会关于加强区党代表、人大代表联系社区工作的若干意见[试行]
普委[2010]86 号	中共上海市普陀区委员会、上海市普陀区人民政府关于表彰普陀区“服务世博、奉献世博”立功竞赛活动第一批优秀集体和个人的决定
普委[2010]87 号	中共上海市普陀区委员会关于开展“世博先锋行动”先进基层党组织、优秀共产党员、优秀组织者评选表彰活动的通知
普委[2010]88 号	中共上海市普陀区委员会、上海市普陀区人民政府关于表彰普陀区“服务世博、奉献世博”立功竞赛活动第二批优秀集体和个人的决定
普委[2010]91 号	中共上海市普陀区委员会关于召开 2010 年度区委常委民主生活会的实施意见
普委[2010]92 号	关于召开 2010 年度区委常委会民主生活会的报告
普委[2010]96 号	中共上海市普陀区委员会、上海市普陀区人民政府关于深入开展依法治区创建“法治普陀”工作的实施意见
普委[2010]98 号	普陀区贯彻落实《2010—2020 年深化干部人事制度改革规划纲要》的实施意见
普委[2010]99 号	普陀区关于市党风廉政建设责任制、基层党建工作责任制专项检查反馈问题的整改报告

普委[2010]100 号	中共上海市普陀区委关于制定普陀区国民经济和社会发展第十二个五年规划的建议
普委[2010]102 号	关于中共上海市普陀区委常委民主生活会情况的通报
普委[2010]104 号	普陀区关于2010年贯彻落实《关于实行党风廉政建设责任制的规定》情况的自查报告
普委[2010]110 号	中共上海市普陀区委员会关于表彰"世博先锋行动"先进基层党组织、优秀共产党员、优秀组织者的决定
普委[2010]111 号	中共上海市普陀区委常委会2010年工作报告

（千晓霞　提供）

2010年上海市普陀区人民政府主要文件目录

发文编号	文　件　标　题
普府[2010]1 号	普陀区人民政府关于印发《普陀区2010年经济和社会发展计划》的通知
普府[2010]5 号	普陀区人民政府关于本区开展第六次全国人口普查工作的通知
普府[2010]9 号	普陀区人民政府关于印发《普陀区人民政府2009年工作总结》的通知
普府[2010]10 号	普陀区人民政府关于印发《普陀区人民政府2010年工作要点》的通知
普府[2010]13 号	普陀区人民政府批转区总工会、区人社局《关于评选普陀区2007—2009年度上海市劳动模范、先进工作者、模范集体和区先进生产(工作)者、先进集体的工作意见》的通知
普府[2010]18 号	普陀区人民政府关于公布本区取消和调整行政审批事项的通知
普府[2010]27 号	普陀区人民政府关于表彰2007—2009年度上海市劳动模范和先进工作者提名奖、模范 集体提名奖、区先进生产(工作)者和先进集体的通报
普府[2010]32 号	普陀区人民政府关于提请审议调整区"十一五"规划个别指标的议案
普府[2010]41 号	普陀区人民政府关于上海英雄(集团)有限公司管理层级和归口部门的通知
普府[2010]45 号	普陀区人民政府关于印发《普陀区行政事业单位国有资产管理办法(试行)》、《普陀区行政事业单位国有资产处置管理实施细则(试行)》和《普陀区行政事业单位国有资产委托管理实施办法(试行)》的通知
普府[2010]52 号	普陀区人民政府关于授予纳税骨干企业2009年度普陀区区域经济贡献奖的决定
普府[2010]61 号	普陀区人民政府关于印发《关于规范普陀区国有企业改制工作的若干规定》的通知
普府[2010]71 号	普陀区人民政府关于确定本区房屋拆迁套型面积补贴标准及价格补贴系数标准的通知
普府[2010]76 号	普陀区人民政府关于本区规范性文件清理情况的通知
普府[2010]82 号	普陀区人民政府关于开展防火和安全生产检查情况的报告

（陈　苗　提供）

统计资料

2010 年普陀区居(村)民委员会和户籍人口统计表

街道、镇	居(村)民委员会(个)	户籍人口数(人)	占总人口(%)	街道、镇	居(村)民委员会(个)	户籍人口数(人)	占总人口(%)
合　计	243	878905	100	长风新村街道	26	98498	11.21
石泉路街道	24	100607	11.45	长寿路街道	31	99858	11.36
曹杨新村街道	20	89136	10.14	真如镇	36	119251	13.57
甘泉路街道	20	91751	10.44	桃浦镇	33	87984	10.01
宜川路街道	23	89099	10.14	长征镇	30	102721	11.69

2010 年普陀区财政收入和支出情况表

单位:万元

收　入			支　出		
项　目	2010 年执行情况	增减(%)	项　目	2010 年执行情况	增减(%)
财力总计	807466	12.84	总计	785746	9.82
市、区结算收入	287770	5.40	一般公共服务	60042	5.21
区级财政收入合计	519696	17.42	国防和公共安全	72455	2.05
增值税	44957	5.43	教育(计入教育法定增长总量)	157368 (92098)	32.95 (16.60)
营业税	154865	6.86	科学技术	21986	-12.20
城建税	17495	10.97	文化体育与传媒	10653	-1.59
企业所得税	82557	49.61	社会保障和就业	74610	12.68
个人所得税	37809	-4.31	医疗卫生	40401	30.39
房产税	32413	28.93	节能环保	3255	112.19
其他各税	37352	10.20	农林和城乡社区事务	250021	26.84
契税	101198	34.12	交通运输和资源勘探电力信息等事务	41843	-0.75
行政性收费	6454	88.88	商业服务业等事务	5440	3.05
罚没款收入	—	—	国土资源气象等事务	1084	51.82
其他收入	4596	202.37	住房保障支出	46588	-47.37

2010年普陀区主要经济指标完成情况表

项目指标	单位	完成额	比上年±(%)
增加值	亿元	219.02	9.2
区级财政收入	亿元	51.97	17.4
区属工业销售产值	亿元	228.19	18.3
区属商业销售营业额	亿元	1489.75	20.6
区属社会销售品零售额	亿元	299.66	17.7
市场成交额	亿元	2702.32	52.8
海关直接出口	亿美元	8.09	15.3
引进合同外资	亿美元	3.86	11.1
固定资产投资额	亿元	120.86	7.9
住宅竣工面积	万平方米	54.56	12.4
拆除旧里	万平方米	4.9	-54.24
新建公共绿地	公顷	30	
新增劳动就业岗位	万个	2.54	8.55
人口自然增长率	‰		-1.75

2010年普陀区内资注册企业基本情况表

单位:户

行业分类	期末注册企业数			其中				
	总数	其中:法人企业	注册资本(万元)	国有企业	集体企业	股份合作企业	有限责任公司	其他企业
合计	4301	2683	3498268.9225	530	796	275	2654	46
农、林、牧、渔业	3	0	0.0000	2	0	0	1	0
采掘业	0	0	0.0000	0	0	0	0	0
制造业	482	429	455181.8443	100	204	55	110	13
电力、燃气、水的生产和供应业	9	4	9800.0000	1	0	0	8	0
建筑业	116	83	430052.8266	5	8	6	97	0
交通运输、仓储及邮政业	209	152	125573.5376	37	64	14	92	2
信息传输、计算机服务和软件业	40	12	20138.8000	1	2	1	36	0
批发和零售贸易	1860	1006	695195.3459	178	298	125	1241	18
住宿和餐饮业	203	122	30487.5000	44	71	19	65	4
金融、保险业	171	8	15113.0000	3	7	8	153	0
房地产业	318	257	925993.2789	15	5	1	297	0
租赁和商务服务业	408	266	598067.4592	27	35	10	333	3
科学研究、技术服务和地质勘查业	220	183	134828.4800	48	36	23	111	2
水利、环境和公共设施管理业	33	18	26028.4000	1	3	0	28	1
居民服务和其他服务业	170	94	12444.5500	44	51	13	60	2
教育	1	1	5000.0000	0	0			
卫生、社会保障和社会福利业	1	1	250.0000	0	0			
其他行业	0	0	0.0000	0	0			
补充资料								

2010年普陀区私营企业基本情况表

项　　目	期末注册企业				其　　中		
	户数（户）	投资者人数（人）	雇工人数（人）	注册资本(金)（万元）	独资企业（户）	合伙企业（户）	有限责任公司（户）
合　计	19972	32854	115072	3841026.4340	1961	127	17884
农、林、牧、渔业	8	13	13	329.0000	2	0	6
其中:农业	8	13	13	329.0000	2	0	6
畜牧业	0	0	0	0.0000	0	0	0
采掘业	0	0	0	0.0000	0	0	0
制造业	1358	2402	14216	176217.8000	111	12	1235
电力、燃气、水的生产和供应业	6	12	52	4610.0000	0	0	6
建筑业	659	1307	8763	239288.0000	10	1	648
交通运输、仓储及邮政业	926	1897	7376	137749.8670	20	2	904
信息传输、计算机服务和软件业	488	907	2226	73289.1100	8	1	479
批发和零售业	9045	13237	37751	1150380.0263	573	31	8441
住宿和餐饮业	825	1222	8889	54613.1600	204	17	604
房地产业	856	1275	5381	862597.0514	301	7	548
租赁和商务服务业	2746	5233	14365	776844.5200	70	25	2651
居民服务和其他服务业	1187	1479	4402	38366.6800	598	18	571
卫生、社会保障和社会福利业	28	53	356	4495.0000	10	0	18
文化、体育和娱乐业	234	409	1185	28169.0000	32	2	200
其他行业	0	0	0	0.0000	0	0	0
补充资料							

2010年普陀区个体工商业基本情况表

项　　目	期末注册企业			其中:本期开业		
	户数（户）	从业人员（人）	注册资金（万元）	户数（人）	从业人员（人）	注册资金（万元）
合　计	13641	17022	24299.6004	2540	3385	10237.514
农、林、牧、渔业	3	3	23.5	1	1	0.5
制造业	74	139	187.25	17	20	35
其中:农副食品加工业	0	0	0	0	0	0
纺织服装、鞋、帽制造业	0	0	0	0	0	0
印刷业和记录媒介复制	0	0	0	0	0	0
电力、燃气、水的生产和供应业	2	2	3.5	1	1	0.5
建筑业	2	2	2.8	0	0	0
交通运输、仓储及邮政业	277	303	1472.15	17	18	131
其中:公路旅客运输						
道路货物运输						
出租车运输						

（续表）

项　　目	期末注册企业			其中：本期开业		
	户数（户）	从业人员（人）	注册资金（万元）	户数（人）	从业人员（人）	注册资金（万元）
信息传输、计算机服务和软件业	5	5	4	4	4	3.5
批发和零售业	11605	13637	19376.3804	2276	2908	9161.7142
住宿和餐饮业	563	1184	1485.52	81	171	424.6
房地产业	0					
租赁和商务服务业	47	62	99.46	17	23	27
居民服务和其他服务业	1034	1641	1562.84	122	233	427.2
卫生、社会保障和社会福利业	22	35	70.6	2	4	20.5
文化、体育和娱乐业	7	9	11.6	2	2	6
其他行业	0	0	0	0	0	0

2010 年普陀区外商投资企业基本情况表

项　　目	期末注册企业数（户）						投资总额（万美元）	注册资本（万美元）	
	小计不含分支	中外合资	中外合作	外商独资	投资总额1000－5000万美元	投资总额5000万美元以上		小计	其中外方
合　计	839	120	23	696	39		164959.3664	107872.5227	95581.0837
中外合资	120				7		27862.7087	18126.9956	10964.7916
中外合作	23				3		10380.9728	6601.1609	5930.0704
外商独资	696				29		126715.6849	83144.3662	79686.2217
中外股份公司									
农、林、牧、渔业	1	1					36	26	12
采掘业									
制造业	317	72	16	229	14		65492.4452	42079.517	33982.661
建筑业	16	4		12			2593.98	2227.98	1507.756
交通运输、仓储及邮政业	13	1		12	4		11500.5631	6385.9553	6145.4553
信息传输、计算机服务和软件业	54	4		50	4		13362.3537	8990.2362	8826.3425
批发和零售业	230	20	1	209	4		22472.2128	15459.5481	14418.3844
住宿和餐饮业	22	2	1	19	2		4992.256	2954.7983	2932.3083
房地产业	13	1	1	11	4		12590	6049	4734
租赁和商务服务业	128	12	1	115	3		16496.0107	11931.0813	11450.1075
科学研究、技术服务和地质勘查业	24	3	0	21	2		8928.8449	8249.2022	8174.9644
水利、环境和公共设施管理业	2		1	1	1		2280	1050	1050
居民服务和其他服务业	11		1	10	0		611.7	448.7	358.9
文化、体育和娱乐业	8	1	1	6	1		3603	2020.5043	1988.2043
其他行业									
补充资料									

2010 年普陀区工业统计表

名　　称	年产值(万元)	名　　称	年产值(万元)
一、工业总产值	2281863	二、工业销售产值	2276751
其中:规模以上	2148464	其中:规模以上	2144458
规模以上企业:	—	规模以上企业按轻重工业分:	—
1. 主营业务收入	2210281	轻工业	950181
2. 主营业务税金及附加	108515	重工业	1194277
3. 利润总额	256490	规模以上企业按经济属性分:	—
4. 资产总计	2172069	国有控股	862762
5. 应收帐款	397167	集体控股	159414
6. 负债总计	958889	私人控股	313422
7. 中间投入	1544765	港澳台控股	209264
		外商控股	599596
		三、工业产销率(%)	99.78

2010 年普陀区商业销售情况表

名　　称	年销售额(万元)	名　　称	年销售额(万元)
一、商业销售额	14897459	私营经济	1290603
其中:批发零售业	14781638	外商及港澳台经济	113924
餐饮业	115821	其他经济	727463
二、社会销费品零售总额	2996567	按商品结构分:	—
按经济类划分:		吃的商品	733970
国有经济	272401	穿的商品	192040
集体经济	213703	用的商品	1793785
股份制经济	378473	烧的商品	276772

2010 年普陀区教育系统学校、学生统计表

类　别	学　校　数(所)			学　生　数(人)		
	小计	其　中		小　计	其　中	
		教育局下属	社会力量举办		教育局下属	社会力量举办
合计	163	120	43	92877	69314	23563
中学	48	39	9	28911	23620	5291
小学	28	27	1	27763	25257	2506
幼儿园	71	50	21	23015	18034	4981
托儿所	8		8			1229
职校	1	1		2015	2015	
特教、工读	3	3		388	388	
中专(市属)	4		4	9556		9556

说明:1. 曹杨职校统计在职校内;
2. 中专含有4所学校:信息、经管、司法、药剂;
3. “职业高中班”一、二年级的数据按市教委2009年统计口径,统计到职业高中、中专校内;
4. 中学包括:高中、完中、初中、一贯制;
5. 中学人数包括:高中、完中、初中的学生数、一贯制初中部学生;
6. 小学人数包括:小学生数、一贯制小学部学生数;
7. 托儿所皆为集体办、在本表中计入社会力量举办。

2010年普陀区民政福利事业情况表

街道、镇	敬老院					
	单位数（个）	收养老人（人）				
		城市社会孤老	离退休孤老	自费老人	其他	合计
总计	34	10	91	3115	109	3325
长寿	3	1	10	177	0	188
宜川	5	0	0	437	19	456
甘泉	4	0	0	272	0	272
石泉	4	1	4	460	0	465
长风	3	1	36	212	0	249
曹杨	3	0	23	238	0	261
真如	4	0	4	313	90	407
长征	4	4	6	453	0	463
桃浦	3	1	0	320	0	321
区级	1	2	8	233	0	243

2010年普陀区优抚对象统计表

单位：人

单　　位	烈属	因公牺牲军人家属	失踪军人家属	病故军人家属	伤残军人	军属
合计	295	8	1	151	447	913
	42	1	0	29	65	105
宜川路街道	37	0	0	11	59	87
	44	3	0	13	59	77
长寿路街道	39	1	0	34	50	95
	31	1	0	13	67	88
石泉路街道	31	1	0	15	43	102
	35	1	1	16	46	121
长征镇	21	0	0	16	36	117
	15	0	0	4	22	121

2010年普陀区发放优待抚恤金统计表

类别	定期抚恤定期定量补助	伤残抚恤金	义务兵优待金	烈士、因公牺牲军人、病故军人遗属抚恤金补差	烈士遗属定期抚慰金
人数（人）	63	447	453	170	279
金额（元）	779745	7192074.2	9966000	655950.9	666800

索　引

说明：

1. 本索引采取主题分析索引法，按主题词和重要人名首字汉语拼音字母顺序排列。
2. 表格、图片中的内容索引，页码后注有（表）、（图）字样。
3. 彩页、大事记、附录、专文内容不作索引。
4. 索引名称后的数字表示页码，数字后面的a、b、c表示栏别。
5. 索引名称一般采用主题词、中心词或简称。

A

B

C

G

K

L

M

R

T

W

X

Y

Z